龙游年鉴

（2016）

龙游县地方志编纂委员会　编

方志出版社
Publishing House of Local Records

图书在版编目（CIP）数据

龙游年鉴. 2016 / 龙游县地方志编纂委员会编. --
北京 : 方志出版社，2016.12
ISBN 978-7-5144-2316-7

Ⅰ. ①龙… Ⅱ. ①龙… Ⅲ. ①龙游县-2016-年鉴
Ⅳ. ①Z525.54

中国版本图书馆CIP数据核字（2016）第320526号

龙游年鉴（2016）

编　　者：龙游县地方志编纂委员会
责任编辑：罗　滔
出 版 人：冀祥德
出 版 者：方 志 出 版 社
地址　北京市朝阳区潘家园东里9号（国家方志馆4层）
邮编　100021
网址　http://www.fzph.org
发　　行：方志出版社发行中心
电话（010）67110500
经　　销：各地新华书店
印　　刷：杭州富春电子印务有限公司
开　　本：889×1194　　1/16
印　　张：35
字　　数：964千字
版　　次：2016年12月第1版　2016年12月第1次印刷
印　　数：0001～1300册
ISBN 978-7-5144-2316-7　　**定价**：220.00 元

单位审稿人名单

（按编稿顺序排列）

刘洪刚	傅正军	张永祥	许慧斌	余　鹏	余柏成
雷忠根	王国军	雷伟斌	黄国平	刘秋荣	徐新台
钟宏亮	祝文波	杨　琳	郑明通	阮红霞	雷建龙
郑献丰	江向东	姜爱芳	郑玉香	丰建清	李华琴
罗玉银	吕菊岚	周巧萍	钟爱红	赖　云	吴安春
何志军	张问期	吕　燕	黄瑞清	徐志震	章宇夫
方土新	孙　强	徐根华	陈文化	吕元进	朱祖荣
鲍胜桥	雷建明	应红峰	黄志强	魏国晴	叶杏友
江水清	李红英	方建林	钟金柱	傅锡炳	陈雪峰
徐光海	祝立宏	方金元	汪辛耕	黄　琼	赖旭勇
熊幼民	劳开元	吴学军	陈　岗	王　飞（火车站）	
王　飞（货运站）		王小波	方凌冰	刘国红	孙志红
楼　伟	龚庆治	赵　昱	徐汝清	董永生	傅国汉
童晓阳	周叶青	程志辉	琚柏华	沈奕子	廖有勤
孙　斌	余　斌	严永胜	王建平	杨　捷	曾金跃
吴　进	柴孝宏	楼珍钱	陈忠民	毛纳新	廖　军
夏　路	詹春林	尤激扬	王　晟	童筱筱	杜前强
章德兴	朱胜尧	王剑阳	廖　英	童植龙	周小平
黄志林	周建林	吴念平	胡建良	黄建彤	金敏军
祝颂平	叶志仪	方　圆	杨江红	蒋黎阳	郑连根
徐华喜	张永华	徐嘉龙	傅建刚	吴建军	余利民
叶建清	张曙华	佘律星	王丽芬	金添艳	叶志强
胡炜鹏	董群燕	吴军俊	钟罗谊	马　骏	钱菊红

2015年11月8日，农业部部长韩长赋（右三）考察龙游县生态循环农业推进工作

（县畜牧兽医局提供）

2015年3月12日，中共浙江省委常委、常务副省长袁家军（中）考察龙游县经济社会发展和项目建设工作

（冯炜旭摄）

2016年1月27日，浙江省生态文化协会第一届常务理事会第四次会议在龙游县召开，中共衢州市委书记陈新出席会议并讲话。会议表彰了包括龙游县中国红木家居文化园在内的15个第四批“浙江省生态文化基地”

（郑金修摄）

2015年3月18日，中共衢州市委副书记、市长杜世源（左二）到龙游县考察工业企业发展情况

（冯炜旭摄）

2015年9月6日，中共龙游县委书记方健忠（右二）调研城市东进及旧城改造工作

（冯炜旭摄）

2015年9月1日，中共龙游县委副书记、县长刘根宏（中）调研湖镇镇阳湖小区建设情况

（县奔康投资有限公司提供）

2015年1月31日—2月3日，龙游县第十二届人民代表大会第四次会议在龙游国际影城举行

（冯炜旭摄）

2015年1月30日—2月2日，政协第九届龙游县委员会第四次会议在龙游国际影城举行

（吴森邦摄）

2015年12月15日—16日，龙游县召开高坪桥水库工程建设征地移民安置规划大纲评审会

（高坪桥水库工程建设管理处提供）

2015年10月23日—26日，大型古地下工程科学问题及长期保护国际学术研讨会在龙游举行

（郑金修摄）

2015年10月30日—11月3日，龙游县承办2015亚太汽车拉力赛中国（龙游）拉力赛

（郑金修摄）

2015年10月18日，2015中国·龙游黄龙玉赏石文化博览会开幕

（吴森邦摄）

2015年9月23日，瑞典爱生雅集团在龙游维达纸业与维达国际控股集团续写强强联合新篇章

（冯炜旭摄）

2015年8月27日，举行龙游新加坡风情小镇（颐怀园）生态健康休闲谷签约仪式

2015年12月24日，举行浙江善蒸坊糕饼文化园开工奠基仪式

（工业园区提供）

2015年3月2日，龙游县举行"学雷锋·万人治污大行动"启动仪式

（郑金修摄）

开展洁净乡村行动

（吴森邦摄）

清理河道垃圾

（吴森邦摄）

2015年5月21日，组织志愿者参加"五水共治·万人治污大行动"

（叶俊摄）

建设中的保障性住房——龙游县灵江家苑安居工程。该项目建筑面积6万平方米，其中一期建筑面积2.3万平方米，二期建筑面积2.4万平方米

（丁峰摄）

龙游人民广场综合改造利用工程（大润发龙游店）施工现场

（叶俊摄）

建设中的龙游风味美食广场

（丁峰摄）

建设中的总建筑面积约16.8万平方米的龙游县子鸣社区安居工程

（丁峰摄）

龙游县沐尘乡双戴村新建的黄泥房部落门楼

（兰小康摄）

2016年9月24日，龙游县第二届全民健身运动会开幕式在县体育馆举行
（吴森邦摄）

自行车比赛
（吴森邦摄）

龙舟比赛
（吴森邦摄）

篮球比赛
（县体育局提供）

钓鱼比赛
（吴森邦摄）

第二届全民健身运动会暨青年奔跑运动会

（县体育局提供）

青年奔跑运动会

（吴森邦摄）

青少年田径比赛

（黄国平摄）

趣味体育拔河比赛

（县体育局提供）

趣味体育跳绳比赛

（县体育局提供）

2015年4月17日，龙游县与阿里巴巴（中国）软件有限公司在杭州签订农村电子商务合作意向书

（冯炜旭摄）

2015年8月7日，第二届龙游县电子商务峰会暨申通电商产业园、安厨龙游站启动上线

（县商务局提供）

2015年12月25日，举行龙游电商城开园仪式

（县商务局提供）

龙游县龙洲街道柳村村被命名为龙游县首个“中国淘宝村”

（叶俊摄）

淘宝商家开展网上交易

（叶俊摄）

龙游县商务局组织全县54家企业赴杭州参加“阿里巴巴总部直通车”跨境电子商务培训活动

（县商务局提供）

2015年9月8日，龙游中学与杭州凯马国贸实业有限公司举行联合办学签约仪式

（冯炜旭摄）

2015年11月19日，浙江大学医学院附属邵逸夫医院与龙游县人民医院举行合作签约仪式

（冯炜旭摄）

2015年4月28日，龙游县大街乡贺田村党支部书记劳光荣（左一）被评为“全国劳动模范”

（大街乡提供）

大街乡贺田村文化礼堂

（金献摄）

大街乡贺田村被评为“全国文明村镇”

（金献摄）

2015年4月9日，“河山情怀”包遂初、包辰初画展在龙游县江滨公园翠光阁举行

（叶俊摄）

2015年4月18日，举行龙游县首届“全民饮茶日”启动仪式

（叶俊摄）

2015年12月31日，夜跑爱好者在疏港公路边锻炼

（吴森邦摄）

2015年9月9日，浙江省首届生态运动会老年人气排球（女子）比赛在龙游县举行

（吴森邦摄）

2015年3月5日，瑜伽爱好者在江滨公园练习

（李晓明摄）

2015年9月29日，龙游县清廉社区开设全市首个社区科普馆暨全市首家集残疾人居家养老、健康养生、科普体验及休闲娱乐为一体的科普服务中心

（叶俊摄）

社区居民在科普馆内感受新科技

（叶俊摄）

2015年12月25日，龙游县农信联社开展“幸福在行动，情暖福利院”义拍活动，对所有征集到的拍品一元起拍，并将拍卖所得款项捐助给县儿童福利院

（县农村信用合作联社提供）

2015年4月30日，龙游县第二届全民读书节暨2015龙游书展开幕

（吴森邦摄）

2015年10月28日，龙游县举办“龙游大厨美食文化节”

（县旅游委员会提供）

2015年12月1日，2015最美衢州人十大年度人物评选活动现场投票走进龙游

（吴森邦摄）

2015“最美龙游人”年度人物（左起）严银根、吴素兰、张炎林、宋海军、廖永宏、盛卫芳、陈敏、杨美、徐土根、林萍、王素红、王仲晋

（县委宣传部提供）

2015年龙游县经济数据

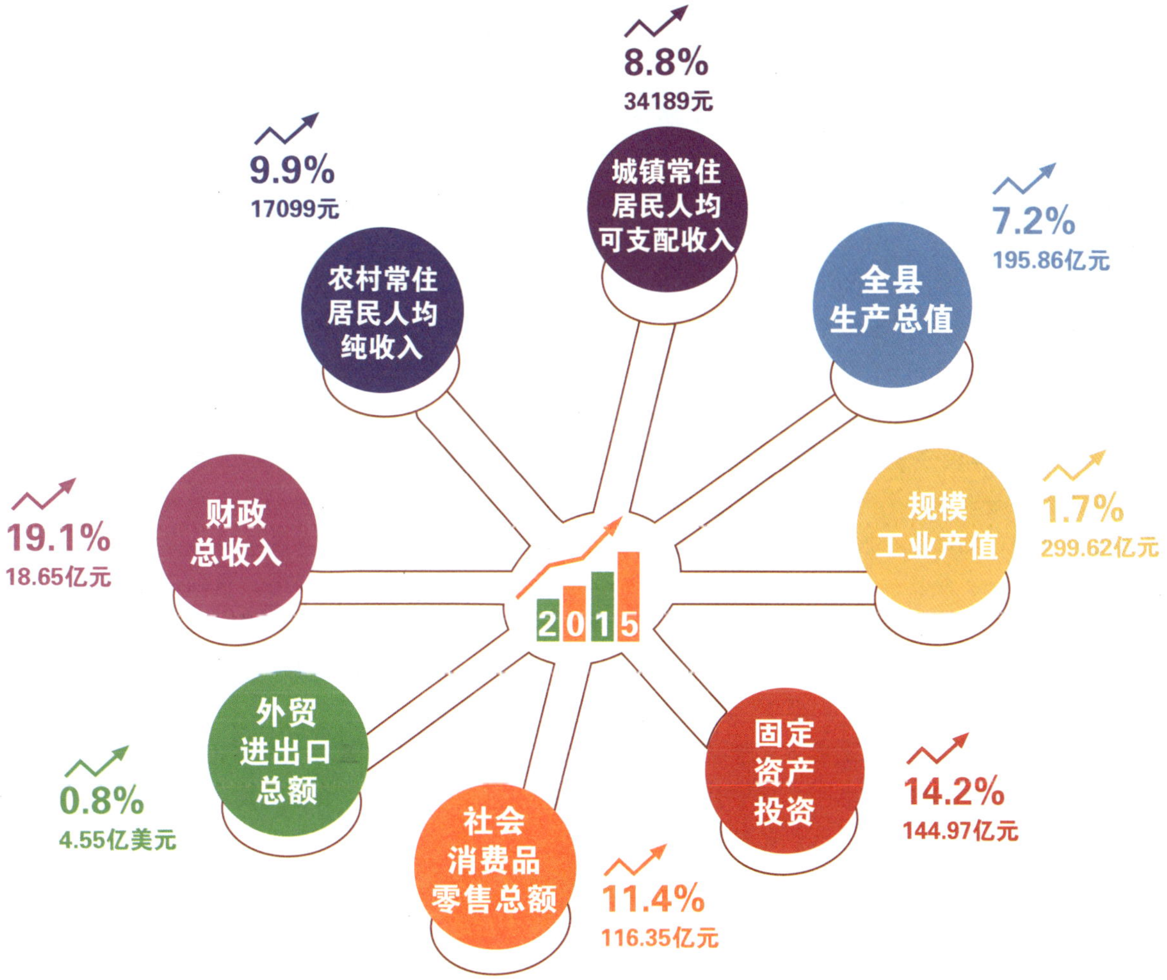

编辑说明

一、《龙游年鉴》是由中共龙游县委、县人民政府主办，县史志办公室组织编纂的综合性地方年鉴，是全面、系统、翔实地汇辑龙游县年度自然、政治、经济、文化、社会等基本面貌和发展状况的资料性文献。旨在为各级领导资政决策提供依据，为社会各界和中外投资者了解龙游提供丰富翔实的地情资料和信息，并为今后续修《龙游县志》积累资料，是一部政府公报性的工具书，是宣传龙游、介绍龙游的名片。《龙游年鉴》创刊于2005年，每年编辑出版一部，面向国内外公开发行。

二、《龙游年鉴（2016）》编纂工作遵循国务院《地方志工作条例》和上级修志部门的有关规定，认真贯彻落实中共十八大和十八届三中、四中、五中全会精神，坚持以马列主义、毛泽东思想、邓小平理论、"三个代表"重要思想和科学发展观为指导，深入贯彻习近平总书记系列重要讲话精神，着力体现时代特征和年度特点，为龙游县经济和社会发展服务。

三、《龙游年鉴（2016）》以文字记述为主，辅以图表照片；记事时间从2015年1月1日至2015年12月31日；以县机关部门、乡镇（街道）和驻龙游单位为记述主体，记述内容按事物性质分类。

四、《龙游年鉴（2016）》体例采用条目体，分为类目、分目、条目三个层次，分别以不同的字号和字体表示。分目一般设概况、综合记事、专题条目，简要记述一个行业、事业、单位的总体情况、单项工作和大事、要事、新事、特事。条目是年鉴汇集资料信息的基本单元，以黑体字加【】号表示，以便查阅。

五、《龙游年鉴（2016）》共设有特载、大事记、县情概要、中国共产党龙游县委员会、中国共产党龙游县纪律检查委员会、龙游县人民代表大会常务委员会、龙游县人民政府、政协龙游县委员会、民主党派·工商联·社会团体、法治、武装、社会事务与社会生活、农业·林业·水利、工业经济、基础设施、商贸服务业、财政·税务、金融业、经济管理与监督、城乡建设与管理、资源·环境·气象、教育·科技、文化·旅游、卫生·体育、乡镇（街道）、机构与负责人名录、先进集体·先进个人、新事·异闻、艺文、重要文件选目、国民经济若干统计资料、索引32个类目。类目、分目、条目的编排力求科学合理。

六、《龙游年鉴（2016）》的稿件、资料由龙游县各部门、乡镇（街道）和驻龙游的省、市直属单位确定专人负责撰写或提供，经《龙游年鉴（2016）》编辑部编辑而成，再经各部门、乡镇（街道）、驻龙单位负责人审定。单位撰稿人和摄影者统一署名于条目和照片后。

七、龙游县统计局提供了全县综合性统计数据，各单位提供的数据与龙游县统计局的数据不一致的以龙游县统计局的数据为准。统计局未作统计的，以各专业部门和乡镇（街道）提供的数据为准。

八、《龙游年鉴（2016）》"先进集体·先进个人"收录2015年度各单位获得的由国家、省相关部门及市县党委、政府颁发的荣誉称号。

九、《龙游年鉴（2016）》卷首设有详细目录和英文要目，卷末编有表索引、图索引和主题索引，书眉标示类目名称。全书资料信息可由目录、书眉、索引等检索渠道获得。

《龙游年鉴》编辑部

2016年10月

目 录

特 载

大事记

县情概要

中共龙游县委员会

中共龙游县纪律检查委员会（龙游县监察局）

龙游县人民代表大会常务委员会

龙游县人民政府

政协龙游县委员会

民主党派·工商联·社会团体

法　治

武 装

社会事务和社会生活

农业·林业·水利

工业经济

基础设施

商贸服务业

财政·税收

金融业

经济管理与监督

城乡规划建设与管理

资源·环境·气象

教育・科技

文化·旅游

卫生·体育

乡镇（街道）

机构与负责人名录

先进集体与先进个人

新事·异闻

艺 文

2015年度重要文件选目

2015年度龙游县国民经济若干统计资料

索 引

Contents

Standing Committee for Longyou NPC

Longyou People's Government

Longyou CPPCC Committee

Democratic Parties, Social Organizations and Federation of Industry and Commerce

Rule of Law

Armed Forces

Social Affairs and Social Activities

Agriculture, Forestry and Water Conservancy

Industrial Economy

Infrastructure

Business Service

Finance and Tax

Banking and Insurance Business

Supervision and Administration of Economy

Construction and Administration of Urban and Rural Area

Resource, Environment and Meteorology

Education and Technology

Culture and Tourism

Health and Sport

Villages and Towns (Streets)

Organization and Catalogue

Advanced Collectives and Advanced Characters

News and Anecdotes

Art and Culture

Collection of Important Files in 2015

Statistic Data of Longyou National Economy in 2015

Index

特 载

顺应新常态 增强新动力
奋力开创龙游转型跨越发展新局面

——在县委十届八次全体（扩大）会议上的报告

中共龙游县委书记 方健忠

（2015年1月13日）

同志们：

这次全会的主要任务是，按照中央和省市委部署要求，回顾总结去年工作，研究部署今年任务，顺应新常态、增强新动力，奋力开创龙游转型跨越发展新局面。

下面，我受县委常委会委托，向全会报告工作。

一、2014年工作回顾

过去一年，县委常委会团结带领全县广大干部群众，坚持“两化”引领，合力攻坚克难，经济社会保持平稳健康发展。预计全县生产总值增长8.5%；财政总收入和公共财政预算收入分别增长10.9%、13.5%；固定资产投资增长21%；社会消费品零售总额增长13%；外贸进出口总额增长18%；城乡居民人均可支配收入分别增长10.2%和11.6%。经济、平安、生态三张“报表”成绩优良，重点专项工作走在全市前列。

（一）高标准高质量开展党的群众路线教育实践活动。深入学习贯彻习近平总书记系列重要讲话精神，作为理论学习中心组、专题学习会和党校教育培训的重要内容，认真研读《干在实处、走在前列》和《之江新语》两部专著。从加强理想信念教育入手，开展理论宣讲、专题研讨、专家辅导，解决思想“总开关”问题。敞开大门倾听群众意见、接受群众监督，查摆“四风”突出问题，各级专题民主生活会和组织生活会敢于揭短亮丑、真刀真枪，严肃了党内政治生活。县委常委班子带头开展6个方面28项内容、22个建章立制重点的整改落实，促进作风建设制度化常态化长效化。集中开展文山会海、村（社区）“三多”等21项专项整治，县级层面会议、文件数下降46%和28%，评比达标表彰活动下降25%，压缩30.6%的“三公”经费全部用于“五水共治”。通过教育实践活动，广大党员干部党性修养得到锤炼，党群干群关系更加密切，党风政风明显改观。

（二）经济转型升级步伐加快。围绕大干项目，开展“四重双百”项目“三挂五竞赛”活动，全县139个实施类重点项目累计完成投资86.7亿元，占固定资产投资总额的67%，投资结构进一步优化。围绕大抓招商，创新招商机制，召开首届龙商大会，全年新引进项目33个，到位资金54.2亿元。以倒逼促转型，制定出台扩大工业有效投资促进企业技改等政策，根据企业综合效益排序落实差别化激励措施，累计兑现土地使用税分档分类奖励资金492万元。以创新提质效，新增1家省级重点企业研究院，2家企业建立院士专家工作站，高新技术产业、新兴产业、新产品产值分别增长10.9%、8.2%、40.5%。全县规模工业实现产值294.5亿元，增长7%。

（三）新型城镇化建设重点推进。把城市规划建设管理作为最大民生工程，召开县委十届七次全会对新型城镇化建设进行专题部署。城东新区4平方公里规划建设全面启动，完成七大专项规划编制和18公里城市道路方案设计，制定出台城中村征迁实施办法和国有土地房屋征收补偿政策，启动小高山村整体搬迁和城东子鸣新社区建设，驿前大桥正式通车，完成太平路等主干道杆线入地工程和宝塔路改造工程，投入3000多万元改造提升阳光小区、竹景花园等一批老旧小区。完善城市管理综合协调机制，五大专项整治行动初见成效。

（四）文旅融合发展再创优势。推进重点文化旅游项目建设，中国红木家居文化园初具规模，六春湖运动休闲区项目完成土地征收，启动石窟旅游度假区光影艺术改造项目，成功创建天池荷花国家AAA级景区，举办亚太汽车拉力锦标赛，旅游投资占服务业投资比重达21%。大力实施文化惠民工程，新增22个农村文化礼堂，打造了一批公共文化服务品牌。开展龙游博物馆和荷花山遗址公园项目前期工作。大力弘扬“最美”精神，涌现一批“最美”群体，3人入选中国好人榜，传播了正能量，温暖了全社会。

（五）美丽龙游建设成效显著。坚持全面发动、全员参与、上下齐心，铁腕治水形成破竹之势。财政安排2.4亿元专项补助资金，打响生猪养殖和炭化篾污染治理攻坚战，削减生猪饲养量百万余头，全县69家炭化篾企业全部关停拆除；开展河道采砂制砂专项整治，完成72个村生活污水处理设施建设，在全市率先消灭垃圾河，河道水质明显改善；敢于首创、勇于争先，“开启”“集美”等“四大模式”得到省、市充分肯定，被评为全省“五水共治”工作优秀县。深入推进“三改一拆”，累计完成“三改”面积130万平方米，拆除违法建筑166万平方米。以治水拆违倒逼产业转型升级，整县域推进生态循环农业试点，大力发展生态有机农业等绿色产业，新增认证有机农产品21个，发展一批农村电子商务示范点，“九号牧场”在浙商所挂牌上市。

（六）重点领域和关键环节改革取得突破。以政府自身改革为突破口，扎实推进“四张清单一张网”建设，建成涉批中介网上大厅。推进国资改革，新组建城投、商贸物流两个国资公司，规范清理党政领导干部企业兼职；做大“资金池”、优化“资产池”，提高融资议价能力，降低财务成本；积极创新投融资方式，到位资金8亿元，为城市建设提供有力保障。深化农村综合改革，全面取消城乡户籍划分，建立农村产权流转交易平台，积极推进农村“三权”确权颁证工作。加快山区集聚发展，建成湖镇阳湖小区，开工建设溪口翠竹小区，集聚农村人口2900人。

（七）法治龙游和平安龙游建设不断深化。按照法治、德治、自治“三治”融合要求，全面开展村规民约修订完善工作，构建完善“大调解”工作体系，推广“民情通”掌上应用平台，重视初信初访按期办结工作，各类矛盾纠纷调处成功率达99%以上，省级挂牌信访积案全部化解，实现重要时段、敏感节点“两个确保”目标。创新“112”基层治理模式，常态化开展隐患排查整治，刑事治安案件发案率下降27.4%，安全生产事故下降10.7%。社会大局保持和谐稳定，平安建设有望实现“九连冠”。

（八）民生事业持续改善。十大类36项民生实事全部完成，民生投入达21.1亿元，占财政总支出77.2%。实施积极有为就业政策，新增城镇就业人口5800余人。推进社保扩面，社会福利、社会救助和慈善事业均衡发展。提高基本公共服务均等化水平，教育、卫生事业投入稳步增长，合理配置城乡资源，取消华茂招生绿色通道，推进标准化乡村卫生场所建设，全民健身户外拓展基地完成土建工程，改善2.1万农民饮水条件，提前建成“数字新农村”。

（九）党的建设全面加强。突出实干用人导向，提拔基层一线优秀干部59人，调整不适宜担任领导干部17人，严肃处置不合格党员82人。开展“百狮争先、一线攻坚”行动，选派136名年轻干部到一线挂职锻炼。加大基层关心关爱力度，新增1500多万元基层组织建设专项经费，落实乡镇干部住夜交通补贴，改善山区边远乡办公条件。加强服务型党组织和带头人队伍建设，涌现出劳光荣等一批先进典型；探索企业“双强八维度”评价机制，打造出龙游特色基层党建品牌。深入开展“走村不漏户、户户见干部”活动，帮助基层解决实际困难和问题。保持正风肃纪高压态势，严肃惩治腐败，规范农村“三资”管理，处理一批违法违纪人员。

一年来，县委常委会高度重视自身建设，坚决维护党中央权威，认真贯彻执行民主集中制，总揽全局、协调各方、强化担当、崇尚实干、做好表率，支持县人大及其常委会围绕全县发展大局依法行使职权，支持人民政协依照政协章程履行政治协商、民主监督、参政议政职能，充分发挥代表委员主体作用，加强与各民主党派和无党派人士的合作共事。加强对工青妇等群团组织的领导，做好党管武装、统战、民族、宗教、侨务、对台、老干部等工作，凝聚社会各方力量，不断增强推动龙游发展的强大合力。

这些成绩是在宏观形势趋紧、经济下行压力加大的复杂环境下取得的；是在贯彻落实上级专项工作部署，全面打响“五水共治”“三改一拆”和经济转型升级“组合拳”等几场硬仗的情况下取得的；是在持续改善民生事业，化解大量社会矛盾，守住平安底线的前提下取得的；是在深入开展教育实践活动，从严治党、从严执纪的背景下取得的。成绩来之不易，凝聚着全县各级党组织和广大党员干部群众的辛勤汗水，也离不开老同志和社会各界的大力支持。在此，我代表县委常委会向大家表示衷心的感谢！

在肯定成绩的同时，我们也要清醒认识工作中存在的问题与不足，如经济结构调整阵痛开始显现，部分企业生产经营困难；城市建设整体推进步伐不快，城市管理仍存在不少瓶颈问题；部分规模生猪养殖场整治没有到位，竹产业转型升级迫在眉睫，“五水共治”任重道远；利益主体多元化、诉求多样化趋势明显，各类不稳定因素大量存在；少数干部担当意识、法治意识、改革创新意识不强，“四风”问题没有杜绝；基层组织建设存在薄弱环节，等等。我们必须高度重视这些问题，采取有力措施认真加以解决。

二、认识新常态把握新要求

当前，我国政治、经济、社会各层面都进入了新常态，出现了新气象。经济层面，中央经济工作会议从九个方面诠释了新常态下我国经济的阶段性特征，经济增长速度正从高速增长转向中高速增长，经济发展方式正从规模速度型粗放增长转向质量效率型集约增长，经济结构正从增量扩能为主转向调整存量、做优增量并存的深度调整，经济发展动力正从传统增长点转向新的增长点。社会层面，党的十八届四中全会全面部署了依法治国的各项任务，要求依法治国、依法执政、依法行政共同推进，坚持法治国家、法治政府、法治社会一体建设，强调法定职责必须为、法无授权不可为。政治层面，党的十八大以来，从转作风的“扶正祛邪，直击积弊”到反腐败的“打虎拍蝇，抓铁有痕”，再到严纪律的“从严治吏，为官不易”，充分体现了中央从严治党、有腐必反的坚定决心。这些都为今后一个时期的工作提供了重要遵循，我们要正确认识新常态、主动顺应新常态，增强新动力、谋求新发展。

进入新常态，必须正视新挑战。我县经济下行压力依然较大，部分传统行业产能过剩，一些企业面临重新“洗牌”，企业盈利能力和投资意愿明显下降，保持经济平稳增长难度加大。生态环境关注度越来越高，清新空气、清澈水质、清洁环境成为群众新期待，加快发展与保护生态的双重压力不断加大。随着新预算法实施，对地方债务、税收优惠政策的规范清理势在必行，我县财政国资如何联动推进发展面临重大挑战。各类社会矛盾相互交织，平安稳定工作任务相当艰巨。在从严治党、依法行政的背景下，如何既有效治理不作为、慢作为、乱作为，又激发干部想干事、敢干事、干成事的积极性，成为我们必须解决好的现实课题。

认识新常态，必须把握新机遇。当前，国家实施区间调控、定向调控，基础设施互联互通和新技术、新产品、新业态、新商业模式的投资机会大量涌现，以网络为依托的新兴产业、服务业、小微创新企业迎来发展良机。我县是连接杭州都市圈、金义都市圈的重要节点，随着杭长高铁开通和龙游港区建设，交通区位优势会更为明显；全县土地储备比较充足，已供工业用地仍有较大挖潜空间，这些都为吸引和承接大企业大集团市场化布局项目创造了有利条件。同时，工业平台规模效应逐步显现，伊利、维达、年年红等一批重大产业项目相继建成投产，道明光学、光明铁道、禾川科技、天顺生物等一批科技型、成长型企业前景广阔，为经济发展注入了新动力。近年来广大干部干项目、抓招商、治污水、拆违建、推改革、创平安，通过重点专项工作的克难攻坚，锤炼了一支有血性、有智慧、打胜仗的干部队伍。总之，我县仍处于大有可为的重要战略机遇期和转型跨越上升期，我们要保持定力、顺势而为，抢抓机遇、真抓实干，不断取得经济社会发展新进步。

顺应新常态，必须明确新要求。要更加注重精准聚焦，始终紧盯新型工业化、新型城镇化、文化旅游三大主战场，把人财物资源像导弹一样进行集中投掷，精准发力各个重点部位和难点关卡，撕开口子、以点带面，推动全局发展。要更加注重改革创新，坚持用法治思维、改革思维、市场思维、互联网思维推进工作，变权力为责任，变管理为服务，努力向改革要红利、要活力、要竞争力。要更加注重资源整合，把好钢用在刀刃上，做好资源、资产、资金、资本“四资”文章，着力推进资源资产化、资产资金化、资金资本化、资本证券化，利用有限资源谋求最大效益。同时要注重引导企业盘活存量，推动融合、整合发展。要更加注重执行落实，严守政治纪律和组织纪律，打造忠诚、干净、担当干部队伍，“严”字当头、“实”字为要、“快”字开道，充分发扬团队精神，围绕“把事干成”想点子、谋举措、强执行，一级抓一级、层层抓落实。

三、2015年工作目标和重点任务

2015年，是全面深化改革的关键之年，是全面推进依法治国的开局之年，也是五年规划的收官谋划之年。做好今年工作，意义重大、影响深远。

今年工作的指导思想是：认真落实党的十八大和十八届三中、四中全会精神，深入贯彻习近平总书记系列重要讲话精神，按照中央和省委、市委部署要求，主动顺应新常态，坚持稳中求进、主动作为的工作总基调，以深化改革为动力，以法治建设为基石，以改善民生为根本，以从严治党为保障，持续扎实推进新型工业化、新型城镇化、文化旅游和美丽龙游建设，奋力开创龙游转型跨越发展新局面。

今年主要预期目标是：全县生产总值增长8%左右；固定资产投资增长15%；公共财政预算收入

增长8%；社会消费品零售总额增长13%；外贸进出口总额增长10%；城镇居民人均可支配收入增长9.5%，农村居民人均可支配收入增长10.5%，节能减排完成省市下达目标。

根据上述指导思想和目标要求，今年我县经济社会发展的重点任务是：

（一）突出提质增效，加快工业强县建设。坚持工业首位意识不动摇，打好转型升级“组合拳”。要推进产城融合，完善工业园区功能配套，提升工业平台集聚能力。要着力培育特色优势产业，做大做深特种纸产业，提高装备制造业产品竞争力和产业集聚度，大力发展医化新材料产业，培育三大“百亿”产业，提升壮大纺织服装、电子信息、绿色食品和高端竹木加工等产业。要扶优扶强龙头骨干企业，排出名单、量身定制扶持政策，鼓励重点企业加快股份制改造、兼并重组、挂牌上市步伐，择优选取符合产业导向“小巨人”企业作为名企培育对象，研究制订对科技型、创新型、成长型小微企业的精准扶持措施，加快建设中小企业创业孵化基地。要引导企业适应新常态，主动调整战略、把握机遇、做强主业、整合发展，注重高端人才培育引进，加强技术创新、管理创新、营销创新和商业模式创新，增强企业竞争力。要推进创新驱动发展，加快工业化信息化深度融合，大力发展以互联网为核心的信息经济，加大引智借脑力度，完善柔性引才政策，充分发挥院士工作站和企业研究院积极作用，鼓励企业加强科研攻关，提高产品科技含量和附加值。继续落实用地、用水、用电、用能等差别化激励措施，倒逼淘汰落后产能。要加快行政审批改革，在符合产业规划布局前提下，全面实行企业“零增地”技改项目政府不再审批、企业独立选址项目高效审批，变事前审批为事中事后监管服务，当好精准服务企业的“店小二”。

（二）坚持以人为本，推进美丽县城建设。以全省首批美丽县城试点为契机，努力建设形象美、特色强、功能优的生态文化旅游城市。要加快城东新区建设，确保完成荣昌东路等“一横三纵”道路框架建设，启动永安路拓宽改造工程，为金融中心等一批市场化项目落地创造条件。开展两江四岸景观亮化设计和重要城市节点改造设计，加快友钦路、伯珍路等项目前期，完成小高山村整体搬迁，高品质建设子鸣新社区。要有序推进旧城改造，启动衢龙路以北西湖沿区块征收改造工程，谋划一批老城区“搬盘”和有机更新项目，分步推进部分老旧小区改造提升。要提升城市管理水平，组建行政综合执法局，严格城乡规划管控，继续推进五大专项整治，加强小区物业管理，改善城市环境面貌。要发展繁荣城市经济，强化土地综合开发和公共服务配套，完成家居建材市场等一批重点市场项目建设，引导传统市场向物流园区搬迁集聚，整合盘活城区闲置厂房、办公用房等存量资源发展电子商务、文化创意等新兴产业。要加快中心镇建设，推进湖镇镇小城市培育，明确产业定位，引导工业向龙游工业园区集中、三产为中心城区配套，加快建设工贸强镇、文旅名镇；以溪口镇为龙头，完善龙南片区产业发展规划，着重抓好竹产业转型提升和生态旅游发展，谋划建设龙南竹海风情小镇。

（三）大抓文化旅游，带动美丽龙游建设。把文化旅游业作为战略性新兴产业和生态富民产业，培育成新的经济增长点。要打造核心旅游“金名片”，主攻中国红木家居文化园、石窟旅游度假区和民居苑项目建设，加快建设“红木文化小镇”省级产业特色小镇，谋划“两江”夜游项目，整体捆绑争创国家AAAAA级景区。加强高铁站前区块整体规划改造，加快游客集散中心等基础设施配套，构建便捷高效的旅游交通线路，强化网络旅游营销，提升旅游知名度美誉度。要培育乡村旅游新亮点，结合省美丽乡村示范县建设，坚持政府引导、乡村主体、农民参与，大力发展乡村旅游，鼓励发展民宿经济。重点围绕“三线七点”，打造以六春湖项目为龙头的龙南大竹海运动休闲养生旅游线，以天池荷花景区、三门源等古村落为核心节点的龙北历史文化体验旅游线，以沿江美丽乡村示范村为串点的灵山江生态水景观光休闲旅游线。要营造山清水秀好风光，继续打好治水治气拆违三大攻坚战，治水治到水清为止，拆违拆到公平为止，治气治到天蓝为止，确保创建省级“清三河”达标县和“无违建县”，综合施策改变空气质量全省落后局面。要构建现代农业新业态，以工业的理念抓农业，推进多种形式的适度规模经营，深化生态循环农业省级试点，打造“四大模式”升级版，大力发展“一村一品”、有机农业和休闲观光农业，深入实施“电子商务进万村”和“龙游馆”提升工程，促进一、二、三产融合发展，实现生态惠民富民。

（四）狠抓改革攻坚，不断激活发展动力。向开放要活力。进一步解放思想，传承弘扬“敢为人先、海纳百川”的龙商精神，主动适应新常态下产业组织新特征，通过政策制度的“废、改、立”打破体制机制障碍，让每个有创业愿望的人尤其是年轻人拥有自主创业空间，让创业创新的精神在全社会蔚然成风，形成大众创业、万众创新的良好局面。向改革要红利。继续抓好“四张清单一张网”建设和政府机构改革，最大限度减少政府对微观事务的管理；深化国资运营管理改革，组建交通、水务集团公司，加大力度盘活存量国有资产和沉淀资金，推进国资公司市场化改造、实体化运作；加强农村综合改革，全面推进农村“三权”确权和户籍制度改革，创新异地搬迁安置方式，加快人口内聚外迁。认真研究制定“十三五”经济社会发展规划，谋划好重大项目、重大工程、重大政策，为下一轮科学发展打下扎实基础。向投资要效益。扩大有效投资，力促产业转型，招商引资是关键。强化精准招商，聚焦产业链和市场布局项目招商，既关注“大好高”项目引进，又重视专业化、智能化、个性化“小精优”项目落地。研究制订吸引民间资本参与基础设施和公共服务项目建设的优惠政策，积极探索PPP模式，打通混合所有制渠道。继续实施“四重双百”项目“三挂五竞赛”制度，以快落地、真落地作为检验项目工作成效的重要标准，消除投资障碍，严格日常督查，推动项目早落地、早建成、早投产。

（五）推进依法治县，加快法治龙游建设。坚持依法执政、依法行政、公正司法、全民守法共同推进，促进县域治理体系和治理能力现代化。要坚持依法执政，加强党内规章制度建设，增强党员干部法治思维和依法办事能力，召开县委人大、政协工作会议，支持人大及其常委会依法行使职权，支持政协依照章程履行职能。要严格依法行政，完善公众参与、专家论证、风险评估、合法性审查等机制，确保决策科学民主依法。健全规范执法长效机制，严格公正文明执法，不断提高群众对行政执法的满意度。要推进公正司法，支持司法机关依法独立公正行使职权，建立领导干部干预司法、插手具体案件的记录、通报和责任追究制度，把法治的要求和标准落实到司法全过程，不断提高司法公信力，努力让人民群众在每一件司法案件中感受到公平正义。要引导全民守法，落实宪法宣誓制度，加强法治宣传教育，开展基层法治创建活动，注重发挥道德教化作用，引导人们自觉履行法定义务、社会责任、家庭责任。健全公共法律服务体系，推进涉法涉诉信访案件律师代理和法律援助服务，及时为群众提供法律帮助。

（六）加强民生保障，共享美好幸福生活。坚持问题导向、需求导向、满意导向，一以贯之抓民生，促进城乡居民更多更好享受改革发展成果。要继续加大民生投入，做好创业就业与居民增收工作，确保城乡居民人均可支配收入增长与经济增长同步；推进城乡教育医疗事业均衡发展，优化城区教育布局，完成县职教中心项目建设，深化农村医疗卫生体制改革和公立医院改革，鼓励发展民办教育、民办医疗、民办养老。认真做好住房保障、社会救助等工作。重视城乡饮用水安全，完成高坪桥水库项目前期工作。要加强文化建设，以“最美”系列创建为抓手，推动社会主义核心价值观教育，推动全民创业创新。加快城市博物馆、农村文化礼堂等文化基础设施项目建设，加大文化创意产业扶持力度，重点支持“玉”“纸”等文化产业发展，争创省级文化先进县。要积极开展“基层社会治理创新年”活动，按照“减积案、控增量、防风险、强法治”的要求，实施政法综治平安建设十大专项行动，巩固提升“三治”融合村规民约修订成果，探索开展市民公约修订工作，构建科学有效的诉求表达、矛盾调处和权益保障机制，依法严厉打击各类违法犯罪活动，守牢公共安全防线，力争平安建设“十连冠”。

四、全面落实从严治党要求

治国必先治党，治党务必从严。我们要认真贯彻落实习近平总书记系列重要讲话精神，把抓好党建作为最大的政绩，从严治党、大抓基层，全面提升党的建设科学化水平，为实现转型跨越发展提供坚强保证。

一要落实党建主体责任。各级党委（党组）书记要严格落实党建主体责任和“第一责任人”责任，亲力亲为抓党建；各级党委（党组）成员要落实“一岗双责”，切实履行分管领域从严治党责任。要健全党建述职考评机制，推行基层党建“书记项目”，完善党组织书记党建工作联述联评联考制度，全面实施村（社区）党组织书记“双向述职”。召开季度党建例会，及时分析研究党建工作，对存在问题进行分层次重点督办，把每条战线、每个领域、每个环节的党建工作抓具体、抓深入。

二要狠抓思想政治建设。坚持思想建党，加强学习型党组织建设，创新学习制度、拓展学习载体、丰富学习内容，以班子学习带动干部学习，切实强化理论武装，不断增强理想信念和政治定力。要严肃党内政治生活，加强领导班子民主集中制建设，高质量开好专题民主生活会和组织生活会，提高班子、干部发现和解决问题的能力。要严守政治纪律和组织纪律，各级党组织和党员干部要在政治上讲忠诚、组织上讲服从、行动上讲纪律，以最坚决、最认真、最老实的态度把讲政治、守纪律体现到不折不扣落实上级各项决策部署上来。在意识形态斗争中主动发声、敢于反击，强化舆论引导，加大建设性舆论监督力度，为龙游改革发展稳定营造良好氛围。

三要打造敢于担当队伍。选优配强干部队伍，坚持人岗相适、人尽其才理念和好干部标准，选拔一批“对党忠诚、个人干净、敢于担当”的干部。要一线比选干部，开展工业经济、城市建设、文化旅游、农业农村、政法综治、基层党建等六类专项行动，实行干部资源组团式使用、项目化管理，通过赛场赛马，以实绩比实干、明奖惩、树导向。要从严管理干部，开展“三严三实”专题教育活动，健全领导班子和领导干部综合分析研判机制，完善条块考核积分排名办法，探索公务员日志式管理，加强全员实事量化考核，形成促进“为官有为”的长效机制。要关心关爱干部，健全经常性谈心谈话制度，对苗头性倾向性问题早发现、早提醒，营造鼓励创新、宽容失误的干事创业氛围，及时落实关爱基层干部的各项待遇。

四要构筑坚强基层堡垒。开展“大抓基层组织年”活动，实施“示范带创”工程，拓展“第一书记”工作法，整顿转化软弱涣散基层党组织，建设一批基层党建示范群。实施“领头雁”工程，加强基层带头人队伍建设，拓宽优秀村干部来源渠道，选树一批劳光荣式的好干部，探索推选优秀村干部进乡镇干部队伍和事业单位，对不同心、不在岗、不作为的村干部严肃问责、履约让位，加大不合格党员处置力度。实施党群连心工程，深化乡镇（街道）干部“走村不漏户、户户见干部”活动，推行村（居、社区）“干部包片、党员联户”制度，开展两新党建“双强争先”活动，全力打造“三民工程”升级版。实施基层保障工程，全面落实村级组织运转经费，规范农村集体“三资”管理，探索发展现代农业、乡村旅游、物业经济等产业项目壮大村级集体经济。

五要加强党风廉政建设。从严落实党风廉政建设党委主体责任和纪委监督责任，围绕重点中心工作强化“一岗双责”、强化监督执纪问责，做到任务清单、责任清单、问责清单“三单合一”，同部署、同检查、同落实，有效解决“为官不为”“庸懒散”等问题。坚持制度治党，从抓好教育实践活动和巡视反馈意见的整改任务入手，健全完善改进作风长效机制，保持正风肃纪高压态势，严防“四风”反弹。要始终保持勤政廉政，严格落实中央、省委、市委各项规定，全面推行部门和单位主要负责人“五个不直接”分管工作制度，把权力关进制度的笼子里、运行在全方位监管的阳光下，以“零容忍”的态度坚决惩治腐败，做到干部清正、政府清廉、政治清明。

同志们，使命催人奋进、前途充满光明。让我们紧密团结在以习近平同志为总书记的党中央周围，深入贯彻落实党的十八大和十八届三中、四中全会精神，始终保持奋发有为的精神状态，把困难当磨炼，把挑战当机遇，顺应新常态，再创新业绩，为加快龙游转型跨越发展而努力奋斗！

人大常务委员会工作报告

——在龙游县第十二届人民代表大会第四次会议上

龙游县人民代表大会常务委员会主任 周中民

（2015年2月2日）

各位代表：

我受龙游县第十二届人民代表大会常务委员会委托，向大会报告工作，请予审议，并请列席人员提出意见。

2014年的主要工作

2014年是深入实施“两化”引领战略的攻坚之年，也是人民代表大会制度建立六十周年。县人大常委会在县委的正确领导和省、市人大常委会的精心指导下，坚持以邓小平理论、“三个代表”重要思想、科学发展观为指导，认真学习贯彻习近平总书记系列重要讲话精神，围绕中心，聚焦民生，依法履职，顺利完成了县十二届人大三次会议确定的各项任务。一年来，共召开常委会会议9次，听取和审议工作报告31个，作出决议、决定和审议、评议意见19项；召开主任会议24次，组织人大代表专题视察4次，执法检查1次，专题调研2次，对法官、检察官开展了履职评议，依法任免国家机关工作人员109人次，决定接受辞职18人次，补选市人大代表7名、县人大代表21名，为推进全县经济、政治、文化、社会和生态文明建设做出了应有的贡献。

一、坚持党的领导，牢牢把握正确政治方向

县人大常委会坚持党的领导、人民当家做主、依法治国的有机统一，自觉维护县委统揽全局、协调各方的领导核心地位，全面贯彻落实县委决策部署，保持正确的政治方向。以党组扩大会、理论中心组学习会等多种形式，认真学习领会党的十八届三中、四中全会以及习近平总书记系列重要讲话精神，深入贯彻落实县委全会精神，以各次全会和省委人大工作会议精神指导县人大工作实践。依法履行人大职权，把人大的智慧和力量凝聚到县委的决策部署上来，使县委决策经法定程序转化为全县人民的共同意志。精心组织纪念人民代表大会制度建立60周年活动，通过召开座谈会、开展集中宣传、

编印人大调研成果集等形式，不断增强广大干部群众的道路自信、理论自信和制度自信。落实重大事项向县委报告制度，积极参与全县重大项目建设及重要活动；始终坚持党管干部原则和人大常委会依法任免的有机统一，有序推进任免工作的制度化和规范化。

二、服务发展大局，助推“两化”引领战略实施

县人大常委会认真贯彻县委重大决策部署，紧紧围绕“两化”引领战略实施来谋划人大工作，围绕全县经济社会发展的重要事项开展监督，积极助推我县经济社会转型跨越发展。

（一）围绕“两化”建设开展监督。持续关注我县工业经济发展情况，听取和审议龙游工业园区发展及工业项目推进实施情况的报告，督促县政府强化体制机制创新，强化产业布局培育，强化平台功能提升，破解瓶颈制约因素，加强项目谋划招商，加快园区提升发展和项目建设。主任会议专题听取城市东进情况的汇报，在强化规划的引领作用、合理安排开发时序、强化城郊村规划管控等方面提出意见建议，着力推进城市跨江发展和新区建设。主任会议还听取了住宅小区物业管理工作情况的汇报，就龙游县存在的物业管理不到位、经营不规范等问题提出意见建议。县政府及相关部门出台了物业管理暂行办法，住宅小区物业管理工作得到加强。

（二）着力助推经济社会健康发展。县人大常委会高度关注全县经济社会发展情况，平时加强对年初人代会政府工作报告提出的主要任务的调研和督查。听取和审议了县政府关于2014年上半年龙游县经济社会发展情况和下半年政府工作的报告，分析存在的问题，并提出意见建议。年末又听取和审议龙游县国民经济和社会发展计划执行情况及今年计划草案的报告，提出了加强新形势新常态的研判、大力推进转型升级、提振企业发展信心等意见建议。县政府及相关部门高度重视人大意见建议的落实，积极采取措施，健全工作机制，促进全县县经济社会的平稳健康发展。

（三）强化财政预算监督。县人大常委会将财政预算监督作为依法履职的重要内容，对财政预排的预算方案进行调查分析，提出预算编制和执行的意见建议。听取和审议了财政预算半年执行和2013年地方财政决算草案的报告，审查批准了2013年财政决算。高度重视审计监督发现的突出问题，跟踪监督问题的整改落实，切实维护审计监督的严肃性。听取和审议县政府关于2014年财政预算调整方案的报告，审查批准了相关调整方案。听取和审议全年财政预算执行情况及2015年财政预算草案的报告，提出了适应新预算法要求，开展全口径预算等意见建议。县政府及相关部门积极落实措施，依法有序开展全口径预算的准备工作。

三、把握监督重点，保障社会民生事业发展

县人大常委会以“五水共治”等全县中心工作为监督重点，通过行使重大事项决定权、依法开展监督、扩大代表参与度等方式依法履行人大职权，为建设“美丽龙游”、构筑和谐社会献计出力。

（一）以“五水共治”为重点，积极推进共建生态家园。依法行使重大事项决定权，去年3月县人大常委会及时作出关于推进“五水共治”共建生态家园的决定，要求切实增强紧迫感和使命感，全面发动全民参与，落实责任密切配合，整合资源强化保障，加强监督主动介入，建章立制严格执行，确保“五水共治”共建生态家园工作善始善终善作善成。去年下半年县人大常委会听取和审议了县政府关于推进“五水共治”共建生态家园情况的报告，并开展专题询问，在依法治理、联合监管、促进转型、完善机制等方面提出意见建议，全力助推“五水共治”工作不断取得新成效。针对群众反映强烈的畜禽养殖、炭化篾污染等问题，县人大常委会依法强化监督，督促政府及有关部门持续强力推进生猪养殖污染、炭化篾污染等专项整治工作，形成长效管理办法，全县畜禽养殖污染等问题得到有效治理。持续监督县人大常委会关于加强灵山江生态环境保护决定的落实，构建多层次责任体系，建立一周

一巡查、一月一督查制度，以经常性的巡查督查跟踪问效，切实推进灵山江生态环境整治与保护工作。听取和审议我县防洪排涝工作情况的报告，围绕组建龙游水务集团这一课题开展调研，视察“洁水养殖”情况，继续开展饮用水水源保护执法检查，有力推进了全县“五水共治”共建生态家园工作。

（二）以公共交通为重点，持续关注民生事业发展。随着龙游县汽车保有量的快速增长，道路交通安全等问题引起社会各界的高度关注。县人大常委会分别听取和审议了县政府关于加快推进城乡公交一体化建设情况和全县公安交通管理工作情况的报告，提出了加大道路交通安全联合执法力度、促进城乡公共交通统筹发展、方便城乡居民出行等一系列意见建议，推进了全县交通管理工作水平的提高和城乡公交一体化建设。加强对社会民生项目推进情况的监督，主任会议专题听取“数字新农村”工程建设和电力工作情况的汇报，组织代表视察农村文化礼堂建设和养老项目推进实施情况，实地督查龙南山区竹林生态栽培、病死猪集中处理等情况，听取和审议历史文化名村保护规划情况的报告，积极助推婺剧进校园活动，有力促进了社会民生事业的发展。

（三）以跟踪问效为目标，加强监督意见的检查落实。重视专题询问和一般询问等监督手段的运用，促进政府及相关部门进一步完善措施健全机制，提高工作实效。对畜禽养殖污染整治、城乡公交一体化建设、防洪排涝工作等8个审议意见落实情况开展“回头看”和满意度测评，听取政府落实情况的报告，提出整改落实的意见建议，确保人大审议意见落到实处。跟踪监督县林业局、质监局的工作，对落实人大常委会工作评议意见的整改情况进行督查，促进被评议单位不断改进工作，巩固工作评议成果。根据市人大的统一部署，开展消防安全执法检查“回头看”，提出整改意见和建议，切实提高全县企业安全生产水平。

四、强化法律监督，推进依法行政公正司法

保障法律法规正确实施，加强司法监督是地方人大的重要职责。一年来，县人大常委会不断加强法律监督，弘扬法治精神，着力推进“法治龙游”建设，为经济社会转型跨越发展提供法律保障。

（一）保证法律正确施行促进依法行政。听取和审议县政府关于科技进步法律法规实施情况的报告，要求进一步完善科技创新机制，加大科技创新投入，加强创新平台建设，推动政府深入实施创新驱动发展战略。听取公、检、法、司关于落实新刑诉法贯彻实施情况审议意见的报告，推进司法机关进一步转变执法理念，抓好各项制度和保障措施的落实。组织开展新预算法培训，加强行政规范性文件备案审查，健全接收登记、档案管理等制度，全年共备案审查行政规范性文件18件。组织开展公共资源交易及监管工作情况的调研，协助上级人大做好石油天然气管道保护、社会救助、社会养老服务、民间信仰活动场所管理、禁毒工作等情况的意见征集和相关调研工作，配合上级人大深入开展食品安全法、浙江省少数民族权益保障条例等法律法规的执法检查工作。

（二）聚焦队伍建设促进公正司法。进一步创新监督司法工作方式，对法官、检察官履职情况开展评议。制定评议实施方案，召开动员大会，随机确定被评议的8名法官、检察官；通过自查自评、调查了解、民主测评等环节，县人大常委会召开会议对评议对象履职情况开展评议，反馈评议结果，确定评议等次，作出评议意见，提出整改要求，同时对履职优秀的法官、检察官进行表彰。落实“两院”工作人员任前考察制度，开展任前考察26人次；组织开展任前法律知识考试，全程跟踪监督县法院中层干部竞争上岗工作。加强对县法院选任人民陪审员工作的监督，督促制定人民陪审员考核管理制度，任命新一批人民陪审员。落实监督司法工作实施办法，对司法机关的常态化监督得到加强。组织开展加强法院执行联动机制建设的调研，进一步推动法院破解执行难问题。

（三）切实做好人大信访工作。县人大常委会高度重视人大信访工作，认真贯彻信访条例，健全信访工作制度，加大重要信访件督办力度。2014年

共接收人民来信60多件，接待来访70多人次，督办重要信访30多件，其中涉法涉诉信访5件，解决了一批事关群众切身利益的信访问题，为维护社会稳定、促进社会和谐发挥了积极作用。

五、创新工作载体，代表作用得到有效发挥

县人大常委会把尊重人大代表主体地位、努力提高服务代表水平作为重要基础性工作，创新工作载体，丰富活动内容，完善保障机制，充分发挥人大代表的主体作用。

（一）精心组织履职主题活动。为充分发挥代表在推进“五水共治”共建生态家园中的积极作用，组织县、乡镇两级人大代表开展“争做表率多做贡献，积极推进五水共治”履职主题活动，争做模范守法、实干治水、主动护水的表率；组织全县1000余名各级人大代表，集中交叉视察督查“五水共治”工作，并就生猪养殖污染整治、炭化篾污染整治、“三河”治理等情况，提出90多条意见建议。组织全县各级人大代表开展“查找不适应全面深化改革要求的法律法规条文”主题活动，以实地调研、召开座谈会等形式，就不适应全面深化改革要求的法律法规条文提出意见建议，同时邀请县法院、检察院、律师协会参与梳理工作，共提出修改意见70多条。组织人大代表参与专题视察、执法检查、履职评议等活动，全县基层人大代表参与人大常委会监督活动的广度和频度不断提高。继续做好先进代表小组和代表履职先进个人的评选表彰工作，人大代表的履职积极性进一步增强。

（二）认真督办代表议案建议。高度重视代表议案建议办理工作，继续实施县人大常委会领导督办及县政府领导领办议案和重点建议机制。县十二届人大三次会议提出的248件代表议案、建议，确定大会议案1件、建议247件，其中重点建议12件。年初县人大常委会听取和审议了建设湖镇污水处理厂议案工程实施方案的报告，并加强对工程实施情况的跟踪监督，就审议意见落实情况开展督查。年中召开议案和重点建议办理工作评议会，组织代表面对面评议议案和重点建议办理工作。年末县人大常委会又听取和审议县政府关于议案和代表建议、意见办理情况的报告，并对办理落实情况开展满意度测评。湖镇污水处理厂议案工程按计划有序推进，247件代表建议已经解决或基本解决的114件，占总数的46.2%，较上年提高15个百分点；正在解决或列入计划逐步解决的有85件，占34.4%；因条件限制或其他原因一时难以解决，向代表作出说明的48件，占19.4%。继续开展优秀议案、建议评选，表彰代表议案建议承办先进单位；制定出台《关于加强议案和建议、批评、意见督办工作的办法》，进一步提高了代表议案、建议督办工作的规范化水平。

（三）不断完善代表联系机制。制定出台《关于进一步密切人大代表与人民群众联系工作的意见》和《关于加强人大代表联络站建设的实施意见》，全面推进代表联络站建设，人大代表联络站建设实现乡镇、街道全覆盖，省、市、县和乡镇人大代表驻站接待群众工作有序开展，增进了代表与选民的沟通交流。加强县人大常委会组成人员与人大代表的联系，发挥浙江人大代表履职服务平台的作用，多形式拓展人大代表活动平台。继续开展代表向选民述职活动，2014年有30多名基层人大代表向选民述职，人大代表的责任意识、民主意识和人大意识进一步增强。

六、加强自身建设，履职服务水平不断提高

县人大常委会把自身建设作为一项长期性基础性工作抓紧抓实，结合开展党的群众路线教育实践活动，加强学习、改进作风、增强素质，不断提升履职效能和服务水平。

（一）扎实开展党的群众路线教育实践活动。按照中央和省委市委县委的统一部署，结合人大工作特点，扎实开展常委会党组和机关干部两个层面的党的群众路线教育实践活动。精心制定活动实施方案，紧扣为民务实清廉主题，牢牢把握“照镜子、正衣冠、洗洗澡、治治病”的总要求，组织专题学习，广泛听取各方面意见，认真开展批评与自我批评，深刻查找和剖析“四风”方面存在的问题和根源，着力解决事关群众切身利益以及联系服务

群众“最后一公里”等问题，坚持边学、边查、边改，并通过建章立制构建整治“四风”长效机制，以党的群众路线教育实践活动的扎实深入开展，不断提升人大工作水平。

（二）以“一线”的要求不断促进作风建设。 切实增强“一线”意识，按照“一线”的要求开展工作，履行职责，发挥作用。严格落实中央“八项规定”、省委“六个严禁”、市委“八条禁令”和县委“20条规定”等党风廉政建设的要求，从严从紧控制接待标准和各项开支，自觉做到厉行节约、廉洁自律。加强思想作风和工作作风建设，坚持务实履职、注重实效，对工作评议、执法检查、专题调研等工作，务求事前有计划，事中有调研，事后有建议，事事有交代，件件有落实。

（三）加强对乡镇（街道）人大工作的指导。 重视乡镇（街道）人大建设，乡镇（街道）人大专职主席（主任）、副主席（副主任）进一步配齐配强；坚持乡镇（街道）人大工作例会制度，定期加强对乡镇（街道）人大工作的指导。组织乡镇（街道）人大学习贯彻党的十八届四中全会、省委人大工作会议精神，指导乡镇（街道）人大与时俱进完善工作制度，改进作风提高履职能力，充分发挥乡镇（街道）人大的作用。邀请乡镇（街道）人大负责人参加县人大常委会会议和各项重要活动；指导乡镇（街道）人大积极服务“五水共治”等全县中心工作，与县人大形成上下联动、整体推进的良好工作局面。

各位代表，过去一年县人大常委会工作所取得的成绩，是县委正确领导、高度重视的结果，是常委会组成人员和全体人大代表依法履职、齐心协力的结果，是“一府两院”自觉接受监督、密切配合支持的结果，也是全县人民以及社会各界大力支持的结果。在此，我谨代表县人大常委会，向大家表示衷心的感谢！

回顾过去一年的工作，我们也清醒地认识到，对照宪法和法律赋予的职责，对照党的十八大和十八届四中全会的要求，对照人民群众的期望，县人大常委会工作还存在一定的差距和不足。主要表现在：面对新形势新常态新要求，服务立法的主动性有待加强；依法监督的方式有待进一步创新，监督的实效有待进一步增强；服务代表的质量还需提高，代表作用的发挥还需不断促进；常委会自身建设还需进一步加强等。对于这些问题，我们将在今后的工作中予以高度重视并切实加以改进。

2015年的主要任务

各位代表，2015年是全面推进依法治国的开局之年，也是五年规划的收官谋划之年，做好今年的人大工作意义重大。县人大常委会工作的总体要求是：认真落实党的十八大和十八届三中、四中全会精神，深入贯彻习近平总书记系列重要讲话精神，按照省委人大工作会议和县委全会的决策部署，顺应新常态把握新要求，找准与中心工作的结合点，把握监督工作的关键点，聚焦服务民生的契合点，依法履行各项职权，充分发挥职能作用，为加快推进法治龙游建设和经济社会转型跨越发展做出新贡献。

根据上述总体要求，今年县人大常委会工作的主要任务是：

一、扎实推进法治龙游建设

深入贯彻落实党的十八届四中全会、省委人大工作会议精神，积极推进“六五”普法工作，组织开展宪法学习宣传月活动，推动全社会树立法治意识和法治思维，弘扬法治精神，建设法治文化。继续加强人民代表大会制度的宣传贯彻，扩大公民的有序政治参与，促进党的领导、人民当家做主和依法治国的有机统一。按照全省统一部署，听取和审议关于公检法司机关工作人员依法履职公正司（执）法情况的报告，促进龙游县执法司法规范化。继续开展法官、检察官履职评议、任前考察等工作，对首批法官、检察官落实评议意见情况开展督查评价。建立巡视监督机制，对司法机关探索开展巡视监督，推进监督司法工作常态化。加强对重大司法问题的关注和监督，继续做好人大信访工作，切实维护司法公信力。建立宪法宣誓制度，凡经人大及其常委会选举或者决定任命的国家工作人员正式就职时要公开向宪法宣誓。认真开展行政规范性文件备案审查工作，配合上级人大开展好相关法律法规的立法调研和执法检查。

二、全力服务全县中心工作

按照“选择好角度、掌握好尺度、把握好力度”的原则，围绕全县中心工作来部署人大监督工作，进一步改进人大参与中心工作的方式和途径，提高人大服务中心的能力和水平。加强对国民经济和社会发展情况的监督，督查“十二五”规划纲要实施完成情况，重视“十三五”规划纲要的编制工作。听取和审议政府重大投资项目计划执行情况的报告，督查国资改革营运情况，继续开展部门工作评议。关注工业园区发展和工业项目推进情况，以专题视察、听取汇报等形式推进旅游重点项目、土地整治项目以及电子商务和市场项目的建设。加强对新环保法、新预算法贯彻落实情况的监督，加大政府全口径预算的审查力度，对审计报告反映的问题开展专项督查。围绕巩固“五水共治”成果，听取和审议农村生活污水治理情况，继续关注灵山江生态环境保护以及生猪养殖、炭化篾污染整治规范等工作，进一步推进生态家园和“美丽龙游”建设。围绕社会民生事业开展督查，听取和审议城市空气质量及油烟扬尘整治、医疗卫生体制改革运行情况等工作报告，加强对城区学校优化布局、小区物业管理等工作的监督。

三、不断加强人大代表工作

要加强代表履职培训，促进代表履职规范化建设，更好地发挥代表反映民意、汇聚民智、化解矛盾、促进和谐的作用。继续实行代表议案建议、批评意见交办、领办、督办和评办机制，并探索代表参与议案、建议办理的新方式。坚持邀请代表列席人大常委会会议，组织代表开展专题视察、执法检查、旁听法院庭审等活动，不断拓宽代表履职平台。进一步深化代表联络站建设，实现代表驻站接待选民常态化，推进代表进村居进网格，提高联系群众的针对性和实效性，促进代表当好法律政策的宣传员、社情民意的信息员、为民办事的服务员、民事纠纷的调解员、依法行政的监督员。继续开展代表向选民述职活动，全面完成全县基层代表在本届内向选民述职的目标要求。制订代表小组活动指导性意见，建立代表小组与部门单位对口联系制度，促进代表小组闭会期间正常开展活动。

四、努力提升人大工作水平

进一步强化县人大常委会自身建设，保持“一线”状态，追求“一线”作为，积极开展人大工作创新实践，充分发挥国家权力机关的作用。继续巩固党的群众路线教育实践活动成果，完善人大各项工作制度，密切与人大代表的联系，注重人大机关和干部队伍建设，不断提高人大履职能力和工作水平。加强对乡镇（街道）人大的工作指导，发挥好乡镇（街道）人大的作用，实施乡镇政府实事工程人代会票决制，探索建立街道民主议政（事）会制度，积极推进基层民主政治建设。

各位代表，新形势赋予人大新使命，新常态提出工作新要求。让我们在中共龙游县委的坚强领导下，以党的十八届四中全会精神为指导，紧紧依靠全县人民，以饱满的精神状态和政治热情，以强烈的责任感和使命感，同心同德，求真务实，开拓进取，为加快龙游转型跨越发展做出新的更大的贡献！

政府工作报告

——在龙游县第十二届人民代表大会第四次会议上

龙游县县长 刘根宏

（2015年1月31日）

各位代表：

现在，我代表县人民政府向大会作政府工作报告，请予审议，并请县政协委员和其他列席人员提出意见。

一、2014年工作回顾

2014年，我们在上级党委、政府和县委的正确领导下，在县人大、县政协的监督支持下，紧紧依靠全县人民，突出“两化”引领，注重创新实干，扎实推进各项工作，全县经济持续平稳发展，社会保持和谐稳定，基本完成县十二届人大三次会议确定的各项目标任务。全县实现生产总值188.2亿元，同比增长8%；财政总收入15.7亿元，其中公共财政预算收入10.2亿元，分别增长10.9%和13.5%；固定资产投资127亿元，增长19.4%；社会消费品零售总额104.5亿元，增长13.5%；外贸进出口总额4.5亿美元，增长20.8%；城镇居民人均可支配收入31424元，农村居民人均可支配收入15559元，分别增长9.4%和11.3%；节能减排完成上级下达任务。

（一）县域经济在转型升级中平稳增长。主攻工业取得实效。出台企业综合效益分类排序、城镇土地使用税分类分档奖励等政策，突出扶优扶强，推动工业转型发展。围绕“四换三名”，136个工业技改项目完成投入46.7亿元，53个“机器换人”项目完成投资15亿元，25个“腾笼换鸟”项目盘活闲置低效用地812亩。完成个转企194家、小升规11家。全县规模企业完成产值294.5亿元，增长7%。3家企业在省股权交易中心挂牌，产值10亿元以上企业达到3家，工业用地亩均税收提高到3万元。培育引进生物科技、绿色食品饮料等新产业，高新技术产业、新兴产业、新产品产值分别增长10.9%、8.2%和40.5%。建立企业金融贷款稳定和会商帮扶机制，及时化解企业互保联保风险，全县金融机构新增企业贷款18.7亿元，兑现财政补助资金1.3亿元，为企业减负让利1.2亿元，帮扶69家企业还贷周转33.4亿元。注重产学研结合，新增院士专家工作站1个、省市级研发中心6个，省级重点企业研究院实现零突破。新认定国家高新技术企业4家、省科技型企业13家、省级新产品13项。发明专利授权13件。服务行业强势推进。中国红木家居文化园一期初具规模，并被列入全省首批22个重点培育特色文化小镇。修编完善龙游石窟旅游度假区规划，石窟创5A景区、民居苑拓展、三门源国家级古村落等项目进展顺利，建成天池荷花国家AAA级景区。成功举办亚太汽车拉力锦标赛、百家媒体聚焦龙游等活动。加快发展商贸物流业，制定物流园区综合规划，国际家居建材城、嘉溢金属市场、东方城市综合体、人民广场地下空间开发等项目有序推进。新增21家服务业规模企业，服务业实现增加值66.5亿元，增长9.1%。现代农业平稳发展。农业“两区”和富硒产业集聚区完成投入3000多万元，建成粮食生产功能区1.1万亩。发展绿色有机农业，15家示范户通过认证。完善农业社会化服务体系，新增国家级示范农村合作社3家、省级信用农民专业合作社38家，规范化家庭农场达到222家，“九号牧场”品牌生猪在浙商所挂牌上市。电子商务进乡村建成10个村网点，淘宝龙游馆销售额达8000多万元。

（二）发展后劲在大干项目中持续增强。项目建设有速度。开展项目建设“三挂五竞赛”活动，及时协调解决项目建设中遇到的各类难题，139个“四重双百”重点实施类项目完成投资86.7亿元，占固定资产投资总额的68.3%。维达纸业三期、华电热电、伊利乳业等重大产业项目顺利实施。衢江航运开发红船豆电站主体完工，杭长客专建成通车。招商引资有力度。建立健全招商体系，强化信息收集研判，做好个性化对接服务。举办首届龙商大会，推进龙商回归创业。新引进项目33个，实到资金54.2亿元，实际利用外资2079万美元。投资3亿元的天顺生物科技项目落户山海协作产业园，投资34亿元的吉恒红木家具制造基地、投资3亿元的德洲五金等项目相继签约。谋划对接有深度。开展“龙游好项目”谋划活动，入库项目186个。加强对接争取，城北污水厂扩建等5个项目列入省重点建设计划，4个项目列入省重大产业及重大服务业项目计划，9个项目列入省“991”“411”项目计划，争取省奖励土地指标544.5亩。

（三）城乡建管在统筹协调中取得进展。启动城市东拓。编制城市发展战略规划及新区控制性详规，完成市政道路、工程管网等专项规划，启动首期4平方公里城东核心区建设，打通龙翔东路，做好新区道路工程前期工作。完成小高山村、探矿厂区块搬迁改造详查，蓝城集团代建子鸣安置小区启动建设。投资2.5亿元的县职教中心进展顺利。推进旧城改造。制定小高山村征收改造实施意见，与中房集团合作开发大南门区块，做好国有土地房屋征收等工作。完成太平路北侧改造，整治提升阳光小区、竹景花园等旧住宅区，完成“三改”130.8万平方米。加强城市管理。综合治理城市拥堵，延伸兴龙南路，改造宝塔路，改建城区临时停车场，新增公共停车位936个，建成首批500辆城市公共自行车系统。制定城区物业、市容环境等管理办法，设立城管办，逐街开展占道经营、卫生保洁等专项整治。新建城市慢行绿道2公里，新增城区绿地1.4公顷，成功创建国家园林城市。加快村镇建设。推进山区集聚发展，建成阳湖小区，启动建设翠竹小区。深化农村三权确权和集体产权改革，建立农村产权流转交易平台。因村制宜建设美丽乡村，4个省级美丽宜居示范村、2个市级示范乡镇、6个精品村通过验收。

（四）人居环境在治水拆违中明显改善。攻坚“五水共治”。重点突出治污，投入奖补资金2.4亿元，新拆除养猪场7602户、面积122.4万平方米，减少生猪饲养量100余万头，927户保留养猪场完成生态化改造或工业化整治477户。投入资金1.4亿元，首批建成91个村的治污工程，惠及2.7万多人。湖镇污水处理厂启动建设，城市污水处理厂二期主体完工。完成中小河流治理重点县综合整治横山和石佛片区项目，灵山江综合治理工程完工，全县小流域河道实现全面禁采。69家炭化（蒸煮）笋加工企业全部关停。4月，在全市率先消灭垃圾河，灵山江水质升至Ⅱ类水，衢江出境水常年保持Ⅲ类水质，我县跻身省“五水共治”工作优秀县。推广“四种模式”。安排500万元以奖代补资金，在108个村复制推广“贺田模式”。启动开启能源二期项目建设，建成沼液综合利用基地2万亩，全县85%生猪排泄物实现集中收集利用。制定洁水养鱼标准，“洁水模式”实现县域山塘水库全覆盖。在全国率先建立保险联动病死猪无害化收集处理“集美模式”，累计处理病死猪35.7万余头，保险理赔2050万元。我县先后被列入全国生猪保险试点县、国家级病死动物无害化处理长效机制试点县。推进“两违”整治。坚持重点突破，强化分类处置，全年共拆违6694起、面积166.2万平方米，其中城区拆违6万多平方米，依法平稳拆除福泰隆、岑山路排档等典型违建。细化“无违建”创建标准，完善网格化巡查机制，健全防违控违体系，强化拆后利用，点面结合推进“无违建县”创建，8个乡镇接受市级验收。

（五）民生保障在政策倾斜中不断加强。强化民生保障。全年公共财政预算民生支出21.1亿元，占总支出77.2%，增长15.9%。加强就业服务，搭建求职招工双向选择平台，新增城镇就业7000人，城镇登记失业率3.1%。五项社保净增1.5万人次，城乡居民养老保险参保率95%以上。8000多名失地农民转入职工养老保障体系。城乡低保标准分别提高到528元和386元。改造提升农村敬老院，新建城乡社区居家养老照料中心95家。建成农村联网公路40公里。完成城市二水厂给水管网改造，城乡供水一体化延伸覆盖7个村5840人，农村饮用水工程改善9个村1.2万人饮水条件。发展社会事业。推进省教育现代化县、省卫生强县、省体育现代化县、省文化先进县等创建工作，提升公共服务水平。开展校长负责制下的全员聘任制试点，深化阳光招生政策，设立教育教学质量奖，高考录取率超出省均9.5个百分点。深化乡镇卫生院绩效工资改革，创新医疗废物处置模式，完成2家乡镇卫生院改（扩）建，新增标准化村卫生室20家。改建全民健身活动中心，省体育强乡（镇）实现县域全覆盖。推进县地名管理信息系统建设，启动编辑县地名志，建成数字龙游地理空间框架系统。完成县第三次全国经济普查。人口计生、国防动员、民族宗教、外事、侨务、对台、审计、供销、粮食、物价、档案、气象等工作继续加强，工青妇、老龄、儿童、慈善等事业取得新进展。保持社会稳定。深化法治龙游和平安龙游建设，修订村规民约，完善“大调解”体系，调处各类矛盾纠纷6700余起，20件省级挂牌信访积案得到有效化解。强化社会治安综合防控，健全突发事件联动处置机制，开展防洪防汛、危化品事故应急演练，改革食品安全监管体制，加强重点隐患排查整治，安全生产形势总体稳定。

（六）政府效能在深化改革中得到提升。分类推进国资体制改革，新组建城投、商贸物流公司，构建“1+9”国资发展体系。推进“四单一网”建设，梳理完成1400多项便民服务和10类行政权力事项，224个审批事项实现网上申报，38个部门权力事项精减30%左右，政务服务网乡村代办点实现全覆盖。完善项目审批代办服务，推行多证联办，建成涉批中介网上服务大厅，审批中介服务时限整体提速31.8%。在全市率先启动户籍管理制度改革，正式取消城乡户籍区分。深入开展党的群众路线教育实践活动，加强“四风”整改落实。严控公务支出，“三公”经费下降30.6%。自觉接受县人大、县政协和社会各界监督，办理人大代表议案、建议和政协委员提案458件。畅通政民沟通渠道，“7881890”受理求助咨询电话13万多个，“县长信箱”办理群众来信983件。

各位代表，过去的一年，在复杂的宏观经济背景下，全县干部群众迎难而上、积极作为，各项工作都取得了新的成效，成绩来之不易。在此，我谨代表县人民政府，向全县广大干部群众，向各位人大代表、政协委员，向各民主党派、工商联、人民团体、驻龙部队、无党派人士和离退休老同志，向所有关心支持龙游发展的社会各界朋友，表示衷心的感谢并致以崇高的敬意！

我们也清醒地看到，我县经济社会发展中还存在不少困难和问题，比如：经济规模较小，产业层次偏低，创新能力不强，质量效益不高，部分企业生产经营困难，资金链担保链风险犹存；城镇化发展相对滞后，城中村改造任务艰巨，城市建管有待加强，城乡环境离群众期待尚有差距；能耗、环境等要素制约加剧，转型发展、创新发展任重道远；

少数政府工作人员担当意识、服务意识、改革意识和法治意识不强，政府行政理念和行政效能有待转型提升，对城市供水、空气质量等群众关心关切问题，需要更加积极地采取措施主动应对，努力加以解决。

二、2015年总体要求和主要任务

2015年是我县推进“两化”建设的关键之年，也是“十二五”规划的收官之年。做好今年工作，既有许多有利条件，也有不少实际困难。当前世界经济温和复苏，国内经济社会发展进入了新常态，各项改革全面深化。我们要深刻认识新常态，主动顺应新常态，准确把握好新常态下速度换挡、结构优化、动力转换等特点，始终保持清醒头脑，主动应对各种困难和复杂局面，变压力为动力，化不利为有利，抢抓机遇、坚定信心、克难前行，推动各项工作再上新台阶。

2015年政府工作的总体要求是：认真贯彻落实党的十八大和十八届三中、四中全会精神及省委、市委、县委各项决策部署，突出“两化”引领，深化改革创新，强化法治保障，坚定不移走量质并举、转型升级之路，扎实推进新型工业化、新型城镇化、文化旅游和美丽龙游建设，努力完成“十二五”规划各项目标任务，推动经济社会平稳健康发展。

综合考虑各种因素，建议2015年全县经济社会发展主要预期指标为：全县生产总值增长8%左右；公共财政预算收入增长8%；固定资产投资增长15%；社会消费品零售总额增长13%；外贸进出口总额增长10%；城镇居民人均可支配收入增长9.5%，农村居民人均可支配收入增长10.5%；城镇登记失业率控制在4%以内；人口自然增长率控制在4.5‰以内；节能减排完成市下达目标。

根据上述要求，我们将着重抓好以下六个方面的工作：

（一）坚持量质并举，推进新型工业化建设。着力产业提升。立足龙游实际，主动融入市区十大工业专项行动，精准定位产业发展方向，加快主导产业培育，壮大实体经济。引导特种纸、装备制造等现有特色产业做大做强、做精做深，加大绿色食品饮料、高端家具制造、生物科技及新材料等新产业引进力度，促进产业结构优化升级。着力大企业培育。梳理完善工业政策体系，对重点培育企业实行“一企一策”。统筹推进个转企、小升规、规改股、股上市，鼓励企业兼并重组、做强主业，培育小巨人企业和科技成长型企业，新增规模企业10家以上，力争产值10亿元以上企业达到5家左右，培育扶持10家名牌企业，引导和推动一批企业到资本市场挂牌上市或直接融资。着力加强帮扶。强化经济运行监测，防范化解企业资金链风险等问题。加强政银企合作，深化企业金融稳定工作机制，杜绝随意抽贷压贷。拓展多元化融资渠道，用足用好1亿元还贷周转金，强化企业转型资金保障。着力倒逼转型。坚持亩产论英雄，强化企业综合效益排序结果运用，落实城镇土地使用税分类分档减免措施，倒逼企业转型升级。抓好污染源在线监控及刷卡排污工作。深化“四换三名”，力争盘活存量土地700亩以上，腾出用能空间5000吨以上，工业用水总量减少15%以上，工业用地亩均产值达到180万元以上，亩均税收增长10%以上。着力创新驱动。大力发展以互联网为核心的信息经济，加快传统企业信息化改造，争取新增“两化融合”示范企业4家。借助电子商务平台，推进三产融合发展，新建6家电子商务示范企业。鼓励企业加强自主创新，拓展技术创新平台服务功能，新培育国家高新技术企业3家、省科技型中小企业7家、省市级技术研发中心6家。开展省级知识产权示范县创建工作。

（二）强化城乡统筹，推进新型城镇化建设。加强规划引领。修编完善县域总规、土地利用总规、城市地下空间利用等规划，有效把握规划时序，准确定位、科学布局，提高土地利用率，留足发展空间，引领城镇往紧凑型、田园式方向发展，争创“浙江美丽县城”。加快城市东进。推进小高山村整体搬迁，建成子鸣安置小区一期，县职教中心投入使用。完善城东核心区城市设计，推进路网框架建设，打通子鸣路、学士路，完成文靖路、荣昌东路路基工程。加快物流园区建设，国际家居建材城、粮食市场二期建成投用，完成嘉溢金属市场主体建设。谋划实施总部经济、金融中心、电子商务、汽车城等项目。改善城市面貌。加快大南门区块改造，完善片区规划设计，完成国有土地房屋征收。探索多元化投入机制，整治提升阳光小区二期和亚伦小区等旧住宅区。完善老城区路网，新建龙洲南路，改造兴龙路。组建行政综合执法局，加强城市精细化管理，常态化开展专项整治，堵疏结合规范流动摊点。落实城市物业管理办法，提高社区管理水平。加强城市绿道网、城市公园和生态景观廊道建设，美化城市环境。推进龙游国际世贸城建设，建成东方城市综合体一期，完成人民广场地下空间开发主体工程。重视集镇发展。在县域规划指导下，倾斜资源要素，完善集镇道路、供水、排污等配套设施。推进湖镇工贸文旅强镇建设，改造提升315省道湖镇至端礼路段，规划建设湖镇至模环童家公路，谋划启动浙西再生资源综合市场二期建设。加快竹产业转型，提升溪口商贸旅游重镇品位，建成商业综合体和翠竹小区主体工程。加快扶持培育龙北中心镇，推进一般乡镇特色发展。统筹农业农村。提升发展农业“两区”，守住粮食安全红线，建成粮食生产功能区1.3万亩，新建3个现代农业精品园。加强农业经营主体培育，新增规范化家庭农场30家、示范性家庭农场10家，完善现代农业社会化服务体系，加强农业“三品”培育认证。深化农村产权制度改革，做好农村确权赋权，完善农村产权交易市场体系，争取流转土地1.5万亩以上。规范农村集体“三资”管理，通过发展现代农业、乡村旅游、物业经济等产业项目，壮大村级集体经济。

（三）深化文旅融合，推进旅游繁荣发展。加快景区建设。抓住衢州首个国家休闲区建设契机，争取跻身国家级文旅融合发展试验区。集中资源要素，强力推进中国红木家居文化园建设，力争一期工程年内开园营业，争取开工建设汽车休闲运动中心，加快打造红木文化小镇。建成龙游石窟休闲度假中心，完成石窟内光影艺术设计改造，扩建石窟游客接待中心，结合龙游博物馆建设，加快民居苑二期工程建设，谋划开发两江“夜游”项目，整体捆绑争创国家AAAAA级景区。规划建设龙南竹海风情小镇，推进六春湖运动休闲区建设，改建溪口至庙下毛连里公路。力争颐怀园国际生态养老休闲谷项目签约落地，打造养老特色小镇。强化旅游营销。抓住高铁时代机遇，启动站前区块整体规划设计，建成临时客运中心，完善旅游基础设施配套。加强旅游区域合作，主攻长三角市场。创新营销方式，用好网络媒介、平面媒体和实地宣传等手段，构建立体化旅游营销格局。推进智慧景区建设，完善配套功能设施，提升景区管理服务水平。大力发展乡村旅游。完善乡村旅游规划，制定乡村旅游行动方案，发展农业观光、农家休闲、乡村度假等农旅融合新业态，实现生态惠民富民。依托地域特色风光和人文积淀，加快开发民宿经济，打造龙南运动休闲养生游、龙北古村落历史文化体验游和灵山江水景生态观光休闲游等乡村旅游品牌。争创6个省、市级森林村庄，创成省级森林城市。

（四）突出生态倒逼，推进美丽龙游建设。深化“五水共治”。深入实施“一河一策”整治方案，严格涉水涉河执法管理，完善河道长效管理机制。加快城乡污水处理设施建设，完善后续管护机制，建成投用城市污水处理厂二期。巩固生猪养殖污染整治成果，防范污染反弹，确保纳入生态化治理养猪场全面整治到位。按时关停衢江龙游段14家砂场，加快科学布局开发机制砂场。提升推广“贺田模式”“集美模式”“开启模式”“洁水模式”等特色举措。深化“无违建”创建。持续推进“三改一拆”，依法做好存量违建拆除、“一户多宅”整治、农村附房处置等工作。理顺“一乡一所”运行机制，加强“两违”长效管控，注重拆改结合、点面结合，强化违建分类处置和拆后利用，创建“无违建县”。深化大气污染治理。深入开展“黑烟囱”、餐饮油烟、道路和工地扬尘、矿山粉尘等污染专项整治，推进集中供热和高污染燃料禁燃区建设，加快“煤改气”进程，有效削减大气污染物排放。完善机动车排污监管平台，严格落实城区高污染车辆限行方案。

（五）致力项目建设，持续扩大有效投入。强化招商引资。围绕特种纸、装备制造、绿色食品饮料、健康休闲产业等重点领域，紧盯央企、省企、上市公司和大型民企，用足用好龙商资源，加强项目信息收集研判。主动对接一批有区域市场布局需求的大集团大企业，充分发挥产业链招商、专业招商作用，着力引进龙头型、配套型、创新型项目。加快伊利乳业二期等项目对接洽谈，争取早日签约。力争全年引进亿元以上项目10个、10亿元以上项目1个，到位资金40亿元以上。狠抓项目推进。持续开展“三挂五竞赛”活动，推进“四重双百”重点项目建设。强化项目决策咨询，主动当好“店小二”，集中力量解决土地征收、房屋征迁等难题，促使项目早开工早建成早投产。做好龙游港区、游埠枢纽（龙游段）、衢宁铁路（龙游段）等项目前期工作，扎实推进吉恒家具、维达纸业三期、德洲五金、衢江航运开发等重大项目建设。加强要素保障。有序推进低丘缓坡土地开发，筹集新增建设用地指标1450亩以上。做好耕地占补、标准农田补建工作，综合整治农村土地500亩，开发垦造耕地4000亩，建成高标准基本农田1.6万亩。推进产城融合，完善“一区两块”路网等基础配套，建成工业园区分布式光伏发电、华电热电等工程。建立健全面向民间资本的项目库储备，探索投资基金、PPP等项目运作新模式。

（六）注重民生为本，提升社会保障水平。完善保障体系。健全就业创业政策体系，加强就业指导，拓宽就业渠道，引导鼓励全民创业创新。落实各项社保政策，实施全民参保登记和养老保险并轨改革，稳步提高社保水平。推进社会救助规范化建设，健全低保标准动态调整机制。县福利中心投入使用。完善保障性住房准入退出机制，建成灵江家苑和县学街家苑一期主体工程。探索建立社区住房公积金制度。深化户籍制度配套改革，创新异地搬迁安置模式，探索建设农整集聚小区。推进城乡供水一体化，改造城市二水厂管网，做好高坪桥水库前期工作。制定危旧房整治政策，适时启动整治工作。提升公共服务。均衡发展城乡教育，实施农村特殊岗位教师津贴制度，出台民办教育扶持办法，大力发展民办教育，争创省教育现代化县。深化医疗卫生系统绩效工资改革，加强基层医疗机构标准化建设，启动疾控中心迁建，推进卫生强乡镇创建，争创省卫生强县。鼓励引导社会办医，建成康民医院，争取迁建骨伤科医院。推进省级文化先进县建设，实施文化惠民工程，完善公共文化服务设施。深化省体育现代化县创建，开展全民健身活动，加快全民健身中心建设。启动省科普示范县创建。强化社会治理。重视社会矛盾纠纷排查调处，完善村规民约，将矛盾化解在基层。妥善解决群众合法诉求，大力化解信访积案。健全立体化社会治安防控体系，加强网络舆论导控，严厉打击各类违法犯罪活动。完善突发事件应急联动机制，加强防灾减灾体系建设。落实安全生产“党政同责、一岗双责”体系，抓好道路交通、食品药品、消防等重点领域安全监管，防止发生重特大事故。

新的一年，围绕群众关心的问题，我们将继续办好十个方面实事：环境治理方面：治理黑臭河115.6公里。建成82个村生活污水治理工程。整治山塘20座、渠道31公里、农村河道3.4公里，绿化河道35公里。提升改造老城区污水管网2公里，延伸城市污水总管4公里。全面淘汰黄标车。治拥治堵方面：打通断头路1条，新建城市慢行绿道2公里，新增公共自行车200辆。改造小区停车位396个、交通拥堵点1处，新建公共停车场1个、停车位130个。用水保障方面：完成城区供水管网改造5公里，城乡供水一体化管网延伸5公里。新建3个村饮用水工程。社会保障方面：新增城镇就业岗位4600个，实现再就业1500人。城乡居民社会养老保险、企业职工基本养老和基本医疗保险分别新增1500人、3000人和1300人，城乡居民合作医疗保险参保率保持在95%以上。养老服务方面：建成58个城乡社区养老服务照料中心，改（扩）建3个乡镇（街道）敬老院。推进残疾人无障碍设施进家庭、残疾人康复和重度残疾人托（安）养工程。农村五保和城镇“三无”对象集中供养率达92%和96%以上。文化惠民方面：送100场演出、3100场电影、1万册图书到农村（社区）。新建18个农村文化礼堂。建成10个乡镇（街道）综合文化站。实施2座古桥修缮工程。教育体育方面：扩建柳村和十里铺小学，新建4个农村学校塑胶操场，完成28所中小学校直饮水工程。新建20个体育小康村篮球场。公共卫生方面：建成2个乡镇计生服务站，新建10家标准化村卫生室。继续实施60岁以上老人免费健康体检。培训红十字应急救护员1600人。农业农村方面：新建6个村渠道、机耕路等农业基础设施。新增高效节水灌溉面积3470亩。完成农村公路等级提升20公里、安保工程10公里。实施52个村公益事业建设"一事一议"项目。农村住房保险和政策性农业保险大户参保率达90%和50%以上。公共安全方面：完成2座水库除险加固工程。建立县乡村三级应急广播平台。建设交通事故处理中心，建成200个治安视频监控设施。新建55个农产品质量安全快速检测室、1家省级放心农贸市场。建成自动气象监测站。

三、加强法治政府建设

各位代表，2015年是全面推进依法治国的开局之年，我们将把依法行政贯穿于政府工作每个环节，加快建设职能科学、职权法定、执法严明、公开公正、廉洁高效、守法诚信的法治政府。

（一）坚持职权法定，树立法治理念。强化法治理念和法治思维，推进依法行政，做到法定职责必须为、法无授权不可为。以宪法为重点，加强法治宣传教育，提升全民法治意识，引导全民守法。完善公众参与、专家论证、风险评估、合法性审查、集体讨论等行政决策程序，促进政府决策民主化、科学化。坚持严格规范公正文明执法，健全执法机制。强化对行政权力的制约，自觉接受人大依法监督、政协民主监督、媒体舆论监督、社会公众监督和审计监督。

（二）强化服务意识，加快职能转变。坚持以人为本、执政为民，强化社会管理和公共服务，认真解决民生领域群众关心关切的问题。完善公共财政体制，加强公共设施和公益事业建设，逐步增加公共福利与公共产品支出。深化"四单一网"建设，重视乡村代办点建设，最大限度发挥政务服务网作用。组建依法维权服务中心，完善法律援助服务体系。创新政府管理模式，健全政府购买服务标准、招投标和监督评估等制度，进一步推行政府向社会购买公共服务。

（三）深化重点改革，提高行政效率。深化行政审批制度改革，对符合产业布局的企业"零增地"技改项目实行免审措施，缩短审批时限，提高办事效率。积极整合重组国资闲置资产，加快组建交投和水务集团，提高国资运营。加强国资"资产池""资金池"建设，提高国资归集率和转化率。立足县域实情，着眼长远发展，深入谋划重大工程、重大项目、重大决策，认真研究制定我县"十三五"经济社会发展规划，为转型跨越发展打好基础。

（四）注重廉洁自律，切实转变作风。巩固党的群众路线教育实践活动成果，加大"四风"问题整改力度。严格执行中央、省、市各项规定，落实廉政风险防控机制，不断完善惩防体系。严肃财经纪律，推行阳光政务，加强财政预决算、公共资源配置、重要民生事项等信息公开。支持公检法和纪检、监察、审计等部门发挥作用，严查各类违纪违法行为。厉行勤俭节约，严控公务消费，推进公车改革，降低行政成本，建设节约型政府。

各位代表，当前发展已经步入新常态，新的困难和挑战在考验我们，新的责任和使命在激励我们。让我们在县委的正确领导下，紧紧团结依靠全县人民，与时俱进、奋发作为，为建设美丽龙游、创造美好生活而努力奋斗！

附件

2015年龙游县为民办实事项目完成情况

（一）治理黑臭河115.6公里。建成82个村生活污水治理工程。整治山塘20座、渠道31公里、农村河道3.4公里，绿化河道35公里。提升改造老城区污水管网2公里，西延城市污水总管4公里。全面淘汰黄标车。

完成情况：完成黑臭河治理116.8公里。120个村生活污水治理工程主体完工并试运行。整治山塘20座、渠道31公里、农村河道3.4公里，绿化河道35公里。提升改造兴龙路及华通小区污水管2.6公里，污水管网向灵江园区（广进路）延伸2.2公里，向兰石片区（龙洲南路）延伸2公里，合计4.2公里。淘汰黄标车1977辆，完成100%。

（二）新建城市慢行绿道2公里，新增公共自行车200辆。改造小区停车位396个、交通拥堵点1处，新建公共停车场1个、停车位130个。

完成情况：建成莲湖路慢行绿道2公里，新投放200辆公共自行车。改造阳光小区、华通小区、老铁路新村等停车位400个，完成兴龙路与龙翔路拥堵点改造项目，新建公共停车场1个（老法院地块），新增停车位共181个。

（三）完成5公里城区供水管网改造，城乡供水一体化管网延伸5公里。新建3个村饮用水工程。

完成情况：改造城区供水管网学士路0.6公里、兴龙路1.3公里、县府宿舍1.6公里、木材厂小区1.7公里，合计5.2公里。城乡供水一体化管道延伸模环白马1.7公里、徐家0.9公里、年年红2.2公里、雅塘1.4公里，合计6.2公里。新建沐尘乡沐尘村、双溪村和模环乡姚村村3个村的农村饮用水工程，受益人口5250人。

（四）新增城镇就业岗位4600个，实现再就业1500人。城乡居民社会养老保险、企业职工基本养老和基本医疗保险分别新增1500人、3000人和1300人，城乡居民合作医疗保险参保率保持在95%以上。

完成情况：增加城镇就业人数4930人，实现再就业2120人。城乡居民社会养老保险、企业职工基本养老和基本医疗保险分别增加1500人、4127人和1300人，城乡居民合作医疗保险参保率达95.2%。

（五）建成58个城乡社区养老服务照料中心，改（扩）建3个乡镇（街道）敬老院。推进残疾人无障碍设施进家庭、残疾人康复和重度残疾人托（安）养工程。农村“五保”和城镇“三无”对象集中供养率达92%和96%以上。

完成情况：建成71个城乡社区养老服务照料中心，龙洲敬老院主体完工；横山、詹家敬老院正在优化方案设计。173户残疾人无障碍设施项目落实到位；完成白内障复明手术340例、髋关节置换15例，配送助听助视器86台（部），安装假肢26条；6名失聪儿童、5名脑瘫儿童、16名智障儿童和2名孤独症儿童进入康复机构进行康复训练，新增140名托（安）养对象已审核完毕，现有986名重度残疾人纳入托（安）养服务。农村“五保”和城镇“三无”对象集中供养率达93.1%和100%。

（六）送100场演出、3100场电影、1万册图书到农村（社区）。新建18个农村文化礼堂。建成10个乡镇（街道）综合文化站。实施2座古桥修缮工程。

完成情况：送戏下乡110场，送电影下乡3140场，送书下乡1.2万册。新建22个农村文化礼堂。基本建成10个乡镇（街道）综合文化站。小南海镇新山水村鹤龄桥和溪口镇寺下村贺羊桥修复完成。

（七）扩建柳村和十里铺小学，新建4个农村学校塑胶操场，完成28所中小学校直饮水工程。新建20个体育小康村篮球场。

完成情况：完成柳村小学扩建工程，十里铺小学扩建一期工程完工。新建25个农村学校塑胶操场，完成46所义务教育阶段学校直饮水工程。建成20个体育小康村篮球场。

（八）建成2个乡镇计生服务站，新建10家标准化村卫生室。继续实施60岁以上老人免费健康体检。培训红十字应急救护员1600人。

完成情况：新建横山镇、湖镇镇2个计生服务站，10家标准化村卫生室通过验收。完成老年人健康体检4.6万余人次，体检率达70.5%。培训红十字应急救护员1600人。

（九）新建6个村渠道、机耕路等农业基础设施。新增高效节水灌溉面积3470亩。完成农村公路等级提升20公里、安保工程10公里。实施52个村公益事业建设“一事一议”项目。农村住房保险和政策性农业保险大户参保率达90%和50%以上。

完成情况：建成6个村农业基础设施。新增高效节水灌溉面积3470亩。完成农村公路等级提升30公里、安保工程45.5公里。完成村级公益事业建设“一事一议”财政奖补项目50个，总投资5060万元。农村住房保险和政策性农业保险大户参保率达90%和50%以上。

（十）完成2座水库除险加固工程。建立县乡村三级应急广播平台。建设交通事故处理中心，建成200个治安视频监控设施。新建55个农产品质量安全快速检测室、1家省级放心农贸市场。建成自动气象监测站。

完成情况：完成黄塘、胜塘、窑垅3座水库除险加固。建成县乡村三级应急广播平台。交通事故处理中心投入使用，治安视频监控设施完成安装。建成64家农产品质量安全检测室，湖镇新湖省级放心农贸市场待验收。大力山和塘泗气象监测站完工。

政协常务委员会工作报告

——在政协第九届龙游县委员会第四次会议上

龙游县政协主席 黄利荣

（2015年1月30日）

各位委员：

我代表政协第九届龙游县委员会常务委员会，向大会报告工作，请予审议，并请列席会议的同志提出意见。

2014年工作回顾

2014年，是我县坚持“两化”引领、奋力推进经济社会平稳健康发展的重要一年。一年来，县政协常委会在中共龙游县委的正确领导下，团结参加政协的各党派团体和广大政协委员，紧紧围绕全县工作大局，认真履行政治协商、民主监督、参政议政职能，较好地发挥了人民政协作为协商民主重要渠道作用，圆满完成了县政协九届三次会议确定的各项工作任务，为推动龙游转型跨越发展做出了积极贡献。

一、明确宗旨、转变作风，深入践行群众路线

按照中央和省、市、县委的统一部署，把深入开展党的群众路线教育实践活动作为重大政治任务和统揽全局的工作，聚焦“四风”查摆问题，深刻剖析根源，落实领办责任，认真加以整改，使政协工作牢牢建立在忠实践行党的群众路线基础之上。

坚持理论武装。在教育实践活动中，我们坚持将专题集中学习、重点辅导学习与基层调研学习有机结合，深入开展“三学三强”“三思三观”“群众路线大家谈”等学习讨论活动，重点学习习近平总书记系列重要讲话精神和中共十八大、十八届三中全会精神，不断深化对坚持中国特色社会主义道路、实现中华民族伟大复兴中国梦、全面深化改革等重大理论和实践问题的认识，进一步树立群众观点，站稳群众立场，践行群众路线，增进群众感情。

坚持开门纳言。通过约谈座谈、蹲点调研、基层走亲、发放调查问卷等方式，向全体政协委员、

县政协老领导和机关干部、社会群众等200多人征求意见建议85条；先后召开政协党组、政协机关和机关党支部三个层面的民主生活会和组织生活会，敢于揭短亮丑，认真开展批评和自我批评，深入查摆“四风”问题，自觉接受委员和群众的监督，研究制订整改方案，确保群众路线教育实践活动取得实效。

坚持立行立改。落实中央“八项规定”，践行“三严三实”， 严格遵守党的政治纪律，做到不变通、不走样、不打折扣。围绕改进调查研究、精简会议文件、厉行勤俭节约等提出了11条整改措施，有针对性地解决工作中的形式主义、官僚主义、享乐主义和奢靡之风等问题，积极探求密切联系群众、关注群众诉求的方法途径，切实提高了服务委员、服务群众、服务基层的能力和水平。重点抓好政协履职制度建设，健全全体会议、常委会议、主席会议等工作规则3个，完善委员约谈、政协视察、界别作用、评议提案办理等工作意见4个，深化作风建设、内部管理、机关学习等制度3个，促进了政协工作制度化、规范化和程序化建设。

二、聚焦中心、议政建言，全力助推科学发展

时刻聚焦县委、县政府中心工作，找准政协工作服务发展大局的切入点，认真履行职能，为深化改革、推动发展献计出力。

贴近全县经济社会发展全局性问题，广泛开展专题协商。注重发挥“专门协商机构”作用，把协商民主贯穿政协履行职能的全过程。九届三次会议期间，委员们就“五水共治”、结构调整、产业升级、城乡统筹、城市拓展、教育布局、社会保障等问题议政建言，共提交以提案形式的书面意见建议208件，大会发言35篇，为县委、县政府及有关部门科学决策提供了广泛的民意基础和智力支持。常委会立足于推进协商民主制度落实，坚持就全县经济社会发展情况、党风廉政建设、反腐败工作和综治维稳工作等重大议题，在听取通报的基础上，进行专题协商议政。主席会议不断加强与党政相关部门的联系、沟通、协调，先后就产业培育发展、财政预算执行和“亩产税收”实施、产城融合、职业教育发展、青年创业环境、国资运作管理、重大项目招商等议题，有计划地听取相关部门专项工作情况通报，强化双向协商，推动相关热点难点问题的解决。

紧扣长远发展的战略性、前瞻性问题，深入开展调研建言。城中村改造是我县城市建设亟须破解的瓶颈和难题，常委会就城中村改造专题开展调研，形成并报送《关于城中村改造的调查和思考》的调研报告，提出的“实行就近、原地安置，推行高层公寓安置”等重点建议，在县委、县政府制订城中村改造政策及具体工作落实中得到充分吸纳。教育布局和结构优化是城乡群众普遍关心的热点问题，常委会高度关注“教育现代化背景下的龙游教育布局和结构优化”问题，在深入调研的基础上，进行专题协商，提出了“科学规划，强化保障，确保教育优先发展”等4条建议意见，为县政府及教育部门优化教育布局、提前谋划教育“十三五”规划提供了重要参考依据。其中报告提出的“扩建柳村小学和十里铺小学”建议列入了政府2015年办实事项目。小作坊、小餐饮监管难一直是我县城市管理的顽疾，主席会议专门就这一课题开展调研协商，报送的《加强小作坊小餐饮市场监管的调研报告》得到县委主要领导的批示肯定，为县政府及相关部门制订政策、破解难题、推动工作提供了重要决策参考。

围绕党政中心工作和民生热点问题，积极开展视察议政。将视察作为发挥委员协商议政主体作用的重要抓手，采取“听、看、评、议”的形式，帮助推动和改进政府部门工作。组织委员视察我县中小微企业发展、旅游业发展、重点项目推进、农业综合开发土地治理项目实施、“电商换市”等情况，委员们提出的“加强中小微企业资金、用地、人才等方面的要素保障；充分挖掘历史文化资源，全力打造特色旅游品牌；重视水利工程的善后工作和项目周边生态保护；抓好电子商务创业园建设”等建议，为政府部门拓宽思路、落实举措、推动工作提供了广泛的决策参考。关注“三改一拆”、竹林生态栽培、社会养老服务体系、城东新区规划建

设等民生热点问题，组织委员进行专题视察，开展协商议政，有针对性地提出意见建议，促进了民生改善。

三、突出重点、拓宽渠道，不断深化民主监督

常委会紧扣县委、县政府的重大决策、重要部署落实情况以及群众关注的热点难点问题，积极拓宽专项集体监督、提案信息等监督渠道，不断深化民主监督。

组织“五水共治”专项监督。按照省政协“三级政协联动、万名委员同行、助推五水共治”的部署和要求，紧密结合龙游实际，注重发挥广大委员的整体智慧和监督主体作用，精心组织“五水共治”专项监督。在县政协九届三次会议上向全体委员发出了《投身“五水共治”，共建美丽龙游》的倡议书，倡议和引导各位委员当好“五水共治”的宣传员、战斗员、监督员、信息员和示范员，切实增强了委员参与“五水共治”的意识。制订出台《关于助推“五水共治”民主监督的实施意见》，成立6个“五水共治”民主监督小组，定期或不定期组织部分委员对县域8条重点河道进行了30多批次的集体民主监督，参与委员达到80多名，共发现问题40多处，及时反馈，督促整改。积极配合省市政协监督组来龙开展“五水共治”督查，及时向县治水办通报督查情况，协调有关部门、乡镇（街道）抓好督查问题的整改，“五水共治”取得阶段性成果，得到了广大群众的认可和好评。

不断提升提案工作水平。从提高“提案质量、办理质量、服务质量”三个环节入手，不断提升提案工作水平。集中精力完成《从提案到办理》参考专辑的编辑发行工作，赠送县机关各部门、各乡镇（街道）及各民主党派、人民团体和全体政协委员，为政协各参加单位、广大委员撰写提案、承办单位办理提案提供有益参考。县政协九届三次会议以来共立案202件，立案率比往年有了较大的提升，达到97%。及时遴选报送《重要提案摘报》，有13件提案得到了县委、县政府主要领导的书面批示。建立健全了政府领导领办、政协领导重点督办、提案委综合督办、各专委会对口督办、政府政协联动督办和委员参与督办的“六位一体”提案督办工作机制，提案办理成效凸显，提案办复率和满意率均达100%。《建立健全倒逼机制，提高工业土地绩效》《以治水为目标，持续推进生猪养殖整治》等一批提案通过承办单位的认真办理，加快了龙游转型升级步伐。

着力畅通社情民意渠道。加强特邀信息员队伍建设，健全了社情民意的日常征集、编辑、报送、反馈等工作流程，及时反映群众的意愿和诉求。全年共采集上报《社情民意信息专报》14篇，其中《关于建设市场主体信用信息公示系统的有关建议》等多篇信息被市政协采用，为有关方面有效解决问题提供了有益参考。同时着力畅通信息渠道，共编发《政协信息》简报12期，《龙游政协》会刊12期，坚持办好县政协网站，为委员知情明政、交流协商、履行职责、发挥作用搭建平台。

四、发挥优势、增进团结，着力凝聚发展合力

常委会坚持团结和民主两大主题，充分发挥政协大团结大联合的组织优势，密切与社会各界的联系，广泛调动各方面的积极性，为我县和谐发展凝聚人心、汇聚力量。

积极参与全县中心工作。一年来，我们认真贯彻全省、全市政协工作会议精神，组织引导政协各参加单位和广大委员树立“一线”意识，追求“一线”作为，参与了城市东进、“四重双百”项目推进、“三改一拆”“五水共治”等各项中心工作。政协领导班子勇作表率，积极投身14个“四重双百”项目“三挂五竞赛”活动，敢于担当，主动作为，亲临项目一线指导督促，协调解决项目推进难题，切实加快子鸣安置小区、民居苑拓展二期工程、城北污水厂二期扩建等项目建设；经常深入“三改一拆”“无违建”创建现场进行指导监督，为部门、乡镇（街道）谋思路、出点子、促进度。其中县政协两名领导还担任“河道长”，带领相关责任

单位和政协委员一线指导、一线参与治水实践。

充分发挥党派团体作用。注重与各党派团体的联系沟通，认真听取意见，加强情况通报和交流，优先安排民主党派、工商联和无党派人士在政协各种会议上发表意见，邀请参加政协调研视察和提案督办等活动，选派有民主党派身份的政协委员担任党政部门民主监督员，支持他们积极参政议政。2014年，各党派团体及党派委员共提交提案82件，大会发言18篇。

努力深化政协群众工作。坚持向广大市民和社会各界公开征集提案线索，汲取广大群众对推动科学发展的真知灼见。政协领导认真履行联系村“第一书记”职责，指导抓好村级组织建设和“五水共治”“三改一拆”重点工作。组织委员中的专家、学者、技术人员深入农村、社区开展医疗、文化、科技、教育、法律等下基层活动和扶贫结对活动，不断拓展为民服务的领域。组织和引导广大委员参与“五水共治”共建生态家园行动，到农村认领清洁塘25个，并为“五水共治”捐款120余万元。

切实加强各界团结联谊。主动加强与新经济组织、新社会组织和新社会阶层代表人士的联系，增进社会各界对龙游的认同感和向心力。认真落实党的民族宗教政策，切实加强与民族宗教界代表人士的团结联谊。积极完成市政协布置的课题调研任务，按时报送会议发言交流材料。继续加强与兄弟县（市、区）政协的工作交流和友好交往，不断深化各专委会与党政部门的对口工作联系。支持政协之友社、茶文化研究会开展考察视察活动，组织政协诗书画联谊会开展送文化下乡活动，为泽随村文化礼堂赠送一批书画、诗词、对联作品，发挥了政协社团在团结联谊、促进和谐中的积极作用。

五、内强素质、外树形象，切实加强自身建设

我们主动顺应政协工作的新常态、形势发展的新要求，坚持在继承中创新，在创新中发展，采取有针对性的措施，不断推进政协自身建设。

重抓委员培训。以学习贯彻中共十八大和十八届三中、四中全会精神为主线，先后举办年度政协常委读书会和委员培训班，邀请省委政研室副主任郭占恒为政协常委读书会作《省委十届五次全会精神解读》的辅导报告，邀请全国政协常委、省工商联主席南存辉、省委党校哲学教研部主任、哲学博士董根洪等专家学者为全体委员作专题讲座。同时开展了提案工作培训，深化了委员对当前经济社会发展新常态的认识，增强了委员履职意识和能力。

重抓宣传报道。主动加强与有关媒体的联系沟通，重视抓好政协宣传工作。其中《龙游县政协建言旅游业发展》《发挥委员主体作用，积极助推“五水共治”》《龙游政协提案规范涉批中介》等一批信息，被《人民政协报》、《联谊报》、浙江政协网等媒体录用。衢州电视台“政协视线”栏目对我县政协助推产业转型升级、参与“五水共治”给予重点关注，摄制播出《龙游：以亩产论英雄，倒逼工业转型升级》和《委员建言拆治转三管齐下，推进生猪养殖污染整治》专题片，扩大了龙游政协工作的影响力。

重抓理论研讨。重视政协理论研究，指导推动实践创新。认真学习贯彻习近平总书记在庆祝人民政协成立65周年大会上的重要讲话精神，及时召开县政协庆祝人民政协成立65周年座谈会，回顾了人民政协65年和县政协31年的发展历程，并就新常态下推进政协协商民主进行研讨交流。总结提炼我县在推进专题协商、对口协商、界别协商、提案办理协商等方面的经验做法，撰写并报送了《深化政协协商民主，提升政协工作科学化水平》创新案例。围绕发挥委员主体作用开展理论研讨，形成《提升基层政协委员履职能力的几点思考》等多篇论文报送省、市政协。其中一篇论文在省政协理论研究会第六次理论研讨会上获得三等奖。

各位委员、各位同志，过去一年我们取得的成绩，是中共龙游县委坚强领导和县人大、县政府大力支持的结果，是县直各部门、各乡镇（街道）和社会各界热情帮助的结果，是政协各参加单位和全体委员共同努力的结果。在此，我代表县政协常委会一并表示衷心的感谢！

同时，我们也清醒地看到工作中仍存在一些不足。比如，完善政协协商民主的制度建设有待进一步加强；民主监督方式方法有待进一步完善；委员主体作用和界别职能作用有待进一步发挥等，都需要我们在新的实践中不断探索和创新。

2015年工作思路

2015年，县政协工作的总体要求是:全面贯彻中共十八大、十八届三中、四中全会精神和习近平总书记在庆祝人民政协成立65周年大会上的重要讲话精神，牢牢把握团结民主主题，高举爱国主义、社会主义旗帜，按照中共龙游县委十届八次全会作出的总体部署，紧紧围绕“稳中求进，主动作为”的工作总基调，主动顺应新常态，切实增强政协协商、监督、咨政、民意、统战、群众工作等“六个机构”功能，为促进龙游转型跨越发展贡献智慧力量。为此,重点要做好四个方面工作。

一、坚定政治方向，提升履职原动力

要切实加强思想建设，增强政协履职的政治意识、大局意识、责任意识，不断提升思想力和行动力。坚定政治方向。引导全体委员和各界人士进一步坚定中国特色社会主义道路自信、理论自信、制度自信，把思想和行动统一到中共中央、省市县委的重大决策部署上来，把智慧和力量凝聚到我县“两化”引领和各项目标任务上来，不断巩固团结奋斗的共同思想政治基础。增强履职意识。要勇于担当，主动作为，紧密团结社会各界，主动服务“两化”发展，坚定“当好政协人、说好政协话、做好政协事”的信心和志向，进一步振奋精神，主动谋事、积极干事、努力成事，将历史机遇和自身优势转化为动能，催生出效能。激发主体能量。健全完善常委会组成人员走访联系委员、委员联系界别群众制度，推动政协组织、政协委员之间的互动交流、联络联谊。加强委员管理，开展委员约谈、座谈活动，关心委员的成长和进步，帮助委员解决工作和创业中面临的问题。支持委员界别小组开展形式多样的活动，为委员提供更多的参与机会和更宽广的履职平台，进一步激发全体委员的履职能量。

二、发挥组织优势，服务经济新常态

要注重发挥政协组织独特优势，坚持把服务经济新常态、促进转型跨越发展作为履行职能的重中之重，多立科学发展之论，多献转型跨越之策。更加注重团结鼓劲，为改革攻坚凝聚共识。要充分发挥政协联系广泛、地位超脱的优势，围绕经济新常态和全面深化改革，组织开展委员下基层活动，努力把各界的社情民意汇集反映上来，把政协的意见建议表达出去。关注新常态下各项改革的政策落实、利益平衡、愿望诉求、困难瓶颈等问题，多为改革助威鼓劲、贡献智慧、凝聚力量、增进共识。更加注重同心同行，为“两化”发展献计出力。要充分发挥政协人才荟萃、智力密集的优势，坚持与县委、县政府保持合心合力合拍，主动服务、参与新型工业化、新型城镇化和文化旅游建设等中心工作，为助推“两化”发展建言献策。聚焦经济新常态下的结构优化、产业转型、人才培养等议题开展调研协商，继续关注中小微企业帮扶、电子商务发展等问题，专题听取部门工作汇报，开展双向协商，建睿智之言，献有用之策。紧扣城东新区建设、城中村改造和文化旅游建设等进展情况进行跟踪视察，为加快项目建设积极议政建言。围绕群众关注的城市管理热点难点问题开展监督检查，广泛收集反映社情民意，为政府部门推进专项整治、提升城市品质提供有价值的参考。更加注重社会民生，为增进和谐汇聚力量。充分发挥政协团结面广、包容性强的优势，组织引导政协各参加单位和广大委员围绕群众关注的“三改一拆”、“五水共治”、教育医疗、就业创业、社会保障等热点焦点问题，开展调研视察，撰写提案信息，进行协商议政，为民生改善代言给力。积极引导和组织委员开展送医疗送文化送科技下乡活动和扶贫济困、慈善捐助等公益活动，努力为群众办实事、做好事。

三、推进协商民主，唱响政协好声音

要充分发挥政协协商民主重要渠道作用，切实加强履职的制度化、规范化、程序化建设，献出咨政好建议，唱响政协好声音。完善机制，优化政治协商格局。主动争取县委、县政府的支持，精心筹备，协助开好县委政协工作会议，制订出台加强政治协商、民主监督、参政议政的实施意见，健全完善政协履职的体制机制，形成专题协商、对口协商、界别协商、提案办理协商等全方位的协商格局，不断推进协商民主广泛、多层、制度化发展。拓展形式，加大民主监督力度。继续深化“双向民主监督”工作，对依法行政、公正司法、经济环境、党风政风、民生民利方面的热点问题进行重点跟踪、深度解剖、监督整改。不断拓展深化对县委重大战略部署、重大事项决策、重大项目实施、政协提案办理、调研成果转化运用的跟踪问效。探索开展“提案办理民主评议”活动，加强提案办理互动，加大提案追踪问效力度。求真务实，提升参政议政质效。按照“精选课题、精深调研、精准建议”的要求，围绕重点、热点、难点问题的对策研究，以求真务实的态度，开展调研视察活动，力求以精品调研成果为县委、县政府提供真知灼见。要建立完善调研成果报送、签批、督办、问效等制度，努力促进建言成果的转化运用。

四、强化自身建设，树立整体新形象

要把自身建设摆在突出位置，坚持落实“一线”工作要求，主动顺应政协工作新常态，以更坚定的思想、更优良的作风、更胜任的能力，不断推进政协事业的发展。切实加强理论学习，夯实政协履职基础。通过完善学习制度，丰富学习内容，拓宽学习平台，进一步改进和加强常委、委员和政协机关的学习培训，深入学习领会中共十八大和十八届三中、四中全会精神，主动顺应新常态，准确把握新形势、新任务对政协工作的新要求，坚持用科学的理论武装头脑、谋划工作、指导实践，进一步增强政协工作的责任感和使命感。切实加强作风建设，塑造政协良好形象。持之以恒落实中央八项规定精神，巩固党的群众路线教育实践活动成果，继续抓好整改落实、建章立制工作。坚持把群众路线融入履职的全过程，做到自身建设注重强化群众观念，政治协商注重体现群众意愿，民主监督注重保障群众利益，调查研究注重扩大群众参与，社情民意注重反映群众诉求，界别活动注重服务群众需求，以良好作风树立政协的良好形象。切实加强能力建设，推进政协工作创新。继续开展委员履职“五个一”活动，切实提升委员综合素质，加强委员履职能力建设。进一步深化专委会与对口部门的工作联系，加强对所联系界别的指导，充分发挥专委会的基础作用。不断加强政协理论研究、新闻宣传、社情民意信息反映和文史资料等工作，力求出精品、扩影响。着力加强政协乡镇（街道）联络组建设，推动政协工作向基层延伸。继续推进“学习型、服务型、创新型、和谐型”机关建设，进一步提高服务委员、保障履职的能力和水平。

各位委员、各位同志，人民政协事业肩负重任，大有可为。让我们高举中国特色社会主义伟大旗帜，更加紧密团结在以习近平同志为总书记的中共中央周围，在中共龙游县委的坚强领导下，同心同德，群策群力，与时俱进，开拓创新，为主动顺应新常态、促进龙游县转型跨越发展而努力奋斗！

大 事 记

1月

1月5日，龙游县召开十二届人大常委会第二十五次会议。

1月8日—9日，浙江省金融办副主任徐素荣到龙游县调研企业发展环境和地方金融发展工作。

1月9日，县委召开理论学习中心组学习会。

同日，衢州市委平安建设领导小组到龙游县考核2014年平安建设工作。

1月12日，县委副书记、县长刘根宏在县人大参加座谈会，征求政府工作报告意见。

1月12日—13日，党的群众路线教育实践活动省市委督查组组长许金成赴龙游县开展督查工作。

1月13日，中共龙游县委全体（扩大）会议召开，会议回顾总结2014年工作，研究部署2015年任务，顺应新常态，增强新动力，奋力开创龙游转型跨越发展新局面。县委书记方健忠代表县委常委会作工作报告，县委副书记、县长刘根宏，县委副书记徐利水等县领导出席会议。

同日，龙游县十二届政府第七次全体（扩大）会议召开。全会主要任务是贯彻落实中央、省、市各项决策部署和县委十届八次全会精神，回顾总结2014年工作，安排部署2015年任务，聚焦重点，精准发力，创新突破，持续推进全县经济社会平稳健康发展。县委常委张少华主持会议，县委副书记、县长刘根宏代表县政府作工作报告，县委常委、副县长陈瑜，副县长陆寿全、陆民、郑国华、姜忠军、钟爱红、王永明参加会议，县人大常委会主任周中民、县政协副主席谢晓荣应邀列席会议。

1月14日，浙江省民政厅副厅长、巡视员、省移民办主任廖卷清到龙游县调研移民工作。

同日，浙江省商务厅党组书记、厅长周日新到龙游县开展“走亲连心”活动。

1月15日，衢州市群众路线教育实践活动整改落实督查工作座谈会在龙游县召开。

1月18日，龙游县十二届人大常委会第二十六次会议召开。

1月21日，中共浙江省委宣传部副部长唐中祥到龙游县溪口镇溪口村参加村规民约颁行仪式。

1月23日，龙游县召开科协七届三次全委（扩大）会议暨2014年全民科学素质建设工作总结会议。

1月24日，县委副书记徐利水率检查组实地检查群众反映强烈的生猪养殖污染和非法加工厂污染等问题。

1月26日，衢州市副市长马梅芝到龙游县参加市政府工作报告征求意见座谈会。

同日，龙游县人大常委会召开第68次主任会议。

1月27日，浙江省生态文化协会第一届常务理事会第四次会议在龙游县召开。

1月28日，龙游县召开全县政法信访工作会议。

1月29日，龙游县召开全县农村工作会议暨乡村休闲旅游发展大会。

同日，全县开展大抓基层组织年活动暨组织、宣传、统战、武装工作会议召开。

同日，龙游县召开“五水共治”“三改一拆”工作会议。

1月30日—2月2日，中国人民政治协商会议第九届龙游县委员会第四次会议召开。委员们认真协商、讨论和审议各项报告，围绕顺应新常态、增强新动力，奋力开创龙游转型跨越发展新局面，同商深化改革大计，共谋改善民生良策。

2月

1月31日—2月3日，龙游县第十二届人民代表大会第四次会议在龙游国际电影城召开。大会应到代表211人，实到207人。会议听取计划预算审查委员会主任委员邵宝成所作的计划预算审查报告，听取议案审查委员会主任委员赖云所作的会议议案和代表建议、批评和意见的审查报告。表决通过关于政府工作报告、龙游县2014年国民经济和社会发展计划执行情况及2015年国民经济和社会发展计划、2014年龙游县财政预算执行情况及2015年财政预算的决议；通过关于县人大常委会工作报告、县人民法院工作报告、县人民检察院工作报告的决议；通过会议议案和代表建议、批评、意见审查报告的决议。会议以无记名投票方式依法补选县十二届人大常委会副主任1人、常委会委员3人，选举产生县人民检察院检察长。

2月4日，浙江省委政法委副书记刘树枝到龙游县开展结对帮扶活动。

同日，群众路线教育实践活动省、市委赴龙游督查组对龙游县“五水共治”工作开展专项督查。

同日，衢州市人大常委会主任居亚平，市委常委、市公安局局长王建到龙游县走访慰问困难群众。

2月5日，中共龙游县纪委召开十届五次全会。

同日，龙游县召开“大干项目、大抓招商”工作会议暨工业转型发展十大专项工作动员大会。

同日，衢州市“文化进万家，送欢乐下基层”主题活动在龙游县大街乡方旦村文化礼堂举行。

2月6日，龙游县委、县政府召开全县老干部形势通报会。

同日，龙游县咨询委员会举行全体会议，总结2014年咨询委工作，部署2015年工作。

2月12日，龙游县召开公安工作会议。

2月13日，中共浙江省委组织部副部长姚志文到龙游县调研人才工作。

2月14日，中共衢州市委书记陈新到龙游看望慰问“最美衢州人”傅志霄的家属。

2月15日，龙游县召开2015年寓外人士和“光荣父母”新春座谈会。

2月26日，龙游县召开干部大会暨“大干项目、大抓基层”工作推进会。

同日，县委副书记、县长刘根宏调研衢江龙游段沙场整治工作。

2月27日，龙游县召开一季度综治例会暨“乡贤会”推进会。

3月

3月2日，龙游县召开乡镇（街道）书记例会。

同日，龙游县启动“学雷锋·万人治污大行动”。

3月2日—3日，浙江省政府副秘书长、政策研究室主任沈建明到龙游县调研特色小镇创建工作。

3月4日，龙游县召开河长工作会议。

同日，中共龙游县委召开党建工作领导小组会议，研究部署从严治党工作。

3月5日，衢州市副市长马梅芝到龙游县调研农村电子商务推进情况。

同日，龙游县召开财税工作会议。

3月6日，县委书记方健忠调研低收入农户增收工作。

同日，衢州市文化广电新闻出版工作会议在龙游县召开。

3月9日，宁波市镇海区党委书记薛维海率党政代表团到龙游县考察。

同日，龙游县召开乡村休闲旅游项目推进会。

3月9日—13日，中共浙江省委常委、组织部部长胡和平到龙游县贺田村蹲点调研农村基层党建工作。

3月10日，龙游县召开“全面消除家庭人均纯收入4600元以下贫困现象”工作推进会。

3月11日，浙江省文化厅厅长金兴盛到龙游县调研文化建设和发展工作。

同日，浙江省委政法委副书记、综治办主任刘树枝到龙游县调研村规民约工作。

同日，浙江省交通运输厅党组书记、厅长郭剑彪到龙游县调研红船豆水利枢纽工程项目。

3月12日—13日，中共浙江省委常委、常务副省长袁家军到龙游县调研经济社会发展和项目建设工作。

3月13日，县委书记方健忠调研灵山江绿化美化工作。

同日，龙游县全面推行“贺田模式”工作现场会在贺田村召开。

3月16日，县委书记方健忠督查入城口改造及“三改一拆”工作。

同日，龙游县农业农村十大专项工作月度例会召开。

3月17日，龙游县召开“无传销”创建工作会议。

3月18日，中共龙游县委召开全县干部大会。

同日，衢州市委副书记、市长杜世源到龙游县调研工业企业建设与发展情况。

同日，中共浙江省纪委第九纪检监察室主任尹乐平到龙游县调研党风廉政建设责任制落实情况。

同日，龙游县委理论学习中心组举行《企业如何对接多层次资本市场》专题报告会。

3月19日，浙江省政府办公厅副秘书长李云林到龙游县调研文教卫体相关工作。

3月20日，浙江省人大常委会党组副书记、副主任程渭山到龙游县调研粮食生产安全工作。

3月24日，龙游县十二届人大常委会第二十七次会议召开。

3月26日，龙游县举行龙游申通电子商务产业园项目签约仪式。

3月27日，县委书记方健忠督查全县“五水共治”工作开展情况。

同日，《龙游县工业经济布局与发展规划》专家评审会召开。

同日，龙游县十二届人大常委会第七十二次主任会议召开。

3月30日，龙游县重点项目推进工作会议召开。

3月31日，湖州市人大常委会副主任、安吉县委书记单锦炎率代表团到龙游县考察。

4月

3月30日—4月1日，衢州市政协主席俞流传，市委常委、宣传部部长诸葛慧艳到龙游县开展“大抓基层”蹲点调研。

4月1日，浙江省副省长梁黎明到龙游县调研工业经济发展情况。

4月2日，龙游县与桑德集团有限公司举行“五水共治”战略合作框架协议签约仪式。

同日，2015龙游黄茶（圣堂白雪）文化旅游节在龙游县罗家乡荷村村开幕。

4月3日，龙游县召开乡村休闲旅游工作推进会。

4月4日，龙游县召开企业上市工作座谈会。

4月7日，龙游县召开全县“五水共治”现场会。

4月7日—9日，县领导方健忠、刘根宏、周中民、黄利荣、徐利水等分别赴联系村开展“大抓基层”集中蹲点调研。

4月8日，全县村党组织书记培训班开班。

4月9日，衢州市政府咨询委秘书长会议在龙游县召开。

同日，龙游县召开卫生工作暨创建省卫生强县工作会议。

4月10日，龙游县召开高坪桥水库工程建设暨开展库区实物调查工作动员大会。

4月14日，农业部科教司司长唐珂到龙游县调研生态循环农业。

同日，衢州市副市长汤飞帆到龙游县小南海镇蹲点调研。

同日，龙游县召开未开工项目推进会。

4月15日，县委书记方健忠赴龙游工业园区调研。

同日，县委副书记、县长刘根宏督查“无违建”创建并召开现场会。

4月16日，龙游县纪检监察综合业务培训班开班。

4月17日，龙游县与阿里巴巴（中国）软件有限公司签订农村电子商务合作意向协议。

4月18日，龙游县首届“全民饮茶日”启动。

4月20日，台湾宜兰大学校长赵涵捷到龙游县考察对接搭建校企合作平台。

同日，县委书记方健忠率团赴镇海对接山海协作工作。

4月21日，龙游县召开城乡居民最低生活保障规范化管理工作会议。

同日，龙游县召开全县人口和计划生育工作会议。

4月22日，浙江省“五水共治”督查组到龙游县督查。

同日，龙游县召开大气污染防治动员会。

4月23日，衢州市委副书记江汛波到龙游县调研电商发展情况。

同日，衢州市“百万妇女学贺田”动员会在龙游县召开。

同日，龙游县召开“平安建设”暨一季度社情民情分析会。

4月25日，全国诗词名家走进（年年红）龙天小镇。

4月27日，龙游县召开推进企业上市工作动员会。

4月28日，浙江省民族经济工作座谈会在龙游县召开。

同日，县政府召开小高山村整体搬迁推进会。

4月29日，龙游县召开深化司法监督工作动员会。

4月30日，县委召开常委会议，专题研究全县一季度经济形势。

同日，龙游县召开庆祝“五一”劳动节暨劳动模范座谈会。

5月

5月5日，龙游县召开一季度经济形势分析会议。

5月6日，浙江省、市文联书协到龙游县采风。

同日，县委书记方健忠到高坪桥水库库区调研实物调查工作。

5月7日，农业部、财政部到龙游县调研畜禽粪污综合利用工作。

同日，县政府召开全县河长工作会议。

5月8日，龙游县召开农村电子商务工作会议。

5月11日，龙游县召开“县级领导分片包干、百名局长（书记）联百村、千名干部结千户”动员会。

5月13日，湖北省远安县党政代表团到龙游县考察。

同日，浙江省军区参谋长周志斌到龙游县调研。

5月14日，浙江省民政厅副厅长罗卫红到龙游调研基层社会治理情况。

5月15日，衢州市督查组到龙游县检查安全生产工作。

同日，福建省政协副主席叶继革到龙游考察经济社会发展情况。

5月16日，龙游县委理论学习中心组举办安全生产专题报告会。

同日，龙游县召开灵山港综合治理工程设计方案论证会。

5月18日，浙江省委统战部副部长张润生到沐尘畲族乡调研帮扶工作。

5月19日，浙江省林业厅副厅长杨幼平到龙游县指导森林城市创建工作。

同日，龙游县举行“空中龙游”首飞仪式暨“5·19”中国旅游日庆祝活动。

5月20日，省十二届人大温州代表到龙游县调研、考察美丽乡村、“五水共治”工作。

同日，龙游县召开反恐怖工作会议。

同日，龙游县第二届全民健身运动会暨青年奔跑运动会举行。

5月21日，浙江省水利厅厅长陈龙到龙游县调研水利项目建设情况。

同日，浙江省国土资源厅副厅长张金根到龙游县调研地矿行政管理工作。

5月24日，龙游县召开“三严三实”专题党课暨专题教育部署会。

5月25日，浙江省政府残工委调研组到龙游县调研残疾人工作。

5月26日，龙游县首届社区居民运动会开幕。

5月28日，衢州市沙石资源整治规范工作推进会在龙游县召开。

5月29日，衢州市人大代表工作座谈会在龙游县召开。

同日，龙游县召开创建省级农产品质量安全放心示范县推进会。

6月

6月1日，中共龙游县委召开常委扩大会议，传达学习习近平总书记在浙江省考察的重要讲话精神。

同日，龙游县召开省级文明县复评工作动员会。

同日，县领导开展“六一”走访慰问活动。

6月8日，浙江省第一批省级特色小镇创建名单正式公布，龙游县红木小镇成功列入全省37个特色小镇创建名单。

6月8日—9日，浙江省重大项目稽察特派员陶国胜、稽察办副主任郑黎明到龙游县稽察衢江治理工程。

6月10日，浙江省文物监察总队到龙游县走访、调研国家级文物保护单位。

6月13日，浙江省文化厅副厅长、省文物局局长陈瑶到龙游县调研文化遗产保护工作。

6月17日，衢州市大气污染执法检查组到龙游县检查大气污染防治执行情况。

6月18日，龙游县召开深化“四边三化”行动暨公路迎国检工作会议。

6月19日，衢州市人大常委会副主任范根才带领部分市人大代表到龙游县调研乡村休闲旅游工作推进情况及乡镇卫生院绩效工资“二次改革”工作。

同日，县委副书记、县长刘根宏调研全县电子商务工作推进情况。

6月23日，衢州市督查组到龙游县督查“五水共治”“三改一拆”及“大干项目”工作。

6月24日，全国人大代表调研组到龙游县视察践行“绿水青山就是金山银山”情况。

6月25日，浙江省委常委、组织部部长廖国勋到龙游县调研基层党建工作。

同日，龙游县召开第二届全民健身运动会动员大会。

同日，龙游县人大代表视察生猪养殖和炭化笼污染整治规范情况。

6月26日，浙江省红十字会到龙游县调研基层红十字会工作情况。

6月29日—7月1日，龙游县党政领导走访慰问特困老党员。

7月

7月1日，中国侨联副主席、浙江省政协副主席、浙江省侨联主席、民革浙江省委员会主委吴晶到龙游县调研。

7月2日，衢州市委副书记江汛波到龙游县调研新农村建设及电子商务工作。

7月4日，中共龙游县委理论学习中心组举行学习会，认真学习贯彻习近平总书记在浙江调研时的讲话精神和省委十三届七次全体（扩大）会议精神。

7月5日，龙游县召开第二季度全县乡镇（街道）书记党建工作例会。

7月6日，龙游县召开“三改一拆”百日攻坚动员会。

7月7日，“智聚龙游、聚焦特纸、引领创新”院士专家龙游行暨龙游特种纸新材料、新技术交流峰会举行。

7月10日，龙游县召开全县保密工作会议暨保密工作专题讲座。

7月13日，龙游县召开农村产权交易改革工作推进会。

7月14日，龙游县召开全县耕地保护工作推进会。

7月16日，龙游县召开深化殡葬改革和规范殡葬秩序专项整治工作会议。

同日，浙江省体育局局长孙光明到龙游县调研省级体育现代化县创建工作。

同日，衢州市副市长汤飞帆到龙游县督查迎“国检”暨美丽公路创建工作。

7月20日，中共龙游县委召开常委（扩大）会议，部署开展“三严三实”专题教育活动。

7月21日，龙游县召开“两路两侧”“四边三化”专项整治推进会。

7月23日，衢州市委常委、组织部部长陈玲玲率全市大抓基层组织年“互看互学”观摩会暨乡镇（街道）书记交流会部分与会人员到龙游县调研基层党建工作情况。

同日，龙游县召开食品安全工作会议和安全生产工作会议。

7月24日，龙游县召开二季度社情民情分析会。

7月28日，县委书记方健忠督查第一批重点违建拆除情况。

同日，浙江省“五水共治”环境执法督察综合组到龙游县检查。

同日，龙游县召开国资改革工作推进会。

7月29日—31日，县领导走访慰问驻龙游部队官兵和部分优抚对象。

7月30日，浙江省司法厅副厅长、督查组组长陈钟率第二十二督查组到龙游县督查“五水共治”“三改一拆”工作。

7月30日—31日，浙江省委常委、公安厅厅长刘力伟到龙游县考察公安工作。

7月31日，中共龙游县委十届九次全体（扩大）会议召开。全会认真学习贯彻习近平总书记在浙江考察时的重要讲话精神，按照省委十三届七次全会和市委六届八次全会的决策要求，对推进改革创新、加快产业强县工作进行研究部署，审议通过中共龙游县委关于全面加强基层党组织和基层政权建设的实施意见。县委书记方健忠代表县常委会向全会作报告。

8月

8月3日，龙游县十二届政府第八次全体（扩大）会议召开。会议认真贯彻落实中央、省、市各项决策部署和县委十届九次全会精神，回顾总结上半年工作，安排部署下阶段任务。县委副书记、县长刘根宏代表县政府作全会工作报告，县委常委、常务副县长张少华主持会议，县委常委、副县长陈瑜，副县长陆寿泉、陆民、郑国华、姜忠军、钟爱红、王永明等出席会议。县人大常委会主任周中民、县政协主席黄利荣等应邀列席会议。

同日，县委书记方健忠督查“两路两侧”“四边三化”工作。

8月4日，衢州市副市长马梅芝到龙游县调研早稻收购工作。

8月5日，衢州市副市长汤飞帆到龙游县调研工业经济发展工作。

同日，龙游县召开重点项目推进督查会。

8月6日，浙江省人大常委会副主任毛光烈到龙游县调研民族乡村经济发展工作。

同日，浙江省委副秘书长、省直机关工委书记施利民调研到龙游县“深改革、强规范、提能效”作风建设专项行动工作。

8月7日，龙游县召开“奋战五个月，攻坚‘543’”专项行动誓师大会。

同日，龙游县召开第二届电子商务峰会。

8月8日，龙游县召开进一步落实“26县加快发展”工作会议。

8月12日，县委书记方健忠督查“543”工作和“四重双百”重点项目推进情况。

8月13日，浙江省委政法委副书记、省平安办主任马以到龙游县调研平安建设及基层社会治理创新工作。

同日，县委书记方健忠督查全县生猪养殖污染专项整治工作。

同日，龙游县政协主席黄利荣视察衢江航道开发工程和龙游港区工程项目。

8月14日，龙游县举行“三严三实”专题教育集中学习研讨会。

同日，龙游县召开危化品领域安全生产工作紧急会议。

8月17日，衢州市政协副主席王建华督查龙游县“五水共治”“三改一拆”和“大干项目”工作。

8月18日，龙游县召开创建全国国土资源节约集约利用模范县动员会。

同日，龙游县开展市县两级安全生产联动检查。

8月19日，浙江省政协民宗委主任沈雪生到龙游县调研少数民族文化保护与开发工作。

8月20日，衢州市委常委、常务副市长赵建林到龙游县调研“五水共治”工作。

8月20日—21日，全省工商联系统微信平台建设现场会在龙游县召开。

8月25日，浙江省委第一巡视组巡视龙游县工作动员会召开。

8月26日，浙江省政协副主席陈艳华到龙游县调研“贺田模式”。

8月27日，浙江省副省长黄旭明到龙游县调研农业农村工作。

8月28日，县委书记方健忠督查全县村主职干部重点违建拆除情况。

9月

9月1日，县委书记方健忠督查部分重点旅游项目。

同日，衢江区党政代表团到龙游县考察交流国资改革工作。

9月2日，衢州市“清三河”达标县验收检查组到龙游县检查。

9月6日，县委书记方健忠调研城市东进及旧城改造工作。

同日，龙游县召开农村集镇污水处理工作部署会。

9月7日，县委书记方健忠督查全县生猪养殖污染“两化”整治工作。

9月8日，龙游县举行庆祝第31个教师节暨育人工作座谈会；县领导走访慰问一线教师。

同日，龙游中学与杭州凯马举行联合办学签约仪式，县委书记方健忠等参加签约仪式。

9月9日，浙江省民政厅副厅长王忠志到龙游县调研低保工作。

同日，县委副书记、县长刘根宏调研小高山整体搬迁工作。

同日，衢州市政协副主席、市委统战部部长余广宇视察龙游县少数民族乡村建设工作。

9月11日，县委书记方健忠督查交通建设重点项目。

同日，浙江省政法委副书记、省综治办主任刘树枝到龙游县调研社会综合治理情况。

9月15日，浙江省发改委副主任翁建荣到龙游县调研特色小镇建设情况。

9月17日，县委副书记、县长刘根宏督查320国道两侧环境综合整治工作。

同日，浙江省人大常委会法制委员会副主任委员陈荣到龙游县调研转型升级十大组合拳落实情况。

9月18日，县委书记方健忠调研全县工业在建项目。

9月22日，龙游县召开服务业发展大会。

同日，浙江省政协副主席、党组副书记王建满到龙游县开展“水源地保护管治机制建设”专题调研。

9月23日，维达国际控股集团董事会主席李朝旺、瑞典爱生雅集团CEO Magnus.Groth到龙游调研洽谈。

同日，衢州市委常委、宣传部部长诸葛慧艳到龙游检查全省文化礼堂现场会筹备情况。

同日，浙江省农业厅副厅长陈利江到龙游县检查全国现代生态循环农业现场会筹备工作。

9月24日，龙游县召开县委常委议军会。

9月25日，龙游县举行“三严三实”专题教育第二次集中学习研讨会。

同日，民革中央秘书长兼办公室主任李惠东到龙游县民革支部视察指导。

同日，浙江省民政厅副厅长罗红卫到龙游县调研基层民主建设和地名文化建设工作。

9月29日，浙江全省农村文化礼堂建设推进会在龙游县召开。

9月30日，龙游县召开产业强县工作会议。

同日，衢州市委统战部民主党派联谊会在龙游民革支部召开。

10月

10月8日，龙游县召开重点项目政策处理推进工作会议。

同日，县委书记方健忠督查省级文明城市复评迎检工作。

同日，县委副书记、县长刘根宏督查小高山村整体搬迁工作进展情况。

10月9日，龙游县举行“迎省文明县城复评治污治乱”志愿者万人大行动。

同日，县委书记方健忠督查城市东进工作。

10月13日，县委书记方健忠调研国资公司改革及运营情况。

10月15日，山东省政协副主席郭爱玲到龙游县考察。

同日，浙江省人大常委会代表与选举任免工委一行到龙游县调研县乡人大换届选举工作。

同日，龙游县召开高坪桥水库库区公路改（复）建应急工程初步设计审查会。

10月16日，中共龙游县委召开常委会议，专题学习《中国共产党巡视工作条例》。

10月19日，衢州市人大常委会主任居亚平到龙游县调研经济发展工作。

同日，龙游县召开“清三河”迎检工作推进会。

10月19日—21日，县领导在“重阳节”期间走访慰问老人。

10月20日，龙游县召开“十三五”重点专项规划编制工作会议。

同日，龙游县人大常委会组织部分省、市、县人大代表到龙游考察旅游项目建设情况。

10月21日，龙游县召开三季度社情民情分析会暨平安建设推进会议。

10月23日，龙游县召开集镇建设管理暨“两路两侧”整治工作现场会。

同日，省、市、县人大代表在塔石镇人大代表联络站开展调研接访活动。

同日，龙游县召开重点项目联审联批推进工作会议。

10月24日，大型古地下工程科学问题及长期保护国际学术研讨会在龙游县召开。

10月26日，衢州市委常委、宣传部部长诸葛慧艳到龙游县督查“五水共治”军令状落实情况。

同日，衢州市人大常委会副主任傅炎康到龙游县督查“五水共治”“三改一拆”和“大干项目”工作。

10月27日，衢州市政协副主席吕玉茹到龙游县调研“五水共治”工作。

10月28日，龙游大厨美食文化节开幕。

10月29日，中共龙游县委召开常委会议，传达全市乡村休闲旅游工作现场推进会精神。

同日，浙江省人力社保厅副厅长龚和艳到龙游县调研人力社保工作。

10月30日，2015国际汽联亚太汽车拉力锦标赛“龙游商帮杯”中国（龙游）拉力赛开幕。

同日，龙游县召开旧城改造征迁指挥部领导小组扩大会议。

11月

11月3日，中共龙游县委召开常委扩大会议，传达学习党的十八届五中全会、全省领导干部会议和市委常委扩大会议精神，传达《中国共产党廉洁自律准则》《中国共产党纪律处分条例》等文件精神，研究部署贯彻落实意见。

同日，县委书记方健忠督查光伏发电项目。

同日，龙游县举行工业电子商务推进会暨“1688”特色站点发布仪式。

11月5日，龙游县召开乡村休闲旅游项目工作推进会。

11月6日，市委常委、组织部部长陈玲玲到龙游县调研基层党建工作。

同日，龙游县召开大南门历史文化街区保护项目（一期）工作部署动员会。

11月8日，农业部部长韩长赋率农业部有关司局人员到龙游县考察生态循环农业工作。

11月10日，浙江省国土资源厅副厅长夏晓鸿到龙游县指导全省国土系统“转作风、强服务、严管理、促规范”活动年工作。

11月11日，衢州市委副书记江汛波到龙游县调研集镇建设管理工作。

同日，县委书记方健忠调研“十三五”规划编制工作。

11月11日—12日，龙游县政协九届四次会议第124号、第144号重点提案主席督办暨民主评议会议召开。

11月12日，龙游县人大常委会主任周中民调研检查全县供电工作。

11月13日，龙游县十二届人大常委会召开主任扩大会议，专题听取关于县“十三五”水利发展规划及“十三五”综合交通运输发展规划。

11月16日，县委书记方健忠检查省级森林城市创建复检工作。

11月17日，龙游县召开城区亮化工作协调推进会。

11月18日，衢州市委副书记、市长杜世源在龙游县调研衢州港桥头江作业区。

11月19日，浙江大学医学院附属邵逸夫医院与龙游县人民医院举行合作签约揭牌仪式。

11月20日，中共龙游县委召开常委会议，传达全省美丽乡村和农村精神文明建设现场会精神，研究部署贯彻落实意见。

11月23日，县委副书记、县长刘根宏督查大南门历史文化街区改造征迁工作进展情况。

11月23日—24日，中共浙江省委党校2015年第四期领导干部进修一班第三组学员到龙游县考察调研。

11月24日，县委书记方健忠调研集镇建设管理工作。

11月26日，龙游县召开农民私人建房管理暨重点违建拆除工作会议。

11月27日，中共龙游县委召开常委扩大会议，传达学习省委十三届八次全体（扩大）会议和市委常委扩大会暨“三严三实”专题研讨会精神，研究部署贯彻落实意见。

12月

12月2日，河南省鹤壁市淇县县委书记王永青到龙游县考察。

12月4日，国机集团党委常委、副总裁、总会计师骆家駹一行到龙游县考察。

12月8日，衢州市委副书记、市长杜世源到龙游县检查年度目标任务完成情况。

12月9日，浙江省政协副主席陈艳华率省森林城市检查验收组对龙游县省级森林城市创建工作进行考核验收。

同日，龙游县召开大南门历史文化街区保护项目（一期）推进会，动员部署大南门收购工作。

12月10日，龙游县召开学习贯彻全省扶贫开发工作会议精神暨“消除4600”迎检工作部署会。

12月13日，中共龙游县委理论学习中心组举行“三严三实”专题教育第三次集中学习研讨会。

12月14日，衢州市人大常委会副主任章俊到龙游县核查年收入4600元以下贫困人口脱贫情况。

12月15日—16日，龙游县召开高坪桥水库工程建设征地移民安置规划大纲评审会。

12月16日—17日，浙江省人大常委会副主任姒健敏到龙游县核查年收入4600元以下贫困人口脱贫情况。

12月18日，龙游县召开2016年工业经济发展、党建工作思路调研会。

同日，衢州市政协副主席、市委统战部部长余广宇到龙游县视察“民盟同心•名医服务站”工作情况。

12月22日，共青团龙游县第十五次代表大会召开。

12月23日，龙游县召开乡镇(街道)人大负责人第四季度工作例会。

12月24日，浙江省纪委常委、省预防腐败局副局长，省直机关工委副书记、纪工委书记杜康到龙游县督查《中国共产党廉洁自律准则》《中国共产党纪律处分条例》学习贯彻情况。

同日，浙江省综治办副主任张卫星到龙游县调研乡贤会情况并召开座谈会。

12月30日，政协龙游县委员会九届第十七次常委会议召开。

12月31日，县委书记方健忠走访慰问金融部门干部职工。

县情概要

概　述

龙游县介于北纬28°44′～29°17′、东经119°02′～119°20′之间，地处浙江省中西部的金衢盆地中心，东毗金华市婺城区，南邻丽水市遂昌县，西接衢州市衢江区，北交杭州市的建德市，东北与金华市的兰溪市接壤。隶属浙江省衢州市，县人民政府驻县城太平西路。设2个街道办事处、6个镇、7个乡。2015年年底，有居民15.61万户、40.41万人。境域东西宽29.37千米、南北长61.5千米，县域面积1143.5平方千米。县境最东为社阳乡寮山尖、最西为小南海镇九垄、最南为庙下乡桃源尖、最北为横山镇天池山。北距省城杭州直线距离167千米，西距衢州市区30千米，属于以杭州为中心的2小时交通圈。

建置沿革

【概况】 龙游县最早的可靠文字记载见于《左传》卷十二《哀公十三年》："六月丙子，越子伐吴，为二隧。畴无余、讴阳自南方，先及郊。吴大子友、王子地、王孙弥庸、寿于姚自泓上观之，弥庸见姑蔑之旗，曰：'吾父之旗也，不可以见雠而弗杀也。'大子曰：'战而不克将亡国，请待之。'弥庸不可，属徒五千，王子地助之，乙酉战，弥际庸获畴无余，地获讴阳。越子至，王子地守。丙戌，复战，大败吴师，获大子友、王孙弥庸、寿于姚。"（杜预注："姑蔑，春秋越地，今东阳大末县。弥庸父为越所获，故姑蔑人得其旌旗。"）讲的是姑蔑军队助越伐吴之事。哀公十三年按公元纪年为前482年，至2015年已达2497年。龙游也是浙江省境内最早设置县级建置的地区之一，在秦始皇推行郡县制时即设县，名为大末。具体时间未见明确记载，有秦王政二十五年（前222）、秦始皇二十六年（前221）两说。相对来讲，以秦始皇二十六年（前221）较为可靠，因为会稽郡即于是年设置，民国时余绍宋编纂的《龙游县志》(简称"民国志")即持此说，《浙江通史》也持此说（浙江人民出版社2005年12月版第3卷8页）。以此计算，到2015年，建县历史已达2236年。自秦以降，除前后3次短时间撤县外，一直作为县级建置存在，县名则历经太末、龙丘等，吴越宝正六年(931)改为龙游，其后曾一度改名盈川，自南宋绍兴元年(1131)复名龙游后便一直沿用，至2015年已有885年。

【姑蔑国】 明万历年间编纂的《龙游县志》（简称"万历志"）卷一《舆地•沿革》引《元和郡县志》说："周姑蔑国，子爵，越附庸也。"对"姑蔑国"的说法，余绍宋在民国志卷二《地理考•沿革》中持保留态度："未知所据，未敢率录。"在民国志的行文中也都称"姑蔑"或"姑蔑地"。其实除《元和郡县志》外，《汲冢周书》孔晁注也有“姑妹国，后属越”的说法。2002年，龙游县人民政府和中国史学会在龙游共同召开“姑蔑文化研讨会”，与会专家在论文中也都以“姑蔑国”相称。清王先谦在《〈汉书〉补注》中说：“姑蔑故城在龙游，太末县亦治龙游，其地实兼有今西安、江山、常山、开化、遂昌、玉山及汤溪县之半。”这里所说的“西安”即衢县，说明当时姑蔑国的范围比现在的衢州市还大。也可以说，王先谦提及的那些县（市）和姑蔑国都有渊源关系，龙游的特殊地位则在于“姑蔑故城在龙游”，也就是说，龙游是姑蔑国的中心所在。所以，相关典籍在解释“姑蔑”一词时，都说是在今浙江龙游。至于姑蔑城的具体位置，《元丰九域志》卷第五有如下记载：“姑蔑故城在瀫水南三里，东门临薄里溪。”清顾祖禹《读史方舆纪要》卷九十三引《左传》杜预注，也说“相传縠溪之南即其故城”。瀫水、縠溪都是衢江的旧称，薄里也称泊里、泊鲤，是灵山江的古称，《元丰九域志》所载姑蔑故城方位基本上与现在的龙游县城相合。民国志卷二十四《丛载，古迹》记载姑蔑城：“东西二百一十二步，南北一百六十八步，高一丈七，厚四尺，周四百七十步，至今人犹呼寺城麓。”

【大末县】 民国志《地理考，沿革》：“秦置郡县，始列太末为县，属会稽郡。”查《汉书》卷二十八上《地理志》，在“会稽郡”条下说“县二十六”，其中也有“大末”。民国志《地理考•沿革》并有关于县名的考证：“顾祖禹《读史方舆纪要》引李留之语谓‘逆流多惊滩，以竹索引船乃可上。大读如达，义有取焉’其说非是。”

【末治】 民国志卷二《地理考•沿革》：“王莽改曰‘末治’。”《汉书》卷二十八上《地理志》“大末”下有夹注云“莽曰末治”，可作民国志的佐证。余绍宋并有按语：“至王莽改‘太末’为‘末治’亦属单举，盖‘大，者夸张之词，如‘大梁’、‘张楚’之例，‘治’犹‘县’也”。而在郦道元《水经注》卷四十中又写成为“末理”，对此民国志有说明：“殆避唐时讳，非唐时曾改称末理也。”

【太末县】 民国志卷二《地理考•沿单》：“至东汉复名太末。”《后汉书》志第二十二《郡国志》四“会稽郡”条下有“太末”的县名，可作民国志的佐证。民国志卷二《地理考•沿革》云：“‘大末’作‘太末’始于《后汉书•郡国志》，《汉书•地理志》尚作‘大末’。”实际上“大”字和“太”字历史上本可通用，其含义并无实质上之差异，所以旧籍中混用处甚多，如民国志就基本上都写成“太末”。自东汉开始，历经三国、两晋及宋、齐、梁、陈，太末县一直存在，在《晋书•地理志》《宋书•州郡》《南齐书•州郡志》等史籍中均有关于太末县的记载，民国志也有“晋、宋、齐、梁、陈因之”之语（卷二《地理考•沿革》）。到隋开皇九年(589)，曾一度撤销县建制，唐武德四年(621)又恢复太末县，直至武德八年（625）。三国吴宝鼎元年(266)“分会稽为东阳郡”（《三国志》卷四十八《吴书•三嗣主传》），太末县自此由会稽郡改隶东阳郡。至于太末城的位置，民国志卷二十四《丛黍载•古迹》引《舆地纪胜》说是“在县治西”，余绍宋并有按语：“汤溪志云‘距龙丘山麓里许，即秦所立太末县旧址’，与是说相反，盖汤溪在县东也。”一般地讲，秦在姑蔑国基础上设大末县，其县城也应在原姑蔑城的基础上设置，从地理位置上讲，龙丘山一带偏于县境东部一隅。

【白石县】 白石县于唐武德四年（621）设立，武德八年（625）撤销。《新唐书》卷四十一《地理志》“衢州”条下说：“太末，武德四年置，以县置縠州，并置白石县。八年州废，省太末、白石入信安。”《旧唐书•地理志》和民国志卷二《地理考•沿革》也有相似记载。其县城所在，民国志卷二十四《丛载•古迹》有载：“白石县治在县南三十五里白石山麓，山石纯白，县以得名，至今有知县坂、城隍墩等处。灵山与白石山相距里许，人民聚为县南巨镇，或云即白石县故址。”这里所说的白石山以山色纯白、结构玲珑而成为历史上一处景点，1958年大炼钢铁时因采萤石而消失，所在地尚留有“白石山头”村名。关于白石县的范围，史书并无记载，根据其县城位置推测，应包括今龙游县的南部及相邻遂昌县、信安县的部分。

【龙丘县】 民国志卷二《地理考•沿革》：“贞观八年析信安、金华，复置县治，更名龙丘，隶婺州。此当为称龙丘之始，太末之名至此遂废。”并有按语引《名胜志》说明“龙丘”一名的来历为“以县东四十里龙丘山为名”。《旧唐书•地理志》和《新唐书•地理志》均有相似记载，《旧唐书》并说明“垂拱二年属衢州”，垂拱二年当为公元686年。民国志卷二《地理考•沿革》也有“垂拱二年置衢州，始与信安、常山并由婺州改隶焉”之语。民国志并云“大历十二年升龙丘为紧县”，大历十二年即公元777年，对此《旧唐书》未载，《新唐书》则在县名下注一“紧”字。

【盈川县（唐）】 《旧唐书》卷四十《地理志》“龙丘”条下有“如意元年分龙丘置县”的记载，《新唐书》卷四十一《地理志》“衢州信安郡”的“龙丘”条下更补充说明“元和七年省盈川入信安”。民国志卷二《地理考•沿革》也有相似语。如意元年即公元692年，元和七年为公元812年，先后共存在121年。关于盈川县城，民国志卷二十四《丛载•古迹》有载：“盈川故城在县西三十里，下临盈川潭，城址犹存。”并有按语：“《太平寰宇记》云‘在州南九十里’，误。盈川不在州南，距州城亦无九十里也。”

【武安县】 民国志卷二《地理考•沿革》有“证圣二年又析置武安县，武安至神龙元年仍省入龙丘”的记载。《旧唐书•地理志》未载武安县，《新唐书》卷四十一《地理志》“衢州信安郡”的“龙丘”条下有“证圣二年置武安县，后省武安”的记载。《中国历史地名辞典》468页（1986年江西教育出版社出版）则有“唐证圣元年（695）置，治所在今浙江衢州市东。后废”的记载。《中国历史地名辞典》将置县时间定在“证圣元年”是对的，因为“证圣元年”的下一年就是“万岁登封元年”，并无“二年”，《新害书》的“二”当是“元”之误。综上记载，当时曾析龙丘县地置武安县是有根据的。应该说明的是，关于武安县还有一些不同说法。《太平寰宇记》卷九十七“武安故城”条引《信安记》云：“证圣二年割常山、须江、饶州之弋阳三县置武安县，以地有武安山，因以为名。”并加按语：“此邑已废，故城存。”浙江人民出版社1984年出版的《衢州市志》第一章《建置沿革》中也有相似语。但查浙江人民出版社分别于1990年2月和6月版的《江山市志》《常山县志》及江西人民出版社1985年出版的《玉山县志》，则均云于证圣元年（695）析置玉山县，清康熙《衢州府志》卷十一也持此说，并另有“证圣二年分龙丘置武安县，后省”的记载。特录以备考。

【龙游县】 民国志卷二《地理考•沿革》：“五代时，龙丘县属吴越国。宝正末，钱镠以‘丘为墓不祥’，改曰龙游，属衢州如故。”上述记载新旧《五代史》均未载，故余绍宋特注明“据《太平寰宇记》及《十国春秋•地理表》纂”。改龙丘为龙游的时间，康熙《衢州府志》卷十一《郡县表》列为“宝正六年”，与民国志的“宝正末”相符，因为下一年钱谬即去世，由儿子钱元瓘袭封吴越国王。关于“丘为墓不祥”，一方面是因为这时的钱镠年已80，衰迈之人对此当然敏感；也因为吴越国疆域比现在的浙江省大不了多少，范围小了，对于境内的这个“龙丘”也就难免忌讳。

【盈川县（宋）】 《宋史》卷八十八《地理志》“衢州信安郡”的“龙游”条：“唐龙丘县，宣和三年改为盈川县，绍兴初复改。”宣和三年即公元1121年。民国志卷二《地理志•沿革》较《宋史》详细：“宣和三年因有诏讳‘龙’字，改为盈川，绍兴初复故名，属衢州信安郡。”并注明“据《宋史•地理志》及两旧志纂”。“绍兴初”当为绍兴元年，康熙《衢州府志•郡县表》便明言“绍兴元年”，即公元1131年。自此以后，县名便一直称“龙游”而沿用至今。

龙游建置沿革

表1

朝 代	建置名称	隶 属	备 注
秦	大末县	会稽郡	—
西汉	大末县	会稽郡	—
新	末治	会稽郡	—
东汉	太末县	会稽郡	—
三国（吴）	太末县	东阳郡	宝鼎元年(266)因分会稽郡设东阳郡而改隶
晋	太末县	东阳郡	—
南朝（宋、齐、梁、陈）	太末县	东阳郡	—
隋	（吴宁县地）	婺州	开皇九年(589)废入长山，并改长山为吴宁县，置婺州
	（金华县地）	东阳郡	开皇十二年（592）改吴宁为东阳，十八年（598）又改名金华。大业元年(605)置东阳郡
唐	太末县、白石县	穀州	武德四年（621）置穀州及太末、白石二县
	（信安县地）	婺州	武德八年（625）穀州废，省太末、白石入信安县
	龙丘县	婺州	贞观八年(634)析信安、金华复置县，更名龙丘
		衢州	垂拱二年(686)因置衢州而改隶
	龙丘县、盈川县、武安县	衢州	如意元年(692)分龙丘置盈川县，证圣元年(695)又析置武安县
	龙丘县	衢州	武安县神龙元年(705)省入龙丘县，盈川县元和七年(812)省入信安县
五代（吴越）	龙游县	衢州	宝正六年(931)钱镠以“丘为墓不祥”改称龙游
北宋	龙游县	衢州	—
	盈川县	衢州	宣和三年(1121)因有诏讳“龙”字，改名盈川
南宋	龙游县	衢州	绍兴元年（1131）复名龙游
元	龙游县	衢州路	元至元十三年(1276)改衢州为衢州路总管府
元明之际	龙游县	龙游府	韩宋龙凤五年（元至正十九年，公元1359年）朱元璋改衢州路为龙游府
		衢州府	韩宋龙凤十二年（元至正二十六年，即1366年）朱元璋改龙游府为衢州府
明	龙游县	衢州府	—
清	龙游县	衢州府	—
中华民国	龙游县	衢州军政分府	1911年11月—1912年2月
		浙江省	1912年2月—1914年6月，为县直属省
		金华道	1914年6月置金华道，道治初驻兰溪，1917年移驻衢州
		浙江省	1927年1月废道，实行省、县二级政区制
		浙江省第五行政督察区	1938年5月浙江省划分为9个行政督察区，本区专署驻衢县
		浙江省第三行政督察区	1948年4月浙江省划分为6个行政督察区，本区专署驻金华。7月全省又划为9个行政督察区，本区专署驻衢县，8月移驻江山

续表

朝代	建置名称	隶属	备注
解放初	龙游县	第三专区	1949年7月成立浙江省人民政府第三行政区专员公署
中华人民共和国	龙游县	衢州专区	1949年10月第三专区改称衢州专区
		金华专区	1955年3月衢州专区并入金华专区
	（衢县地）	金华专区	1959年12月撤销县制并入衢县，其中湖镇区于1960年2月从衢县划属金华县
		金华地区	1973年专区改称地区
	（衢州市地）	金华地区	1981年1月改衢县为衢州市（县级市）
	龙游县	金华地区	1983年12月恢复龙游县建制
		衢州市	1985年6月撤销金华地区，成立金华、衢州两个省辖市，龙游县划归衢州市

境域变迁

【概况】 秦置大末县，以姑蔑地为县境，约含今龙游县、衢江区、柯城区、江山市、常山县、开化县、玉山县东部、遂昌县及原汤溪县之半。其后由于析地置县，境域逐渐缩小，至明成化七年(1471)析置汤溪县后，总体格局基本定形。关于“玉山县东部”之说，有江西人民出版社1985年出版的《玉山县志》33页《历史沿革》可证：“秦朝，东部（金沙溪以东）属会稽郡太末县。”

【析置新安县】 民国志卷二《地理考•沿革》：“初平三年析太末置新安县。”初平三年即公元192年。查《后汉书》卷三十二《郡国志》，注中也有同样说法。当时的新安县范围约含今衢江区、柯城区、江山市、常山县、开化县及玉山县东部。至是年，太末县境约含今龙游、遂昌两县及原汤溪县之半。

【析置平昌县】 民国志卷二《地理考•沿革》：“三国吴赤乌二年，析太末置平昌县，太末遂为今龙游之专名。”赤乌二年即公元239年，平昌即今遂昌县。查《三国志•吴书》，并未见相关记载，光绪《遂昌县志•疆域》仅云“吴赤乌置平昌县”，时间未详。但《中国历史地名辞典》161页“平昌县”条则明言“三国吴赤乌二年(239)置，治所即今浙江遂昌县”，可见民国志定为赤乌二年当有所据。至是年，太末县境约含今龙游县及原汤溪县之半。

【省盈川入信安】 唐如意元年(692)分龙丘置盈川县，元和七年（812）省盈川入信安，盈川一带划出。盈川县境域史无明确记载，但今衢江区高家镇之盈川村地理位置紧邻龙游县之西境，估计当时划入信安县的当为盈川县之西部，东部仍属龙丘。浙江人民出版社1992年8月出版的《衢县志》第一章《沿革》中便说：“元和七年(812)盈川县建制撤销，并入信安、龙丘两县。”《太平寰宇记》卷九十七“废盈川县”条也持此说。

【析置汤溪县】 《明史》卷四十四《地理志》“金华府”的“汤溪”条：“成化七年（1471）正月析兰溪、金华、龙游、遂昌四县地置。”民国志卷二《地理考•沿革》则云：“成化八年（1472）析县之清阳乡入金华，别置汤溪县。”时间上相差一年。对此，民国志加有按语：“乾隆汤溪志《疆域》类云‘成化七年置县’，而《山川》类汤塘山下则云‘成化八年迁邑于汤塘市北隅，始名汤溪’，据此应以八年为是。”按语所说也不是没有道理，但从

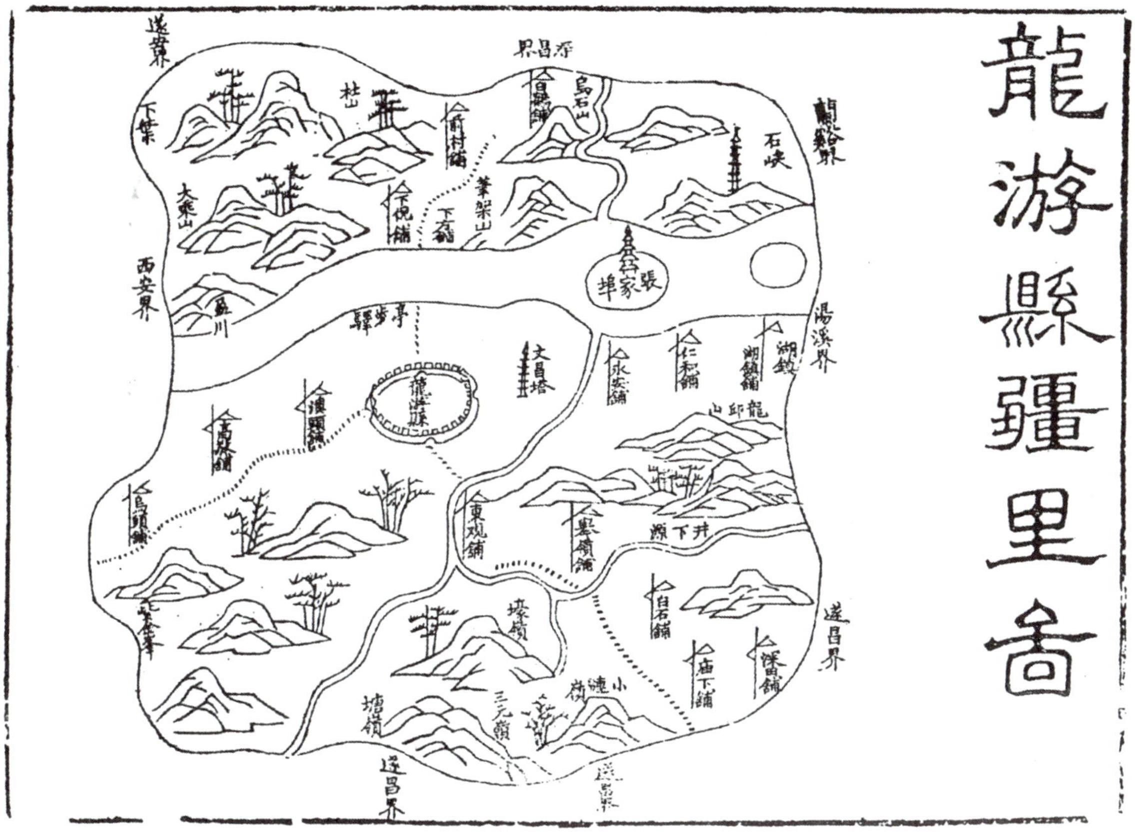

图1 龙游县疆里图（原载清康熙癸丑《龙游县志》卷首）

总体上讲，析汤溪县时间还是以成化七年为妥。至于清阳乡的范围，“大体上在今县境以东至金华县莘畈溪沿岸。”至是年，龙游县境域未再有大的变化。

【局部调整】 除前述土地析出设置新县外，小范围的调整颇为频繁。有的是因为勘定县界而变动，有的是为了解决一些“飞地”问题，也有的是因龙游县制的恢复而相应变动。其中可考的有下列几次：

1921年 将原属龙游县的分水坪、王坞、燕窝汪村划属遂昌县，将原属遂昌县的下旦（今属沐尘畲族乡马成口行政村）划属龙游县。

1933年至1937年 龙游、衢县两县会勘县界，将马叶村东南部及张家村（今均属詹家镇）划归龙游县。

1936年11月12日 以珏塘村之半、梅岭村划属寿昌县，寿昌县以飞地张家村（今属横山镇）之半及上叶村（今属横山镇塔下叶行政村）划属龙游县。

1949年 将原属衢县的马叶村（今属詹家镇）西北部划属龙游县，使原分属龙游、衢县两县的马叶村得以完璧。

1952年3月 将龙游县士元乡的生塘徐、梅屏、小梅屏、柴埠江、山峰张村划属兰溪县，将原属兰溪县圣山乡（今水亭畲族乡）的兑门江、米筛垄（今属茶场新村行政村）、经堂（今属茶场新村行政村）、下畈（今名上畈）、西湖（今名西胡，属茶场新村行政村）划属龙游县（今均属模环乡）。

1954年6月 龙游和遂昌县界调整为以凹岭（即豪岭）为界，原属遂昌县白水乡第四村的芦头（今名路头，属沐尘畲族乡）及雷坞（今属庆丰行政村）、竹头底（今属沐尘畲族乡双戴行政村）、杨梅岭（今属庆丰行政村）、杨里（今属庆丰行政村）及原属遂昌县苏村乡（今北界镇）三村之岱岭（今名大头岭，属大街乡贺康行政村）自然村划属龙游。

1954年8月 将原属衢县大里乡（今峡川镇）之金村（今属石佛乡）划属龙游。

1983年 1980年将原属衢县外黄公社的黄村、上西两大队（今均属小南海镇龙丰行政村）划入当时的箬塘公社，复县时随箬塘公社改属龙游县。1960年随龙游县并入衢县的大路店、上大路、湖南山、上高敬、下高敬、里湖塍、外湖埕、尖竹桥村，1983年复县时留在了衢县。湖镇区复归龙游县时，将原属金华县的东沙畈村改属龙游县（今社阳乡金龙村）。

1985年 将1960年析出的邵家、长元祝、叶家、童村（今均属湖镇镇）4个村划归龙游县。

山 川

【概况】 境内山脉沿金衢盆地南北两缘分布，成为县境的界山。北部属千里岗山脉余脉，由古生界及中生界褶皱山组成；南部属仙霞岭山脉余脉，由断裂构造控制断块山组成，以火山岩为主。县南最高山峰茅山坑（海拔1442米），县北最高山峰马槽山（海拔940.1米）。境内河流属钱塘江水系。除衢江外，各溪流均发源于南北山脉之中，成为雨源型山溪。主干流衢江，自西向东横贯县境中部，南北各有一级支流4条，呈树枝状分布。一级支流上又有集雨面积在5平方千米以上分支流17条，河流总长402.1千米，年均径流量10.78亿立方米，丰水年13.4亿立方米。支流河床比降大，水位易涨易落，枯洪变化悬殊。20世纪50年代以来，上游多有水库建成，对汛期的径流量有所控制，水位相对平稳，洪旱危害大为减轻。

【仙霞岭山脉】 分布县境南部、西南部及东南部，自县西南与衢江区、遂昌县交界处入境，成桃源尖山结。由此分两支：一北北东走向，沿衢江区与龙游县边界延伸，山势较高，自县境最高点茅山坑向北，依次有黄婆衣、麻洋岭、绿葱湖、老虎山、盘冲头、石角、东东尖、坞岩尖、树坞顶、将军帽诸峰，构成与衢江区的界山；复自坞岩尖分出一支，北东走向，有小溪表、天上洋、晓溪山、牛头石岗诸峰，成步坑源与晓溪水分水岭。另一支从桃源尖沿龙游县、遂昌县边界延伸，北东走向，有石角头、大加脑、羊头、金鸡石、大坪岗诸峰，跨过灵山江有老虎岩、猪凹岭、金竹坞、泥湾诸峰，构成与遂昌县的界山；复由大加脑分出一支，北北东走向，沿庙下溪东岸延伸，有湖口、杨树山、长生岭、曾家坞、大衣坞、长田丘、天福山、西山顶诸峰，成庙下溪三元岭水分水岭；大坪岗分出一支，北北东走向，有上山子、猴子铺、茂山诸峰，成三元岭水与大界源水（源出遂昌县飞连尖，东北流人县境，在坑口注入灵山江）分水岭；乌泥湾向北分出一支，沿龙游县至金华市婺城区边界延伸，有黄岗坛、寮山尖、五龙山诸峰，构成与金华市婺城区的界山。仙霞岭余脉在境内牛角湾成一山结，分出两支。一支东偏北走向，有蒲阳山、大虹顶、三爪坞、水底坞、白洋山、白石山、铜钵山、楼坞尖、螺蛳线诸峰，成山南潼溪与山北罗家溪、社阳港分水岭；白云山向北分出一支，有大山表、仰天湾、红南基、圣堂山、资福山诸峰，为罗家溪主流与支流马府源分水岭；铜钵山向北分出一支，有白岩山、白鸽、前山岗、大湾尖、好坑坞尖、船湾尖诸峰，为罗家溪与社阳港分水岭；楼坞尖向北分出一支，有老鼠坞、金坞尖、大列唐、横坞尖、老鹰岩、铁索尖诸峰，为后渠源水与大公溪分水昤。牛角湾山结另一支自牛角湾向东南行，有梓山、严家山、老虎岩诸峰，为潼溪与梓山水、小坑水、潘兵水分水岭，其北端延伸至十都、官村、上圩头、希唐、三叠岩一带，构成金衢盆地南缘。

【千里岗山脉】 分布在县北与建德市交界处，呈北东走向。最高峰马槽山位于县境西北角，自此沿龙游、建德边界向东北延伸，有十八湾、龙门、乌

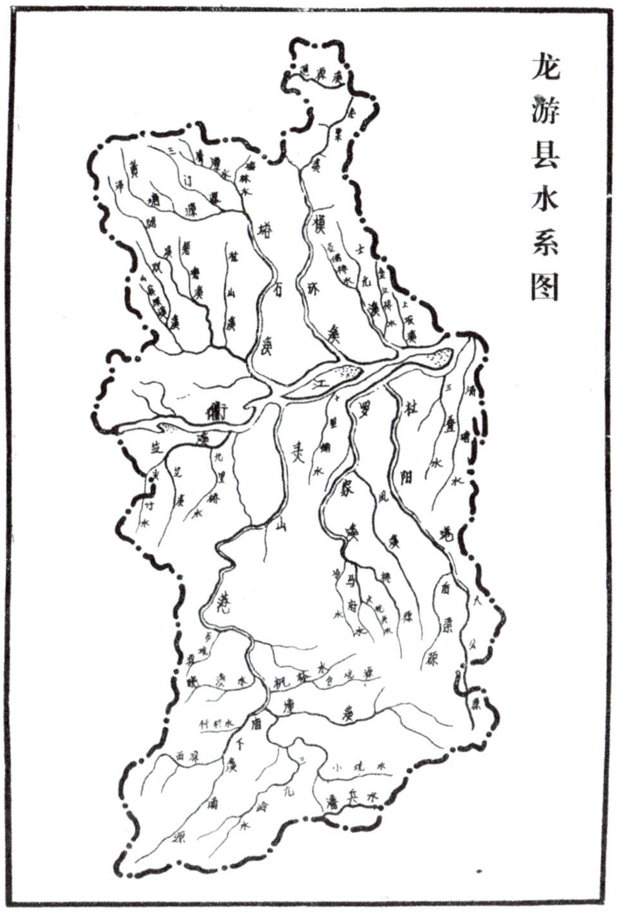

图2 龙游县水系图

龟岗、乌石山、白岭、天池山诸峰，形成与建德市的分水岭。此线以南山峰有梅树坞、上东山、木瓜棚、黄梅尖、饭甑山、石口门、蝴蝶形、大湾等，多流纹岩及凝灰岩。再南从石佛至后徐至龙门桥至志棠一线，有 杜山、官山（旧称鹳山）、大山等山峰，北东走向，多石灰岩、白云岩等沉积岩。

【衢江】 境内衢江旧称瀫水，也有写成縠水、榖水的，为钱塘江上游主流之一。自衢江区盈川潭入境，至湖镇镇邵家村出境，入境口高程43米，河口高程32米，落差11米，平均坡降0.39‰。境内主流长28千米，流域面积1053.84平方千米，沿江有詹家镇、小南海镇、龙洲街道、东华街道、模环乡、湖镇镇。主河道入境至团石汪歧为南北两流，北流至大船头下游岩山折东南至泽基；南流在施家埠纳芝溪水，经姜家、张杨至泽基与北流重合。南北分流间成一沙砾滩，面积约1.5平方千米，滩北名翁家滩，滩南名下滩。主河道重合后，往东偏北流约6千米至驿前，纳灵山江水后再流约1千米，复歧为二：左流经后周笋墩山下纳塔石溪水，至张家埠、范家，在凤基坤纳模环溪水；右流经湖底叶、项家、槐王、中央滩、白地圩、布袋滩；分歧中孕育出江心洲，面积约8.66平方千米，洲上有张家埠、范家、杨家3个村。右流经白地圩又一分为二，左流至湖岩与原左流汇合，经小溪滩、马家、唐家圩、桥头江、后陈、下童，先后纳士元溪水、上畈溪水，至湖镇镇邵家；右流经青田铺至河村纳罗家溪、社阳港，经白革湖、河曲桥与三叠岩水汇合，经叶家至邵家与主流会合出境。分歧中又孕育出江心洲，称鼎新洲，面积约5.64平方千米，洲上有塘马、上溪头、新圆、后陈、下童等5个村。衢江河道横向为宽浅表状“U”形断面，主河道最宽400米，最狭350米。常水位时最大水深点约3米至4米，最小水深点约2米至1米。年平均径流量为每秒340立方米，年平均入境水量116.8亿立方米，出境水量124.3亿立方米。

【芝溪】 源出衢江区全旺镇尚伦岗，自詹家镇十都村入龙游境，至龙洲街道施家埠汇入衢江，入境口高程65米，河口高程45米，落差20米，坡降1.27‰。境内流长15.75千米，流域面积93.38平方千米，流经詹家镇、龙洲街道。入县境后北流，经胡家、芝溪、夏金至孙家纳尖竹桥水。折东流，经黄家至李家纳黄塘溪水。再流经后游至詹家，纳张严水、九里桥水，经水亭圩至施家埠汇入衢江。

【灵山江】 又名灵山港，旧名灵溪、灵源、灵源港、薄里溪、泊鲤溪等，为县境内衢江第一大支流。发源于遂昌县高坪乡和尚岭，自沐尘畲族乡马戍口村入境，至东华街道驿前村汇入衢江，入境口高程175米，河口高程38米，落差137米，坡降2.45‰。境内流长55.95千米，流域面积334平方千米，流经沐尘畲族乡、溪口镇、龙洲街道、东华街道。自马戍口纳潘兵水（檀溪），北流至坑口纳山北桥水（楼坞坑水），再至渡头纳小坑水。转东北流，至坑头纳梓水。折西流纳三元岭水（同康水）、社里水。至沐尘折北流，至大虹桥纳潼溪水，至溪口纳庙下溪水，至小虹桥纳枫林溪水，至江潭纳晓溪水、大垄水，至灵山纳外高山水，至塔下折西北纳大安源水，至花坟前纳北山水，至步坑口纳步坑源水，至石角纳道士源水、考坑水。复折向北流，至渡贤头纳老鹰岩水。折西北至旗山脚下纳黄冠源水，经官潭折东偏北流，至官村纳寺坞水。出官村后折北，入寺后大畈。过寺后至白畈，纳大垄水，经县城东至驿前、湖底叶两村间汇入衢江。年平均径流深1.04米，径流量每秒20.8立方米，年来水总量6.12亿立方米。系典型山溪性源流，坡降大，流速快，遇暴雨破坏性大。旧时木船可从县城通至遂昌县北界镇，1958年后山区林木砍伐过量，加之河中拦水筑坝，造成河道泥沙淤积，至20世纪60年代后期舟筏已无法通航。

【罗家溪】 旧名马府源。源出铜钵山，河源大街乡岭根村，高程285米，河口湖镇镇下叶村，高程32米，落差253米，坡降8.6‰。主流长29.3千米，流域面积120.93平方千米，流经罗家乡、溪口镇、东华街道、湖镇镇。自岭根北流，经陆村入红塘坑水库。出水库后至傅家转西北，经茭塘金、桃源、荷村、罗家至大乘坞纳马府水。北流至席家折向西流，于鹁鸪头纳冷水。转东北经上圩头、岩头，至狮子山纳甘溪水。经墩头、西陈至新屋纳凤溪水。北流经方家至寺底袁纳横路祝水，经马报桥、上昌至七都西南，折向东流。经下潘至下叶与社阳港水合流，流至河村注入衢江旧支流，再流经湖镇白革湖至叶家汇入衢江。

【社阳港】 旧名竺溪水，又名长枝源。发源于龙游县与金华市婺城区、遂昌县交界处的社阳乡境内东长坪北麓，至湖镇镇河村注入衢江旧支流，河源东长坪高程450米，河口河村高程34米，落差416米，平均坡降13‰。主流长31.95千米，流域面积108.69平方千米，流经社阳乡、湖镇镇。源流经县内源头村、婺城区上阳村，又至社阳乡沙畈村南入境。北流经金钩至大公，纳塘泗水，经茶园至双溪口纳后渠水，再折西北流至桃园纳银坑水，至金鸡洞纳毛家坞水。至社阳，南纳好坑坞水，东纳园油坑水入社阳水库。出水库后经希唐、溪底杜、竺溪桥至湖镇镇下叶村，与罗家溪合流，再至河村注入衢江旧支流，再经湖镇至邵家汇入衢江。社阳港主要分支流后渠水源出社阳乡上堤村老鹰岩，自南往北经上堤、泽夫湾口、上后渠、连下桥至双溪口，注入社阳港。主流长7.6千米，流域面积17.31平方千米。河源高程400米，河口高程110米，落差290米，平均坡降38.16‰。

【塔石溪】 旧名锦溪，系县境内衢江北岸最大支流。主源为三门源水，源自石佛乡大力山村白佛岩，至小南海镇后周村汇入衢江，河源高程180米，河口高程38米，落差142米，平均坡降4.9‰。主流长29.2千米，流域面积220.28平方千米，流经石佛乡、塔石镇、横山镇、小南海镇。另有西源自梅树坞始，名黄塘源。三门源、黄塘源汇合于下洪村南成石佛溪，东南流至胡家纳清潭水、梅岭水，至贤求朋纳锦溪水，经脉元、西圯、李家至坞堪，再南出小溪，经王印图、横堰、西徐至张坞碓、山水碓，与泽随溪汇合于下高桥。合流后折向东南，流经地皮山、后周至笋墩山下汇入衢江。

【模环溪】 原名双溪。源出建德市宙坞坪，自横山镇塔下叶村入龙游境，至模环乡凤基坤村汇入衢江。入境口高程102米，河口高程35米，落差67米，坡降2.6‰。县境内主流长25.8千米，流域面积97.12平方千米，流经横山镇、模环乡。自塔下叶纳志棠溪水与翁坞底溪水成为主流，折南流经张家、上向徐至白鹤桥，纳珏塘溪水与龙门桥山溪水。向南流经会泽里，至叶野纳苗高水，至横山纳横山水。再流经湖涯溪边、下西山、五都桥、模环、金家、祝家、兰塘、大治至凤基坤汇入衢江。

【士元溪】 旧名斗山水。源出横山镇上下朱村，至模环乡桥头江村汇入衢江，河源高程76米，河口高程36米，落差40米，坡降3.48‰。主流长11.5千米，流域面积41.5平方千米，流经横山镇、模环乡。源流南行新王村、刘家村至湖塘殿，纳老佛水，东南经白马至前方西北汇合金江桥水，曲折南流至桥头江西北汇入衢江。

【上畈溪】 源出兰溪市圣山乡石孔头，至模环乡上畈村入境，流经米筛垄、兑门江、叶塘下，至前方村以东祠堂脚汇入衢江。境内流长3.5千米，流域面积5.48平方千米。入境口高程52米，河口高程32米，落差20米，坡降5.71‰。

矿 产

【概况】 龙游县的矿产资源以非金属矿为主，按成因分为两种类型。一种为岩浆期后中低温热液型，有黄铁矿、萤石等，分布在县南花岗岩发育地区；一种为沉积型非金属矿，有石煤、石灰石、白云石等，分布在县北地区。全县已发现矿种23个，矿产地66处(不包括建筑黄沙)。矿产资源的基本特点是：能源矿产贫乏；金属矿产除灵山黄铁矿床伴生铜、铅、锌外，其余大多为矿点，不具备开发条件；非金属矿产矿种不多，但颇具特色，水泥灰岩、建筑用凝灰岩、砖瓦黏土、黄沙较丰富，为县内矿产资源开发利用的主要矿种，且分布集中，有利于矿业规模化经营和产品系列化开发。

【黄铁矿】 分布在县境南部，有溪口东矿、溪口西矿、灵山、牛角湾、凤凰山等5处矿产地，探明基础储量黄铁矿1565.74万吨，其中灵山矿区伴生铜金属量17372吨、铅金属量16921吨、锌金属量37877吨、银金属量102吨。含硫量较高。

【水泥灰岩】 分布在县境北部的石佛、龙门桥、志棠一带，控制基础储量为7303.4万吨。

【建筑用凝灰岩】 主要分布于石佛乡塘边—横山镇龙门桥—横山镇腰塘边、东华街道上圩头—罗家乡、詹家镇芝溪—龙洲街道岑山—龙洲街道后田铺一带。为侏罗系火山凝灰岩，潜在资源量大，可成条石、块石等品种，成材率高，是建造坝基、桥基及高档建筑物的良好基石。

【砖瓦黏土】 主要分布于横山镇白鹤桥、石佛乡下洪、塔石镇雅村—模环乡姚西塘、詹家镇浦山—东华街道大垄口及湖镇十里坪一带。为白垩系粉砂岩风化形成的黏土岩，黏结性好，露天开采方便，潜在资源量大。

【黄沙】 主要分布在衢江龙游段及其支流灵山江、社阳港、罗家溪、塔石溪、模环溪。预测资源量为1430.44万吨，年输砂量34.06万吨，为衢州市主要的商品黄沙基地。

【蛇纹岩】 分布于溪口镇灵山上北山，探明的基础储量为10.47万吨，已作为磷肥厂配料开发。

【石煤】 主要分布于县境北部的石佛乡杜山坞和横山镇龙门桥、东王及马山一带，矿体长约10千米，分上下两层，下层石煤质量较好，含硫量高，且伴生五氧化二钒。已经开采的有杜山坞、龙门桥、东王3处矿点。

（县史志办 劳乃强）

中共龙游县委员会

综　述

2015年，中共龙游县委在中央和省委、市委的正确领导下，坚持以邓小平理论、“三个代表”重要思想和科学发展观为指导，全面贯彻党的十八大和十八届三中、四中、五中全会精神，认真学习贯彻习近平总书记系列重要讲话精神特别是在浙江考察时的重要讲话精神，紧紧围绕习近平总书记提出的“八个方面”重点任务和省委“八八战略”，坚持“两化”引领，聚焦新型工业化、新型城镇化、文化旅游和美丽龙游四大主战场，主动作为，创新实干，奋力推进“四个全面”战略布局在龙游的实践,经济社会发展取得新成绩，各项重点专项工作走在衢州市前列，顺利收官“十二五”。全年地区生产总值同比增长7.5%，地方财政收入增长11.8%，固定资产投资增长15%，社会消费品零售总额增长11%，城乡居民人均可支配收入分别增长9.5%和10.5%。

【打好转型升级组合拳】 切实加强党对经济工作的领导，牢牢把握经济发展新常态，善于运用市场思维看本质、判形势、作决策、谋实招，产业结构逐步优化，经济发展的质量和水平不断提升。坚持“大干项目、大抓招商”，深入开展“四重双百”项目“三挂五竞赛”活动，县四套班子领导挂帅包干、挂图竞赛、挂联考核，134个实施类重点项目累计完成投资84.8亿元，高坪桥水库入选国家发改委第一批PPP推介项目计划（PPP，是Public—Private—Partnership的字母缩写，即公私合作模式，是公共基础设施中的一种项目融资模式。在该模式下，鼓励私营企业、民营资本与政府进行合作，参与公共基础设施的建设），红木小镇跻身全省首批产业特色小镇。打好“543”（即“五水共治”“四边三花”“三改一拆”）攻坚战，倒逼传统种植业、水产业和畜牧业转型升级，912家规模养殖场全部实施工业化、生态化改造，在全市率先构建第三方治污监管运维机制，超额完成省定“三改一拆”总任务，衢江、灵山江全面禁止采沙，13条垃圾河、黑臭河全部整治到位，通过市级“清三河”验收。加强产业强县建设，明确十大重点产业主攻方向，坚持“一个产业、一名领导、一个班子、一套政策、一抓到底”；推进新型工业化建设，持续开展“四换三名”（“四换”指推进“腾笼换鸟”，大力发展高附加值、低能耗、低污染产业；推进机器换人，实现减员增效；推进空间换地，实现节约集约土地；推进电商换市，大力发展电子商务。“三名”指着力培养知名企业、知名品牌、知名企业家，打造行业龙头），实施工业“十大专项”行动，新增1家企业研究院、2家省级企业技术中心，全县10亿元以上销售企业增至4家，全年规模工业增加值预计增长4%；深化与阿里巴巴的战略合作，全县网络销售额突破11亿元；新设立3亿元产业基金和财政控股的融资担保公司，5家企业在“新三板”挂牌上市，实现本土企业上市“零”的突破。

图3 龙游电商城举行开园仪式

【改革举措落地见成效】 始终坚持问题导向和效果导向，认真贯彻落实中央和省委、市委改革决策部署，紧密结合龙游实际，在重要领域和关键环节上撕开口子、杀出血路，红利活力不断释放。全面推进国资改革，构建“1+1+9”国资运营管理体系，在6家国资公司率先启动市场化改革；做大“资产池”，接收69个单位2154宗资产进行集中管理；做优“资金池”，平均资金归集率80%，资金周转率200%，新增融资15.5亿元，引导国资在基础设施建设、资源开发、民生服务和新兴产业等领域发挥引领作用。深入推进政府自身改革，加强“四单一网”建设，精减38个部门权力事项30%，新组建综合行政执法局等9个机构部门，建立统一规范的公共资源交易平台。深化行政审批改革，在全市率先建成网上中介服务平台，新引进50家中介机构，实现政务服务网乡村代办点全覆盖，全面实行“五证一码”，压缩审批时限2/3以上。大力推进农村综合改革和山区集聚发展改革，农村宅基地登记发证率达92.3%，土地承包经营权确权工作在石佛乡开展试点，农村股改基本到位，在衢州市率先搭建县乡村一体的综合性农村产权交易平台。加快人口梯度转移和内聚外迁，湖镇阳湖小区已交付使用，溪口翠竹小区主体工程已完工，年内新增异地搬迁农户720余户近2200人。

【统筹城乡区域协调发展】 坚持把新型城镇化建设作为经济发展的最大增长点和扩大内需的最大支撑，围绕生态型文化旅游城市的目标定位，构建完善“1241”（即1个城市吸纳型、2个中心镇发展型、41个中心村集聚型）城镇发展体系，不断推动城乡在资源配置、产业发展、公共服务等方面融合发展，共建共享美好生活。以全省首批美丽县城试点为契机，着力提升城市功能品质，城东新区一期4平方千米基础框架建设稳步推进，小高山村整体搬迁、城东子鸣新社区建设、大南门国有土地房屋征收、城市亮化工程等一批群众关注的重点工作全面启动，完成16个老旧小区的改造，总面积52万平方米，惠及群众6500余户。加快发展以现代服务业为主的城市经济。以年年红为龙头的省级旅游度假区扩容提升初见成效；与宝钢集团开展战略合作，签约开发六春湖运动休闲区；新加坡风情小镇项目前期顺利推进。加快国际家居建材城、东方城市综合体、嘉溢金属市场、恩浩世贸城等一批重大服务业项目建设，龙游电商城正式开业。大力打造美丽乡村升级版，完成农村“赤膊墙”粉刷110余万平方米，新建7个市级精品村。以“一核两翼”（即以沿江板块为核心，以龙南龙北为两翼）为格局，推进“三线七点”（“三线”指以六春湖项目为龙头的龙南大竹海运动休闲养生旅游线；以天池荷花景区、三门源等古村落为核心节点的龙北历史文化体验旅游线；以沿江美丽乡村示范村为串点的灵山江生态水景观光休闲旅游线）乡村旅游精品线建设，打造具有龙游特色的乡村休闲旅游。跻身全国首批“农村淘宝”试点县。全力打好促农增收战役，加大精准扶贫脱贫力度，全面消除9277户14980人“4600元以下”贫困现象。

【筑牢意识形态阵地】 始终把意识形态工作牢牢扛在肩上、抓在手上，成立宣传思想文化工作领导小组，将意识形态工作纳入乡镇、部门综合考核，逐级压实主体责任，构建“大宣传”工作格局，大力培育和践行社会主义核心价值观。按照中央和省、市委统一部署，广泛开展纪念中国人民抗日战争暨世界反法西斯战争胜利70周年系列活动以及烈士纪念日活动，弘扬民族精神和抗战精神。围绕“中国梦想•最美龙游”主题，开展“最美”系列活动，创建最美行业12个，推出“最美”典型近百个，1人入选全国好人榜，3人入选浙江好人榜。牢牢掌握意识形态工作的领导权和主导权，完善网上重大舆论应急响应和处置机制，成功处置60多起涉及龙游的网络舆情，不断巩固网上舆论阵地。强化对宗教领域的依法管理，在全省率先完成宗教建筑标志物规范工作，规范整治67家民间信仰点，推动宗教界政治认同、社会适应、文化融合。认真落实基层宣传文化工作“四张清单”（基层公共文化服务重点项目清单、基层宣传文化机构和队伍建设清单、基层宣传文化阵地建设重点项目清单和基层宣传文化工作重点政策保障清单），加强宣传文化系统班子和队伍建设。加强公共文化服务体系建设，深入实施文化惠民工程，启动龙游博物馆项目前期，成功举办首届“龙游大厨”美食文化节和2015亚太汽车拉力锦标赛。筑牢基层宣传思想文化阵地，改造提升10个乡镇综合文化站，新建22个农村文化礼堂，创新成立乡贤会，引领乡风民风改善。承办浙江省文化礼堂建设工作推进会，龙游县的相关经验在会上交流并得到省、市领导的肯定。

【平安建设持续推进】 始终绷紧维护社会和谐稳定这根弦，把推进社会治理体系和治理能力现代化建设摆在更加突出的位置，每月召开会议，专题研究“平安”报表，千方百计补短板、抓供给、促和谐，不断提高群众的幸福感和获得感。重点抓好民生实事，新增财力80%以上用于民生支出，鼓励支持大众创业、万众创新，在经济下行压力加大的情况下，城镇登记失业率不升反降；稳步推进低保扩面，全县城乡低保人数占比达2.2%，实现动态调整下应保尽保；推进教育改革，完成39所义务教育标准化学校和县职教中心建设，成功创建义务教育均衡县；深化医疗卫生改革，推进“双下沉、两提升”（医学人才下沉、城市医院下沉，提升县域医疗卫生机构服务能力、提升群众满意率），与浙江大学医学院附属邵逸夫医院合作办医，开展分级诊疗体系建设；优化城市公共交通，新增20个公共自行车点共560个公共停车位。坚决守住平安底线，扎实开展“百日维稳攻坚大会战”，统筹抓好信访维稳、反恐处突、平安综治、安全生产等各项工作，圆满完成各个重要时期的重大安保任务，有效排查处置各类安全隐患，保障人民群众生命财产安全。加大基层社会治理创新力度，力促法治、德治、自治“三治融合”；修订完善村规民约，全县262个行政村实现村规民约全覆盖，各类矛盾纠纷调处率99%以上，相关经验在全省推广。实现省“平安建设”十连冠。

【美丽龙游建设上新台阶】 生态是龙游发展最大的优势和潜力所在。县委认真贯彻绿色发展的理念，全力打造生态屏障，践行“绿水青山就是金山银山”的新境界。加快推进生产方式绿色化，在衢州市率先实行工业企业综合效益排序和差别化激励政策，列入浙江省生态工业发展试点；生态循环农业走在全国前列，全县域推广“开启模式”和“集美模式”，建成大、中、小生态循环农业发展体系，入选全国生态循环农业现场会观摩点，得到农业部部长的充分肯定。农村“双治”（生活污水治理和生活垃圾分类处理）走在全市前列，全县251个村开展“贺田模式”复制，农村生活垃圾有效处置率达75%以上，120个村完成污水处理设施建设，并着力引导群众养成文明健康生活方式。扎实开展森林城市创建和平原绿化工作，完成绿化面积466.67公顷、重点防护林建设500公顷，沿灵山江打造连绵50余千米的生态长廊，省级重点公益林扩面20000余公顷，顺利通过省级森林城市验收。坚决贯彻落实新环保法，构建完善环境综合执法协调机制，持续开展环保“亮剑”执法行动，坚决向一切环境违法行为开刀，全年环保处罚案件115起，处罚金额254.5万元，5人被追究刑事责任；衢江出境水合格率常年保持100%，并连续3个月达到Ⅱ类水质；空气质量优良率提升至84%以上。

【深化法治龙游建设】 不断健全县委领导法治龙游建设的制度和工作机制，进一步发挥县委总揽全

图4 县普法办组织开展法治宣传月活动

局、协调各方的领导核心作用，大力推进依法执政、依法行政、公正司法、全民守法的新风尚，制定出台《中共龙游县委关于建立健全科学民主依法决策机制的意见》，加强领导干部法治教育培训，提高运用法治思维和法治方式解决问题的能力水平。县委召开人大、政协工作会议，出台《关于进一步加强人大工作和建设，充分发挥人大作用的意见》和《政协龙游县委员会关于政治协商、民主监督、参政议政的实施意见》，支持人大、政协围绕大局、一线作为。县人大切实加强对法律实施和“一府两院”（即县政府和县法院、县检察院）工作监督，围绕生猪养殖、炭化篾整治、产业转型升级、电子商务发展、社区服务管理等工作开展视察监督、专题调研和审议询问，深化和拓展代表工作；县政协稳步推进协商民主制度化、规范化，围绕森林城市创建、城区市场监管、文化旅游发展等重点工作开展民主监督，完成关于大众创业、万众创新、城市建设投融资机制等专题调研，为县重大决策提供科学参考。认真贯彻落实中央统战工作、群团工作会议精神，与各民主党派和无党派人士密切关系，合作共事，加强对工、青、妇等群团组织的领导，工、青、妇服务中心创出了特色品牌。进一步做好党管武装、侨务工作、对台工作和老干部工作，凝聚社会各方的力量，不断增强推动发展的强大合力。2015年，龙游县评为省创建“法治县”先进单位。

【全面落实从严治党要求】 坚持抓好党建工作，进一步强化主角意识和主动精神，做到思想上重视起来、责任上明晰起来、工作上担当起来。高质量开展“三严三实”（严以修身、严以用权、严以律己，谋事要实、创业要实、做人要实）专题教育，县委常委会带头学习、带头研讨，要求各级党员干部把守纪律、讲规矩摆在首要位置，组织537名县管党员干部开展党章党规党纪集中轮训，组织992个党组织共2.2万名党员认真学习贯彻《中国共产党廉洁自律准则》（简称《准则》）和《中国共产党纪律处分条例》（简称《条例》）。认真主动配合开展省委巡视工作，深入查找“不严不实”的问题，边巡边改，整转作风。着力打造“忠诚、干净、担当”的干部队伍，坚持“实战实绩、能上能下”原则，开展“双百挂联”（百名书记挂百村联百企）、“百狮争先”（选派100名左右年轻干部到一线克难攻坚、破解难题、推动工作，着力培养一批作风过硬、敢于担当、充满激情、善于做群众工作、堪当重任的“狮子型”干部和团队）系列活动，从实战一线提拔优秀干部44人、转任重要岗位16人，调整不适宜担任现职干部9人；加强劳光荣式领头雁队伍建设，18人入选浙江省“千名好支书”。大抓基层工作导向，持之以恒打造“三民工程”（即建立民情档案、定期沟通民情、为民办事全程服务）升级版，按照“整乡推进、整县提升”的要求，培育80多个可学、可看、可复制的基层党建示范点，贺田、石角2个村入选全国农村基层党建工作座谈会现场观摩点。认真落实党风廉政建设“两个责任”（即党委负主体责任、纪委负监督责任），逐级压实党委（党组）主体责任，全力支持纪委“三转”（即转职能、转方式、转作风），运用好监督执纪“四种形态”（即党内关系要正常化，批评和自我批评要经常开展，让咬耳扯袖、红脸出汗成为常态；党纪轻处分和组织处理要成为大多数；对严重违纪的重处分、作出重大职务调整应当是少数；而严重违纪涉嫌违法立案审查的只能是极少数），设置20个纪委派驻机构，全年开展正风肃纪专项行动50次，发现问题114个，党纪、政纪处分19人次，组织处理40人次；立案查处党员干部违纪案件144件，移送司法机关7人，切实营造风清气正的政治生态。

在龙游召开的省、市重要会议

【浙江省生态文化协会第一届常务理事会第四次会议】 2015年1月27日在龙游县召开。浙江省人大常委会副主任、省生态文化协会名誉会长程渭山和省政协副主席、省生态文化协会会长陈艳华分别作讲话，省林业厅厅长、省生态文化协会常务副会长林云举出席会议，衢州市委书记陈新致辞，龙游县委书记方健忠参加会议。程渭山要求各级党委、政府要高度重视生态文明建设，建立、健全社会参与机制；积极培育典型，发挥生态文化基地引领力；创新活动平台，拓展生态文化内涵影响力；加强自身建设，提升协会工作凝聚力。陈艳华要求以全新的工作思路、全力以赴的工作状态，乘势而为，让生态文化理念落地扎根；以全新的生态文化理念内化于心、感化于人，将生态文化宣传教育始终贯穿在“两富”浙江、“两美”浙江建设之中。会议对15个省级“生态文化基地”（第四批）进行表彰，龙游县的中国红木家居文化园入选其中。

【浙江省委第一巡视组巡视龙游县工作动员会】 8月25日召开。省委第一巡视组组长周益扬作动员讲话，省委巡视工作领导小组办公室副主任邱志明就开展巡视工作提出具体要求，衢州市委常委、纪委书记陈欣就配合做好巡视工作提出具体要求。龙游县委书记方健忠主持会议并作表态发言。省委第一巡视组全体成员、龙游县四套班子领导、县法院院长、县检察院检察长、湖镇镇党委书记、2011年以来退休的县处级领导、各乡镇（街道）党（工）委书记、乡镇长(办事处主任)、县机关各单位主要负责人、县人大办公室主任、县政协秘书长、县政协办公室主任、县人大各工委（室）主任、县政协各专委（室）主任、县纪委班子成员、县委组织部班子成员等参加会议。

县委召开的重要会议

【龙游县领导干部述职述廉会议】 2015年1月6日召开。中共衢州市委书记陈新参加会议并作动员讲话。龙游县委书记方健忠主持会议。陈新要求各级党委要强化主体责任，努力促进党风廉政建设和反腐败工作与经济社会发展良性互动；党委主要负责人要担负起“第一责任人”职责，做到重要工作亲自部署、重大问题亲自过问、重点环节亲自协调、重点案件亲自督办；县委班子其他成员要认真履行“一岗双责”（即既要抓好分管的业务工作，又要以同等的注意力抓好分管部门的党风廉政建设，把反腐倡廉、案件防范工作与业务工作同研究、同规划、同布置、同检查、同考核、同问责）责任，做到业务工作管到哪里，党风廉政建设就深入到哪里；大力支持纪检监察机关转职能、转方式、转作风，使纪检监察工作回归到监督、执纪、问责上来，集中精力抓好执纪监督主业；抓好省委“十大整改行动”落实，采取跟踪督办的方式，逐项对照检查，坚决整改到位。

【县委十届八次全体（扩大）会议】 1月13日召开。会议回顾总结2014年工作，部署2015年工作任务。县委常委会主持会议。县委书记方健忠代表县委常委会向全会作报告。会议要求突出提质增效，加快工业强县建设，打好转型升级“组合拳”；坚持以人为本，以全省首批美丽县城试点为契机，推进美丽县城建设，努力建设形象美、特色强、功能优的生态文化旅游城市；大抓文化旅游，带动美丽龙游建设，培育新的经济增长点；狠抓改革攻坚，不断激活发展动力，向开放要活力，向改革要红利，向投资要效益；推进依法治县，加快法治龙游建设；加强民生保障，共享美好幸福生活，促进城乡居民更多更好地享受改革发展成果。

【全县政法信访工作会议】 1月28日召开。县委副书记、县长刘根宏主持会议，县委常委、政法委书记洪一舟作工作报告，县委书记方健忠作重要讲话。会议提出要扎实开展政法综治平安建设十大专项行动，切实为“两化两游”（新型工业化和新型城镇化；文化旅游与美丽龙游）建设创造安全稳定的社会环境、公平正义的法治环境和优质高效的服务环境。方健忠要求顺应经济社会新常态，坚持问题导向，突出重点，综合施策，毫不放松抓好反恐怖斗争，千方百计守住公共安全底线，斗智斗勇保障网络社会安全；围绕人民群众新期待，坚持源头治理，夯实基层基础，创新工作机制，抓早抓小，化解矛盾纠纷，充分发动群众参与基层社会治理，主动强化群众法律服务；坚持好干部新标准，打造忠诚、干净、担当的政法干部队伍，做到严守政治纪律和组织纪律，确保对党忠诚、对法律忠诚。

【全县农村工作会议暨乡村休闲旅游发展大会】 1月29日召开。县委副书记、县长刘根宏主持会议，副县长陆民、郑国华分别部署乡村休闲旅游和农业农村工作，县委书记方健忠作重要讲话。副县长郑国华代表县政府与部分乡镇（街道）代表签订2015年农村公共安全工作责任书。会议要求着力实施农业农村十大专项工作，扎实推进新农村建设，争创浙江省整县域推进生态循环农业发展示范县和美丽乡村建设示范县；要通过3—5年的努力，把龙游打造成年接待游客突破1000万人次、旅游总收入超100亿元、旅游及配套项目建设总投入超100亿元的长三角县域旅游目的地。方健忠要求，主动适应新常态，重点围绕改革、转型、富民主线，扎实开展农业农村十大专项工作，大力发展现代循环农业、乡村休闲旅游和农村电子商务；以改革惠农，深入推进农村集体土地所有权、集体建设用地使用权和农民宅基地使用权等“三权”改革，继续深化山区集聚发展改革，加强农业科技创新，推进乡村治理创新；以转型强农，加快农业发展方式转型、农业经营主体转型、农产品销售方式转型和传统种养业转型升级；以生态富农，大力抓好乡村休闲旅游发展。

【全县“五水共治”“三改一拆”工作会议】 1月29日召开。会议回顾总结2014年治水拆违工作，安排部署2015年工作任务。县委书记方健忠主持会议，县委副书记、县长刘根宏讲话，县委副书记徐利水、副县长陆寿泉分别部署“五水共治”（即治污水、防洪水、排涝水、保供水、抓节水）和“三改一拆”（即改造旧住宅区、改造旧厂区、改造城中村，拆除违法建设）工作。会议提出要一鼓作气、一抓到底，确保完成创建“清三河”达标县和“无违建县”两大目标。方健忠要求抓住机遇，乘势而上，通过“五水共治”和“三改一拆”，真正倒逼产业转型升级，真正打造出龙游生态发展新优势，真正为群众创造美好生活打下坚实基础。刘根宏强调，要健全完善网格化管理机制、常态化巡查机制和高效审批机制，在2014年取得的成绩基础上，一鼓作气，乘胜追击，确保“五水共治”“三改一拆”等工作任务保质保量完成，为建设社会文明和美、生态环境优美的“两美”龙游做出新贡献。

【全县开展大抓基层组织年活动暨组织、宣传、统战、武装工作会议】 1月29日召开。县委副书记、县长刘根宏主持会议，县委常委、组织部部长徐雄强，县委常委、宣传部部长应敏，县委常委、统战部部长汪军，人武部部长韩建和分别部署新一年组织、宣传、统战、武装工作，县委书记方健忠作重要讲话。会议要求主动顺应新常态，牢牢把握组织、宣传、统战、武装工作的正确方向，扎实开展“大抓基层组织年”活动，推动基层组织建设全面进步、全面过硬，努力开创组织、宣传、统战、武装工作新局面。

【全县“大干项目、大抓招商”工作会议暨工业转型发展十大专项工作动员大会】 2月5日召开。县委常委、常务副县长张少华主持会议，县委副书记、县长刘根宏部署具体工作，县委书记方健忠作重要讲话。东华街道、龙游工业园区、湖镇镇、县环保局等单位及金昌纸业、建材家居市场等企业代表发言。会议要求新的一年要以“归零”的心态，顺应经济新常态，围绕县委、县政府决策部署，继续大干项目、大抓招商，激发主体创新力，持续扩大有限投资；党委、政府和企业要认清大趋势，主动学习、主动认知、主动作为，顺应新常态，把握新机遇，共享改革红利。企业的出路在改革创新，要精准聚焦经济工作新常态，理顺存量和增量的关系、规模和结构的关系，继承和发扬龙商“敢为天下先”的创新精神，为区域发展做出新贡献。党委、政府、各级机关部门要继续深化体制、机制改革，由管理型向服务型转变，理顺政府和市场的关系，变资源配置由政府主导为市场主导，放权、放活、放开，依法、依规，主动帮助企业解决在转型和发展中遇到的困难和问题，着力构建法治市场经济体系；要勇于担当抓落实，依托新载体，引导帮助企业集聚资金、人才等创新要素，做好整合融合文章；齐心协力大干项目，继续深入抓好“三挂五竞赛”活动；要明确方向，创新方式，健全机制，继续大力推进精准招商；要明确新任务，强责任、优服务、造氛围，干好工业转型发展十大专项工作。

【全县干部大会暨“大干项目、大抓基层”工作推进会】 2月26日召开。县委副书记、县长刘根宏主持会议，县委书记方健忠作重要讲话。会议要求严明政治纪律和组织纪律，使党员干部在政治上讲忠诚、组织上讲服从、行动上讲纪律，坚守政治定力，照着规矩好好干；要有责任重于泰山的意识，坚持党的原则第一、党的事业第一、人民利益第一，敢于旗帜鲜明，敢于较真碰硬，对工作任劳任怨、尽心竭力，用行动落实责任，确保一级抓一级，一级对一级负责；要把上级要求和龙游实际紧密结合，把规定动作执行到位，让自选动作创出特色，加强基层带头人队伍建设，着力打造服务型基层党组织，发展壮大村级集体经济，高度重视扶贫开发工作；要进一步解放思想、深化改革，打破一切阻碍发展的体制机制障碍，向改革要红利、要活力、要竞争力，坚持放开放活，深化国资改革，推进农村综合改革，创新基层治理方式；积极适应新常态，深入研究宏观经济发展和国家产业政策导向，主动调整企业战略，把握机遇，做强主业，整合发展、创新发展；强化“有形之手”的主动引领作用，引导企业抓住经济转型升级的机遇，创新创业发展。

【全县乡镇（街道）书记例会】 3月2日召开。县委常委、组织部部长徐雄强主持会议。县委书记方健忠作重要讲话。会议强调，县、乡两级是基层党建的责任主体，基层党建工作抓得怎么样，关键在县、乡两级主体责任落实得怎么样。要把抓党建作为工作的最大政绩，拿出相当一部分精力强化责任落实，把党委的主体责任，“一把手”的“第一责任”、组织委员的具体责任、乡镇班子成员的协同责任落实到位。要坚持问题导向，各乡镇（街道）要对症下药，在“大抓基层组织年活动”中围绕问题精准剖析、精准发力。要讲究方式方法，乡镇（街道）“一把手”要按照“严管、真爱、正向激励”的总原则，做好凝聚人心的工作。要将心比心、以心交心，抓点带面，树旗帜、补短板，在村组织干部中建立信任感、公信力，把他们紧紧团结在党委、政府周围。要树立底线思维，划出红线，对不同心、不在岗、不作为的“三不”干部严肃问责。要改革创新，善用法治思维，着眼于制度和机制创新，充分发挥党员和村民在基层自治工作中的

图5 召开乡镇（街道）书记党建工作例会

主体作用。要把中心工作落实得怎么样、重点工程推进得怎么样、村里百姓反映的问题能不能得到解决、村庄发展有没有变化、群众的口碑和满意度等作为检验基层党建工作的指标体系。各乡镇（街道）要围绕自身实际情况，一年解决一两个真正有实效、有影响，能长远发挥作用的现实问题，让群众满意，让组织放心。

【全县河长工作会议】 3月4日召开。县委书记方健忠作重要讲话。会议强调，2015年，要咬定创建“清三河”达标县的总目标，按照衢州市委“四个全市域”要求，持续抓、精准抓、铁腕抓、治本抓、奖惩抓，使龙游县乡镇交界断面水质达标率达到85%、合格率达到90%。会议要求，2015年全县“五水共治”的重点工作任务是实现“三无两转”（即无劣五类河流、无黑臭河、无河道采砂和养殖业转型、竹产业转型），各河（段）长要下定决心、树立信心持续抓，杜绝应付思想和侥幸心理，发扬“钉钉子”精神，持之以恒，加大力度一抓到底。要坚持问题导向精准抓，把每条河段的污染源、污染点找出来，列出问题清单，自查自改，对账销号，做好源头防控防反弹。要明确责任铁腕抓，各级各部门要根据分工排出任务书、时间表、责任人，确保各项工作到岗到位；要主攻重点难点问题，抓好正反典型，以点带面形成整体推动的良好态势；环保、国土、公安等部门要依法治污，完善联动执法机制，严格执法，变环境问题违法常态为守法常态。要讲究实效治本抓，各乡镇（街道）要按照县国家级重点农产品主产区定位，大力推动生猪养殖业和竹产业转型，加快城镇、农村生活污水治理工程进度，整治区外加工企业污染。要落实责任奖惩抓，用好村规民约这一“小宪法”，广泛发动群众参与治水，完善监督和考核机制，变“五水共治”自上而下的要求为自下而上的自觉。

【全县干部大会】 3月18日召开。会议传达贯彻全国“两会”精神，推动2015年各项目标任务的落实。县委书记方健忠作重要讲话。会议要求吃透中央的新举措、新要求、新精神，全县上下要在学习贯彻上下功夫，以“四个全面”战略布局统领全县各项工作；要在狠抓落实上下功夫，争当绿色发展的排头兵；要在改善民生上下功夫，让人民群众共建共享改革发展成果；要在深化改革上下功夫，不断激发创业创新的活力动力，推动“大众创业，万众创新”；要在民主法治建设上下功夫，营造心齐气顺、和谐安定的良好环境；要在从严治党上下功夫，着力提升新时期党建科学化水平。一季度，各级各单位要对照“开门红”任务，结合全年目标任务，赶时间，抢进度，抓落实，强突破，为全县各项工作开好局、起好步，打好漂亮的“第一仗”。

【县委常委会议（1）】 4月1日召开。县委书记方健忠传达中共浙江省委学习贯彻“四个全面”战略布局专题研讨班的精神并作重要讲话。会议强调，全县上下要按照省委“四个全面”战略布局专题研讨班的要求，通过理论中心组学习、党校轮训培训、下乡蹲点宣讲等各种形式，兴起学习“四个全面”战略布局的热潮，把思想和行动统一到中央和省委决策部署上来。要围绕全面建成小康社会的目标不动摇，坚持把创新作为发展的核心驱动力，照着“青山绿水就是金山银山”的路子走下去，坚持“群众想什么，我们就干什么”，紧握经济、平安、生态“报表”，着力做好产业强县、生态富民和环境保护三篇文章。要围绕全面深化改革，坚持问题导向、围绕全局指向、强化市场取向、尊重群众意向、纠正利益偏向，切实抓好“四张清单一张网”等改革举措的落实。要围绕全面依法治国，加快法治龙游建设，不断加强和改进政法工作，发挥好人大、政协在法治建设中的“一线”作为，把“五水共治”“三改一拆”等重点工作作为拓展法治建设的实践平台。要围绕全面从严治党，聚精会神抓党建，扎实开展大抓基层组织年活动，努力践行“三严三实”。各地各部门要把抓落实作为一项最基本的职能，作为守纪律、讲规矩的一个最基本的要求，以心无旁骛的状态、敢于担当的精神、一抓到底的韧劲、以上率下的姿态，主动、持续、反复抓落实，切实把中央和省、市、县委各项决策部署不折不扣地落实好，把龙游建设得更加富庶文明。

【县委常委会议（2）】 7月29日召开。县委书记方健忠主持会议并讲话。会议传达学习习近平总书记在部分省（区）市扶贫攻坚与“十三五”时期经济社会发展座谈会上的讲话精神及省扶贫开发领导小组扩大会议精神，研究部署龙游县扶贫帮困各项工作。会议要求各级各部门要按照省委“五个一批”（即发展生产脱贫一批、易地扶贫搬迁脱贫一批、生态补偿脱贫一批、发展教育脱贫一批、社会保障兜底一批）要求，结合龙游实际情况，实施精准扶贫，通过发展农村电子商务和乡村休闲旅游，推动竹产业和传统农业转型升级，加快推进安置小区建设和农民异地搬迁等一系列务实举措，加大就业帮扶力度，促进农户就近就地就业，齐心协力做好“消除4600元以下贫困现象”工作。

【高坪桥水库工程建设暨开展库区实物调查工作动员会】 4月10日召开。县委副书记、县长刘根宏主持会议，县委书记方健忠作重要讲话。会议强调，高坪桥水库工程建设的正式启动，是龙游县经济社会发展的一件大事，也是全县人民期盼的一件好事，全县上下要围绕省、市、县重大决策部署，把实事办实，把好事做好。高坪桥水库建设涉及面广、任务繁重、时间紧、要求高，是对干部能力作风的一次大考验，要做实做细高坪桥水库建设的各项重点工作，在做细做深群众工作上、依法依规阳光操作上、联动协作上、凝聚合力上、舆论宣传上下功夫，切实加强水库建设的组织领导，以强有力的组织领导推进水库建设，统筹协调，有序推进各项工作；在工作中锻造一批敢担当、能干事、狮子型、实干型的干部队伍；以严格的奖惩机制推动工程建设，把各项工作任务分解到年度综合考核中，对重点部门、重点乡镇进行重点考核，以实效论英雄。

【全县农村电子商务工作会议】 5月8日召开。县委书记方健忠作重要讲话。会议强调，电子商务是加快推进龙游县经济产业转型升级的新动力、新引擎，也是促进“大众创业、万众创新”的最好切入点。全县上下要统一思想，形成共识，抓住机遇，积极培育农村电子商务这项“美丽产业”，努力把电子商务打造成为龙游县新的支柱产业。会议要求各乡镇（街道）和相关部门要解放思想、创新理念，加强保障、支撑和投入力度，大张旗鼓地抓好服务跟进和动员引领工作，为全县农村电子商务发展营造浓厚氛围。要引进电子商务龙头企业和重大项目，搭建龙游电子商务发展大平台，带动产业大发展。要引领、鼓励、动员、发现、培育一批有能力、有实力的创业创新主体投入到农村电子商务发展大潮中，带动“大众创业，万众创新”。要进一步创新体制机制，根据上级政策和龙游实际，加大政策扶持力度，努力做到服务“零门槛”，政策最普惠。要精准、优化服务流程，倡导“马上办、立即办”的执行力，切实解决农村电子商务发展工作中遇到的具体问题。

【“县级领导分片包干、百名局长（书记）联百村、千名干部结千户”动员会】 5月11日召开。县委副书记、县长刘根宏主持会议，县委书记方健忠作重要讲话。会议强调，全面消除家庭人均纯收入4600元以下低收入农户贫困现象，关乎全县发展大局，关乎困难群众切身利益，是龙游县“摘帽”后加快发展、转型跨越的一项政治任务，也是全县党员干部讲政治、顾大局、讲党性、守纪律的具体表现。会议要求，分片包干的县级领导和联村部门负责人要做好统筹协调，全面了解村情民情，确保扶贫帮困工作公平公正、有序推进。各乡镇部门要用好走村入户和联村结对中掌握的情况、听取的意见和汇总的信息，在积极争取上级政策的同时研究出台符合龙游县实际且具有针对性的帮扶政策。结对帮扶干部要建立健全“一户一策一干部”民情档案，因地、因户、因人制宜地解决具体问题，给技术、给信息、给志气，拓宽增收致富门路，增强低收入农户“造血”功能，真正实现脱贫。要建立帮扶申报验收制度，做到挂账销户，真正把工作抓实。

图6 龙游县“三严三实”专题党课暨专题教育部署会

【全县“三严三实”专题党课暨专题教育部署会】 5月24日召开。县委常委、组织部部长徐雄强主持会议，县委书记方健忠做专题党课讲座。会议强调，各级领导干部要切实增强思想自觉和行动自觉，争做“三严三实”（“三严”指严以修身、严以用权、严以律己，“三实”指谋事要实、创业要实、做人要实）的好干部。要通过学习习近平总书记系列重要讲话、学习党章、学习法律法规，坚定理想信念，补足精神之“钙”；要守纪律讲规矩，谨记为政之戒，依法科学民主决策，守住清廉底线；要坚守群众立场，满怀为民之情，真诚为民谋利；要敢于担当破难，牢记发展之责，把经济社会发展的实绩作为检验“三严三实”专题教育成效的标准。会议要求各级各部门要坚持把“三严三实”要求贯穿“两化两游”建设和重点专项工作全过程，以实干求实效，以实绩论英雄；要苦干实干，保持经济稳中求进，在一季度“开门红”的基础上，确保“半年红”“全年红”；要守牢底线，按照龙游县冲刺平安“十连冠”要求，结合省、市部署，做好平安稳定各项工作;树立大抓基层工作导向，部门、乡镇（街道）要结合“三严三实”专题教育，从严从实抓基层，争做最美基层干部，尽心尽责做好各自岗位上的事，使基层组织建设再上新台阶。

【县委常委扩大会议（1）】 6月1日召开。会议传达学习习近平总书记在浙江考察时的重要讲话精神和浙江省委书记夏宝龙、衢州市委书记陈新分别在省、市委常委扩大会议上的讲话精神。县委副书记、县长刘根宏主持会议并讲话。会议指出，习近平总书记在讲话中明确要求，要在适应和引领新常态中做出新作为，发挥全面深化改革牵引作用，加快推进城乡发展一体化，培育和践行社会主义核心价值观，不断提高社会建设水平，全面提高生态文明建设水平，认真落实全面依法治国，坚持伟大工程和伟大事业协同推进。会议要求各地、各部门要把学习贯彻习近平总书记重要讲话精神作为当前和今后一个时期的首要政治任务，深刻领会总书记重要讲话的丰富内涵和精神实质，把总书记的亲切关怀和殷切期望转化为干事创业的强大动力，始终坚持以“八八战略”为总纲，对照总书记提出的八个方面重点任务，以永无止境的追求奋力赶超，以要谋新篇的担当主动作为，坚定不移地打好转型升级“组合拳”，坚定不移地深化改革创新，坚定不移地抓基础、强党建，坚定不移地走“绿水青山就是金山银山”的绿色发展道路，上下同欲，狠抓落实，努力完成各项经济社会发展指标，真正把学习贯彻总书记重要讲话精神落实到具体行动上、体现在发展成效中。

【县委常委扩大会议（2）】 6月12日召开。县委书记方健忠主持会议并讲话，县委副书记、县长刘根宏传达相关会议精神。会议学习贯彻浙江省委十三届七次全会精神，研究部署龙游县贯彻落实意见，强调全县各级党委（党组）特别是涉农部门和乡镇（街道）党组织要把《中共浙江省委关于全面加强基层党组织和基层政权建设的决定》作为学习的重要内容，在基层组织和基层政权建设过程中强化政治意识、政权意识和阵地意识。要发挥好村党支部在村级各类组织当中的领导核心作用。各级各部门要紧密结合龙游实际和今年各项重点工作，紧扣“三严三实”要求，认真开展“三严三实”专题教育。各级“一把手”在抓好2015年各项重点工作和中心任务的同时，要紧扣基层组织建设年，抓好班子，带好队伍，在夯实基础上见行动抓落实。各级党委（党组）书记要在大抓基层组织活动年中明确责任清单和责任田，一手抓改革发展稳定，一手抓党建，把经济、平安、生态和党建报表抓细、抓实、抓到位。

【县委常委扩大会议（3）】 7月20日召开。县委书记方健忠主持会议并讲话。会议部署开展“三严三实”专题教育活动，强调各级领导干部要恪守“三严三实”，把“三严”作为根本和出发点，把“三实”作为目标和落脚点，从严上要求，向实处着力，内化于心,外化于行，在专题教育活动和各项重点工作中带头讲政治，带头勇担当，带头抓落实。会议要求各级领导干部在“三严三实”专题教育活动中既要抓思想、抓教育、抓学习、抓素质，更要抓工作、抓落实。全县上下要克难攻坚，背水一战，啃下“硬骨头”，完成“清三河”达标县和“无违建”创建的硬任务。

【县委常委扩大会议（4）】 10月23日召开。县委书记方健忠主持会议并讲话，县长刘根宏传达省委常委扩大会议精神。会议要求各级各部门要投入相当精力，认真抓好“十三五”规划编制和明年项目工作谋划，把县域发展战略、空间布局、重大产业培育和重大工程项目作为研究和梳理的重点，确保发展方向走对，抓手载体找实；高度重视民生工作，重视群众关注的热点问题，认真落实为民办实事项目；打好扶贫攻坚战，全面消除家庭人均纯收入4600元以下低收入农户贫困现象；抓好平安维稳工作，决战决胜打赢“百日维稳”攻坚战，守牢平安底线，确保社会大局和谐稳定。

【县委常委扩大会议（5）】 11月3日召开。会议传达学习党的十八届五中全会、全省领导干部会议和市委常委扩大会议精神，传达《中国共产党廉洁自律准则》和《中国共产党纪律处分条例》等文件精神，研究部署龙游县贯彻落实意见。县委书记方健忠主持并讲话。会议要求按照全会研究制定的“十三五”规划建议，准确理解和把握“十三五”发展环境的基本特征，结合龙游实际，顺时应势，科学谋划龙游县“十三五”规划；在全面总结“十二五”的基础上做好“十三五”规划编制，对县域发展战略、空间布局、产业发展的主攻方向和政策体系等重点内容进行全面梳理，为龙游转型跨越发展规划新的蓝图；承上启下，抓紧谋划梳理明年工作思路和工作重点，围绕财政、国土等几个重点盘子，分线分块抓好贯彻落实。

【县委常委扩大会议（6）】 11月27日召开。县委书记方健忠主持会议并讲话，县委副书记、县长刘根宏传达省委十三届八次全体（扩大）会议和市委常委扩大会暨“三严三实”专题研讨会精神。会议研究部署龙游县贯彻落实省、市会议的意见，要求把学习省委全会精神与学习贯彻党的十八届五中全会精神结合起来，与“三严三实”专题教育活动结合起来，在全县迅速掀起学习热潮；顺应时势，科学谋划县“十三五”规划编制，切实按照中央和省委的部署要求，以五大发展理念为引领，对龙游县“十三五”规划相关内容及时进行调整，对县域发展战略、空间布局、重大产业培育等方面进行认真梳理，高水平全面建成小康社会，努力建设综合实力更强、城乡区域更协调、生态环境更优美、人民生活更幸福、治理体系更完善的新龙游。

【县委理论学习中心组学习会】 7月4日举行。县委书记方健忠主持学习会并讲话。学习会认真学习贯彻习近平总书记在浙江调研时的讲话精神和省委十三届七次全体（扩大）会议精神，深入交流学习体会。会议要求通过深化改革，营造有竞争力、有利于企业发展、有利于“大众创业，万众创新”的区域发展环境；主动适应全面从严治党的新常态，营造良好政治生态；努力践行“三严三实”的要求，始终做到“心中有党、心中有民、心中有责、心中有戒”，一心扑在事业上。

【县委十届九次全体（扩大）会议】 7月31日召开。会议认真学习贯彻习近平总书记在浙江考察时重要讲话精神，按照省委十三届七次全会和市委六届八次全会的决策要求，对推进改革创新、加快产业强县进行研究部署，审议通过《中共龙游县委关于全面加强基层党组织和基层政权建设的实施意见》。县委书记方健忠代表县委常委会向全会作报告。全会要求以主体培育促进创业创新，形成“大众创业、万众创新”的良好局面；以平台再造拓展众创空间，着力升级生态工业主平台，加快构建现代农业大平台，积极建设现代服务业新平台，灵活搭建众创微平台；以产业招商增强发展后劲，以招商新突破促进产业新发展；以创新驱动激发产业活力，加快构建创新驱动发展生态体系；以简政放权提升服务效能，破除阻碍创业创新的“堵点”和市场监管的“盲点”；以美丽龙游承载美丽产业，打好“五水共治”“三改一拆”“四边三化”等转型升级组合拳。

【“奋战五个月，攻坚‘543’”专项行动誓师大会】8月7日召开。会上，湖镇镇、小南海镇、模环乡及县环保局、农业局等有关乡镇、部门作表态发言并签订2015年“五水共治、四边三化、三改一拆”军令状。县委副书记徐利水、副县长陆寿泉分别部署“五水共治”及“三改一拆”攻坚行动。县委书记方健忠要求抓典型、打歪风、树正气，表扬先进事例，曝光反面典型，浓厚工作氛围，巩固治理成果，坚决杜绝反弹；要依法抓，持续加大依法打击力度，从严惩处违法行为，倒逼生猪养殖污染“两化”(标准化、无害化)整治、区外小企业整治和违建拆除等工作加快进度，确保整改到位；要科学抓，统筹谋划、科学治理、综合施策，逐步改善龙北劣五类水质，实现全市“四个全市域”目标。

【县委常委议军会】 9月24日召开。会议组织观看近年龙游县开展党管武装短片，传达学习全市党管武装会议主要精神，听取龙游县武装工作情况汇报，研究县人武部提交的具体问题。县委书记、人武部党委第一书记方健忠要求各级党委要认真贯彻落实习近平总书记关于加强国防后备力量建设的重要指示精神，坚持“抓经济不忘抓国防，谋发展不忘谋打赢”，高度重视党管武装工作，全面履行党管武装工作职责，扎实抓好各项工作落实，不断浓厚武装工作氛围，促进军民融合发展，实现共建共赢。

【“三严三实”专题教育第二次集中学习研讨会】 9月25日召开。县委书记方健忠主持会议并讲话，衢州市委“两新”工委专职副书记周玲琳到会指导。与会人员认真学习贯彻习近平总书记“五个必要”要求，围绕“严守党的政治纪律和政治规矩”主题，以案为鉴开展学习研讨。会议要求聚焦下半年工作，通过群众路线教育实践活动、“三严三实”专题教育，重点解决工作落实慢、推进慢的问题，把工作成果体现在大干项目、大抓招商上；体现在克难攻坚，全力推进“543”重点专项工作上；体现在办实事、惠民生，增强群众获得感上；体现在落实党建责任、强基固本上；体现在守底线、保平安、促和谐上；体现在巡视反馈问题彻底整改上。

【县委理论学习中心组学习会暨县四套班子务虚会】 12月27日召开。县委书记方健忠主持会议并讲话。县委理论学习中心组成员围绕贯彻党的十八届五中全会和省委十三届八次全会以及中央、省委经济工作会议精神，结合各自分管联系工作，畅谈“十三五”规划和明年工作思路，并提出具体意见、建议。会议要求结合龙游发展的阶段实际，围绕“生态立县、创新兴县、产业强县、富民安县”谋篇布局；继续聚焦四大主战场，统筹城乡发展，调结构、补短板、抓提升；把具体工作精准到项目、精准到主体、精准到服务、精准到执行上，梳理谋划一批关键性、基础性、短板性、民生性的项目来充实“十三五”规划纲要。

（县委办 杨文哲）

县委办公室工作

【概况】 2015年，在县委的正确领导下，中共龙游县委办公室全体干部以服务龙游经济社会发展为己任，按照“五个坚持”（坚持党的领导，清醒坚定；坚持科学发展，改善民生；坚持深化改革，扩大开放；坚持尊重实践，依靠群众；坚持反腐倡廉，干净干事）的时代要求，积极主动开展服务，扎扎实实抓好工作，做到参谋有道、协调有方、督查有效、保障有力，优质高效地完成各项工作任务，有力地促进县委各项决策部署的落实。

【发挥好辅政参谋作用】 始终把做好参谋服务摆在核心位置，围绕大局，为县委出谋划策，贡献智慧，充分发挥以文辅政的重要作用。深入开展调查研究，站在县委角度和全局高度，协调整合全县政研力量，把牵动全局的大事以及领导和群众普遍关心的重点、热点、难点问题纳入工作视野，聚焦“新型工业化、新型城镇化、文化旅游、美丽龙游”四大主战场、“十三五”规划建议、加强党的建设等主题，走基层，访群众，探实情，接地气，深入谋划事关全局长远发展的重大课题，完成《加强基层党组织和基层政权建设》《关于“十三五”经济社会发展重大问题研究》等县委领导担纲的重点调研课题，形成一批专业性和建设性较强的重要文稿，高质量编发《龙游政研》12期，及时向领导提供有重要参考价值的决策建议，加快推动成果转化和实践应用。提高以文辅政水平，坚持把起草文稿过程作为辅政促谋、以文辅政的重要形式和主要渠道，将领会领导意图与掌握工作规律相结合、贯彻上级精神与把握县情相结合、吸取专家意见与广泛听取社会各界意见相结合，坚持做到起草前深入调查研究，起草中认真思谋修改，起草后严格审核把关，努力提高文稿的思想性、指导性、操作性，服务县委科学决策。积极倡导“短、实、新”的优良文风，以文风促政风、改作风，力求内容、形式、文风的统一。2015年以来，立足全县实际，起草质量水平较高的综合性文稿200多篇。特别是在县委十届八次全会的报告中提出要顺应新常态、增强新动力，指明龙游县新一轮发展的方向和重点；在县委十届九次全会报告中，进一步明确“产业强县”战略，提振信心，为龙游转型跨越发展提供战略依据，受到广大干部群众的肯定与好评。重视信息服务工作，充分发挥党委信息主渠道作用，完善信息工作网络和考核制度。力求跳出龙游看龙游，以服务决策、展示亮点、推动工作、反映民情为重点，密切关注全县面上各项重点工作的进展情况。认真做好全县各部门、乡镇（街道）紧急情况和重大突发事件信息的反馈与处置工作，高效整合机要、信息、督查等科室力量，严格执行报告时限、范围和程序等规定，形成公安、政法、信访、乡镇等多部门联动协调的工作机制，确保重大突发事件能够及时、快捷、有效地得到处置，避免产生不良社会影响。《龙游县推广“贺田治村”经验打造基层组织建设样本》入选“工作情况交流”在全省刊发，农村电商、院士经济等信息获市委书记陈新批示。全年共编发《龙游信息》300余期，处理紧急情况和突发事件信息200余件，累计向省、市上报信息500余篇，被中办、省、市委采用104篇，编办《每日要情》236期，得到县委主要领导批示26件。

【确保县委工作高效运转】 着力加强统筹协调，调动各方面积极性，构建上下快速反应、运转顺畅的工作机制，推动县委决策部署落实。注重做好沟通协调，坚持事前勤沟通、事后多反馈，准确把握协调工作的“分寸”和“火候”。对重大事项及时呈报请示上级领导，定期汇报工作情况，做好沟通衔接，积极争取上级党委、政府的指导和支持；坚持原则性与灵活性相结合，加强同县四套班子及常委所在部门办公室的联系协调，对县委重大决策部署和全县重要事项，及时汇报、互通情况，全力凝聚共识和合力；加强与部门之间的协调，编制下发每月工作要点，增强工作的计划性和目的性，构建更加灵敏高效、上下通达、左右贯通的运行机制，及时有效地传达县委各项决策、部署和要求。注重紧密联系基层群众，进一步畅通社情民意通道，主动回应、积极作为，妥善处理群众来信来访，全力为县委领导分忧、为人民群众解难。强化督查督办。围绕“两化两游”以及“五水共治”“三改一拆”“大干项目”“大抓基层”等中心工作，把落实常委会议定事项、领导批示、重点项目、生猪整规、城市管理以及重点信访件督办等作为督查重点，充分整合县委、县政府督查室力量，注重与纪委、组织部等单位的协同配合，加大定期督查、专项督查、随机督查力度，构建大督查格局。突出实干导向和问题导向，优化完善综合考评考核细则，进一步突出中心工作权重，向一线乡镇倾斜，做到任务清单、责任清单、问责清单“三单合一”，高效开展考核评价。全年共开展督查活动50多批次，形成督查报告66篇，其中通报35篇、专报27篇、督查调研报告4篇，得到县委主要领导批示17件；跟踪督查县委主要领导批示件337个，确保批示件件有着落、事事有回音，确保重大决策部署落到实处。

【提升服务保障能力】 坚持把提高服务质量作为第一要务，将全力构建服务型机关同建设节约型机关紧密结合起来，优化办事程序，提高工作效率，不断增强责任意识和创新意识，进一步提升服务能力和水平。切实提高办文办会质量，加强办文工作制度化、规范化，突出对公文内容合法性、规范性的审查，严把政治关、文字关、质量关。严格执行中央关于精简文件简报的要求，对没有实质内容、可发可不发的文件、简报一律不发。认真贯彻转变会风、厉行节约的要求，坚持提前准备、分工负责、层层把关，切实减少会议数量，控制会议规模，提高会议效率；建立会议发文立项申报审核制度、部门和乡镇（街道）政策文件报备制度、县委常委会议题申报审核制度等一系列制度，强化制度约束力，增强制度执行力。全年阅办中央和省、市等上级公文2920余份；本级发文142件，办会187个，较2014年同期减少3.5%。先后承担县委十届八次、九次全会，全县干部大会等重要会议，高质量、高标准完成全国农村基层党建现场会、全国生态农业循环建设现场会龙游分会场等重大会议服务和协调工作。细致周到做好接待服务，对上级领导来龙视察调研等事项，积极主动地进行上下对接，全力做好行程安排、后勤保障、安全保卫等相关工作，增强接待服务的前瞻性和主动性，做到井井有条、忙而不乱。严格执行中央和省、市规定，规范接待程序，坚决杜绝超标准、超规格接待情况的出现，做到既严格控制经费标准，又热情服务精心安排。全年接待省部级领导到龙游考察指导10多次，其中包括农业部部长韩长赋，中组部副部长陈向群，浙江省委常委、常务副省长袁家军，省委常委、公安厅厅长刘力伟，省委常委、组织部部长廖国勋等中央、省、市重要领导。积极协调法治县创建、考评相关工作，成功创建法治建设先进县。积极开展对台工作，对台经济、文化、社会等各方面交流沟通持续深化，积极促成县实验小学与台湾高雄市前金区小学缔结长期友好学校，组织企业、乡镇参加第六届昆山电子电机暨设备博览会、海峡两岸同名乡镇“横山”互动协作会议等活动，协调解决多起涉台历史遗留问题和信访案件，接待涉台求助和投诉10多批次，落实好困难台胞困难补助，切实服务好县内台胞台属、台商台企。

【认真做好机要保密工作】 坚守安全底线，坚持“不出一根头发丝的差错”，在“平安龙游”考核中取得满分。做好应急密码通信服务保障，严格进行设备维护管理，高效做好各种文件、电报的接收和送达，较好地完成各项任务。全年共译传办理中办、省、市各级密码电报和明传、密传电报及公安维稳信息等2480份，做到无延迟、无差错处理。加强涉密会议信息技术服务保障，确保全年50场次重要涉密会议顺利进行。认真完成密码通信屏蔽机房项目和设备采购调试工作，高水平完成省政务内网涉密域龙游县节点建设。

【建设忠诚担当干部队伍】 结合“三严三实”专题

教育实践活动，切实强素质、转作风、树形象，积极发挥带头表率作用。加强学习不放松。坚持学以致用，用以促学，制订办公室年度学习计划，建立“周一夜学”、月度例会等制度，通过专家讲座、集中研讨、定期交流等形式开展学习，积极组织干部参加省、市政研系统、党委办法治培训及机要培训18人次；结合“消除4600以下”贫困现象，发动干部结对帮扶农户19户，资助帮扶资金17000余元；下派基层挂职锻炼“百狮争先”干部1名。整转作风不懈怠。自觉践行“三严三实”要求，从抓好教育实践活动和省委巡视反馈意见的整改入手，不断改进完善作风长效机制，严格落实改进工作作风、密切联系群众的各项规定。认真学习严格执行《中国共产党廉洁自律准则》和《中国共产党纪律处分条例》，保持正风肃纪高压态势，加大“四风”（即形式主义、官僚主义、享乐主义和奢靡之风）整治力度，深入开展明察暗访，坚决查处“牌局”“酒局”等问题，着力营造风清气正的政治生态，带动班子和全室干部职工思想上合拍、感情上和谐、工作上合力。弘扬爱岗敬业精神，以对党和人民高度负责的精神，加强政治修养，提高政治素质。

（县委办 杨文哲）

组织工作

【概况】 2015年，中共龙游县委组织部全面贯彻党的十八大和十八届三中、四中、五中全会精神，认真学习贯彻习近平总书记系列重要讲话精神，特别是在浙江考察时重要讲话精神，在县委的领导下，紧紧围绕市、县中心工作大局，突出从严治党主线，紧抓各项专题教育活动的整改落实，扎实推进“大抓基层组织年”活动，坚持稳中求进、改革创新，不断提高组织工作科学化水平，干部队伍建设、基层组织建设、党员队伍建设和人才队伍建设均上新台阶，为龙游经济社会转型跨越发展提供坚强的组织保证和人才支持。至年底，全县共有党员24951名，其中农村党员13441人、女性党员5227人、少数民族党员580人；35岁及以下4197人、60岁及以上6747人；研究生学历147人、本科学历3871人、专科学历3264人、中专学历1774人、高中（中技）学历4358人、初中及以下学历11537人。

【群众路线教育实践活动整改落实】 2014年11月至2015年5月，县委常委会坚持每月研究群众路线教育实践活动的整改落实工作，亮晒整改清单，带头推动各项整改任务落到实处。县委整改办下发督查通知7个，累计提出5个领域28项重点督查内容，组织开展会风会纪、上班纪律、酒局牌局等专项督察行动17次，检查单位873家次，发现问题53个，处理人员15人。建章立制、整改落实和常态化的正风肃纪永远在前进的路上，确保“四风”问题不反弹。

【“三严三实”专题教育活动】 紧扣“抓党建就是抓关键、抓作风就是抓重点”主线，认真履行牵头抓总职责，全力落实各项工作任务，确保“三严三实”专题教育有序推进，高效落实。强化与市委组织部的沟通联系，按照要求认真开展专题集中学习、研讨、交流。以开展党章、党规、党纪集中轮训为契机，组织537名县管党员干部原原本本学党章，静下心来明规矩，推动形成遵守党章、严守规矩的良好氛围。进一步完善从严管理干部队伍体系，解决为官不正、为官不为、为官乱为等问题。

【干部的培养选用】 开展“百狮争先 一线攻坚”行动，选派136名年轻干部到乡镇基层、重点项目、群众工作、服务企业等“一线”克难攻坚，推动工作。强化在“一线”考察干部，及时跟进“五水共治”“三改一拆”等重点工作推进情况；注重在“一线”平台中选拔干部，共提拔在实战一线实绩突出的干部41名，转任重要岗位15名。

【干部队伍的立体监督】 探索领导干部个人有关事项报告审核方法，建立日常行为“负面清单”。定期召开干部监督工作联席会议，强化领导干部年度考核、日常综合分析研判，充分运用经济责任审计结果，实现干部监督立体覆盖。拓宽干部“能下”渠道，调整不适宜担任现职干部8人。

【国资公司市场化改革】 创新国资公司运营模式，选择城投、水务、交投、旅游、商贸、奔康6家公司为国资企业市场化改革试点，推动企业公共服务职能、出资人监管职能和市场化主体职能的分离。创新市场化选人方式，改变以往国资公司高管行政化委任制方式，经过公开报名、资格审查、面试、考察等程序，13名竞聘者被选聘为6家国资公司法定代表人和副总经理。创新绩效管理机制，出台国资公司改革“1+5”（在龙游县国资改革若干意见基础上，制定企业人事管理、工资总额预算管理、经营业绩考核及薪酬管理、财务管理和投资项目管理）政策体系和配套的“1+6”（对所有公司财务和财务主管实行统一监管，对重大人事、重大投资、重大资产处置、重大关联交易、重大国有负债和重大资产采购实行重点监管）监管体系，制订企业人事管理、工资总额预算管理、经营业绩考核及薪酬管理等政策。彻底打破人员身份，公司聘用员工全面实行合同制，一般性、临时性用工采用劳务派遣制。

【党建责任制落实】 推行基层党建“书记项目321清单”。落实基层党建“书记抓、抓书记”要求，各级党组织书记每年年初确定党建项目，县委书记领办项目3个以上，乡镇（街道）、部门党组织书记领办项目2个以上，村（社区）党组织书记领办项目1个以上，全面落实各级党组织书记“第一责任人”主体责任，县、乡、村三级共领办“书记项目”357个；开展乡镇（街道）书记季度例会和组织委员月度例会制度，每季度开展基层党建“互看互学”活动，各级党组织书记党建意识明显增强，项目落实产生的成效良好。

【党建示范带创建】 成功打造贺田村和石角村党建示范点。6月5日，这两个村作为全国农村基层党建座谈会的现场观摩点，接受全国与会人员的考察观摩，得到原中组部副部长陈向群和与会代表的好评。制定龙游县贯彻浙江经验“二十条”（乡镇操作版）和基层党建示范创建“十个一”标准，各乡镇（街道）在2015—2017年期间，分3年按30%、50%、20%的比例打造基层党建示范村，到2017年全面完成党建示范村创建。开展基层示范创建“百日攻坚”活动。12月，对15个乡镇（街道）和262个村逐村进行党建调研督查，帮助乡镇逐村排查党建问题，提出党建整改意见书，按照“一村一策、一村一标、一村一特色”要求，制定整改措施，明确整改任务和时间表。

图7 党员干部重温入党誓言

【党员教育管理】 探索党员“先锋指数”管理网络平台，完善农村党员“实事积分考评+党员亲情网格”管理体系，实行“零基积分”法，开展党员挂牌亮星活动。广泛开展党员干部“七一”集体宣誓和冬训活动。严肃处置“三不”党员，165名党员被列为限期改正对象，12名村干部受到息职待岗、停职检查等处理。

【基层党建工作创新】 打造“三民工程”（即知民情、解民忧、办民事）升级版，通过采取每日村干部坐班值班、每周一召开村两委联席会议、每月20日民情沟通、每月党员固定活动、村级重大事项“五议两公开”、村务监督委员会全程监督等措施，丰富民情沟通方式；深化“民生工作室+民生服务队”建设，探索便民服务标准化；推行“千名干部包片、万名党员联户”制度，制定村便民服务手册，并送到每位农户手中，真正实现“一册在手，万事不愁”。开展“三民工程e掌通”手机APP平台试点工作，利用党建网、组工微信公众号、QQ群等新媒体，提升基层党建信息化水平。发展壮大村级集体经济，探索总结发展物业经济、盘活资产、开发资源、发展现代农业和乡村休闲旅游、股份合作5种村级集体经济发展模式。投资4000万元，动工兴建建筑面积达2.2万平方米的龙游经济薄弱村物业园标准厂房。

【农村基层党组织书记队伍建设】 举办全县村党组织书记培训班，分三批组织262个村党组织书记赴苏州市农村干部学院参加培训，组织开展党建互看互学，把培训课堂搬到更接地气的实践一线。扎实开展“学习劳光荣，争当最美基层干部”活动，打造一支敢担当善作为的“劳光荣式”基层干部队伍。全县有18名村党组织书记入选2015年度浙江省“千名好支书”。

【农村“三治融合”模式推行】 全县262个村全面修订完善村规民约，把党组织的意图通过村规民约转化为全体村民共同遵守的行为规范。推广“乡贤会”，发挥乡贤们“谋发展、促和谐、济贫困、正风气”的作用，建成以“乡贤老娘舅”调解队为代表的志愿服务队236支。通过实行法治、德治、自治相融合的“三治融合”模式，调整规范村民间的简单民事关系，让村干部腾出更多精力办好村级事务。

【“两新”组织党建工作】 打造个协商会、光明铁道、维达纸业、华飞轻纺等“两新”组织（即新经济组织和新社会组织）示范点，打造“两新”组织示范带。以网商协会党建为示范点，抓好“农村淘宝”等互联网企业党建工作。打造特色小镇特色党建，开展“组织找党员、党员找组织、党员找党员”的“三找”活动，广泛开展党员、团员亮身份活动，广泛设立党员、团员示范岗。探索推行“社区+社会组织”党建联动机制，开展“学清廉，强党建”活动。

【人才引进与培养】 通过平台引、专家引、亲情引等方式，引进院士专家团队。全年引进加拿大籍工程院院士1人，成功申报国家级、省级“实施海外高层人才引进千人计划”各1人，新建省级专家工作站1家、县级专家工作站9家，创建省级创新团队1个。对引进的专家，引导他们在承接、做好企业服务的同时，积极为龙游县的产业发展服务。注重加强本土各种实用技术人才培养，以“走出去，请进来”的方式，不断提升本土人才技能。全年开展农村实用人才培训3232人次，其中乡村旅游、电子商务和经营管理人才培训1260人次。

（县委组织部 祝柳珊）

机构编制工作

【概况】 2015年，龙游县编制委员会办公室（简称“县编委办”）在县委、县政府和省、市编办的正确领导下，结合年度工作计划安排，狠抓学习教育，严格机构编制管理，突出工作重点，明确责任，扎实开展党的群众路线教育实践活动，加快推进行政体制改革，创新机构编制管理，为加快推进龙游经济社会转型跨越发展提供有力的体制机制保障。

【推进“四单一网”工作】 深化权力清单、责任清单工作。继续做好权力清单比对规范工作和责任清单梳理完善工作，进一步优化权力运行流程，规范履职行为。全面开展行政处罚事项信息网上公开工作，全年公开信息948条；开展其他权力事项上网运行的实施工作；开展全面取消非行政许可审批事项清理工作，其中取消117项、调整380项，并做好被取消和调整事项的相关衔接工作；开展权力清单、责任清单事项的动态调整和权力事项信息修整完善工作；开展行政权力事项信息比对规范工作，组织

图8 召开全县编制工作部署会

全县35个相关部门参加培训，部署信息比对规范工作，限定完成时间，阐明具体工作内容，并邀请业务公司工程师进行培训演示；开展政务服务网向乡镇延伸工作，召集全县15个乡镇（街道）、部门参加培训，下发实施方案，梳理乡镇（街道）法定权利事项、部门委托下发事项、审核转报事项、部门驻场办事事项、公共服务事项等内容，同时将目录清单下发乡镇（街道）、部门征求意见。

【理顺体制机制】 出台《龙游县人民政府职能转变和机构改革方案》，整合优化政府组织结构，完成24个县政府工作部门的设置和相关部门的组建工作。开展相关涉改部门职责划转和“三定”规定（即定职能、定机构、定人员编制）的编制，理顺部门职责关系。完成屠宰行业监管职责、政府采购监管职责、企业上市指导协调职责、职业卫生监管职责、乡镇国土资源管理体制、城乡规划管理体制调整等工作。通过理清综合执法职能划转范围、综合执法与业务部门的职责分工、综合执法与乡镇（街道）工作关系，与县综合行政执法局加强联动，共同协商相关事宜，有序推进综合行政执法改革的前期工作。同时，开展不动产统一登记职责调整的前期准备工作。

【规范机构编制管理】 完成2014年度机构编制年报统计工作，召开机构编制部署会，把好培训、报送、审核关，确保年报数据的准确。规范机构设置，开展人大、政协工作机构调整、教育督导机构设置、机动车安全技术检测机构撤销等工作，以及相关部门的领导职数、内设机构、编制调整。拟订控编减编方案，实施机关事业单位控编减编工作，合理配置编制资源。在认真审核和反复沟通的基础上，提出年度用编计划，核减不合理用编要求68名。加强机构编制实名制系统管理，规范录入，严格审核，实时更新，实行用编计划网上申报、核准单网上生成，切实加强实名制系统的推广，确保数据信息的时效性、准确性。

【综合行政执法改革】 做好部门综合行政执法划转事项的意见征求工作，分组开展梳理、统计工作，并按照上级工作部署，开展多轮次的综合行政执法领域及事项调查。抓好综合行政执法向乡镇（街道）延伸工作，在乡镇（街道）及工业园区开展综合行政执法领域及事项专项调查工作，汇总城乡规划、环境保护、市容环境卫生等相关的行政处罚、行政强制职权，涉及16个部门21个领域930项职权，由各乡镇（街道）根据本地实际，按照基层发生频率较高、与人民群众日常生产生活关系密切等要求，提出适宜划转的事项、划转的理由及综合行政执法派出机构设置形式的意见。组织人员走访、召集15个乡镇（街道）及工业园区主要负责人座谈会，传达省、市推进综合行政执法的精神及龙游县综合行政执法改革的框架方案，就确定综合行政执法派出机构设立方式广泛听取意见和想法，为综合行政执法事项延伸工作夯实基础。经过前期扎实的调查工作，拟定龙游县综合行政执法改革实施方案，提交县编委会、县政府常务会审议，并报送上级部门审批。

【事业单位法人登记管理】 推进事业单位法人年度报告公示工作，从开展宣传培训、严格报送审查、提升服务水平三方面着手，完成全年事业单位法人年度报告工作。全县应报送事业单位207家，已报送202家，收回法人证书5家，并在龙游县人民政府网站上予以公示。开展事业单位法人日常登记管理工作，办理设立登记4家、变更登记101次。登记时把现场核查与日常登记管理相结合，组织人员到登记单位核查住所的材料与申报是否一致，共开展现场核查3次。

【巩固党的群众路线教育实践活动成果】 积极践行“三严三实”，大抓基层组织年活动，加强党风廉政教育，认真落实党风廉政建设责任制。严格遵守中央八项规定，严格控制“三公经费”支出。推行机关内部精细化管理，以“工作日记”和机构编制“大讲坛”为抓手，为机构编制管理工作“固本强基”。

（县编委办 翁单芸）

宣传思想工作

【概况】 全县宣传思想文化战线在县委的正确领导和上级宣传部门的指导下，围绕中心、服务大局，开拓进取、改革创新，宣传思想文化工作取得新突破新进展，打造新亮点新经验，为龙游经济社会发展提供有力的思想保证、精神动力、舆论支持和文化条件。

【党委理论中心组学习】 把学习宣传贯彻习近平总书记系列重要讲话精神作为重中之重，坚持以党委（组）理论学习中心组为龙头，制定《2015年县委理论学习中心组学习计划》，通过常委（扩大）会、专题学习会、双休日党校等形式，先后组织学习辅导16次。结合不同时段的学习重点，编印《理论学习活页》12期。出台《关于推进基层党校规范化建设的实施意见》，全县共建成规范化基层党校30家。

【理论宣讲教育】 持续深入开展以“中国梦”为主题的中国特色社会主义宣传教育，以“最美”微讲堂为载体，组织“最美宣讲团”“红色宣讲团”“草根宣讲团”等深入学校、社区、农村文化礼堂，开展各类分众化、互动化宣讲1000多场（次）。成功举办以“绿水青山就是金山银山”为主题的第四届“微党课”大赛，全县500余名党员干部走上讲台，2万多人现场聆听“微党课”。

【社科普及】 精心组织2015年社科普及周系列活动。加强社科普及示范基地建设，龙游姑蔑书画院获全国社科普及示范基地荣誉，沐尘畲族乡社里村、湖镇初中被命名为衢州市社科普及示范基地。加强历史文化研究，完成《龙游历史文化丛书》编撰，并获得省社科普及部分出版资助课题。注重社科研究成果收集整理，全年编发《龙游社会科学》2期。

【主题宣传】 精心组织大干项目、“五水共治”、“三改一拆”等10多项重大主题宣传，很多报道专门配发短评，使主题报道更有厚度。策划推出“寻找最美乡村”“绿水青山看龙游”等大型新闻行动，讲好“绿水青山就是金山银山”的精彩故事。坚持问题导向，全年推出“今日关注”等舆论监督性栏目78期，直击问题，以新闻力量推动中心工作。

【对外宣传】 健全与中央、省、市级主流媒体联通机制，围绕“五水共治”“绿水青山就是金山银山”和农村依法治理等内容开展“点对点”的对外宣传，成功举办全国副刊采风团龙游采风、中央主流媒体聚焦龙游“五水共治”等6次主题对外宣传活动，全年共刊发各类报道800多篇，稿件录用率在衢州市各县（市、区）中位列第一，其中中央级媒体用稿32篇，特别是被中央电视台“新闻联播”栏目采用3条，《家庭农场“吉祥模式”》在头条综合播出，中央电视台四套、七套、十套、十二套先后播出《记住乡愁》《农村文化礼堂“春晚”》《 效益倍增的循环农业》等6个专题片，浙江电视台“厨星高照”栏目连续5期播出龙游特色美食，电影《舌尖上的新年》把龙游发糕搬上影屏，进入各大影院，其中在“爱奇艺”上的点击量就达2800多万次。

【网上宣传】 加大网上正面宣传力度，成功举办网络大V看龙游、网络作家写龙游、微信粉丝赞龙游等系列网络文化活动；与浙江新闻客户端合作，开展网络好故事征集、点赞我的家乡、寻找可游泳的河等专题活动，有效提升龙游对外影响力。整合“龙游发布”、“龙游新闻网”等微信平台，组建专门团队，增加龙游信息的权威发布，做强“微龙游”，全年发布各类文章860余条，其中围绕“乡村旅游”推出相关报道230余条，“微龙游”粉丝数突破18万。

【网络舆论引导】 深化“让网络空间清朗起来”学习讨论实践活动，举办全县网军培训班，组织模拟演练，提高网评员政治素质和引导处置能力。健全舆情监测、预警、分析、研判机制，共组织网络舆论引导近百次，编发《舆情专报》49期、《舆情交办单》92期，成功处置60多起涉及龙游的敏感的网络舆情，营造清朗的网络空间。

图9 2015年度“最美龙游人”颁奖晚会

【“最美龙游人”系列活动】 在全县组织开展寻找“龙游好人”活动，每月发布“龙游好人榜”，全年共发布45位“龙游好人”的先进事迹，其中1人入选中国好人榜、3人入围浙江好人榜，劳光荣获得全国道德模范提名奖，劳光荣、傅志霄被评为浙江省道德模范。“浙江好人榜”8月发布仪式在龙游县举行，中央主流媒体集中报道“最美基层干部”劳光荣。连续4年组织“最美龙游人•年度十大人物”评选活动，通过报纸、网络、微信等形式参与投票人数超过6万人次，其中微信投票5万多人次，“最美龙游人”更趋平民化，更有典型性，并举办“最美龙游人”颁奖晚会。健全完善志愿服务体系，启动志愿者服务中心建设，探索实施“义工证”，规范对志愿者的管理。广泛开展“最美行业”创建，全县共有13个行业部门开展创建活动。

【群众性精神文明创建】 深入开展省级文明县城复评工作，健全工作机制，加大资金投入，集中开展市容环境、文明出行等专项整治行动，在城市主干道灯杆、跨街彩虹桥、墙体等张贴以社会主义核心价值观为主题的公益广告，编印《市民文明手册》2万余册，营造良好创建氛围，顺利通过省文明办的复评验收。组织开展“春泥计划”公益行动，引导农村未成年人开展道德实践、社会体验、能力提升、文体娱乐等活动近100项，出台《龙游县学校少年宫建设与运行办法》，推进学校少年宫的规范化管理。

【农村文化礼堂建设】 坚持“建、管、用、育”一体化机制。2015年，全县新建文化礼堂22个。注重礼堂文化培育，组织开展最美精神、家风家训、草根文化、创业文化等“四进”礼堂活动，荣获衢州市宣传思想文化工作创新奖。组织开展“我们的村晚”系列活动，浙江卫视《我们的村晚》栏目走进沐尘乡社里村。成功举办全县首届原创村歌大赛，26支队伍的450多名演员绝大部分都是村民。承办浙江省农村文化礼堂建设推进会，龙游县委书记方健忠在现场会作典型发言。

【文艺繁荣发展】 成功举办抗日战争暨世界反法西斯战争胜利70周年纪念活动、“治水拆违，共建生态家园——相约最美乡村”专题巡演和“画龙游、写龙游、拍龙游、唱龙游”系列活动；开展“书香龙游•精彩阅读”第二届全民读书节等大型群众性活动200多场次，惠及群众10余万人次，丰富群众精神文化生活。深入实施“文艺精品”工程，纪实文学《光荣足迹》入选衢州市扶持项目，长篇小说《龙游人》、电影《城南往事》等7个项目被列入县文化精品工程扶持项目，纪录片《天鹅湖》在国家广电总局备案。

【干部队伍建设】 以“基层组织建设年”为契机，开展基层宣传思想文化工作大调研，查找短板，制定整改清单。开展宣传文化系统干部培训，举办领导干部能力提升研修班、农村文化礼堂建设培训班、全县网军培训班等3个主体培训班，参训人员达240余人。25件作品获2015年度龙游县对外宣传成果“华岗奖”。 实施宣传思想文化工作项目化管理，实行“挂图作战”，每月实行业绩公示，提高干部执行力。

（县委宣传部 余鹏）

2015年度龙游县对外宣传成果“华岗奖”获奖情况一览表

表2

获奖类目	获奖作品	作者或组织单位
新闻作品类（20件）	劳光荣把家门口的事情做好	秦久兴、求张峰、汪旭威、陈忆金、周琲
	长效机制推动我国农业可持续发展	周琲、汪旭威
	浙江：创新生猪保险与无害化联动机制	周琲、叶雄伟
	浙江：丰富“精神家园”打造农村文化新阵地	求张峰、周琲、叶雄伟
	温暖回家路：龙游大妈爱心驿站 情暖铁骑军	张旖、叶雄伟、柴鹬洋
	古村落三门源的治水之变	叶雄伟、周琲、陈忆金
	【两山路上看变迁】龙游：垃圾源头分类 打造美丽乡村	求张峰、周琲、李坤洋
	从墙上摆设到真正的“小宪法”——龙游以民主法治思路修订村规民约见成效	冯源
	龙游唱响基层党建合奏曲——红色堡垒的民生温度	周咏南、翁浩浩、蓝正伟
	推广农牧林牧种养结合模式 龙游试水县域生态循环农业	毛广绘、蓝正伟
	瞄准AAAAA景区，接入定制生产 龙游民企80亿打造“红木小镇”	袁华明、蓝正伟
	整合资源 加强监管 统筹运作一套组合拳盘活龙游国资	葛志军、蓝正伟、欧阳锡龙
	“金昌”制造一张撕不破的纸	葛志军、蓝正伟
	网上选中介 谁好就选谁 龙游130家机构进“涉批大厅”比拼	蓝正伟
	新增要买 节省可卖 龙游“有偿用能”倒逼企业转型	蓝正伟、吴英俊
	龙游生猪产业的美丽嬗变	蓝正伟、欧阳锡龙、冯炜旭
	“抗战烽火 龙游记忆”专题网页	余柏成、林晨、章承月
	“玩转龙游”系列	余柏成、林晨、章承月
	“水韵悠悠水情长”系列	余柏成、林晨、章承月
	龙游老板真土豪 投资80亿元造红木小镇，不输西塘乌镇	邓春辉、蓝正伟
	龙游拉力赛魔鬼赛道发威，现场观众没看过瘾	余柏成、章承月、江一帆
外宣制品类	舌尖上的新年	石佛乡
	龙游旅游手绘地图	龙游县旅游委员会
	劳光荣：贺田模式的开创者	方洪波、张莹丹、孙旭伟
活动项目类	大型古地下工程科学问题及长期保护国际学术研讨会	龙游县旅游委员会
	龙游大厨美食文化节暨美食文化摄影大赛	龙游县工商联、县旅游委员会

新闻报道工作

【概况】 2015年，县委新闻宣传中心以党的十八大与十八届三中、四中全会和习近平总书记系列重要讲话精神为指导，深入贯彻县委、县政府的总体部署，围绕新型工业化、新型城市化和民生发展等中心工作，统筹谋划，开拓创新，努力扩大《今日龙游》及龙游新闻网等媒体影响力；加强内部管理，深化作风建设，强化采编队伍执行力，不断提高舆论引导能力；坚持新闻报道为龙游县经济社会转型跨越发展提供有力的舆论支持。全年共印发《今日龙游》250期，主办龙游新闻网、龙游新闻网微博和“微龙游”微信公众号，策划“五水共治”“三改一拆”“挂牌上市”“产业强县”“最美龙游人”等专栏和系列报道近60个，以强大的正面舆论声势引导全县干部群众融入中心工作之中。宣传报道工作得到县领导的关注和肯定，先后对中心报道作出重要批示10条；分别获得浙江省县市区域报好新闻奖消息类、重大主题报道类一等奖2个，衢州新闻奖消息类、通讯类一等奖2个，获2015年“浙江在线十佳支站”称号。

【业务建设】 健全完善每周集中学习和中心组学习长效机制，坚持每周一学，规定阅读学习篇目，组织专题交流讨论，邀请专家授课，组织干部职工学习政治理论、最新政策、法律法规及新闻道德规范。修订绩效考核办法和“新闻采编差错防控机制”等制度，明确各岗位职责，并严格执行采、编、审、排流程，每月进行重大差错通报。邀请上级媒体专家担任《今日龙游》质量顾问，每月对中心采编的稿件进行点评，定期编发《〈今日龙游〉新闻业务》内刊。执行每周谈稿制度，分析前一周稿件采编情况，策划分派本周报道重点和任务，掌握每位采编人员的新闻线索和采稿思路。组织新进记者、编辑、排版员、信息业务员等岗位工作人员到上级新闻单位上挂培训，提升采编人员的业务技能。

【主题报道】 《今日龙游》第一、二版开设“担当抓落实，赛跑主战场”“推进五水共治，共建生态家园”“三改一拆，创无违建县”“五水共治，百日攻坚”“给力挂牌上市”“聚焦产业强县”等专栏近40个，策划“给总书记捎句话”“精准扶贫，奔向小康”“猪舍一拆天地宽”“两化两游，我的获得感”等系列报道10多组，用群众语言传达党委声音，不断延伸报道主题，使重大主题宣传变得鲜活而富有感染力，取得较好的宣传效果。

【典型报道】 策划“党旗飘扬”“最美龙游人”“微信圈，正能量”“劳光荣，劳动最光荣”等近10个主题报道，推出一批反映时代精神、体现时代价值的典型，弘扬见义勇为、助人为乐、艰苦奋斗、积极创业的社会正能量。一系列反映治水治污、攻坚一线的典型报道引起县委主要领导的高度关注，先后作出批示6次。

图10 全国劳动模范、群众喜爱的好支书劳光荣（右二）在检测潼溪水质

【舆论监督】 《今日龙游》第一、二版开设“今日关注”“记者在您身边”“三改一拆，创无违建县”“推进五水共治，共建生态家园”等专栏，刊发稿件100多条。第三版刊出“重点关注”“晒晒不

文明‘痛点’”等问题报道专版30多个。编发《今日龙游内参》6期，对群众来电反映的各种问题进行走访调查及曝光，并通过跟踪报道、新闻回访等方式，促使问题得到及时解决。“记者在您身边”栏目全年共收到反映的问题60多件，已解决和刊登的有30多件。

【新媒体发展】 龙游新闻网提高新媒体原创新闻的刊载量，每日刊登原创新闻30条以上。配合县委、县政府中心工作，在网站首页突出位置推出“跨年盘点•‘五水共治’红利”“学习劳光荣，争做最美基层干部”“给总书记捎句话”“玩转龙游”等多个大型专题页面，并且注重抓住全县中心工作与百姓话题的结合点，以大量图片搭配文字报道，丰富新闻内容和形式，提高网民对中心工作的关注度。龙游新闻网全年刊登的新闻中，有800多条被“浙江在线”网站采用，在“浙江在线”58个支站的考核中，龙游县几乎每月名列十佳明星支站，并获得“浙江在线2015年度十佳支站”荣誉称号。顺应移动媒体发展的潮流，积极探索“微龙游”微信公众号的建设，全年共推送各类报道841条，累计阅读量168.2万次，累计点赞量1.4万次，粉丝关注突破18万人。在浙江省95家市、县两级政务微信公号影响力榜单的排名由最初的40多名上升到前20名，其中2次进入前10名行列。

【作风建设】 继续深化“走基层、转作风、改文风”活动，落实县委新闻宣传中心联系部门、乡镇制度，引导采编人员走进基层、走进群众深入采访调研，及时了解、反映基层动态和群众需求，全力做好新闻服务。结合“消除4600”工作，中心与横山镇14户贫困农户结对，定期深入农户开展帮扶活动；结合治污行动，组织全体员工到衢江边捡拾垃圾；组织全体党员到结对的方门街社区开展平安巡逻等活动，编人员深入基层、深入群众成为常态。

【互动活动】 全媒体联合策划开展“纪念抗战70周年”“美丽乡村”“今天……”系列公益活动和

图11 县委新闻宣传中心全体员工到湖镇镇客路村桃花园开展新闻摄影实践活动

“奔跑吧，青春”等主题报道活动，聚焦百姓关心的热点、难点，对社会鲜活事例进行深度挖掘和展示，活动收到网民和读者的大量反馈，受到社会各界的广泛关注。3月，举办“我和春天有个约会”摄影比赛，与此同时，在新闻网和微信开设相关栏目，开展形式丰富的网微互动活动，共收到网上投稿300余篇；10月，成功举办2015年龙游房地产博览会；推出“不文明行为随手拍”“玩转龙游”“向革命烈士致敬”网上缅怀纪念等互动活动，充分调动网民的积极性，有效增加网站的知名度和浏览量。

（县委新闻宣传中心 姜毅）

统战工作

【概况】 2015年，龙游县统战工作在中共龙游县委的领导下，在上级统战部门的关心和指导下，发挥统一战线优势，紧紧围绕县委工作中心，为龙游经济社会发展汇聚人才、汇聚智慧、汇聚力量、汇聚人心，在民族经济发展、党派阵地建设、工商联工作等方面业绩突出，得到省、市的充分肯定，较好地完成各项任务。

【亮参政党自身特色】 一是建立专业调研组，服务中心更贴近。为更好地服务县委中心工作，按照党

图12　春节前夕，浙江省委统战部副部长张润生赴沐尘畲族乡慰问困难群众

派成员、党外人士专业特长，组建15个专业小组。发挥专业人士在行言行的特长，“两会”期间，党外委员重点提案占2/3以上，14件社情民意被党派中央和省委会采用。民进龙游县总支部和九三学社龙游县基层委员会在调研中提出“五水共治”和美丽乡村建设要从娃娃抓起，着手编纂、下发《美丽龙游我的家》教育读本20000册，引导中小学生树立“知家乡、爱家乡、保护家乡的青山绿水”的理念，引起社会各界的关注。二是社会活动到位，服务延伸更亲民。整合各党派成员人才类型，组建12支基层民主协商专业协理员队伍，全年参与沐尘畲族乡相关村公共事务协商17次，营造村干部、村民共同参与公共事务协商的民主意识，确保公共事务实施更科学、更民主，有效化解基层纠纷隐患。溪口民盟同心名医服务站建设是党派与部门协商成果的典型，得到社会的广泛好评，引起民盟浙江省委的高度重视。三是强化自身建设，党派特色更明亮。圆满完成民盟、民建、民进、农工党等民主党派县基层组织的换届工作，实现政治交接的平稳过渡。

【民主党派阵地建设各显特色】 民主党派作用发挥的关键在自身建设。统战部提出加强党派阵地建设的工作思路，各党派积极响应。民革龙游支部在全省率先开展“民革之家”教育实践阵地建设，引起民革中央和浙江省委、衢州市委的重视，民革浙江省委会专门在龙游召开全省基层“民革之家”建设现场会，推广龙游做法。九三学社开设九三讲堂，民进、民盟开通网络学习园地，多样化的阵地建设，促进各党派在本职岗位、参政议政、民主监督、社会服务等多方面开展争先创优竞赛，亮出特色，赛出合力。

【确保宗教界和谐稳定】 强化教职人员素质培训，提升宗教场所品位。通过送出去培训和请进来常驻的方式，增强现有本地僧侣和基督教教职人员的素质和能力，邀请普陀寺、灵隐寺、雪窦寺等佛学院毕业的僧侣到龙游交流考察，争取4名佛学院毕业生留驻乌石寺，使乌石寺的管理井然有序，为下进一步提升庙宇影响力奠定基础。加强引导，规范民间信仰管理。民间信仰场所规范管理中，开展宗教界“最美”宣传教育活动，采用“统一教育引导、统一规范标准、统一拆除安装”的原则，创新举措，推行县、乡、村三级联评联审宗教标志物制度，第一批34家已通过浙江省民宗委审批。宗教标志物规范和民间信仰场所规范等工作平稳有序推进，受到省委和省民宗委的充分肯定。承办衢州市宗教标志物规范和民间信仰场所规范现场会2次。

【规范宗教场所标志物】 结合《浙江省宗教建筑规范试行》中基督教建筑的相关规定，平稳推进宗教活动场所“三改一拆”工作，以“三统一”模式规范基督教户外标志物。统一思想认识，分层面组织学习《浙江省基督教界支持“三改一拆”倡议书》，广泛征求宗教标志物规范意见，引导各宗教活动场所响应倡议、积极参与；统一规范方案，由县民宗局牵头，落实各乡镇（街道）的主体责任；户外“十字架”拆除难度大，存在安全隐患等因素，由各乡镇（街道）统一组织专业人员进行拆除，统一置换安装，按照“十字架”长度与建筑物正立面高度的比例应小于1：10的规定，由县民宗局根据各场所的实际情况统一定制三种规格的“十字架”。此项工作的开展，得到广大基督教信徒的肯定和支持，在半个月内规范基督教活动场标志物25处。在消除安全隐患的同时，提升基督教活动场所的形象，使场所的管理进一步规范。

【感召“龙商”回归】 发挥“互联网+”优势，服务招商引资。以乡情为纽带，整合天下龙游人、各异地商会、各行业协会等微信平台为龙商“2+n”微信交互平台。搭建会员企业服务平台，服务龙商发展，搭建产业发展研讨平台，服务产业强县，取得初步成效。浙江省工商联系统微信平台建设现场会在龙游召开，推广“龙游经验”，打造浙江全系统微信平台。

【构建海外统战壁垒】 以亲情为纽带，增进海内外同胞感情。加强海外同乡社团建设，“1009”专项工作任务完成质量是全市之首。针对侨情调查中发现侨界和留学生家属中“空巢”老人比例特高的现象，在方门街社区成立侨界和留学生家属的“空巢老人之家”。走访慰问困难侨眷和留学生家属22户，接待侨胞、归侨、侨眷等5批次42人次到龙游县外侨办交流。严把关口，服务好来华的外籍人员和出国人员。7月，外事工作并入侨办，与统战部合署办公。严把材料审查关，确保因公出国、学习培训人员合法合规，确保来华经商和务工的外籍人员无违法行为。

【服务县域经济】 争取项目，服务低收入群众增收。全年争取省委统战部继续对口帮扶龙游县项目、省民宗委少数民族扶持项目、省内6家知名企业1家名寺治水项目共计28个，扶持资金760余万元，用于扶持低收入家庭、“五水共治”及公益基础设施建设。以畲族文化为元素，抓好特色畲寨建设，邀请浙江农林大学知联会、丽水学院畲族研究院为龙游县特色畲寨建设提供规划设计和施工指导，融合畲族文化元素，助力发展民宿旅游经济。社里村在举办“三月三”畲乡文化风情节的基础上，于国庆节期间开办畲族文化游，通过旅游开发，全村实现人均增收732元。

【畲族村“一村一品”特色经济建设】 龙游县委统战部、县民宗局结合龙游县24个畲族村的自身特点，提出因村制宜大力发展民族村“一村一品”特色经济思路。经过3年多时间的精心培育，已形成雅塘村的果蔬产业、茶场新村的浙贝母产业、项家村的生态渔业、浦山村的苗木产业等10多个产业，半数以上的畲族村已有自己的主导增收产业。16个村集体年收入达10万元以上，畲族群众增收速度是全县平均水平的2倍。龙游县少数民族村“一村一品”特色经济发展得到省民宗委的高度重视，6月，全省少数民族地区经济发展现场会在龙游召开。

【搭建龙商“2+n”微信交互平台】 龙游县委统战部、工商联在全省率先搭建龙商“2+n”微信交互平台，开启龙商“微时代”。龙商“2+n”微信交互平台即“龙游总商会”“龙商行”微信公众平台+“天下龙游人”、异地商会、行业协会等微信群，融新闻资讯、商会建设、经济前沿、招商引资等服务终端于一体，可根据每位龙商的发展需求，定向推送政府最新政策，方便龙商分享信息、交流经验，抱团发展。至年底，“2+n”微信交互平台已有各地龙商3000余人加入，发布招商项目信息、县域投资环境介绍、龙商好故事、“龙游商帮”系列研讨文章等2500余篇，收集龙商回归有效投资信息10个，引进省外亿元以上龙商投资项目2个，扶贫助学网络捐资捐款达30余万元。

（县委统战部 吕凯悦）

老干部工作

【概况】 2015年，龙游县委老干部局坚持“让党组织放心、让老干部满意”的工作理念，认真学习贯彻全国、全省“双先”（即老干部工作先进集体和先进工作者）表彰会和老干部局局长会议精神，抓好老干部政治待遇和生活待遇的落实，注重老干部作用的发挥，提升老干部工作水平与服务能力，较好地完成年初制定的各项工作目标和任务。至年底，全县共有离休干部84人，受县委委托代为管理服务县处级待遇退休干部25人。

图13 处级退休干部德清民宿经济发展考察

【老干部政治待遇】 先后组织召开全国“双先”和县“两会”精神老干部学习会，举办老干部理论学习培训班，举办党的十八届四中、五中全会专题辅导讲座，学习领会习近平总书记系列重要讲话精神。坚持定期不定期地向老干部通报全县经济社会发展情况。2月6日，龙游县委、县政府召开老干部形势报告会，向老干部们通报全县经济和社会发展情况。为改善阅览室条件，增加党报、党刊和有关学习资料的品种数量，进一步满足离退休老干部看报阅文的需求，为全县离休干部党员免费征订《共产党员》、党的十八大知识读本，为每位离休干部和县处级退休干部免费赠订《浙江老年报》和《中国健康报》，满足老干部特别是身体不便的老干部的学习需求。坚持视察调研制度，先后组织老干部开展“五水共治”“三改一拆”“大干项目、大抓招商”等专题视察调研。先后组织离退休老干部代表到德清、衢州、常山等地开展“走、看、促”活动，感受外地县（市）的新农村建设、民宿经济发展等情况，拓宽老干部的视野。

【老干部生活待遇】 开展离退休干部“四就近”（即就近组织学习、就近开展活动、就近提供生活照顾、就近发挥作用）服务，74位离退休老干部享受到“四就近”服务的便利。50余位离退休干部参加了疗休养活动。在元旦、春节、中秋节和重阳节等节日开展走访慰问活动，春节期间采取召开座谈会或直接上门的形式，分别对全县离休干部和县处级以上退休干部进行慰问，原县四套班子离退休领导全部由现任的县四套班子领导逐一上门慰问。对过生日的离休老干部和县处级老干部进行上门走访慰问。全年开展上门走访慰问350人次。探望住院离退休老干部65人次，参加离退休干部遗体告别仪式4次。关心老干部身心健康，5月对全县84名离休干部进行健康检查，对长期卧床不能来院体检的老干部提供上门检查，同时联合县人民医院、县中医院定期对老干部开展上门巡诊。

【老干部作用发挥】 县委老干部局利用老干部的政治优势、经验优势、智力优势和威望优势，引导老干部积极发挥作用。通过参加情况通报会、座谈会和其他重要会议和重大活动，积极向县委、县政府建言献策40多条。积极发挥老干部、老战士、老专家、老教师、老模范等“五老”作用，注重发挥“五老”优势。在关心教育下一代工作中，专门聘请一些有专长的离退休老同志组成宣讲团、关爱团，深入全县各中小学校开展以“铭记历史、缅怀先烈、珍爱和平、开创未来”等为主题的爱国主义、心理健康、文化知识等教育活动，受教育学生达6500余人次。在助学帮困活动中，帮扶结对困难学生200多人，扶持资金20多万元。拓宽关爱青少年工作空间，“五老关爱团”以“合适成年人”身份参与刑事案件诉讼案件7宗，代表他们的法定代理人在场陪同询问和参与法庭审理，保障刑事案件中未成年人的合法权益。在新农村发展和产业聚集区建设中遇到棘手问题时，吸收离退休老干部参与调解，利用老干部的各种优势，维护农村社会稳定。

【老干部活动开展】 为庆祝建党94周年，组织开展“庆祝建党94周年暨抗日战争胜利70周年”文艺演出活动。与县体育局、县民政局联合举办2015年龙游县庆祝全国第三个老年节活动。依托县老年活动中心开展丰富多彩的老干部活动。全年举办老干部棋类、球类、扑克比赛及组织老干部钓鱼、游“农家乐”等活动20多次；与县关工委联合举办“美丽

图14 衢州市老年书画研究会纪念抗战胜利70周年书画联展在龙游举行

龙游”“姑蔑风情”书画大赛，聘请著名山水画家包辰初在内的8位著名画家为县老年大学客座教授、县关工委艺术顾问。县老年大学举办老年书画展3期，组织绘画、摄影班的学员赴遂昌、建德、安徽等地外出采风3次。

（县老干部局 毛晓东）

机关党建工作

【概况】 2015年，龙游县机关党建工作以建设学习型、服务型、创新型、和谐型“四型”机关党组织为目标，以“大抓基层组织年”活动为契机，全面加强机关党的思想、组织、作风、反腐倡廉和制度等方面建设，提升服务中心、党课教育、志愿服务、作风建设等方面的工作水平。

【紧扣县委中心工作】 深入学习贯彻习近平总书记系列讲话和中共十八届四中、五中全会精神。抓好理论中心组学习，全年举办县直机关支部书记、新党员及入党积极分子（发展对象）等各种培训300余人次，接受党规党纪、党员发展实务以及电子商务、平安龙游等方面教育。会同有关部门组织举办“打造绿水青山•建设美丽龙游”第四届微党课大赛，100多名党员干部踊跃参加。赴开化何田乡福岭山中共浙皖特委旧址，参加“缅怀革命先烈，重温入党誓词”特殊党日等活动。

【抓实党建理论研究】 2015年机关党建研究重点是加强机关党的建设重点和难点问题的研究，深化对新形势下机关党建工作的规律性认识，提出建设性的理论研究成果。制定下发三大重点研究课题，各会员单位围绕三大课题主攻一个重点课题，紧密联系本部门本单位党建工作和业务工作实际进行针对性研究，促进本单位的党建工作和业务工作。县直机关工委与县府办机关党支部联合撰写的《龙游县以党建带法治政府建设力促基层依法行政的实践与启示》一文入选2015年浙江省机关党建理论研讨会交流材料汇编（共48篇），实现近5年来零的突破。

【重视机关效能建设】 以改进作风建设为抓手，提升为民服务质量。坚持上下联动和系统联动，认真开展以“深改革、强规范、提能效”为主题的作风建设专项行动，专项行动“三部曲”（即深化改革有作为、强化规范重严实、提升能效出实招）的特色做法和经验得到省、市工委的充分肯定，并于7月在绍兴市召开的浙江省作风建设现场会上进行书面交流。以制度建设为保障，确保效能建设取得实效。制定《服务窗口管理形成“411”制度》（即每天4次巡查、每周1次通报、每月1次考核）等制度。全面实行机关党员干部首问负责制、责任追究制等制度，努力让群众少跑一回路、少排一次队、少等一分钟，为群众提供更方便、更快捷的服务。

图15 举办机关党务工作者培训班

图16 组织开展《庆祝建党94周年暨抗日战争胜利70周年》文艺演出活动

【加强机关文化建设】 开展丰富多彩的机关文化建设，提升党员生活品质。组织机关党员干部开展健身长跑、拔河、排舞、登山和歌咏比赛等活动，年初，在全县迎新春健身长跑比赛中获得亚军的好成绩。4月，与县体育局联合举办第三届机关干部运动会游泳比赛，全县机关部门组织43个代表队共229名运动员参赛，获得圆满成功。与县体育局、县总工会、县妇联等部门联合举办第二届全民运动会，成功承办全县趣味体育比赛，并牵头组织党政群系统代表队积极参赛，取得团体金牌3枚、总奖牌8枚、总得分113分（第八名）的优异成绩。

【开展机关党员志愿者活动】 策划和组织“我志愿•我最美”文明劝导平安巡逻主题实践活动。文明劝导平安巡逻活动已经成为县直机关党员的一项常规工作，深入人心，特色明显，人员涉及面广泛，龙游大妈、爱心大妈及社会志愿人士踊跃参加。各文明单位、街道社区志愿者带头践行“开文明车、行文明路、做文明人”，充分发挥机关党组织、党员干部的先锋表率作用。针对社会管理中的一些群众普遍关注的热点、焦点问题，组织司法、规划等部门的180多名党员志愿者开展“五水共治”普法宣传教育大型活动。牵头落实县直机关困难党员的结对帮扶走访慰问，在职党员进社区报到2236名，认领“微心愿”2200余个。机关工委班子全年为基层党员群众办实事、解难题20余个（件），很好地起到走前头、作表率作用。

【助推“五水共治”】 深入开展“双百双千双万”（选树百个先进典型、争创百名先锋标兵；千名干部志愿奉献、千个组织增强活力；万名党员亮明身份、万名党员城乡共建）先锋行动。继续开展“认领清洁塘，保护水资源”活动，在2014年鼓励机关支部结对认领清洁塘的基础上，着重要求做好池塘固堤和绿化提升等工作，78个机关部门结对的118个清洁塘和4条河道由各机关党组织与相关行政村补充签订1～3年的保洁协议书，落实相关的扶持资金，县直机关“三公经费”节约资金绝大部分用在“五水共治”的刀刃上。推动“学雷锋•万人治污”专项行动，引导县直机关各党组织深入联系乡镇（街道）、村（社区），学雷锋，当义工，深化“清理河道，清洁家园”行动，全面推进河道、山塘（池塘）和村庄（社区）的治污、治脏、治乱。成功举办“激情广场•平安龙游‘543’进社区”文艺晚会，吸引500余人驻足观看，赢得广大群众对“五水共治”“四边三化”“三改一拆”“平安龙游”等重点工作的理解、支持与配合。

（县机关工委 姜春燕）

党史、地方志工作

【概况】 2015年，龙游县史志办公室紧紧围绕县委、县政府的中心工作，以浙江省第二轮修志创优工程和党史编纂为重点，加快《龙游县志》和《中国共产党龙游历史》第二卷的编修进度。学习贯彻《全国地方志事业发展纲要（2015—2020）》，以资政育人为史志工作的根本任务，深入开展党史、地方志的基础研究，加大党史宣传教育力度，各项工作取得较好成效。

【《中国共产党龙游历史》第二卷编纂工作】 根

图17 召开《龙游县志》乡镇（街道）撰稿人会议

据中共衢州市委党史研究室的审稿意见，组织力量对《中国共产党龙游历史》第二卷复审稿进行修改补充，形成送审稿，分别送省委党史研究室、县委领导及老同志审阅。4月17日，县委常委会召开专门会议，讨论《中共龙游历史》第二卷的编纂出版工作，会议同意将《中国共产党龙游历史》第二卷交付出版，并以县委〔2015〕44号文件正式批复。10月，衢州市委党史研究室也以文件形式批复通过并同意交付出版。年底，《中国共产党龙游历史》第二卷送中共党史出版社审核出版。

【《龙游县志》编纂工作】 《龙游县志》按照省、市专家评审组意见做进一步的修改完善。县志的这一轮修改力度大，需查阅的资料多而广、难度大。8月，派出2名工作人员到上海图书馆查阅相关资料，经过补充，志书质量得到明显提升。至12月初，完成二审稿，送浙江省方志办领导、专家组成员及县内外有关领导、专家审读。

【《龙游年鉴（2014）》获全国年鉴评比一等奖】 2015年，中国地方志指导小组发文开展全国地方志优秀成果（年鉴类）评比。经过浙江省地方志办公室的初选，《龙游年鉴（2014）》在全省各县（市、区）年鉴中脱颖而出，入选全省县（市、区）优秀年鉴之列，并代表浙江省参加全国联评。经过激烈角逐，《龙游年鉴(2014)》不负众望，荣获全国年鉴评比一等奖，并在山西太原召开的第一次全国年鉴工作会议上受到中国地方志指导小组的通报表扬。这是全国地方志系统最具权威性、最具影响力的年鉴评奖活动。

【《龙游年鉴（2015）》编纂和出版工作】 3月底，启动《龙游年鉴（2015）》编纂工作，拟定编纂职责分工和相关文件，召开责任编辑会议，明确工作职责，层层落实责任。在编纂过程中，年鉴编辑部以提升年鉴的质量为工作目标，创新编纂模式，加强监管与指导，发挥各单位年鉴撰稿人的积极性和主动性，年鉴编纂工作有序开展。至12月底，《龙游年鉴（2015）》已定稿排版，并送出版社审稿。组织参加全省年鉴试点工作试点评选活动，全省参评单位县级只有10家，龙游县作为其中之一参评，并在全省评选会议上做经验交流。

【乡镇、部门志编纂工作】 在湖镇镇党委、政府的重视下，《湖镇镇志》编纂进度加快，11月底，完成出版发行工作。加快《龙游县地名志》编纂进度，组织编纂人员赴乡镇（街道）、村进行调查核实，确保基础材料的准确性，努力提高成书质量。至年底，已形成《龙游县地名志》征求意见稿。

【革命遗址、党史教育基地保护利用工作】 认真实施革命遗址保护项目。4月，启动实施大街红军标语墙保护修缮工程和湖镇张峰墈北伐龙游战役遗址保护工程（北伐龙游战役纪念亭）2个项目，主动征求文化部门意见，按程序要求选择项目施工单位，委

图18 获全国年鉴评比特等奖、一等奖的部分年鉴

托衢州九越监理、浙江求是监理分别为2个项目进行审价和预算编制。项目实施过程中，多次与文化部门一起赴现场检查，确保施工安全和项目质量。至8月底，2个项目均已完工并通过验收，共投入资金近20万元。

【其他存史资政育人工作】 做好省党史资料征集补助专项经费的申请工作。协助市委党史研究室编纂《衢州抗战纪事》一书，并配合做好相关的实地调查工作。

根据省方志办的要求，完成《浙江通志•方志卷》的资料整理和提供。9月初，与县委宣传部、统战部、民革龙游支部联合举办抗战胜利70周年图片展，在城区学校巡回展出，对学生进行爱国主义教育，收到良好效果。主动服务农村文化礼堂建设，为文化礼堂提供相关资料，提出建设性的建议和意见。多次为龙游城市总体规划修编提供地情资料。

（县史志办 钟红芳）

党校工作

【概况】 2015年，县委党校以党的十八大和十八届三中、四中全会和习近平总书记系列重要讲话精神为指南，围绕县委十届九次全会、县十二届政府第八次全会提出的各项任务，以“两化”为引领，围绕中心，服务大局。坚持“从严治校、品牌立校、创新强校、开放兴校”的办学总方针，全面加强和改进党校工作，切实履行干部教育培训工作职能，努力把党校建成“理论宣讲阵地、能力培训基地、学习研究平台、县域发展智库”，为提升龙游县干部综合素质、推动龙游经济和社会各项事业又好又快发展做出新贡献。

【干部教育】 围绕县委、县政府的中心工作，突出党校特色，发挥党校优势，牢牢把握理论教育和党性教育两大主旨，服务干部队伍建设和经济社会发展大局，干部教育培训的主渠道作用进一步凸现。根据《中国共产党党校工作条例》和中央党校“一个中心、四个方面”的教学布局，结合县情和校情，形成以学习马克思主义理论特别是中国特色社会主义理论体系为中心，以理论武装、县情县策、能力提升、党性锻炼为重点的教学布局，创新培训方式，丰富培训内容。按照中央“八项规定”、中组部《关于在干部教育培训中进一步加强学员管理的规定》和“四风”整治精神，结合干部教育培训工作实际，贯彻从严治校、从严施教、从严管理方针，完善学员管理办法，健全学员管理制度，加强教学管理服务队伍建设，加大干部教育培训工作的管理创新力度，努力实现培训管理的规范化、制度化、科学化。全年共举办主体班次42期，参加培训干部4377人次。

【社会培训】 充分延伸和拓展党校教育的职能范围，注重资源整合，创新对外培训模式，拓展新的办学渠道。为切实提高党校教学的针对性和实效性，精心安排课程，建立贺田模式、开启模式、龙和渔业、集美模式等多个现场教学基地，实行专题讲座与现场观摩相结合的教学模式，积极打造党校教育培训新的开放平台，扩大党校社会培训和办学的影响力。助力“美丽乡村建设”“五水共治”“三改一拆”等中心工作，先后组织安排计划外培训班次79期，参加培训7510人次。充分发挥党校作

图19 县委党校组织教师到基层宣讲

为全县宣讲主力军的作用，成立党校宣讲团，积极开展习近平总书记系列重要讲话精神和党的十八届四中、五中全会精神基层巡回宣讲活动，先后举办专题宣讲80多场次，辅导党员干部4500余人次，为广大干部群众创建积极健康的精神家园。

【县情调研】 有效整合科研资源，拓宽科研工作渠道，充分发挥党校的“智库”作用，着力提升科研工作水平。坚持“教学立校、科研兴校”的指导思想，以努力为党委、政府科学决策服务、为教学服务、为社会服务为中心目标，紧紧围绕县委、县政府“两化”工作主题，适应县域经济社会发展，确定重大调研课题，做到“带着问题下基层，深入实际搞研究”，提升科研工作的时效性、针对性。进一步完善科研制度，增强科研实力，坚持突出重点、立足教学，力求多研究、多探索、多出成果，并将研究成果应用于课堂教学，实现教学科研的良性互动，使科研成为教学改革、教学创新的强大动力。全年先后组织教师30多人次深入基层调研，组织5个课题参与浙江省社科院课题招标，1项省级课题 、2项市级课题顺利结题，2项市级课题立项，并有多篇论文在市、县刊物发表或获奖。

【队伍建设】 坚持“党校姓党”原则，以教师队伍建设为核心，以行政后勤队伍中的骨干人才、管理人员为重点，加强队伍建设。优化师资配置，实施“人才强校”战略，继续引进高素质、高学历人才，进一步优化人才队伍结构。聘请县领导、部门主要领导以及知名教授、学者担任龙游县委党校兼职教师，充实党校师资库。注重师资培训，进一步提高人才队伍素质，造就一支政治强、业务精、作风正的高素质教学科研人才队伍，为龙游县干部教育培训工作提供师资保证。2015年，先后有30多人次参加中共浙江省委党校、浙江省社会主义学院、浙江省委宣传部和衢州市委党校主办的各类研修班、培训班和理论研讨班，拓宽理论视野，提升理论水平。

图20 党校全体党员参加“治污行动”

【综合工作】 充分发挥党支部和工会作用，建立健全有关制度，规范管理，积极建设学习型、节约型机关。严格党内政治生活，切实履行党风廉政建设的主体责任，狠抓党风廉政建设责任制的落实，做到令行禁止。按照“领导挂村、部门帮村、党员帮扶”的要求，选派1位校领导和3位教职员工到联系村、联系企业担任生态指导员和党建指导员，锻炼党校教师的实践能力。围绕中心、服务大局，积极开展党群共建活动，有效解决联系群众“最后一公里”的问题。积极开展“大干项目、大抓招商”“走亲连心”“共建生态家园”“点亮微心愿”等系列党员志愿活动，进一步密切党群、干群关系，推进龙游县“两化两游”建设。

（县委党校 林利平）

中共龙游县纪律检查委员会（龙游县监察局）

概述

2015年，龙游县纪律检查工作认真落实党风廉政建设党委负主体责任、纪委负监督责任的“两个责任”，逐级压实党委（党组）主体责任，党风廉政建设与经济社会发展同步推进。与中共中央、浙江省委、衢州市委的要求保持高度一致，党员干部的纪律意识、履责成效、社会评价整体向好。县委常委班子带头开展6个方面28项内容、22个建章立制重点的整改落实，坚强有力，以上率下，严格落实管党、治党的政治责任。全县各级党组织主抓直管、敢于担当，自觉履行党风廉政建设主体责任。各级纪检监察组织聚焦中心任务，强化监督执纪问责，扎实推进纪律检查体制改革，各项工作深入推进、成效明显。

主要工作

【层层落实党委主体责任】 深入贯彻中共衢州市委《关于落实党风廉政建设党委主体责任和纪委监督责任的实施意见》，年初，把党风廉政建设各项任务分解落实到每位县委常委、副县长，年末又由县委常委带队深入各乡镇（街道）、机关部门检查责任落实情况，指出存在问题，提出整改意见。各乡镇（街道）、机关部门结合实际，逐级建立责任清单，并进行细化、具体化，形成实实在在的工作支撑。普遍实行约谈提醒制度，由县委书记带头约谈有苗头性、倾向性问题的领导干部，全县形成由党委（党组）负责同志进行约谈提醒并签字背书的工作常态，全年对20件反映县管领导干部的问题线索进行谈话提醒。严格执行规定动作，全县各乡镇（部门）党委（党组）主体责任履行情况报告，县委常委、县纪委委员评议乡镇部门履责情况，考核评议情况反馈以及整改结果报告均达到100%。

【实行责任追究报告和通报制度】 加大“一案双查”（即在查处案件时既要查清当事人的违纪问题，又要查清所在单位主管领导或分管领导的责任，对负有监督管理责任的单位和人员实施责任追究）力度，实行责任追究报告和通报制度。全年对履行主体责任不力的66名党员干部、履行监督责任不力的7名党员干部予以责任追究，对4名县管领导干部失职案件进行实名通报，起到很好的警示作用。

【推进监督全覆盖】 开展党章、党规、党纪专题学习，分2期对县管党员领导干部进行集中轮训。认真组织学习贯彻新修订的《中国共产党廉洁自律准则》和《中国共产党纪律处分条例》，进一步增强全县党员干部的纪律意识和廉洁意识，使之成为每个党员学习、工作、生活的基本行为规则，力促知行止、存敬畏，营造守纪律、讲规矩的良好氛围。

按照上级纪委统一部署，积极稳妥地推进派驻机构改革，县本级共设立派驻机构20个，其中单独派驻4个、综合派驻16个，共监督单位69个。统一名称、统一管理，实现县一级党和国家机关、事业单位、国资公司派驻纪检机构全覆盖。紧紧围绕县委、县政府确定的年度目标任务，按照“一月一主题”的工作要求，制定监督执纪实施方案，实现重点项目监督全覆盖。全县各级纪检监察组织集中开展立项监督14件、分项监督221件，进行实名通报11次，对不敢担当、履责不力的112名党员干部进行问责，挽回经济损失500余万元，推动县委、县政府重点工作的落实。

【保持正风肃纪常态化】 坚持查处与整改并重，紧盯重要节点，持续开展明察暗访，狠抓顶风违纪和隐形“四风”问题，做到言出纪随、一视同仁。全年共开展专项行动50余次，发现问题114个。督促各单位进行认真整改，制定整改措施256条，完善制度机制37项，处理违规违纪人员65人。着力解决基层组织侵害群众利益的突出问题，深入整治刁难群众、吃拿卡要、与民争利等不正之风，先后对湖镇镇张家埠村、塔石镇双联新村、东华街道唐尧村等侵害群众利益问题进行查处。开展农村“三资”（即农村集体的资金、资产、资源）管理回头看，对部分村存有疑问的1380笔餐费支出开展专项核查，清退餐费3.59万元，问责处理28人。

【践行监督执纪“四种形态”】 监督执纪“四种形态”即党内关系要正常化，批评和自我批评要经常开展，让咬耳扯袖、红脸出汗成为常态；党纪轻处分和组织处理要成为大多数；对严重违纪的重处分、作出重大职务调整应当是少数；而严重违纪涉嫌违法立案审查的只能是极少数。县纪检部门大量运用廉政谈话、信访约谈、信访预警等形式，抓早抓小，动辄则咎，对有违纪苗头的党员干部进行“咬耳扯袖”。全县纪检监察组织共受理信访举报503件，开展提醒教育谈话598人次、信访核实性谈话53人次，下发信访预警通知书37份，诫勉谈话139人次，为273名党员干部澄清问题。全面推行“五不直接分管”（即党政群机关及财政拨款事业单位主要负责人不直接分管财务、干部人事、工程建设、行政审批、物资采购工作,改由班子里的其他副职或确定分管领导进行具体负责，“一把手”只监督审核把关,重大事项要经班子集体研究决定）、领导干部任前廉政法规知识测试、防止利益冲突等一系列规章制度，从源头上规范党员领导干部从政行为。全年共有30名新提任县管领导干部接受任前廉政法规知识测试，45名党员干部主动上缴礼金、礼券20.02万元，上缴廉政账户41.69万元。依纪依法严肃处理党员干部违纪案件。2015年，全县纪检监察组织立案查处党员干部违纪案件144件，比上年同比增加21%，移送司法机关7人。已结案件中，轻处分占61.82%，重处分占38.18%。

【优化纪检监察干部队伍】 始终将纪检监察干部队伍建设作为落实监督责任的一项基础性工作来抓，强化履职，提升能力。按照省纪委有关要求，在全市率先对所有乡镇纪委书记岗位进行分设和专门配备。围绕学党章、守党章、护党章，举办全县纪检监察干部业务培训班，县委书记方健忠亲自为培训班作动员、提要求。坚持“严管就是厚爱”“信任不能代替监督”等原则，强化内部监督管理，出台反映纪检监察干部问题线索处置管理办法，严明审查、信访、保密等纪律，防止“灯下黑”。

【县纪委十届五次全体（扩大）会议】 2015年2月5日召开。会议深入贯彻中共中央、浙江省委、衢州市委关于“从严治党、依规治党”的一系列精神和要求，围绕落实县委十届八次全会确定的目标任务，认真总结2014年党风廉政建设和反腐败工作，研究部署2015年工作任务。全会审议通过县委常委、纪委书记朱政代表县纪委常委会所作的《落实从严治党要求，不断深化党风廉政建设和反腐败工作》的工作报告。县委书记方健忠作重要讲话。

（县纪委 周坤）

龙游县人民代表大会常务委员会

概 述

2015年是全面推进依法治国的开局之年，也是“十二五”规划的收官谋划之年。龙游县人大常委会在县委的正确领导和省、市人大常委会的精心指导下，坚持以邓小平理论、“三个代表”重要思想、科学发展观为指导，深入贯彻习近平总书记系列重要讲话精神，紧紧围绕“两化两游”建设，服务发展大局，依法履行职责，顺利完成县十二届人大四次会议确定的各项任务。全年共召开常委会会议8次，听取和审议工作报告49个，作出决议、决定和审议、评议意见21项；召开主任会议24次，组织人大代表专题视察3次，执法检查2次，专题调研2次，对法官、检察官开展履职评议，依法任免国家机关工作人员65人次，决定接受辞职5人次，补选衢州市人大代表1名、县人大代表5名，为加快推进龙游县经济社会转型跨越发展做出应有的贡献。

日常工作

【服务发展大局】 听取和审议县政府关于2015年上半年龙游县经济社会发展情况和下半年政府工作的报告、国民经济和社会发展计划执行情况及2016年计划草案的报告，分析存在的问题，提出意见建议。主动介入“十三五”规划编制工作，把“十三五”规划纲要和水利、交通、教育、卫计、电网建设等15个专项规划作为监督重点，专题听取“十三五”规划编制情况汇报、土地整治工作情况和环境功能区划的报告。密切关注实体经济发展，分析研判经济形势和存在的问题，开展电子商务产业发展情况的调研。认真组织人大代表开展“转型升级十大组合拳落实情况”主题监督活动，着力推进“五水共治”“四换三名”“四边三化”和创新驱动等工作。听取县政府关于旅游重点项目建设情况的汇报，关注石窟休闲度假中心、农村淘宝等工程建设，就统筹协调和推进力度等方面提出意见建议。听取和审议财政预算半年执行情况和2014年地方财政决算草案的报告，审查批准2014年财政决算。听取和审议县政府关于2015年财政预算调整方案的报告，审查批准相关调整方案。听取和审议

图21 县人大常委会主任、高坪桥水库总指挥周中民看望实物调查一线人员

2015年财政预算执行情况及2016年财政预算草案的报告、县政府关于国资改革及运营情况的报告，并提出相关意见建议。

【促进民生改善】 继续以“五水共治”为监督重点，动态关注“五水共治”进展情况，不定期暗访督查存在的问题，听取县政府关于推进“五水共治”共建生态家园审议意见落实情况的报告，不断巩固和扩大“五水共治”成果。组织代表开展“监督已治理的河”主题活动，按照“一主任一工委一批代表一条溪”的“四个一”模式，通过查水质、找污染源等形式，对11条“已治理的河”开展专项监督检查活动，并向县政府反馈提交60多条意见建议。组织省、市、县三级人大代表视察生猪养殖和炭化篾污染整治规范情况，并提出意见建议，政府及相关部门积极采取措施，集中开展“三必拆”专项整治行动，生猪规范化养殖和炭化篾污染整治取得明显成效。听取和审议农村生活污水治理情况的报告和城市空气质量整治情况的报告，针对存在的问题，提出厘清权责、加强监管、分阶段开展专项整治等意见建议；动态监督大气污染整治工作，对审议意见落实情况开展“回头看”，并进行满意度测评。县政府以“减煤、控车、降尘、少烟”为整治重点，坚持源头防治，配套开展了能源结构调整、工业污染治理、机动车污染防治、产业布局与结构调整、城市扬尘和烟尘整治、农村废气污染控制等六大专项行动，并建立综合防治机制。继续对小区物业管理工作予以跟踪监督，组织省、市、县人大代表视察小区物业管理工作，并提出建议。专题听取城区学校规划布局情况和全县医药卫生体制改革运行情况的报告，关注乡村旅游和无证幼儿园的整治工作。调研中草药发展、粮食生产和安全工作等情况，并提出科学规划、统筹布局等意见。

【推进民主法治建设】 配合上级人大开展食品安全、安全生产、国防建设等执法检查工作，开展城乡建设与管理、环境保护、历史文化保护三个领域的立法调研，参与并协助做好审计、流动人口居住登记、农产品质量安全、农村集体资产管理等法律法规草案的征求意见工作。重视公共资源交易及监管工作，组织开展宪法学习宣传教育活动，备案审查行政规范性文件14个。修订监督司法工作实施办法，深化司法监督工作，把深化司法监督与“两官”履职评议工作同部署、同落实、同推进，随机确定8名被评议的法官、检察官，通过自查自评、调查走访、民主测评等环节，对评议对象履职情况开展评议，并反馈评议结果，确定评议等次，表彰履职先进，促进司法队伍素质的提高。切实做好人大信访工作，解决事关群众切身利益的信访问题。

【发挥代表主体作用】 重视代表培训工作，增强法律意识和履职能力。坚持代表分批列席常委会会议、参加专题视察等做法，拓展代表知情知政渠道。扎实做好走访联系代表工作，全年共走访联系代表200余人次。注重发挥代表履职服务平台作用，规范运行管理，强化功能运用。规范代表联络站建设，探索网上代表联络站的建设运行，全县16个代表联络站常态化开展代表接待选民活动，各级人大代表有675人次进站接待选民群众，协调解决问题412个。深化代表向选民述职活动，100多名县基层代表已完成届内向选民述职1次的要求。开展查找“基层群众办事审批难事项”专题监督活动，召开企业、基层群众、人大代表等层面的座谈会14场次，走访企业400余家，原汁原味收集“审批难”事项300多条，经梳理汇总对82条“审批难”事项和49条非审批类的意见建议予以反馈并督促整改，涉及行政审批部门19个、公共服务类企事业单位7个，查找“审批难”专题监督活动取得明显成效。组织全县千名人大代表走村入户，视察核查年收入4600元以下贫困人口脱贫情况，按照“不少一村、不漏一户”的要求，完成9277户14980人的核查任务。高度重视代表议案建议征集工作，沐尘畲族乡沐尘村和双溪村农民饮用水议案工程已完成。222件代表建议已解决或基本解决的有84件，正在解决或列入计划逐步解决的有108件，因条件限制或其他原因一时难以解决但已向代表作出说明的有31件。继续开展议案建议办理满意度“回头看”和优秀议案、建议评选，表彰代表议案建议承办先进单位。

【强化自身建设】 扎实开展"三严三实"专题学习教育活动，认真召开专题民主生活会，开展批评与自我批评。继续抓好"四风"问题的整改落实，进一步巩固党的群众路线教育实践活动成果。定期召开县人大常委会理论中心组学习会，深入贯彻落实中共中央和浙江省委、衢州市委、龙游县委作风建设的有关规定及省委巡视组的相关要求。严守政治纪律和政治规矩，开展党章、党规、党纪集中轮训，认真学习"一准则一条例"，严格执行中央"八项规定"、浙江省委"六个严禁"以及衢州市委、龙游县委关于党风廉政建设的要求。按照"一线"要求，人大干部积极参与"五水共治"、城市建设、重点工程推进等工作。注重人大制度宣传，充分利用各类宣传平台，及时报道县人大常委会的重要工作、重大活动、履职成效及代表事迹。全年在市级以上各类宣传平台刊出信息报道360余篇，龙游县人大机关被评为2015年度浙江省人大信息工作先进单位。组织开展关于加强县、乡镇（街道）人大建设的调研，出台关于加强乡镇人大规范化建设的若干意见和推行街道居民议政会制度的意见，健全县人大常委会工作机构，各乡镇（街道）人大专职主席（主任）按要求全部配备到位。定期召开乡镇（街道）人大工作季度例会，继续邀请乡镇（街道）人大负责人列席县人大常委会会议和各项重要活动，指导乡镇（街道）人大积极服务中心工作，落实各项工作部署，进一步增强人大整体工作合力。

重要会议

【十二届人大四次会议】 1月30日至2月3日举行。会议听取和审查县长刘根宏所作的《龙游县人民政府工作报告》、县人大常委会主任周中民所作的《龙游县人民代表大会常务委员会工作报告》、县人民法院院长方永新所作的《龙游县人民法院工作报告》、县人民检察院检察长刘建华所作的《龙游县人民检察院工作报告》，审查《龙游县2014年国民经济和社会发展计划执行情况、2015年国民经济和社会发展计划草案的报告》和《龙游县2014年财政预算执行情况和2015年财政预算草案的报告》，并通过相应决议。会议期间，收到代表议案、建议、批评和意见222件，经议案审查委员会审查、大会主席团审议、大会通过，确定《关于解决沐尘村、双溪村两个少数民族村农民安全饮水问题》为大会议案，其余221件作为建议、批评、意见交由"一府两院"办理，办理结果报告县人大常委会。

【十二届人大常委会第25次会议】 1月5日召开。会议审议县人大常委会关于召开龙游县第十二届人民代表大会第四次会议的决定；听取代表资格审查委员会关于代表资格审查的报告；审议决定县十二届人大四次会议列席人员名单。

【十二届人大常委会第26次会议】 1月18日召开。会议听取和审议县人民政府《关于2014年国民经济和社会发展计划执行情况及2015年国民经济和社会发展计划（草案）》的报告；听取和审议县人民政府《关于2014年财政预算执行情况及2015年财政预算（草案）》的报告；听取代表资格审查委员会关于代表资格审查的报告；审议有关表彰事项；审议县人大常委会工作报告；审议提出县十二届人大四次会议主席团和秘书长名单（草案）、计划预算审查委员会名单（草案）、议案审查委员会名单（草案）、大会关于处理议案和代表建议、批评、意见的办法（草案）；审议决定县十二届人大四次会议代表团召集人名单；审议有关人事议案。

【十二届人大常委会第27次会议】 3月24日召开。会议听取和审议政府重大投资项目2014年计划执行情况的报告；对县法院、县检察院"两官"履职评议意见落实情况开展督查和满意度测评；对县人大常委会关于龙游县推进"五水共治"共建生态家园情况的审议意见落实情况开展督查和满意度测评；审议有关人事议案。

【十二届人大常委会第28次会议】 5月27日召开。

会议听取和审议县政府关于龙游县农村生活污水治理情况的报告、关于龙游县医疗卫生体制改革运行情况的报告；审议有关人事议案。

【十二届人大常委会第29次会议】 6月29日召开。会议审议通过相关人事议案。

【十二届人大常委会第30次会议】 7月27日召开。会议听取和审议县政府关于2015年上半年龙游县经济社会发展情况和下半年政府工作的报告、关于国民经济和社会发展计划半年执行情况的报告、关于2015年财政预算半年执行情况的报告、关于2014年度预算执行和其他财政收支的审计工作报告、关于2014年地方财政决算草案的报告，审查、批准2014年财政决算（草案）；听取和审议县政府关于龙游县棚户区改造安置项目资本金及委托代建资金列入县财政预算的议案、关于城市空气质量整治情况的报告；审议通过《龙游县人大常委会关于加强乡镇人大规范化建设的指导意见》及有关人事议案。

【十二届人大常委会第31次会议】 9月23日召开。会议听取和审议公检法司机关工作人员依法履职公正司（执）法情况的报告，对第二批“两官”履职情况开展评议；听取和审议县政府关于国资改革及运营情况的报告、关于龙游县环境功能区划的报告；审议通过《龙游县组织实施宪法宣誓制度办法》及有关人事议案。

【十二届人大常委会第32次会议】 11月26日召开。会议听取和审议县政府关于县十二届人大四次会议议案和代表建议、意见办理情况的报告，并对议案和重点建议办理情况开展满意度测评；听取和审议县政府关于龙游县2015年财政预算调整方案的报告，审查、批准2015年财政预算调整方案的决议;听取和审议县政府关于龙游县土地利用总体规划（2006—2020年）2014年调整完善版的报告；审议通过《龙游县人民代表大会常务委员会监督司法工作实施办法（修订稿）》；对第二十七、二十八、三十、三十一次常委会会议的审议（评议）意见落实情况开展督查和满意度测评；审议有关人事议案；表彰履职优秀的法官和检察官。

（县人大 黄丽芬）

附：县人大优秀议案

关于解决沐尘村、双溪村两个少数民族村农民安全饮水的议案

沐尘畲族乡位于龙游县南部山区，全乡境内沐尘溪为最长最宽的河道，河域开阔，水深清澈，是沐尘乡村民的生活生产用水主要来源。2008年，沐尘水库建成以后，河道被截留，水库以下河道生态环境遭到破坏，河域面积急剧减少，严重影响水库下游沿溪沐尘村、双溪村两个少数民族村（17个自然村）4000余名群众的生产生活。

一直以来，沐尘水库下游沐尘村和双溪村（包括乡政府、卫生院、沐尘小学等）通过汲取浅层地下水或山溪水解决生活饮用水问题。随着经济社会的迅速发展和新农村建设步伐的加快，沐尘水库截留后，地下水水量严重不足，特别是每年枯水季节，收集山溪水的水源也得不到保证，而且农田施用化肥、农药的污染越来越严重，致使地表水和地下水受到不同程度的污染，饮用水质也存在安全隐患，群众要求解决农村饮水安全问题的呼声日益强烈，饮水安全问题亟须解决。根据《龙游县2010—2013年农村饮水安全规划报告》的指导性意见，2014年8月，金华市政设计院完成了沐尘畲族乡沐尘村、双溪村农村饮用水安全工程初步设计，拟采用溪口自来水厂供水方案，为项目区域内的村民提供符合饮用水卫生标准的饮用水，消除沐尘村、双溪村农村饮用水安全隐患，工程预算281.15万元，受益人口达4000余人，约占全县农村饮水安全工程规划受益总人口的1.5%，占全乡总人口的24.58%。该项目实施能从根本上解决沐尘水库下游村民饮用水问题。为促进民族团结，现恳请县人大、县政府将该项目列入2015年省、县二级农村饮用水安全工程项目，将解决安全饮水问题的资金列入财政预算，并在资金上给予重点扶持，以早日解决沐尘村、

双溪村两个少数民族村4000余名群众的饮水安全问题，并为该区域改善农村生活环境、促进农村经济发展和农民增收、服务社会主义新农村建设提供要素保障，使农民饮水工程成为群众和党之间的“心连心”工程、“德政”工程。

（提案人 黄松华等）

2015年度龙游县人大代表议案、建议承办先进单位一览表

表3

代表议案、建议承办先进单位	农业和农村工作办公室、财政局、规划局、公安局、国土局、农业局、 教育局、水利局、环保局、市场监督管理局

2015年度龙游县人大代表优秀议案与优秀建议一览表

表4

获奖类别	名　称	提案人
优秀议案	关于解决沐尘村、双溪村二个少数民族村农民安全饮水的议案	黄松华等
优秀建议	关于采取措施加强市场供应食品安全监管的建议	劳方等
	关于龙游县城区小学幼儿园布局调整的建议	李卫忠等
	关于加快龙游第三自来水厂建设的建议	吴雅芬等
	关于加强园区大气污染治理，提升空气质量的建议	王连标等
	关于扩大龙游县妇女健康工程覆盖面的建议	余浏娟等
	关于灵山江生态环境进一步优化的建议	杨晓平
	关于改善拓宽农村公路的建议	钟小红
	关于要求县政府组建农村生活污水专业维护队伍的建议	李海银
	关于加快生猪养殖污染进行工业化整治、农业生态循环整治的进度与后续管理的建议	李一清等
	关于加大古村落文化旅游开发力度，加强对民宿和农家乐扶持建议	徐法

2015年度龙游县人大先进代表小组和履职先进个人一览表

表5

获奖类别	获奖名单
先进代表小组	龙洲街道代表小组、东华街道代表小组、湖镇镇代表小组、塔石镇代表小组、模环乡代表小组
代表履职先进个人	劳 方、戴锡康、吴海荣、黄茂江、吴国仙、吕 军、杨晓平、杨水明、李一清、童根林、刘寅业、邓如祥、储建峰、吴永生、许金荣、徐 法、郑卸青、傅新林、汪颖俊、徐志华

龙游县人民政府

综 述

2015年是“十二五”发展的收官之年。一年来，面对新常态、新挑战，在上级党委、政府和县委的正确领导下，在县人大、县政协的监督支持下，龙游县人民政府强化责任担当，奋力克难攻坚，各项工作扎实推进，经济社会保持良好发展态势。全年实现生产总值195.9亿元，同比增长7.2%；完成财政总收入18.7亿元，其中一般公共预算收入12.7亿元，同比分别增长11.2%和11.8%；固定资产投资145亿元，同比增长14.2%；社会消费品零售总额116.4亿元，同比增长11.4%；城镇和农村居民人均可支配收入同比分别增长8.8%和9.9%；节能减排完成上级下达任务。

【力促工业提质】 开展工业转型发展十大专项行动，设立产业发展基金，推行企业单位要素综合效益排序，落实差别化激励措施。开展“百名干部联百企”活动，加强企业帮扶，成立财政控股融资担保公司，发挥财政周转金作用，帮助84家企业还贷周转27亿元，为企业减负让利1.3亿元。推进省级知识产权示范县创建工作，新建省级企业研究院3家、省级院士专家工作站1家，省级特种纸公共技术服务平台投入运行，2家企业实现境外设企。“四换三名”（即腾笼换鸟、机器换人、空间换地、电商换市和培育名企、名品、名家）取得进展，实施技改项目147个，完成投资48.2亿元，同比增长26.2%。实施“机器换人”项目59个，淘汰11家落后产能企业。28个“腾笼换鸟”（是经济发展过程中的一种战略举措，就是把现有的传统制造业从目前的产业基地转移出去，再把先进生产力转移进来，以达到经济转型、产业升级）项目盘活存量用地7508公顷，成功创建全国国土资源节约集约利用模范县。2015年，全县规模工业实现产值299.6亿元，同比增长1.2%。

图22 衢州市“五朵金花”“五大金花胜地”现场投票暨龙游县“天池荷花节”开幕式在天池村举行

【丰富三产业态】 加快旅游业发展，石窟景区提升、民居苑拓展等工程有序推进，乡村旅游点不断增多，全年接待游客数和旅游总收入同比分别增长15.9%和20.2%。家居建材市场、东方城市综合体、人民广场（大润发）地下空间开发、金属贸易物流城、世贸商业城等一批商贸服务项目进展顺利。培育电商创业主体，建成国家级“淘宝村”1个，龙游电商城开业营运，淘宝龙游馆累计销售额达1.5亿元，网络零售额突破14亿元，跻身全国首批12个“农村淘宝”试点县行列。全年实现服务业增加值81.5亿元，同比增长11.5%。

【发展现代农业】 推进省级全县域生态循环农业改革试点，“开启模式”“集美模式”在全国生态循环农业现场会上得到农业部领导的充分肯定。加快农业“两区”建设，新增粮食生产功能区866.67公顷，2个省级现代农业园区通过验收，富硒产业服务中心、富硒产品试验示范基地等项目有序推进。培育现代农业经营主体，规范化合作社增至140家，新发展家庭农场203家，吉祥家庭农场登上央视《新闻联播》。积极创建省级农产品质量安全放心示范县，建成51家农产品质量安全可追溯示范点和快速检测室。培育上市企业，成立上市办，制定专项扶持政策，建立拟上市重点培育企业库，开展分类指导和激励扶持，形成“储备一批、培育一批、改制一批、辅导一批、申报一批、上市一批”的梯队培育机制。至年底，拟上市挂牌签约企业21家，其中5家企业在“新三板”成功挂牌，实现本土上市企业“零”的突破。“大咯大”品牌鸡蛋在浙江舟山大宗商品交易所（简称“浙商所”）挂牌上市。

【加快项目建设】 深入开展“四重双百”（“四重”即产业发展、城镇建设、基础设施、公共事业四个重点领域，“双百”即每年推进100个以上的重点建设项目，拉动100亿元左右的有效投资）项目“三挂五竞赛”活动（“三挂”即筛选100个重点建设项目，落实县级领导挂帅包干、挂图竞赛、挂联考核推进责任；“五竞赛”即在全县范围内开展项目谋划、征迁、投入、推进、服务等五个方面的竞赛活动），对重难点问题进行“一周一协调、一月一督办、一月一通报”，确保项目顺利推进。134个实施类重点项目完成投资84.8亿元，18个省重点项目、44个市重点项目全部开工。引导民间资本扩大投资，全年民间投资94亿元，占全部投资比重的64.9%。建立健全驻外招商、以商招商、委托招商等机制，以大项目招商为龙头，不断拓宽招商领域。全年新引进项目22个，其中亿元以上项目10个、10亿元以上项目2个，实到资金45.9亿元。投资12亿元的六春湖运动休闲区、投资15亿元的卓达竹木产业园、投资10亿元的申通电子产业园等一批重大项目顺利签约，龙游县连续9年跻身全国最具投资潜力中小城市百强行列。开展“龙游好项目”谋划活动，征集入库项目86个。新增11个项目列入省重点建设计划，数量居全市首位。探索推行公私合营PPP模式运作项目，高坪桥水库入选国家发改委首批PPP推介项目计划。

【培育特色小镇】 把特色小镇作为融合发展三次产业、培育新增长点的主载体，先后谋划申报省级特色小镇3个、市级特色小镇4个。其中红木小镇已列入浙江省首批重点培育特色小镇，新加坡小镇通过了第二批省级小镇初审。立足现有产业基础，注重从存量项目中拓展挖掘，按照“制造基地＋文化旅游＋OTO＋现代循环社区”模式，引导支持现有企业成为打造特色小镇的主体。依托大竹海、六春湖、红豆杉等特色资源，培育建设竹海风情小镇。把握休闲养老业态机遇，借助与新加坡翔鹰集团在谈的生态休闲谷项目，培育建设以养老、养生、健康产业为核心的新加坡小镇。强化政企联动，建立特色小镇建设协调机制，为每个特色小镇组建专门服务小组，定期协调解决存在的问题，保障项目顺利实施。中国红木家居文化园一期工程主体完工，吉恒家具制造基地开工建设，红木小镇全年新增投入8.4亿元。新加坡小镇已经签约，土地征收全面启动。与上海宝钢集团签订战略合作协议，共建六春湖运动休闲区，已完成毛连里旅游集散中心的土地征收。

【加强城镇建设与管理】 编制美丽县城三年行动计划及城市建成区有机更新、城东片区城市设计等规划，引领城市空间拓展提升。出台小高山“城中村”改造实施办法、国有土地上房屋征收安置若干规定等政策，组建强有力的工作班子，实行“一周一例会”，及时协调解决推进难题，大力推进小高山村整体搬迁改造和大南门历史文化街区保护项目，至年底，小高山村签约率达80%以上，子鸣社区桩基工程完工，大南门国有土地上房屋收购完成签约228户。城东新区基础框架建设进展顺利，亚伦、阳光等8个老旧小区改造有序实施，全年完成“三改”（即旧住宅区改造、旧厂区改造、城中村改造）面积186万平方米。以省级文明县城复评为契机，狠抓城市管理和环境卫生整治，落实“门前三包一化”等保洁措施。推进平原绿化，顺利通过浙江省森林城市创建验收。加强城市拥堵治理，建成4个大型公共停车场，新增公共停车位560个、港湾式公交停靠站15个，首期500辆公共自行车投入运行。加强大气污染防治，完成油烟净化设施安装258家，全面淘汰黄标车，全年空气质量优良率提升至82.7%。加强集镇建设管理，重点整治占道经营、乱搭乱建等行为。实施青龙山垃圾填埋场污水处理站改造工程。6个集镇建成污水管网15.9公里、雨水管网5公里。湖镇镇被列入全国中心镇建设示范试点，湖镇污水处理厂建成运行，阳湖农民集聚小区落成并投入使用。围绕溪口镇龙南商贸休闲旅游重镇定位，优化功能布局，建成江滨公园等绿化美化工程，翠竹小区主体完成，衢宁铁路溪口站前期工作有序进行。

【攻坚“543”专项行动】 深化“五水共治”，落实三级联动“河长制”，在全省率先建立第三方环境运营维护机制，强化日常监管。120个行政村建成生活污水处理设施，工业污水和城市生活污水处理能力分别提升到8万吨/日与4万吨/日。912家规模养猪场全部完成“两化”（即工业化、生态化）治理，“贺田模式”实现城乡全覆盖，县域河道沙石全面禁采，出境水达标率保持100%，并通过市级“清三河”达标县验收。推进“四边三化”，建立路段长负责制，以“两路两侧”为重点，集中开展320国道、315省道等沿线环境整治行动。加强省、市交办问题排查整改，40项省交办的整改任务已全部整改到位，顺利完成公路“国检”验收。强化“两违”（即违法占地和违法建设的建筑）整治，建立规划部门、国土部门“一乡一所”机制，加强农村建房管理，加大违建管控力度。实行“两违”曝光和重点违建挂牌销号制度，开展“三改一拆”百日攻坚行动，强势推进存量违建拆除、“一户多宅”整治、卫片执法（即运用卫星遥感监测成果开展土地执法检查）整改等工作。全年累计拆违140.6万平方米，4个示范乡镇及187个村（社区）通过“无违建”预验收。

【深化重点改革】 制定政府职能转变和机构改革方案，新组建综合行政执法局，整合优化政府组织结构。出台“1+5”国资政策体系，新组建交投、水务集团，开展6家国资公司市场化改革试点，强化国资统一监管。深化农村确权改革，宅基地登记发证率达92.3%，建成全市首个综合性农村产权交易平台，260个村完成经济合作社股份制改革，同步深化集聚建房、户籍管理、土地流转、规范殡葬等改革工作。

【提升服务效能】 基本建成“四单一网”（“四单”指政府权力清单、政府责任清单、企业投资负面清单和财政专项资金管理清单；“一网”指浙江政务服务网），全面取消非行政许可审批事项，373个审批事项实现网上申报，政务服务网乡村代办点实现全覆盖。扩容提升涉批中介网上大厅，中介机构数增至250家，中介服务事项达到32项。建立项目审批“三员”（即代办员、承办员、导办员）合办机制，完成“一照一码”办件592件。强化管控措施，“三公”经费比2014年下降13.1%。注重规划引领，加强调研论证，科学编制“十三五”发展规划。

图23 举办2015年龙游黄茶文化旅游节登山比赛

【办好民生实事】 公共财政民生支出28.2亿元，增长18.6%，占全县总支出的79.3%。加强低保规范化管理，推进精准扶贫脱贫，全面消除“4600元以下”贫困现象。保障城乡供水，新改建供水管网18.9公里，完成高坪桥水库库区详查、安置点选址等工作。灵江家苑、县学街家苑安居工程顺利启动，县职教中心、柳村小学扩建一期工程先后完成。加强龙游中学与镇海中学的教学合作，成功创建省义务教育均衡县。实施文化惠民工程，新建22个农村文化礼堂、10个乡镇（街道）综合文化站，成为省级文化礼堂建设先进县。新增标准化村卫生室10家、乡镇计生服务站2家。成功举办亚太汽车拉力锦标赛、第二届全民健身运动会等赛事活动。

【维护社会和谐】 完善社会治理体系。全县8个社区启动修订居民公约，所有行政村全部完成村规民约修缮。深化“大调解”体系，推广“民情通”掌上应用平台，排查化解各类矛盾纠纷1.8万件，省级挂牌信访积案全部化解。常态化开展隐患排查整治，加强治安防控、禁毒反恐等工作，刑事治安案件下降19.8%，安全生产事故下降9.4%，省级“平安建设”有望十连冠。

重要会议

【龙游县十二届政府第四十八次常务会议】 1月9日召开。会议原则通过《县十二届政府第七次全体（扩大）会议工作报告》（送审稿）和《2015年“四重双百”重点建设项目推进计划》《2015年政府性投资项目计划》《2015年国民经济和社会发展计划主要综合指标计划》《2015年全政府性资金收支预测情况》《2015年各国资公司大额资金拼盘方案》《龙游县重大项目资金管理办法》《2015年土地要素安排计划》。

【县十二届政府第七次全体（扩大）会议】 1月13日召开。会议贯彻落实中共中央、浙江省委、衢州市委各项决策部署和县委十届八次全会精神，回顾总结2014年工作，安排研究部署2015年的工作目标和工作任务。县委副书记、县长刘根宏代表县政府作工作报告。县委常委、县政府党组副书记张少华主持会议，县人大常委会主任周中民等参加会议。会议要求加快产业提升、加强龙头培育、创新驱动、倒逼转型、深化“四换三名”等工作，在转型升级中提升工业发展的质量效益；加快城市东拓和旧城改造，提升城镇功能品位，在协调统筹中推进新型城镇化建设；坚持聚焦龙头项目，发展乡村旅游，在文旅融合中打造特色品牌；深化“五水共治”，加强大气整治，确保“无违建县”创建；突出精准招商，攻坚重点项目，切实增强发展后劲；加强社会保障，完善公共服务，在民生改善中增进百姓福祉；深化重点改革，提升法治水平，守牢廉政底线，不断加强政府建设。

【县十二届政府第四十九次常务会议】 1月15日召开。会议原则通过《2014年政府工作报告》（送审稿）和《关于龙游县2014年国民经济和社会发展计划执行情况、2015年国民经济和社会发展计划草案的报告》《关于龙游县2014年财政预算执行情况和2015年财政预算草案的报告》。原则同意2014年度龙游县政府质量奖评审、龙游县商贸物流园区110kv（千伏）高压线迁改等事项。

【县十二届政府第五十次常务会议】 2月5日召开。会议原则通过《龙游县2015年“大干项目、干大项目”领导干部“三挂”活动工作方案》《龙游县工业转型发展十大专项工作行动及百名局长服务百家企业活动方案》《2015年新型城镇化专项工作行动方案》《2015年文化旅游专项工作行动方案》《关于进一步完善工作机制，切实加强城市社区建设的若干意见》《关于进一步完善政府性投资项目招投标工作办法》。

【县十二届政府第五十一次常务会议】 2月15日召开。会议原则通过《龙游县事业单位高层次紧缺人才招聘指导意见》《龙游县2015年经济社会发展指标、政府重点工作和政府实事工程责任分解表》。原则通过2014年项目“五项竞赛”年终考评和创建省知识产权示范县等工作事项。原则同意2014年度工业亩产税收贡献奖、经济贡献前50强、支持“重点项目”先进村、招商引资先进集体、招商能手、外贸进出口10强以及记功单位和先进表彰单位等表彰事项。

【县十二届政府第五十二次常务会议】 3月6日召开。会议原则通过《龙游县人民政府职能转变和机构改革方案》。原则通过申通电子商务产业园项目有关事项和2014年度国资公司绩效考核结果。原则同意国资公司人员身份安置的有关事项。

【县十二届政府第五十三次常务会议】 3月21日召开。会议原则通过《龙游县小高山村整体搬迁改造房票制安置实施办法》《龙游县域绿道网规划设计》《龙游县高铁站前区控制性详细规划及城市设计》。

【县十二届政府第五十四次常务会议】 4月15日召开。会议原则通过《关于鼓励企业加快进入多层次资本市场的实施意见试行》和《2015年度乡镇（街道）、机关部门分类争先综合考核评价办法》《关于深化农村居民建房审批制度改革的实施意见》。原则通过龙游县城乡居民最低生活保障规范化管理工作事项。

【县十二届政府第五十五次常务会议】 4月23日召开。会议原则通过《关于加快推进“数字龙游”地理信息公共服务平台推广应用的实施意见》和《京西龙游创新金融中心项目出让政策意见》。

【县十二届政府第五十六次常务会议】 5月28日召开。会议原则通过《关于大力推进乡村休闲旅游发展的若干意见》《龙游县产业基金管理办法（试行）》《2015年“三公”经费控制管理办法》《关于完善财政专项资金审批事项的意见》《龙洲街道关于社区设立与区域调整方案》。原则同意《2015年龙游县浙商回归工作暨招商引资考核办法》和《龙游县2015年度经济建设综合部门、执法及社会事务管理部门履行职能考核办法》。

【县十二届政府第五十七次常务会议】 6月26日召开。会议原则通过《关于城投、水务等6家国资公司人员分流的处理意见》《交通集团、水务集团组建方案》和《新加坡风情小镇控制性详细规划》。原则同意《2015年度“大干项目、干大项目”专项考核办法》《关于进一步推进笋竹产业转型升级的若干意见》《灵山港流域综合治理规划》。原则通过《龙游县基本公共文化服务标准化提升计划》《关于推进龙游县“农村淘宝”项目的实施方案》以及非行政许可审批事项清理事项。

【县十二届政府第五十八次常务会议】 7月29日召开。会议原则通过《龙游县环境功能区划修编》《县十二届政府第八次全体（扩大）会议工作报告》（送审稿）。原则同意《龙游县2015年度“三改一拆”专项工作考核办法》《龙游县城区教育规划布局调整优化方案》及龙游凯马国际学校联合办学事项。

【县十二届政府第八次全体（扩大）会议】 8月3日召开。会议回顾总结2015年上半年政府工作，研究分析全县经济社会形势，安排部署下半年重点工作。上半年，龙游县突出“两化”引领，加快“摘帽”奔跑，各项工作扎实推进，经济社会保持良好发展态势。下半年，要“决战三季度、冲刺四季度、确保全年红”，为“十三五”发展打实基础。重点抓好五个方面工作，全力推进产业强县建设，编制完善“十三五”规划，强力推进生态环境治理，强化责任担当，确保目标任务落实。

【县十二届政府第五十九次常务会议】 8月7日召开。会议原则通过《关于完善乡镇（街道）财政管理体制的意见》。原则同意《龙游县国有土地上房屋征收与补偿安置若干规定》。

【县十二届政府第六十次常务会议】 8月27日召开。会议原则通过浙江龙游新加坡风情小镇（颐怀园）生态健康休闲谷项目投资建设协议和《关于加强禁毒工作的若干意见》，原则同意《龙游县建筑施工企业、监理单位诚信综合评价实施暂行办法》《2015

年国资公司预算编制情况》《2015年国资公司工作考核方案》，原则同意县国资公司“1+5”管理政策体系和龙游电商城项目等相关事项。

【县十二届政府第六十一次常务会议】 10月15日召开。会议原则通过《龙游县土地利用总体规划（2006—2020）》调整修编事项、《关于推进龙游电子商务1688产业项目建设的若干意见》，原则同意《进一步加强土地市场管理若干问题的规定》《龙游县职工基本养老保险扩面征缴工作方案》《龙游县机关事业单位工资调整方案》《关于进一步明确行业、领域安全生产管理职责规定》《龙游县湿地保护规划（2015—2020）》《三门源景区开发总体方案》，原则同意黄龙玉赏石文化博览会、大型地下工程保护国际学术研讨会、首届美食文化节、亚太汽车拉力赛等“四项活动”组织承办事项。

【县十二届政府第六十二次常务会议】 10月30日召开。会议原则通过《龙游县出租汽车经营权到期重新配置工作方案》和《兰石村村庄整治改造规划》，原则同意《龙游县企业安全生产诚信管理暂行办法》和《龙游县政府向社会力量购买服务实施办法》。

【县十二届政府第六十三次常务会议】 11月28日召开。会议原则通过《龙游县成品油零售体系“十三五”发展规划》，原则同意《关于推广运用政府和社会资本合作（PPP）模式的实施意见（试行）》《龙游县城区供水价格改革方案》《龙游县高污染燃料锅（窑）炉淘汰改造资金补助实施办法》及龙游县再生资源企业相关政策。

【县十二届政府第六十四次常务会议】 12月25日召开。会议原则通过《龙游县国民经济和社会发展第十三个五年规划纲要》，原则同意《关于龙游县综合行政执法工作实施方案》《衢宁铁路项目拆迁安置工作方案》《关于优先发展城乡公共交通的实施意见》《龙游县小微企业三年成长计划（2015—2017年）》《龙游县城乡困难居民医疗救助办法》《龙游县发展学前教育第二轮三年行动计划（2014—2016年）》《龙游县关于深入推进依法行政加快建设法治政府的实施意见》和清理行政规范性文件事项。

（县府办 吴旭东）

县政府办公室工作

【概况】 2015年，龙游县政府办公室以中共十八届四中、五中全会精神和习近平总书记系列重要讲话精神为指导，严格按照省、市统一部署，紧紧围绕县委、县政府中心工作，坚持“参谋有道、协调有方、服务有效、保障有力”的工作方针，积极践行“三严三实”专题教育活动要求，切实转变工作作风，努力提高服务水平，较好地推动县政府各项工作的高效运转和各项决策部署的贯彻落实。

【当好参谋助手】 坚持在“参”字上下功夫，在“谋”字上花力气，认真研究新情况和新问题，积极探索新途径和新方法，为政府决策当好参谋。围绕县委、县政府年度重点和难点工作，研读上级政策，收集整理乡镇（街道）、部门情况，广泛听取社会各界意见，组织安排调研，及时梳理并提出建议。进一步完善全县政府系统信息搜集、发布、奖惩工作机制，加大各类信息整理分析报送力度，为上级及县委、县政府领导科学决策提供参考。与此同时，充分发挥办公室综合协调职能，对领导交办的任务及时协调，对部门、乡镇（街道）需要解决的问题主动协调，对群众反映的问题热心协调。将县政府既定的目标任务进行细化分解，围绕重要会议精神的贯彻落实情况及领导批办事项开展督查。针对在“五水共治”“三改一拆”“四边三化”以及项目建设等重点专项工作推进中遇到的困难、问题，发挥牵头抓总作用，确保各项工作落实到位。全年组织或参与开展各类督查48次，办理县人大议案建议223件、县政协提案224件、县长信箱来信836件。

【履行政务职能】 在公文流转上，规范运转程序，急件及时办理，定期备案，确保公文处理不延误、不泄密。在起草文稿上，准确把握当前工作状况，严格审核公文内容，尽量减少公文数量，切实提高公文质量。带头精简会议，严格控制会议次数和规模，会前拟定议程及时送审，建议有针对性，会议通知准确无误，会中服务细致周到，会后及时形成《会议纪要》，细化分解议定事项，交办任务，督促落实。此外，积极推进电子政务项目建设，做好县政府门户网站和信息公开平台日常维护管理工作，深化政府信息公开，编辑政务信息内容，及时、准确发布到龙游县政府门户网站。畅通信访渠道，加大对领导签批件的跟踪督办。认真履行外事职能，严格控制因公出国（境）考察指标。深化应急管理，制定重点应急预案并组织应急演练，维护社会和谐稳定。

【依法行政】 全面推行行政机关法律顾问工作制度，充分发挥政府法律事务专家咨询组和法律顾问在制定重大决策、推进依法行政中的法律参谋和智囊团作用。贯彻实施政府常务会议议题审查机制，将公众参与、专家论证、风险评估、合法性审查、集体讨论决定作为提交政府常务会议审议的必经程序，全年共审查拟出台的县政府行政规范性文件22件，通过合法性审查，提出意见125条。健全规范文件管理机制，加强部门规范性文件的备案审查工作，并将所有的规范性文件纳入备案审查范围，全年共向衢州市政府、龙游县人大常委会备案规范性文件15件，收到部门报备的规范性文件4件。与此同时，不断加强法治宣传力度，利用政府网站及微博平台等网络平台，及时报道县政府法治工作情况和动态。积极参与各类法律培训活动，宣讲法治政府和依法行政工作，切实做好法治信息宣传的基础性工作。

【提升队伍素质】 坚持把加强学习作为提升思想层次、提高工作水平的基础工作，不断创新学习方式，提升学习效果，争创学习型机关。结合“三严三实”专题教育，组织全体党员干部认真学习中共十八大以来的重要论述以及习总书记系列讲话精神，注重把握社会发展新基调、新思想、新举措，努力做到真学、真懂、真用。强化落实学习制度，制订2015年县政府办公室干部学习计划，继续开展“周四夜学”活动。坚持理论联系实际和学以致用的原则，通过科股级干部“一人一课”为主、请进来授课为辅的形式，将学习活动与工会活动有机结合，并把学习与授课情况作为中层干部任职和提拔推荐的参考依据。加强机关政风建设，研究制定县府办党组工作规则，明确规范工作程序、工作方法等要求，组织党员干部学习《中国共产党廉洁自律准则》和《中国共产党纪律处分条例》。通过学习，进一步增强干部职工围绕中心、服务大局的责任意识、奉献意识和创新意识。

（县府办 吴旭东）

民情沟通

【概况】 2015年，龙游县信访局围绕县委、县政府中心工作，认真履职，全年受理群众来信来访1396人（件）次，同比上升30.1%。其中，接待群众来访384批1131人次（包括集体访51批685人次），批次同比上升4.9%；收到来信265件，同比下降2.2%；初信、初访735人（件）次，占信访总量的52.65%。积极打造“责任信访、阳光信访、法制信访、精准信访、和谐信访”，确保全国“两会”、抗战胜利70周年阅兵、中共十八届五中全会等重点敏感时段“零非访、零集访、零登记”，为龙游县经济社会发展营造良好的信访生态环境。在衢州市信访目标管理考核中，龙游县继续位列全市前茅。县信访局被评为2015年浙江省信访系统先进集体、龙游县先进基层党组织和“平安龙游”建设先进集体。

【责任信访】 按照“党政同责、一岗双责、失职追责”的信访工作要求，对全县92件疑难复杂信访案件实行县领导分工包案，靠上协调，跟踪督办，明确责任，促进重点疑难信访问题“案”结“事”了。县委、县政府与各乡镇（街道）、重点部门层层签订

图24 县信访局召开全县乡镇（街道）信访干部例会

《信访工作目标管理责任书》，强化属地属事责任，使矛盾化解工作不跳出信访系统的“内循环”，提升工作效率。充分发挥联席会议各专项小组的作用，不断完善单位之间的协调联动机制，变“各自为战”为“协同作战”，形成整体合力，有力推动信访工作。根据信访工作的新思路和新要求，改进和完善考核方式，将“健全机制”与“压实责任”相结合、“业务规范”与“化解矛盾”相结合，使责任分配更合理，考核设置更科学。在考核、提拔领导干部时，坚持听取信访部门意见。

【阳光信访】 全面推行信访信息系统的应用，对接待来访、办理来信、督查督办、网上投诉等信访工作实行“网下办理、网上流转”。坚持信访公开原则，实行信访事项的受理、办理、督办全过程公开，主动接受群众评价和监督，打造公开透明信访工作新模式。加强对人民建议意见（指公民、法人或其他组织为了社会公共利益，针对社会公共事务，对当地经济建设、政治建设、文化建设、社会建设、生态文明建设等向党委政府反映的情况，提出的建议）的收集和应用，全年共收集人民建议近60余条，其中上报衢州市11条，经梳理分析，采纳和部分采纳率达50%以上。积极开展“无会日”和“集中带案下访”等活动，增加接待群众的频率，最大限度地将矛盾解决在基层。为规范县领导接访、下访工作，建立联络员例会制度，加强对县领导接访件、批示件的协调与督办，提高领导干部接待信访群众的实效性，县领导全年共接待群众886批2142人次，乡镇（街道）领导接待群众2394批4326人次。

【法治信访】 开展以“依法信访，共筑和谐”为主题的信访宣传月活动，利用多个平台，采取多种手段，广泛宣传国务院《信访条例》等法律法规，壮大信访工作的主流声音，传递信访工作正能量。对采取走访方式的信访群众，引导其到有权处理的本级或上一级机关设立或指定的接待场所依法表达诉求或主张权利，落实职能单位履行程序性、实体性办理信访案件的责任，促使基层树立更直接、更及时地解决信访问题的工作导向。加大对非正常上访的综合治理力度，依法打击闹访缠访、扰序滋事等违法行为。全年对7名非正常上访人员进行训诫，其中行政拘留1人、警告罚款6人，并及时在《今日龙游》的头版刊登报道，形成正确的舆论导向，起到“打击一小片，教育一大片”的效果。

【精准信访】 树立“法定途径优先”的正确导向，理清相关部门的职能边界，依照“谁主管，谁负责”原则，按照责任清单的要求，逐件甄别、精准引导；建立健全“两代表一委员”、律师、人民团体、信访工作志愿者等“第三方”参与信访工作制度，从不同渠道引导、分流和化解信访问题。2015年，律师参与接待群众165批413人次，调解信访矛盾60余起，代理涉法涉诉信访25件。规范信访工作程序，深入开展以“接谈方式零距离、信访事项零积压、办理结果零差错、服务态度零投诉”为主要内容的初信初访办理质量年活动，全年初信初访及时受理率、按期办结率均达百分之百，群众满意率上升3%。结合“三严三实”专题教育，县、乡镇（街道）、村三级联动，开展信访督查“百千万”专项行动，将全县排摸出的155件重点信访件列入督查项目库，至年底，已全部整改到位。

【和谐信访】 在全县范围内开展矛盾纠纷大排查，全年共排查不稳定因素283个，梳理出重点人员112名，明确工作专班，加强对重点人员的教育管理，并按“四张清单”的要求，逐一建立相应方案，做到

"横向到边，纵向到底"，化解县级积案16件，省级积案21件。进一步完善《人民调解工作奖励办法》，全县269个村（社区）级综治信访工作点共调解各类信访矛盾纠纷9335起，调解成功9114起，调处成功率为97.63%，大量的信访矛盾在基层一线得到化解。完善值班制度，重视信息的预测预警，严格执行"零报告"制度。同时，坚持和完善越级访"三联"（联合排查、联动调处、联合督查机制）应急处置工作机制，实现机构人员联合、信息联通、处置稳控联动，有效化解转业士官、民办教师等利益群体的串联上访活动，消除泛亚投资等人员购票赴京的潜在隐患。

图25 县机关事务局组织党员到社区开展咨询服务

【信息工作】 充分发挥"第二研究室"作用，全年报送信访动态154期，向党政机关及有关部门提供信息30余篇，其中9篇工作经验和典型案例被省、市采用。《龙游县强化五抓，创新群众工作方法解决突出问题》在浙江省信访系统交流推广；《用脚步丈量民情，打通"最后一公里"》等7篇信息被省、市微博录用。

（县信访局 沈海燕）

机关事务管理

【概况】 2015年，龙游县机关事务管理局认真学习中共十八届四中、五中全会和习总书记系列重要讲话精神，深入践行"三严三实"，贯彻落实《中国共产党廉洁自律准则》和《中国共产党纪律处分条例》。以《浙江省机关事务管理办法》的施行为契机，在县委、县政府领导下，本着"主动参与、认真谋划、细致服务"的工作宗旨，持续创建学习型、高效型、节约型机关，扎实推进县机关事务局服务保障和管理创新上新台阶。

【廉洁自律促效能提升】 狠抓廉政教育，加强制度建设，注重工作创新，切实落实党风廉政建设和反腐败各项工作，促进机关后勤队伍党风、政风、作风不断改进。强化领导干部一岗双责意识，完善责任体系建设。坚持把党风廉政建设与业务工作同研究、同部署、同检查、同落实，层层签订党风廉政建设责任书，把落实党风廉政建设责任制作为硬任务。加强廉洁自律教育，强化干部职工廉洁自律意识，重点安排"三严三实"、中共十八届四中与五中全会精神、新党章和《浙江省机关事务管理办法》《中国共产党廉洁自律准则》《中国共产党纪律处分条例》等内容学习。进一步完善惩治和预防腐败机制，切实筑牢廉洁从政的思想根基，增强廉洁从政的自觉性和坚定性。

【创新求变保障服务质量】 着力精细化管理，提升县府大院后勤保障服务质量。规范会议服务工作，与金峰国贸大酒店签订会务服务协议，由专业服务人员负责会务保障，确保提供细致耐心、周到热情的服务。监督配合大院安保工作，转变角色定位，由直接管理变为负责监督与配合。自7月开始，所有公务车辆报销以ETC为准，每月报销由车管科工作人员根据ETC记录进行专门的行车轨迹审核与登记，进一步规范车辆报销制度。积极推进政府大院电网改造，机关后勤服务中心危房改造，人大、政协会议室装修等工程及人大、政协搬迁等有关工作的顺利实施。

【公共机构节能工作】 以落实浙江省《公共机构节能条例》为抓手，坚持政府领导，积极创新机制，通过科学管理、技术改造、合理利用、优化结构等途径，重点抓好节电、节水、节油、节材等工作，全力推进公共机构节能工作。围绕节能宣传周的主题开展节能宣传行动、能源紧缺体验活动、绿色低碳出行等活动。做好统计报送工作，按时按质完成全县公共机构能源资源消费统计工作。积极开展“节约型公共机构”创建，龙游县第二高级中学成功申报市级“节约型公共机构”。

【党政机关办公用房清理整改】 8月，根据衢州市统一部署，再次对衢州市党政机关办公用房的整改落实情况进行督查。通过督查，发现少数单位对整改工作走过场，治标不治本。对此，县督查组与相关单位签订限期整改承诺书，确保整改工作不落空。通过整改，空置办公用房5419平方米，已整合利用1198平方米。全县党政机关办公用房清理整改工作全部整改落实到位。

【细化公务接待】 公务接待工作紧紧围绕全县工作大局，内强素质，外树形象,着眼保障，立足服务。规范接待程序，根据《龙游县党政机关国内公务接待管理实施意见》，严格把关，做到见公函或者领导审批报告表或电话摘报单才接待，接待前有审批单，接待后有清单，严格控制接待标准。注重细节服务，加强接待前的沟通与衔接，早介入、早准备、早安排、早到位，做到宾客未到工作先行。餐饮彰显本土文化，通过土饭精做、粗菜细制，重点打好“土”字招牌。

（县机关事务管理局 余呤肸）

档案工作

【概况】 2015年，龙游县档案局以贯彻落实中共中央办公厅、国务院办公厅《关于加强和改进新形势下档案工作的意见》及中共浙江省委办公厅、省人民政府办公厅《关于加强和改进新形势下档案工作的实施意见》为主线，以“五档共建”（“五档”即法治档案、智慧档案、民生档案、平安档案、活力档案）为抓手，围绕县委、县政府中心工作，强法治、夯基础、提能力、重落实，建设与龙游县经济社会发展相适应的档案工作体系。

【出台档案工作实施意见】 县档案局在深刻学习领会中央、省、市各级“两办”印发《关于加强和改进新形势下档案工作的意见》后，及时向县委、县政府主要领导和分管领导作专题汇报，县委办、县府办于6月16日联合印发《关于加强和改进新形势下档案工作的实施意见》，针对龙游县档案工作的薄弱环节和存在的突出问题，提出切实可行的办法措施，具有很强的针对性和操作性，对今后加强和改进龙游县新形势下的档案工作作出全面部署。

【坚持档案服务导向】 把服务作为档案工作的第一导向，把服务中心、关注民生作为义不容辞的责任。指导各专题活动的建档工作，做好“三改一拆”“五水共治”“党的群众路线教育活动”建档工作，共指导收集归档“党的群众路线教育实践活动”材料692件，并已全部接收进馆。做好联系乡镇（村）服务工作，跟踪服务好塔石镇泽随村古村落建档工作，以档案的真实记录体现“五樟七塘九井十三厅”的特色景点；及时指导叶村村办公楼建设项目中档案室安置的楼层及承重、温湿度控制等专业要求。2015年，县档案馆共接待来馆（电）查档（询）3200人次，提供利用案卷4190卷次，复印相关资料出具档案证明5947余份。其中，婚姻档案查阅2388人次、调卷1948卷次，取证复制3204页次；山林权证档案查阅71人次，调卷79卷次，取证复制329页次；户口档案查阅108人次，调卷132卷次，取证复制107页次。

【加强档案宣传工作】 开展档案“六五”普法，加强档案行政执法水平，营造良好的档案法制环境，加快推进全县档案建设法治化进程。以“6•9”国际档案宣传日和“12•4”普法宣传日为契机，利用《今日龙游》和移动短信平台进行系列档案法制宣传，拉近档案与公众的距离。11月4日—6日，浙江省档案工作服务乡村旅游工作交流会在龙游召开，龙游县档案局

图26 浙江省档案局副局长丁越飞（左）到塔石镇指导档案工作

领导在会上作《档案工作服务乡村旅游》专题汇报，与会代表还实地考察塔石镇泽随村古村落。

【档案基础业务培训】 根据部门和乡镇管理档案工作的实际情况，分两期开展档案业务培训。4月29日，从文件材料的收集与整理、档案管理系统的应用等方面对15个乡镇（街道）的档案员进行培训；6月17日，从档案年度考评办法解读、档案登记备份工作等方面对全县各机关部门的档案员进行培训。

【档案工作目标管理认定】 在全面调查摸底的基础上，本着自愿和量力而行的原则，县卫生监督所申报省二级档案目标管理达标认定，并与12月15日顺利通过验收。自1999年省档案局开展档案规范化管理以来，龙游县共有1家单位档案管理达国二级标准，7家单位档案管理达省一级标准，35家单位档案管理达省二级标准，16家单位档案管理达省三级标准，9家单位档案管理达省级先进标准，5家单位档案室是省级示范档案室，8家单位档案室是省级示范数字化档案室。

【档案信息化和档案登记备份工作】 2015年共数字化加工档案6736卷3544件93万页，目录22.2万条，导入全宗33个，总备份数据6.59TB，刻录光盘82个。按照国家档案局提出的“提高安全保障能力”和“建立重要档案异地备份制度”的要求，龙游县档案局于12月3日在南湖区档案局（馆）举行馆藏档案数字化成果异地备份交接仪式，龙游县县档案局移交的备份档案数据包含县档案局（馆）新中国成立后的文书、业务、科技档案及民国档案等重要馆藏档案的数字化成果，共计1.68T。

【档案安全保密工作】 及时制定下发《关于加强汛期档案安全工作的通知》，开展汛期档案安全检查和巡查，排除安全隐患。11月17日，结合山东潍坊档案馆盗卖字画真迹事件，开展专题学习，强化档案实体安全保管的重要性。

【档案资源建设】 开展机构调整的单位档案接收工作，2015年接收县河道办、龙游工业开发区、县府办、县编办等单位的文书档案资料，同时对馆藏地方文献资料进行重新登记、编目，上架、整理。开展劳模、古村落建档工作，2015年已整理完成张求水、劳光荣、夏汝清、赵生妹等4位劳模的档案资料及泽随村、石佛村等古建筑的照片资料。

【启动档案馆新馆建设】 3月，县发改局出具《龙游县档案馆新馆迁建项目受理函》，通过网上报名，中国新型建材设计研究院成为县档案馆可行性研究报告的中标单位。5月12日，县规划建设与土地管理部门第六十八次联席会议审议通过县档案馆调整选址方案。8月27日，县委、县政府2位分管档案工作的领导牵头召开县档案馆建设征地工作专项协调会。8月，通过公开招投标，县档案馆完成设计方案；9月，设计方案报县规划局审批，县规划局出具《建设项目选址意见书》，县国土局同时出具《建设项目用地预审意见书》。

【其他重要工作】 开展“基层组织建设年”活动。结合实际，组织全体党员干部分三组开展“大抓基层”集中蹲点调研活动，到联系村以走访农户、座谈交流等形式，对联系村的困难党员群众特别是低收入农户进行结对帮扶。调研结束，每组形成书面调研材料交局党组。在县委统一部署下，县档案局共与后徐村12户低收入农户结对，每位干部职工想方设法为结对农户“造血”，并把帮扶情况形成书面总结，向党组承诺各自的结对户已完成“消除4600”的目标。

（县档案局 阮红霞）

民族宗教事务管理

【概况】 2015年，在县委、县政府的正确领导下，在省民宗委、市民宗局的具体指导下，龙游县民宗局认真学习贯彻中央和省民族宗教会议精神，全面贯彻中国共产党的民族宗教政策、法律、法规，进一步促进民族团结、宗教和睦、社会和谐、大局稳定，开创民族团结进步事业新局面，为全县各项事业发展营造和谐环境。

【民族地区经济建设】 以事关群众切身利益的民生项目为重点，突出特色产业优势，严把项目申报关，扎实做好项目申报工作，全年共申报少数民族发展资金重点项目6个，其中种植类项目3个、民族特色畲寨类项目2个、电子商务类项目1个，项目总投资574.7万元，申请项目补助285万元。积极与省民宗委对接，争取到“五水共治•五教同行”项目1个（“五教”指佛教、道教、基督教天主教、伊斯兰教），为普济寺和小南海镇雅塘村结对帮扶的自来水项目争取补助资金30万元。抓好项目落地与实施监管工作，深入项目地督查10多次，确保所有扶持项目年内保质保量完成，并通过验收。大力培育和扶持来料加工经纪人和来料加工专业村，加强培训力度，转移闲散劳动力，带动农户增收致富。至年底，全县少数民族乡（村）共有来料加工经纪人30余位，从业人员1100余人，年发放来料加工劳务费1400余万元。

【民族文化建设】 挖掘畲族特色，以“特色畲寨”建设为平台，全面整理整合畲族民歌、谚语、服饰文化、民间信仰、婚丧习俗等民风民俗，重点抓好畲族婚俗、祭祖等参与性较强的畲族风情游项目的包装与开发。如沐尘畲族乡建设畲族文化陈列馆，打造畲

图27 社里村举办畲族“三月三”演出活动

族文化长廊，编撰《沐尘畲族乡志》，成立畲族婚俗表演队和畲族民歌演唱队，进行畲族民俗文化表演。4月21日，以“走进畲乡•寻找舌尖上的美味”为主题，在沐尘畲族乡举办“三月三”畲乡风情节，展示畲乡风土人情，并评选出“畲乡十味”，精心包装和打造出一批具有本土特色的经典菜谱，提高知名度，扩大影响力，进一步拓展培育客源市场，促进乡村旅游的可持续发展。

【宗教活动场所规范化建设】 在全县45个宗教活动场所入口的显著位置悬挂包括宗教活动场所、寺观名称及标有“国家宗教事务局监制”三项基本内容的标识铜牌，方便社会公众识别，接受社会监督，实现“统一标识”全覆盖。加强对宗教活动场所的管理，保障其合法权益，促进其健康发展，由专人负责，收集办理材料，集中办理，实现“组织机构代码证”办理全覆盖。对到龙游各宗教场所挂单的出家人进行备案登记，根据省民宗委的要求，统一做好佛教教职人员证书颁发工作，将戒牒统一换为证书，维护宗教界合法权益，有效打击假冒教职人员，实现宗教教职人员管理常态化。

【规范基督教标志物】 召开基督教“两会”和全县25个基督教活动场所负责人会议，解读《浙江省宗教建筑规范试行》中基督教建筑的相关规定，阐明宗教标志物规范的意义，征求相关意见和建议。牵头各乡镇（街道）以基督教活动场所为中心，成立工作小组，组织专业人员对不规范的标志物进行统一拆除，

做好信息反馈。按照标志物“十字架”长与建筑物正立面高的比例应小于1:10的规定，由县民宗局根据各场所的规模统一定制“大、中、小”三种规格的“十字架”，统一采用不锈钢材质和烤漆工艺，并在5月15日前全部安装完毕。整个过程平稳有序，确保政治安全、人员安全、建筑物安全，得到广大基督教信徒的肯定和支持。

【宗教领域安全维稳】 做好敏感时段的维稳工作，针对春节、清明和“两会”等敏感时段，制定应急预案，及时掌握动态，确保宗教场所的安全、稳定、和谐。全年没有宗教人士上访、聚集闹事等事件发生。会同国保大队和横山镇政府成功化解乌石寺遗留多年的问题，维护宗教活动场所的稳定。做好消防安全工作，按照属地管理原则，与全县45个宗教场所签订安全生产工作责任状，并定期开展检查，发现问题及时整改，特别是在重大节庆日和佛事期间加强值班和防范工作。制定《全县宗教活动场所夏季消防检查工作方案》，对夏季消防检查工作进行全面部署，要求各宗教活动场所积极查找安全隐患，尤其是对佛教活动场所的进出道路、电线老化、用电安全、危险品存放等方面的隐患进行排查，并积极整改。

【抵御境外宗教渗透和反邪教工作】 积极配合公安部门开展外来人员反暴反恐大排查，开展反邪教宣传月活动，下发挂图和宣传册，并组织培训授课。对全能神的神职人员进行授课教育，转化邪教人员的思想，引导邪教人员走出误区。全县各宗教活动场所积极开展以“平安”“和谐”等为主题的讲经讲道活动，增强信教群众“正信正见，维护平安”的观念，全力服务“平安龙游”建设。

【民间信仰活动场所登记工作】 开展调查摸底，于5月初召开各乡镇（街道）宣统委员会议，落实15个乡镇（街道）的主体责任，明确宣统委员为主要责任人。要求各乡镇（街道）摸清辖区内民间信仰活动场所的数量，上报各场所的相关数据。根据前期的调查摸底，全县共上报场所67家。6月中旬，根据上报情况，组织人员进行主动排摸、实地走访。通过建筑安全性、用地合法性、管理健全性、群众认可性4方面的查勘，建立全县民间信仰活动场所数据库，全面掌握各民间信仰活动场所的现状及特点。经过梳理，分为拟登记、暂缓登记、拟合并、不予登记4类。8月底，召开民间信仰活动场所登记编号工作推进会，根据各场所存在的问题，制定“一庙一措施、一庙一整改”方案，要求各场所根据要求进行整改，并按照成熟一家登记一家及应登记尽登记的原则进行登记编号，督促整治规范。经过层层筛选，全县确定34家场所为第一批登记编号场所，并全部录入到“浙江省宗教信息管理系统”。

【开展社会服务】 在中考和高考前，为少数民族考生做好民族成分的审核工作，完成228份中考、高考少数民族学生民族成分加分证明。依法依规办理更改少数民族成分，全年为22位符合条件的群众更正民族成分。

【承办会议及调研工作】 4月28日—29日，浙江省民族经济工作专题座谈会暨基层民族工作干部培训会在龙游举行，龙游县民宗局认真做好会议的承办工作。会议前期积极和省民宗委、市民宗局沟通，明确会议主题、参会人员、日程安排等事项，并积极解决筹备过程中遇到的问题，使会议各项议程顺利完成，得到与会人员的好评。配合省人大、省政协做好民族宗教领域的调研工作，8月6日，省人大常委会副主任毛光烈一行到龙调研民族乡村经济发展工作；8月19日，省政协民宗委主任沈雪生一行到龙游调研民族工作。

（县民宗局 孔志灵）

外事侨务和港澳同胞工作

【概况】 2015年，在县委、县政府的正确领导和省、市外事侨务部门的指导下，县外侨办、侨联深入学习贯彻党的十八大和十八届三中、四中全会及习近平总书记系列讲话精神，认真落实上级外侨部门部署的各项任务，充分发挥外事职能作用，扎实推进各项工作。县外侨办被评为衢州市外侨系统信息宣传工作先进单位。县侨联被评为全市侨联系统先进集体。

【因公出国管理】 贯彻中央“八项规定”，严格执行因公出国（境）制度。根据省、市、县因公出国（境）审批文件精神，在授权范围内办理因公出国（境）的审批手续。全年初审因公出国（境）5批11人次，主要包括赴日本的经贸考察1批3人次、赴新加坡考察休闲养老项目1批5人次、专项工作1 批1 人次等。认真执行行前公示和回国公示制度，按规定做好情况报告，及时收缴护照。

【优化涉外服务】 全年共为企业办理邀请外国人来华初审10批13人次。把一年多次邀请外国人来华的企业作为重点服务对象，及时上门沟通信息，讲解相关政策。配合市政府办公室纪检组走访龙游天天虹纸业有限公司、龙游家德家居有限公司两家企业，听取他们对外事服务的意见建议，了解企业对相关服务的要求。指导企业办理APEC商务旅行卡，方便外向型企业开展商贸活动。

【对外民间交流】 7月，受德国石荷洲胡苏姆市特奥多施托姆文理中学卡辛校长的邀请，龙游中学18名师生组成代表团，第2次赴德国交流。10月11日，特奥多施托姆文理中学师生一行17人(其中学生15人、教师2人)回访龙游中学，双方举行为期一周的中德文化教育交流活动。活动期间，所有德国师生入住龙游中学师生家中，一起生活起居，体验龙游生活。体验内容包括书法、武术、茶道、包饺子等在内的一系列集体活动，让德方师生深切感受中国传统文化。此外，德方师生还参观了龙游石窟、烂柯山、孔庙、江郎山等衢州地标景点，深入了解衢州的风土人情。

【暖侨行动】 树立“关爱在国内、影响在国外”的理念，在春节、中秋等重大传统节日期间先后走访2名贫困归侨和3名贫困侨眷，为6名重点侨眷送上慰问金或慰问品。在中秋节、国庆节到来之际，为让子女不在身边的侨界空巢老人们也能体会到亲情与温暖，9月25日，龙游县侨界空巢老人活动中心成立，并举行迎“双节”归侨侨眷座谈会，来自全县各社区的侨界空巢老人、归侨侨眷代表、侨务干部参加活动。侨界空巢老人服务中心依托坊门街社区养老服务中心，建有棋牌室、文体活动室、图书阅览室、心理咨询室、医疗保健室，是侨界空巢老人休闲娱乐、健康养生咨询的场所。

【开展社会公益活动】 3月，县侨办开展“学雷锋治污大行动”，走进社区，捡拾垃圾，清除杂草，清扫路面。5月中旬，参加全县河道专项整治活动，对“两江”（指衢江和灵山江）交汇处进行垃圾清理，开展水面漂浮物打捞，治理城区河道堤坝毁绿种菜等不文明行，确保水体清洁、水岸整洁。5月底，组织台侨界政协委员分组开展“五水共治”监督工作，视察罗家溪沿线，并提出整改意见。华侨短期回国服务是发挥侨力的一项重要内容，7月17日，邀请美国华侨、加州大学圣地亚哥分校政策与战略学院环境经济学教授张俊杰为县委理论学习中心组作《环保风暴下的治污政策》讲座，200多人参加听课。9月，结合纪念抗日战争胜利70周年，组织开展走访慰问抗战老兵、为老兵拍照留念等系列活动。

图28 香港黄氏同乡会到龙游寻根

【联络联谊工作】 全年接待重点海外侨团2个。4月，香港龙游同乡会会员一行回龙游考察，同乡会会员们在工业园区听取投资环境和投资项目的介绍，纷纷表示回香港后要积极宣传家乡的投资政策，鼓励在香港的龙游人和其他有识之士到龙游投资创业。10月20日，龙游旅港南海平地黄氏同乡会会长、理事长、总干事率领由25人组成的返乡参观访问团到龙游考察访问。参访团拜会家乡领导，了解家乡的发展变化，共叙思乡之情，并赠送“龙游南海”匾额。在2天的寻根之旅中，他们还走访年年红紫檀博览园，游览龙游石窟景区及城市核心区，亲身领略家乡的新风貌，深切体会家乡的热情与亲情。

【维护侨益】 强化为侨胞、侨眷服务理念，完善服务机制。全年收到侨胞、侨眷来信来访6件次，内容涉及回国定居落户、房屋产权纠纷、华侨子女就学等问题。对每一件来信来访都高度重视，按规定给予答复，对一时不能解决的问题则给予耐心解释，确保侨界的和谐稳定。

【自身建设】 7月，按照县编委办公布的机构改革方案，龙游县人民政府侨务办公室更名为龙游县外事侨务办公室，将原县外事办和县侨办合二为一，与县委统战部合署办公，进一步整合龙游外事侨务工作。合并后的龙游县外侨办统筹管理全县的外事、侨务、港澳工作。

（县外侨办 王宝珠）

对台工作

【概况】 2015年，龙游县台湾事务办公室（简称“县台办”）在省、市台办的指导帮助下，紧紧围绕县委、县政府中心工作，扎实开展对台交流交往，努力做好对台各项工作，特色亮点纷呈，工作成效明显。

【涉台项目】 龙游县实验小学与台湾高雄市前金区小学正式缔结为长期友好学校。6月17日，完成台湾师生考察团首次回访龙游县实验小学的各项工作。6月底7月初，完成龙游县农办组织的由农业经营主体35人组成的考察团赴台湾考察乡村休闲旅游各项有关工作。

【涉台案件】 及早介入老台胞舒龙江对自家老宅被纳入县级文保单位而质疑房屋产权问题的信访件。县台办积极斡旋，先后3次主持召开协调会，成功调解处理好信访案件，最后达到台胞本人、文化部门和买家三方都满意的结果。

【交流联谊】 全年办理、接待台湾南投、高雄和宜兰等地教育界、围棋界台胞10批次到龙游县考察交流。6月29日，县台办率领由县电子信息产业协会60多人组成的团队参加第六届昆博会（即昆山电子电机暨设备博览会、昆山智能自动化及机器人博览会的合称）。10月27日，县台办带队参加海峡两岸同名乡镇“横山”互动协作会议，增进相互了解，加深彼此情谊。

【涉台宣传】 在《衢州对台信息》《浙江对台宣传》上刊载稿件10余篇，其中《维护台胞权益，激活民居价值 ——龙游县台办成功调处纠纷实现“一举三赢”》被国务院台湾事务办公室主办的《台湾工作通讯》选为封面文章。涉台宣传实现从无到有、从少到多的突破。

【台情调查】 面向乡镇（街道）和工业园区下发台情普查通知文件，组织开展以“龙游人在台湾”和“台湾人在龙游”为内容的调查走访核实工作，结合走访活动，了解、帮助和协调台商、台企、台胞、台属在工作生活中碰到的问题和困难。

【帮扶慰问】 一年内出具涉台相关证明近20人次。服务台胞联谊工作，组织人员参加衢州市台联会举办的联谊活动，并做好旅台同乡会到龙游考察交流的招待工作。陪同衢州市台办和市委统战部领导走访慰问龙游县的8位台胞台属，为困难台胞拨付生活补助经费。

（县委办 欧阳锡龙）

行政服务工作

【概况】 2015年，龙游县行政服务中心在县委、县政府的正确领导下，严格按照上级有关部门统一部署，紧紧围绕县委、县政府中心工作，在各进驻部门的大力支持和全体工作人员的共同努力下，适应经济发展新常态，深入推进审批制度改革，大力实施审批服务方式创新，切实加强行政服务，圆满完成全年各项任务。全年受理各类审批便民服务事项94416件，事项按时办结率100%。收到表扬意见91条、群众评议表14707张，群众测评满意率100%。获2015年度乡镇（街道）及县机关部门综合考核三等奖、县政府信息公开先进单位部门一等奖、县直机关先进基层党组织、县电子政务建设先进单位等荣誉。

【权力清单梳理】 认真做好权力清单梳理工作。3月，对全县各部门正在执行的非行政许可审批事项进行全面核查，按取消和调整两类清理方式提出初步清理意见。经对接查询，497项非行政许可审批事项中取消117项（含合并），调整380项，其中调整至行政确认42项、行政给付8项、行政征收6项、政府内部管理37项、其他行政权力228项、审核转报50项、行政裁决1项、行政奖励4项、服务事项4项。

【政务服务网建设】 扎实推进浙江政务服务网平台建设，开展浙江政务服务网系统应用培训，统一制作政务服务网网上申报代办点，对政务服务网网上申报代办工作进行指导，推动跨层级联审联办，并加强行政权力运行系统应用督查。至年底，龙游县浙江政务服务网龙游平台办件量为19661件。

【涉批中介网上大厅功能提升】 围绕打造“全流程投资中介平台”目标，推动网上大厅服务触角“三个延伸”（即由市场投资项目向政府和集体投资项目延伸、由县中心大厅窗口向未入驻县中心的部门延伸、

图29 召开乡镇（街道）便民服务中心工作会议

由县级部门向各乡镇延伸），举办龙游县招投标业务网上办理知识培训班，增加政府性投资项目中介比选结果公告功能。进行技术改版升级，新增数据查询统计等功能。至年末，龙游县涉批中介网上大厅实际运行的中介服务事项为32项，入驻涉批中介网上大厅的中介机构有250家，累计发布业务信息1300余条。

【商事登记制度改革】 将进驻县行政服务中心的工商、质监、公安、地税、国税等相关窗口人员进行整合，在办事大厅设置“多证联办”窗口的基础上，促进商事登记向“五证合一”转变。在成功推行企业营业执照、组织机构代码证、税务登记证、统计证、社保证等“五证合一”工作的基础上，着手开展“一照一码”实施工作，并于10月1日正式运行。“一照一码”政策的实行，进一步简化企业登记行政审批手续，提高了登记效率，为大众创业提供更多的便利。至年底，“一照一码”工作已办理594件。

【村级便民服务中心升级版建设】 着手调研深化基层便民服务工作的办法措施，积极探索多元化力量建设基层便民服务体系。对龙游县村级便民服务中心情况进行调查，摸清龙游县村级便民服务中心建设基本情况。召开各乡镇（街道）行政服务中心专职主任会议，建立“龙游乡镇行政服务交流”QQ群，及时对各乡镇在村级便民服务中心升级版工作中遇到的问题进行释疑解惑。出台《龙游县人民政府办公室关于打造村级（社区）便民服务中心升级版的通知》，制定2015—2017年村级便民服务中心升级版三年工作计划。

【项目服务竞赛和项目审批代办工作】 深入开展项目服务竞赛，制定“2015年度重点建设项目服务竞赛活动细则”，明确竞赛范围、竞赛对象和竞赛内容，按照节点计划，对项目报批、开工准备等环节的审批代理单位和行政审批、审核部门的服务工作开展月度通报、年度双向评议等竞赛。认真做好项目审批代办工作，建立代办工作“三员”合办机制，印发《关于重新公布全县投资项目审批全称代理员名单的通知》，重新确定和公布全县投资项目审批全程代理员名单，明确26名投资项目审批全程代理员的职责。深入推进项目代办服务，主动与经信、发改、招商、文广新、档案等部门对接、与“一区二块”（即龙游工业园区和城南工业区、湖镇工业区）及部分乡镇（街道）对接，共交办和代办项目16个。

【完善考核管理机制】 加强窗口管理与考核，形成“411”制度（即每天巡查4次、每周通报1次、每月考核1次）。严格规范审批，围绕审批过程“看得见、行得正、管得住”的要求，推进审批工作公开透明运作，加强审批办件网上输入和网上监控。对审批过程进行实时监控，对审批各环节进行全程监督。加强行政审批绩效管理，推动审批服务的公开、公平、公正。进一步完善对中心、部门窗口、乡镇（街道）中心、分中心的考核评价办法。

【党风廉政建设】 制定并实施年度反腐倡廉建设和作风建设工作计划，层层签订落实党风廉政建设和反腐败工作责任书。开展廉政警示教育，利用各种会议、培训、谈心谈话等机会，学习党风廉政知识，提高全体工作人员的廉洁自律意识。下发《龙游县行政服务中心政务服务网建设专项检查监督执纪方案》和《中共龙游县行政服务中心党组2015年纪检监督工作要点》。中心门户网站反馈平台全年共受理答复群众来信咨询213件，做到群众来信件件有答复。做好联系村及联系企业工作，做好省级文明县城复评工作。加大宣传工作力度，2015年，中心网站更新信息140条，官方微博更新信息141条，政府信息公开平台发布信息676条，向县委办、县府办、县纪委投递信息15条（其中录用5条），并刊出行政服务中心简报《龙游行政服务》29期。

（县行政服务中心 严芝）

公共资源交易工作

【概况】 2015年，龙游县公共资源交易中心在县委、县政府的正确领导下，认真贯彻落实公共资源交易法律法规和规章制度，围绕中心，服务大局，主动作为，提速增效，着力打造阳光交易服务平台。全年共完成交易项目1391宗，成交金额18.18亿元，节约支出2.15亿元，增加收入0.53亿元，增效节资率达14.74%。

【建设工程交易】 围绕县委、县政府确定的重点项目，以“服务保障重点项目建设，助推全县经济发展”为工作重心，在依法合规的前提下，按照“能快则快、能简则简、能优则优”的原则，积极落实“提前介入、主动服务、绿色通道、一事一议、特事特办”的服务举措，保证项目交易受理、信息发布、场地安排、开标评标等环节全程绿灯、优质高效。抓好招标服务和项目招标的合理融合，特别是在农村生活污水生态化治理项目招标中，针对项目小而多的特点，采用预选招标、入围招标等方式，为项目招标提供最大便利，助推重大项目建设的顺利进行。中心全年共接受工程交易项目300宗，其中重点建设项目57个，总成交金额13.78亿元，节减资金2.03亿元。

【政府采购服务】 推行采购方式多样化，尽量满足采购人紧急性和多样性的采购需求，不断提高采购效率，根据采购项目的特点，广泛采用公开招标、电子竞价等多种方式，在农村生活污水治理设施运行维护项目采购中还首次引入竞争性磋商的采购方式，收到较好成效。为防止随意采购、任性采购现象的发生，进一步完善电子竞价规则，对协议采购、小额询价等选用电子竞价方式的，不管金额大小，均实行“先批后采”，并实行项目技术参数征求意见制和采购文件制作模板化，最大限度地消除人为因素干扰，促进公平有序竞争。全年共受理政府采购项目1063批次，实现交易总额9764.27万元，节约资金1296.37万元，其中开展采购电子竞价890次，节约财政资金240万元，节减率8.3%。

【土地产权交易】 积极参与协调处理土地产权交易过程中出现的矛盾和问题，为交易各方提供政策咨询、程序引导、业务指导等服务，按照土地产权交易的特点，及时衔接服务时限和服务内容，实现规范和效率的有机统一。全年完成土地出让16宗，出让面积23.99公顷，成交金额3.35亿元，增加收入5130万元，增值率18.06%；国有产权交易12宗，成交金额836.66万元，增加收入162.18万元。发布农村产权交易公告132条，成功举办全县首例农村产权交易拍卖会——溪口镇灵上村寺后垅山林采伐权拍卖，起拍价145万元，最后以160.5万元成交。

图30 召开龙游县农村产权交易改革推进会

【完善规则体系】 根据新条例的实施和龙游县政府投资项目招投标办法的调整，组织相关业务科室对建设工程、政府采购操作流程进行全面系统地修改完善，努力构建规范高效、操作性强的交易规则体系。调整法定招标限额以下施工项目招标办法，实行小额工程简易招标机制，对政府投资项目的潜在投标人范围进行限定，龙游县范围内潜在投标人在7家及以上的，投标人限定在龙游县范围（以企业注册地为准），潜在投标人不足7家的可适当放宽要求，具体范围可通过招标文件进行约定。通过标书的网上下载，缩短公示时间（公示时间为1天），实现小额工程招标的提速提效，同时加大对借用他人资质投标及违规挂靠行为的打击力度。

【科技平台建设】 按照保证金“提交便捷、名单保密、退还自主、资金安全”的要求，开发建设IC卡管理系统的子系统——投标保证金网上管理系统，实现保证金网上收退、网上管理，资金来往网上确认，不再开具收款收据，保证金“来往同路”（即提交与退还均是投标人的基本账户、同一开户银行、相同账号），确保投标保证金不走偏，做到安全无风险。建成农村产权交易服务平台网站，为农村产权交易提供信息发布和政策宣传，全县的农村产权交易信息和相关政策都可通过网站浏览查询。落实专人对招标项目网上流程运行情况进行跟踪，发现问题准确应对、及时修整，增强招投标系统的适配性。

【乡镇（街道）平台建设】 理顺与乡镇（街道）交易平台的关系，加强业务指导和交流，采用集中培训、个别指导、下乡检查等方式，主动帮助和指导乡镇（街道）平台开展工作创新和制度创新，及时帮助解决在工作中遇到的困难和问题。先后2次组织乡镇（街道）分管领导、业务人员开展招投标专业知识培训，对招投标流程逐项逐步进行耐心辅导、精准解释，提升乡镇（街道）招投标人员业务水平，并专门为每个乡镇（街道）配备摇号机，确保乡镇（街道）交易业务规范操作。加强监督检查和业务考核，会同县监管办多次对乡镇交易平台运行情况进行检查，并将检查结果列入党风廉政建设责任制考核和年度综合考核。通过业务培训和监督检查，促进乡镇（街道）交易平台的规范运行。

（县公共资源交易中心 魏瑛）

政协龙游县委员会

概　述

2015年，政协龙游县委员会深入学习贯彻中共十八大和十八届三中、四中、五中全会及习近平总书记系列重要讲话精神，认真落实中共龙游县委重大决策和县委政协工作会议部署要求，紧紧围绕“两化两游”建设，牢牢把握团结和民主两大主题，积极履行政治协商、民主监督、参政议政职能，顺利完成县政协九届四次会议确定的各项目标任务，为推进全县经济社会转型跨越发展做出应有贡献。全年召开政协常委会议4次、主席会议11次；开展2个重大课题的调查研究，形成调研报告2篇；组织委员视察8次；继续开展委员“五个一”活动，要求委员们每年至少参加一次视察调研活动、提交或联名提交一件优质提案、反映一条社情民意信息、开展一次民主监督、办一件实事好事，切实发挥委员的主体作用。主席会议听取8个部门重点工作汇报，强化双向协商。县政协九届四次会议以来，共收到以提案形式提出的意见建议226件，审查立案222件，全部按时办复。征集县政协九届四次会议委员大会发言材料43篇。整理编报《社情民意信息专报》69期，在《人民政协报》《联谊报》刊登宣传龙游政协工作和委员履职风采的稿件20篇。

日常工作

【协商议政】 九届四次会议期间，委员们围绕全县工业经济破难解困、转型升级等事关发展全局的重大议题，在深入调研的基础上，运用提案、大会发言、委员小组讨论等形式，开展广泛协商建言，共提交提案形式的书面意见建议226件、大会发言43篇，为县委、县政府科学决策提供广泛的民意基础和智力支持。常委会议先后听取全县经济社会发展情况、“十三五”规划纲要（草案）等专题通报，进行协商议政，提出对策建议，推动党政部门拓宽思路、深化研究、改进工作。先后围绕经济新常态下推进全县“大众创业、万众创新”的路径和创新城市建设投融资体制机制等专题开展调研协商，形成并报送调研报告2篇，为县委、县政府制订政策、破解难题、推动工作提供重要决策参考。坚持听取全县党风廉政建设、反腐败工作和综治维稳工作情况通报，就建立作风建设常态化长效化机制、打造廉洁高效政府、深化“平安龙游”建设等群众关注的热点问题提出建议意见。主席会议先后就安全生产监管、环境评价及对策、审计工作、财政预算执行和财经体制改革、城乡基本公共法律服务体系建设、农村综合改革情况、国资公司市场化改革及运行情况等议题，有计划地听取相关部门重点工作汇报，强化双向协商，积极议政建言。先后就省级森林城市创建、城乡供水一体化执行

图31 县政协委员视察“城乡供水一体化执行情况”

情况、小餐饮、小作坊市场监管、衢江航道开发、城市社区建设、工业、城建、旅游重点工程项目建设等议题组织委员开展视察议政活动，通过听取通报、实地察看、协商讨论等方式，积极建言献策，推动有关部门完善政策、落实措施、提升绩效、加快进度。

【民主监督】 认真贯彻落实“三级政协联动、万名委员同行，助推‘五水共治’长效机制建设”专项集体民主监督工作要求，聚焦县委、县政府有关“五水共治”工作的一系列部署安排，以助推“清三河”达标县创建为总目标，以县域8条主要河道水源地保护为重点，坚持问题导向，采取暗访、视察、调研、联动等监督形式，扎实开展专项集体民主监督，取得明显成效。《龙游县政协助推“四大网络”建设，构筑水源地长效管护新机制》得到省政协副主席王建满的批示和肯定。省政协“水源地保护管治机制建设”专题调研座谈会在龙游召开。建立健全提案征集、交办、督办机制，13件提案得到县委、县政府主要领导的批示，推动提案办理。坚持政府领导领办、政协领导重点督办、提案委员会综合督办、各专门委员会对口督办、政府政协联动督办和委员参与督办的“六位一体”提案督办工作机制，全年召开提案督办协商会20多次。常委会专题听取县政府重点提案办理情况通报。探索实施民主评议提案办理工作，分别组织评议组对县交通运输局、旅游委的提案办理工作进行全面客观的民主评议，取得较好成效。全年编报《社情民意信息专报》69期，得到省、市领导批示各1篇，为党委、政府掌握社情、了解民意提供重要信息渠道。县政协在2015年衢州市政协系统社情民意信息工作考核中名列前茅。

【“一线”作为】 聚焦党委、政府的中心工作，发扬“一线”精神，追求“一线”作为，倾力打造“一线”政协。县政协领导积极参与“大干项目、干大项目”“三挂五竞赛”活动，在29个所联系的“四重双百”项目建设和“三改一拆”“五水共治”“消除4600”等重点工作中勇于担当，主动作为，深入基层一线指导督促，为顺利推进全县中心工作发挥积极作用。认真履行“第一书记”职责，深入联系乡镇（街道）、村，积极开展“大抓基层”集中蹲点调研活动，了解村情民意，协调解决问题。

图32 县政协委员视察城市社区建设工作推进情况

【团结联谊】 坚持把多党合作的要求贯穿于政协工作的各个方面，主动征求党派、团体对县政协年度工作安排的意见建议，重点安排党派、团体在政协例会上发表意见。九届四次会议期间，党派、团体共报送大会发言材料22篇，党派团体和党派委员提交提案123件，其中列为重点提案3件，提案建议得到有关承办单位的重视，并予以采纳，人民政协多党合作的组织优势得到进一步发挥。加强与民族宗教界代表人士的联系，组织委员深入民族乡村就发展民族经济、“五水共治”、生态建设等进行调查研究，帮助协调解决有关问题。全力配合省、市政协到龙游开展课题调研和视察工作。加强与兄弟县（市、区）政协的横向联系和工作交流。各专门委员会注重加强与有关部门的对口联系与协作，努力拓展工作的覆盖面。完成《美丽龙游，我的家》生态读本编写，于2015年“六一”儿童节期间发放2万余册，作为全县小学地方课程用书；支持县“政协之友社”开展视察、考察活动，充分发挥政协老同志建言献策的作用。组织县政协诗书画联谊会积极开展“书画下乡”活动，弘扬书画艺术。支持县茶文化研究会发挥自身作用，鼓励农户发展无性系良种茶园，推动政府制订“以奖代补”政策，促进龙游县茶产业转型升级。

【宣传研讨】 坚持办好《政协信息》简报、《龙游政协》刊物和县政协网站，充分发挥宣传阵地作用。密切与各新闻媒体的联系与合作，广泛宣传龙游县政协工作取得的成效和政协委员的履职风采，扩大龙游政协工作的影响力。全年在《人民政协报》《联谊报》刊登宣传龙游政协工作和委员履职风采的稿件20篇，宣传稿件录用数创历年新高。总结提炼龙游县政协在加强民主监督方面的创新实践，撰写并报送《加强政协提案监督，推进政协履职能力现代化建设》创新案例。围绕“加强履职能力建设”主题开展理论研讨，征集3篇论文报送省市政协，其中《推进县级政协履职能力现代化建设的实践和思考》获省政协理论研究会第七次理论研讨会优秀论文三等奖。做好省政协《百名新乡贤》文史资料征集，2名龙游乡贤成功入选。

【自身建设】 协助县委顺利召开政协工作会议，制订出台《政协龙游县委员会关于政治协商、民主监督、参政议政的实施意见》，并以县委文件转发，进一步加强政协履职制度化、程序化、规范化建设，推进政协协商民主在龙游的具体实践。尊重委员主体地位，建立健全委员履职考评机制，20名委员被评为2015年度优秀委员。举办政协常委读书会，传达学习全省政协主席读书会和县委十届九次全会精神，邀请浙江万花筒信息科技有限公司负责人作“互联网＋县域经济新机会”电商讲座。举办委员学习培训班，学习贯彻中共十八届五中全会精神，邀请浙江省财政厅专家作《加快推广运用PPP模式，改善基础设施供给》专题辅导报告，帮助委员拓宽视野。丰富界别活动形式，坚持开展约谈走访委员活动，广泛听取委员们对加快经济社会发展和改进政协工作的意见建议，激发委员履职的积极性、主动性和创造性。引导广大委员立足本职岗位，发挥带头作用，积极参与扶危济困等社会公益事业。其中，组织专业团队主动赴天津“8·12”爆炸事故现场协助处理危化物品的余一茅委员受到天津市委、市政府来信表扬。巩固和拓展党的群众路线教育实践活动成果，自觉接受“巡视”，切实增强政治纪律意识和政治规矩意识，推进政协机关作风建设常态化、长效化。认真贯彻中央“八项规定”、省委“六个严禁”、市委“八条禁令”和县委“20条规定”，积极开展“三严三实”专题教育，认真学习《中国共产党廉洁自律准则》和《中国共产党纪律处分条例》，不折不扣抓好各项整改措施落实，努力提升机关勤政廉政建设水平。争取县委的重视与支持，不断完善政协机关和专门委员会的机构设置，加强政协机关干部配备，积极探索和实践政协履行职能的新方法、新途径，着力推动政协工作创新发展。

重要会议

【政协九届四次会议】 1月30日—2月2日举行。出席会议委员208名。县委书记方健忠在开幕会上作重要讲话。会议听取并审议通过黄利荣代表政协第九届龙游县委员会常务委员会所作的工作报告和杨铁荣代表政协第九届龙游县委员会常务委员会所作的提案工作报告；表彰县政协九届三次会议以来的优秀提案20件、提案承办先进单位12个、县政协九届三次会议优秀大会发言9篇、2014年度县九届政协优秀委员20名、2014年度县政协优秀社情民意信息员6名；安排10名委员进行大会发言；补选李华琴、张问期、姜爱芳为政协第九届龙游县委员会常务委员。委员们列席县十二届人大四次会议，听取并讨论县长刘根宏所作的《政府工作报告》和其他报告。与会委员分两组视察子鸣安置小区工程、县职教中心、国际家居建材城、中国红木家居文化园、伊利集团龙游新建液态奶生产基地、维达纸业（浙江）有限公司等重点项目建设情况。会议听取并审议通过提案委员会关于九届四次会议提案审查情况的报告和县政协九届四次会议决议。

【政协九届十四次常委会议】 5月13日召开。会议审议通过《政协第九届龙游县委员会常务委员会、主席会议2015年履职议题》；审议确定县政协九届四次会议重点提案；部署“五水共治长效机制建设”民主监督工作；免去吕益鸿政协龙游县委员会提案委员会主任和县九届政协常委职务；传达县委政协工作会议精神及下步贯彻落实意见。

【政协九届十五次常委会议】 7月22日召开。会议听取县政府关于“大众创业、万众创新”工作情况的通报和县政协调研组关于“推进‘大众创业、万众创新’，培育壮大新龙游商帮”的专题调研汇报，并进行协商讨论。会议决定，县政协增设“人口资源环境委员会”“委员工作委员会”，将“教文卫体委员会（文史资料委员会）”更名为“教文卫体和文史资料委员会”，将“三胞联谊委员会”更名为“港澳台侨委员会”。审议决定陈金新任政协龙游县委员会提案委员会主任，黄宝林任政协龙游县委员会人口资源环境委员会主任，周巧萍任政协龙游县委员会教文卫体和文史资料委员会主任，吴惠忠任政协龙游县委员会委员工作委员会主任，华英任政协龙游县委员会人口资源环境委员会副主任。免去周巧萍的政协龙游县委员会教文卫体委员会（文史资料委员会）主任职务，吴惠忠的政协龙游县委员会办公室副主任职务。增补陈金新、黄宝林、吴惠忠、余小明等为政协第九届龙游县委员会委员。

【2015年度政协常委读书会】 8月12日召开。会议传达学习浙江省委副书记、省长李强和省政协主席乔传秀在全省政协主席读书会上的讲话精神，传达学习县委十届九次全体（扩大）会议和县政府十二届八次全体（扩大）会议精神；邀请浙江万花筒信息科技有限公司CEO石锦，作《互联网＋县域经济新机会》讲座。

【政协九届十六次常委会议】 10月29日召开。会议听取县政府关于城市建设投融资情况的通报，听取县政协调研组关于创新城市建设投融资体制机制的专题调研汇报，并进行协商讨论。会议决定，陈九心任政协龙游县委员会经济科技委员会副主任。

【政协九届十七次常委会议】 12月30日召开。会议听取县政府关于2015年度全县经济社会发展情况的通报和县政协九届四次会议重点提案领办情况的通报，听取县纪委关于全县党风廉政建设和反腐败工作情况的通报，听取县政法委关于全县综治维稳工作情况的通报。

（县政协 王国清）

龙游县政协九届四次会议优秀提案基本情况

表6

提案编号	提案名称	提案人
2	关于炭化篾整治后笋竹产业转型提升的建议	余柏成、郭建军
3	关于加快建设龙游县电子商务产业园的建议	余柏成、肖炎生
11	关于加强龙游县工业企业工程技术人才培养的几点建议	萧亚兵
13	弘扬慈善义工精神，传递社会正能量，完善龙游县慈善义工组织	何发智
26	关于促进退养户转产转业，巩固整治成果的建议	吴幼平
28	关于对龙游县各社区重新调整，提升服务质量的建议	民盟
31	关于规范龙游县城区幼儿园教育的建议	民盟
67	关于进一步推进“三改一拆”工作的建议	张永华
72	关于力促龙游县小微企业提升科技创新能力的建议	洪霞琴
95	关于推进龙游县企业投资项目行政审批“三联动”改革的几点建议	蓝小纯
103	关于提高政府性资金管理效益的几点建议	民建
124	着力创造优良环境，加快发展乡村休闲业，成就农民增收新增长极	张双其
133	关于进一步加快我县物流产业发展的建议	民建
144	关于尽快实施九里立交桥以东至城南转盘路段整治工程，以提升县城品味的建议	方君军
149	关于关心关爱抗战老兵（黄埔军人）的建议	李华琴
151	关于组建龙游县应急联动专业队和储备相应物资的建议	方土新
209	关于以“四换三名”为抓手，加快推进产业转型提升工业质量效益的建议	蒋志军
214	加强大气复合污染防治，共建龙游碧水蓝天	民进
218	加大龙游县乡村医生队伍建设的建议	知联会
226	开展政府和社会资本合作模式（PPP）的建议	民建

龙游县政协九届四次会议提案办理先进单位

表7

单位名称	提案办理数（件）	重点提案数（件）	单位名称	提案办理数（件）	重点提案数（件）
国资委	3	1	商务局	2	1
经信局	14	1	科技局	3	1
民政局	15	1	财税局	3	1
林业局	5	1	旅　委	18	1
交通运输局	9	1	住建局	38	
卫计局	12		农业局	11	

2015年度政协第九届龙游县委员会优秀委员

表8

姓　名	所在单位	姓　名	所在单位
吴安春	龙游县工商联	吴幼平	龙游县小南海法庭
洪霞琴	龙游县妇联	晏海军	浙江求是工程咨询监理有限公司
徐　洪	浙江绘辰建筑设计有限公司	吴晓红	龙游通达家电有限公司
余一茅	浙江聚和化工有限公司	金卫东	龙游县电信分公司
胡　澄	龙游飞霞塑胶有限公司	方　飞	龙游网创电子商务有限公司
范永清	浙江大咯大农业科技有限公司	吴美清	龙游县农开办
项连发	龙游县求实职校	郑金荣	龙游县广电总台
吴红峰	龙游县卫生监督所	方君军	浙江君军律师事务所
陈文化	龙游县司法局	蓝小纯	龙游县监察局
释定亮	龙游县秀峰寺	胡炜鹏	龙游县罗家乡党委

附：政协优秀提案

关于加快建设龙游县电子商务产业园的建议

电子商务作为增长快、成本低、耗能少的战略性新兴产业，深刻改变着传统营销模式和生产组织形态，利用电子商务开拓国内外市场，创新线上线下“两条腿走路”商业模式，是促进网络就业创业，推动经济创新的重要内容。近年来，浙江省电子商务市场规模快速扩大，已成为大众创业、万众创新的新空间和经济发展的新引擎。如何紧抓“互联网＋” 时代信息经济飞速发展的重大机遇，大力推进龙游县电子商务产业大提升、大发展，如何顺应这个产业浪潮，布点建设电子商务产业园，值得深度谋划和思考。

一、优势与成效

龙游县地处浙西东大门，自古以来就有“四省通衢汇龙游”之称，可以辐射衢州地区、丽水地区以及江西、福建两省毗邻地区，发展电子商务产业正当其时。作为现代服务业，电子商务产业园建设实施后对于全县经济结构转型升级、促进就业、增加财政收入，带动一、二、三产业发展具有明显的拉动作用。

近年来，龙游县主动对接阿里巴巴“千县万村”计划和淘宝网“一县一馆”思路，坚持“网点联村”和“网上连锁”齐头并进，大力实施“电子商务进乡村”工程，构建起“县级配送中心＋村级服务点”农村电商服务网，并成功引进申通电商产业园、龙游电商城等两个电商产业园区项目，为电子商务搭建集聚发展的产业平台。阿里巴巴“农村淘宝”项目顺利推进，县级运营服务中心仓储物流启动运行，首批65个村级服务站基本完成营运前准备，电子商务产业平台构建有序推进。至2014年年底，全县工商登记注册从事网上经营的主体有299家，从业人员3000余人，运用电子商务的企业有100多家，其中规上企业43家，电子商务年交易额超过10亿元（其中网络零售额3.5亿元）。

同时，深化淘宝网“龙游馆”多平台发展全媒体推广，加强“1号店•龙游馆”、京东商城“龙游馆”专营店等建设，支持品牌企业在天猫商城开设旗舰店，巩固网上“连锁馆”格局。“龙游馆”从2013年8月8日上线开馆到2014年年底，实现线上销售额8328万元，馆内上线产品达300多个，发展分销商218家，入住网店135家，联系网货供应商90家，有合作物流快递机构10家；发展淘宝网生态农业基地50家。

二、存在的主要问题

目前，龙游县的电子商务整体发展有一定基础，但仍处于粗放式的创业初期。从发展基础看，全县电子商务总体发展偏弱。从发展总量看，电商企业数量不多，规模不大，传统企业电子商务应用率不高，全县200多家规模工业、2000多家企业、10000多户个体工商户电子商务应用比例还不足5%。从发展质量看，大都是“低、小、散”的个体网店，缺乏引领型、示范性、带动作用强的龙头企业和品牌电商。虽然引进申通产业园和龙游电商城两个项目，但电商集聚平台尚未建立，仍缺乏提供服务咨询、网络营销、设计推广等一站式公共服务的交流平台，大部分电商均散布于居民小区、写字楼、企业仓库等处，各自为战，分散经营，在推动企业向园区集聚上缺乏统筹力，未能形成产业集聚态势。加上“龙游馆”的发展定位主要是农村电子商务平台，而当前全县规模以上企业实际应用电子商务的只有43家，所占比例还不到20%，发达地区如台州市椒江区近90%规模以上企业已经应用电子商务。随着电子商务的迅速崛起，向产业集群生态链方向延伸将是一个必然的趋势。所以，加快建设县电子商务产业园已迫在眉睫。

三、对策和建议

1. 建设规模。县电子商务产业园要以产业集聚为目标，依托“一区二块”工业平台规划的首个“仓配一体化”专业电商产业园和中小企业智慧电商“众创平台”以及原淘宝“一村一品”龙游馆，进行产业园升级。建议结合城市东进，在城东物流园区规划占地面积3.33公顷，建筑面积7万平方米，投资1.5亿元，建设县电子商务产业园，预计建成后将可集聚500余家企业，贡献增加值10亿元以上，创造5000人以上的就业机会；或者在灵江园区结合“退二进三”政策，利用存量建设用地和闲置的工业厂房、仓储用房等存量房产，建设电子商务产业园，力争经过几年努力，把电子商务产业园打造成集网商产业链于一体的电子商务综合体，形成综合电子商务、网络服务、金融投资、创意设计、产品研发、展示陈列、商品贸易、信息发布、仓储监管、物流配送等多项功能的特色明显、产业链清晰、服务体系完善的电子商务产业集聚区，使电子商务产业园这种新的产业形态，成为全县发展现代服务业的重要引擎。

2. 产业招商。紧盯大项目招商，在成功引进申通电商产业园、龙游电商城等两个电商产业园区项目的基础上，采取招商、合作、地方投资等方式。首选采取招商方式；其次是地方政府与招商业主合作，在招商进度不能满足项目建设进度的时候；也可以县商贸物流公司为载体，开发商业地产，在此基础上招引商户入驻，起到快速投产的效果。项目投产运行前后，政府应当在用地、税费减免、商户激励等方面给予优惠。

3. 强化扶持。要制定精准、实用、易操作的电子商务发展政策，从政策层面助推市场主体与电商的有效对接，凸现激励引导效应，重点支持产业园建设、电商龙头企业培育和成长型小微电商孵化。要建立与电子商务产业发展应用相适应的风险投资、融资担保体系，探索创新电子商务企业信贷方式，进一步拓展电子商务企业融资渠道，引导金融机构创新电子商务金融服务，开发符合电子商务发展需求的信贷产品，探索建立电子商务融资担保、抵押及风险补偿机制，健全适应电子商务发展的多元化、多渠道的投融资体系，加大对电子商务企业的金融支持力度。

4. 优化服务。电子商务产业园建设实施涉及基础设施建设、网络管理、金融结算、物流配送、人才培养、网上税收、法律法规的制订等众多方面，商务、人劳、科技、经信、教育、交通等部门要相互协作，发挥各自职能作用，保持与电子商务有关的政策、法规和标准的一致性、连续性，创造适宜的社会环境、竞争环境、管理和服务环境，加快推进龙游县电子商务产业发展的步伐。

（提案人 余柏成 肖炎生）

民主党派·工商联·社会团体

概　述

2015年，龙游县各民主党派、工商联紧紧围绕中共龙游县委、县人民政府的中心工作，深入开展思想政治学习，认真履行参政议政、民主监督职能，发挥自身优势，深入调查研究，撰写提案、议案，反映社情民意，为县委、县政府及有关部门决策当好参谋。各民主党派根据自身特点，加强基层组织建设，开展系列活动，服务社会，服务民生。县文联开展丰富多彩的送文化下乡、文艺支教、文化扶贫等的文艺志愿者服务活动，营造氛围，以文艺活动助推“五水共治”，共建生态家园。工会工作以推动经济社会发展为中心，以维护职工合法权益为基本职责，以构建和谐劳动关系为工作主线，着力规范基层工会组织建设和工会干部作风建设。共青团龙游县委员会努力推进青年创业人才梯队化建设，开展青年志愿者活动，构筑青年创业就业服务体系，开展“青春助力‘五水共治’”主题实践活动。县妇联开展“贺田模式”复制和“最美家庭”“金牌婆媳”“平安家庭”创评等形式多样、内容丰富的社会活动，发挥广大妇女在经济社会建设中的重要作用。县科学技术协会积极实施科技人才支撑工程、农民科技增收致富工程、全民科学素质提升工程等，发展“院士经济”，运用微信等新媒体，普及社会科学知识，服务全县经济社会发展，推进公民科学素质提升。

中国国民党革命委员会龙游县支部委员会

【概况】 中国国民党革命委员会龙游县支部委员会（简称“民革龙游县支部”）成立于2013年12月。至2015年，有党员11人、预备党员3人，其中有县政协常委1人。在民革浙江省委、衢州市委和中共龙游县委、县政府及衢州市、龙游县政协等部门的关心支持下，民革龙游县支部着力扭转“无办公场地、无活动经费、无专职干部”的尴尬局面，发展成有特色、能担当的民主党派支部，主动融入县委、县政府中心工作，较好地完成年初确定的各项工作任务。“民革之家”成为“浙江省社会主义学院现场教学基地”和“龙游县爱国主义教育基地”，成为浙江省民革基层组织建设和阵地建设中的一面旗帜。

【创建“民革之家”】 2015年年初，民革龙游县支部借用原县粮食局仓库办公楼三楼面积近400平方米的场地，着手进行“民革之家”的布置陈列，将其打造成支部的学习办公场所和党派活动的平台，开展党史教育和革命传统教育，服务社会。设有展厅，制作展板展示民革和中共的历史渊源，陈列抗战老兵捐献的历史实物，反映民国时期龙游历史文化名人和黄埔军校同学会会员的事迹。7月1日，中国侨联副主席、浙江省政协副主席、民革浙江省委会主委吴晶专程到龙游为龙游“民革之家”揭牌。“民革之家”充分

图33 浙江省民革基层骨干党员赴民革龙游支部学考察学习

发挥学习工作乐园、宣传展示平台、教育培训基地等“三项功能”。民革中央秘书长李惠东和浙江省、衢州市民革主委吴晶、欧阳建华等到支部视察，给予高度评价和肯定。民革浙江省委会直属的32个支部（总支）在龙游召开现场会，全省民革骨干培训班专程到龙游支部观摩，民革浙江省委常委会专题听取民革龙游县支部创建“民革之家”的工作汇报工作，推广龙游经验。已有上海、杭州、金华、丽水、衢州等地40多批次的民革组织及兄弟党派到民革龙游支部学习、交流，龙游本地也有驻地部队、学校师生、机关干部、个私企业人员等社会各界1万多人次到支部考察学习。

【组织建设】 着眼工作需要和支部实际，学习借鉴外地经验，制订《工作规范》《廉洁承诺》《学习制度》《财务管理》《奖惩办法》等9项制度，汇编成册发放到每个党员，使之成为支部及党员的行为规范。按照“四定”（定每月15日为党员学习日、定必读课目、定写读书笔记、定期检查考评制度）方案，开展日常性学习，同时邀请民革历史学者和网络电商、企业经营专家讲学，开展应知应会和创业技能辅导；举办茶道、花道、瑜伽、书法培训，丰富学习内容，满足党员需求。倡导党员在各自工作岗位上建功立业，取得成绩回馈社会。主委李华琴被评为民革全国基层建设先进个人和民革全国基层宣传思想工作优秀个人，党员林素芳被评为2015年县“优秀法官”，党员李志江被评为县医坛新秀，党员李昂被评为县优秀民间艺术人才。

【参政议政】 聚焦地方经济社会发展现状，贴近党委、政府中心工作，精准选择课题开展调研，并促成调研成果的转化。2015年，支部共提交龙游县政协提案6篇，其中在大会发言1篇。《注重发掘特色资源，大力发展乡村旅游》的调研报告作为大会发言材料和重点提案，得到县委、县政府领导的肯定和好评，并交由县旅游委员会办理，取得明显成效。《关于关心抗战老兵的几点建议》调研课题转化为政协提案，被评为县政协九届四次会议优秀提案。积极参加县政协和县委统战部门的专题协商和视察活动，组织支部党员参与“五水共治”“三改一拆”行动，以党员自身行为助推美丽龙游建设。认真履行市检察院、县国税局、县交通局等单位民主监督员的职责，积极反映民声，真诚建言献策。

【服务社会】 以“民革之家”为平台，组建志愿服务者“三大团队”。组织22家企事业单位和社会团体，牵头成立关爱抗战老兵服务队，签订自律服务承诺书，为抗战老兵每年提供一次体检，一对一定期上门慰问、协助家务，给予生活照顾；会同县人民医院、县中医院和龙游骨伤专科医院，组成巡回医疗服务队，开展3次偏远乡村巡医义诊活动；以支部党员为主体，建立法律援助服务站，定点接待来访者16批次30余人次，协同乡村、部门疏导、化解民事纠纷。

【纪念抗战胜利70周年】 在纪念抗日战争胜利70周年之际，会同县教育局在龙游中学、龙游第二高级中学、龙游第三初级中学、龙游华茂外国语学校、龙游职业技术学校等学校开展“民革与抗战”图片巡回展，共有1万多名师生参观展出。参展学校结合展览活动，举办“铭记历史，弘扬抗战精神”主题班会，开展爱国主义教育。8月31日，会同县委宣传部、统战部、湖镇镇等单位，主办“民革与抗战”进文化礼堂宣传活动，受教育群众2000余名。组织党员、青少年和即将入伍的新兵观看“9•3”阅兵典礼电视直播，邀请抗战老兵畅谈感想与心得。通过系列宣教活动，民革组织的影响力和作用得到提升。

图34 组织抗战老兵为武警衢州支队十三中队官兵讲述抗战历史

【媒体关注】 重视并运用媒体力量，有效扩大支部影响。支部成立以来，已在龙游电视台播出或在《今日龙游》《浙江民革》《联谊报》《团结报》《人民政协报》等报刊上刊登与支部活动有关的新闻30余篇次，被人民网、求是网、光明网、人民政协网等中央级网站转载100余篇次。其中，由党员颜运珍撰写的长篇人物报道《三心炼成“民革之家”——记民革浙江省衢州市龙游支部主委李华琴》在《人民政协报》上发表，并获得2015年度衢州市政协好新闻一等奖。

（民革龙游县支部 颜运珍）

中国民主同盟龙游县总支部委员会

【概况】 2015年，中国民主同盟龙游县总支委员会（简称“民盟龙游县总支部”），着眼全县发展大局，开展调查研究，积极建言献策，认真履行参政议政和民主监督职能，各项工作取得较好成绩。总支部下设支部4个，有盟员48人，其中40人具有中高级以上专业技术职称，占盟员总数的83.33%；女性盟员23人，占盟员总数的47.9%。盟员中有市人大代表1人、市政协委员2人、县人大代表1人、县人大常委1人、县政协委员9人、县政协常委2人。2015年，发展新盟员1人。

【组织建设】 重视理论学习，通过微信、网站、QQ群等方式，推送学习资料，重点学习中国特色社会主义理论体系、多党合作的光辉历史和民盟的优良传统以及中央统战工作会议精神。多次召开工作学习会议，学习上级精神，商讨调研课题，开展讨论。组织青年盟员积极参与各级学习培训、座谈会、读书会、征文比赛及宣讲活动。开展对外交流。4月，民盟衢州市委会、民盟开化县支部到龙游就盟务工作进行交流和探讨；9月，民盟龙游县总支部主委吴幼平带领新盟员参加民盟衢州市委会学习实践宣讲活动暨2015年新盟员培训班活动；10月，盟员马岚、王玲参加民盟衢州市委会组织的提案议题交流会。积极关心盟员，总支部在春节之际走访慰问部分离退休老盟员，探望受伤住院的盟员。在重阳节前夕，组织退休盟员到贺田村、沐尘水库参观。

【参政议政】 县“两会”期间，民盟龙游县总支部9名政协委员和3名特邀信息员参加会议，提交大会发言3篇、提案38篇。民盟集体提案《关于对龙游县各社区重新调整，提升服务质量的建议》被列为县政协重点提案；盟员罗玉银《加快推进以互联网为核心的信息经济发展建议》、盟员叶翠《关于规范龙游县城区幼儿教育的建议》被列为重要提案。在衢州市“两会”上，主委吴幼平、副主委徐林发作为市政协委员出席会议，并提交多份提案。全年，多名盟员参与民营学校教育的现状和存在问题、乡村休闲旅游发展、民盟龙游县总支部“同心•名医服务工作站”等专题调研活动。盟员们立足学术领域和工作实际，从各角度各层次撰写社情民意信息，向县政协、民盟衢州市委会提交社情民意信息8篇。

【服务社会】 5月8日，民盟龙游县总支部组织市名医徐林发、周宗庆等多位优秀盟员医师到龙洲街道敬老院为老人们量血压、测心率，现场尿检、抽血、做B超，并建立健康体检档案。10月10日，由民盟龙游县总支部筹建的全省首个民盟“同心•名医服务站”在龙游县溪口卫生院揭牌，4名市级名医、1位市“十佳医生”及3位副主任医师、主治医师、检验师组成民盟名医服务团，每月中旬的周六轮流到服务站蹲点，开展免费义诊，服务山区百姓。其他盟员也以科普宣讲、法律宣讲、志愿践行、建言献策、民主监督等方式，多人次参与服务“同心基地”“五水共治”“三改一拆”等项目工作。

（民盟龙游县总支部 叶雨萌）

中国民主建国会龙游县基层委员会

【概况】 2015年，中国民主建国会龙游县基层委员会（简称“民建龙游县基层委员会”）下设6个支部，有会员76人，其中具有大专以上学历 65人，占会员总数的86%；48人具有高、中级技术职称，占会员总数的63%；经济界人士45人，占会员总数的59.2%。会员中有市人大代表3人市政协委员3人、县人大代表2人、县政协委员14人。2015年，被评为民建浙江省先进基层组织，被命名为民建浙江省基层组织交流学习基地。

【思想建设】 把思想政治工作放在主导地位，组织会员认真学习中国特色社会主义理论体系和民建会章、会史，学习各级党委政府重要会议精神。制定学习制度，将学习制度化、规范化、程序化，有计划地开展多种形式的政治学习活动，并通过给各支部下发学习资料、布置学习任务等措施，切实提高学习质量。深入学习中共中央、民建中央、浙江省委会、衢州市委会和县内有关会议精神，开展形式多样、主题明确的学习教育活动。在中共十八届五中全会精神学习心得交流和纪念民建七十周年纪念大会学习活动中，会员们撰写心得60多篇。通过一系列政治学习，坚定会员政治信念，增强会员责任意识，为促进龙游县经济社会发展献计出力，夯实思想基础。

【参政议政】 把政治协商、民主监督、参政议政作为党派的主要工作和职责，重视运用“两会”及其他平台履行职责。在市县“两会”期间，向衢州市人大、市政协提交大会发言材料2篇，提案、议案3件。会员徐静《关于进一步推进我市职业教育发展的建议》被评为衢州市政协优秀提案，《关于“践行教育公平 推进教育均衡”的分析与思考》获市政协优秀发言三等奖；向县政协提交提案40件，在7件县重点提案中，民建占3件，另获县政协优秀提案4篇、优秀大会发言1篇。充分发挥3名市人大代表、3名市政协委员、14名县政协委员和8名各单位特约监督员的作用，在参加有关检查、调研、民主评议等活动时，多渠道多层次倾听群众意见，认真履行监督职能，诚恳提出批评、意见和建议。发挥民建的特色和优势，关注百姓生活，深入调查研究，针对龙游县经济社会发展中存在的问题提出建议和意见，提交社情民意14条。

【组织建设】 在2015年换届中，选拔一批年富力强、政治素质高、参政议政能力强、热心会务的骨干会员充实到领导班子中，班子中80后占到50%；健全和完善各项制度，根据《民建章程》和本会实际，编印下发《基层组织工作手册》，明确支部活动次数、活动内容、活动方式、会费收取等内容，进一步规范支部工作。加大年终考核力度，按照《民建衢州市委会支部目标管理考核细则》和县委统战部《争先创优考核办法》，对各支部工作实行目标管理与支部经费挂钩的考核方式，以有效的考核激励机制促使各支部活动正常有序。有计划地做好组织发展工作，特别注重吸收政治素质好、知识层次高、参政议政能力强的优秀人才加入民建组织。在组织发展中把握好入会的

图35 民建龙游县基层委员会召开第九次会员大会

基本条件审查、考察和教育关，完备手续，保证质量。全年发展新会员4名，均为本科以上学历，中级以上职称、经济界人士、高层次人士比例显著提高。每年不定期走访支部和部分会员单位，引导各支部开展活动，力所能及地帮助会员解决一些实际困难。在“三八”妇女节、重阳节、春节等重要节日，慰问相关会员，帮助有困难的会员，探望生病住院的会员，将组织的温暖送到会员们身边。各支部经常举办形式多样、内容丰富的集体活动，如一支部组织走访会员企业衢州广耀农产品有限公司，二支部组织会员积极参与“消除4600”贫困现象工作，三支部组织会员参观金华施复亮故居，调研衢州市非物质文化遗产名录传统医药——龙游县七都上昌“祖传产母药”等。

【社会服务】 积极探索社会服务载体和途径，多形式多渠道开展各种社会服务活动。开展为期5天的下乡义诊活动，分别到社阳乡大公村、模环乡新王村、小南海镇傅家畈村、沐尘畲族乡梧村村、庙下乡长生桥村为村民义诊，提供咨询及体检400余人次。二支部会员为梧村小学每位学生赠送一只排球，还开展结对助学、送教下乡、“送文化、送春联”到农村、送服务到企业等活动。二支部、五支部会员捐助2万多元修建金华施复亮故居，会员企业浙江联大化工股份公司参与“8•12”天津滨海新区爆炸事故的处置，得到天津市委、市政府的高度评价和来信感谢。会员企业冉生方医药科技有限公司创办“龙游爱在人间”协会，到龙南敬老院开展捐赠电视机、走访贫困户等活动，树立良好的社会形象。

（民建龙游县基层委员会 吕凯悦）

中国民主促进会龙游县总支部委员会

【概况】 2015年，中国民主促进会龙游县总支部委员会（简称“民进龙游县总支部”）牢牢把握团结、民主两大主题，团结依靠广大会员，切实加强自身建设，认真履行参政议政和民主监督职能，积极开展社会服务，各项工作取得新的成绩。总支部下设4个支部，共有会员45人，其中32人具有中高级以上专业技术职称，占会员总数的71%。2015年发展新会员 2人。

【思想建设】 把开展坚持和发展中国特色社会主义学习实践活动、推进学习型参政党地方组织建设为思想建设的中心工作，组织开展形式多样的学习活动。2月，向全体会员传达市县“两会”精神，学习《政府工作报告》；5月，及时传达学习县委书记在全县人大、政协工作会议上的讲话精神，结合民进成立70周年，组织会员学习《会章》；8月，组织全体会员赴开化参观学习乡村休闲旅游开发建设情况；10月，开展“重阳登山 志愿公益”活动，组织会员攀登金鸡石，并开展“你丢我捡”行动，倡导绿色环保、文明健康新风尚；11月，组织学习中共十八届五中全会精神。会员周巧萍参加民进浙江省委会九届五次全会，并及时向会员传达全会精神；会员方津参加由省委组织部举办的“中国延安干部学院浙江省第四期非公企业新生代出资人培训示范班”学习结业，参加由省委组织部举办的“赴美企业创新和转型高级管理”培训班。通过各种形式的学习，增强会员对中国特色社会主义的道路认同、目标认同和文化认同。

【组织建设】 圆满完成总支部换届工作。换届工作从10月启动，换届领导小组先后召开3次会议，及时研究换届筹备中的一些重大问题。在新一届委员会的人事安排上，提前拟定可行性方案，做到了解下情、传达上情、明确实情。对候选人进行民主协商和严格考察，保证新一届委员会成员不仅具有代表性和较高公信度，还能取得广大会员的信任和支持。总支部编撰《一起走过的五年》以图文并茂的方式总结上届工作，得到领导和各兄弟党派的赞誉。以总支部委员会换届为契机，对4个支部进行支部主任、副主任的选举，让年富力强、热心会务、能力突出、深受欢迎的会员担任支部负责人。健全完善《民进龙游总支部年度支部考核办法》，通过量化评分，形成争先赶超的良好氛围。组织会员赴丽水、开化、浦江等地开展活动，重阳节按惯例为老会员开展庆祝活动。2015年，总支部从人才兴会、人才强会的战略高度，进一步规范发展程序，吸收2名思想素质高、业务能力强、参政议政积极性高的积极分子入会，使界别结构、年龄结构得到改善，为参政议政和会务工作输入新鲜血液。

【参政议政】 坚持围绕中心、服务大局，围绕党委、政府的中心工作及社会热点难点问题，切实履行参政党职责，积极建言献策。全年向衢州市政协提交发言材料2件、提案3件；县政协九届第四次会议期间，会员周巧萍、蓝忠胜、陈波分别在大会上作《创新体制、完善政策，促进民办教育发展》《加强大气复合污染防治，共建龙游碧水蓝天》《适应发展新常态，加快竹产业转型升级》的发言；向县“两会”提交集体提案6件，提交个人提案、议案26件。在完善信息报送、反馈和激励机制的基础上，建立信息员例会制度，强化信息员的责任意识。注重业绩考核，将社情民意工作任务分解到各支部，并列为年度工作考核内容，作为评比先进的依据。会员周巧萍撰写的《警惕借壳“微商”变相传销违法行为》被民进中央刊用；会员吴红峰撰写的《对全省民族宗教工作会议的意见建议》被省政协综合采用；《互联网金融火爆背后亟待加强网络投资理财监管》等5篇文章被《浙江民进信息》采用；《对浙江新高考改革的几点建议》等6篇文章被衢州市政协专报综合采用；《莫让玩具变暗器》等14篇文章被衢州民进选用。周巧萍的《念好“履职经”，凝聚正能量》、吴红峰的《增强“两意识”，运足“三口气”》、陈月霞的《腿勤、脑勤、手勤》等3篇会员履职的经验总结被《联谊报》“委员谈履职”栏目采用。吴红峰撰写的《优化卫生资源布局，提升农村医疗水平对策研究》被列为民进浙江省委会2015年参政议政课题。

【社会服务】 1月，组织会员为民进社会服务定点帮扶单位——贵州省毕节市金沙县捐献图书300多册，2月，组织会员到大街乡方旦村、沐尘畲族乡沐尘村开展送春联活动；组织会员为泽随村文化礼堂“书画坛”量身定制赠送书画；组织书画界会员为新搬迁的县卫生局赠送书画；组织会内的县政协委员分赴各乡镇开展“五水共治”监督调研；会员周巧萍主编，金向民、王如法等参与编写的小学地方课程教材《美丽龙游我的家》出版发行，首印2万册，免费赠送全县小学生阅读。二支部组织医卫界会员开展“急救知识进校园”活动，到北辰小学为学生进行溺水、触电、创伤等日常急救知识讲座。11月，会员金向民等赴灵山小学上示范课，并向学校捐献图书；会员吴红峰撰写的《送文化下基层服务百姓》一文刊登于中国民主促进会创办的《民主》杂志；总支部选送的《树立在“同心基地”上的社会服务品牌——民进龙游县总支部创建社会服务品牌经验》《开展四大行动，打造同心基地》分别编入民进浙江省委会的《开明之星》《开明之基》。民进龙游县总支部获2015年度民进浙江省委会社会服务“爱心模范”称号。

【建功立业】 总支部倡导会员充分发挥自身优势，树立民进会员良好的社会新形象。会员方圆利用县人大代表的身份，为群众解决欠薪、土地纠纷、专利保护等问题，为担任生态指导员的联系村出谋划策。8月，吴红峰撰写的《龙游县三注重推进义务教育加热保温水工程》在浙江省卫生和计划生育委员会综合监督局主办的《浙江卫生计生监督》上作为创新亮点工作加以重点介绍。会员邓心悦入选2014年度全省电大系统“312人才培养工程”第三层次培养人员名单。会员方津被评为“龙游县第三批优秀人才”，所办企业再次被认定为国家级高新技术企业，被评为龙游县经济贡献五十强企业，被县委统战部授予“关爱抗战老兵爱心企业”，被授予“龙游县信贷守信企业”。会员蒋文渊获衢州市中小学美术教师优质课评比二等奖，被评为第十届龙游县青少年科技创新大赛优秀指导教师。广大会员在各自岗位的卓越表现，赢得社会的尊重，提升民进龙游总支部的社会美誉度。

【信息工作】 充分发挥“龙游民进”网站宣传教育主窗口作用，加强对网站的维护，及时、准确地传达上级的工作部署及有关精神，为会员和支部开展自身建设搭建学习交流平台，为会员履行参政议政职能、参与社会服务做好宣传报道，增强党派的自我教育功能。同时以“龙游民进”QQ群、微信群等新媒体作为加强会员之间沟通联系的桥梁，及时发布各种会务信息和学习资料，提高思想宣传工作的针对性和实效性。

（民进龙游县总支部 吴红峰）

中国农工民主党龙游县总支部委员会

【概况】 2015年，中国农工民主党龙游县总支部委员会（简称“农工党龙游县总支部”）进一步加强自身建设，不断提高贯彻科学发展观、构建和谐社会的能力和水平，在思想建设、组织建设、参政议政、社会活动等方面发挥自身优势，求真务实，与时俱进，出色完成年初制定的各项工作计划。在县委统战部组织的全县7个党派年度工作评选中列第二名。总支部共有党员32人，其中省人大代表1人、省政协委员1人、市政协常委1人、市人大代表1人、市政协委员3人、县政协常委3人、县政协委员10人。

【参政议政】 着重围绕“两化”（新型工业化、新型城镇化）引领、科学转型跨越、共建生态家园等县委、县政府的中心工作开展调研，建真言、出实招、献良策，共提交县政协提案21篇、省人大议案3篇、省政协提案3篇、市政协提案6篇、市政协常委会大会发言1篇、县政协大会发言3篇。2人被评为县优秀政协委员。总支部撰写的《多措并举，力促龙游县小微企业提升科技创新能力》被确定为2015年县政协重点提案；主委钟爱红撰写的《群策群力，持之以恒，打赢“五水共治”攻坚战》被评为2015年衢州市政协优秀大会发言，撰写的1篇提案被评为市政协优秀提案。

【思想建设】 加强思想建设，不断巩固多党合作的思想政治基础。认真组织党员学习邓小平理论、“三个代表”重要思想、科学发展观和习近平总书记系列重要讲话精神；学习中共十八大和十八届历次全会精神；学习农工党十五大精神及农工党的党章和党史，政治理论学习常态化、制度化。通过学习，将中央的精神内化于心，外践于行。积极参加农工党衢州市委员会组织的“坚持和发展社会主义学习实践活动部署动员大会”，认真听取《树立和践行社会主义核心价值体系》主题讲座，选派近3年新入党的党员参加市委会和县委统战部组织的新党员培训，组织支部主委、政协委员、人大代表、信息员参加农工党信息调研工作会议，聆听衢州市政协秘书长黄伟青关于撰写提案的专题培训。通过开展各项学习活动，提升党员的政治信念，增进思想共识，提高政治自觉性，坚定自己的政治态度、价值取向和行为准则，使党员主动担当起中国特色社会主义的亲历者、实践者、维护者、捍卫者的职责使命，与中国共产党在思想上同心同德、目标上同心同向、行动上同心同行。

【社员风采】 党员周建民被农工党浙江省委会评为“60年60人”先进个人；党员洪霞琴被农工党浙江省委会评为2015年度社会主义实践活动先进个人；党员夏雁被列为衢州市“115人才”第三层次培养人才；党员李美获2015年度衢州市优秀班主任、全国百佳班主任、浙江省职业教育与成人教育优秀教科研成果评审二等奖、第九届全国教师教学设计创意大赛（论文类）二等奖等十几项荣誉。张月红、钱宇、夏雁3名党员获农工党衢州市委员会优秀党员称号，胡梅芳、李美2名党员被县委统战部评为优秀党员。

（农工党龙游县总支部 夏雁）

九三学社龙游县基层委员会

【概况】 2015年，九三学社龙游县基层委员会坚持人才强社战略，坚持制度引领方针，坚持开拓创新驱动，切实强化自身建设，不断探索建设“政治上坚定、履职上坚实、组织上坚强”的基层组织的方法和途径。围绕区域特色发展，发挥专业特色优势，创新服务特色方式，树立九三学社特色品牌，为推进龙游县经济社会转型发展做出积极贡献。县基层委员会下设支社3个，有社员27人，其中25人具有中高级职称，占社员总数的93%。有市政协委员2人、县政协常委2人、县政协委员9人。2015年发展新社员2人。

【思想建设】 围绕教育实践活动主线，深化理论学习。举办坚持和发展中国特色社会主义学习实践活动专题讲座和讨论交流，开展纪念抗战胜利70周年党外干部读书会，宣讲九三学社社史和统一战线工作条例。组织中共十八届五中全会精神专题学习会，凝聚思想共识，增强政治意识和大局意识，坚定走中国特色社会主义政治发展道路的信心和决心，提升综合能力和素质，更好地履行职能。开设“九三讲坛”，构建理论交流平台,全年共开讲7期，内容涉及健康养生、股市投资、气象科学、统战理论、法律知识等多方面，传播科学知识，展示社员的风采。

【组织建设】 依照组织发展办法的规定程序和原则，适当调控组织发展速度，把握“有能力、有学历、有潜力、有影响力”的“四有”标准，经组织考核，吸收新社员2人，优化基层组织的人才结构。选派年轻社员参加市县统战系统组织的培训、座谈和交流学习，加速年轻后备人才成长。在学习借鉴兄弟党派先进经验的基础上，结合当前形势及中央、省市县各项新的政策规定，健全、修订和完善基层委员会工作制度、组织发展办法、支社考核办法等7项规章制度，使支部各项工作有章可循，提升基层委员会的规范化管理水平。实行全体社员一人一档，完善九三学社龙游基层委员会社员履职登记制度，精心设计履职登记表，统一录入社员参政议政、科研成果（论文）、信息报道、社会服务、奖惩情况、综合评价等具体信息及个人基本情况，全面掌握社员的履职情况。

【参政议政】 围绕党委、政府的中心工作及社会热点难点问题选题，开展专题调研。在社内征集提案线索，形成各类提案建议，在县政协九届四次会议上提交提案16件，提交政协大会发言材料5篇，其中社员萧亚兵撰写的《关于加强龙游县工业企业工程技术人才培养的建议》提案被评为县政协九届四次大会优秀提案，社员包美珍撰写的《关于提升生猪污染整治工作成效的建议》列入大会发言，均引起社会关注和有关部门重视。进一步完善主委负责制和各支社主委第一责任人机制，在基层委员会设置1名总信息员和各支社明确1名信息员的基础上，增设1名信息联络员，使2015年的社情民意信息工作取得明显成效，39篇社情民意信息报道被各级采用的共，其中4篇被九三学社中央采用，社员张金涛撰写的《我国工业雷管延期元件重金属环境污染现状及防控建议》、社员陈文化撰写的《全面推进村规民约修订完善，提高基层民主自治水平》等10篇社情民意被浙江省政协、九三学社浙江省委等采用，其中张金涛的社情民意受到浙江省政协、九三学社衢州市委的高度重视，先后两次到龙游进行专题考察。组织社员先后赴县司法、民政、农林、教育、卫生等部门开展调研，深入基层走访农户，搜集群众意见和建议，反映基层真实状况，通过调研，形成《关于龙游县“众创空间”发展的现状与思考》等3篇调研文章，为党委、政府决策提供参考。

【社会服务】 继续实施“专家与企业家手握手工程”，帮助引进加拿大工程院院士倪永浩教授与金昌纸业签约，形成2位造纸院士和2位化工院士组成的协同创新团队，为金昌特种纸企业的创新发展提供科技人才支撑。指导金昌院士专家工作站成功申报浙江省第六批省级院士专家工作站，2家院士专家工作站已开展合作项目21项，转化成果3项，申请发明专利15个、实用新型专利8个，累计培养硕士研究生5名，保证院士工作站的人才培养与输送。按照共建共赢的思路,与县科协联合开展系列科技服务活动。参与编印发放小学生科普读本《美丽龙游我的家》2万册。参与编印发放《公民科学素质200问》科普读本1万册，组织社员开展卫生保健、法律法规咨询宣传活动，提高群众科学文化知识水平。协办院士专家龙游行暨龙游特种纸新材料新技术交流峰会，助推特种纸产业发展战略咨询、产学研创新要素集聚、共性关键技术攻关、高层次人才培养和技术成果转化。参与编辑科普微信82期，借助公民素质大讲堂，同步推进群众的科学、健康、道德、法律素质的提升。

【社员风采】 一年来，社员在本职工作岗位上均担当着主力军的角色，为龙游县社会、经济、文化的发展提供技术服务，作出应有的贡献。社员陈文化在监地协作处置突发事件工作中成绩突出，受到省司法厅的充分肯定，得到省司法厅主要领导批示；保外就医工作成效明显，受到省司法厅通报表扬，被评为衢州市政法系统“十佳带兵执法指挥员”。社员毛智军多篇学术论文被各级刊物采用。社员张金涛参与民爆行业两项标准的编写工作，开发一项新产品。社员吴月建、余旭彪等利用业余时间到社区、农村义诊，开展健康科普宣教、专家送医下基层等活动。

（九三学社龙游县委员会 傅志华）

龙游县工商业联合会(总商会)

【概况】 2015年，龙游县有北京、杭州等异地商会6家，造纸、食品等行业协会15家，装饰行业商会、温州商会、永康商会3家商会。龙游县工商业联合会（龙游县总商会）按照《关于印发〈浙江省工商联2015年“五好”县级工商联建设工作实施方案〉的通知》要求，紧紧围绕“两个健康”（即非公有制经济健康发展、非公有制经济人士健康成长）工作主题，履行职能，搭建平台，努力推进工商联事业科学发展，为加快龙游转型跨越发展贡献力量。获2015年度浙江省工商联系统先进集体荣誉，被评为2015年度龙游县招商引资先进集体。

【建立“龙商”数据库】 发挥龙游商帮传统优势，做好“龙商”工作，再造“龙商”辉煌，是县工商联开展工作的总的指导思想。3月，启动全县各乡镇寓外党政人才、经济人才、科技人才、知名人士等寓外人才调查，在龙游县党建网站建立龙游县寓外人才数据库，有入库寓外人才、寓外龙商1155人。在异地商会“龙商”数据库基础上，建立分商会分行业的寓外人士和企业家数据库、异地商会会员企业以外的“龙商”数据库及与“龙商”商会有联系的异地兄弟商会企业家数据库。

【开展招商推介】 发挥“龙商”资源优势，利用异地“双会”（即龙游商会、促进龙游发展联谊会）平台，先后赴上海、深圳、宁波等地的龙游商会开展推介活动，先后接待深圳衢州市商会、在杭异地商会到龙游考察活动。发挥省工商联联系结对龙游的机遇，抓好浙商项目对接。发挥县工商联执委作用，开展以商招商，成功引进“景鹏公任地面数据接收”龙商回归亿元项目，汽车主题公园（汽车小镇）项目正在积极商谈中。由龙游中学和杭州市龙游商会会长企业杭州凯马控股联合创办的全日制民办高中——龙游凯马国际学校成立，2015年秋季首招2个教学班共90人。

【《龙游商帮·龙商行》会刊】 作为全国“十大商帮”期刊和龙游唯一的商界杂志，《龙游商帮·龙商行》本着“发掘弘扬龙游商帮文化，宣传传播新龙商风貌”的目的，向外界发出“龙商”好声音，为树立“龙商”新形象提供良好渠道。自创刊以来，共发行10期，取得较好效果。经《龙游商帮·龙商行》发布的“封面人物”文章和重点文章均被央视网、人民网、新华网、新浪网等国家级网站及《浙江在线》《衢州日报》等媒体采用转发，每次转发的网站不少于20家，最多达40余家。《龙游商帮·龙商行》在龙商协会、商会中的影响力逐步扩大，杂志品牌初步形成。

【搭建“龙商行”微信移动互联平台】 2014年8月以来，县工商联积极探索市场化运作办法，委托龙商行文化投资管理有限公司创办《龙游商帮·龙商行》内部杂志及“龙商行”移动互联平台，实现《龙游商帮·龙商行》杂志与手机版杂志、“龙商行”微信联动传播，龙商交流联谊进入手机移动互联网新时代。“龙商行”微信公众号每天定期发送图文信息，让“龙商”通过手机就能听到党委、政府和工商联总商会的声音。至年底，“龙商行”微信公众号已经发布信息4000多篇，介绍家乡发展情况，展示家乡美景美图，发布龙商重大活动。介绍龙游旅游资源的微信初页《六春湖，杜鹃花开，万山红遍》点击阅读量超146万人次，转发10901条次；招商引资版微信初页《东游西游，缘定龙游》点击阅读超10万人次。“龙商行”微信公众号被衢州市委宣传部评为“衢州首届正能量微信号”。“龙商行”微信移动互联平台在龙商协会商会中影响力逐步扩大，微信移动互联品牌初步形成。

【搭建“2+N”移动互联平台】 继2014年7月建立“天下龙游人”微信交流群以后，县工商联同时搭建各异地商会、各行业协会等N个微信群，创新“互联网+商会”工作，打造联系龙商、推荐龙游、筑巢引凤、招商引资的新渠道，杭州、宁波、深圳、上海、北京、义乌、台州等异地商会均建立商会会长微信群和老乡微信群，县内各行业协会、异地商会均建立协会商会群，形成以县工商联为主导的“2+N”微信交互平台。协会商会活动、重要信息发布、老乡交流等各项交流活动信息均于第一时间在微信群发布。通过微信平台，县工商联与“天下龙游人”的距离更近了。龙商“2+N”微信交互平台建立后，各地已有龙商5000余人加入，平台收集龙商回归有效投资信息7条，达成意向3个，项目落地1个，捐资捐款30余万元。8月20日—21日，浙江省工商联系统微信平台建设现场会在龙游召开，会议介绍推广龙游及其他市县工商联、商会、企业利用微信平台推进工商联、商会、企业工作的经验，宣布创建覆盖浙江全省工商联系统及海内外浙商群体的手机微信平台，龙游县工商联在大会上作“2+N”微信平台建设经验介绍。

图36 浙江省工商联系统微信平台建设现场会在龙游举行

【非公有制经济人士理想信念教育实践活动】 制订《关于以守法诚信为重点深入开展理想信念教育实践活动的实施意见》，推出深入开展法治环境调研、深化干部联系企业服务活动、健全守法诚信工作机制、开展龙商诚信法制教育、抓好守法诚信典型宣传、推进企业法治诚信文化建设等6大举措，创新活动方式，丰富活动内容，认真开展非公有制经济人士遵法、守法、用法主题教育活动，不断将理想信念教育实践活动引向深入。8月21日，浙江省工商联在龙游县召开“事业成功靠什么、人生出彩为什么、历史责任是什么、我为浙江‘四个全面’做什么”的经验交流会，全国政协常委、浙江省工商联主席、正泰集团董事长南存辉在会上作主题报告，浙江亿洋工具制造有限公司副总经理唐书信在交流会上作“信誉兴企，以诚信赢得市场”发言。加强对非公有制经济人士特别是年轻一代教育培养，选送新生代企业家特美纸业董事长徐伟、浙江贝尔通信集团有限公司总经理方津赴省社会主义学院参加全省新生代企业家培训。

【会员教育与培训】 建立主导产业发展座谈研讨会制度，围绕主导产业发展，以行业协会牵头，召开座谈会，共同研讨产业发展对策。县政协、县工商联联合举办工商联系统商会协会会员代表参加的“发展众创空间、壮大龙游商帮”调研座谈会，围绕主导产业转型，新常态下企业管理制度化建设、人才引进等方面建言献策。8月25日—27日，配合县造纸行业协会承办“纸基新功能材料制造与节能减排技术培训班”，培训班邀请7位不同领域的专家授课，共有来自全国各地40余家企事业单位的近百名代表参加培训。依托省社会主义学院、行业协会、商会等平台，开设“龙商大讲堂”，组织开展行业产业专题培训，进行投资、法律、心理健康等方面的培训，提升企业家素质。举办法律与安全生产知识培训、会员企业办公室主任培训、会员企业网上调研平台建设培训、中国金融市场分析及中小微企业新机遇培训，增强企业家共建美丽龙游、共享美好生活的信心和决心。

【会员管理与服务】 对所属行业协会商会负责人进行考核，加强对商会、行业协会的服务与管理。制定《龙游县行业协会（商会）年度考核办法》，建立指导商会工作的管理制度和考评机制，评选行业协会（商会）工作先进集体10家、先进个人3人。应台湾区电机电子工业同业公会邀请，龙游县工商联、县台办、县招商局带领由龙游县电子信息产业协会会员60多人组成的团队，参加第六届“昆山电子电机暨设备博览会”。县装饰行业商会与县信用联社、县电子信息行业协会与温州银行建立金融合作；县装饰行业商会与县信用联社“商创通”自助贷款金融合作正式启动；县工商联分别与县工商银行、中国银行签订金融战略合作框架协议。配合龙游县造纸行业协会组织龙游特种纸生产企业参加2015衢州首届中国国际特种纸展览会。搭建维权服务平台，发挥县工商联（总商会）法律援助工作站作用，搭建总商会法律服务咨询平台，为企业内部管理、生产、经营等活动提供法律服务。

图37 “善蒸坊”杯龙游大厨美食文化节

【发展厨师经济】 10月28日，龙游县工商联牵头成立龙游县名厨协会，举办首届名厨美食节，组织14个美食展台和26个“一村一品”特色农产品展台，分类展示150余种特色美食和100余种特色农产品，吸引县内外特色农产品生产商、经销商和餐饮企业参展。整合名厨人脉、餐饮酒店、电子商务等渠道优势，开通“龙游大厨”电商平台，组织“一村一品”农产品与大厨餐饮企业结对签约，将特色农副产品打入全国各地餐饮酒店市场，形成县域现代农业发展新的增长极。“龙游大厨”微信平台已正式上线，首批推出精美食材26种；龙游草根食品有限公司、厨跃食品有限公司、龙和渔业园等特色农产品企业分别与深圳、苏州、杭州等地大型餐饮企业签订合作协议。通过“龙游大厨”电子商务平台，让在外地的龙游大厨只要手指一点就能买到最地道的家乡食材，实现农产品线下渠道与“龙游大厨”网络渠道的无缝对接，线上则与“龙游大厨”食材销售网络一键连接。

【杭州市龙游商会】 2008年1月26日，杭州促进龙游经济发展联谊会暨龙游总商会杭州分会在杭州成立。2011年4月2日，杭州市龙游商会成立大会暨第一届会员大会召开，杭州市龙游商会正式成立。至2015年年底，杭州市龙游商会有会员企业200多家，涉及金融投资、文化教育、五金机电、电子电器、医疗保健、建筑建材、环保新能源、商贸、房地产、科技、咨询服务、制造、餐饮娱乐等10多个行业和领域。杭州市龙游商会成立以来，为会员搭建良好平台，拓宽服务领域，帮助多家会员单位开展项目对接和产品推广；发挥寓外人士优势，关心支持家乡，为家乡经济社会和谐发展发挥巨大作用。2015年9月8日，在2015年龙游县教学质量奖颁奖暨柯国宏奖教奖学基金捐赠仪式上，杭州市龙游商会会长柯国宏宣布出资100万元设立龙游中学“柯国宏奖教奖学基金”。建立杭州市龙游商会微信公众号、杭州市龙游商会微信群等新媒体平台，灵活机动地为会员单位提供展示和优势资源共享的机会。12月24日上午，在浙商杂志社、浙商全国理事会、浙商少帅会等主办的第八届浙商年会上，杭州市龙游商会获“2015十佳浙商商会”殊荣。

【参政议政】 通过各种渠道参政议政，积极建言献策，就民营经济发展的难点、热点、重点问题提出提案和议案。组织工商界“两代表，一委员”深入调查研究，积极建言献策。组织行业协会深入企业，开展绿色食品产业发展、新常态下竹产业发展、龙游大厨经济发展等课题调研，反映各行业和企业存在的困难和问题，做好县委、县政府的参谋。全年有5篇提案被列为县政协重点提案或优秀提案，所提意见建议

图38 龙游永康商会慰问横山敬老院

被党委政府采纳。大会发言《关于适应经济发展新常态，加快竹产业转型升级的建议》被评为县政协优秀大会发言，调研文章《打响龙游大厨品牌，发展特色厨师经济》在县委《政研调查研究信息》上刊登。在衢州市统战理论调研优秀成果评比中，《新常态下，运用新媒体创新工商联工作的实践》获一等奖，《支持龙商创业创新，助力龙游转型发展》获三等奖。

【光彩事业】 引导非公有制人士履行社会责任，积极参与光彩事业、新农村建设、扶贫开发、公益慈善等社会实践活动。浙江省工商联牵头正泰、娃哈哈等8家知名浙商企业，联系结对龙游县横山镇，开展“千企联千村，合力治污水”专项行动，共资助“五水共治”经费近400万元。龙游温州商会设立10万元残疾人爱心基金，龙游温州商会、县机械五金行业协会、县装饰行业商会分别到联系村东华街道新建村、石佛乡上溪村、横山镇八石畈村慰问困难群众。县印刷行业协会、来料加工行业协会、青年创业协会等积极开展扶贫结对帮扶行动。“七一”期间，牵头组织中共温州商会党支部赴县工商联联系村走访慰问困难群众和老党员。组织22家商会、协会、会员企业参加关爱抗战老兵活动，建立爱心企业关爱抗战老兵长效机制。运用微信群发动企业为残疾人家庭烧伤病人陈树民奉献爱心，有70多家企业捐款捐物。“浙江狮子会奉献服务队”再次走进龙游，开展助学活动，结对贫困学生115位。

（县工商联 马玉仙）

龙游县总工会

【概况】 2015年，龙游县总工会认真贯彻县委和衢州市总工会的决策部署，按照县总工会十届五次全会确定的目标任务，围绕中心、服务大局，着眼基层、服务职工，锐意创新、奋发有为，各项工作都取得积极进展。至年底，全县有基层工会工作委员会16个，镇（街道）、工业园区总工会7个，产业工会2个，共建工会组织3825家，有工会会员82179人。

【推动建功立业活动】 开展职工技术比武、劳动竞赛等多种形式的经济技术创新活动。为促进企业产业技术升级，面向全县企业开展技术服务和难题攻关项目征集，征集到001集团有限公司等11 家企业在生产过程中碰到的技术难题，通过衢州市职工技术协会技术服务队帮助企业解决技术性难题5个。举办全县职工技能大赛，161名职工参加8项工种的比赛，其中8人获得技师证，24人被授予“龙游县技术能手”荣誉称号，54人获高级工国家职业资格证书。开展“创新工作室”“先进操作法”评审工作，1家单位获衢州市“创新工作室”称号；创建“工人先锋号”3个，获立功竞赛集体、个人各1个；在“金锤奖——龙游杰出职工”评选活动中，评选出金锤奖10名、银锤

图39 龙游县召开庆“五一”暨劳模座谈会

奖10名。认真做好全国劳动模范、市“五一劳动奖章”评选工作，推荐全国劳动模范1名，3人获衢州市“五一劳动奖章”。弘扬劳模精神，召开庆“五一”暨劳动模范座谈会，表彰龙游县第六届“金锤奖”“银锤奖”职工，交流县劳动模范工作情况。关心关爱劳动模范，组织80余名退休劳模参加健康体检和休养，向劳模赠送《浙江工人日报》；落实衢州旅游景点劳模优惠政策游活动；为90名退休劳模落实津贴发放；慰问困难劳模16名，送上慰问金16.2万元，帮助他们解决实际困难。

【开展“安康杯”竞赛活动】 严格按照“零容忍、全覆盖、严问责”的要求，全面推进企业安全生产管理、安全文化建设和职工安全健康培训教育。为保障职工安全健康权益，组织开展“安康杯”安全知识竞赛，有845家企业共7.38万名职工参加，企业参赛面达90%以上，企业班组参赛率达90%以上，规模企业参赛率达100%。

【投身“五水共治”“三改一拆”行动】 开展垃圾分类处理等“五水共治”、共建生态家园知识培训30场，有3780余名职工参与。在“三八”妇女节期间，全县各级工会25支女职工代表队共130余名女职工参加深化“五水共治”植树劳动竞赛活动，共种植罗汉松100余棵，有30人获优胜奖。组织企业工会认领清洁塘115口。5月21日，为响应县委宣传部等部门倡导的万人治污大行动，县总工会治水小分队赴翠光阁至县交警大队段江滨河道开展河道水岸整治。协助联系村开展“无违建村”创建工作，基层工会牵头拆除企业违章建筑50多家共10000多平方米，营造争做“无违建企业”“无违建职工”的良好氛围。

【助推疗休养建设】 全县职工疗休养工作取得进展。出台相关政策，完善职工疗休养制度，建立龙游疗休养点。加大对县职工疗休养环境的宣传力度，并在《浙江工人日报》上作进一步宣传。2015年，全县各级工会共组织职工疗休养10000多人次，同时，引进外地职工到龙游县疗休养超过5000人次。

【开展“基层组织建设年”活动】 扎实开展入会建会情况普查，做实工会组织数据库和会员数据库。重点推进非公有制企业、新经济组织、工业园区和村（工作站）工会建设。依法组建工会，按照投产一家组建一家的要求，对照普查结果，提出工作目标任务，全年单建工会38家，发展会员5295人。以“六有”（即有班子、有牌子、有账号、有场所、有制度、有作用）工会建设为抓手，开展争先创优活动，评选企业工会规范化建设“星级工会”27家，其中五星级工会14家、四星级工会9家、三星级工会4家。配齐配强基层工会干部，招聘职业化工会工作者5名，充实工会干部队伍。对乡镇（街道）工会经费的保障措施进行专题研究，全年下拨专项工作经费114.5万元，基层工会实力进一步增强，做到有人办事、有钱办事。重视工会干部的实践锻炼和教育培训，组织22名工会干部分别参加省总工会干校和市委党校集中培训，通过工会财务、维权帮扶、劳动保护和统计业务培训，进一步提高工会干部的源头参与能力、政策解读能力、依法履职能力和服务职工能力。

【服务职工】 开展“春送岗位、夏送清凉、金秋助学、冬送温暖”等传统帮扶活动，实施职工医疗互助行动。开展“送岗位”活动，牵头与有关部门开展再就业方针政策的宣传，举办各种劳务供求现场会4场。开展高温“送清凉”活动，县总工会为奋战在高温一线的1100多名职工送去价值5万余元的防暑降温物品。开展“金秋助学”活动，为58名困难学生送

图40 为高温作业的工人“送清凉”

去16.1万元的助学金。开展医疗救助和“爱心透析”活动，共资助91名生病困难职工，资助金额19.55万元；“爱心透析”受助对象8名，资助金额3.6万元。完成职工医疗互助保障23164人，同比增长8.4%。元旦、春节期间，县工会领导分别带领4个慰问组，深入基层，开展送温暖活动，走访慰问困难职工、困难劳模310户，了解他们的工作和生活状况，并送上慰问金。开展结对帮扶工作，按照县委结对帮扶工作的要求，联系挂钩帮扶村2个、低收入农户贫困对象18名。深入开展“强促”活动（即“强保障，促和谐”），开展职工满意食堂创建工作，评选满意食堂14家，其中三星级1家、二星级5家、一星级8家。

【强化维权服务建设】 工资集体协商工作全面推进，签订集体协议845份。企业民主管理不断深入，国有企事业厂务公开率为100%，非公有制企业达95%以上。深化维权宣传，增强职工防护意识，围绕“平安龙游”建设活动，组织开展《中华人民共和国工会法》《中华人民共和国劳动法》（简称“两法”）学习宣传月活动，赠送法律书籍3000册；开展“两法”知识竞赛，举办普法培训班5期，举办法律、法规巡回展180场次，印发普法教育宣传资料4万余份。征集安全生产合理化建议“金点子”，共征集到金龙纸业等8家企业的“金点子”，提高职工群众安全生产工作意识。深化企业工会劳动保护分级管理，健全工会劳动保护监督体系，有72%的规模以上企业参与该项工作。承办衢州市劳动争议调处现场会，把此项工作的先进经验推向全市。努力维护职工队伍稳定，全年受理劳资纠纷148起，涉及金额1861.30万元。县工会被评为龙游县“六五”普法先进单位，被省总工会推荐为全国“六五”普法评先单位。

【企业职工文化建设】 开展职工素质提升工程，依托县总工会职校平台，开展乡村旅游厨师、电子商务、月嫂、老年护理、建筑行业等技能培训6期，培训学员2122人，其中815人经考核取得相应资格证书。开展职工电瓶车交通安全知识培训，全年培训近5000人，发放交通安全资料6000册，累计培训人数近

图41 县总工会干部认领“微心愿”

3.2万人，深受企业及职工好评。“六一”儿童节期间，开展关爱儿童，点亮“微心愿”活动，为100多名困难职工的子女送去书籍、书包、运动用品、衣物等。抓好“农民工文化家园”和“职工书屋”建设，打造标准化职工书屋，培育省级职工书屋2家、市级职工书屋5家、市级农民工文化家园1家。推进基层工会职工文体活动，举办龙游县第二届全民健身运动会象棋、围棋比赛；乡镇（街道）工会也以多种形式积极组织开展知识竞赛、讲座、乒乓球、跳绳、踢毽子、拔河、篮球赛等职工文体活动。编印《龙游工运》6期，龙游县工会工作信息被省级刊物采用2条，市级刊物采用8条。

（县总工会 王宏）

共青团龙游县委员会

【概况】 2015年，共青团龙游县委员会（简称“团县委”）坚持共青团工作的新常态思维，以“双网互动”（即“网格＋网络”与“网上＋网下”互动）为统揽，扎实开展各项工作。至年底，全县共有团员2.47万名。有乡镇实体化“大团委”332个，覆盖团员7583人，建有“双网互动”网格126个，实现微信群和QQ群全覆盖，机关单位团员“钉钉”群已经实现基本覆盖；有部门（国有企业）直属团组织52个；有中学团组织589个，团员数7982人；有少先队大队48个（其中初中大队11个，小学大队37个），少先队员

图42 2015年龙游县团干部培训班开班

约2.6万人；有“两新”团组织（即新经济组织、新社会组织中建立的基层团组织）143个，其中非公有制经济组织团组织102个、新社会组织团组织41个。新社会组织作用发挥显著，通过青年创业协会和青年网商协会，对县内300多名青年创业者进行有效覆盖和服务。

【青少年思想教育】 广泛开展“学雷锋·万人治污大行动”志愿服务、“吹响雷锋集结号·便民服务进网格”青年驿站、“点亮微心愿·争做圆梦使者”关爱帮扶、“清朗网络·青年力量”青年网络文明志愿服务、“五水共治”青年林绿色实践、“相约低碳行·为环保代言”公益行、“弘扬雷锋精神，倡导时代新风”等主题教育实践等活动。以“青年畅想中国梦”主题教育活动为主线，通过各种形式，开展迎“五四”主题团日活动。开展“最美龙游人”“青年文明号”“青年岗位能手”“乡村好青年”“美德好少年”等先进典型评选，各类活动覆盖全县青少年20余万人次。

【青春聚力“五水共治”】 以“五水共治”青年林衢州龙游项目建设为契机，开展“爱绿、植绿、护绿、养绿”活动。在3月12日植树节组织近百名志愿者参加绿色实践，包括“从‘林’开始绿‘动’青春”倡议签名、青春助力“五水共治”绿树认养插牌、“青春先锋”护苗成长、护水护绿知识宣传等活动。青年林已基本完成香樟、枫香、梅花、油茶等苗木种植，92棵树木被青年认养。结合“三五”学雷锋和“五四”青年节活动，500余名团员青年助力“五水共治”治污大行动。结合青年运动会开展“五水共治”宣传，发放环境违法公告和宣传扇等1000余份。

【电子商务示范县建设】 至年底，“淘宝特色中国·龙游馆”（简称“龙游馆”）共有上线产品300多个，入驻网店135家，发展分销商218家，联系网货供应商90家，合作物流快递机构10家。发展淘宝网生态农场基地50家，实现龙游馆线上销售总额4023万元，开馆至今线上销售总额12351万元。全力打造阿里巴巴牵头的“农村淘宝”项目，至12月底，已建成灵江工业区县级运营中心，运营村级服务站85个，招募合伙人85人。与县政府对接，启动龙游电商城项目，12月正式开业，开展各类创业沙龙，并联合各机关部门开展创业创新大赛。打造龙游申通电子商务产业园项目，项目位于龙游工业园区内，占地约3.33公顷，建筑面积约5万平方米，总投资额约2.2亿元，是一个立足龙游，辐射浙西及浙、闽、赣、皖等周边区域的电子商务产业园区，已与申通公司签订项目协议，并进一步完善规划设计方案。

图43 龙游县召开农村淘宝合伙人招商会

【基层团组织建设】 按照区域化建组织、区域化配干部、区域化搞活动、区域化建阵地的要求，深入推进农村区域化团建工作。落实分类示范创建活动月报制度，及时更新乡镇实体化大团委台账系统，动态掌

图44 龙游青年创业协会召开年终总结大会

握推进情况。明确溪口镇、石佛乡为“十县百乡”示范乡镇，发挥以示范带动整体工作的作用。持续开展“三进三服务”（即志愿服务进农村、社区，志愿服务进企业、市场，志愿服务进学校）和“团干部深入基层一线解难创优”等活动，发动广大团干部和企业青年骨干走村、入户、进企，提升团干部服务群众能力，增强共青团组织的凝聚力和影响力。探索“网络＋网格”的组织覆盖模式，在巩固传统组织网络的基础上，构建以网格为单位的区域化组织体系，让所有青年“进网入格，联系到人”，推行“网上＋网下”的联系动员方式。

【推进青年创业就业】 推进青年就业创业服务体系建设，开展服务青年就业创业工作。提供大中专学生暑期实习见习岗位，成立青年创业就业见习基地。举办“家居建材城杯”创业创新大赛，积极筹备“电商城杯”创业创新大赛。挖掘农村创业人才，宣传创业典型，鼓励青年传承发扬“龙商”敢为天下先的创业精神。着力解决青年创业资金缺乏的问题，争取县农村信用联社等金融部门支持，信贷扶持青年创业。

【青少年关爱维权工作】 开展重点青少年群体服务管理和预防犯罪全面推进工作第二批县（市、区）评估督导工作。实现重点青少年群体管理平台信息数据动态更新。对不良行为青少年和闲散青少年进行结对帮扶，深化县、乡镇（街道）、村（社区）预防未成年人犯罪和未成年人保护组织建设。在全县范围内组织开展“弘扬宪法精神，建设法治龙游”为主题的法治宣传月活动，发放《未成年保护法》《预防青少年犯罪法》100余份、自护手册200余份、宣传资料500余份。改善青少年活动中心办学条件，加强教师队伍建设，密切与全县各中小学的联系，开设演讲、围棋、美术、跆拳道、拉丁舞、电子琴等综合素质提升类培训项目15个，培训学员500余人次。开设以“心手相连，共同相连”为主题的“流动少年宫”“免费冬令营”“优秀学员素质拓展营”“少儿声乐大赛”等公益性校外教育实践活动10场次，服务青少年3000余人次。为解决小学生课后托管的难题，在城区4所小学试点“四点钟学校”工作，服务学生4000余名。加强希望工程圆梦助学品牌化建设，争取结对项目和资金。拓宽爱心助学社会化渠道，团属社会组织龙游县青年创业协会连续2年开展义卖活动，筹集助学款项9万余元；“金秋园助学”“舒信浩助学”等社会助学不断注入。全年累计筹集助学资金48.75万元。

【青年志愿者活动】 探索青年志愿者队伍创新注册方式，推动线上注册和线下注册相结合，根据《浙江省注册志愿者管理办法》，进一步规范龙游县志愿者注册登记、志愿活动开展、志愿者星级评定等工作。大力推进信息化平台建设，充分利用“志愿浙江”志愿者网络管理平台，组织发动各志愿者和志愿服务团队做好网络注册，提高志愿服务管理水平。积极推动团员成为注册志愿者，充分体现团组织的先进性，发挥团员在青年中的模范作用，强化团员的组织归属感及社会责任意识。广泛开展青年志愿服务活动，1月底，召开龙游县2015年青年志愿者工作交流会议，并拟定全年志愿服务工作计划；2月，全面启动“青春志愿行·温暖回家路”志愿者服务春运“暖冬行动”，分别在龙游火车站、320国道、湖镇镇交警支队门口设立服务站点，共100余名志愿者参加志愿服务，服务群众1000余人；3月，开启“青春七彩接力棒”和“三五”学雷锋志愿服务月活动；4月，开展“心手相连·共同成长”流动少年宫活动；5月，开展“心手相牵·共享阳光”志愿助残服务活动和“弘扬宪法精神，建设法治龙游”法制宣传志愿活动。联合县体育局举办第二届全民健身运动会暨“泽龙杯”青年奔跑运动会，全县120支代表队的青年运动员共600余人次分别于5月20日、22日、25日参加横山镇天池村趣味运动会、石佛乡三门源村“古村寻宝”、罗家乡芝塘金村“CS对抗赛”的角逐。

（团县委 周哲）

龙游县妇女联合会

【概况】 2015年，龙游县妇女联合会（简称“县妇联”）坚持服务中心、服务大局、服务妇女，妇女工作取得新进展。全县共有乡镇（街道）妇联组织15个、机关单位妇委会39个、村（社区）妇代会262个；有新经济组织、新社会组织妇工委62个、妇工联络员184名。

【“贺田模式”复制】 至年底，全县251个行政村成功通过“贺田模式”复制工作验收，115个村通过市级垃圾分类工作验收。城乡互动营造浓厚氛围，印制发放《倡议书》、宣传品以及《垃圾分类宣传册》10万余份；组织各村召开妇女培训大会，培训4万余人次，签订农户“门前四包”（包卫生、包秩序、包绿化、包设施）责任书3.5万余份；开展“五水共治巾帼行”、“万人治污”红帽子行动、巾帼文明岗与“贺田模式”复制村结对等活动，清理卫生死角，清除白色垃圾，参加活动5000余人次；牵头组织开展“贺田模式•校园工程”等系列活动。提炼出“贺田模式”7个规定动作操作版，建立网格化管理体系，上下联动抓好落实；女党员、女村民代表分片监督，全县4000余名女党员女村民代表担任投放点监督员；每村建立巾帼志愿者服务队，全县2500余名巾帼志愿者在各村开展垃圾分类宣传引导。建立县评乡、乡评村、村评户的一月一评比机制，促进比学赶超；建立“美丽家庭”动态评选机制，共评选“洁净家庭”4853户、“美丽家庭”1678户，170户家庭被评为衢州市“洁美家庭”。

图45 龙游县召开全面推行“贺田模式”工作现场会

【发展来料加工业】 2015年，全县从事来料加工人员达3万余人，累计发放加工费3.5亿元，为农村家庭每户增收约3500元。召开县来料加工行业总会第三次全体代表大会暨来料加工推进会，与乡镇签订《来料加工带动低收入农户结对互助书》。组织来料加工经纪人参加义乌国际小商品博览会、广州交易会等大型展销会，拓展业务。联合县农办、县财税局出台《龙游县来料加工项目管理办法》，规范来料加工以奖代补办法。配合县奔康公司在湖镇阳湖小区建成来料加工集中场所。杨水明、张继良、张月红3名来料加工经纪人被评为衢州市来料加工规模发展先进个人，梁小君、张锦龙2名经纪人被评为衢州市来料加工电商先进个人。

【“最美家庭”评选】 把村（社区）“妇女之家”和农村文化礼堂作为发动群众广泛参与寻找“最美家庭”、展示家庭文明风采的第一平台，县、乡、村三级妇联组织通过张贴活动海报、宣传标语、发放倡议书等形式，广泛开展宣传。2015年吕慧中、吴素兰2户家庭被评为2015年度浙江省“最美家庭”，并推荐2015年度衢州市“最美家庭”12户。联合县文明办、县直机关工委和县综治办在全县各乡镇（街道）和机关部门组织开展“立家训•树家风”家训家风评选活动，推进家风建设。

【“金牌婆媳”评选】 为加强家庭美德建设，连续3年开展“金牌婆媳”评选活动。2015年，与龙游外清影视合作，对全县15个乡镇及通过网络上报的69户“金牌婆媳”逐一在县妇联微信及11路青年论坛、外清影视等媒体上进行密集的专题报道，进行网络公开投票，评选产生10对“金牌婆媳”和10对提名奖，通过网络平台的宣传、策划和推广，扩大社会影响力和参与度。妇联微信公众号粉丝量达3万余人，点击量达4万余次。好媳妇张素梅被评为“最美衢州人”十大年度人物，并登上“中国好人榜”和央视“夕阳红”节目。

【“平安家庭”创建】 6月，与县平安办联合下发《2015年“平安家庭”创建活动方案》，开展丰富多彩的“平安家庭”宣传活动、“平安家庭示范户”评选活动，家暴庇护站、婚姻家庭调解委员会、性别平等咨询评估机构等有效开展工作，连续两年顺利通过省妇联对龙游县“平安家庭”创建工作的暗访检查。

【妇女维权关爱】 组织各乡镇（街道）妇联主席和社区妇联干部走进法庭，开展婚姻家庭纠纷庭审观摩活动，切实增强妇联干部的法律意识和纠纷调解能力。继续实行专人接待制度，妥善处理妇女信访案件，全年接待来信来访37件，结案率达96%。救助“两癌”（即乳腺癌、宫颈癌）贫困妇女，4月和10月，分两期及时将新患“两癌”妇女的信息输入浙江省“两癌”数据库，其中2人得到全国“两癌”救助，每人1万元；2人得到市级“两癌”救助，每人5000元；8人得到县级救助，每人2500元。积极对接省妇女儿童基金会，在湖镇镇开展农村妇女免费“两癌”筛查活动，200余名妇女受益。

【妇女活动】 县妇联、县体育局于3月4日联合举办龙游县第二届全民健身运动会暨庆“三八”第四届女子体育运动会。全县53个代表队共1051名运动员参加本次活动，是历年来规模最大、参与人数最多的一次。运动会设集体跳绳、两人三足往返跑和集体拔河比赛三个项目，县财税局、县公安局代表队获得集体跳绳项目的一等奖；大街乡的叶晓莹、严凤华和县财税局的夏玉花、周如玲两对选手获得“两人三足往返跑”一等奖；县公安局代表队获得拔河比赛冠军。

【关爱儿童少年】 “六一”儿童节，县委、县人大、县政府、县政协领导分别到县实验小学、梧村小学、志棠小学、兰塘小学和张家埠小学等学校看望小朋友和少儿工作者。鼓励、引导社会慈善团体和个人关爱贫困儿童，全县262个村均建立贫困儿童资料库，联合“浙江狮子会”对全县115名贫困学生进行救助；组织来料加工行业总会和女企业家联谊会进行结对资助贫困学生活动，共结对贫困学生12人；对接省妇女儿童基金会“爱的收纳箱”项目，为龙游县40名贫困儿童实现“微心愿”。

【妇联基层组织建设】 举办妇联系统信息宣传培训班、妇女干部培训班、村妇代会主任培训班，提高基层妇联干部的业务水平。开展基层妇联组织调查摸底，建立全县村妇代会、“两新”组织妇工委、机关妇委会等妇女组织档案。出台《关于开展服务型村妇代会创建工作的通知》，挑选15个村开展县级服务型基层组织示范点建设，专门安排7.5万元工作经费，给予每个基层妇代会示范点5000元经费保障。加强巾帼文明岗创建工作指导，举办多种形式的参观、考察、现场答辩等培训活动，提升创建水平，成功创建全国、省、市各级巾帼文明岗。

（县妇联 吴君霞）

图46 召开学习型女青年女干部“读书·说书”交流座谈会

龙游县文学艺术界联合会

【概况】 2015年，龙游县文学艺术界联合会（简称“县文联”）紧紧围绕县委、县政府中心工作，按照“抓学习、抓阵地、抓创作、抓活动”的思路，努力出作品、出人才，为繁荣文学艺术事业做出应有的贡献。拥有会员680人，其中国家级会员20人、省级会员52人、市级会员198人。按艺术门类分别成立作家协会、戏剧曲艺家协会、音乐舞蹈家协会、摄影家协会、书法家协会、美术家协会、民间文艺家协会、电影电视艺术家协会等8个协会，另成立丹青女社和龙游画院两个团体会员，有衢州市最早建立的两个乡镇基层文联——湖镇镇文联和龙洲街道文联，有会员400余人。2015年，成立龙游县女书法家协会，有会员52人。全年印行《龙吟》4期、《龙游风情》4期，刊发《龙游文联动态》4期，出版书画摄影作品集10册、个人文学作品集11册，拍摄微电影3部，开展文娱和戏曲巡演50余场次。

【文艺助推“五水共治”】 县文联把助推“五水共治”列为文联的重点工作。联合县水利部门，面向全县征集以“五水共治”共建生态家园为主题的摄影图片活动，展示人民群众和职能部门推进“五水共治”的精神风貌和共建生态家园的成果，共收到参赛作品496幅（组）。举办以“美丽家园、美好生活”为主题的龙游县中青年书画展，展示龙游书画艺术家的创作成果，宣传龙游独特的风土人情和美丽的生态环境。组织县摄影家协会、美术家协会、书法家协会、龙游画院、丹青女社等协会团体开展丰富多彩的“摄水、画水、书水”采风创作活动，出版摄影彩报、画册、作品集等，向全社会宣传“五水共治”。组织开展以水为主题的文学创作，以《龙吟》为平台，加大以“五水共治，共建生态家园”为主题的文学创作和作品征集。创新影视表现手法，以生态家园为主线，以十里荷花景区为背景，拍摄创作微电影《花开的时候》，在衢州市电视台播放，引起广大观众的共鸣。结合打造龙游“影视摄影基地”工作项目，创作龙游旅游风景、民俗风情、生态环境专题片，制作光盘和摄影集，作为对外推介、营销龙游，对内凝聚共识、积聚力量的宣传片、宣传册，为“五水共治”营造良好的舆论氛围。组织创作骨干参与省市文联及相关协会举办的“美丽浙江•水之韵”大型美术展、书法展、摄影展，“美丽浙江”歌曲创作、征集和传唱工作，“中国梦•我的梦”故事征文大赛，“绿水青山”农村题材电视专题片拍摄大赛等。成立文艺志愿者队伍，围绕“五水共治”共建生态家园，开展慰问演出、专家辅导、文艺支教、文化扶贫等丰富多彩的文艺志愿者服务活动。

图47 县文联组织开展“五水共治”摄影大赛现场评审

【妇女书法推广】 6月，成立衢州市首个县级女书法家协会——龙游县女书法家协会，有会员52人，金向民当选为第一届龙游县女书法家协会主席。6月24日，举办龙游县首届女性书法作品展，共展出书法作品45幅。邀请衢州市书协和女书协专家为会员作品进行点评和加工指导，积极鼓励县女书协会员参加各级各类展览比赛。金向民等2人被吸收为浙江省书法家协会会员，童小平等2人被吸收为浙江省女书法家协会会员，冯静等5人被吸收为衢州市书法家协会会员。杜永静作品入展浙江省书法家协会举办的全省农民书法展；黄蕾等15人次作品入展衢州市书协举办的“五水共治”书法展、“中国梦•强军梦”衢州市军民书画展和衢州市第四届群众视觉艺术展，其中，黄蕾的作品获衢州市第四届群众视觉艺术展三等奖。

【创办《龙游风情》】 由县文联《龙吟》编辑部采编制作，体现龙游特色、展示龙游风采的文学季刊《龙游风情》于2015年印行，向全省各兄弟文联、省内外知名寓外文艺家和全县各乡镇街道、机关企事业单位发放。期刊侧重于民风民俗和乡土文化，设有“文旅龙游”“古韵龙游”“品味龙游”“时尚龙游”等栏目，多角度、多方位宣传龙游的“两化”建设和文化旅游、“美丽龙游”发展新成就，营造助推重点工程建设的浓厚氛围。以正面反映龙游县经济、社会发展成果为办刊宗旨，着重介绍龙游的历史文化、生态文化、旅游文化。

【开展“深入生活，扎根人民”主题实践活动】 县作协按照“深入生活，扎根人民”的主题实践活动要求，开展“走基层、转作风、改文风”活动，6次组织会员开展进工厂、进企业、进监狱、进校园等活动，创作散文、诗歌、报告文学等文学作品。围绕县重点项目攻坚、“三改一拆”、“五水共治”共建生态家园行动和休闲文化旅游年等中心工作，通过不同类型作品，呈现加强中心工作的舆论引导力。配合“钱塘江抒怀”采风团，创作表现龙游“五水共治”成效的文艺作品，营造赞美家乡水、爱护家乡水的社会氛围。重点策划《龙游本土作家文化丛书》的编纂出版工作，正式出版由5位本土作家构撰写的地方文化丛书。坚持“跳出作协发展作协”的工作思路，加大县作协会员和县直部门、乡镇（街道）的合作力度，先后策划、参与编写《龙游人文》月刊及《民居苑的故事》《万年龙游》等书籍，并领衔编写龙游县历史文化丛书。举办“作家进村写村歌”活动，组织人员作词、谱曲，并由农民在村文化礼堂传唱。在石佛、庙下、大街、溪口、龙洲等乡镇（街道）设有创作基地，充分发挥基地平台作用，积极开展地方文化挖掘、家乡风景撷英、会员走村入户、文化创意助企、作品诵读进校园等活动，进一步凝聚人气，并吸纳一批新会员，拓宽作协阵营。

图48 县文联组织艺术家们赴溪口镇石角村采风

【举办“平安龙游”书画展】 12月5日，由龙游县政法委、县司法局和县文联联合举办的“平安建设、法治建设、美丽家园建设”书画展在县文联“文艺之家”开展。活动历时2个月，共收到县内广大书画爱好者选送的各类书画作品200余件，评出参加展出作品51件，郭裕文和张彬宏分获书法、美术类金奖。

【省书协送文化到龙游】 5月6日，省市文联、书协一行到龙游年年红紫檀国学文化博览园、龙游石窟、龙游民居院、湖镇荷花山遗址、湖镇舍利塔采风，广泛开展“深入生活、扎根人民”为主题的“学、采、送、种”系列活动。其间，省市文联及书协领导还为“浙江书法村”——湖镇镇新光村基层书法爱好者的书法作品进行点评和指导。

【长篇纪实文学《光荣足迹》出版】 为配合县委、县政府中心工作，积极响应县委《关于向劳光荣同志学习的决定》，传递正能量，县文联副主席张水祥采写的长篇纪实文学《光荣足迹》由浙江人民出版社出版，首发1万册。《衢州日报》以数个版面的篇幅介绍《光荣足迹》，并予以连续刊登；“衢州新闻网”也予以连载，并开展以“读光荣足迹，学光荣精神”为主题的网友互动系列活动。该书列入“2015年衢州市文艺精品扶持项目”，是2015年度龙游县唯一一部列入该项目的文艺作品。

（县文联 蓝忠胜）

2015年度龙游县文艺作品创作情况统计

表9

所在协会	姓名或作品	发表、获奖、入展、演出等情况
民间文艺家协会	吴芝瑛	剪纸作品获纪念中国人民抗战胜利70周年阅兵庆典书画艺术展金奖
	廖水坤	根雕作品获(深圳)国际文化产业博览会银奖
	钱泽民	木雕作品入选杭州工艺美术展览、书法作品入展衢州市劳动者书法展
龙游县书法家协会	郑苏勇	入展浙江省纪念抗战胜利70周年书法展、衢州市建市30周年作品展、衢州市“五水共治”作品展、衢州市视觉书画展
	蓝忠胜	入展衢州市建市30周年书画展、“中国梦·强军梦”衢州市军民书画展、衢州市书画院作品展、衢州市“五水共治”作品展，获衢州市第四届群众视觉艺术展二等奖、衢州市劳动者书法展三等奖，入选“陆维钊杯”浙江省第九届中青年书法展
	童小平	入展衢州市“五水共治”作品展
	黄蔷	获衢州市第四届群众视觉艺术展三等奖
	冯静	入展衢州市劳动者书法展、2015浙江省第四届女书协展
	袁勇	入展衢州市劳动者书法展
	杜永静	入展衢州市劳动者书法展
	钟美芳	入展衢州市第四届群众视觉艺术展、衢州市劳动者书法展
	钱梦醒	获衢州市劳动者书法展三等奖，入展2015浙江省第四届女书协展
	李建兵	入展衢州市第四届群众视觉艺术展
	吴小明	入展衢州市第四届群众视觉艺术展
	徐荣伟	入展衢州市劳动者书法展、衢州市建市30周年书画展、衢州市书画院作品展
	陈星名	入展衢州市劳动者书法展、衢州市建市30周年书画展、衢州市书画院作品展、
	盛自强	入展衢州市建市30周年书画展
	邱祖丘	入展衢州市建市30周年书画展、衢州市书画院作品展
	郭裕文	入展衢州市劳动者书法展、衢州市第四届群众视觉艺术展获三等奖
	郑志良	入展衢州市劳动者书法展
	叶建刚	入展衢州市劳动者书法展
	张彬宏	入展衢州市劳动者书法展、衢州市书画院作品展、衢州市第四届群众视觉艺术展
	吴涛	入展衢州市劳动者书法展
	江林春	入展衢州市劳动者书法展、衢州市第四届群众视觉艺术展
	雷金标	入展衢州市劳动者书法展
	张旗	入展衢州市劳动者书法展
	孔小珍	入展衢州市劳动者书法展
	黄云雪	入展衢州市劳动者书法展
龙游县美术家协会	王文军	入展衢州市书画院作品展、中国国家画院作品展、浙江省美术家协会走进浦江书画展
	朱传富	入展衢州市书画院作品展、衢州市建市30周年书画展，入选由民盟浙江省委主办、民盟浙江省华夏书画学会承办的书画展
	方一平	入展衢州市书画院作品展，入选由民盟浙江省委主办、民盟浙江省华夏书画学会承办的书画展
	琚树清	入展衢州市书画院作品展

续表

所在协会	姓名或作品	发表、获奖、入展、演出等情况
龙游县美术家协会	蓝耀	入展衢州市书画院作品展、衢州市建市30周年书画展，获衢州第四届群众视觉艺术展优秀奖
	陈培顶	入展衢州市书画院作品展
	曾子泰	入展衢州市书画院作品展
	周庆云	入展衢州市书画院作品展、衢州市建市30周年书画展、获衢州市第四届群众视觉艺术展二等奖
	蒋文渊	入展衢州市书画院作品展、衢州市纪念中国人民抗日战争暨世界反法西斯战争胜利70周年书画展
	郑群球	入展衢州市书画院作品展
	刘惠明	入展衢州市书画院作品展
	叶霞光	入展衢州市建市30周年书画展
	毛爱萍	入展第十四届浙江省女花鸟画家协会作品展
	鲁瑞珍	入展第十四届浙江省女花鸟画家协会作品展
	邵雪芳	入展第十四届浙江省女花鸟画家协会作品展
	金向民	入展第十四届浙江省女花鸟画家协会作品展
	包美珍	入展衢州市建市30周年书画展，获第十四届浙江省女花鸟画家协会作品展铜奖
	朱秉衡	入展衢州市建市30周年书画展
	余久一	入展衢州市建市30周年书画展、北京《画友周刊》“境在纸尺•2015当代中国写意画小品展”、浙江省文化馆“铭记历史鉴往知来•纪念中国人民抗日战争暨世界反法西斯战争胜利70周年美术书法摄影名家邀请展”
	宋勤	入选浙江省“五水共治”书画展，版画作品获衢州市漫画比赛一等奖
龙游县音乐舞蹈家协会	龚稼慧	入选“新松计划”第二期浙江省中青年创作人才（作曲）高级研修班
	高一加	获浙江省监狱系统好声音比赛十佳歌手
	蓝少炜家庭	获衢州市“最美一家人”家庭才艺大赛第一名
	歌曲《等我回家》	获衢州市第二届文艺精品“南孔奖”
	歌曲《醉美在严村》	获衢州市首届村歌大赛金奖
	《芬芳社里等你》	获衢州市首届村歌大赛银奖
	《我的故乡在源头》	获衢州市首届村歌大赛银奖
	歌曲《老街时光》	获衢州市第七届群众文艺会演创作、表演双金奖
	歌曲《红豆杉轻舞林间》	获衢州市第七届群众文艺会演创作、表演双银奖
	县“龙声”合唱团	获2015衢州市群众经典歌曲合唱大赛金奖
	教育系统合唱团	获2015衢州市群众经典歌曲合唱大赛金奖

2015年度龙游县文艺家协会基本情况统计

表10

协会名称	会员人数	负责人	成立时间	国家级会员数	省级会员数
戏剧曲艺家协会	66	李 昂	1971.04	1	5
作家协会	58	陶百妍	1986.04	2	5
书法家协会	88	郑苏勇	1986.04	4	18
美术家协会	83	余久一	1986.04		9
音乐舞蹈家协会	71	刘勇飞	1986.04	1	3
民间文艺家协会	40	黄国平	1986.04	1	5
影视艺术家协会	37	方洪波	1986.04		1
摄影家协会	55	王文军	1986.07	12	19
丹青女社	33	包美珍	2008.03		4
龙游画院	12	王文军	2010.04	2	10

2015年度龙游县各类文艺比赛获奖情况统计

表11

文艺比赛	获奖作品、作者、奖次
纪念抗日战争胜利70周年征文活动	一等奖：封文祥《血色记忆》 二等奖：严家骥《谢士炎驻军后田铺》 陈桂连《那慢慢凋零的老兵》 三等奖：李云程《我的父亲》 余显斌《黄河边，那一声怒吼的秦腔》 郑　明《中国远征军史诗》
龙游县“平安建设、法治建设、美丽家园建设”书画展	书法类 金奖：郭裕文 银奖：杜永静、冯　静、周彩凤、江林春 铜奖：钱梦醒、邓翠菲、钟美芳、廖建平、钟慧芳、吴　涛、徐君萍、吴雪文 美术类 金奖：张彬宏 银奖：林清风、琚树清 铜奖：钱泽民、蒋文渊、游昌俊、杨雪题、李华明、孙孟乔
“美丽龙游”百姓手机摄影大赛	特等奖：叶　俊《江畔》（组图） 一等奖：郑金修《老农》 陈水和《暮色下的龙洲塔》 二等奖：陈建初《竞妍绿春湖》 崔振华《童趣》 朱文波《夕阳羊》 姜　铁《龙城新貌》（组图） 三等奖：李晓明《湖镇馄饨》（组图） 张　旗《舞动夕阳》 周思源《脚步》

续表

文艺比赛	获奖作品、作者、奖次
“秀美竹乡，魅力溪口”大赛	书法类 一等奖：郭裕文　草书汤显祖题《溪口店》 二等奖：唐源茂　对联 　　　　陈星名　印章《竹海餐霞》 三等奖：冯　静　篆书《群山怀抱》 　　　　孔小珍　魏碑《水秀山清》 　　　　江林春　小楷《龙游赋》 　　　　罗　波　草书《东西南北风》 国画剪纸类 一等奖：林清风　《浙西竹海》 二等奖：蒋文渊　《石处秋色》 　　　　珺树清　《山色空濛翠欲流》 三等奖：夏丽文　《高风亮节》 　　　　胡雪燕　《生态溪口》 摄影类 一等奖：陈建初　《春晒》 二等奖：王如发　《青山碧水、歌声回荡》（组照） 　　　　吴森邦　《迁徙村美食汇》 三等奖：林昌海　《竹乡人家》 　　　　麦　燕　《特色书屋》 　　　　吴森邦　《组照》 　　　　吴森邦　《亲切关怀》 　　　　叶　俊　《石角水云间》 　　　　陈星名　《清风竹韵》 诗歌散文类 一等奖：蓝良高　散文《竹海散记》 二等奖：余柏成　散文《溪口竹记》 　　　　夏希虔　诗歌《踏访溪口》 三等奖：余倩倩　散文《溪口印象》 　　　　陆　承　组诗《秀美溪口 音色涌动》

龙游县科学技术协会

【概况】 2015年，龙游县科学技术协会（简称“县科协”）紧紧围绕县委、县政府中心工作，按照“强基础、抓重点、创特色、优服务”的总体思路，坚持“三服务一加强”（即服务经济社会发展是方向、服务提高全民科技素质是基础、服务科技工作者是基点，加强自身建设是保证）的工作定位，积极建设“五大工程”，为加快推进经济社会转型跨越发展做出应有贡献，被省、市科协评为2015年度科协工作先进单位。

【科技人才支撑工程】 按照“扩面、提质、增效”的工作思路，积极实施“创新驱动助力工程”，加强院士专家工作站的规范化建设，并力求高效运行。促成加拿大工程院院士倪永浩教授与金昌纸业签约，形成一站2位造纸院士和2位化工院士协同引领发展的格局。金昌院士专家工作站成功创建浙江省第六批省级院士专家工作站，获得省财政经费支持50万元。县2家院士专家工作站在产品开发、技术攻关、人才引进方面取得明显成效，累计开展合作项目21项，申请发明专利15项、实用新型专利8项，与华南理工大学联合培养硕士研究生5名。7月，承办院士专家龙游行暨龙游特种纸新材料新技术交流峰会，有7家企业与院士专家进行技术合作对接，效果明显。特种纸产业的

图49 龙游县举办院士专家龙游行暨龙游特种纸新技术交流峰会

服务由院士专家工作站辐射到整个特种纸产业，“院士经济”发展渐成气候。“院士经济”相关信息引起浙江省副省长熊建平、衢州市委书记陈新等领导的重视，并作出重要批示。

【农民科技致富工程】 按照“一业一品一专家”的评选思路，积极实施农民科技增收致富工程，组织开展第二届农民专家评选活动，评选出徐晓强、董红专等5位农民专家。着力以“农民专家”为龙头，构建种植、销售、产品展示、电子商务及物流运输“五位一体”的产业发展模式，助力农业主导产业发展。积极发挥农民专家、技术人员、农函大、农技协在推动农业产业发展方面的作用，开展“三新”（即新品种、新技术、新模式）技术培训和技术服务，通过新品种的引进、新技术的运用和电商的运营，重点谋划农业产业种好、销好、加工转化升值好3篇文章。县农函大分校和产业辅导站全年共完成电子商务等农业实用技术培训12期，培训农民1492人次；乡镇辅导站共举办培训班51期，受训人员达3400余人次。全力协助“农民专家”吴玉柱谋划“希望田野”乡村休闲旅游，升级发展农业六次产业，着力打造农民专家产业引领的升级版，项目已通过决策咨询。县科协积极探索中草药产业发展，引进浙江工业大学教授和浙江理工大学教授重点服务龙游县中草药产业，科技力量不断增强，全县发展中草药100多公顷。组织开展农民职称评审工作，评出各类职称220人，其中18人获高级技术职称。

【全民科学素质提升工程】 履行全民科学素质工作领导小组办公室职责，启动科普示范县创建工作，制定创建方案。及时调整县全民科学素质工作领导小组单位成员，成员单位从原来的24个增加到27个，组织召开2015年全民科学素质行动计划实施工作会议，制定2015年龙游县科学素质纲要实施工作要点，明确实施单位（部门）的目标任务和责任，积极主动地联合有关部门，广泛动员更多的社会力量参与科普，针对未成年人、农民、领导干部和公务员、城镇劳动者、社区群众等五大重点人群，围绕生态、安全、健康、防灾四大主题，基本形成各成员单位独唱、四委办小

组唱、与科协组织大合唱的工作机制。8月，配合科技局认真开展国家第九次、浙江省第六次公民科学素质抽样调查。

【学会能力提升工程】 按照“一年一题一建议”的思路，实施“学会协会能力提升”工程，扎实开展学会“五个一”（即调研建言、科普宣传、学术交流、技术攻关、人才服务）工作，着力提升学会工作人员的业务水平，给予学会发展引力。县农学会、卫生系统学会、老科协等学会。积极发挥学会人才科技优势，深入开展科普宣传、科技服务、技术培训、义诊下乡等活动，累计培训农户3000多户，开展讲座80余次，技术服务10余次，下乡义诊6次，免费体检780余人，发放各类资料2万余份，开展各类学术交流活动27项，交流论文260余篇。

【科技工作者献智工程】 深入实施“科技工作者献智”工程，不断加强科技思想库建设，开展以“凝聚科技智慧，服务产业强县”为主题的建言献策征文活动，组织学会、科技工作者等就服务产业强县开展专题调研，共收到征文62篇，评出一等奖2名、二等奖6名、三等奖12名，形成一批有影响力的决策咨询报告和建议，报县委、县政府主要领导参阅。

【科普宣传】 县科协抓住“互联网＋”机遇，运用微信新载体，加大科普微信精准推送力度，重点围绕创新型城市建设、节能减排、科普传播、突发事件应急处置四大主题和未成年人、农民、城镇劳动者、领导干部与公务员以及社区居民等五大重点人群，编辑科普微信82期。利用传统媒体开设科普之窗104期、科普之声52期、科普专栏104期。建立首个社区科普馆——清廉社区科普馆，全面启动县公民素质大讲堂，将科学素质、健康素质、道德素质、法律素质进行同步推进，拓宽公民科学素质的范畴。充分运用传统宣传形式，开展全国科普日、科技活动周、科技文化卫生“三下乡”、科普“五进”（即进企业、进社区、进学校、进乡镇、进机关）、中科院老科学家科普讲座进校园等活动，共开展各类科普活动106场次，参与人数达11万人次。县科协被衢州市科协评为全国科普日活动优秀组织单位和优秀特色活动奖。加大科普资源的开发，聘请省专家编写《全民科学素质200问》等科普读本，并编写《美丽龙游我的家》小学生科普读本。

【自然科学优秀论文评选】 5月，县科协联合县科技局、县人力社保局开展龙游县自然科学优秀学术论文评选活动，共收到论文46篇，评选出一等奖3篇、二等奖5篇、三等奖7篇，并推选15篇优秀论文参加衢州市第十七届优秀自然科学论文评选。

【科普单位创建】 推进科普宣传栏建设，县、乡镇、社区覆盖率达到100%，村级达到90%以上的覆盖率，并引进社会化管理模式，实现科普宣传栏内容按月更换、维护。大力实施“基层科普行动计划”，不断培育打造有较强示范作用、辐射带动性强的科普示范典型，授予龙洲街道等90家单位农村科普示范单位称号。组织申报国家级“基层科普行动计划”项目2个，其中方门街社区被评为全国科普示范社区，县小竹笋产业协会被评为国家级农村专业技术协会。为改善科普基础设施条件，丰富拓展科普资源和手段，打造科普品牌，县科协着力加大科普馆、科普教育基地的建设力度，浙江科力印业技术发展有限公司、龙游气象站等单位被命名为衢州市科普教育基地。建立省级科普馆——龙游县溪口镇科普馆。

【青少年科技教育活动】 联合县教育局等部门举办龙游县第十届青少年科技运动会，全县各中小学近450名运动员参加木质滑翔飞机等项目的角逐，并组队参加衢州市第12届青少年科技创新大赛木质滑翔飞机等项目的比赛，西门小学袁一蘅等5人的作品获市一等奖。参加市第12届青少年科技创新大赛科幻画比赛，获一等奖3项、二等奖8项、三等奖14项。组织全县中小学校部分骨干教师赴新昌中学学习考察并观摩宁波市科技嘉年华活动，研究出台《龙游县青少年科技创新英才奖评奖办法》。

（县科协 冯岳樑）

法 治

概 述

2015年，龙游县政法系统牢牢把握“依法治国”总要求，坚持法治思维和改革思维，坚持问题导向和求实创新，坚持法治引领和服务保障，以“创建基层社会治理推进年”为抓手，以开展政法信访十大专项行动为主线，加强社会治安立体防控体系和公共法律服务体系建设，全面推进平安龙游、法治龙游建设。全县城区接报有效刑事治安警情同比下降10.51%，安全生产事故同比下降1.6%；群众安全感满意率达97.1%，政府满意度达91.1%；全县未发生影响稳定的重大群体性事件、重大公共安全事件、重大恶性刑事案件，连续10年获浙江省“平安县”称号。

法治政府建设

【概况】 2015年，龙游县人民政府法制办公室紧紧围绕贯彻国务院《全面推进依法行政实施纲要》《关于加强法治政府建设的意见》等文件精神这一主线，通过加强谋划监督，强化素质提升，狠抓制度建设等举措，精心组织、全面落实年度工作计划，政府行政行为不断规范，全县各行政机关的依法行政水平明显提高，为全县2015年度工作目标的顺利完成提供坚实的制度支撑和有效的法律保障。

【当好参谋助手和法律顾问】 积极参与重大决策的研究制定，围绕中心，服务大局，加强“三改一拆”“五水共治”和招商引资等重点领域相关决策的研究制定，切实加强决策合法性、合理性和可行性的审查把关，使决策更具有针对性，更好地解决问题。积极参与行政机关合同的订立，以县政府招商引资合同的合法性审查管理为重点，建立健全对以县政府或政府部门名义对外签署的合同、协议、意向书的合法性审查和专家咨询等机制，切实防范法律风险。稳步开展法律事务工作，积极为政府处理涉法事务，保证政府行政行为的合法有效。起草《龙游县行政机关合同管理办法》《龙游县行政应诉工作规定》等文件，由县政府办公室正式发文；牵头对县政府以及县政府办公室发布的行政规范性文件进行两年一次的清理。

【推进科学民主决策】 建立健全依法决策制度，深入贯彻实施政府常务会议议题审查机制，将公众参与、专家论证、风险评估、合法性审查、集体讨论决定作为提交政府常务会议审议的必经程序。积极发挥法律顾问的作用，全面推行行政机关法律顾问工作制度，充分发挥政府法律事务专家咨询委和法律顾问在制定重大决策、推进依法行政中的法律参谋和智囊团作用。健全规范文件管理机制，全面落实规范性文件统一登记、统一编号、统一发布的“三统一”制度，并在法定时间内进行备案，及时率、规范率均达到100%。进一步加强部门规范性文件的备案审查工作，将所有规范性文件均纳入备案审查范围，全年共审查拟出台的县政府行政规范性文件22件，通过合法性审查，提出意见125条，使存在涉嫌违法设定的行政许可、行政处罚、行政强制措施等情形的文件及时得到纠正。2015年，共向衢州市政府、龙游县人大常委会备案规范性文件15件，收到部门报备的规范性文件4件。

【推进规范文明行政执法】 强化行政执法主体资格管理，对新成立单位行政执法主体资格及时进行审查，对因工作变动或新进执法人员换发行政执法证件；组织全县79名需要申领（包括新申领和原证已过期）“浙江省行政执法证”的行政执法人员参加衢州市法制办统一组织的申领行政执法证考试；专门为各乡镇安监员开设1期综合法律知识培训，有39人参加“浙江省行政执法证”考试。突出重点开展行政执法案卷评查，强化重点领域行政执法监督。推进行政处罚结果信息网上公开制度，由县法制办和电子政务中心牵头，开展行政处罚结果信息网上公开工作；组织召开全县40多个具有行政执法权的部门的工作部署培训会，明确行政处罚结果信息网上公开的时限、公开内容以及注意事项，推进行政权力公开透明运行，既及时回应社会关切，又避免公开过度，引起不必要的法律纠纷，并于11月对相关公开情况进行通报，基本实现县行政处罚结果信息的网上公开。强化执法监督检查，根据《龙游县2015年度行政执法监督检查计划》的要求，共组织行政机关合同检查、安全生产监管职责落实情况检查、案卷评查及执法人员配备情况检查及生活用水监管职责落实情况检查等4次执法监督工作。

【提高预防化解矛盾纠纷的能力】 新《行政诉讼法》的实施，大大增加县政府作为被告出庭应诉的概率，也对法制机构复议应诉能力提出更高要求。县政府法制办公室积极做好应诉工作，全年共收到行政应诉案件6件，维持6件。以审慎的专业态度，积极办理行政复议案件，认真履行行政复议职责，严格依法办理行政复议案件，准确把握受理条件，对符合条件的依法受理，不符合受理条件的则做好解释说明，同时，注重协调手段的运用，努力化解行政争议，使案件办理的法律效果和社会效果相统一。全年承办行政复议案件22件，至年底，已经全部审结，对其中的12件进行听证，听证率达到55%。充分发挥行政调解的重要作用，通过整合人民调解、行政调解和司法调解的资源力量，坚持重心下移、关口前移，建立社会矛盾纠纷“大调解”工作体系，努力将矛盾纠纷化解在基层、解决在一线，全年共处理调解矛盾纠纷12321起，其中履行10038起，履行率为81.5%。

【加大法治宣传力度】 加大法治信息宣传报送力度，充分利用政府网站及微博等网络平台，及时报道县政府法制工作情况和动态，切实做好法治信息宣传的基础性工作。深入开展法治宣传工作，要求全县各部门、乡镇（街道）根据实际情况，及时做好政策法规的信息公开，加大法治新闻宣传力度。积极参与县府办及各部门的培训活动，宣讲法治政府、依法行政的法规。及时宣传好经验、好做法，提高政府法治工作的透明度，树立政府法治工作者的良好形象。

（县法制办 卜启丰）

政法委及综治工作

【概况】 2015年，龙游县委政法委员会（简称“县政法委”）坚持求实创新，全面深化平安龙游创建，健全完善基层工作网络，实行平安动态实时监控，规范建设、运行乡镇(街道)社会服务管理中心，提升服务平台功能作用。组织“平安，我在行动”主题活动，开展平安校园、平安医院、平安交通等系统平安创建活动，以基层平安促进大局平安。举办“平安之夜”大型群众性平安晚会和“平安建设、美丽家园建设”书画展等主题活动，开展“打击传销、共创平安”“浙江法治宣传月”“安全生产月”“民生统计、增强群众安全感满意率调查”等一系列宣传活动，制作《平安龙游》主题宣传片，谱写《平安之歌》，发放平安宣传倡议书6万余份、安全感调查问卷4万余份，发送宣传短信8万余条。组织开展“十大平安使”评选活动，通过关注身边典型人物的事迹，发动社会各界力量，积极参与平安创建工作，切实提升全县的平安“四率”（即社会治安满意率、党政重视率、平安知晓率、治安巡逻率）。

【维护社会大局和谐稳定】 严格落实“守土有责”的政治责任，强化各类安保措施，圆满完成“百日维稳攻坚大会战”，消除各种安全隐患，实现全国和各级“两会”、全国基层党建座谈会、中央全会等重要时段、敏感节点平安稳定的目标。加强国家安全人民防线建设，提高反暴恐前沿阵地意识，推进乡镇（街道）反邪教警示教育室和村（社区）“一墙一窗”阵地强化建设，切实巩固“无邪教县”创建成果。严厉打击涉黑、涉恶、非法阻工等影响重点工作推进的违法行为，为龙游县“五水共治”“三改一拆”等中心工作保驾护航。

【排查化解社会矛盾纠纷】 加强对社会面的风险管控，强化政治安全、治安安全、信访安全等领域的管控。推行阳光信访、依法信访、网上信访，深化领导干部下访约访工作。完善多元化“大调解”机制，统一规范调解组织、队伍、场所、业务和经费保障制度。完善人民调解、行政调解、司法调解联动体系，积极探索完善诉调、检调、警调衔接机制，加强联合调处中心建设，形成良性互动的矛盾纠纷调解机制。加强调解培训，举办全县人民调解委员会主任、“夕阳红”调解员、“龙游大妈”志愿者培训班，提升基层调解员业务能力。2015年，全县共排查调解各类矛盾纠纷16407件，调解成功16176件，调解成功率达98.59%。

【创新基层社会治理模式】 全面深化村规民约修订工作，以“贺田模式”为基础，以美丽乡村、平安乡村为主载体，强化示范引领作用，推进村规民约的共同遵守。进一步整合“7881890”、“12345”市民服务热线、法律援助热线、信访接待热线、城市管理投诉热线等公共服务资源，建立投诉、反馈、交办一体的全县性公共服务平台。加强基层社会治安防控力量建设，进一步完善“112”（即构建1个综合工作体系，做好1份社情分析评估报告，建立健全基层社会矛盾联排联调和主动防范工作2个工作规范）工作模式，强化警民联合、群防群治，打造基层社会治安防控新模式。发挥社会组织功能，全县33个村建立“乡贤会”组织，积极引导社会组织参与基层社会治理和平安建设。组织全县机关党员干部参与“平安巡逻”志愿活动，80%以上村组建义务巡逻队伍。探索建立企业联防、村企联动、所队联勤的“三联机制”，辖区接警处警同比下降19.6%，形成社会治安齐抓共管的良好态势。

【构建社会治安立体防控】 深入推进城乡防控一体化建设，加强对公交车站、火车站、城乡接合部、城中村等重点地区的视频监控建设。加强对重点场所、重点行业、重点人员的管理，强化危爆物品的日常监管。连续开展交通隐患排查整治行动，努力营造良好的道路交通安全环境，全年交通事故数量同比下降34.25%。扎实开展重大火灾隐患排查治理、消防产品监督、区域性火灾隐患等整治活动，城乡未发生较大火灾事故。完善公安、市场监管的联合打击机制，在全县范围组织开展打击传销集中统一行动，捣毁传销窝点25个，全县15个乡镇(街道)均顺利通过市级“无传销乡镇(街道)”验收。

图50 县政法委组织开展打击传销集中统一行动

【稳步推进“法治龙游”建设】 按照城乡基本公共法律服务配置合理、网络健全、发展均衡、运行有效、惠及全民的总体要求，建立覆盖城乡的基本公共法律服务体系。挂牌成立龙游县依法维权服务中心，提供决策评估、矛盾纠纷化解、普法宣传教育、法律咨询和援助等服务。完善乡镇（街道）法律援助代理机制，依托法律援助工作站便民服务中心平台，为群众提供便捷、高效的法律服务，全年共接待各类咨询900余人次，给予法律意见或建议1200余条，参与调解矛盾纠纷131起，提供法律援助219件，受援人数275人。开展以“弘扬宪法精神，推进法治龙游建设”为主题的“宪法宣传月”主题教育活动，进一步增强干部群众“学宪法、知宪法、尊宪法、守宪法”的意识。

【打造过硬的政法工作队伍】 加强政法工作队伍政治教育、信念教育、社会主义核心价值观教育，开展党内两个法规学习，深化“学先进、找差距、树形象”主题教育实践活动。加强政法队伍执法规范化建设，规范执法，健全完善执法办案工作机制，全年完成评查重点案件18件。开展政法平安队伍“三严三实”专题教育，强化法治工作队伍工作作风、生活作风、群众作风建设，塑造和维护良好形象。常态化开展正风肃纪检查，不断提高执法队伍的思想政治素质和履职能力，打造一支政治坚定、业务精通、作风优良、执法公正的政法队伍。

（县委政法委 黄聪）

公 安

【概况】 2015年，龙游县公安局以“平安龙游”建设为引领，按照“巩固、提速、改革、增效”的总体要求，坚持“两优两作用”，打造全省县级公安“五个最”目标不动摇，以治安评估工作、“三警合一”（“ 三警”指交警、巡警、刑警）警务机制改革、合成作战体系建设为切入点，以队伍评估、活力警营建设、作风教育整改行动为抓手，公安工作和队伍建设都取得新的成效。全年共立刑事案件2327起，侦破1942起，移送起诉犯罪嫌疑人708人，其中命案发生4起、破案4起，实现连续11年命案全破的目标；查

图51 省委常委、公安厅厅长刘力伟到龙游调研

处治安案件1648起，违法犯罪嫌疑人888人次；发生上报交通事故168起，死亡36人，受伤194人，直接经济损失78.9万元；发生火灾151起，死亡2人，受伤1人，直接经济损失190万元。县公安局获2015年度浙江省公安队伍正规化建设优秀单位等荣誉称号，连续6年被评为全省公安机关执法质量优秀单位，连续4年获龙游县机关部门综合考核一等奖，获集体三等功5个，公安干警受省、市、县表彰192人次。

【科学评估队伍状况】 以打造过硬队伍为目标，以“提振士气、凝聚警心”为根本，在开展充分评估和分析调研的基础上，搭建以“怎么想、怎么做、做得怎么样”为核心内容的评估框架，对应设置民警工作压力、班子引领能力、负面涉警舆情等20余项监测指标，以优秀、良好、合格、差四个等级进行区分。在浙江警察学院专家、县委党校学者的帮助下，先后4次对评估框架进行修改，增强评估的科学性。制定、出台《龙游县公安局队伍状况评估办法》，将全局29个科、所、队分为机关科室、业务大队和派出所3个序列，并充分考虑各单位警力、职能等因素，按单位设置衡量标准。在此基础上，依托传统的思想政治工作手段和公安民警微信群、QQ群等网络平台，收集各类数据12000多条。通过自行研发的队伍测评系统，对各类基础数据进行综合分析，发掘各单位队伍特点，找准队伍规律和突出问题，绘制成队伍状况走势图，为局党委决策及各单位进行问题整改提供科学依据。

【开展“活力警营”建设】 重点围绕“民警心里怎么想、队伍应该怎么带、管理成效怎么样”三个方面，多渠道采集一手数据，做实、做细、做精一人一事思想政治工作，实时、全面分析队伍状况，增强队伍管理的主动性，提高对队伍的掌控力。深化绩效考评机制改革，建立达标式与竞争式相结合的两级考评机制，赋予基层所队更多的工作主动权，鞭打“慢牛”成“快马”。实行队伍分梯次管理，相继出台《老民警管理办法》《青年民警成长培育办法》《中层干部积分管理办法》等制度办法，为年轻民警铺路子，实行个性化培育；为中层骨干搭台子，发挥中坚作用；为老同志找准位置，适岗尽职。“老黄牛式民警”“全省优秀人民警察”不断涌现，极大地激发公安队伍活力。坚持铁腕治警，相继出台《民警离岗培训办法》《队伍管理谈话提醒暂行办法》等制度，有32名中层干警被记分约谈，6名民警离岗培训，以此树立队伍正气。落实民警职业规划、成才计划、健康管理、维权保障等一系列制度和实事计划，解决民警履职的后顾之忧，提升干警的战斗力。

【推进执法正规化建设】 按照“硬件更硬、软件更软”的目标要求，对各派出所执法办案区进行升级改造，科学设置办案功能区，提升执法办案区的安全等级。斥资新建物证管理中心，实现物证管理信息化、自动化、智能化、规范化。建立执法管理中心，配备专门力量，负责全局每日的接处警、案件办理、办案区使用巡查，敦促相关部门及时整改。认真落实《中层领导主办案件实施办法》，开展法制员交互跟班学习，依托自行研发的在线考试系统开展“每日一练、每周一测、每月一考”活动，增强民警学习法律知识的主动性。实行民警执法办案积分制，将积分情况作为民警评优评先、干部提拔任用的重要依据，在全局形成比学赶超的良好氛围。深入推进执法办案综合应用系统和公安监督管理信息平台建设，加强各执法环节网上流转，实现对执法活动的实时监督。主动引入外部监督机制，公开局领导、办案民警联系方式，建立与相关部门的联席会议和联合检查制度，完善公开听证、公开调解等制度，努力构建全方位、多层次、立体式的监督网络，确保公安机关严格执法、公正履职。

【构建合成作战体系】 立足“实战、实用、实效”目标，主动打破警种壁垒，加强横向信息传递，抽调力量成立以刑侦大队为牵头单位，综合指挥中心、网警、技侦、情报等部门的合成作战专班，负责合成作战体系的建设、运作。制订《合成作战中心工作机制（试行）》《合成作战中心工作规范（试行）》等制度，构建具有龙游特色的紧凑型合成作战运作体系构架。为合成作战中心开辟130余平方米的办公场地，建成数据保障功能区、研判分析功能区、视频应用功能区、情报会商功能区及网警作战室、行动作战室等四区二室，设有刑侦、经侦、禁毒等警种席位16个，确保形成打击合力。中心开始实体化运作以来，共查处案件线索141条，破获系列性案件10件，查明身份嫌疑人98名，抓获违法犯罪嫌疑人68名，追回赃款赃物价值27万余元。

图52 开展“护城河1号”集中统一行动

【优化街面防控布局】 以警务平台为依托，以警种融合为延伸，抽调城区派出所、交警、巡特警三个警种的部分警力建立“三警合一”勤务工作机制，探索建设一支集警情先期处置、治安巡逻防控、交通秩序管理等职能于一体的专业巡处队伍，最大限度优化警力资源配置，科学建立“1、3、5”快速反应圈（即1分钟见警、3分钟处置、5分钟打击的快速反应格局），在龙游县主城区构筑“棋盘布警、集约用警、动态布防、全时流动”的防控格局，有力提升接处警快速反应能力和治安立体防控水平，城区有效刑事治安警情同比下降10.51%，未发生街面械斗等严重影响社会治安的案件，交通秩序明显好转。继续在火车站、汽车站开展武装值守，不断提高重点区域的管事率、见警率。

【探索建立园区“三联机制”】 小南海派出所以提升服务龙游工业园区发展水平为目标，加强与园区管委会、模环乡政府的沟通协作，积极探索企业联防、村企联动、所队联勤的“三联机制”。实行企业联防，将相邻的10家企业划为一个单元格，将整个园区划为14个单元格，每个单元格设网格长，确定片区民警为网格指导员，通过指导员串联，形成“一呼百应”的整体防范格局，实现治安互助。实行村企联动，积极与模环乡政府对接，确定18个村企联动村，每个自然村确定1名村企联络员，负责村企之间矛盾纠纷的排查化解，配合公安机关做好流动人口和出租房屋的登记管理等工作。实行所队联勤，加强园区应急救援队沟通协作，制定应急救援大队队员到派出所跟班轮训制度，建立统一调度机制，有效提升所队协同处置效能。通过“三联机制”的运行实践，园区内有效治安警情同比下降19.6%，矛盾纠纷化解率达99.3%。

【“猎狐2015”专项行动】 2013年5月6日，龙游某公司法人代表胡某某因无力偿还巨额债务潜逃出境，造成部分债权人、供应商恐慌，多家与该公司相互担保的企业面临巨大还贷压力。5月7日，龙游县公安局及时介入并成立专案组，先后以胡某某涉嫌职务侵占、非法吸收公众存款等罪名予以立案侦查。两年多来，专案组成员辗转多地，锲而不舍，克难攻坚，经缜密侦查，收集胡某某的犯罪证据，发现犯罪嫌疑人胡某某共骗取贷款400万元，并向不特定对象非法吸收公众存款9538万元，造成存款人实际经济损失3348万元的犯罪事实。2015年4月9日，在上级公安机关的正确领导和指挥下，办案民警不辞辛劳，远赴希腊，成功将出逃境外的犯罪嫌疑人胡某某引渡回国，并在法定期限内将此案侦查终结，移送起诉，开浙江省公安机关境外猎狐先河。

【快速侦破“5·9”杀人分尸案】 5月12日上午，邵某（男，46岁，龙游人）报警，称其老婆李某（女，29岁，龙游人）9日晚上去唱歌，后电话关机联系不上，至今未归，怀疑其老婆出事了，要求处理。接到报警后，县公安局立刻组织相关警力，结合李某5月9日以来的活动情况及时开展走访调查，发现李某5月10日凌晨与一男子从龙游某KTV出来后一起进入城角坊一出租房，之后李某一直处于失联状态。经分析判断，推测李某疑似被害。掌握情况后，龙游县公安局立即启动疑似命案侦查机制，抽调精干警力组成专案组，全力开展侦查工作。通过大量的线索收集、分析，很快描绘出可疑男子体貌特征，成功锁定犯罪嫌疑人周某（男，41岁，龙游人）。5月13日，犯罪嫌疑人周某被抓获归案，在大量的证据和强大的审讯攻势面前，周某如实供述犯罪事实：5月9日晚，周某约受害人李某前往龙游一KTV唱歌，次日凌晨，两人回到其出租房内，其间两人因琐事发生争执并扭打，在扭打过程中，周某将李某杀害，并将其尸体肢解、抛尸，后逃离龙游。

（县公安局 郑波）

2011—2015年度龙游县刑事、治安案件统计

表12

年份	刑事案件		治安案件	
	发生（起）	破获（起）	发生（起）	破获（起）
2011	1792	797	4251	3740
2012	2839	1349	3709	3380
2013	2263	1100	4398	4287
2014	2237	1122	4861	4628
2015	2327	1151	3355	2959

检 察

【概况】 2015年，龙游县人民检察院在县委、上级检察院的领导和县人大及其常委会的监督下，在县政府、县政协以及社会各界的关心支持下，深入学习贯彻党的十八大和十八届三中、四中、五中全会及习近平总书记系列重要讲话精神，紧紧围绕全县经济发展大局，坚持用法治思维推进检察工作，认真履行宪法和法律赋予的职责，为龙游转型跨越发展提供强有力的司法保障。

图53 县检察院邀请人县大代表、政协委员等参加“检察开放日”活动

【刑事检察】 落实县委“基层社会治理创新年”活动要求，加大办案力度，确保社会秩序稳定。全年共办理审查批捕案件203件278人，办理审查起诉案件544件754人。立足服务大局，打击严重刑事犯罪，参与社会治安热点问题的集中整治。批准逮捕涉嫌故意杀人案件2件2人，审查起诉故意伤害案件53件68人、“两抢一盗”案件120件140人、毒品犯罪案件48件71人。审查起诉网络诈骗等涉网领域案件7件12人，审查生产不符合安全标准食品的案件2件2人，提高人民群众的安全感和满意度。推进环保检察、金融检察和知识产权检察等“三项检察”工作，审查起诉破坏环境资源案件11件35人、破坏金融秩序犯罪案件3件4人、侵犯知识产权案件3件15人。发挥侦查监督先导作用，提前介入重大疑难案件，做好引导侦查工作。开展逮捕必要性审查，坚持每案提审，严把刑事检察第一道关。贯彻宽严相济的刑事政策，因无逮捕必要不捕36人，因犯罪情节轻微不起诉50人。深化检调对接，做好不捕不诉案件说理和矛盾纠纷化解工作，全年经调解不诉案件13件19人，促进社会和谐发展。

【诉讼监督】 加强对立案、侦查行为的监督，共监督侦查机关立案11件11人，追诉漏罪漏犯15人次，其中被判处三年以上有期徒刑3件3人。向侦查机关发出纠正违法通知书4份。开展审判监督，提起刑事抗诉1件并获改判。加强对刑罚执行活动的监督，探索开展财产刑执行监督，对20名减刑假释人员财产刑执行情况进行监督。创建“五查一听一谈”社区矫正检察监督模式，提出纠正违法意见7件，有效减少和预防脱管、漏管问题。加强对行政执法行为的监督，办理行政执法监督案件12件，发出检察建议书12份，促进依法行政。发挥工业园区检察室监督平台作用，开展对辖区内“两所一庭”（即派出所、司法所、人民法庭）民事审判、刑事侦查、社区矫正工作的全面检察，拓展特色监督项目，开展对小额工程招标工作的监督，强化对县经济发展重要区域的法治保障。

【职务犯罪查办】 切实发挥检察机关在反腐败斗争中的重要作用，全面强化打击力度，服务经济社会发展。全年共立案查办职务犯罪案件19件26人，其中大案18件，涉及科级以上国家工作人员5人。重点查办信息化领域、工程建设领域职务犯罪窝串案13件20人。加大打击行贿犯罪力度，移送审查起诉行贿案件3件3人。注重打击民生领域渎职犯罪，查办滥用职权案件3件3人。大力加强信息化引导、精细化初查、专业化审讯、规范化执法的“四化”建设，着力提升侦查工作法治化水平。与多家单位建立信息查询机制，完善侦查信息库建设。强化信息研判，实现“以信息引导为先、证据引导为主”的侦查方式转型。建立上下级联动、内部协同的集约化侦查组织模式。依法文明办案，规范使用强制措施，提升打击职务犯罪的质量和效率。

【预防职务犯罪】 结合办案实践，总结分析职务犯罪特点、规律和发案原因，形成预防调查报告2份。以同步预防、典型案件剖析为抓手，针对职务犯罪窝案、串案反映出的系统性、领域性问题，向发案单位发出检察建议书2份。推进检察机关和乡镇（街道）预防协作共建工作，探索乡镇（街道）预防体系建设。全年提供行贿犯罪档案查询服务376次；开展预防警示教育讲课活动4次，有听课人员300多人次；向全县乡镇（街道）发放预防手册500余本，发放预防微电影光盘100余张。

【控告申诉检察】 落实下访巡访、检察长接待日等制度，引导群众在法治轨道上反映诉求，共办理群众来信来访86件。探索新机制新模式化解信访矛盾的路子，建成远程视频接访室，与省、市检察院接访室实现互联互通。首次以市、县两级检察院联合接访的形式，进行当面举证、涉法说理和公开答复，成功办结1起涉检信访案件。

【案管体系建设】 制定《案件管理工作实施细则》，明确案件受理报送、流程监控、案件评查、信息公开、涉案款物及文书档案管理工作责任。依托统一业务应用系统，开展对案件流程、办案期限、法律文书的动态监管。强化案件质量管理，落实办案责任制度、风险评估制度和案件评查制度，评查案件465件。加强个案质量把关，重大疑难案件提交检委会讨论，全年召开检委会12次，讨论案件43件。在全省率先建成集案件受理、信息查询及律师接待等职能于一体的“一站式”检察服务大厅，受理案件1207件，接待查询案件200余人，听取律师意见、接待律师阅卷63次。推进“阳光检察”，在案件信息公开网发布案件程序性信息958条、法律文书383份、重大案件信息14条。

【队伍建设】 扎实开展规范司法行为专项整治活动，针对存在问题推进项目化“挂号”整改。建立督促检查机制，对整改情况进行动态跟踪、实时检查、事后评查、定期通报。建立规范化的办案区管理和安全保障体系，严格执行传唤、拘传、押解、看管、搜查等环节的标准化流程，制定《涉案财物监督管理工作规范》。更新司法理念，依法保障律师会见权，落实犯罪嫌疑人身心监护、健康保障制度。认真开展“三严三实”专题教育和“信仰法治、守护公正”主题教育实践活动，强化以法治思维和法治方式推进检察工作的理念，按照全面从严治党的要求落实党组主体责任和纪检监察监督责任。加大立项监督和检务督察力度，保持正风肃纪的高压态势，推行面部识别、指纹考勤、绩效考核、廉政约谈等制度，杜绝慵懒无为、司法不公等问题，做到清正廉洁、公平正义、执法为民。通过专题业务培训、岗位实战练兵、组织控申轮岗接访、开展专题演讲比赛等活动，加强检察队伍的业务能力建设。4人被评为2015年度衢州市“岗位练兵标兵”；获集体三等功1次，1人获个人二等功，4人获个人三等功。

（县检察院 林建平）

2011—2015年度龙游县人民检察院主要检察业务统计

表13

主要检察业务	2011年	2012年	2013年	2014年	2015年
批　捕	194件272人	185件261人	216件285人	227件285人	203件278人
起　诉	313件432人	461件635人	456件526人	574件807人	544件754人
提起公诉案件	260件355人	413件515人	420件594人	470件641人	458件626件
立案查办贪污贿赂案件（件）	10	10	11	11	16件23人
立案查办渎职侵权案件（件）	1	1	2	2	3件3人
立案监督案件	8件8人	7件10人	17件17人	9件9人	11件11人

法 院

【概况】 2015年，龙游县人民法院在县委的正确领导下、在县人大常委会监督和上级法院指导下，深入学习贯彻党的十八大和十八届三中、四中、五中全会精神，牢牢把握“司法为民、公正司法”的工作主线，忠实履行宪法法律赋予的职责，各项工作取得新成效。全年收案6361件，审执结6252件，同比分别上升13.77%和12.57%，一线法官人均结案153件。二审改判发回瑕疵率、民事案件调撤率等关键性指标位居全市法院前列，获衢州市法院系统集体三等功。

【刑事审判】 全年新收刑事案件472件，审结441件，同比分别上升1.72%和下降3.71%。判处罪犯672人，其中判处3年以上有期徒刑96人。依法严惩严重危害社会治安的刑事犯罪，审结杀人、强奸、抢劫、抢夺案件11件11人；积极参与禁毒综合治理，严厉打击毒品犯罪，审结涉毒品案件50件66人；依法惩治贪腐犯罪，刑庭审理及审结包括原县药监局班子集体贪腐案在内的贪污、贿赂等职务犯罪案件15件18人。坚持依法从宽原则，对223名罪行轻、社会危害小的被告人依法判处缓刑。尊重保障被告人的人格与人权，落实被告人不穿囚服出庭受审的规定；为71名没钱请律师、可能被判处三年以上有期徒刑的被告人落实法律援助律师出庭辩护，三年以上辩护率达100%。积极开展未成年人刑事案件分案办理机制的试点工作，落实未成年人犯罪记录封存制度。

【民商事审判】 新收民商事案件3445件，审结3380件，同比上升24.91%和21.85%。简化程序，畅通农民工讨薪绿色通道，审结劳动争议、追索劳动报酬等案件66件。妥善审理涉民生案件，审结离婚、赡养、扶养、抚育等婚姻纠纷案件448件。着力规范市场交易秩序，审结买卖、租赁合同案件459件。加强诉讼调解，化解矛盾纠纷，调解或经调解后撤诉等方式审结案件2147件，民事调撤率65.12%，位居全市基层法院第一，其中交通事故案件的调撤率达91.79%。推进诉调对接，委托各类调解组织成功调解案件183件，办理人民调解协议司法确认275件，努力将矛盾化解在基层。

图54 县人民法院开展第二个国家宪法日宣传活动

【行政审判】 认真落实新修订的《中华人民共和国行政诉讼法》，新收行政诉讼案件33件，审结32件，同比分别上升175%和129%。加大行政案件协调力度，经法院协调，促成和解撤诉的占10%，促进行政争议实质性化解。注重行政执法与公民权益的平衡，按照“裁执分离”原则，依法审查准予执行行政非诉执行案件144件。坚持府院年度联席会议制度，向县政府提交《关于应对新行政诉讼法施行加强“法治龙游”建设的报告》，及时传递修法的主要精神和相关条文内容，两次邀请行政执法人员旁听庭审。积极开展新行政诉讼法普法宣传，编印《行政诉讼法百问百答》1000余册，发放给全县具有行政执法职能的行政机关，优化行政审判环境。

【执行工作】 新收执行案件2250件，执结2229件，同比分别上升8.12%和9.59%，执结到位标的额3.2亿余元。加大对被执行人的信用惩戒力度，2162人被纳入全国失信被执行人名单库，通过限制出行、限制融资等措施，迫使65名被执行人主动履行债务偿还义务。通过法院大楼前的大型LED显示屏和微信曝光“老赖”210余人次，促使43名被执行人主动到法院履行义务。会同公安机关建立本地协助查控机动车辆机制，落实24小时执行备勤机制，借助公安网上布控系统抓获被执行人100余人，23件案件全案执结。用足用好查封、扣押、冻结、拘留等各项执行强制措施，共对286人采取司法拘留措施，同比增加96.8%。高效开展查扣资产处置工作，委托评估拍卖、变卖的平均天数为20天，居全省基层法院第一名。

【服务大局】 妥善处理在“五水共治”“三改一拆”等方面引发的各类纠纷，依法严惩污染环境犯罪，审结被列为2013年度全国十大污染环境案件之一的公安部重点督办案件——金帆达环境污染案，向污染环境的企业开出8000万元的最高金额罚单。依法审查涉及土地违法、环境污染行政处罚案件11件，严格审查标准，规范审查程序，全部裁定执行；积极参与大南门历史文化街区保护改造工作，为县委决策提供法律服务。按照“分类甄别、有扶有破”的原则，对涉诉困难企业采取差异化处置方式，共审理各类涉企纠纷1278件，结案标的额11.74亿元。与县政府联合出台《府院联席会议暨企业破产重组工作会议纪要》，建立企业破产协调工作机制，合力推进企业破产重组工作。积极推进资金链断裂企业债权债务的清理，重点清理“僵尸企业”，对13家资不抵债的企业资产进行评估拍卖，为金融机构追回不良贷款5103.76万元。积极参与社会治理，2015年指导各类调解组织开展调解200余次，人民法庭参与乡镇综治例会30余次，与各乡镇综治、调解机构互动常态化。着力将涉诉信访纳入法治轨道，畅通省法院、最高法院的远程视频接访渠道，11起涉诉信访老案通过最高人民法院信访备案终结，涉龙游大酒店供货商等一批积案得到有效化解。坚持院领导接待日、日常接访、下访约访等工作制度，共接待群众来信来访304批615人。

【审判管理】 运用互联网和信息化的创新成果，促进司法审判网络化、阳光化、智能化。完成院审判庭的数字法庭高清化改造，庭审录像率达100%。推进庭审记录改革，以录音录像代替书记员庭审笔录，审理案件177件，有效提升庭审效率。推行简式裁判文书，已签发要素式裁判文书175份、令状式裁判文书245份。严格执行案件质量评查标准，共评查案件809件，发布评查通报5期，进一步提高办案质量和办案效率。推进诉讼案卷电子化工作，实现档案信息化管理一级达标。按“一人一案一账号”原则，推行新型诉讼费管理系统，实现诉讼费预收、结算、退费全过程的安全、便捷、高效。

【阳光司法】 进一步完善“三大平台”建设，借助法院官网、官方微博、微信公众号，努力打造阳光司法工程。扩大裁判文书上网范围，上网公布生效裁判文书1514件，向当事人发送《裁判文书上网告知书》1873份。全面推行司法网络公开拍卖，网拍成交价平均溢价率为28.09%，为当事人节省佣金280余万元。完善人民陪审员制度，人民陪审员参审案件429件654人次，一审陪审率达99.75%。广泛接受社会各界的监督，对“千名律师评法院”活动中发现的问题逐条对照整改，并举办新闻发布会2次，开展“公众开放日”活动5次，邀请社会各界代表300余人参观法院。

（县人民法院　黄马强）

2011—2015年度龙游县人民法院案件收结统计

表14

年份	刑事案件				民事案件					
	收案		结案		收案（件）			结案(件)		
	件	人	件	人	婚姻家庭继承纠纷	合同纠纷	权属侵权纠纷	婚姻家庭继承纠纷	合同纠纷	权属侵权纠纷
2011	269	378	268	377	573	1373	521	577	1382	520
2012	425	538	422	537	461	1226	538	466	1235	544
2013	423	605	425	593	457	1387	636	453	1341	655
2014	464	626	458	610	506	1582	769	505	1605	762
2015	472	648	441	634	514	2131	965	493	2002	941

司法行政

【概况】 2015年，龙游县司法局在县委、县政府的正确领导下，深入贯彻党的十八届三中、四中全会和习近平总书记系列重要讲话精神，巩固和深化党的群众路线教育实践活动成果，主动适应新常态，按照“‘两化’引领、创新实干”要求，以提升司法行政工作法治化水平为目标，加强执法规范化、服务专业化、队伍正规化建设，努力开创司法行政工作新局面，为“平安龙游”“法治龙游”建设做出新的贡献。

【提高矛盾纠纷化解能力】 加强人民调解组织建设，完善排查预防、案件分流、例会交流、学习培训等制度，提升星级规范化司法所和村级人民调解组织标准化创建；完善多元化化解矛盾纠纷机制，充分发挥人民调解、司法调解、行政调解“三调联动”和警调衔接、监地协作工作机制，合力化解各领域的矛盾纠纷。发挥“大调解”指导中心的指导、协调、督查功能，实现矛盾纠纷大排查、大调解的常态化运行。全年共排查受理各种矛盾纠纷13291件，调解12177件，调解成功11906件，成功率达97.7%。

图55 县司法局组织开展人民调解员培训

【完善村规民约】 以完善村规民约为推手，扎实推进基层自治。抓指导监督，提升乡镇、部门和村干部的重视程度，及时总结推广典型经验；促后进转化，指导完善村规民约内容，对执行不力的村镇进行分类排查，理清原因，强化乡镇（街道）对村规民约执行工作的监督指导力度；抓考核提升，开展“村规民约深化示范乡”和“居民公约修订特色社区”的创建活动，把好考核督查关，将推进村规民约纳入村干部年度履职考核。全县262个行政村、9个社区均完成村规民约的修订完善，并付诸实施，历年来，省、市级“民主法治村”巩固率达100%。将村规民约的修订完善与“民主法治村”创建相结合，提升创建层次，至年底，成功创建省级“民主法治村”9个、市级“民主法治村”41个。

【“六五”普法亮点纷呈】 法律“六进”（即法律进机关、进乡村、进社区、进学校、进企业、进单位）宣传效果显著，顺利通过“六五”普法验收。推进法律进机关，组织全县干部职工参加学法用法考试，参考率和合格率达98%和100%。推进法律进乡村，把农村普法作为推进新农村建设的重要抓手，通过农村文化礼堂、文艺“大篷车”和“农家书屋”等载体，将普法教育贯穿其中，并延伸到户，全年举办村干部法制培训班14期，受训干部1600余人次。推进法律进社区，组织开展广场周末和节日文化等活动，完善社区普法网络，共组织法律进社区7场次，开展法律宣讲3场，展出宣传展板61幅，举办法制文艺节目4场。推进法制进学校，深化法制班主任制度，开办法制课堂36讲，创办法制专栏510期，发放法律教育读本3.5万册。推进法律进企业，开展送法进企业活动6场，全县231家规模企业聘请常年法律顾问，占规模企业的90%。推进法律进单位，各单位按照要求制定学法计划，积极开展法律知识培训和社会公益宣传，利用电视、橱窗、报纸、公交等开展公益法制宣传61次。

【法律援助和公证服务】 健全法律援助服务体系，完善法律援助服务网络，切实做好法律援助工作。

开展“农民工讨薪”等法律援助专项行动，完善“应援尽援、绿色通道、专项行动、对接协作”的惠民机制，深化“免审查”“零等待”“预约上门”“点援”等服务举措，提升法律援助便民指数。关注未成年人、妇女、残疾人等弱势群体，开展“法律援助阳光助残”专项活动，开通“7881890”法律咨询热线，组织法律服务人员在线解答法律咨询，全年接待各类咨询1200余人次，提供法律意见或建议1340条，参与调解矛盾纠纷155起。全年办理法律援助案件458件，其中民事案件353件，刑事案件105件，受援人数463人，节约当事人诉讼成本190万元。完善援前调解工作实施办法，进一步明确援前调解案件的受理条件、受理原则和流程，对符合调解条件的法律援助案件，积极组织调解，减轻当事人诉累，全年共调解案件90余件，为当事人节约诉讼成本30余万元。积极服务“三改一拆”、旧城改造等重点工程。做好民间借贷抵押协议的公证工作，2015年办理各类公证1578件。

【提升法律服务水平】 建立“所所对接”服务制度，将律师事务所与司法所进行对接，发挥律师的法律专长，对司法所进行业务指导，促进司法所的规范化建设，提升司法所依法合理化解矛盾纠纷能力。律师事务所积极走进矛盾纠纷化解工作，提供法律意见，开展法律服务。完善律师轮流值班制度，为群众提供法律咨询服务，全年累计接待群众3490余人次。开展法律服务进园区活动，开展“法律体检”，帮助企业预防法律风险，为企业人员提供法律咨询，代写法律文书，开展法制宣传，全年接待咨询838人次，提供法律意见或建议710条，开展法制宣传22次。严格执行重大敏感性案件处置呈报、违规执行惩戒和诚信执业档案制度，及时查处违规违纪和投诉案件，全年接待、处理来访投诉7件，答复来信咨询1件。加强对乡村法律顾问工作的指导、监督和管理，规范和提升法律顾问工作的服务能力和服务质量。全县律师和法律工作者共担任法律顾问377家，代理诉讼3221件，代理非诉讼87件，调解124件，解答法律咨询12643人次，挽回经济损失约2.31亿元。

【社区矫正执法规范化】 编制《龙游县社区矫正执法规范化务实手册》，严格把关，依法开展审前调查、案卷归档、信息化管理、请假（迁居）、奖惩考核等。加强对社区服刑人员的日常监管，严格特殊时期请销假制度，强化信息化监管，实施社区服刑人员“面部＋指纹”电子化报到手段，建立社区矫正工作优劣评价体系和督查通报机制，对社区矫正的每个执法程序的规范性进行检查通报，提高监管水平。完善公检法司联合专项检查机制，对各司法所社区矫正执法情况、制度落实情况、重点人员的管控情况进行督查。2015年，龙游县累计接收社区服刑人员571人，解除矫正280人，累计警告处罚26人次，提请撤销缓刑收监执行3人。

【提升社区矫正监管信息化水平】 加快信息化建设，筑牢监管“防火墙”。社区矫正监管指挥中心投入使用，16个司法所统一安装监管指挥视频系统，实现省、市、县、乡镇（街道）四级联通，构建全天候、全时段、全过程监管体系，实行监管、指挥、督察、处置、教育、管理“六位一体”的运行模式，提升社区矫正信息化管理水平。进一步发挥手机定位系统、电子监控平台的作用，实施每日督查通报制度，随时掌控社区服刑人员日常动态。

【打造“龙游大妈”司法工作志愿者队伍品牌】 在“龙游大妈”调解员队伍基础上，组建龙游县“龙游大妈”社区矫正工作志愿者团队。与龙洲司法所协作，以社区为单位成立帮扶小组，走访社区服刑人员，开展教育谈心和困难帮扶，引导全社会关心支持社区矫正工作。参与调解家庭纠纷和邻里矛盾125起，调解成功120起，涌现出李建舟、陈继群、周森林、叶本立、李素花、童寿德、周土云7名“夕阳红”优秀调解员。

【成立县司法行政法律服务中心】 投入30万元，建成180多平方米的龙游县司法行政法律服务中心，提供人民调解、法制宣传、法律咨询、法律援助、司法鉴定等服务。健全维护群众合法权益机制，形成覆盖全县的法律维权服务网络，依法解决群众最关心、最直接、最现实的利益问题。充分发挥律师和法律服务工作者的专业优势，建立律师周一坐班制度，通过法律咨询、法律援助、诉讼代理等形式，履行社会职责，维护全县人民群众的合法权益。全年共受理法律咨询60余起，做到事事有落实、件件有回访。

【打造过硬司法行政队伍】 强化干事热情，提升履职能力。通过开展结对帮扶，提升服务水平；通过岗位练兵，提高综合素质；通过参与竞技，提升团队凝聚力。通过加强学习教育，严格遵守各项纪律，强化对权力制约监督，开展警示教育，加强党风廉政建设，筑牢防腐屏障。认真开展群众路线教育实践活动，开展整改落实“回头看”活动、司法行政系统纪律作风专项教育整改行动、“三严三实”专题教育活动，强化作风转变，提升全体干部职工群众工作能力、维护社会公平正义能力和拒腐防变能力，增强亲民、爱民、服务基层和服务社会的意识，提升服务水平。

（县司法局 邹敏辉）

2015年度龙游县人民调解工作基本情况

表15

人民调解单位	调解纠纷（件）								调解结果（件）				
	婚姻家庭	邻里	赔偿	劳动	土地承包	征地拆迁	房屋宅基地	其他	累计数			非正常死亡纠纷	疑难复杂纠纷
									排查	调处	成功	累计	累件
龙洲街道	11	22	2	1	1	—	6	10	768	753	751	5	5
东华街道	5	—	1	4	2	1	3	—	316	305	287	6	10
湖镇镇	6	1	4	—	—	—	8	—	370	332	320	7	7
小南海镇	4	8	4	—	2	—	3	5	409	409	409	8	9
溪口镇	4	6	3	—	—	—	2	—	248	248	248	9	13
塔石镇	5	25	2	—	—	—	—	1	644	644	644	3	3
横山镇	1	7	3	—	—	—	4	3	261	261	259	6	7
詹家镇	16	15	10	—	2	—	16	2	715	715	715	4	5
模环乡	2	11	2	—	—	—	3	—	364	354	334	—	1
沐尘乡	3	4	2	—	2	5	1	3	294	294	294	1	1
石佛乡	—	7	7	—	—	—	5	6	359	359	359	—	—
庙下乡	2	1	1	—	—	—	1	1	187	187	187	1	3
罗家乡	2	6	1	—	1	—	2	—	96	88	88	—	—
社阳乡	1	6	1	—	1	—	1	1	120	120	120	—	2
大街乡	—	14	1	—	—	—	1	2	226	226	226	—	—
工业园区	—	—	2	17	—	—	—	—	304	300	300	2	12
行业调委会	38	—	50	68	—	6	—	61	7610	6582	6365	—	33
合 计	100	133	96	90	11	12	56	95	13291	12177	11906	52	111

道路交通安全管理

【概况】 2015年，龙游县公安局交通警察大队紧紧围绕“降事故、保畅通、抓队伍、促平安”的工作目标，以政治建警为核心，以城区治堵和道路交通隐患整治为抓手，队伍建设和交通管理工作取得一定成效，为全县社会稳定和经济发展创造安全、有序的交通环境。全年纠正各类交通违法162789起，其中现场简易程序处罚63153起、一般程序处罚11109起、非现场处罚97600起；重点违法查处中，超速行驶15363起、饮酒后驾驶514起、醉酒驾驶117起、无证驾驶153起、客车超员2起、货车超载59起、违法停车29306起、违反标志标线21271起、行人及非机动车违法7266起；暂扣驾驶证431本，吊销驾驶证155本。交通事故接处警13246起，发生上报交通事故168 起，死亡36人，受伤194人，直接经济损失788600元，四项指标同比分别下降10.64%、0.00%、7.62%、0.54%。全年受理机动车各类注册登记业务2942辆次，办理摩托车年审4622辆、汽车年审10051辆。汽车科目一考试7642人，满分1059人，汽车、摩托车驾驶证初领10051人。县交警大队被浙江省公安厅评为2015年度省交通管理重点工作成绩突出单位，车管所被评衢州市“巾帼文明岗”。

【春运安全管理】 春运期间，共出动警力3428人次，出动警车1118辆次，启动春运检查服务站7个，累计查纠各类违法行为15113起。查处的重点违法中，超速行驶1614起、饮酒后驾驶24起、醉酒后驾驶12起、货车超载4起、违法停车4555起，对严重违法行为起到较好的震慑作用。

【交通秩序整治】 围绕“控大”（即预防控制重特大交通事故发生）和“零增长”目标，着力管理创新，实行交通管理精细化、智能化。积极落实早晚高峰岗勤务制度，推进主城区治堵、治违工作。深入开展校园周边交通秩序管理和校车安全隐患排查整治工作，有效维护城区道路畅通和校园周边的交通安全。圆满完成上级领导到龙游视察的交通保卫任务和县“两会”、全县干部大会、2015年亚太汽车拉力锦标赛中国(龙游)拉力赛等一系列活动的安全保卫任务。进一步开展城市道路严重交通违法行为的集中整治，开展常态化的非机动车、客运车辆、危化品车辆、黄标车等重点车辆专项整治，扎实推进各类专项整治的常态化管理，确保客运车辆违法和多次交通违法行为处罚到位，全力预防和遏制重特大道路交通事故的发生，确保县内道路交通安全、畅通、有序。

图56 湖镇中队春运服务站为返乡民工提供热情服务

【交通源头管理】 以营运客车、校车、危化品运输车三类车辆为管理重点，进一步完善教育管理双重机制。加大宣传教育力度，提高人民群众的交通法制意识，预防和减少道路交通事故。召开辖区各客运单位、危险品运输公司、幼儿园等重点运输单位的负责人会议，开展对客运车辆、危险化学品运输车辆、校车及重点驾驶人的全面排查和严格检测。加强校园周边交通秩序整治及学校接送车管理，组织警力在学生上学、放学时间的高峰岗执勤。

【交通隐患排查】 联合规划、交通、建设等相关部门，按照事故多发路口、路段，对全县进行一次全方位、无空隙、拉网式的排查摸底，确定交通安全隐患。共排查出农村客运班线隐患点50处、城区排查交通安全隐患点147处、树木遮挡的交通标志和交通信号63处，交通标志标线不一致26处、城区需复明的标线7922.78平方米、机动车行驶方向标线103个、菱形标志232个、“车让人”标识116个。

图57 在全县范围内开展“四小车”专项整治行动

【交通执法规范化建设】 围绕执法规范化建设，规范执法功能区使用，配备完整的执法执勤装备，进一步提高全体民警依法行政的能力和水平。加强对办案功能区使用的检查督促，合理配置警力，努力减少执法环节存在的安全隐患。组织民警开展法律知识学习，每月定期组织执法民警开展执法素质培训，举行岗位执法测试。进一步完善警力和防护装备配备，全年未发生因防范不到位而造成民警、协辅警受伤或执法对象非正常死亡等执法安全事故。交警大队全年共收到群众赠送锦旗、感谢信6次，有14人受到市县级表彰奖励。

【交通安全宣传】 以“五进”“爱心妈妈”“礼让斑马线”等活动为载体，以宣传交通安全常识为重点内容，以驾驶人、学校、企业事业单位为重点群体，全面开展交通安全宣传活动，全年共组织开展各类交通安全教育课76次，开展大型主题宣传10次。开设“‘珍爱生命 平安出行’龙游交警与您一路同行”电视宣传专栏，分别在龙游电视台新闻综合频道（曝光台）、生活娱乐频道等栏目播出。利用微博、微信等新媒体，结合天气、路况等信息及时发布微提醒、微警务5000条，网上回答群众各类咨询340余次，通过移动E管家等平台发送短信4000余条；利用广播、电视、报纸等传统媒体，发布宣传交通安全信息共计260余篇；编印《交警之窗》双月刊，每期发放给全县乡镇部门、企事业单位和人大代表共3000多份，大力普及交通安全法规。

【“2·22”重大交通事故】 2015年2月22日，李某酒后（经检测，李某帆血液中乙醇含量为120毫克/100毫升）驾驶浙H04***小型汽车从龙游城区驶往溪口镇灵山村，21时20分许，途经222省道17公里+0米龙游县溪口镇灵山村路段时，与行人李某、兰某发生碰撞，造成李某、兰某当场死亡的重大交通事故。

（县交警大队 倪宁峰）

2011—2015年度龙游县道路交通事故统计

表16

年 份	上报交通事故（起）	死亡人数	受伤人数	直接经济损失（万元）
2011	211	42	237	84.01
2012	210	40	236	83.51
2013	209	40	235	83.31
2014	188	36	210	79.29
2015	168	36	194	78.86

浙江省十里坪监狱

【概况】 浙江省十里坪监狱成立于1952年，地处龙游县湖镇镇境内，占地面积799公顷，2008年被司法部命名为部级现代化文明监狱。2015年，十里坪监狱紧紧抓住创建智能化现代文明监狱的主线，围绕“平安监狱”建设，以“两安、两化、五突破”为引领目标，坚持问题导向和效果导向，坚持“干在实处、走在前列”，践行“三严三实”，团结和带领民警职工聚精会神抓安全促发展，监狱工作取得可喜的成绩，基本完成年初制定的目标和任务。至12月底，监狱连续17年4个月无罪犯脱逃，连续16年7个月无重大安全生产责任事故发生，再创历史最好成绩。

【夯实安全基础】 全力推进监狱人防、物防、技防、联防“四防一体化”建设，构建设施完备、网络健全、制度完善、衔接紧密的现代立体防控体系，不断提升安全防控能力，完善安全督查体系和警务督查工作模式。启用监狱新指挥中心，对各现场管理情况进行全天候督查，切实强化民警的责任感、危机感、紧迫感。重点抓好监管安全核心制度的落实，深入开展夜间突击检查、安全隐患专项检查、集中攻坚整治、联合武警大清监等专项行动，建立责任清单，实行上墙销号式整治。加强狱情预警、预报、预测工作，全面实行狱情“日收日解”，及时发布狱情通报。加强安全生产工作，全面推进安全生产标准化创建工作。完成封闭物流装卸区建设，有效解决生产、仓储“二合一”问题，夯实安全基础。

【提升教育改造效能】 以“智能化、信息化”为依托，全面完成教育改造专网平台建设，建成第二关押点教育综合楼，电化教学、网络教学成为主流；开发建成个别谈话录音系统，完善个别教育工作管理和考评机制，全面推行走进服刑人员小组、走进服刑人员心里、走进服刑人员家庭的“三走进”教育模式；规范和深化出入监教育模式，完善中期教育，丰富“空中课堂”内容。2015年，监狱罪犯共获得劳动部门核发初级职业技术证书2619本，取得成人“双证制”初中毕业证书330本、高中毕业证书271本。推行教育管理包干责任制，制定出台《教育管理责任包干工作规定》。创新民警教师培养手段，在浙江省监狱系统民警教师微课比武中分别获得南片监狱决赛和总决赛一等奖。开展多场亲情帮教活动和主题教育晚会，全年举行大型文化集中展演1次、举办大型教育成果展1次、开展监狱级文化活动15次。组织春节、中秋、国庆3次大型亲情帮教活动，有318名罪犯和560名家属参加。帮助30名特困罪犯的家人获得“阳光助学”帮助。

图58 浙江省司法厅厅长赵光君到十里坪监狱指导工作

【规范执法管理】 全面应用执法管理系统，建成减刑假释办案软件工作平台，制定《浙江省十里坪监狱减刑假释呈报指导意见》，规范流程，统一尺度。认真落实执法责任制，加强执法督查，实现全年办案零差错。积极开展假释回访，全年累计与17个地方司法局座谈交流，对200余名假释的社区矫正人员进行帮教。制定《办案民警挂职实施方案》，派出民警到金华、云和司法局开展挂职交流。提高生活保障水平，月伙食费、防暑降温费、困难人员补助费等同比均有所增加。持续推进规范化分监区和伙房建设，努力改善生产生活环境；与金华中心医院、龙游人民医院等社会医院签订医疗合作协议，定期定时邀请专家进监狱巡诊。认真做好医疗保健和疾病防控工作，全员开展健康管理教育，健康教育普及率100%，有效保障罪犯合法权益。

【强化劳动改造职能】 全面建成监狱企业管理智能应用系统（简称ERP系统），有效推动生产信息化建设。积极开展QC攻关和质量信得过班组创建活动，多次获得省级、国家级的好成绩。积极开展从业人员岗位技能培训，选送28名民警到专业院校脱产培训学习。组织多个专项培训，400余人次参加培训。强化安全管理，完成厂房消防报警和喷淋系统的安装；投资引进管道天然气和蒸汽发生器，彻底解决锅炉、柴油等可能产生的安全隐患。在全省监狱系统2015年安全生产月活动中取得综合排名第一的好成绩。对四个关押点及生活区的污水进行统一纳管，并接入湖镇镇污水处理厂，实现污水统一处理。积极开展永久基本农田划定工作，开展新版监狱土地田亩图的修编工作，完成土地垦造工作。

【健全后勤保障体系】 坚持把保障改善民生作为重中之重，按照工会标准和要求，组织各类疗休养和职工体检，开展春节、国庆、中秋等集体慰问，看望和走访离退休人员，慰问住院和困难的民警、职工，落实备勤房相关政策，使民警职工共享监狱发展成果。警营文化建设扎实推进，成功举办首届全民健身运动会，组队参加省局举办的首届排球赛、足球联赛和龙游县第二届全民健身运动会，均取得好成绩。监狱工会获2015年度“省属监狱系统和谐工会创建优秀单位”称号。坚持做好健康管理工作，推行三级健康管理模式，积极协助民警职工解决就医问题。启用监狱新办公大楼，建成全省监狱戒毒系统首家示范数字档案室，编制完成监狱“十三五”发展规划。不断规范基建、招投标和财务工作，制定出台《施工管理考核办法》《监狱竞价采购办法》等多项制度，完成采购项目202个，实现资金安全运行。

【深化队伍建设】 深入开展“三严三实”主题教育，强化工作制度和纪律执行建设；常态化开展优化组合，实现从基层到机关的全员覆盖。深化实绩考评工作，完善评先、评优机制，大力开展“季度岗位标兵”“月之星”“监狱二十佳”等先进人物评选，强化民警责任心，激发队伍活力。加强对青年民警的传帮带工作，完善民警培训机制。举办基层民警“新常态下执法能力建设”培训，分线举办各类业务培训班，实现全员全覆盖。加强工人队伍管理，制定出台《工人考核实施细则（试行）》和《工人奖励性绩效工资发放办法》2项制度。

（十里坪监狱　傅晓敏）

2015年度十里坪监狱获得的省局级以上集体荣誉

表17

获奖荣誉	获奖单位	颁奖单位	颁奖时间
2014年度浙江省监狱系统安全生产四星级单位	浙江省十里坪监狱	浙江省监狱管理局	2015.02
2014年度浙江省监狱系统劳动改造现场规范化管理创优达标活动考评特优监区	浙江省十里坪监狱	浙江省监狱管理局	2015.02
2014年度浙江省监狱系统百日安全竞赛活动先进集体	浙江省十里坪监狱	浙江省监狱管理局	2015.02
2014年度东联集团公司先进集体	浙江省十里坪监狱	浙江省监狱管理局	2015.03
2014年全面质量管理知识普及教育先进单位	浙江省十里坪监狱	浙江省监狱管理局	2015.04
2014年度浙江省监狱系统“和谐工会”创建工作优胜单位	浙江省十里坪监狱	浙江省监狱管理局	2015.05
2014年度东联集团财务工作先进单位	浙江省十里坪监狱	浙江省监狱管理局	2015.06

浙江省十里坪强制隔离戒毒所

【概况】 2015年，浙江省十里坪强制隔离戒毒所认真贯彻习近平总书记系列重要讲话精神和全国司法行政系统戒毒工作会议、浙江省司法行政工作会议及全省司法行政戒毒工作会议精神，以“四区分离”为基础，在场所布局上分设生理脱毒区、教育适应区、康复巩固区、回归指导区，构建标识清晰、区隔明显、流转顺畅、布局科学的物理空间；以“四式管理”为特色，在教育管理上实行“生理脱毒区病房式管理、教育适应区军营式管理、康复巩固区校园式管理、回归指导区社区式管理”四项机制；以“五大专业中心”为支撑，在组织机构上建立“戒毒医疗、心理矫治、康复训练、认知矫正、诊断评估”五大专业中心的“四四五”戒毒模式。以“十百千”（即组织10场大型法治文艺演出、建设100个法治文化主题广场、建设1000条法治文化街）工程为抓手，完成全年各项工作任务。

【奠定戒毒模式定型发展基础】 结合“十三五”发展规划，进一步调整和完善场所布局。形成生理脱毒、教育适应、康复巩固和回归指导四个功能区域，并顺利通过浙江省司法局的达标验收，在全所形成标识清晰、区隔明显、流转顺畅、布局科学的物理空间。稳步推进机构改革，设立医疗康复科，探索完善戒毒医疗、心理矫治、康复训练、教育矫正和诊断评估五大专业中心建设，理顺内设机构职责，为戒毒工作提供专业技术支撑，凸显戒毒工作核心职能。组织全体民警开展《戒毒工作纲要》培训。健全规范“四区”管理制度，编制戒毒工作实操手册。对各单位的戒治工作按照任务绩效和管理绩效两大块进行细化量化考核，保障《戒毒工作纲要》有序运行。

【确保场所的持续安全稳定】 加强安全防范基础建设。每月组织“三好、六无”文明大队评比，每季度或每半年举行一次队列会操暨行为养成考核比赛，

图59 省委常委、常务副省长袁家军到十里坪戒毒所调研

提高戒毒人员的矫治意识和戒毒矫治的积极性、主动性。在改善日常伙食的基础上，2015年再拨款100余万元用于戒毒人员的伙食补贴。投入156万余元，在戒毒人员宿舍安装空调和空气能热水器，改善戒毒人员的矫治生活条件，促进戒毒人员安心戒治。不断强化动态研判、隐患排查、医疗卫生、应急处置等长效机制建设。实行安全隐患日检查、周通报制度，努力做到排查“零盲区”、隐患“零容忍”。建立二级病房、病残专区管理、集中治疗等为体系的病情分级管理模式。修订《戒毒场所“五重”管理工作规定》，健全重点项目日检查销号式管理和月重点工作考核等制度，不断提升安全保障能力。

【拓展戒治工作举措和成果】 完善心理矫治二级网络工作模式，修订、整合21个心理矫治工作制度，理顺工作机制。定期举办心理健康服务月活动，开展心理健康教育课堂化教学，进行入所心理健康评估及自杀意念筛查，提高戒毒人员自我心理调节能力，健全戒毒人员心理危机防范体系。建成3000平方米的室内康复训练馆，打造康复训练师团队，加强与浙江师范大学和龙游县体育部门的合作共建，有力推进康复训练工作专业化建设进程。坚持“平台+模块”的康复训练工作模式，稳步推进康复训练工作，改善和提升戒毒人员的体质。积极引进社会职业技术教育力量进所办培训班，开展“菜单式”教育，充实教育矫正工作力量。推进“一队一品”文化建设，开设“蛋雕”工坊和“羽毛画”工坊，丰富戒毒人员的矫治文化。成立家属学校，在金华、衢州等地区建立“多对一”“一对一”社会志愿帮教小组，提高戒治工作成效。

【强化戒毒工作保障机制】 建立安全生产日巡查机制，定期邀请龙游县消防大队官兵和浙江省安全生产科学研究院专家到戒毒所检查指导消防安全和安全生产工作。加大安全生产硬件设施的改造力度，积极开展各类安全生产专项活动，提升安全生产管理水平，实现第25个安全生产年。优化所部统一接单模式，通过建立客户开发激励机制，健全车间规范化管理的长效机制；开展星级流水线等生产组织管理考核评比、服装生产管理技能比武等形式，解决生产经营发展瓶颈。建立预算执行月报告制度，进一步提高预算执行率。按照“安全性、流动性、收益性”原则，完成2015—2016年度企业资金存放招标工作。严格落实采购制度，2015年共完成采购75项。完成资产配置610余件（套），完成6507件行政固定资产的清查报废工作，达到摸清家底、规范管理的工作目标。为满足戒毒工作转型发展需要，编制2015—2020年场所发展规划和全所“十三五”整体发展规划。实施“十百千”工程，有序推进四区分离、所内改造建设和续建基础设施基本建设项目。开展“五水共治”行动，完成全所污水纳管工作，进一步提升场所品位。

【提升民警队伍建设水平】 认真落实党委理论中心组学习制度和党支部“二五”学习会制度。开展“三严三实”专题教育和“两严”（即严纪律、严规矩）教育等系列活动，强化理想信念教育和纪律作风建设。通过党支部、团委和工会的成功换届，开展“争先进位，争创佳绩”系列活动和先进党支部、优秀共产党员、最美人物等先进典型评选，充分发挥先进典型的示范引领作用。探索分层轮训模式，开展民警分层、分级、分期培训，提升民警队伍综合素质和履职能力。运用“周说廉、月主题、年专题”教育载体，引导民警筑牢拒腐防变思想防线。开展廉政风险防控动态调整，深化廉政风险防控。常态化开展正风肃纪工作，建立群众监督员和党风廉政信息员制度，完善正风肃纪明察暗访、督办和通报等制度，组织开展物资采购验收等专项监察和日常督察。探索构建与当地公检法等部门的联系网络，实现所地警情共建，延伸对民警“八小时之外”的监督管理。制定《廉政约谈制度》，通过分层次全覆盖的廉政约谈，及时把握和解决民警队伍廉政思想中出现的苗头性、倾向性问题。

（十里坪强制隔离戒毒所 姜志军）

2015年度浙江省十里坪强制隔离戒毒所获得的省局以上集体荣誉

表18

获奖荣誉	获奖单位	颁奖单位	颁奖时间
2013—2014年浙江省禁毒工作先进集体	浙江省十里坪强制隔离戒毒所	浙江省人民政府办公厅	2015.01
2014—2015年度浙江省司法厅直单位先进基层党组织	浙江省十里坪强制隔离戒毒所九大队党支部、戒毒医疗中心党支部	浙江省司法厅	2016.01
2014年度浙江省监狱戒毒系统“三改一拆”“五水共治”成绩显著单位	浙江省十里坪强制隔离戒毒所	浙江省司法厅	2016.03
2014年度浙江省司法行政戒毒工作创新项目奖	浙江省十里坪强制隔离戒毒所	浙江省戒毒管理局	2015.01
2014—2015年浙江省“百日安全”无事故大队	浙江省十里坪强制隔离戒毒所六大队九大队	浙江省戒毒管理局	2015.01
2014年度省属戒毒系统工会先进集体	浙江省十里坪强制隔离戒毒所工会	浙江省戒毒管理局	2015.05
2014年度浙江省戒毒系统先进分工会	浙江省十里坪强制隔离戒毒所戒毒医疗中心分工会	浙江省戒毒管理局	2015.05
浙江省司法行政戒毒系统2015年度理论调研工作优胜单位	浙江省十里坪强制隔离戒毒所	浙江省戒毒管理局	2016.02
2013—2015年浙江省戒毒系统“五四”红旗团支部	浙江省十里坪强制隔离戒毒所第五联合团支部	浙江省戒毒管理局	2015.04
2013—2015年浙江省戒毒系统先进团支部	浙江省十里坪强制隔离戒毒所第四联合团支部	浙江省戒毒管理局	2015.04

武 装

概 述

2015年，龙游县的军事工作在龙游县委的领导下，以军事斗争准备为中心，紧紧围绕军民融合发展的战略思想，重点做好党管武装、民兵训练、兵员征集、国防教育和民兵参建工作，坚持举旗铸魂，突出整风整改，确保武装工作沿着正确的方向前进。武警部队全面落实“听党指挥、能打胜仗、作风优良”的强军目标，牢固树立科学发展理念，维护地方治安秩序，服务地方经济发展，铸造文明之师、威武之师的光辉形象。不断完善人防应急体系建设，人防宣传、人防设施建设与时俱进，取得新的突破。

人民武装

【概况】 2015年，龙游县人民武装部（简称“县人武部”）在衢州军分区党委和龙游县委的正确领导下，紧紧围绕浙江省军区、衢州军分区党委扩大会议精神和“十大工程行动”部署安排，坚持“抓大事、干实事、不出事”基本思路，抓基层打基础、保安全求发展。坚持高标准，探索新办法，围绕“稳中求进、进中出彩”的工作基调，突出民兵组织整顿、民兵骨干训练、民兵分队训练、兵员征集、国防动员、民兵情报网建设、车辆装备支前保障点建设等大项工作，坚持举旗铸魂，聚焦能力具备，突出整风整改，积极探索创新，狠抓工作落实，人武部建设呈现稳步向上、整体提升的良好势头。2015年，县人武部获浙江省征兵工作先进单位、衢州军分区“先进团单位”等荣誉，龙游县民兵应急连被浙江省军区评为“民兵应急连标兵单位”。

图60 浙江省军区副参谋长徐学清到龙游人武部调研“四队合一”工作

【龙游县武装工作会议】 为进一步加强党管武装工作，1月27日下午，龙游县召开2015年度武装工作会议。县委书记方健忠、县长刘根宏，分管武装工作的县委副书记、副县长，县人大和政协主要领导，县国防动员委员会成员单位领导，龙游工业园区管委会主任，各乡镇（街道）党（工）委书记、乡镇长、街道办事处主任、全体专武干部、部分民兵代表共91人参加会议。会议由县长刘根宏主持。会议表彰2014年度龙游县武装工作先进单位和先进个人；签订2015年基层武装工作任务书；县人武部部长韩建和对2014年度全县武装工作进行全面总结，肯定2014年度龙游县武装工作取得的成绩，并对2015年度工作进行部署。县委书记、人武部党委第一书记方健忠就进一步加强党管武装工作、推进国防后备力量建设全面发展提出三点意见：要充分认清当前我国面临的安全威胁，切实增强战略全局意识；要突出工作重点，不断提高党管武装工作的质量效益；要把握履职要点，努力形成党管武装工作的整体合力。强调要以“两个能力”建设为核心，深化国防动员和后备力量建设，使龙游县武装工作再上新台阶。

【县委常委议军会】 9月24日，龙游县召开县委常委议军会议。县委常委、人武部政委雷建明传达衢州市党管武装会议的主要精神，汇报2014年以来龙游县武装工作取得的成绩和存在的主要问题；会议研究县人武部提出的需要解决的具体问题，决定将2个主要问题提交政府和相关部门具体落实。县委书记、县人武部党委第一书记方建忠就如何开展好党管武装工作讲了三点意见：要提高思想认识，切实增强党管武装工作的责任感使命感；要把握工作重点，不断提高国防后备力量建设的层次水平；要坚持军地共建，持续推进国防后备力量建设健康发展。

【开展军地“双拥”共建】 结合纪念抗战胜利70周年，参加衢州市军旅书画、诗歌朗诵等系列活动，组织驻龙部队官兵参加龙游县全民运动会。集中走访慰问336名龙游籍现役干部亲属，协调龙游县慈善总会积极做好救助特困优秀退役军人的相关工作，2名特困退役军人分别获得2万元的最高等级救助。与石佛乡大力山小学结对，开展军民共建、捐资助学活动，累计捐助现金、牛奶、食用油共计1万余元。积极开展“走亲连心”下基层活动，深入乡村、深入农户家庭，开展扶贫帮困活动，与石佛乡上溪村5户特困家庭建立长期结对帮扶关系，“大双拥”氛围进一步浓厚。以开展“保护母亲河绿色行动”为载体，组织民兵参加龙游县“万人治污”大行动，全年累计组织干部职工、民兵预备役人员2600余人次参加抢险救灾、“五水共治”、汽车拉力赛安保、美化家园等活动，得到地方党委、政府和群众好评。

【落实民兵整组工作】 与2014年相比，龙游县基干民兵的人员结构更趋合理，整体素质有较大的提高。在龙游县委、县政府和衢州军分区党委的关心指导下，龙游县民兵整组工作以党在新形势下的强军目标为统揽，以中发〔2012〕9号、参动〔2013〕91号、浙委〔2013〕19号文件为指导，以做好大规模作战动员准备为牵引，围绕“三个转变”(即由储备后备兵员为主向成建制遂行任务转变、由人力密集型向科技密集型转变、由保障单一军兵种作战为主向保障)总目标，着眼“平时服务、急时应急、战时应战”的总体要求，聚焦“两个能力”提升，坚持两手准备、统筹推进，坚持深化改革、创新发展。4月初，民兵整组工作开始，分筹划部署、全面展开、检查验收三个阶段，在时间紧、人员少、任务重、矛盾多、要求高的情况下，高起点筹划，做到统筹兼顾、程序规范、突出重点，正确处理“工、学、训”矛盾。

【抓实军事骨干集训】 3月25日—31日，组织全县30名专武干部进行业务集训，先后完成民兵整组工作、征兵工作、民兵政治教育、基础理论、识图用图、战备规范化建设、轻武器分解组合、队列等8个课目的学习训练。专武干部基本掌握训练内容，达到学习业务、掌握技能、提高能力的目的。4月1日—3日，组织全县100名民兵连长（指导员）进行集训，通过理论授课、组织训练、迎接考核，完成军事理论、队列训练、业务辅导、重难点问题研讨等课目。5月26日—6月9日，在浙江省军区和衢州军分区的统一安排下，组织15名高炮炮手、测手等民兵骨干分2个批次参加全省跨区联训。通过强化训练和考核验收，提高专武干部、民兵干部的政治素质、军事素质和组织基层武装工作能力。

【深化民兵情报信息网建设】 为规范龙游县民兵情报信息工作，适应新形势下履行使命执行任务的需要，深入贯彻军分区民兵情报信息网建设试点观摩会的精神，以应对多种安全威胁、完成多样化军事任务为牵引，以灵敏、快捷、高效地获取情报为核心，以及时掌控辖区动态为目标，按照“调整布局、拓展力量、转变职能、完善机制、加强保障”的要求，4月，结合民兵整组工作，重新调整民兵情报队伍，并组织业务培训，规范民兵情报网运行，深化民兵情报网的规范化建设。

【抓好县属应急连训练】 5月24日—30日，组织县属民兵应急连水上救援分队、森林防火分队、应急维稳分队参加应急救援训练。通过扎实有效的训练，提高全县民兵应急分队遂行多样化军事任务的能力。5月30日，部长韩建和带领机关干部对各单位各科目的应急救援训练进行考核验收。

图61 民兵应急分队开展防火演练

【迎接衢州军分区国防动员综合检查考评】 4月至7月，根据衢州军分区的要求，高标准做好迎接国防动员综合检查考评的相关准备工作。协调龙游县委、县政府及相关部门重新调整龙游县国动委员会、“八办”和战时指挥机构，充实人员；完善2012年以来国防动员战时行动等方案，补充相关数据，完善台账资料，进一步夯实龙游县国防动员工作机制。

【人武部应急连器材室改造】 县人武部党委高度重视应急连器材室改造工作。以大规模人武动员检查为契机，以江山现场会做参考，围绕浙江省军区、衢州军分区的要求，本着有利于战备、有利于快速反应、有利于训练、有利于改善存储条件的原则，在库房高度紧张的情况下，为县属应急连腾出库房3间，投入经费20万元，购置应急连所需器材，高标准完成应急连器材室的建设任务。

【完成车辆装备支前保障点建设】 2015年，浙江省军区给龙游县人武部下达车辆装备支前保障点建设任务。部领导高度重视，主动对接县科技局、县交通局和部分企业，做好协调工作。8月，着手车辆装备支前保障点建设，经过反复论证，科学选定龙游长运公司等5家汽车修理厂为龙游县车辆装备支前保障点建设单位，精选维修人员25名（含队长1人），成功签订征用人员和器材的相关协议，组织针对性的训练和演练。10月，龙游县车辆装备支前保障点建设顺利通过省军区装备处的考核验收。

【强化后勤装备管理】 认真落实后勤装备管理制度，改进管理方法，健全监督机制，向管理要效益、要保障力。坚持党委管财、理财制度，修订完善财务管理规定，建章立制，堵塞经费使用漏洞。坚持勤俭节约，开展节约一滴水、一度电、一升油、一分钱的群众性“四节”活动，精打细算，做到花小钱办大事，把有限的经费用在军事斗争准备上。加强与地方政府的协调，坚持阶段性地向地方党委、政府汇报、请示工作，及时与地方财政部门沟通联系，争取地方党委政府和财政部门的支持。突出军事斗争准备和机关正规化建设中的保障工作，采取“从业务经费中挤一点、从家底中拿一点、向地方政府要一点”的办法，完成机关战备正规化建设，并对营院环境和办公楼设施进行整治。

（县人武部 吴丹）

人民防空

【概况】 2015年，龙游县人防办认真贯彻落实省、市人防工作会议精神，紧紧围绕“战时防空、平时服务、应急支援”的使命，以推进应急应战能力建设为重点，加强指挥体系建设，开展形式多样的人防宣传教育，推进人防工程建设，圆满完成年度工作任务。

【人防指挥体系建设】 抓好通信岗位练兵。通过短波电台，每周三按要求准时与衢州市人防办联通；启用视频会议系统高清摄像头，完成指挥车卫星设备系统的升级；参与市人防办组织的指挥车机动拉练，跨越4省，行程达1000公里，开阔了眼界，检验了设备性能，锻炼了队伍的实际操作能力；参加“浙江金盾2015”演习，熟悉作战文书的拟制流程。加强防空警报管理，与警报器厂家技术人员定期对全县所有的警报器进行检查维护，及时排除故障，保证“5·12”和“9·18”警报试鸣完好率、鸣响率达到100%。抓好训练演练，在“5·12”防灾减灾日及“9·18”国防教育日，组织社区1000余名市民及人防教育学校4000余名师生开展应急疏散演练，检验应急预案，提高自救互救能力，锻炼基层人防队伍。提升重要经济目标单位的防护能力。全县一、二级重点经济目标单位均组建人防机构，明确相关职能，并按照人民防空训练考核大纲及市人防办的要求，组织相关重要经济目标单位开展信息防护专业队的演训。

【基层人防队伍建设】 在方门街社区开展民防志愿者培训活动，为社区居民和民防志愿者介绍家庭应急工具的功能和使用方法，组织民防志愿者参加训练，培训急救技能。在清廉社区成立随时可用的民防救援队伍，在履行应急救援职能的同时，注重服务民生，承担起防空防灾知识宣讲、夜间巡逻保卫、矛盾纠纷调解等职责，为社区平安做出贡献，充分体现基层人防队伍在宣传、服务中的重要作用。

【人防宣传教育】 人防宣传教育注重经常性、集中性、多样性、实效性，实现人防“五进”（即进机关、进学校、进社区、进党校、进网络）和“新五进”(即进市场、进商场、进菜场、进广场、进车站)等宣传活动常态化。重点抓好“3·1”国际民防日、“5·12”防灾减灾日、“九一八”事变纪念日等重要时间节点的宣传教育活动，通过多形式、多渠道的宣传，突出宣传的实效性，在人防宣传教育上取得较大进展。在“3·1”国际民防日开展民防进小区宣传活动，在东园小区展出图板10余块，发放防灾宣传手册300余份，同时还组织干部职工到小区开展义务劳动，打扫卫生，发送民防公益短信10万余条。在“5·12”防灾减灾日，县人防办与气象、水利、交通、消防等部门在荣昌广场联合开展防灾减灾宣教科普活动，展出防灾宣传展板100余块，发放防灾宣传资料5000余份，发送防灾警报试鸣短信10万余条。“九·一八”事变纪念日，县人防办在学校、社区开展爱国主义教育，发送防空警报试鸣短信。

图62 县人防举办“十二五”规划建设成果展

【人防“十二五”规划建设成果展】 与龙游电视台合作，制作人防民防知识公益宣传片，在每晚黄金时间播放。在《今日龙游》刊登人防民防方面的专题文章，扩大人防、民防宣传教育的效果。宣传内容贴近民生，采取群众喜闻乐见的方式，在社区开展人防宣传知识竞赛、人防运动会、人防文艺演出等活动。10月，在县文化馆剧场举办以“人防‘十二五’规划建设成果展示”为主题的文艺晚会，吸引大量市民观看，使人防宣传工作既生动活泼、又深入浅出。

【严格工程建设审批程序】 至年底，审批结建工程建设项目1个（嘉溢鑫城），建成人防地下室面积2156平方米；审批兼顾人防工程建设项目1个（人民广场综合改造利用工程大润发龙游店），兼顾人防面积13440平方米；办理人防质监项目3个（灵江家苑、年年红游客中心、人民广场综合改造利用工程大润发龙游店）共16912平方米；办理易地建设项目审批9个，收缴易地建设费130.5万元，做到应建尽建、应收尽收。

【人防工程精细化管理】 通过深化人防行政审批制度改革和权力清单、责任清单的梳理，优化了审批程序，简化了审批手续，规范了审批制度。至年底，所有人防行政审批事项均采用统一的文书格式，提高审批效率，所有审批事项均在法定时间内完成审批；通过建设网上政务服务和网上互动处理平台，实现人防“阳光审批”；通过改进工作作风，落实首问责任制，实行窗口“微笑服务”，当企业来办理人防审批事项时，积极主动提供服务，耐心细致地解答各类问题，告知注意事项，减少企业来回办理的次数，减轻企业负担。抓好对在建人防工程的质量监督，在工程施工前，召集建设单位、施工单位、监理单位等各方责任主体进行质量监督交底，明确各方责任和质监程序，落实人防工程建设规范和强制性标准，并对各道工序中有人防特殊要求的部分进行特别强调，避免在施工过程中发生错误；在施工过程中，对钢筋、管道、预埋件、模板、防护设备、混凝土等工程实体质量及工程文件、现场管理、各方责任主体的质量行为等情况进行全方位监督和检查，对暴露出的问题要求限期整改，随时复查，保证人防工程的建设质量。

【引入社会资金建设人防工程】 开工建设龙游县首个引入社会资金建设的兼顾型人防工程（人民广场大润发龙游店综合改造利用工程）。该工程有地下二层，其中地下一层为商业用途，地下二层兼顾人防，兼顾面积为1万多平方米，平时用于停车，战时用于人员掩蔽，建成后可提供车位300个，将大大缓解当地交通拥堵和停车难问题。

【室外人防教育基地建设】 建设室外人防教育基地1个，并挂牌应急疏散场所及人防综合训练基地。基地位于湖镇三叠岩，距龙游县城约12公里，交通便利，地处群山环抱之中，自然环境优美。基地占地13.33公顷，各项功能齐全，人防教育展示厅、资料室、防护器材库、会议室、多媒体教室、餐厅、宿舍等设施俱全，可容纳200人用餐住宿。另有4000平方米的室外训练场，各种训练器材齐全，可训练应急救援、逃生等技能。

（县人防办 郑方明）

龙游县消防大队

【概况】 2015年，龙游县消防大队共接警出动664次，出动警力5066人次，抢救疏散人员80人次，保护财产价值500万元，成功处置“9·7”杭金衢集装箱货车着火事故。急难险重的任务检验了大队官兵“能打仗、打胜仗”的能力，受到县委、县政府的充分肯定，得到人民群众的高度赞扬。

【基层消防组织建设】 推动乡镇（街道）落实《衢州市乡镇（街道）消防组织建设标准》，明确人员职责，确保机构设置、人员配备到位，实现消防工作站的实体化运行。推动龙游县人民政府加强龙游工业园区、湖镇镇、溪口镇3个专职消防队建设，有效增队强伍的保障能力；龙游工业园区专职消防队按照正规化、规范化建设的要求，严格落实各项执勤备战制度，提高专职消防队的日常管理水平，不断提高专职消防队伍的业务素质和协同作战能力，为园区及周边消防安全发挥应有的作用。全面推广消防安全网格化管理信息系统的运用，完成乡镇（街道）消防安全网格员业务培训，确定乡镇（街道）消防分管领导、消防工作站站长、信息员及各行政村网格员系统账号，实现基础工作信息化、网格排查常态化、隐患督查整改流程化。

【劳动密集型企业消防安全专项治理】 全县各乡镇（街道）在督促企业消防安全自查自纠的基础上，有针对性地开展网格化排查，摸清辖区劳动密集型企业的数量、规模、性质以及行政许可等基本情况，完善基础台账。共排查劳动密集型企业99家，并建立花名

图63 开展消防安全检查

册，印制消防安全责任告知书和检查记录表等资料，与99家劳动密集型企业签订责任状，并于3月底顺利通过市、县消防安全委员会的阶段性验收。

【新一轮重大火灾隐患挂牌整治】 在2015年度全县重大火灾隐患排查整治中，发现龙游卫宝厨卫有限公司、龙游皇龙养生会所、龙游金钻娱乐会所等3家单位存在重大火灾隐患，报县公安局提请县政府进行挂牌督办，县政府于3月9日下发同意批复。其中，劳动密集型企业龙游卫宝厨卫有限公司被列入省级挂牌的重大火灾隐患单位，龙游皇龙养生会所、龙游金钻娱乐会所被列为县级挂牌单位。

【夏季消防安全检查】 贯彻落实“5·14”全国夏季消防检查视频会议精神，认真吸取河南省平顶山市鲁山县康乐园老年公寓“5·25”特别重大火灾事故的教训，切实加强夏季火灾防控工作。通过层层部署，发动全县各乡镇（街道）、部门积极开展本辖区、本行业系统内的火灾隐患检查整治工作。6月1日，组织全县15个乡镇（街道）及相关部门主要领导参加全省消防安全委员会成员单位（扩大）视频会议，会后立即召开续会，部署夏季消防安全检查工作。印发《龙游县夏季消防安全检查行动方案》，进一步明确夏季火灾隐患整治的八类重点责任部门，明确各级政府、行业部门、公安消防及社会单位的责任。各乡镇（街道）结合辖区实际，制定检查方案；县消防大队分别与县住建局、县教育局联合发文，部署开展施工工地、校园安全夏季检查行动。共开展各类检查行动10余次，检查单位120多家，发现并督促整改各类隐患80余处。民政、教育、住建、商务、市场监管、文广、旅游、卫生、安监、电力等行业部门出台行业消防安全管理标准和工作制度，部署行业消防安全检查，对行业系统相关人员开展消防培训。

【建立消防定期联络制度】 夏季行动期间，加强业务指导，强化部门间协同配合，推动落实民政部门对养老服务机构、民宗部门对宗教活动场所、教育部门对学校（幼儿园）和培训机构、住建部门对施工工地、商务部门对商场、市场监管部门对市场，文广部门对文化娱乐场所与文物古建筑、旅游部门对星级宾馆、卫生部门对卫生医疗机构、安监部门对易燃易爆单位、电力部门对电力设施等的行业监管责任。督促各单位完成自查自纠，建立健全消防安全制度，加强用火、用电管理，落实巡查、检查制度，及时消除火灾隐患。指导有关单位明确专人看护老弱病残等缺乏自理能力的人员，并配备报警设施和疏散逃生设施。对检查中发现的问题依法督促整改，对难以整改的重大火灾隐患提请政府及时协调解决、对非法经营或不符合消防安全条件的单位通报相关部门依法取缔。

（龙游消防大队 陈久彬）

武警衢州市支队四大队

【概况】 2015年，武警衢州市支队四大队（简称为“武警四大队”）在武警浙江省总队、衢州市支队党委和龙游县委、县政府的正确领导下，坚持以强军目标为统领，以G20杭州峰会安保任务为牵引，坚决贯彻上级党委的部署要求，坚持稳扎稳打、实干苦干、固本图强和保持清醒、补齐短板、勇创先进的目标思路，注重打基础，持续抓经常，全力保稳定，圆满完成以执勤处突为中心的各项任务，部队建设得到全面发展。站在改革强军新的历史起点上，大队官兵认真贯彻《军队基层建设纲要》，全面落实“听党指挥、能打胜仗、作风优良”的强军目标，铸牢强军之魂，扭住强军之要，夯实强军之基，继续追寻前辈的英雄足迹，继承前辈的光荣传统，牢固树立科学发展理念，与时俱进，开拓创新，不辱使命，以更加优异的成绩铸造文明之师、威武之师的光辉形象。

【组织建设】 大队党委牢固树立“打铁还需自身硬”的建队观念，不断强化看齐意识、树立看齐标准、落实看齐要求。按照“统思想、强班子，打基础、强作风，谋发展、强内涵”的工作思路，开展党员队伍“两学一做”活动，严格落实干部理论学习制度，领会首长精神、提高思维层次，推动工作，指导实践。3个中队支部班子调整后，大队党委根据新主官转变快、动力足、经验缺等实际，加强“面对面”指导，“手把手”帮带。率先开展“戴党徽、亮身份、树形象”活动，引导广大党员牢记自己身份，牢记自身职责，坚持模范带头，强化党员意识，树立党员形象，发挥党员的先锋模范作用。把严格落实组织生活制度作为加强自身建设的首要环节，加强组织建设，发挥组织功能，增强党委的核心领导作用。开展党委班子岗位练兵活动，着眼增强党委班子的战斗力、凝聚力和创造力，建设过硬队伍，以职责使命为牵引，以本职岗位为平台，以练好四个基本功为主要内容，以经常性自学自练、应用性集中培训、检验性评比竞赛为基本方法，兴起岗位练兵热潮。组织士官阶段考核，安排优秀士官巡教，召开士官讲评会，树立“文武双全”司务长易桃庚和爱警精武标兵张勇军、吴国相等先进典型，推选4名优秀士官担任代理排长，促进士官队伍建设。深入贯彻落实武警总部、浙江武警总队的两个“1号文件”精神，通过全面检查、全面整改、全面规范、全面提高，狠抓部队管理，严格落实“五同三带头”（“五同”指部队领导与战士同吃、同住、同劳动、同操练、同娱乐，“三带头”指部队领导带头保持政治坚定和思想道德纯洁、带头淡泊名利和正确对待个人进步、带头讲纪律和守规矩的）制度，做好表率；对不良风气敢于较真碰硬，不插手基层敏感事务，公平、公正处理入党、

图64 武警四大队组织先进事迹报告会

考学、选晋士官、评功评奖等问题，营造风清气正的政治生态。全年发展党员17人，选送5名考生、11名技术兵，初选士官28名，评选优秀义务兵15名，均按步骤、依程序选举推荐，做到上下满意服气，提升部队建设的层次和质量。

【政治工作】 坚持把思想政治建设摆在部队建设首位，突出举旗铸魂，着力抓好引领。紧密联系担负任务、所处环境和官兵思想实际，加强教育引导，确保官兵能经受住复杂环境和繁重任务的考验，始终做到绝对忠诚、绝对纯洁、绝对可靠。组织官兵认真学习党的十八届五中全会精神和习近平主席系列重要讲话，坚持党对军队的绝对领导，依法从严治军。扎实开展改革强军系列教育活动，严密组织建党、建军纪念日庆典和“我与改革同行”征文活动，坚持把专题教育和群众性自我教育结合起来，坚定中国特色社会主义的道路自信、理论自信、制度自信，确保官兵高举旗帜，听党指挥。丰富官兵文化生活，发挥部队文化娱乐设施齐全的优势，经常性开展官兵喜闻乐见的文化活动，缓解官兵的工作压力，陶冶情操。认真学习习近平主席关于培养新一代革命军人的重要指示，采取集中辅导、小课串讲、课后讨论等形式，指导各中队立足自身实际，着力把大道理讲透、把小道理讲实、把歪道理驳倒。开展“军人样子大讨论”，收集感动警营的小故事，用身边人、身边事教育感召官兵，树立起新“四有”革命军人的标杆。编辑《G20峰会战斗小报》，鼓励战士拿起手中的笔，记录任务

前和任务中发生的人和事，让小报成为官兵自我教育的一个重要平台。

【职责使命】 践行能打仗、打胜仗的要求，深入研究新环境、新任务的特点和规律，加强勤务管控，开展战法研究，官兵遂行任务的能力素质不断提升，各项任务圆满完成。先后成功处置1起犯罪嫌疑人利用监外交接之际脱逃事件、2起车祸救援案件和1起天然气管道泄漏事件。坚持科技强勤，对大队执勤系统进行全面升级，大队勤务值班室按标准配置监控电视墙、综合指挥控制台、执勤器材柜，建立通信、监控和执勤指挥系统，配备网络控制、报警、应急照明、语音对讲等器材，勤务值班室具备视频监控、有（无）线通信联动报警等功能。坚持以勤务法规为依据，全面规范执勤秩序，加大执勤检查的监督力度，切实治理执勤隐患，确保执勤目标绝对安全。为适应新形势下执勤工作的需求，在地方党委、政府和监狱部门的合力支持下，全面启动执勤正规化、战备规范化、管理精细化等“三化”建设，构建严密的执勤防范体系。

【军事训练】 始终把军事训练作为提高战斗力的根本途径，依据军事训练考核大纲，狠抓人员、内容、时间、质量、摩托（飞行）小时、弹药、教练员、训练场地的八落实，提高军事训练质量。着眼能打仗、打胜仗的要求，坚持从实战需要出发，从难从严训练，提高官兵遂行多样化军事任务能力。培养、树立训练典型，把具有发展潜力的战士送到特战队摔打磨炼，把最优秀的班长骨干送到特训队升温淬火，充分发挥尖刀效应。注重加大军事训练奖惩力度，与评功评奖、职务晋升相挂钩，营造“训练有为、训练有素、训练有功”的氛围，培养官兵过硬的军事素质和优良的战斗作风，强化部队战斗力。坚持训练服务中心的导向，落实勤务训练，提高哨兵应急处置能力。着眼执勤新情况新问题，协调各中队修改完善方案课件，新制地形沙盘，开展勤务法规学习活动，从源头上规范执勤秩序。

图65　军事训练

【开展拥政爱民活动】 模范践行全心全意为人民服务的宗旨，平时服务，战时应急，始终捍卫人民群众的根本利益。弘扬拥政爱民的光荣传统，与驻地人民同呼吸、共命运、心连心，视人民如父母，把驻地当故乡，如龙游中队邀请战士梅山的父亲给官兵授课，在官兵中引起强烈反响。利用“三互”（即互学、互帮、互管）和“三帮一带”（即帮思想进步、帮技能提高、帮身心健康、带优良作风）等载体，广泛深入开展谈心活动，注重解决官兵的实际困难。薛海军、邓卫、张开智等同志住院期间，大队专门派人看望慰问。十一中队战士张义昌父亲因病去世，家庭条件艰苦，中队官兵主动为其捐款7000余元。在做好本职工作的同时，积极参与地方“三个文明”建设，全年义务植树2800余株；帮助学校开展国防教育，19名官兵被地方学校聘请为校外辅导员，军训学生2000余人次；开展“学雷锋、树新风”活动，为贫困学生捐款8000余元；参与清扫道路、清理垃圾、清除“牛皮癣”等活动。深入开展警民共建活动，被龙游县委、县政府评为“警民共建先进单位”和“双拥活动先进单位”。

（武警四大队　魏国晴　沈伟峰）

社会事务与社会生活

概　述

2015年，龙游县加快以保障和改善民生为重点的社会建设，创新社会治理，办好民生实事，维护社会和谐稳定。全县财政总收入18.7亿元，其中一般公共预算收入12.7亿元，年均分别增长15.9%和16.8%。完成固定资产投资146亿元、社会消费品零售总额116.3亿元、外贸进出口总额4.6亿美元，较2010年分别增长1.8倍、1.9倍和2.2倍。加大社会保障力度，落实各项社保政策，推进社会救助规范化建设，健全低保标准动态调整机制，城乡居民养老保险高龄补贴有所提高。实施全民参保登记，基本养老、基本医疗保险参保人数分别达到19万人和28.9万人，城乡低保实现动态调整下应保尽保。建成社会福利中心，成功创建全国残疾人社区康复示范县。开展被征地农民基本生活保障接转职工基本养老保险工作，全年共办理2515人。推进“老农保”向城乡居民社会养老保险转换工作，全年办理“老农保”向城乡居民社会养老保险转换851人。完善医疗保险基金总额预付制度，将人次人头比列为城乡居民基本医疗保险基金总额预付的重点核定指标。加大临时救助力度，开展慈善救助工作，救助困难群众15723人，发放救助金6004.64万元。全年为296名残疾人提供技能培训，新安置残疾人就业65人。为300余位老人检查身体，给他们送去一份关爱。

人事管理与人才工作

【概况】 2015年，龙游县人力资源和社会保障局认真抓好人事招考、人事管理、工资调整、军转干部管理等各项工作，注重政策制度的规范化建设和人事管理、人才引进的创新性工作，稳妥推进机关事业单位工资改革、职务与职级并行制度实施工作。按照“公开、公平、公正”原则，认真组织实施公务员、事业单位工作人员、“大学生村官”的公开招考工作。

【人事考试标准化基地建设】 与龙三中合作，完成能够容纳2000人，配备监控、广播、空调等相关设施的人事考试标准化基地，双方签订合作协议，明确义务与责任，建立健全人事考试工作机制。

【人事招考】 公务员、事业招录（聘）人数均创历史新高，招录公务员76人（含选调生“村官”2人），招聘事业人员326人。策划制作《“走出去、引进来”龙游县“抢才引智”吸纳优秀人才》专题片，并在龙游电视台连续播放，宣传龙游县提前招聘教师和卫技人员工作。

【机关事业单位工资改革】 按国办发（2015）3号、浙人社发（2015）78号、浙人社发（2015）55号文件精神，做好7882名机关事业单位在职人员的基本工资调整和3692名离退休人员基本离退休费的调整。按省定部分地区津贴补贴托底标准，研究制定龙游县机关工作人员津贴补贴和事业单位工作人员绩效工资调整方案，并稳妥实施。

【职务与职级并行制度实施】 在充分调研的基础上，严格按照上级文件精神，结合龙游县实际，研究制定龙游县公务员职务与职级并行制度实施意见，并完成第一批职级晋升人员的审批工作。完成《龙游县公务员非领导职务晋升有关问题的思考与建议》课题调研报告的撰写，为龙游县修改完善公务员非领导职务晋升办法提供决策参考。

【“吃空饷”问题专项治理】 根据《关于开展机关事业单位“吃空饷”问题集中治理工作意见的通知》（国办发〔2014〕65号）和国务院电视电话会议及全市机关事业单位“吃空饷”问题治理工作会议精神，集中时间、集中精力狠抓“吃空饷”问题专项治理工作，取得较好的阶段性成果，清理一批“吃空饷”人员，并按要求及时将有关情况上报衢州市机关事业单位“吃空饷”问题治理工作领导小组办公室。

【组合式赴外招聘模式】 创新“重点院校组合一般院校、主导专业组合一般专业”的组合式赴外招聘模式。全年共组织以特种纸产业为主的46家次企业赴外举办专场招聘会7场，为合肥工业大学、四川大学、南京林业大学、南昌大学、陕西科技大学等8所高校提供就业岗位600余个，共达成求职意向380余人，现场签约49人，本科以上学历占65%，其中研究生9人（重点院校研究生6人）。

【专业技术队伍建设】 进一步规范专业技术职务评聘工作，组织企业职称社会化评审5次，其中中级1次，通过106人；初级4次，通过217人。初定初级专业技术资格5次，通过147人，推荐初定中级通过7人。做好各系列专业技术人员职务的推荐申报工作，年度各系列取得高级职称人员80人，中级职称人员3人，初级职称人员65人；全年开展专业技术人员继续教育14期，培训1483人。

图66 龙游县举行校地合作“制浆造纸大专班”开班仪式

【借脑引智工程】 征集“115”人才课题（项目）35个，做好国外智力引进力度。3月，帮助新西帝公司引进法国企业精细化管理专家Jean Pierre，开展为期半个月的现场指导。牵头引进高端人才4人，建设博士后科研工作站、市级专家工作站等平台3家。至年底，已申报国家项目2个、省级引智项目5个，另外补充申报项目4个，共计11个，已执行项目5个（其中3个为自聘的经济技术项目，2个为文教专家项目）。

【高校毕业生就业促进工作】 重新公布35家龙游籍未就业高校毕业生就业见习基地，组织开展各类招聘活动，集中挖掘和提供一批适合毕业生的岗位信息。大力加强网络信息服务，开发运用微博、微信、手机APP等服务新模式，提升就业服务专业化、精细化水平。组织有培训意愿的毕业生参加相应的职业培训和技能鉴定，组织有创业意愿的毕业生参加创业培训，提供政策咨询、开业指导、跟踪扶持等创业服务，落实创业担保贷款及贴息、税费减免等各项创业扶持政策。对零就业家庭、城乡低保家庭、农村贫困户、残疾人等就业困难的未就业高校毕业生建立专门台账，提供“一对一”就业指导和帮扶。对未就业毕业生跟踪服务、落实政策，将帮扶就业等情况及时补充更新到实名信息数据库中，做好动态管理。

【学历教育尝试】 引导企业“外引内培，引培并举”，不断提升人才队伍的专业素养和学历水平。2

月，举办制浆造纸技术成人大专班开班仪式，并进入正常教学，完成第一学年面授教学任务和期末考试。依托奥鹏远程教育中心，与电子科技大学合作举办的“机械设计及其自动化”专业专升本班已完成录取工作。

（县人力社保局 官磊）

劳动就业

【概况】 2015年，龙游县劳动就业工作坚持把保障和改善民生放在更加突出的位置，稳中求进，扎实工作，就业创业工作有序开展。全县实现城镇新增就业5609人，完成目标任务的160.26%；失业人员实现再就业2299人，完成指标任务的143.69%，其中就业困难人员再就业627人，完成指标任务的169.46%。创业培训216人，完成指标任务的196.36%。失业保险净增参保人数950人，完成指标任务的172.73%。城镇登记失业率3.02%，低于4%控制指标。农村公益性岗位进村率达到100%。

【大学生创业园建设】 总面积达8300多平方米的龙游县大学生创业园和大众创业孵化基地装修完毕，12月底投入试运营。通过首届创业创新大赛，征集创业创新项目133个，评选获奖项目92个，整理编印《全民创业启示录》，开发农村电商示范点3～5个，营造创业创新氛围。评选出的优秀项目中，已有16家企业申请入园，并签订入驻协议书。

图67 龙游县首个大学生创业园正式开园

【扶持政策系统化】 梳理历年就业创业政策，编印成《就业再就业工作手册》。拟订《龙游县人民政府关于大力支持大众创业促进就业的意见》（征求意见稿）和《龙游县人力社保局、财政局关于印发〈申领创业贷款贴息等创业就业专项资金实施办法〉的通知》（征求意见稿），并对贷款贴息、创业补助、培训补贴、社保补贴、岗位补贴、就业创业服务补贴等就业创业专项资金进行精细测算。给予大学生创业园、大众创业孵化基地等不超过每年50万元/家的运营补助,给予乡镇电商服务中心不超过10万元/家和村级人力资源和社会保障服务站（电商服务站）不超过5000元/家的运营补助等。

【培训培养程序化】 举办全县村干部、“大学生村官”及协理员电子商务创业培训，共180余人参加。围绕县重点产业，先后指导帮助伊利乳业、华飞轻纺、禾川科技等9家企业开展岗位技能提升培训，977名在职职工通过培训取得了相应的职业资格证书。开展农民转移就业培训。举办龙游县首期高级月嫂培训班，有47名学员参加培训，经过考试与评选共产生10名“金牌月嫂”。

【招工求职服务平台建设】 强化就业失业动态监测，定期发布人力资源供求状况。做好就业网改版建设工作，完善拓展就业网的功能，提供全方位的自助服务，重点开拓在线求职、在线招聘、网络招聘会等功能，已建成并投入试运行。开设“龙游就业”微信公众号，为企业用工和劳动者求职提供更便捷服务。成功举办2015年春夏两季大型人力资源招聘会、生猪转产转业专场招聘会、女工专场招聘会、伊利乳业专场招聘会等10余场次招聘会，累计有625家次用人单位进场招聘，4.4万余名城乡劳动者进场求职，达成就业意向1.2万余人次。协助伊利、大盛、茗皇、天天虹、捷马化工、维达、德洲五金等企业到杭州、义乌参加招聘会，提供个性化招工服务，帮助企业引进县外人力资源。

【劳动保障监察工作】 完善农民工工资清欠工作长效机制，在建立联席会议、查处拒不支付劳动报酬案件衔接、应急周转金管理、劳动保障监察网格化管理等各项机制基础上，制定《龙游县欠薪隐患企业约谈工作办法》和《龙游县联合处置建筑领域欠薪工作办法》，印发《关于开展农民工工资支付情况专项检查的通知》，首次以县委、县政府名义出台《龙游县防范处置劳资纠纷群体性事件工作办法》。按照“属地主管、行业监管、部门联动、综合施策”的原则，加大劳动监察日常巡查和专项检查力度。共办结欠薪案件225起，追发、补发工资1243万元，涉及劳动者1928人，其中处置群体性欠薪案件8起，向公安机关移送拒不支付劳动报酬案件1起。

【劳动人事争议调解仲裁】 研究集体争议特别是重大集体争议发生的特点、原因和未来趋势，提出重大集体争议处理总体要求和指导原则，探索重大集体争议处理的具体程序要求，稳妥及时化解重大集体争议。新建总面积65平方米的仲裁庭，累计投入资金40万元，率先在浙西地区配备了全套数字化庭审设备，实现庭审数字化。共处理各类劳动争议案件198起，结案197起，结案率为99.5%；涉及劳动者521名，立案标的金额1770.4万元，结案标的金额1019.5万元；以调解方式结案130起、撤诉结案17起，案件调解率为74.6%。

【建立仲裁、监察工作联动机制】 将县仲裁院和县劳动监察大队的办公地点搬迁到交通更便利的县就业局二楼。11月，两科室联合处置2起集体欠薪案件。仲裁和监察发挥各自优势，联合介入，相互配合，相互协调，对维护社会公平正义、保护劳动者权益起到重要作用。

（县人力社保局 官磊）

社会保障

【概况】 2015年，龙游县社会保障以机关事业养老保险改革工作为重点，稳步推进养老保险各项制度的衔接工作，对全县机关事业单位在职人员和离（退）休人员的基本信息和工资信息进行采集录入。继续开展被征地农民基本生活保障接转职工基本养老保险工作，全年共办理2515人。推进“老农保”向城乡居民社会养老保险转换工作，办理“老农保”向城乡居民社会养老保险转换851人。完善医疗保险基金总额预付制度，将人次人头比列为城乡居民基本医疗保险基金总额预付的重点核定指标。

【提升社会保障水平】 完成21692名2014年12月31日前退休（退职）人员基本养老金调整工作，并于2015年3月20日前发放到位，月人均增加245.60元，调整后月人均养老金水平为2007元。调整被征地农民基本生活保障待遇，从2015年1月1日起，基本生活保障金月增加7.5元，基本生活补助金增加标准按缴费标准同比例下浮，全县调整3620人，月增加待遇支出2.76万元。做好城乡居保基础养老金的调整工作，全县调整63900人，月增发待遇127.8万元。调整村主职干部养老保障补助标准，全县共计调整997人，月发放金额增加7.08万元。调整城乡居民养老保险高龄补贴标准，从2015年1月起，城乡居民养老保险高龄补贴从30元/月调整为50元/月，共调整高龄人员9699人。

图68 龙游县召开低保试点工会议

【开展全民参保登记】 龙游县全民参保登记工作于2014年11月25日在罗家乡试点，2015年1月23日起在其他14个乡镇（街道）全面铺开，至年底，已将11.18万人的参保信息录入系统，完成率100%。初步建立起覆盖全县城乡居民的全民参保登记信息库和动态管理机制，有效推动参保扩面工作。

【职工养老保险扩面征缴】 根据上级相关文件精神和要求，制定2016年度职工养老保险征缴工作实施方案，召开全县各乡镇（街道）和各相关部门主要负责人和分管领导参加的工作动员大会，对2016年企业职工养老保险扩面征缴工作进行安排部署。印发各类宣传资料，利用报纸、电视、网络等各种宣传工具，走进企业，开展《社会保险法》《浙江省社会保险征缴办法》等社保知识宣传，增强企业和职工的参保意识，为2016年度职工养老保险征缴扩面奠定基础。

【创新经办服务模式】 职工医保和居民医保经办管理实现经办场所统一、经办流程信息统一、医保管理制度统一、财务管理统一，构建城乡一体的医保体系。4月，着手推行以“分段把关、分工负责、相互制衡、协调高效”为目标的“柜员制”经办模式。通过梳理业务流程、重新设置科室、设置系统权限、完成内控制度等多项举措，稳步推进“柜员制”建设。社保档案电子影像化和业务经办一体化系统于7月1日正式上线。在一楼服务大厅，新增社保信息自主查询系统和一机双屏服务，方便参保人员自主查询个人社保信息。挑选2个社区和6个行政村作为业务延伸试点，开展业务进社区（村）试点工作，共梳理出办结业务和代办业务34项，并下放到8个试点，10月底开始试运行。

【加强社保基金监管】 出台《龙游县社会保险业务操作规程》《基本医疗保险意外伤害医疗费用结报有关规定》等文件，开展各类社保基金内控稽核检查，采取加大定点医院监管、进行专案稽核、聘请法律顾问等措施，有效预防基金运行风险，共挽回保险基金损失11.17万元，拒付涉及违规的32家定点医院医疗费用85.45万元，退回66人次不可列入基金支付范围的医疗费用100万元。

【工伤预防制度和工伤认定流程】 完善工伤预防工作计划、龙游县工伤事故预警通报制度、工伤事故预警信息制度、龙游县工伤预防奖惩考核机制、龙游县工伤预防联席会议制度等一系列规章制度，采取企业约谈、职工约谈等方式，掌握制度执行情况，对工伤发案数较高的行业和单位进行重点督促。2015年，龙游县工伤发生数和发生率均大幅下降。根据全县工伤发案和处理的实际情况，对中国人寿龙游支公司派驻县人力资源和社会保障局的工作人员加强管理，注重协调，从受理、调查、认定、送达一系列环节进行分析，广泛听取基金监督科等其他科室的意见建议，完善报案、送达制度，规范调查核实行为。

（县人力社保局 官磊）

民政工作

【概况】 2015年，龙游县民政局紧紧围绕“两化引领，创新实干”主题，坚持“以民为本、为民解困、为民服务”的工作宗旨，以法治理念为统领，以服务和改善民生为主线，以创新社会治理为载体，以提升社会服务为抓手，发扬求真务实、攻坚克难的优良作风，突出工作重点，加快转型升级，积极构建现代民政新格局，圆满完成年初既定的各项任务。县烈士陵园改造提升项目被市民政局评为创新型项目。民政事业整体工作取得明显进展，得到省、市民政部门的充分肯定，龙游民政的整体形象得到有效提升。被浙江省民政厅评为2015年度考核先进单位；获衢州市民政工作考核第二名，被市民政局评为2015年度高效型团队；获省水库移民工作考核优秀县荣誉，在市移民工作考核中列全市第一名。获龙游县“2015年度最满意单位”荣誉，被评为建设“平安龙游”先进集体、安全生产工作先进集体、“消除4600”暨结对帮扶工作先进集体、县政协提案办理先进单位。

图69 省民政厅副厅长罗卫红到龙游县调研民政工作

【社会救助】 以贯彻国务院《社会救助暂行办法》《浙江省社会救助条例》精神为抓手，充分发挥社会救助兜底保障功能。在全县15个乡镇（街道）深入开展低保入户调查工作，在塔石镇审慎开展低保规范化管理试点工作，提请县政府出台《关于开展龙游县城乡居民最低生活保障规范化管理工作的通知》，制订《龙游县城乡居民最低生活保障制度实施细则（试行）》，全面开展低保规范管理工作，对低保申请、审核、民主评议、审批、公示、发放等程序进行规范明确，至6月底，全县城乡低保户数从2014年年底的8426户减少到4377户，低保人数从2014年底的10470人减少到5664人，基本制止人情保、关系保、合户保等现象。围绕全县消除家庭人均收入4600元以下贫困户中心工作，开展低保扩面工作，按照合法、合理的原则，慎重确定扩面对象。全县有家庭人均收入在4600元以下农户9277户共14980人，其中纳入低保4628户共6658人，纳入重残补助有593户共1114人。至年底，全县有城乡低保6879户共8870人，人数占比为2.2%。及时提高低保标准，城镇低保从每人每月540元提高到612元；农村低保从每人每月389元提高到459元。修订《龙游县城乡困难居民医疗救助办法》，明确职能部门医疗救助职责，合理扩大救助对象范围，把低保边缘户、经县级以上人民政府确认为见义勇为者、享受健康补贴的百岁老人等群体纳入救助范围，加大对困难群众的救助，鼓励社会正能量，提高救助标准。加大临时救助力度，开展慈善救助工作，至年底，救助困难群众15723人，发放救助金6004.64万元，其中低保救助金3964.53元、医疗救助1027.73万元、 临时救助442万元、慈善救助500.38万元。同时，在15个乡镇（街道）设立“一门受理、协同办理”窗口，建立家庭经济状况核对信息平台和社会救助信息管理系统，实现乡镇（街道）受理，网上审批，方便救助困难群众，提高工作效率。

【防灾减灾】 抓好“5·12”防灾减灾宣传周宣传工作，印发《关于做好2015年防灾减灾日有关工作的通知》。牵头组织以“科学减灾，依法应对”为主题的全国第七个防灾减灾日活动，由县人防办、公安、国土、水利、卫生、安监、气象等13个部门在荣昌广场联合开展专家咨询，讲解防灾减灾政策知识，向来往群众宣传防灾减灾的相关知识，共发放宣传资料8000余份，陈列展板100余块。继续推进避灾安置场所标准化、规范化建设，提高灾害应急管理水平及救灾物资保障能力。全县新建村级避灾安置场所24个，向上争取补助资金70万元。至年底，全县累计建成县级避灾安置场所1个、乡镇（街道）级避灾安置场所15个、社区（村）级避灾安置场所96个，创建全国综合减灾示范社区5个、省级综合减灾示范社区7个。完善防灾减灾应急预案，全面开展避灾安置场所的检查工作，完善应急预案，提高防灾水平。有序开展防灾减灾工作，下拨避灾场所补助款90万元，解决冬令期间灾民和特困群体的基本生活。积极应对台风、洪涝等自然灾害，做好救灾救济工作，全年紧急转移安置78人。

【“双拥”工作】 牵头组织开展节日拥军优属慰问活动。在元旦、春节和“八一”期间，走访慰问衢州军区、驻龙游部队和71名“三属”(指烈属、因公牺牲军人遗属、病故军人遗属)、残疾复员军人、困难优抚对象，发放慰问金和慰问品共计28.14万元。对全县22名抗战老兵进行走访慰问，为他们发放抗日战争胜利70周年纪念章和每人5000元的生活补助金。落实《龙游县现役军人立功奖励实施办法》，为65名三等功获得者发放奖励6.5万元；为78名优秀士兵发放奖励1.56万元，共计8.06万元。9月30日，组织开展全国第二个烈士纪念日公祭活动，县四套班子领导、

图70 2015年退役士兵接收登记

民主党派人民团体负责人、学校师生、驻龙游部队官兵、烈士遗属、机关企事业单位干部职工、离退休干部等社会各界代表400余人参加纪念活动。做好溪口镇救人英雄傅志霄的烈士申报工作，向傅志霄烈士家属颁发烈士证明书，号召广大干部群众以傅志霄为榜样，用实际行动践行社会主义核心价值观，传承中华美德，共同维护社会和谐稳定。有序推进烈士陵园项目改造提升工程，包括革命烈士纪念馆修建、烈士陵园环境改造提升，至年底，纪念馆主体工程已基本完成。

【优抚安置工作】 全年共发放优抚安置保障经费1130万元，其中安置金520万元、优抚金440万元、烈士褒扬金及其他170万元。开展残疾军人和警察伤残鉴定和申报工作，为全县252名残疾警察残疾换发新的残疾警察证。认真组织2015年度带病回乡人员和部分参战人员认定工作。统计并发放义务兵家庭优待金340万元，共为100名高学历参军青年一次性发放奖励50万元。全年共补助复退军人住院医疗费90余万元，安排临时补助120余人次，发放临时补助资金10万余元。完成133名退役士兵的接收工作，其中秋季退役士兵95人、冬季退役士兵38人。组织开展退役士兵职业技能教育培训工作，举办汽车维修及驾驶技术、维修电工、淘宝大学、计算机、电焊与维修等免费职业技能培训，参加培训101人，全部学员均取得职业技能等级证和毕业证。根据县有关单位、乡镇（街道）的实际需要“设岗招人”，为全县35人实现就业需求，针对转业士官专设公益性岗位，基本解决转业士官帮扶就业问题。

【婚姻登记和收养登记】 积极创建AAA级婚姻登记机关。7月，投入资金110万元，对占地面积600平方米的新婚姻登记处进行室内装修，努力营造A级服务环境、A级服务品质。投入经费2万元，购置工作服，统一着装，挂牌上岗，确保婚姻登记依法规范、便民高效。实现婚姻登记档案规范化管理，2015年前的婚姻登记纸质档案全部移交档案馆统一管理。全年办理结婚登记3011对，其中补办结婚登记357对；办理离婚登记1105对；补领结婚证1285对，补领离婚证65本。依法办理收养登记29例，补领收养登记证1例。

【民政执法】 完善干部教育培训制度，在坚持行政执法资格全省民政系统统考制度的基础上，积极参加市民政执法支队举办的专题培训，全面提升民政执法人员的综合素质和服务水平。在全国法制宣传日，开展民政法律、法规和规章的宣传活动。成立县殡葬管理工作领导小组，召开全县深化殡葬改革和规范殡葬秩序专项整治工作会议，对全县深化殡葬改革和规范殡葬秩序专项整治工作作具体部署。通过电视、报纸、广播和手机等向全县群众宣传殡葬改革知识，制作殡葬知识专题节目，刊登殡葬改革知识，发送20000条殡葬改革宣传标语，编印《殡葬改革工作动态》简报，为全县殡改工作营造良好的氛围。编制《2015年龙游县乡村公益性墓地建设规划》。开展“三沿五区”（“三沿”指沿铁路、沿公路、沿通航河道两侧，“五区”指水源保护区、文物保护区、风景旅游区、住宅区、开发区）专项整治，在调查摸底的前提下，于8月31日前由各乡镇下发“三沿五区”违规坟墓整改通知书，采取生态化改造的方法进行整治，并全部整治到位。开展墓具市场专项整治，组织召开全县墓具制售业主培训会议，与市场监督管理局联合下发《关于开展丧葬用品市场专项整治的通知》，与全县20家墓具制售厂（店）业主签订承诺书，促进墓碑市场管理有序健康。全年下发“三沿五区”坟墓专项整治补助资金153万元，落实2015—

2019年乡村公益性墓地建设补助资金2462万元。

【区划地名工作】 认真开展第二次全国地名普查。制定《龙游县第二次全国地名普查实施方案》，成立工作领导小组。作为第二次全国地名普查信息管理系统建设试点县，率先开通龙游县地名信息管理系统。对区域范围内的地名及相关属性信息进行全面调查、补充和更新。基本摸清全县20多年地名变化情况，建立完善地名数据库，共采集12类地名信息5053条，采集地名多媒体信息2600多条，较好地完成省定的地名普查阶段性任务。加强地名文化建设，着手《龙游县地名志》编撰工作，开展千年古县、古镇、古村落申报工作，挖掘、搜集优秀地名文化故事，做好“寻梦乡愁——浙江地名文化之旅”采风活动，配合做好《大地有名》纪录片摄制组在龙游的资料收集、拍摄工作。扎实开展行政区域界线联合检查，巩固完善行政区域界线管理长效机制，深入推进平安边界建设。

【基层组织建设】 在全省率先开展《村规民约》《社区居民公约》修订完善工作，创新“一规三制”模式（即全面推行新版“村规民约”，创新“三民工程”服务机制、“调解先行”平安机制、“乡风文明”评议机制），坚持法治、德治、自治相结合，全面推行新版村规民约。通过召开现场会、扩大宣传、精制范本等形式，规范完善全县262个行政村的村规民约，新版村规民约村民参与度和知晓率均在95%以上，助推“五水共治”“三改一拆”等中心工作，夯实平安建设基础，形成贺田村、寺下村、浦山村等一批颇有特色的典型。加强社会工作专业人才队伍建设，强化社会工作专业培训，推动社区工作者向专业社会工作者转型，提高社会工作的专业化、职业化水平。全县已有有专业社工服务机构7家，19人持有社会工作职业水平资格证书。

【开展城市社区调整】 按照“规模适度、尊重历史、方便群众、服务至上”的原则，将龙洲街道原红星、兴龙、清廉、阳光、方门街5个社区调整为红星、兴龙、城角坊、阳光、方门街、翠光、清廉7个社区。出台《关于在全县村（社区）实行工作准入制的实施意见》，切实解决社区牌子多、考核评比多的问题，减轻社区工作负担。出台县委文件《关于进一步完善工作机制切实加强城市社区建设的实施意见》，形成有人办事、有钱办事、有地方办事的保障机制，新招录用社工20名，县财政社区经费投入由每百户居民每年6000元增加到10000元，增长40%。

【社会组织直接登记工作】 探索“政社分开、权责明确、依法自治”的现代社会组织体制建设，全面开展行业协会商会类、科技类、公益慈善类、城乡社区服务类等四大类社会组织直接登记工作，严格年检和评估工作，探索一业多会机制。至年底，全县共有社会组织304家，其中社会团体150家，新增10家；有民办非企业154家，新增35家。

【移民扶持】 围绕壮大村级集体经济、乡村休闲旅游、移民文化等县委、县政府中心工作谋划移民项目。共安排移民项目167个，安排资金4975万元。其中创业致富项目50个，安排资金2346万元；乡村旅游及移民文化项目6个，安排资金185万元；基础设施项目111个，安排资金2444万元。实施一批重点创业致富项目，安排1323万元为大沃口村等龙南7个整体安置移民村购置物业用房，为街路村、新建村等7个移民村建设物业用房，增加村级集体经济收入；安排315万元，抓好罗家乡缪家黄茶研发中心、东华街道街路移民茶叶加工园区建设，形成浙西最大规模的示范辐射项目；安排100万元，打造50个移民电商村，发挥电商促进移民增收的效能；结合乡村休闲旅游，安排资金185万元培育“美丽移民村”6个。强化项目监管，规范移民项目资金运行，开展2006—2014年水库移民项目专项资金检查，加强移民项目监管，确保移民资金安全运行，做好信息化建设。制定出台《关于建立水库移民项目工程审计办法的通知》《关于完善水库移民项目资金县级报账制的通知》，进一步规范移民项目资金的使用，强化乡村两级对移民项目资金的监管，得到浙江省移民办领导的肯定并在全省推广。在全县15个乡镇（街道）建成水库移民项目管理系统，实现移民项目监管系统化、信息化、高效化。认真梳理并督促历年未结报项目，共结报移民项目120个，拨付资金3000万元，收回不符合实施要求的移民项目42个，收回资金610万元。在政策把关、实物调查、移民安置、项目对接等方面，服务好红船豆水利枢纽工程建设和游埠水利枢纽、高坪桥水库建设的前期工作。

（县民政局 吴敏）

老龄事业

【概况】 2015年，龙游县老龄工作委员会（简称“县老龄委”）扎实推进养老服务体系建设，深入开展孝亲敬老系列活动，认真开展“敬老月”活动，全县老龄工作取得新进展。至年底，全县有养老机构12家，其中县福利院1家、农村敬老院9家、民办敬老院1家。全县共有社会养老床位数2665张，每千名老人拥有机构床位31.5张；有城乡居家养老服务照料中心205家，新增71家，覆盖率达75.4%。城镇“三无”（即无劳动能力，无收入来源，无法定赡养、抚养、扶养）人员和农村“五保”（即保吃、保穿、保医、保住、保葬或孤儿保教）人员集中供养率分别达到100%和93.09%。全县有百岁老人20名。

【加强社会养老体系制度建设】 制定出台《龙游县居家养老照料中心建设运行管理办法》《龙游县居家养老照料中心建设运行资金管理办法》。贯彻落实《养老机构设立许可办法》《养老机构管理办法》，结合龙游实际，制定出台《龙游县敬老院管理细则》，对养老机构的服务范围、服务协议、服务内容及人员配备、工资待遇、收费管理、消防安全管理、民主管理进行规范，保障老年人的合法权益。编制《龙游县养老服务设施布点规划》《龙游县养老产业发展规划》。宣传贯彻《浙江省社会养老服务促进条例》，并印发到各乡镇（街道）。

【养老服务项目建设】 加快县社会福利中心项目建设，养老服务和老年康复护理服务经营权已完成对外租赁公开招标，由杭州市上城区红巷长青颐养园中标。项目总投资约9000万元（其中县财政投入7000万元，社会资本投入2000万元），占地2.9公顷，总建筑面积为25105平方米，新增养老床位630张（其中护理型300张、自理型230张、医疗100张）。启动龙洲街道、横山镇、塔实镇泽随、詹家镇4所敬老院改造提升工程，总投入达1600万元，改造后，将新增养老床位395张。至年底，全县养老服务床位累计达到2665张，集中供养能力进一步增强。下发《关于下达2015年居家养老服务照料中心建设任务的通知》，着手新建71个村级居家养老服务照料中心，将居家养老服务照料中心建设与美丽乡村建设有机结合起来，注重整合资源与新建设施的结合。

【社区居家养老服务照料中心提升改造试点】 在15个乡镇（街道）选择1个居家养老服务照料中心提升改造示范点，并带领乡镇、村两级干部到金华等地考察，学习如何完善硬件设施、如何整合社区服务中心（服务站）、如何运营居家养老照料中心、如何办理好老人就餐、如何管理老人等方面的好经验。龙洲街道清廉社区、大街乡新槽村、溪口镇溪口村、湖镇镇溪底杜村对居家养老服务照料中心进行提升改造，并进行民营非企业单位登记，开展为老人提供餐饮、日间照料、生活护理、精神慰藉等形式多样的服务。开展社区居家养老服务照料中心星级创建评定活动。

【鼓励开办民营养老机构】 实施《关于加快发展养老服务业的实施意见》，建立社会参与市场运作机制，扩大社会参与，降低门槛，简化手续，规范程序，鼓励社会力量兴办各种各类民营养老服务机构，在社会融资、土地供应、医疗服务、税收优惠、政府补贴、政府购买服务、人才培养和就业政策等方面给予帮助和扶持，配合做好养老休闲项目的推进工作。2015年，全县创办民营养老机构1家（龙游荷庄养老院），新增民营养老机构床位42张。

【“孝文化”建设】 深化孝文化进校园、进家庭、进社区“三进”活动。与县老干部局、广电总台在龙游县老年大学多功能厅联合举办“老干部纪念抗日战争胜利70周年暨建党94周年文艺献演”，丰富老年人生活，浓厚孝亲敬老社会氛围。在县广播电视台、《今日龙游》开设专栏，宣传尊老、敬老典型，营造浓厚的“敬老月”活动氛围。

【“银龄互助”活动】 组织实施关爱困境空巢老人活动，扩大暖巢行动服务范围，做好农村空巢老人帮扶服务工作。继续开展关爱贫困老人“送光明”行动，为48名老人免费提供白内障手术。对养老服务补贴申请对象进行核实、调查，做好养老服务补贴发放工作，全县享受养老补贴服务1775人。联合龙游县义工总会、龙游爱在人间协会为敬老院、福利院孤寡老人捐赠收音机、电视机，给老人包水饺，并邀请医生上门问诊。与太平洋人寿保险公司联合开展全县60周岁以上老年人意外伤害保险工作。全县80周岁以人上老人参保12392人，参保金额24.78万元，参保率100%；60周岁至未满80周岁老人参保19582人，参保金额39.16万元，参保率26.5%，理赔金额达10余万元。为400名城乡困难老人、独居老人、空巢老人等特殊群体配备一键通手机，赠送手机和话费共计金额17.6万元。

【“敬老月”活动】 组织开展“敬老月”活动。联合县委老干部局、县体育局，举办庆祝全国第三个老年节暨县第二届全民健身运动会老年人健身操比赛，14个乡镇（街道）老年人健身代表队共600人参加比赛，为公安、文化、卫生计生等4家单位颁发“敬老文明号”奖牌，并为全国孝亲敬老之星张素梅颁发奖章。各乡镇（街道）、村和各有关部门从当地的实际情况出发，开展形式多样、内容丰富、健康有益的老年文化体育活动，丰富老年人的精神文化生活。

【敬老院管理】 持续推进敬老院规范化管理，落实集中供养政策，全县城镇“三无”和农村“五保”集中供养率分别达到100%和93.09%。下发《关于开展全县

图71 县民政局开展“情暖中秋·关爱空巢老人“活动

养老机构消防安全检查专项行动的通知》，切实做好节假日敬老院的安全工作。加强对敬老院（福利院）应对雨雪冰冻天气的安全检查，确保供暖和人员安全。

【养老护理员培训】 组织22人参加衢州市养老护理员培训班学习；委托县总工会职校举办2期养老护理员培训班，共培训262人次，全部取得初级养老护理员职业资格；各乡镇（街道）组织4700名家庭养老护理员进行培训。通过各种培训，全面提升养老服务能力，为全县养老服务业大发展提供人才保障。

【规范日常工作】 老年电大春秋两季招生2700名，并新增3个老年电大教学点。全年办理老年优待征2100本。认真开展养老机构消防安全检查工作。对全县9所农村敬老院和县福利院进行消防安全检查，对发现的消防安全问题及时发放整改通知书，实现立行立改，认真督促安装智慧式电气火灾安全隐患排查监管系统，防患于未然，切实消除各种不安全因素，确保孤寡老人、“五保”老人的生命财产安全。春节期间，由县领导带队走访慰问敬老院、福利院的孤寡老人，共送出慰问金18万元；重阳节期间，县领导走访慰问敬老院、福利院的孤寡老人和18名百岁老人，送上慰问金6万元。各部门也开展多种形式的助老帮扶活动。

（县民政局 吴敏）

2015年度龙游县百岁老人基本信息

表19

姓名	性别	出生年月	年龄	补助时间	补助标准（元）	家庭住址
徐银娣	女	1912.09	104	2012.02	800	塔石镇舒村村
汪会田	男	1913.05	103	2012.04	800	石佛乡夏家村
陈根有	男	1913.11	103	2013.01	800	石佛乡三门源村
方冬菊	女	1913.12	103	2013.09	800	横山镇西方坞村
裘根美	女	1914.06	102	2013.04	800	龙洲街道红星社区
徐冬香	女	1914.09	102	2013.04	800	塔石镇前夏村
傅银娣	女	1914.08	102	2013.09	800	小南海镇汀塘圩村
余云香	女	1915.11	101	2014.01	800	龙洲街道红星社区
冯金兰	女	1915.08	101	2014.01	800	龙洲街道红星社区
林金弟	女	1915.09	101	2014.04	800	湖镇镇希塘村
王阿凤	女	1915.09	101	2014.10	800	模环乡湖塘殿下
郑美香	女	1915.10	101	2014.10	800	小南海镇翠光岩
聂四美	女	1915.04	101	2014.4	800	詹家镇石亘村
叶福弟	女	1916.01	100	2015.1	800	社阳乡金龙村
徐招发	男	1916.08	100	2015.4	800	塔石镇泽随村
陈裕泰	男	1916.10	100	2015.4	800	小南海镇傅家新村
赖以安	男	1916.06	100	2015.04	800	东华街道十里铺村
张奶奶	女	1916.12	100	2015.11	800	龙州街道汀塘圩村
雷玉美	女	1916.11	100	2015.11	800	庙下乡芝坑口村
楼卸凤	女	1916.05	100	2015.04	800	龙洲街寺后村道

老年大学

【概况】 2015年，县老年大学遵照“政治建校、平安立校、质量兴校”的办学原则，按照“教、学、乐、为”的教学方针，开设文学班、绘画班、书法班、歌咏班、越剧唱歌班、越剧二胡班、婺剧二胡班、婺剧唱歌班、胡琴初高级班、月琴班、葫芦丝、舞蹈综合班、广场舞、卡拉OK班等21个班级，聘请教师15名，兼职教师2名，在校学习学员约1300多名。全体学员在各专业老师耐心细致的辅导下，勤奋努力学习，达到“老有所学、老有所乐、老有所为”的目的，为构建和谐校园、平安校园奠定基础。

【合理设置课程】 老年大学的教学是以骨干科目、品牌科目来衡量学校的教学水平的。为强化教学效果，提高教学质量，通过合理设置课程、对外参观学习、开放交流等教学模式，激发学员的学习兴趣，形成浓厚的校园文化氛围，打造龙游县老年大学的特色品牌。组织老年大学办公室到义乌、德清、宁波等地参观老年大学，组织全体教师到开化老年大学交流学习，开阔教师视眼。积极开展书画点评。书画教学是县老年大学的一大特色，先后接待德清市、武义县2批书画队团共60多人来校交流学习；书法班在教学中开展教与评相结合的教学方式，吴耘耕老师每上一堂课就要布置家庭作业，待第二次上课每个学员都要上交作业，让大家点评，课堂出勤率、作业合格率、考试成绩都一一记录存档。学员采取结业制，出勤率、作业合格率、考试成绩三项基本考核总平均分达到60分以上，才准予结业。

【开展教学改革】 县老年大学根据学员喜好，分别组建县老年文艺爱好者协会、县老年书画研究协会、县老年摄影协会、“夕阳红”调解员团队、“龙游大妈”宣传队等5个社团，吸引社会上一批有特长爱好的能人。5个社团有会员370多人。各社团根据不同的特点，开展丰富多彩的社会活动，一是积极参与市（县、区）的重大庆典活动和文化活动；二是组织送文化到乡镇（街道）、社区活动；三是开展普法知识宣传等活动，为市民宣讲政策法规及调解纠纷，如深入基层单位为群众写对联、表演文艺节目，为青少年做革命传统教育报告，为全县经济社会发展建言献策等，充分发挥他们的自身优势，体现他们的人生价值，唤起老年学员的成就感。组织外出采风活动，上半年，县老年摄影协会组织会员去松阳、遂昌两地采风，下半年，又去九寨沟、黄山采风。采风活动结合摄影理论教学，进行现场指导，既陶冶情操，又充实会员的精神生活。

【弘扬校园文化】 紧跟形势，紧扣主题，发挥学校引领作用，弘扬校园文化主旋律，把校园文化传播到各社区。组织参加社区文化活动，3月，和阳光社区共同举办2015新春猜灯谜游园活动，充分发挥老年大学的文化阵地作用，丰富老年人的精神文化生活。组织参加社区演出活动，县委宣传部和县文广新局在荣昌广场开展2015“激情广场月月演”活动，这项活动由各社区承办的，虽然老年大学没有直接参与，但每个社区都到老年大学挑选演出节目，每场演出都有老年大学学员优雅舞姿的身影，受到社区群众的欢迎。组织参加社区其他活动，按照县里的统一部署，组织“夕阳红”调解员和“龙游大妈”宣传队，积极参加社区的环境卫生监督，开展普法宣传，调解邻里纠纷。

图72 纪念抗日战争70周年书画展

【组织庆“七一”和纪念抗战胜利70周年活动】 6月26日，在老年大学演艺大厅举行纪念中国共产党建党94周年暨抗日战争胜利70周年文艺献演，县领导应敏、徐雄强、吴金德等应邀参加。全校每个班都有演出节目，用不同的形式展示各班的教学成果，表达离退休老同志爱党、爱国、爱校的情怀，展示老年团队日常教学训练的成果和离退休老同志健康、乐观、向上的生活风貌，传递他们为党的事业和学校发展竭忠尽智、发挥余热的正能量。7月11日，县老年书画研究会、灵江画院、县老年大学学员在县文联联合举办纪念中国共产党建党94周年暨抗日战争胜利70周年书画展，老年大学有50多位书画爱好者参加活动，选送书画作品180多幅，从中精选120余幅作品参展。

【全国第三个“老年节”活动】 10月19号，县老年文艺爱好者协会组织200多人，分8个节目参加“庆祝全国第三个‘老年节’暨2015龙游县第二届‘阳光水岸杯’全民健身运动会”老年人健身操比赛，让老年朋友过了一个愉快又充实的重阳节。老年文艺爱好者协会舞蹈队组队参加全县农村淘宝网广场舞大赛，演出的节目《中国茶》获得金奖，并被推荐参加全国广场舞大赛，荣获全国前十强。

【教师作用发挥】 老年大学教师充分发挥各自的特长，活跃在全县各条战线。摄影班老师林昌海的摄影作品《万人瞩目》荣获《中国摄影报》和中国摄影家协会举办的“走进开化”摄影大赛三等奖。乐器班老师祝智勇组织人员配合形势创作和编演了许多

图73 县老年大学召开年度工作交流会

文艺作品，如歌曲《走溪口》（两首）、《扁石是个好地方》（两首）、《平安龙游赞》、《平安之歌》已拍摄成MTV，并在龙游电视台滚动播出；创作越剧表演唱《“三改一拆”谱新章》、快板《儒学文化传四方》和《消防安全连万家》、三句半《美丽乡村大沃口》、配乐诗朗诵《志霄，你永远活在我们的心田中》，并还到方旦、新槽、社里等村辅导村民名唱村歌，带领协会会员下乡义演及赴外地联谊演出，多次到柯城区和十里丰监狱演出，部分作品还登上浙江卫视的荧屏。舞蹈老师周小君成立“君子兰”舞蹈队，在荣昌广场义务教群众跳广场舞，她所带领的舞蹈队在全国广场舞比赛中荣获前十强。乐器班老师毛根清每逢周六都要带领乐器队到民居苑义务演出，多次带领学员下乡村义演；葫芦丝教师余云炎与县文化馆一起送戏下乡演出达12场次，还到文化馆开展义务讲课，到武警部队参加“八一”建军节军民联欢演出，在江滨公园义务开展葫芦丝教学，其事迹被刊登在12月9日的《衢州晚报》上。

（县老年大学 毛晓东）

慈善和社会福利事业

【概况】 2015年，龙游县慈善总会围绕“安老、扶幼、助学、济困”的宗旨，积极开展筹募工作，努力做好慈善救助工作。全年共募集慈善资金1016.72万元，发放援助资金500.38万元。全县有福利企业13家，有职工4079人，全年安置残疾职工1462人，安置比例达35.8%。

【实施慈善项目】 坚持募捐与救助并举的原则，围绕赈灾、助老、助残、助学、助医、救孤、扶贫济困等内容，继续落实省、市慈善项目，认真做好慈善救助工作。实施“心希望慈善基金”助医项目，帮助3名先天性心脏病患者成功施行手术；实施万向慈善基金“四个一万工程”项目，捐助孤儿、特困学生25人，受助资金5.74万元；实施“福彩儿童慈爱基金”大病救助项目，共捐助7人，救助资金达21万元。

【开展慈善活动】 认真做好慈善定向捐赠活动，全年共接收定向捐赠79.78万元。集中力量做好慈善送温暖活动，开展春节送温暖活动，把慈善的温暖送到千家万户，为全县500多户特困家庭发放慰问金135.26万元，为1600多人送上政府关怀，帮助有困难家庭欢度春节。举办慈善公益表彰大会暨爱心传递活动，表彰一批优秀义工个人、团队和爱心公益企业，开展敬老助残、扶贫济困、善款筹集和社区服务等数十种公益项目，活动当天共募得慈善资金6.9万元，全部用于助老活动。

【创新义工活动方式】 倡导全民慈善理念，推动政府主导的慈善机构牵手民间社团公益组织共同促进慈善事业发展的“手牵手”模式。2014年2月，“龙游义工总会”正式成立；2015年4月，“爱在人间协会”成立。慈善总会充分调动义工志愿者的积极性，组织志愿者开展慈善活动，联合义工总会及爱在人间协会共同开展各类助学、助困、助孤等活动；集思广益，积极开展敬老助老活动，一改以往慰问模式，真正从感情上给予老人关爱、从生活上给予老人帮助。爱在人间协会发挥会员优势，激发爱心人士参与慈善事业的热情，通过义卖义演、结对助学等活动形式，扶贫济困。至年底，义工总会共有12支义工服务队，全县登记在册的义工达万余人；爱在人间协会有会员110人。“手牵手”模式共募集资金 60余万元，受益

图74 民政局领导送“福”下乡

近千人。龙游义工总会开展各类活动，弘扬慈善精神，为龙游县慈善工作的开展奠定良好的社会基础。

【福利企业管理服务】 严把福利企业年检年审关，强化福利企业监管力度，进一步完善福利企业监督检查机制，不断加大福利企业管理力度，提高福利企业管理工作效率，推动福利企业健康持续发展。完成全县13家福利企业考勤监管信息系统安装，实时查看所辖福利企业残疾职员工上岗情况，建立一企一档管理模式，规范福利企业档案管理，形成企业强化管理、部门有效监管的联动机制，促使福利企业管理规范化、制度化。以“查实、查真、查细”为原则，实地核查残疾员工在岗情况，发现问题及时处理。至年底，完成13家福利企业53.2%的月度认定工作，并针对存在问题的3家企业下发整改通知书。

（县民政局 吴敏）

关心下一代工作

【概况】 2015年，龙游县关心下一代工作委员会（简称“县关工委”）以县委、县政府各项重点工作为中心，以培养社会主义事业的建设者和接班人为核心，以创建基层“五好”关工委及示范点建设为重点，用社会主义核心价值观引领青少年，充分发挥“五老”（即老干部、老战士、老专家、老教师、老模范）队伍优势，努力做到思想上贴近时代、工作上贴近中心、服务上贴近青少年实际，努力营造关工委社会工作氛围，全面提升全县关心下一代工作质量和工作水平。至年底，全县已建立各级关工委组织375个，其中乡镇（街道）15个、社区7个、机关事业单位23个、行政村262个、学校53个、民营企业15个。全县“五好”关工委达标单位总量达110个。

【主题教育活动】 开展爱国主义革命传统主题教育。2015年是中国人民抗日战争暨世界反法西斯战争胜利70周年，县关工委利用清明节、国庆节组织中小学生到爱国主义教育基地——龙游烈士陵园开展祭扫英烈、观看革命影片、听革命故事、阅读革命书籍等活动，让学生重温革命历史，缅怀革命先烈,珍惜今天的幸福生活，描绘明天的美好前景。5月，在全县青少年中开展“铭记历史，圆梦中华”网上征文比赛，并取得圆满成功。10月，组织“五老”宣讲团到西门小学、詹家小学等学校开展以“勿忘国耻”为主题的爱国主义教育活动。

【助学帮困活动】 县关工委积极发挥慈善、教育、团委、工会等单位的职能作用，广泛动员全县干部及社会各界爱心人士多渠道、多层次救助贫困学生。9月，精心组织开展2015“福彩牵手·助圆大学梦”——千名贫困大学新生专项资助活动，为全县12名贫困大学新生争取到每人5000元的助学金。8月，联合“浙江狮子会奉献服务队”开展助学活动，实地走访溪口镇6名贫困学生，为他们送去助学金（小学生、初中生2000元/人，高中生4000元/人）。做好贫困学生助学结对的牵线搭桥工作，为龙游第二高级中学、龙游第三中学、龙游华茂外国语学校数位贫困学生寻找结对户，落实助学金。全县各级关工委共帮扶结对困难学生200余人，扶持资金达20多万元。

【法制安全教育】 开展“珍爱生命，预防溺水”主题教育活动。4月，由中共龙游县委宣传部牵头，县水利局、县教育局主办，团县委、县妇联、县关工委协办，在寺后小学举行全县中小学防溺水安全教育现场会。来自全县各乡镇（街道）分管教育工作的领导、河道采砂业主、各中小学分管安全工作的副校长、寺后小学全体师生、学生家长代表共700余人参加现场会。大会向全县各中小学发放现防溺水安全教育宣传资料，并发出“珍爱生命，预防溺水”的倡议。各级关工委全年共发放安全倡议书5万余份，制作安传宣传牌50多块，举办各类安全教育培训班20多期，受教育的学生达9200多人。开展失足青少年帮教工作。县关工委把工作重点放在预防和减少青少年违法犯罪上，做好失足失范青少年的引导、帮扶，积极参与零犯罪社区、零犯罪村、零犯罪学校法的制宣传活动。6月，组织“五老”宣讲团深入士元小学、模环小学、兰塘小学开展心理健康知识讲座。县关工委还委派“五老”关爱团以“合适成年人”身份参与7宗刑事案件诉讼，代表法定代理人在场陪同讯问和参与法庭审理，充分保障和维护未成年人合法权益。

【“六一”关爱活动】 “六一”慰问送关爱活动已成为全县各级关工委关爱青少年的一项常规性工作。“六一”前夕，县关工委领导走访慰问了石佛小学、寺后小学、大街小学，为孩子们送去价值近6000元的体育用品作为节日礼物。各乡镇（街道）、工业园区关工委普遍开展形式多样的“六一”慰问送关爱活动。大街乡关工委组织单位团体及爱心人士到大街小学开展“大手拉小手，圆梦微心愿”活动，为20位偏远山区孩子点亮“微心愿”。全县30多个机关部门开展“六一”慰问活动，赠送慰问品折合人民币16万多元，掀起关爱活动的高潮，形成良好社会氛围。

【“五老”作用发挥】 充分发挥“五老”作用，组建“五老宣讲团”“五老关爱团”，开展爱国主义教育、法制宣讲、帮扶结对、助学帮困、网吧监督等活动，把提升青少年社会主义核心价值观与实施“春泥计划”活动有机结合起来。县关工委组织“五老法制宣讲团”开展送法制进学校活动，对失足青少年开展帮教，为全县10多所学校开设法制讲座20多期，受教育学生达1万多人次，促进全县各中小学“六五”普法教育工作的有序开展。各级关工委开展以“五水共治”“美丽乡村建设”“三改一拆”为主题的青少年道德实践活动100余场次，受教育青少年达5000多人。各乡镇（街道）关工委利用暑期举办“留守儿童”培训班，建立“儿童之家”，为农村“留守儿童”创造健康、良好的成长环境。

图75 县关工委老干部到社区开展书画教学活动

（县关工委 毛幼燕）

残疾人事业

【概况】 2015年，龙游县残疾人联合会（简称“县残联”）紧紧围绕县委、县政府中心工作，以贯彻国务院7号文件为主线，认真落实衢州市人民政府2015年度残疾人工作重点任务责任书的相关规定，创新举措，强化服务，扎实推进各项工作的顺利开展。

【完善发展机制】 县委、县政府领导多次听取残疾人工作汇报，出席相关活动，并将残疾人事业发展“十三五”规划纳入龙游县社会和经济总体发展规划，并继续将残疾人工作纳入县委、县政府工作考核体系。县政协组织委员对残疾人工作开展情况进行视察。县政府出台《龙游县残疾人庇护产品专产专营和政府优先采购实施方案》，将残疾人的产品纳入政府优先采购范围。县残工委印发《龙游县政府购买残疾人服务工作实施方案》，对购买残疾人服务的内容和要求予以明确。县残联联合县卫计局、县人力社保局、县民政局、县财政局出台《关于做好贫困精神残疾人服用基本抗精神病药物费用全额保障工作的通知》，及时保障精神残疾人得到救治救助。积极配合民政局和社保局做好残疾人的低保补助和合作医疗保险工作。

【夯实基层基础】 根据省、市残疾人基本服务状况和需求专项调查工作联席会议办公室的工作部署，县残联组织工作人员进村入户面对面开展残疾人基本服务状况和需求专项调查，为13149名残疾人建立数字档案。开展“接地气、补短板、七必看”为主要内容的基层走亲连心活动，走访慰问残疾人。对乡镇（街道）残疾人专职委员开展任期考核，进行调整和续聘。完成269个行政村（社区）残疾人专职委员的选聘和培训工作。依托中国移动数字平台建立具有省、市、县、乡、村五级残疾人工作者联系方式的“集团彩云”组织网、宣传网、服务网。根据《中华人民共和国残疾人证管理办法》和《龙游县人民政府办公室关于开展龙游县城乡居民最低生活保障规范化管理工作的通知》的要求，组织医生和工作人员用1个月的时间对享受全额低保补助政策的1455名持证重度残疾人进行复查。会同民政部门对新型石菱、杜山集团、华纳纸业等4家福利企业的残疾人权益保障进行督查，督促企业保障残疾人权益。落实责任制，继续做好平安创建和残疾人信访工作，主动协助有关单位协调解决残疾人诉求。

【增加残疾人经济收入】 联系金龙纸业、沪工锻三、固特气动、青龙山建材等多家福利企业，参加春季和夏季人才招聘会，共有50余名残疾人与用人单位达成就业意向。组织人员对按比例就业的企业进行上门核查，至年底，按比例就业人数达到403人，其中新增按比例就业25人。残保金实现按月征收，纳入“七费合征”，全年共征收599.67万元。加强县、乡两级残联与就业局、农办等部门的联系，整合培训资源。指导乡镇残联做好残疾人就业培训意向调查，推荐有培训需求的残疾人参加各类培训。突出抓好残疾人电子商务培训，把残疾人电子商务纳入全县推进“农村淘宝”的大格局中，承办市级电子商务培训班。进一步规范市、县两级残疾人扶贫示范基地、残疾人来料加工基地和残疾人就业基地建设，带动残疾人就业增收。积极组织乡镇残联进行来料加工经济人的挖掘、申报工作，推选2名残疾人来料加工经纪人参加衢州市十佳残疾人来料加工经纪人评选。开展庇护性就业，在大街乡新槽村和溪口镇溪口村建成残疾人居家照料中心，吸纳45名残疾人进行庇护性就业。全年为296名残疾人提供技能培训，新安置残疾人就业65人。通过各种方式扶持残疾人创业106人，发放帮扶资金35.2万元。申报省级残疾人扶贫基地1家、市级扶贫基地3家、市级残疾人来料加工基地2家、市级残疾人就业基地1家，规范县级扶贫基地10家，直接安置75名残疾人就业，辐射带动残疾户282户。

图76 县残联在荣昌广场举办残疾人专场招聘会

【提升残疾人保障水平】 逐步提高基本生活保障的标准，对城乡最低生活保障家庭中的持证重度残疾人做到应保尽保，对家庭人均收入低于城镇或农村最低生活保障标准150%的家庭中的二级以上持证重度残疾人做到应补尽补，至年底有4049名残疾人纳入基本生活保障。积极对接社保局，动态掌握申报无固定收入补贴政策的残疾人，及时剔除中途就业、死亡、超龄等不符合政策的人员，全县1680名18～60周岁残疾等级为三、四级的无固定收入残疾人享受每人每月125元生活补助。对140名新增托（安）养对象进行逐户逐人核查，规范托（安）养资金的发放，实行按季申报、按月发放，及时剔除死亡、超龄等不符合政策人员，共有986名符合条件的残疾人纳入托（安）养服务。完成白内障复明手术340例、髋（膝）关节置换手术15例，配送助听器68部、助视器18部，安装假肢26条，安排聋儿语训4名、脑瘫儿童康复训练5名、智残儿童康复训练16名、孤独症儿童康复训练2名、人工耳蜗手术2名，为7名残疾儿童免费配发儿童轮椅、助行器和站立架等普及型辅助器具。为173户有需求的残疾人家庭进行无障碍改造和康复辅助器具配发，其中实施无障碍改造项目27户，配发辅助器具146户。开展扶贫帮困，春节期间投入资金18万元，走访慰问残疾人家庭300户。帮助4名在外省高校就读的符合条件的残疾人大学生申报免除学费、住宿费3.38万元。帮助29名因病或意外伤害致贫的残疾人申报爱心助残特殊救助资金32.3万元。依托夏金精神病医院，按每人每月100元的标准免费为50名贫困精神病人上门送药。3952名残疾人的城乡居民合作医疗纳入政府补助，60户残疾人的危旧房得到改造，90名残疾人家庭子女或残疾人学生得到就学帮助。

图77 龙游县第三届残疾人运动会

【**创优参与平台**】 在“全国助残日”“爱耳日”“爱眼日”等宣传日活动期间，组织相关单位宣传残疾预防常识，普及康复知识，提高全社会对出生缺陷、残疾预防和残疾人康复的认知度、知晓率。3月，围绕全国第十六个“爱耳日”“安全用耳，保护听力”主题，以第二代残疾人证数据库中的1～6周岁听力残疾儿童为基本底数，组织开展2015年国家和省级人工耳蜗康复项目的全面筛查工作，建立发现一例、手术一例、康复一例的随报机制，确保全县每位有人工耳蜗手术需求和适应指征的聋儿及时得到康复治疗。组织助听器服务商——龙游惠耳听力的技术人员对2014年度配送的70台助听器进行跟踪回访和维护服务活动，确保已适配的助听器使用率达到100%。报送2名个人和2家单位参加衢州市“最美助残人”评选活动，浙江君飞纺织有限公司获得“最美助残人”荣誉称号，龙洲街道严福香、大街乡柳素红和普农家电有限公司入选“最美助残人”提名奖。开展市级残疾人文化艺术和体育健身示范基地创建，在溪口镇溪口村创建市级残疾人文化艺术示范基地，在湖镇镇新光村创建市级残疾人体育健身示范基地，并于9月底通过市级验收。开展信息助残，联合中国移动公司龙游分公司为全县持证残疾人提供爱心卡、爱心购机、五折爱心光纤宽带和爱心手机维修清洁服务等。联合普农家电有限公司开展第二届“爱心助残扶困”义捐惠卖活动，为贫困残疾人捐赠洗衣机5台、冰箱10台、彩电3台和电压力锅10个。

【**残疾人文体艺术活动**】 积极选送残疾人运动员和演员参加省、市比赛，肢残运动员王美在全国第九届残运会女子坐式排球比赛中获得第五名；肢残运动员余露露参加2015年世界残疾人皮划艇锦标赛，成为龙游县参加世界性残疾人比赛第1人。选送30幅参加省、市残疾人书画、摄影作品大赛，取得省一等奖1个、优秀奖1个，市一等奖2个、二等奖1个、三等奖3个、优秀奖4个。选拔、推荐残疾人运动员，有4名残疾人进入省级后备运动员名单。举办龙游县第三届残疾人运动会，来自全县15个乡镇（街道）的15个代表团共109名残疾人运动员分享41个小项的金、银、铜牌，詹家镇、模环乡、湖镇镇、庙下乡、龙洲街道和横山镇等6个代表团获得团体总分前六名。

【**服务中心工作**】 单位主要负责人担任贺田村第一书记，指导联系村的发展。选派邹虎生和杨渐升到小高山和大南门拆迁指挥部担负征地拆迁工作，支持项目建设。指派陈焕军为贺田村农村工作指导员和生态指导员，负责结对帮扶事宜，协助村里开展“三改一拆”“五水共治”等生态家园建设；指导发展乡村休闲旅游，新创办农家乐5家，全村日接待能力达到300人；补助村清洁塘和河道维护资金5万元；帮助村里争取资金，建设文化礼堂，新建渠道3000米，修复堰坝1处，新建茶下排水渠270米；协助村里开展高标准农田项目基础建设和土地综合整治。在确保本单位干部职工无违建的基础上，组织干部职工参加联系村（社区）开展的“五水共治”和“三改一拆”工作。在联系村开展政策宣传，进行植树绿化和河道清理，助推该村成为全县第一个“无违建”村和美丽乡村样板村。在联系社区参加“先锋行动在社区”服务活动，开展微心愿认领、平安巡查和环境卫生整治等工作。融入文明县城复评和国家卫生县城创建，组织人员参与上街宣传、文明劝导和城市卫生大扫除等活动。坚持招商引资“一号工程、一把手抓”的地位不动摇，主动对接，积极捕捉信息，提供有效招商信息2条，计划投资8000万元的浙江德川过滤科技有限公司项目正在申报中。

（县残联 林淑恒）

红十字会工作

【概况】 2015年，龙游县红十字会以抓好县政府民生实事项目“现场应急救护培训”和红十字总会核心项目为工作重点，以提高红十字会的公信力、社会影响力为目标，着力做好“三救”（即救灾、救护、救助）、“三献”（即义务献血、捐献造血干细胞、捐献遗体器官）等核心工作，扎实推进县红十字会各项事业的发展。被评为2015年度浙江省造血干细胞和人体器官捐献工作先进集体。

【现场应急救护知识培训】 县人民政府连续第四年将“现场应急救护知识培训”列入十大为民办实事的内容之一，并将培训工作经费列入当年的财政预算。红十字会充分利用各项资源，多方联动，利用会议、培训、夜学等载体，进乡镇（街道）、社区、学校，开展现场应急救护知识普及培训，实现救护培训进部门、进乡镇（街道）、进社区、进学校、进企业的“五进”工作目标，全年培训救护员2420人，普及培训人数达4600余人。在省红十字会支持下，开办浙江省红十字会人道救助专项资金应急救护培训龙游培训班，46名学员接受培训并取得师资证书。

图78 获省造血干细胞和人体器官捐献工作先进集体

【济困扶贫】 实施好浙江省红十字会安排在龙游的“博爱送万家”活动，为全县100户贫困户和100名贫困学生分别送去每户1000元价值的款物和每人300元的慰问金，让他们在严寒中感受到社会的温暖。继续实施省红十字会“康恩贝健康之旅——心脑血管疾病防治博爱行动”活动和“康恩贝健康之旅——老年病防治博爱行动”，由康恩贝集团分别提供价值50万元的银杏开叶胶囊和32万元的前列康药品。与县文明办、“爱心乐园QQ群”等联合开展为朱心悦爱心募捐活动，共募集救助金90480元，并将捐款及时交到朱心悦的父亲手中。看望、资助因父亲瘫痪丧失劳动力而失学的湖镇初中学生马云飞。至年底，借助“情暖龙游”红十字公益平台，接收社会善款45万余元。

【开展各项纪念活动】 5月8日，县红十字会、县中医院在龙游县龙洲中心敬老院、东华街社区“博爱家园”项目点联合开展“纪念5·8世界红十字日关爱老人志愿服务活动”，为300余位老人量血压、测血糖、检查身体，询问他们的身体健康状况，并为每位老人准备饼干、袜子、太阳帽等物品，为他们送去一份关爱。

图79 亲切慰问造血干细胞捐献者马庆喜

【项目建设】 开展“博爱家园”项目建设，档案整理、项目总结已基本完成，准备接受红十字总会、省红十字会对项目的验收。2014年度，龙游县开始实施“社区＋校园生命健康安全教育”项目，至2015年6月底，项目包含的救护员培训、亲子讲座、群众性应急演练、学校安全与体验活动、主题宣传活动等5个内容已实施完毕。完成中国红十字总会安排在湖镇敬老院的“失能老人养老服务项目”，接收项目资助的护理床、按摩椅、洗衣机、空调等价值20万元的设备。

【生命关爱工作】 通过初配、高配、体检，十里坪强制隔离戒毒所警官马庆喜于2015年2月在杭州成功为河南一位患白血病的8岁小女孩捐献造血干细胞，给了小女孩第二次生命，他的爱心义举得到社会各界的好评。全年增加2例器官捐献，模环乡年仅19岁的王某某因车祸不幸罹难，其父母怀着大爱精神，捐献了他的肝脏、肾脏；增加2例眼角膜捐献，一例是因急性心肌炎接受社会救助但抢救无效的朱心悦（化名），另一例是在龙游服役意外牺牲的武警战士。接收2例器官捐献志愿者和2例遗体、角膜捐献志愿者，他们都在各自的捐献志愿书上签上了带着自己浓浓爱心的签名。

（县红十字会 张剑平）

农业·林业·水利

概 述

2015年，龙游县农业、林业、水利部门紧紧围绕县委、县政府中心工作，新建农村联网公路287.1公里、林区道路485.4公里。创建国家级生态村、省级生态乡镇6个、省级美丽宜居示范村12个，成为省生态县、省美丽乡村先进县。打好城乡环境治理组合拳，五年拆违405.8万平方米，关停拆除1.3万余户生猪养殖场和69家炭化篾企。修建堤防护岸87公里，治理河道247公里，整治山塘127个，除险加固水库38座，全县域禁止河道采砂，贺田、开启、集美、洁水养殖等治污模式在浙江省乃至全国推广，出境水达标率为100%，获颁浙江省“五水共治”大禹鼎。成功创建国家园林县城、浙江省森林城市，入选浙江省首批美丽县城试点县。

农 业

【概况】 2015年，县农业局以发展“精品、高效、生态、特色”农业为工作主线，努力促进农民增收和农业转型升级。粮食生产稳步增长，粮食播种面积2.57万公顷，总产量15.9万吨。以整县域推进生态循环农业示范县建设为契机，继续深化“五水共治”农业面源污染治理，新关停退养养猪场805家，削减生猪饲养量23.2万头，成功承办全国生态循环农业现场会，“集美模式”“开启模式”“吉祥模式”“箬塘模式”获上级领导肯定。全县262个村已有260个村完成村经济合作社股份合作制改革工作。加快项目建设进度，全年推进实施“四重双百”农业项目11个，总投资4亿余元；积极培育新型农业主体，发展有机农业，“大咯大”品牌鸡蛋在浙江舟山大宗商品交易所挂牌上市；新增有机产品3个，绿色食品10个，无公害农产品21个。

图80 龙游县新型职业农民培训班开班授课

【农业结构逐步优化】 通过全年计划种植面积落实到位、各项支农惠农政策宣传到位、农机维修与物资保障到位、技术培训指导到位、水稻高产创建活动组织到位“五到位”，确保粮食生产保供增收。果蔬产业发展迅速，2015年，全县有水果面积9.7万公顷，总产量10.9万吨，实现面积和产量双增，其中推广种植红肉蜜柚106.72公顷，新增柑橘出口基地80.04公顷，超额完成任务指标；蔬菜播种面积0.55万公顷，总产量16.62万吨，同比分别增长6.1%和7.3%；蔬菜产业标准化建设加快，以正伟蔬菜专业合作社、湖镇镇七都蔬菜标准化示范园建设为依托，提升蔬菜生产标准化水平。茶叶产业结构优化，2015年，全县有茶园面积0.19万公顷，同比增加93.38公顷，其中无性系茶园面积同比增长116.86公顷，产业总体呈现“面积持续增长、品种结构优化”的良好发展格局。

【生态循环农业深度发展】 加快生猪减量治污攻坚，全年新关停退养养猪场805家，拆除违章养殖用房24.7万平方米，削减生猪饲养量23.2万头；沐尘溪和潼溪2条小流域实行全面禁养；联合环保、国土三部门下发《关于开展龙游县生猪养殖污染整治验收工作的通知》，落实规模养猪场治理的“五个一”，全面完成912家拟保留的规模猪场的治理验收工作。加快推广生猪标准化养殖模式，至年底，已完成生猪养殖场标准化改造467家；安装生猪规模养殖场污染治理告示牌839家，动员社会力量参与生猪养殖污染监管；积极探索生猪养殖污染第三方监管机制，已完成213家环境智能监测系统安装工作，该模式得到省领导批示。深化种植业污染减排，全县实现统防统治面积12万公顷，推广测土配方施肥面积52.5万公顷，农药减量180吨，化肥减量510吨。完善农药废弃包装物回收体系，回收农药废弃包装物3.5吨。试点秸秆综合利用工程，提升秸秆利用率。3月20日，中央电视台《新闻联播》栏目对龙游县实施小循环模式的吉祥农场进行专题报道。11月8日—9日，全国生态循环农业现场会在衢州召开，农业部部长韩长赋对龙游县的“开启模式”“集美模式”给予高度评价，并要求全面推广。

【推进农村股权改革深化】 全县262个村已有260个村召开社员代表会议，启动股改工作，完成清产核资、社员界定、制定村级股改实施方案等工作，量化股权，召开股东代表大会，通过章程。全县界定股东数341637人，发放股权证书125928本，年底前基本完成村经济合作社股份合作制改革工作，集农村集体资产资源经营权、农村集体工程项目招投标等于一体的农村集体产权交易平台已于7月1日上线运行。确定石佛乡为农村土地承包经营权确权登记颁证工作试点乡，相关工作有序开展。积极推进集体经济薄弱村异地联建物业园等项目的实施，投资4311万元，在龙游县工业园区规划3.85公顷土地用于集体经济薄弱村物业园建设。加强农村“三资”管理，进一步增强村集体经济的造血功能。

【项目建设顺利推进】 以“四重双百”项目建设为主抓手，充分整合各级资金，加快项目建设进度。累计投入3.08亿元用于粮食生产功能区的基础设施建设，新增粮食生产功能区1.3万公顷，服务功能进一步加强。富硒产业服务中心、富硒产品试验示范基地等一系列项目顺利推进，横山志棠莲子示范区、沐尘葡萄精品园顺利通过省级验收，农业园区综合能力进一步提升。抓好“一事一议”项目实施，及时拨付2014年“一事一议”项目余款485.9万元，完成2015年“一事一议”项目的筛选申报，确定项目50个，总投资5060万元，其中污水处理项目17个、道路硬化项目13个、农民饮用水项目11个、渠道桥梁等项目9个。

【健全农产品质量安全监管】 制定完善《龙游县农产品质量安全事故应急预案》《龙游县农产品质量安全“红黑榜”制度》等制度，下发《浙江省农产品质量安全示范县建设方案》，统筹指导农产品安全工作。加强农产品质量安全执法力度，开展农产品质量安全“百日会战”、夏季“绿剑”执法以及农药、兽药、肉品、农资等领域专项执法2000余人次，查处肉品质量安全违法行为2起，行政立案2起，有效打击农产品安全违法活动。进一步推进农产品质量追溯体系建设，累计完成64家农产品质量安全追溯示范点和40家农产品质量快速检测室建设。

【培育新型农业主体】 全年组织农场主参加各类培训600人次，新发展家庭农场184家（累计发展1047家）。规范化合作社达140家，其中38家被评定为省级信用合作社。200多家合作社参与开展“农超对接”“农校对接”“农企对接”和网上销售，品种达60余种，签订农业订单600余份，订单总额达9000万元。继2014年“九号牧场”生猪上市后，2015年7月27日，全县“大咯大”品牌鸡蛋在浙江舟山大宗商品交易所（简称“浙商所”）挂牌上市，成为中国首个在大宗商品市场正式挂牌交易的鸡蛋现货产品。加快有机农产品培育认证，至12月底，有效期内的有机农产品为28个，认证面积0.93万公顷，其中新增有机产品3个，面积22公顷；有绿色食品10个，面积320.83公顷；有无公害农产品21个，面积0.18万公顷。

（县农业局 舒婷）

图81 县农开办项目管理人员在大街乡贺康村贺田高标准农田项目区进行技术指导

农业综合开发

【概况】 2015年，龙游县农业综合开发办公室（简称“县农开办”）围绕县委、县政府的工作重点做好项目申报工作，以推动农业现代化为主攻方向，以农村发展、农业增效、农民增收为目标，以高标准农田项目建设为重点，不断加大农业基础设施建设，改善农业生产条件和农业生态环境，提高农业综合生产能力，实施精品农业，促进“五水共治”、美丽乡村建设和乡村旅游业发展。充分发挥资本杠杆作用，推动农业产业化发展，为企业增添活力。农业综合开发工作取得较好成绩，被衢州市农业综合开发办公室评为2015年度高标准农田建设先进单位。

【全面完成2014年湖十畈高标准农田建设项目】 项目于2014年9月开工建设，2015年6月完工，总投资1729万元。包括新建泵站6座、改建泵站1座，新建渠道38.66千米、渠系建筑物3570座、机耕路18千米、机耕桥2座，建防护林6.67公顷，开展科技培训400人次，推广科技示范项目2项。

【完成湖镇上下畈高标准农田建设项目50%的进度】 项目于2015年9月进场施工，总投资1176万元。其中水利工程投资706.45万元，占总投资的60.07%。项目涉及童家仓、茆头、童村、上下畈等4个行政村，治理面积466.69公顷。项目建设主要包括新建泵站7座、渠道24.11千米、渠系物1600座、机耕路11.02千米、水泥路2.39千米、机耕桥3座，建防护林3.33公顷，开展科技培训250人次，推广科技示范项目2个。至年底，按计划完成50%的形象进度。

【提前实施贺田高标准农田建设项目】 大街乡贺田高标准农田示范工程项目为2015年提前实施项目，通过与省办对接，上半年获得国家办批复。项目总投资1092万元，其中水利工程投资676.80万元，占总投资的61.98%。项目涉及贺田、贺康、杨村、新槽、大街、岭脚、方旦7个行政村，治理面积433.33公顷。8月完成项目招投标，9月进场施工。项目建设主要包括新建堰坝8座、改建加固堰坝3座，新建溪流护岸422米，维修加固溪流护岸192米，新建渠道13.56千米、渠系建筑物477处、机耕路4.44千米、机耕桥8座，浇筑水泥路2.47千米，建防护林2.33公顷，开展技术培训250人次，推广科技示范项目2项。至年底，按计划完成20%的形象进度。

【积极争取增报2015年土地治理项目】 围绕县委、县政府抓乡村休闲旅游的工作重点，大街乡、石佛乡、溪口镇3个创国家AAA级旅游景区的乡镇积极增报和提前实施项目，其中，大街乡的贺田村项目已开工建设。10月，石佛乡高标准农田建设项目获批，总投资1848万元，以农业基础设施、旅游基础设施以及景观节点设施建设为重点，项目涉及石佛、姚村、峰塘山、三门源、夏家5个行政村，项目建设主要包括新建堰坝6座、渠道17.65千米、渠系建筑物537处、机耕桥3座、机耕路9.76千米，浇筑水泥路6.97千米。项目实施后，将极大提高农业综合生产能力，促进美丽乡村建设，推动乡村旅游业发展。

【扶持农业产业化】 浙江茗皇天然食品有限公司实施建设的“龙游县年综合利用3万吨修剪茶、秋茶等废弃茶资源示范项目”总投资610万元，其中中央财政资金140万元、省级财政资金112万元、县级财政资金28万元，企业自筹330万元。项目包括改建速溶茶车间663.97平方米、购买仪器设备58台（套）。项目建成后新增1500吨速溶茶，形成年综合利用3万吨修剪茶、秋茶等废弃资源的生产能力。龙游县千公顷富硒白茶产业化基地建设项目总投资310万元，其中中央补助资金100万元、省财政配套资金80万元、县财政配套资金20万元、自筹资金110万元。项目共新建茶园13.33公顷、整改茶园6.67公顷，建造加工房500平方米。项目实施后，增强了白茶产业发展后劲。

【谋划项目争取资金】 2015年共向上争取项目资金4548万元，比上年增加2639万元，是历年来最多的一年。围绕县委、县政府抓乡村旅游的工作重点，以建立项目库的思路，积极谋划2016年的土地治理项目，确定以溪口镇、沐尘畲族乡为项目的重点区域。4月，进行可行性研究报告的前期准备工作，至年底，已完成项目区的踏勘、测量和项目建设内容的汇总。以申报项目资金最大化和项目实施效益最大化为理念，在规划项目方案时将土地整理、水利建设、道路建设与灌溉、排涝、防洪进行一体化布局，与美丽乡村建设、乡村旅游基础设施建设相结合。10月底，项目资金需求意向已获批准，其中土地治理项目2个、产业化项目3个，共争取省以上资金3340万元。

【完成为民办实事项目】 完成年初制定的6件为民办实事工作，总投资175万元。溪口镇红罗村新建排水渠510米，总投资25万元；湖镇镇澎塘村浇筑水泥路800米，总投资35万元；模环乡新王村新建机埠1座、修筑渠路200米，总投资40万元；湖镇镇客路村浇筑水泥路1200米，总投资35万元；庙下乡八角殿村新建跨度16米的机耕桥1座，总投资20万元。社阳乡青塘坞村新建渠路465米，总投资20万元。

【开展“基层组织年活动”】 4月中旬，赴大街乡杨村村实地调研，走访困难户、残疾户、党员代表及专业大户，倾听民声，掌握民情，了解民意，并在此基础上召开专题会议，帮助全县各村理清发展思路，探索增收之路。鼓励农村剩余劳动力外出打工；引进企业老板、有志青年回乡创业，加快产业结构调整，促进土地流转，培育专业大户，实现规模效益，提高土地附加值；鼓励发展来料加工业，解决老、弱、病、残和缺文化农民的就业问题。改进茶叶加工技术，提高茶叶质量，实现提质增效；加强茶园管理，提高茶园产量；探索营销手段，拓宽营销渠道。引导各村积极培养建筑技术人员，提升建筑水平，从单一为农村农民建房向城市发展，向高层建筑进军，扩大业务范围，增加业务量。利用项目加大农业基础设施建设力度，提高农业生产能力。开展结对帮扶，消除4600元以下贫困人口。通过以上措施，千方百计增加全县农民的收入。

（县农开办 桑琪）

畜牧业

【概况】 2015年，龙游县畜牧兽医局牢牢把握“产业要发展，农民要增收，环境要优美”的基本原则，紧紧围绕发展现代生态畜牧业的工作目标，以生猪养殖污染专项整治和产业转型提升为抓手，以重大动物疫病防控和畜产品质量安全为重点，以深化拓展“四大模式”运行为方向，加快畜牧产业转型升级，实现可持续发展，取得显著的成效。浙江省委、省政府领导对龙游县生猪养殖整治工作作出3次肯定批示，全

图82 全国现代生态农业现场会在龙游举行

国先后有上海、重庆、山东、安徽、江西、河南等外省市相关单位共100多批次到龙游考察学习畜牧业转型升级工作。

【调减养殖总量】 严格执行《龙游县畜禽养殖禁养区、限养区划分的意见》，实行准入管理，明确由县农业项目决策咨询领导小组决策核准新建、扩建畜禽养殖场项目。生猪饲养量消减至110万头，沐尘溪、潼溪2条小流域实现全面禁养，从源头上降低生猪养殖污染排放总量，减轻环境污染负荷。

【实施标准化养殖】 按照畜禽良种化、生产规范化、养殖设施化、防疫制度化、粪污无害化的“五化”要求，大力推进标准化生猪养殖场（区）建设。鼓励和支持符合规划布局的规模养殖场实施设施化改造，大力推广规模养猪场自动化喂料、智能化控温通风、漏缝地板、粪尿干湿分离、高床产仔、离地保育等养殖设施改造，普及先进畜牧生产技术，提高推广养殖场节水减排水平及生产效率，促进清洁化生产。

【生猪养殖污染治理】 在全县生猪养殖场全面推行养殖污染“4+X”的治理模式（“4”即雨污分流、干湿分离、厌氧发酵、氧化处理等必备设施，“X”即工业化或生态化治理所需设施）。印发《畜禽养殖污染防治责任告知书》1500余份，在“今日龙游”头版刊登《关于进一步增强畜禽养殖环保自律意识倡议书》，同时与拟保留的养猪场签订《龙游县生猪养殖场污染治理承诺书》，提高养殖户污染治理主体责任意识和环境保护自律意识。配合乡镇街道召开生猪养殖污染整治会议，举办相关培训10余次，参与培训人数300余人；组建4个生猪养殖污染整治工作组和11个工作小组，协同各乡镇（街道）分组、分片、逐场对拟保留的养猪场进行指导监督；实行一月一报，对各乡镇（街道）进度进行排名，治理进展情况列入乡镇（街道）年终考核。制定污染治理验收的标准和流程，对完成治理的生猪养殖场严格按照验收标准进行验收。年内，全县912家拟保留的养殖场全部通过验收。

【县域大循环的开启模式】 依托以畜禽粪便为原料进行发电和有机肥加工的浙江开启能源科技有限公司，配备槽罐车16辆，对全县规模养猪场实行生猪排泄物定期集中收集。所收集的畜禽排泄物通过厌氧发酵，产生的沼气用于发电，产生沼渣则进行固液分离，固体部分用于生产固体有机肥，沼液则通过膜浓缩技术制作沼液浓缩肥或通过专用设备输送至农业种植基地，实现畜禽养殖排泄物资源化利用县域大循环。为进一步扩大生猪排泄物集中收集覆盖面，开启能源公司动工建设第二期1兆瓦发电工程项目，并实现2兆瓦装机容量，可年收集农业废弃物18万吨，年发电1600万千瓦时，并入国家电网，并可年生产固体商品有机肥1.6万吨，生产沼液浓缩肥1.5万吨。同时，对果蔬、茶叶、毛竹、苗木、水稻等种植业基地提供沼液配送和施肥服务，实现“猪粪收集—沼气发电—有机肥生产—种植业利用”的开启大循环模式。开启公司成为全国生态循环农业现场会的实地参观点。12月14日，中央电视台七频道《聚焦三农》栏目播报了龙游县开启模式的成功做法。

【区域中循环的箬塘模式】 以小南海镇箬塘村为样板，按照农牧结合、区域对接的思路，充分利用自身环境优势，通过规模养殖场和种植业基地的对接，将区域内养殖排泄物经过沼气发酵处理，集中收集后统一铺设管网输到种植基地，由村委会组建沼肥综合利用专业服务队提供社会化服务。与各养殖场签订沼肥服务协议，明确双方责任，构成养殖户省心、种植户得惠、村集体增收三方共赢的区域中循环模式。全县建成箬塘村、半爿月村等沼液综合利用示范区，实现4万头生猪和1万公顷种植基地之间的区域生态中循环。

【主体小循环的吉祥模式】 以龙游吉祥生态家庭农场为样板，实施养殖场排泄物综合利用治理工程，完善收集池、沼气池、喷灌设施等配套建设，按20平方米猪舍面积配套1公顷水田或0.5公顷旱地的标准，就近匹配消纳地。将生猪养殖产生的废水集中收集进行干湿分离，分离出的固体猪粪作为有机肥使用，污水经沼气发酵，产生的沼液通过增压泵、管道就近用于农作物喷灌，有效降低化肥农药使用量，减少用工成本。通过建立“沼气池→沼液池→管道→施肥”的排泄物就地消纳循环利用系统，实现规模养殖场“猪—沼—作物”的自我消纳的主体小循环，作为“开启模式”大循环及“箬塘模式”中循环的有效补充。3月20日，中央电视台《新闻联播》栏目播报龙游县吉祥生态家庭农场通过实施“吉祥模式”开展生态循环农业建设的成功做法。年内，全县有520家养殖场完成小循环建设。

【集美模式】 按照“政府监管、企业运作、财政补贴、保险联动”的工作要求，实行“统一收集、集中处理”模式，建成全县域病死动物集中无害化处理中心，建立病死动物收集处理运行机制和监管制度，通过制度与机制创新，探索形成一套对病死生猪源头收集、集中处理、保险理赔的全程监管系统，实现对病死生猪流向可控、可追溯管理的“集美模式”，从源头上彻底解决病死动物丢弃贩卖和死猪漂浮现象的发生。自2014年实施生猪保险与病死动物无害化处理相结合的“集美模式”以来，龙游县已实现病死动物收集点的全覆盖，病死猪全部得到无害化收集处理。集美公司成为全国生态循环农业现场会的实地参观点。

【“互联网+”引入农业养殖】 对猪粪实行统一收集、集中处理的生态大循环，建立收集、发电、有机肥生产和销售的智能化监管平台，收集车辆安装GPS定位系统，确保物料进出平衡，防止面上污染变为集中污染。对规模养猪场治污设施的运行和沼液的利用采用政府购买服务，第三方监管的办法，通过安装智能电表、液位仪等设施，对生猪养殖场污水处理及沼液利用系统进行实时线上远程管控，并结合线下现场巡查机制，确保污水处理设施正常运行，使沼液得到正常利用。建立“4001057000”病死动物无害化处理智能化报案及收集网络管理平台，通过“400”平台的电话和数据库共享，达到报收方便、收集及时、异常预警、数据共享、监管到位的目的。同时，通过收集车辆安装GPS定位仪、收集人员配备行动记录仪和平板电脑，同步确认收集数量纸质单据和电子订单，实时上传收集现场全程画面，实现收集过程线上线下全程同步、全程监管。

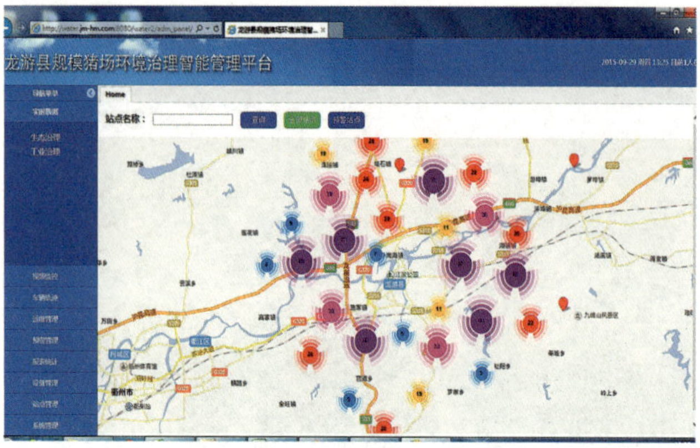

图83 龙游县规模养猪场环境治理智能管理平台

【动物疫病防控及畜产品安全监管】 加强对生猪“瘦肉精”等违禁药物的检测工作，通过增加检测项目、提高抽检比例、规范采样程序等措施，有效杜绝养殖环节非法添加违禁药物行为的发生，确保消费者吃上“放心肉”，促进全县畜禽养殖业的健康发展。印发《规范病死畜无害化处理告知书》和《病死畜禽及其产品无害化处理告知书》，签订《畜产品安全生产承诺书》《兽药经营承诺书》《病死动物无害化处理承诺书》，让养殖场户及时了解国家的各项法律法规，提高业主做好疫病防控、病死畜禽无害化处理、畜产品安全工作的自觉性和主动性，营造良好的工作氛围。全面落实重大动物疫病防控责任制，建立动物疫病防控监管责任体系。各乡镇(街道)、村和重点防疫场所均建立动物防疫场所责任人制度，对防疫意识不强的规模养殖场进行督促整改，确保监管到位。顺利完成2015年重大动物疫病防控集中免疫任务，全年共免疫家禽1468.9万羽次、生猪168.71万头、羊2.23万头、牛1.19万头。全年共检测违禁药物尿样盐酸克伦特罗36370份、莱克多巴胺15787份、沙丁胺醇15787份，检测结果均为阴性；开展生猪产地检疫60.76万头，检疫家禽1489.08万羽，生猪屠宰检疫19.96万头。由于监管工作到位，措施落实到位，面对严峻的动物疫情及畜产品安全形势，全县未发生畜产品安全和公共卫生安全责任事故。

（县畜牧局 倪志轩）

林业

【概况】 2015年，龙游县林业局在县委、县政府和上级林业部门的正确领导及大力支持下，以党的十八届四中、五中全会精神为指导，认真贯彻落实县委八次全会精神，紧紧围绕县委、县政府的中心工作，服务大局，把林业纳入经济社会发展全局，各项工作进展顺利。龙游县被列入2013年全省33个森林增长指标年度考核评价试点县和全省25个欠发达地区林业绩效考核试点，完成森林增长指标年度考核评价试点工作。

【项目谋划】 谋划省级竹产业提升示范县、生态林扩面及提质、全县彩化绿化工程、龙游县笋竹产业专业市场、龙游县城市森林公园、龙游县两江湿地公园等“十三五”项目7个；上报龙游县彩化森林公园建设项目、万公顷林下经济发展项目、龙游县林相改造及森林景观提升工程、龙游县森林生态保护工程（森林消防综合治理工程）、龙游县6666.67公顷毛竹林大小年结构调整等5个龙游好项目；谋划6666.67公顷竹林生态公益林扩增提升工程、万公顷林下经济发展工程、灵山江两岸彩化美化工程、6666.67公顷毛竹林大小年结构改造工程、竹材加工技术改造项目等5个点题深化项目。生态林扩面提质、全县彩化绿化工程、龙游县城市森林公园项目、龙游县彩化森林公园建设项目、万公顷林下经济发展项目、龙游县林相改造及森林景观提升工程、龙游县森林生态保护工程（森林消防综合治理工程）等已在实施中。扎实推进3个县“四重双百”项目与1个龙游县政府性投资项目的实施，县笋竹产业提升项目的生态栽培任务已达到制定目标，两家转型升级企业已投产；完成浙江大竹海“高山花海”休闲区项目建设年度工作；平原绿化项目已完成年度绿化466.67公顷；龙游县彩色树种良种基地项目完成年度实施任务，投入资金556万元，累计投入资金达1166万元，完成灵山江绿化彩化工程和溪口林场生产管理用房主体工程等实施任务。实施古树名木保护工程，制定古树名木保护管理方案，印制《浙江龙游古树名本》画册，制作龙游县古树名木保护牌。

图84 龙游县召开创建森林城市动员会

【森林龙游建设】 按照“生态立县”的定位目标，以创建省森林城市为契机，从局部的山头造林、平原绿化，发展到森林不断向城市、城镇、村庄拓展延伸，山、田、路、水森林网络化，有机连为一体；从面上绿化深化到绿化、彩化、珍贵化，不断提质增效，森林龙游建设成效显著。完成造林370.67公顷、迹地更新69.33公顷、中幼林抚育3333.33公顷、新育苗6.67公顷。完成平原绿化466.67公顷、重点防护林建设500公顷。建成香榧示范点20公顷、油茶示范点66.67公顷、苗木示范点133.33公顷。

【河道绿化提升】 结合全县乡村休闲旅游规划，对灵山江沿岸进行景观带改造提升，打造灵山江乡村休闲旅游绿道，全面修复灵山江河道生态功能。投资130万元，完成“姜席堰—石角村边”段（绿化长度11.82千米）的绿化提升，种植西湖垂柳、枫杨等树种。共实施完成灵山江、塔石溪等河道绿化80千米。

【林业增效工程】 完成333.3公顷重点防护林“封山育林”项目的规划设计和落实工作，落实责任人，并与责任单位或个人签订封育管理合同，其中石佛乡194.6公顷、塔石镇71.9公顷、横山镇66.8公顷。完成66.7公顷重点防护林“林带林网”项目的规划设计及苗木调运和种植工作，共涉及8个乡镇（街道）22个单位和个人。其中，湖镇镇32.1公顷、龙洲街道12.3公顷、东华街道12.3公顷、塔石镇5公顷、沐尘乡1.7公顷、大街乡0.53公顷、石佛乡2.7公顷。完成100公顷重点防护林“山地人工造林”项目的规划、设计和种植，共涉及4个乡镇12个村和个人，其中横山镇20.1公顷、龙洲街道1.4公顷、石佛乡56.7公顷、社阳乡21.8公顷。完成2012年重点防护林工程133.3公顷的“林带林网”造林项目补植抚育工作。完成2013年造林补贴项目全面检查和验收，面积143.7公顷，其中乔木林和木本油料林56.5公顷、其他林87.3公顷，共涉及7个乡镇（街道）和1个国有林场共20个地段。根据修订后的《龙游县林区道路建设项目“以奖代补”管理办法》的相关规定，严格按照项目申报、立项、设计、验收程序以及林地审批等环节组织实施。委托华东林业勘察设计院设计《使用林地现状调查报告》，新建林区道路70千米。

【省森林城市创建】 2012年开始谋划省森林城市创建活动（简称“创森”），2013年正式启动，各项工作顺利推进。18个“创森”工程项目有序推进，城市绿地景观提升工程、森林廊道扩绿工程、村庄绿化美化工程、工业园区绿化提升工程、森林生态文化建设工程等重点项目建设取得明显实效。完成公路干线绿化面积8.9公顷，种植各种花卉苗木140万余株、草皮1.96公顷等，完成主要河流堤岸绿化51.5公顷，绿化长度99千米。完成各类纪念林建设100公顷，浙江年年红红木家居文化园成功申报“浙江省生态文化基地”。对“创森”项目预检线路的绿化薄弱环节进行现场督查，确保4月底前完成“创森”既定任务。5月19日，通过浙江省“创森”验收组的预检。12月9日，通过省政协牵头的省森林城市创建验收组的最终验收。2015年，全县共创建森林村庄12个，其中省级森林村庄2个（沐尘乡社里村、大街乡贺田村）；市级森林村庄10个（庙下乡严村村、毛连里村、庙上新村，沐尘畲族乡康源村、坑头村、贤江村，大街乡杨村村，罗家乡马府墩村、席家村，社阳乡社阳村）。

图85 机关干部到龙游林场参加植树劳动

【平原绿化】 2015年，在巩固原有平原绿化成果的基础上，围绕省森林城市创建目标，按照“扩面、提质、添绿”的总体要求，完成平原绿化466.67公顷，其中城市绿化26.67公顷、城镇绿化6.67公顷、其他林（经济林，片林）绿化1333.33公顷，村庄绿化173.33公顷、公路铁路等通道绿化24公顷、河道绿化16公顷、农田林网绿化13.33公顷，基干林带绿化13.33公顷，总投资8000多万元。出台《龙游县深化“四边”区域绿化行动方案（2015—2020年）》，按照省林业厅《关于切实抓好“两路两侧”“四边三化”绿化缺失整改落实的函》的要求，对全县5处绿化缺失地块进行绿化，并按时完成整改。

【彩色树种良种基地】 根据浙林计批〔2014〕13号、龙发改中〔2013〕62号文件精神，批复建设龙游县林场彩色树种良种基地建设项目。项目建设期限三年（2014—2016年），2015年新建枫香种子园3.3公顷，收集和保存枫香种质资源50多份；改建浙林系油茶采穗圃3.3公顷；收集樱花种质资源20多份、梅花品种6个；改扩建良种繁育圃4公顷；培育浙林系油茶嫁接苗51.3万株；抚育种子园、资源库等13.3公顷。基础配套设施及辅助工程建设反面，安装80kv（千伏）变压器1台，安装自控荫棚5000平方米配套喷滴灌设施及彩色树种1区的灌溉设施，修建生产管理用房300平方米，安装良种基地隔离防护网2000米。

【公益林建设管理】 年初，根据《龙游县重点公益林村级护林员队伍规范化建设实施方案》的要求，选聘96名专（兼）职村级护林员，其中专职79名，兼职17名。根据浙江省林业厅、财政厅《关于组织开展省级公益林扩面工作的通知》，结合龙游县实际，与省林业厅多次对接沟通，争取把高山、远山低效竹林划为省级重点公益林，充分发挥森林整体功能和生态效益。全县共区划界定小班2633个，涉及10个乡镇（街道）58个行政村，扩面界定省级重点公益林2万公顷，省级公益林总面积达39万公顷，全县公益林比重达56.7%，每年为林农增收800余万元。发放公益林损失性补助资金740.23万元，护林员管护费67.44万元。

【林业产业状况】 2015年，全县开展笋竹产业转型升级十大专项行动，林业产业有了新的转机，尤其是笋竹产业出现了许多新的增长点。全年实现林业总产值31.95亿元，同比增长11.4%，其中一产5.85亿元，同比增长12.3%；二产23.3亿元，同比增长11.2%；三产2.8亿元，同比增长3.9%。全县102家竹木加工企业中，有产值超亿元企业3家（腾龙竹业集团有限公司、龙游外贸笋厂、浙江龙游年年红）、产值2000万以上企业15家，有国家重点农业龙头企业1家（腾龙竹业集团有限公司）、省级农业龙头企业2家、省级林业龙头企业6家、市级农业龙头企业16家（其中新增2家）。竹木加工产品主要有重组竹地板、竹集成材、竹木复合集装箱板、车厢板、竹木家具、门窗、竹炭、水煮笋等系列产品。

【成立浙西竹木产业研究院】 与中国林科院、国家竹子研究中心对接，成立“浙西竹木产业研究院”，构建竹产业技术公共服务平台，着力解决企业技术难题。为神宇竹胶板公司解决高强度火车车厢底板与超薄耐磨火车车厢墙板等胶合技术问题，实现年销售额2800余万元；为浙江创伟竹业开发有限公司解决炭化篾废水处理难题，并于5月顺利通过浙江省环境科学院等权威行业专家的现场验收，实现省内同领域零的突破。浙西竹木产业研究院牵头新产品开发，为国家专利产品在龙游试点提供支持，成为龙游县大众创业创新平台。

【出台竹产业转型升级政策】 通过对国内竹产业发展情况的考察调研，拟定《关于要求成立笋竹产业转型升级领导小组》的提议、《关于进一步推进笋竹产业转型升级的若干意见》草案、《笋竹产业转型升级项目资金补助办法》建议稿、《2015年笋竹产业转型升级十大专项行动》工作方案等4个草案，提交县政府常务会议审议。出台《龙游县人民政府办公室关于印发龙游县关于进一步推进笋竹产业转型升级的若干意见的通知》（龙政办发〔2015〕69号），并与财政局联合出台《关于印发〈龙游县笋竹产业转型升级专项资金管理办法〉的通知》（龙财农〔2015〕166号）。

【与科研院校合作】 多次邀请中国林科院、浙江农林大学专家教授到龙游帮助企业开展技术难题攻关，为神宇竹胶板公司解决高强度火车车厢底板与超薄耐磨火车车厢墙板等技术问题，使神宇成功实现转型升级，并与中铁运输局签订长期供货协议。组织企业赴庆元县考察，学习庆元县竹加工企业对锅炉进行工艺改进、利用生物质燃料达到环保标准排放的先进经验。帮助创伟竹业开展炭化（蒸煮）蔑废水集中处理技术攻关。邀请南京林业大学、浙江省林科院有关专家到龙游县指导，进行废水及剩余物质相关数据的分析、测定。帮助企业开展技术专利申报，邀请中国林科院专家到龙游为相关企业进行技术申报培训与指导。

【企业培育】 大力帮助相关企业解决生产难题，加快产业发展。浙江腾龙竹业集团有限公司与中集集团协作新成立中集腾龙竹业有限公司，新上4条竹木复合集装箱板材生产项目，全年实现产值3.1亿元。龙游天赐竹业有限公司开展“腾笼换鸟”（是经济发展过程中的一种战略举措，就是把现有的传统制造业从目前的产业基地转移出去，再把先进生产力转移进来，以达到经济转型和产业升级），投资800万元新上竹凉席成品生产线。龙游县外贸笋厂与日本公司共同出资成立创新方法株式会社，注册资本1000万元，提升笋产品利润，提高企业效益。浙江创伟竹业开发有限公司成功解决炭化篾废水处理问题，生产步入正常轨道。

【招商引资】 以“以商招商、以会招商、以友招商、行业招商”为出发点，积极开展招商引资，切实解决毛竹出路问题。与卓达竹木科技有限公司对接，商谈到龙游投资全竹利用重组竹材项目意向，组建“卓达竹产业·龙游竹都高新技术产业园”，拟投资年产10万立方米的竹钢及深加工项目，项目一期总投资15亿元，项目顺利通过决策咨询，完成签约。引进投资3.06亿元的舒能新能源科技有限公司30MWP（“MWP”即“兆瓦”，是太阳能电池的峰瓦值单位）农光互补项目，为项目落地做了大量对接工作。

【林地管理工作】 加强林地管理，参与农业决策咨询项目，对涉及林地的农业设施项目及时跟踪服务，及时报批林地。为县重点建设项目服务，积极参与高坪桥水库、中国红木家居文化园（合一大殿及木都）旅游设施项目、白佛岩水库、沐尘畲族乡机制砂场建设项目、詹家镇西方村40MW（“MW”即“兆瓦”）农光互补光伏发电项目、110kv（千伏）衢遂1097线改造工程、衢宁铁路等重点建设项目的前期准备服务工作，其中中国红木家居文化园（合一大殿及木都）旅游设施项目、新建衢宁铁路浙江段控制性工程通过努力取得浙江省林业厅同意。为做好衢宁铁路控制段工程临时用地项目、新加坡风情小镇项目、沐尘畲族乡机制砂场建设项目等3个项目的林地审核报批工作，积极与上级部门进行项目对接、林地报批策划、项目跟踪服务等工作，积极准备项目报批材料。

【林木采伐和运输管理】 全面推行林木采伐公示制度，严格执行《龙游县关于做好“十二五”期间森林限额采伐管理工作的通知》（龙政发〔2011〕32号）精神，改革完善森林采伐分类管理。对集体林，除省级以上公益林、天然阔叶林外，简化森林采伐审批程序。对公益林，只准进行抚育和更新性质的采伐。严格执行“采造挂钩”制度。全年发放林木采伐许可证277份，未出现因发证错误而引起的乱砍滥伐事件。完成采伐改革试点的前期工作，核发竹木经营加工核准证20本，变更1本。木材加工企业档案齐全，出运计划数据正确，准确办理运输证件，年度审核率100%。全年签发木材运输证797份，核准运输木材8288.15立方米，未突破运输控量指标。

【森林案件查处】 县域内破坏森林和野生动植物资源的案件时有发生，为全力保护森林和野生动植物资源安全，维护林区治安大局平稳，根据上级森林公安机关的统一部署，共开展4个专项打击行动，分别为“2015雷霆一号”清火行动、“2015雷霆二号”林区禁种铲毒专项行动、枪爆物品大清查行动、打击破坏森林和野生动物资源违法犯罪的“雷霆三号”专项行动。共出动警力398人次，出动车辆192次。办理行政案件15起，其中办结11起，处罚15人，罚款11.14万元；扑救、查处森林火灾案件2起；铲除毒品罂粟植物297株；清理电网隐患2起；查办野生动物案件9起，救助国家二级保护野生动物5只，其中查办非法猎捕案件3起，抓获作案成员3人，抓捕逃犯1人，收缴捕兽机2套，铁铗118只；查处破坏竹笋案件13起；调解处理各类治安纠纷案件3起。通过专项打击行动，有力地打击违法犯罪活动，保障林区的平安稳定，赢得广大群众和社会各界的普遍好评。

【森林消防工作】 层层签订责任书，切实抓好森林消防责任落实。实施“引水上山，以水灭火”工程，县公共财政预算49.2万元资金。在石佛乡进行试点工作（安装森林消防水桶20个），完成森林消防水泵和消防水桶等的政府采购、安装、调试和使用培训工作。为东华街道、石佛乡、横山镇、社阳乡、溪口镇、塔石镇、湖镇镇等7个乡镇、街道各配备3台高压水泵及相配套的设备。在石佛乡防火重点区域建设生物防火隔离带，结合全县数字新农村建设，将防火信息纳入其中，多管齐下、综合施策、防控结合，全面抓好森林消防工作。2015年，全县只发生1起森林火灾，过火面积1.87公顷，受害面积0.67公顷。森林火灾“六率”符合省控指标要求，未发生重特大森林火灾，无森林火灾扑救人员伤亡事故。

【古树名木保护】 完成古树名木画册初稿中的照片补拍和古树名木树种档案的整理、对照，完成画册制作工作。按照国家林业局、省林业厅的要求，组织“严村村南方红豆杉王轶事”“梦里的红豆杉”“古老而生机勃勃的三口之家”“留口殿旁的古樟树”4幅作品参加第三届“美丽中国”大赛。安排专项资金，完成3个古树群的保护复壮工程建设。实施衢州市古树名木病虫害防治和复壮项目，对衢州市百佳古树名木——庙下乡芝坑口村梦里自然村南方红豆杉古树群开展现场踏查，根据古树群中有的古树树根裸露损伤、受病虫害危害、生长环境恶化等实际情况，讨论制订保护实施方案，采取分层砌鹅卵石坎、分层填土、埋设排水管道、病虫害防治等措施，对古树群进行全面保护。另外，还对整个古树群的生长环境进行清理，修建游步道，方便游客休闲游乐，杜绝人为的伤害，宣传古树名木保护的重要性。

【野生动物保护管理】 3月，开展野生动物疫源、疫病专项检查，完成野生动物H7N9禽流感防控工作。4月，在“浙江省第三十四个爱鸟周”活动期间,利用宣传展板举办展览，组织开展以“关注候鸟保护，守护绿色家园”为主题的野生动物保护宣传咨询活动，发放《关于严禁猎捕经营野生鸟类的通告》《科学防控人感染H7N9禽流感》等野生动物宣传册、资料400多份。通过宣传活动，普及保护野生动物的法律法规知识，增强广大市民“爱鸟、护鸟”等保护野生动物的意识，提高公众防范禽流感的意识和能力，初步形成“保护鸟类，构建和谐社会”的良好社会氛围。

【规范林业检疫】 县政府把松材线虫病防范列为“农村公共安全”目标考核的主要内容之一。制定《龙游县松材线虫病防治实施方案》，后因疫情的变化，又作了适当调整。分解防控责任，明确防控任务，落实防控第一责任人和监测责任人。松材线虫病防控领导小组出台《关于加强松材线虫病监测的通知》和《抓紧落实松材线虫病除治工作的通知》2份文件。县林业部门与15个乡镇（街道）林业站、2个国有林场签订《龙游县2015年林业系统松材线虫病防控目标责任书》，将全县13200公顷松林划分成相应的责任区，责任到人、到小班。注册成立林业有害生物监测服务队1个，实施疫情调查外包社会化服务。全年签发森林植物检疫证书1812份，调运检疫木(竹)材10.82万立方米（其中竹材3.29万立方米）、检疫松木2181.07立方米，其中复检松木1313.57立方米、苗木40.71万株；签发《龙游县森林植物及其制品检疫单》72份，其中松木及其制品36份（867.5立方米）。与县电力公司共同制定《双方联系人制度》《检疫登记台账制度》《电缆盘去向报告制度》，进一步建立长效防范机制。与龙游恒鑫生物质发电有限公司签订《病死木处理承诺书》，要求收购的病死木不外流，内部存放时间不超过100小时。全县应施检疫林木种苗面积971.3公顷，实施产地检疫面积的971.3公顷，产地检疫率100%，未发现松材线虫病。

【松材线虫病防控】 经取样鉴定确认，2015年，龙游县首次发现松材线虫病。疫情发生后，及时出台《龙游县松材线虫病实施方案》，明确任务，落实责任，细化到人。封锁现场，组建清理专业队，由专业队开展清理工作，定点清理，定点烧毁，确保枯死松木不流失。完成春秋两季疫情调查和取样、鉴定工作，全年发现枯死松树443株，取样鉴定54个样本，其中14个样本呈阳性。清理枯死松木132吨，清理率达到100%。全面加强检疫监管，关停青塘坞村3家松木加工企业，开展绿剑检疫执法行动，防范疫情扩散蔓延，及时查处1起违规调运松木包装材料的违法事件，所涉及的11只防汛器材包装箱被依法收缴并予以销毁。开展综合除治，悬挂天牛诱捕器500套，利用性引诱剂诱杀天牛，降低松褐天牛种群数量；共施放白僵菌1万只。

【有害生物防治】 全县林业有害生物防治面积782.2公顷，无公害防治率100%。其中无公害化学防治492.3公顷，人工防治99公顷，生物、物理防治190.9公顷，预防436.9公顷。根据监测结果制定防治计划，按小班制订防治作业设计，并进行防效抽查。共发放防治通知书26份。

【林权制度改革】 为破解林业改革的瓶颈，着手推行"林地经营权流转证"，专门组织人员去林改先进县龙泉市取经，学习借鉴龙泉市的创新经验；主动与金融机构对接沟通，用"林地经营权流转证"为抵押，从金融机构抵押贷款，解决承包大户融资难问题，扩展承包大户的融资渠道；赋予"林地经营权流转证"在权属证明、采伐审批、其他行政审批等方面的法律权益，消除工商资本投资后无凭证的顾虑，起到限制和监管的作用。依据《浙江省林地经营权流转证发证管理办法（试行）》，开展"林地经营权流转证"的办理工作，为林地流转受让方实现林权抵押贷款提供便利。办理"林地经营权流转证"1份，流转登记面积40.6公顷。完成林权登记18起（包括初始登记、变更和更正），登记面积46.6公顷；办理林权抵押登记6起，抵押面积248.3公顷，向金融机构贷款1075.0万元。规范林权流转工作，做好林权流转信息发布，规范流转程序，使集体林权流转健康有序。全县集体和农户的林权流转面积346.7公顷。发放2014年度符合中央财政贴息政策的林业小额贷款38户共500万元，贴息资金148775元。

【社会化服务体系建设】 注册成立龙游县森迪森林病虫害防治专业服务队和龙游县启尧森林病虫害防治服务队2个专业化队伍，推进社会化防治服务。全年举办技术培训和技术咨询5次，结对林业大户3家，为林农及居民庭院绿化开展防治技术服务26次。结合"五水共治"开展"走基层、送服务"活动。赠送防治器械5台、药剂200公斤，发放竹卵圆蝽防治技术光盘100余个、资料500余份。与中国林业科学研究院亚热带林业研究所、衢州市林业有害生物防治检疫站在庙下乡芝坑口村、溪口林场杨家山林区共建生态防治示范点2个。建成专业除草队5支，为竹林生态栽培增添新力量。

【富民惠民工程】 完成120公顷油茶良种造林幼林抚育工作。针对2010年至2014年油茶良种造林情况，共规划120公顷幼林进行补种和抚育工作。涉及17个单位和个人，其中大街乡27.4公顷、东华街道11公顷、塔石镇12.2公顷、社阳乡15.2公顷、石佛乡42.9公顷、横山镇7公顷、溪口镇4.3公顷，共发放抚育资金54万元。

【竹林生态栽培】 以社阳水库、沐尘水库、县竹子产业示范区、贺田村等4个竹林生态栽培示范点为核心，继续推行种植生物隔离带等控制水土流失的竹林生态化抚育，推广应用机械除草代替草甘膦等化学除草剂除草，实施无公害防治技术代替高毒高残留农药防治病虫害等竹林生态培育技术，促进竹林可持续健康发展。完成示范基地建设400公顷，推广辐射面积3333.3公顷。积极发展林下经济，提高林地的综合产出效益，促进农民增收，建成黄精、铁皮石槲、三叶青、林鸡等套种、套养面积333.3公顷，其中示范点面积103.3公顷。

【食用林产品管理】 根据县食品安全委员会的统一部署，结合龙游县林业的实际情况，对辖区内食用林产品生产经营单位进行普查建档，进一步掌握各乡镇（街道）食用林产品生产经营单位基本情况以及动态情况，并对全县村级食品安全协管员进行业务培训。抽检食用林产品50余批次，新建森林食品基地1个。

【林木种苗管理】 春季造林期间，从江山、开化、台州、临海等地调入榉树、刨花楠、紫楠、闽楠、浙江楠、南方红豆杉、浙江樟、黄山栾树等珍贵、彩色树种苗木15万株，做好调运前后的苗木质量检查工作。做好226.7公顷人工造林、迹地人工更新、重点防护林工程人工造林所用苗木上山造林前的质量检查，质量合格才能上山造林。开展“珍贵树种进万村”行动，建设示范村3个、示范林3块。全年共办理林木种子生产许可证44份、林木种子经营许可证46份。

【加强内部建设】 加强机关规范化管理，按废、改、立、清的要求，对规章制度和行政权力事项进行全面的梳理，完善制度，形成以制度管人、按制度办事的长效工作机制。局纪检组加大干部日常工作纪律、工作作风的检查力度，实行常态化监督管理；项目督察组加强对项目管理、项目实施和项目资金的专项督查。严格执行中央“八项规定”和省、市、县的相关规定。对接上级公务接待、公车使用规定，严控支出经费，成效明显，公务接待和公车支出经费较2014年大幅下降，公车私用、违规停放等现象基本制止；干部下乡到所在乡镇用工作餐，领导调研轻车简从，有效改进了工作作风。局党组严格按照《党政领导干部选拔任用工作条例》的要求，严把中层干部选拔关、考察关和任用关，全年提拔中层正职2名、中层副职4名。完善局机关干部全员量化考核办法，将党风廉政建设责任制纳入考核制度，把党风廉政建设作为业绩评定、年度考核、奖励惩处和干部选拔任用的重要依据。

（县林业局 方胜刚）

渔 业

【概况】 2015年，龙游县坚持生态文明建设不动摇，扎实推进现代渔业产业转型升级，大力发展科技渔业、生态渔业，超额完成全年各项目标任务。全县渔业总产量1.82万吨，总产值9.23亿元，渔民人均纯收入24014元，渔业生产取得较好地成绩。

【现代渔业园区建设】 引导渔业的适度规模经营，规范建设渔业示范基地，提高渔业产业化水平，促进产业集聚，提质增效。完成省级热带观赏鱼特色精品园建设并通过省级验收。全县有获浙江省水利局批准的现代渔业园区创建点5个，其中渔业主导产业示范2个、特色精品园区3个；注册渔业专业合作社及家庭渔场324家，其中有省、市级示范性家庭渔场8家。

图86 龙和渔业园举办“干塘节”

【生态洁水渔业发展】 深入开展渔业转型促治水，通过山塘水库生态治理、水产养殖塘生态化改造和推广稻鱼共生轮作技术等措施，优化渔业产业布局。完成清水养殖推广797.24公顷、养殖塘生态化改造48公顷、稻鱼（鳖）共生轮作推广73.34公顷（累计完成273.35公顷），禁限养区划定与整治162.48公顷。增值放流各类优质鱼苗1786.8万尾。培育年销量1000吨的渔业龙头企业（合作社）2个。

【渔业安全专项整治】 完成53个批次的水产品质量安全抽检工作，合格率100%，确保初级水产品质量安全。完成检验渔业捕捞渔船107艘，其中机动渔船98艘、非机动渔船9艘，机动渔船受检率达100％。严厉打击以非法电捕作业为主的违法违规行为，开展执法巡查70余次，查处非法电捕案件4起，处理渔业纠纷7件次，提高渔业资源再生能力，维护生态平衡。

【渔业技术推广服务】 完善渔技人员的工作制度、工作职责和绩效考评制度。遴选鲫鱼（中科3号）、鲢鳙、石斑鱼、草鱼等4个渔业主导品种，主推水库山塘洁水养殖、水产养殖水质综合调控、石斑鱼繁殖等3项技术，新增2家渔业科技示范基地。完成水产养殖技术和水产品质量安全知识培训19期617人次，发放技术培训资料2500余份。

（县水利局 叶彩仙）

水利建设

【概况】 2015年，龙游县水利工作以党的十八届四中、五中全会精神为指引，着力践行“节水优先、空间均衡、系统治理、两手发力”的新时期治水方针，认真贯彻落实县委、县政府“推进五水共治、共建生态家园”决策部署，较好地完成全年工作目标任务。全年完成水利投资3.99亿元。先后获浙江省市县水利工作综合考核优秀单位、衢州市水利工作目标考核一等奖等荣誉。水库安全管理工作受到副省长黄旭明的批示肯定。

【防灾减灾工作】 全年防汛应急保障投入600余万元，加强基层防汛体系和应急保障能力建设，提升应急处置能力。修编完善各类防汛度汛方案与预案，健全县、乡、村三级防指组织机构，调整县级及各防指成员单位、乡镇（街道）、行政村三级防汛应急抢险队伍，维护升级防汛会商、防汛预警软件、水雨情测报系统、视频监控等防汛测报设备，提高防汛抗旱信息化水平。推进山洪灾害防治项目建设，进一步增强防灾减灾能力。全力做好梅汛期各项防汛信息预警、预报、传达、防汛指挥、调度、应急抢险等工作，先后2次启动防汛Ⅳ级应急响应，下达6次调度令，成功实施社阳、周公畈、小溪滩、沐尘水库的科学调度，组织开展詹家防洪堤徐家村段70米水毁堤防应急抢险，保障人民群众生命财产安全。

【水库堤防加固建设】 完成黄塘、后垅畈等5座病险水库除险加固工程，全面完成白佛岩水库扩容工程前期工作并开工建设，完成工程投资500多万元。完成灵山港橡胶坝改造、衢江治理工程张家埠段、小南海南北段工程建设，建成罗家溪山洪沟堤防5千米。实施灵山港慢行绿道（下杨村至石角村段）贯通应急工程，新建6段绿道全长约5千米，完成投资1600万元。

【农村饮水安全工程】 完成沐尘、双溪等2个村农民饮用水安全提升工程，改善4100名农村人口的饮水安全问题。

【小型农田水利建设】 全面完成2014年中央财政小农水重点县工程项目建设任务，超额完成2015年项目50%建设目标。建成高效节水灌溉面积516.69公顷，整治山塘40座，加固堰坝8处，整修泵站1座，新建渠道62.86千米。

图87 灵山江官潭至洪呈防洪堤

【河道综合整治及长效管护】 全面完成中小河流治理重点县项目区建设11个，累计完成河道综合整治231千米，疏浚河道231千米，治理池塘156座。加强对衢江河道采沙的整治力度，实现衢江河道全面禁采、砂场停止制砂，全面完成采砂建（构）筑物、制砂设备拆除、砂石料清理。完成实施衢江后厅路口至江滨公园段堤防维修工程，提升堤防的绿化、硬化、亮化。推进河道日常化保洁，健全县、乡镇（街道）、村三级管理网络，通过公开招投标，由金华洁美保洁有限公司和龙游洁渔水利工程养护公司实施衢江、灵山江河道的日常管护工作。开展河道专项整治行动，清理河道违章种植面积约17万平方米。列入省级堤防维修养护的38千米堤防和2座水闸获市级考核优秀的好成绩。

【水政渔政执法】 加大水政、渔政执法力度，查处以涉砂为主的水行政案件19件，其中涉渔案件4件，移送公安机关查处涉砂案件2件，罚款或没收非法所得20多万元，处理渔业纠纷7件次。

【水土保持与水资源管理】 严格水土保持监督管理，全年编报开发建设项目水土保持方案6项（其中水土保持方案报告书2项、水土保持方案报告表3项、水土保持方案登记表1项），完成水土流失治理10平方千米，征收水土保持补偿费205.6万元。落实水资源管理制度，强化用水总量、用水效率和水功能区限制纳污等“三条红线”管理，严格执行取水许可、水资源有偿使用等管理制度，对年取水量5万立方米以上的取水大户实施实时监控全覆盖，全年注销取水许可4家，变更、延续取水许可审批9家，征收水资源费170余万元。推进水生态系统的保护与修复，加强水功能区管理和重要水源地的水源保护，强化对入河排污口的监督管理，保证饮用水的水源水质符合标准。

【水库安全管理】 推进水库安全运行管理体制改革，全县有43座水库实行县级集中管理，19座水库实现乡镇区域化集中管理，6座水库完成标准化提升。狠抓水库质量管理、蓄水管理、运行管理，强化监督管理，落实水库安全责任制，全面提升水库管理水平，确保水库规范运行、安全运行、良性运行。完成沐尘水库管理房、周公畈水库除险加固工程的竣工验收，完成沐尘水库中型灌区节水配套改造、社阳水库溢洪道改造、姜席堰水毁修复等工程的完工验收。

【项目前期规划】 编制完成《龙游县水利发展“十三五”规划》《龙游县“十三五”农田水利建设综合规划（社阳片、塔石片）》《灵山港综合治理规划》《塔石溪综合治理规划》《龙游县水利数据信息化管理规划》《龙游县龙北（塔石、石佛）区域水资源配置规划》等一批规划，完成衢江治理二期工程、灵山港流域系统治理工程、城区供水应急工程等项目的建议书咨询稿，高坪桥配水工程和龙游县清水入城工程完成建设方案论证。围绕“两化两游”目标，挖掘水文化资源，开展灵山港滩地演变机理和河道生态修复课题研究，推进坡耕地雨水集蓄利用省级试点，启动两江口国家级水利风景区创建活动。

（县水利局 叶彩仙）

乌引工程管理

【概况】 2015年，在县委、县政府的正确领导和衢州市乌引工程管理局的指导下，龙游县乌引工程管理处贯彻落实党的十八大和十八届四中、五中全会精神，按照县委、县政府部署要求，紧紧围绕“管好一条渠道，带好一支队伍”的目标，按照“和谐、安全、敬业”的总要求，扎实推进各项工作。

【干渠维护】 乌引干渠龙游段线路长，情况复杂，管理任务繁重。年初就组织干部职工深入干渠，了解干渠的运行情况和结构，排查掌握干渠的重点部位和维修重点。先后对隧洞、渡槽、排涵和桥梁等重点建筑物进行仔细勘察，发现安全隐患10多处。对发现的隐患问题及时制定方案，落实措施，消除不稳定因素。精心组织实施十都段800米干渠维修和西垅至岑山道路、柿坞排水渠、管理房等零星项目的维修，总投资约220万元。积极争取市乌引工程管理局的支持，组织实施市级第六期节水续建项目（芝江段1450米干渠维修与310米马二隧洞拱顶加固），总投资约600万元。在施工过程中，坚持“安全第一，质量至上”原则，坚持由2人以上验收的制度，严格把好质量关。协调和处置施工过程中出现的问题，保质保量

图88 组织开展干渠维修

做好工程建设管理工作。编制上报“十三五”干渠维修项目，总投资5000多万元，已列入市级干渠维修项目库，受到衢州市乌引工程管理局的好评。抓好日常维护,加强闸门和护栏的维护保养工作，修复隐患桥梁和排涵，及时修补渗漏渠道，疏通淤积排涵，清理杂草和边沟，保证干渠的整洁、通畅和安全。

【供水安全】 深入灌区，及时掌握用水情况，优化供水计划，合理配置水源，确保干渠有水可供，保障群众的生产、生活用水。根据乌引工作实际，修订《乌引工程防汛预案》《水事纠纷应急处置预案》，成立工作机构，建立防汛抗旱期间的全天候值班制度，使防汛抗旱工作制度化、规范化，做到早计划、早安排，有备无患。2014年10月以来，乌引干渠因实施节水配套项目，供水经常中断，龙游城区出现自来水供应紧张的情况。县乌引工程管理处主动协调，争取各方支持，2015年2月4日，乌引工程全线恢复供水，保障了春节期间城区的生活用水。4月，由于天气干旱少雨，全县乌引灌区缺水严重，特别是詹家镇灌区的2万多公顷早稻正处于分蘖期，急需灌溉，如农田缺水，将造成穗数不足或无穗，严重的将造成禾苗枯死,群众反映十分强烈。经县乌引工程管理处努力，5月5日，乌引工程实施应急供水，共向灌区供水400多万立方米，缓解旱情，保障早稻生长。2015年，共实现抗旱调水3300万立方米，保障灌区1.29万公顷农田的生产用水；向洪畈水库供水756.67万立方米，向金华供水767.5万立方米，较好地发挥乌引干渠的调水、供水作用。

【队伍建设】 坚持以抓党建带队伍的工作思路，把党建工作放在突出位置，融合到业务工作中，落实党建责任，推进各项工作有效落实。精心组织学习贯彻党的十八届四中、五中全会精神，学习《作风建设永远在路上》《中国梦：当代中国发展进步的精神旗帜》《绿水青山就是金山银山》等重要内容，领会精神，武装头脑。适时组织专家辅导和党性党史教育等多种形式的教育，纯洁党员干部思想，促进机关作风转变。组织学习党章和《中国共产党廉洁自律准则》《中国共产党纪律处分条例》，积极引导干部职工严守政治纪律、组织纪律，规范言行操守，构建风清气正的机关环境。结合党的群众路线教育实践活动“回头看”活动，抓好教育实践活动后续整改工作，对已经整改完成的各任务巩固成果、防止反弹。建立健全务实管用的长效机制，把教育实践活动中建立完善的14项制度坚持好，使其真正发挥作用。积极制定完善“五不直接分管”“三重一大”和党组工作规则等相关制度，严格执行民主集中制、干部选拔任用规定，推进党风廉政建设的制度化、规范化。认真对党风廉政建设责任制落实情况和“三公”经费管理、公车使用、项目管理等执行情况进行检查，发现问题及时纠正，确保问题整改到位。保持正风肃纪常态化，开展经常性的明察暗访，确保各项规定制度执行到位。

（县乌引工程管理处 王璟）

高坪桥水库工程建设与管理

【概况】 2015年，龙游县高坪桥水库工程建设管理处紧扣省委“五水共治”战略部署，突出“保供水、防洪水”重点，在县委、县政府及指挥部的正确领导下，团结奋进、分工协作，合力推进水库建设前期各项工作。高坪桥水库工程成功入选国家发改委公开推介的第一批PPP项目库，基本实现全年目标。5月，完成水库初步设计至施工图阶段的设计招投标，并签署协议；完成地质勘查工作，并同步编制初步设计报告。

图89 召开高坪桥库区移民安置规划大纲评审会

【可研审批】 工程可行性研究审批共涉及19个要件。工程建设管理处严格按照相关程序，依法依规推进，已完成实物调查大纲、项目选址、用地预审、环境影响评价、水土保持、社会稳定风险评估、地质灾害评估、取水许可等17个要件审批。3月17日，浙江省人民政府下达《浙江省人民政府关于龙游县高坪桥水库工程占地和淹没区实物调查有关问题的批复》（浙政函（2015）25号），明确工程占地和淹没区控制范围，以4月1日为基准日，下达《浙江省人民政府关于禁止在龙游县高坪桥水库工程占地和淹没区新增建设项目和迁入人口的通告》。在实物调查基础上，委托设计单位编制完成《移民安置规划大纲（送审稿）》，12月16日，顺利通过省移民办组织的审查，基本完成《移民安置规划（征求意见稿）》编制。

【政策处理】 4月，县委、县政府召开高坪桥水库建设暨库区实物调查工作动员会，指挥部随后召开全体成员单位第一次会议，全面启动实物调查工作。成立实物调查工作组，举办实物调查技术培训班。实物调查期间，通过走村入户、召开座谈会和户主会、发放宣传册、张贴标语等多种形式，加大宣传力度，消除群众顾虑，营造良好的舆论氛围。4月17日，工作组正式进驻库区，开展历时4个月的实物调查，完成库区实物调查及调查成果的“三榜”公示，调查对象涉及龙游县社阳乡红光村、大公村、连上村、凤溪村等4个行政村及湖镇镇洪畈村、婺城区莘畈乡大立元村，共调查555户1331人，涉及房屋6.13万平方米、土地169.39公顷（含婺城区莘畈乡大立元村2.62公顷），调查成果户主签字率为100%，未发生群体性突发事件。全面完成工程占地区和淹没区青苗及地上附着物的价格评估现场数据采集，为下一步签订安置补偿协议奠定基础。

图90 高坪桥库区群众积极参加安置点投票

【移民安置】 经县政府同意，移民安置点选址在湖镇镇集镇。7月，组织库区全部户主代表分批次到安置点现场踏勘并召开移民安置工作会议，安置点地块选定在湖镇派出所对面。省国土厅预支湖镇镇移民安置点新增建设用地指标13.73公顷。至年底，基本完成移民安置区块23.8公顷土地的征收（其中移民安置点用地15.51公顷），与湖镇镇新光村签订征地补偿协议。

【专业项目】 完成工程占地区和淹没区交通、水利、通信、电力、广电等专业项目实物调查，共涉及四级公路8.27千米，涉及通信电缆光缆38.39千米、通信基站2座、铁塔8座、雨量站1处。完成专业项目改复建实施方案的编制，库区公路改复建作为应急项目先行实施，已完成初步设计，并经县发改局批复，建设总长度8.43千米，核定概算总投资1.95亿元，已着手进行施工图的设计。

（县高坪桥水库建设管理处 余倩倩）

工业经济

概述

2015年，面对国内经济下行压力，面对复杂的国际经济环境，龙游县委、县政府坚持不懈地推进新型工业化战略，工业经济运行缓中趋稳，结构持续优化，转型升级加快，质效有所改善。工业经济扩量增效，工业总产值突破400亿元，同比增长12.6%，工业对一般公共预算收入贡献率、工业投入占固定资产投资比重均超过50%。全面完成上级下达的节能减排目标。加快工业园区建设，探索产城结合新途径，重视园区基础设施建设，提升园区品味。招商引资工作取得新成绩，位列衢州市招商引资年度考核第一名。龙游县再次入选“中国最具投资潜力百强中小城市”，排名上升到第15位。

工业管理

【概况】 2015年，龙游县经济和信息化局主动适应经济发展新常态，坚定不移地打好工业转型升级“组合拳”。全县201家规模企业实现产值299.6亿元，同比增长1.2%，增幅居衢州六县（市、区）首位，高出全市平均增幅2.9个百分点。规上工业增加值64.43亿元，同比增长4.4%，增幅居衢州市各县（市、区）第二，高出全市平均增幅1.7个百分点。特种纸、装备制造、纺织服装产业分别实现产值92.59亿元、34.51亿元、36.08亿元，三大主导产业产值占规模工业产值的比重达54.5%。规上工业实现利税总额17.6亿元，其中利润总额11.1亿元。生态工业发展、“零土地”技改、“腾笼换鸟”、高污染燃料“五炉”（指全部或部分使用煤炭、重油、高污染生物质等高污染燃料的锅炉、窑炉、熔炉、煤气发生炉和茶炉）信息系统建设等4项重点工作列入省、市综合试点。在2015年度全县机关部门考评中，县经信局获一等奖，并荣立集体三等功。

【着力推进企业上市】 出台《关于鼓励企业加快进入多层次资本市场的实施意见》，明确激励政策，抽调专门人员，协调机制，推动企业上市。全县21家企业与券商签约，其中特美股份、金昌股份、恒达新材、凯丰新材、大盛新材5家企业在新三板成功挂牌，固特科技完成股改并经券商内核，报股转中心审核。全年累计发放企业上市（挂牌）奖励资金840万元，其中签约奖金480万元、完成股改奖金180万元、挂牌奖励资金180万元。企业签约数和挂牌数均位居衢州市各县（市、区）首位。

【加快审批制度改革】 作为衢州市唯一的试点县，出台《龙游县工业企业“零土地”技术改造项目审批方式改革实施办法》及补充意见，采用“审批目录清单”和“承诺验收制”替代以往的审批制度，促进工业有效投资。重造“零土地”技术改造项目办事流程，将企业项目备案办理时间由之前的7～15个工作日缩至1个工作日。缩小“零土地”技改前置条件范围、提升企业办件便利化水平及加强中介服务机构建设，完善实施办法，并做好推广解读工作。实现“零土地”技改项目由审批制转向承诺制的改革，全年共备案“零土地”技改项目81个，项目总投资11.1亿元，其中固定资产投资10.04亿元，设备投资7.19亿元。

【全力推进项目建设】 完善项目跟踪服务机制，帮助解决项目推进中的困难和问题，促进项目及时开工并建成投产。面对严峻的经济形势，在招商项目减少的情况下，项目谋划重点转向以现有企业扩张和现有企业技改提质为主。县经信局组织全体干部每人联系3—5家企业，配合“一区二块”（即龙游工业园区和城南工业区、湖镇工业区）做好企业技改。全年共决策咨询服务项目32个，实施“机器换人”项目59个，258个500万元以上在建工业项目完成投资74.57亿元，同比增长5.07%，其中技术改造项目147个，完成投入48.25亿元，同比增长26.2%，占全县工业固定资产投资的64.7%。

图91 全县电子行业“机器换人”应用和技术座谈会

【合力推进兼并重组】 通过政策合力，推进有实力的企业开展行业整合重组。对一批“僵尸企业”实施破产重组和搬盘，引领撬动一批有实力的企业成为行业整合者。全年整合重组企业6家，兼并重组资产总额1.2亿元。推动10家中小企业参与战略重组，重组资产达7.2亿元，其中东飞纺织引进江苏华宏事业集团有限公司，参与战略重组资产2.6亿元；百韵科技与清华商模智星达成战略合作，将分3期投资1.8亿元，共同打造首个中国油烟净化科技产业园；鑫隆竹业引进中集集团1.2亿元投资。推进企业破产，盘活存量资产，全年完成企业风险资产处置2.1亿元，盘活资产1.6亿元，盘活率为76.2%。

【加快绿色转型发展】 严格控制万元工业增加值能耗高于全县“十二五”目标值的项目准入，共完成128个项目的节能审查，其中有8个千吨标煤以上项目（包括1个5000吨以上标煤项目）；受理16个“零土地”技改项目的节能事项承诺备案。完成新西帝电子、佳禾化工等11家企业的落后产能淘汰任务，腾出用能空间8060吨，减少COD排放337吨、SO2排放40.3吨、NH_3N排放0.33吨，腾出土地7.29公顷。加快竹制品加工行业的整治提升，关停整治企业69家，发放县财政补助资金近6000万元，减少排放COD1600吨、NH_3N6吨、烟尘500吨、$SO_2$120吨，腾出用能空间41500吨。共淘汰燃煤锅（窑）炉102台（其中煤气发生炉6台、窑炉2台），完成省下达计划的172.88%，淘汰容量200.04蒸吨。完成“五水共治”全年目标，完成旧厂房改造78.3万平方米，超额完成市下达的任务。

【深入实施创新驱动】 鼓励企业建立省级以上技术研发中心。2015年，全县共有省级企业技术中心13家（列衢州市列第一）、市级企业技术中心22家、院士工作站2家；完成省级新产品在线申报51项，立项19项，荣获省级优秀工业新产品3个；列入省装备制造业重点领域首台（套）重大技术装备（是指集机、电、自动控制技术为一体的，运用原始创新、集成创新或引进技术消化吸收再创新的拥有自主知识产权的核心技术和自主品牌，具有显著的节能和低排放、零排放的特征，尚未取得市场业绩的成套装备或单机设备）2个；申报省重点高新技术产品11个，列入计划8个。华邦特种纸省级企业研究院被认定为省级企业研究院，新建浙江光明智能精密制造研究院。成功引进陈克复、杨小牛等4名中国工程院院士和加拿大工程院院士倪永浩为主体的两大院士团队，引进“千人计划”专家人才6人、研究生及以上学历的基础科研人才45人。

【着力提升“两化”融合】 加快推进企业“两化”融合，帮助企业解决信息化和工业化“两化”融合中存在的困难和问题，推动企业ERP、MES管理软件应用，引导企业运用智能设备改造传统生产，提高企业信息化管理和智能化生产水平。推进禾川科技省级重点企业研究院建设，推动企业产品信息化、管理信息化、生产制造过程信息化建设。开展规模企业电子商务情况调查，摸清底细，并通过聘请专家开设专题讲座、办培训班等方式，强化宣传培训，引导企业发展电子商务。引进“1688”产业带(特色站点)第三方运营服务商1家，新增开通“1688”诚信通企业179家，规模以上工业企业累计开通97家，“两化”融合指数达70.09，在衢州市各县（市、区）中列第一位。

图92 邀请国信证券专家到龙游作新三板挂牌实务讲座

【切实开展培训提升】 全年共举办法律、税收、财务、互联网、营销、资本运作等培训班12期，参训人员达到1260人。与上海交通大学合作举办第五期高级工商管理总裁研修班，52名企业家或企业高层管理人员参加学习。召开“机器换人”现场会2次。组织部分企业家赴德国、日本等地参加工业精益管理理念学习培训；组织企业参加上海、深圳的装备博览会；组织特种纸企业参加全国第四届特种纸年会暨衢州特种纸产业发展国际论坛。

【积极开展精准服务】 出台《龙游县工业转型发展十大专项工作行动方案》，拟定“百名干部联百企”活动方案，建立局机关干部联系亿元企业制度，完善工业企业运行监测平台系统，强化对企业用工、订单和资金、要素的保障监测，积极主动扶持企业、服务企业。用好还贷周转专项资金，帮助84家企业还贷周转27亿元，为企业减负让利1.3亿元，有效降低企业还贷周转成本；设立500万元助保金，与中国建设银行龙游支行合作开展“助保贷”业务，为企业增信贷款1000多万元，助推“大众创业，万众创新”。

（县经信局 张伟）

工业园区建设

【概况】 2015年，龙游工业园区有入园企业197家，其中已投产企业180家，实现工业总产值143.57亿元，同比增长8.71%。有规模以上企业78家，实现工业总产值130.5亿元，同比增长9%；有规模以下企业102家，实现产值13.07亿元，同比增长5.83%。全年实现固定资产投资32.31亿元，其中工业投入30.5亿元；招商引资到位资金28.38亿元；完成税费入库4.06亿元，同比增长22.16%。工业园区内现有企业职工16072人，其中外来务工人员7091人、本地务工人员8981人。

【平台要素建设】 龙游工业园区战略规划面积39.28平方千米，开发建设18平方千米，其中一期规划面积6.91平方千米，工业区块已开发完成；二期规划面积7.05平方千米，正在分步实施开发；三期规划4平方千米，已基本完成控制性详细规划编制和土地平整。全年完成道路管网建设投资4900万元，北一路、游二路、永泰路全面完工并通车，惠商路、龙三路、北斗大道东延工程完成地下管网工程；浙江华电龙游2×200兆瓦级天然气热电联产工程于6月投产；恒盛热力完成三台炉脱硝技改并投入使用，申通电子产业园项目成功落地并于年底开工建设。

【招商引资成果】 围绕三大主导产业及高端家具、绿色食品饮料等新兴产业，深入调研，积极谋划产业招商。先后研究制定《特种纸产业招商线路图》《龙游县高端家具制造产业发展工作方案》等指导性文

图93 中国工程院院士杨小牛（左二）与龙游县共建电子产业院士专家工作站

件。通过加强与企业家、寓外人士、商会、协会、展览会之间的联系交流，捕捉有效信息17条。派出专业队伍赴北京、上海、广东、江西、杭州、温州、宁波等地开展对接洽谈20余次，邀请投资人来园区考察洽谈30余次。完善项目全程代办、挂图作战和干部职工岗位分类考核等工作机制，加快项目建设步伐。伊利液态奶首期项目从开工建设到正式投产仅用14个月，是伊利集团旗下有史以来建设工期最短、投产最快的项目。2015年，园区共引进、接纳项目13个，协议投资16.2亿元，到位资金28.38亿元，浙商资本回归到位资金1.81亿元；外贸到位资金971万美元，浙商回归到位资金16.46亿元。

【重大项目建设】 2015年，园区有省、市重点项目8个，完成投资19.80亿元；有县级“四重双百”重大项目11个，完成投资12.29亿元。至年底，维达三期完成设备安装调试，华宇钢结构年产2万吨H型钢和箱型重钢钢结构生产线项目基础完工，吉恒家具年产2万套红木家具制造项目建至一层，永春针织整废水处理量质提升及中水回用项目、低丘缓坡综合开发、城北污水厂二期扩建、2015年道路建设工程等项目基本完工。

【产城融合发展】 继续推进生活性服务配套建设，加快园区产城融合发展。工乐小区、中泰·丽苑、申城·大自然、华飞·庄园等住宅小区已建成交付，开发商住面积达19.6万平方米；奔康四期城北小区项目完成前期工程；农贸市场改造工程开工建设；龙岗路区块商贸中心加快形成，集聚银行、超市、饭店、宾馆、网吧、KTV、农贸市场等服务店铺190余家，产城融合发展初见规模。

【加强综合管理】 广泛开展平安建设宣传，发放平安建设倡议书6000余份。积极推进企业综治工作站建设，在75家规上企业设立综治工作站。与170多家企业企业签订2015年度平安建设、反邪教、反传销工作目标责任书，签订率达100%。设立反传销、反邪教和禁毒宣传道旗120余面，设立大型反邪教广告牌2块，面积约110平方米。开展流动摊贩整治、违章建筑拆除、道路安全隐患排查、户外灯箱广告整治等专项行动24次。组织应急救援队开展或参加各类实战演练和集训19次。

【服务企业】 组织企业参加县内各类专场招聘会，提供招聘岗位6000余个，达成求职意向3000余个。及时组织企业赴外地招聘，先后组织15家企业赴南京、南昌、合肥、西安、重庆等地参加2015年春季、秋季大学校园招聘会，有300多人次与企业达成就业意向。通过实施“一企一策”“量身定制”等政策，全力支持企业进入多层次资本市场，6家企业与券商签约，其中3家正式挂牌；借助阿里巴巴跨境在线交易系统、“1688”诚信通等平台，积极支持企业抢抓“互联网+”和信息经济发展机遇，大力发展电子商务。2015年，电商应用企业达到51家，规模以上企业覆盖率50.68%；延续“7089090”企业服务热线工作制度，通过网络、电话等方式累计收到咨询185起，其中直接答复119起、转接51起、交办15起；主动推进“零土地”技改备案、优惠政策享受等全程代理，完成技改备案36个，总投资约6.5亿元；科技创新服务取得突破性进展，浙江省龙游特种纸产业技术创新服务平台投入使用。

【谋划“十三五”】 “十三五”期间，龙游工业园区将深入贯彻县委、县政府决策部署，与时俱进，顺势而上，规划“十三五”重点。“十三五”期间，

图94 “善蒸坊”糕饼文化园项目奠基仪式

龙游工业园区将重点充实平台空间框架，畅通区域道路管网，完善相关产业配套，致力培育优化龙游县重点发展的“五大百亿”产业（即与信息经济、新能源汽车、智能制造、智能家居、食品饮料企业相关联的大企业），紧盯与网络信息、新能源汽车、智能制造相关的项目信息，做强高端装备制造和高端家居两大支柱产业，做优特种纸和绿色食品饮料两大特色产业；以工业和物流为主导功能，加快主导产业园中园建设；统筹周边村庄规划，完善园区学校、医院、商贸等公共设施的配套，实现从单纯的工业园区向集工业、商贸、物流、居住为一体的产业新城转变。

（龙游工业园区 杨晨明 黄超）

招商协作工作

【概况】 2015年，龙游县招商引资工作贯彻落实县委、县政府“大干项目、大抓招商”的工作部署，注重产业导向，注重项目质量，注重落地服务，以大项目招商为龙头，拓宽招商引资领域，努力改善投资环境，较好地完成年初的各项目标任务。县招商局（协作办）被评为2015年度龙游县招商引资工作先进单位，获县综合考核三等奖。

【招商工作实绩】 全县新引进招商引资项目22个，总投资额120.43亿元。新引进项目到位资金11.82亿元，累计到位资金45.88亿元（含续建项目到位资金34.06亿元）。其中新引进工业项目14个，到位资金8.77亿元，累计到位资金38.58亿元（含续建项目到位资金29.81亿元）。新引进亿元以上项目10个，其中10亿元以上2个。

【招商工作机制】 建立由县委常委、副县长牵头，相关部门参加的招商协作组，有组织、有计划、有方向地开展信息收集和前期对接工作。借助商会、协会、同乡会等平台，开展中介招商和亲情招商，扩大信息来源。制定招商引资信息奖励办法，鼓励社会各界人士利用多种渠道提供招商信息。至年底，全县各乡镇（街道）、机关单位共提供招商信息188条，其中已签约项目信息5条、已决策项目信息13条、已备案项目信息14条、已注册项目信息16条、已开工入库项目信息6条。

【招商方式方法】 开展驻外招商，选派专业招商员到上海、杭州等地开展驻点招商。制订《专业招商员管理考核办法》，根据每个选调干部的特点和工作需要，有选择地派年轻干部轮流开展驻外招商和专业招商工作，让更多年轻干部在招商一线得到锻炼。为适应招商科学化、专业化的趋势，加强与科技研发中心、知名招商中介研究咨询机构、国家级和省级相关产业行业协会以及高校产学研机构的对接合作，借助他们在项目信息、行业标准、人脉资源等方面的优势，探索开展中介委托招商，提高招商的精确度和效率。与联政科技咨询有限公司等2家单位签订委托招商协议。

【项目招商情况】 在综合分析全县产业状况和资源优势的基础上，立足大项目，加大与央企、省企、上市公司、大型民企的对接力度，重点关注在华东谋求战略布局的大集团、大企业、大项目，全面捕捉收集大项目信息。县领导亲自带队赴广东、北京、上海、内蒙古等地招商，对到龙游考察的重大项目投资客商对接洽谈更趋专业化。新加坡风情小镇、卓达竹木产业、六春湖康体休闲、申通电子产业园等大项目招商

图95 伊利乳业项目

工作取得重要突破。中国网库、美国亿歌集团环保新材料项目、清华同方信息港等大项目先后组团到龙游考察对接。

【龙商回归】 大力推进浙商、龙商回归创业。年初，开展“浙商之春”慰问活动，县招商局牵头组织各乡镇（街道）、龙游工业园区、工商联和侨办等18个相关部门收集整理重点龙商名单，向龙商寄送慰问信1.2万封，实地走访慰问100户龙商家庭。根据省市推进2015年浙商回归引进项目的工作要求，落实党政主要领导“1+2+10”盯引工作机制，即“一把手”联系1个异地商会、盯引2个重大浙商回归项目、服务推进10家浙商回归企业。县委书记方健忠挂钩上海龙游商会，盯引中国红木家居文化园、德洲五金2个重大项目，服务推进吉恒家具、伊利乳业等浙商回归企业10家。浙商（龙商）回归工作进展顺利，年产1000万台的深圳景阳数字机顶盒等项目签约落地龙游。

【山海协作】 加大与镇海、富阳、萧山等地的山海协作工作力度，多次开展互访活动，并专门派出招商小组开展上门招商活动。4月，宁波市厨卫协会龙游专场招商介绍会在龙游举行，镇海女企业家联谊会在龙游开展爱心助学和招商推介活动；5月，镇海招宝山街道到龙游学习城市建设、产业园建设经验，镇海外资企业协会到龙游山海协作产业园进行招商考察，加深两地的融合，拓展产业园招商信息和招商途径。充分利用浙江省山海协作扶持政策，分别争取到杭州市富阳区、萧山区50万元和20万元的“社会事业新农村建设资金”；分别为贝尔通信、晟福工贸争取山海协作贴息补助40万元和35万元。

（县招商局 汪耀南）

基础设施

概 述

2015年，龙游县公路、铁路、水运、电力、通讯等基础设施行业按照县委、县政府中心工作要求，开拓进取，稳步发展。交通部门坚持以发展综合交通、民生交通为重点，全力以赴、攻坚克难，扎实推进交通重点项目建设和城乡交通统筹发展。公路交通方面，优质高效完成国省道大中修和预防性养护工程，全力推进管养水平和养护质量。代表衢州市迎接交通部干线公路管养检查，取得优异成绩。加强联合治超和路域环境整治工作，取得明显成效。水路运输方面，县交通运输局港航管理所以服务促管理，推动水运发展；以“五水共治”为契机，落实采砂整治及船舶防污染；以阶段性重点工作为核心，为水上交通安全打下坚实基础。国家电网圆满完成“十三五”配电网规划编制、评审及上报工作，主动衔接主网规划和地方总体规划，增加电动汽车充电设施、美丽乡村建设及新能源综合接入规划。通信行业加快光网建设，光网覆盖率达99%以上，基本实现光网全覆盖。石化行业持续开展“家文化建设”“多卖一吨油”等主题活动，提升企业凝聚力，提高服务满意度，拓市场增效益，增强企业核心竞争力。

公路交通

【概况】 2015年，龙游县交通运输局承担县“四重双百”重点项目和政府性投资项目17个，计划投资5.75亿，按时间节点要求全面完成，实际投资6.01亿元，超出计划2600万元。民生交通建设、危桥改造、农村公路大中修工程、安保工程等交通工程亮点纷呈。交通运输安全、公路养护、路政管理和超限治理能力不断提高，车辆运输管理和维修行业管理日趋规范，为龙游经济社会发展提供坚实的交通保障。

【项目建设】 衢江航运开发工程红船豆枢纽工程的泽潭安置点农户搬迁工作历经4年，终于突破难题，房屋基础及回填全部完成，石亘安置点、汀塘圩大桥、小溪滩船闸工程均进展顺利。320国道与杭新景高速龙游塔石互通连接线交叉改造工程突破政策处理瓶颈，至12月底，已完成路基工程。新建项目按期完成：毛岭头至十里铺立交段整治提升工程（十里铺立交桥互通区景观绿化工程）全面完成；入城口亮化工程基本完工；按期完成X705下大线2.56千米“白改黑”工程和7.47千米预防性养护工程、X701虎十线9.05千米“白改黑”及4.35千米预防性养护工程、X217十团线2.99千米提升改造工程等农村公路大中修工程，总里程44.08千米，总投资4700余万元，这些工程的完成，进一步改善龙游县的公路品质和沿线群众的出行条件。

【项目前期工作】 完成龙游县桥头江特大桥工程、龙游县溪口至毛连里公路改建工程、龙游县高坪桥水库库区公路改（复）建应急工程、龙游中心公路站（应急抢险中心）项目、320国道九里立交至尖竹桥段整治提升工程项目前期工作。完成320国道龙游会泽里至下章段公路改建工程、衢州绿色产业集聚区龙游湖镇至模环公路工程项目建议书批复。推进县内十都至新加坡小镇公路工程、龙游港区工程、游埠枢纽护岸工程、龙游县交通客运枢纽中心等项目的前期工作。

【迎接交通运输部干线公路“国检”】 2015年是五年一度的交通运输部干线公路“国检”大考之年。县交通运输局克服雨季长、时间紧、任务繁重等困难，以国、省道大中修工程、预防性养护工程、危桥加固、隧道整治等为重点，逐步提高公众对公路的使用满意度。着力加强以路面为中心的日常性养护、预防性养护和周期性养护，全力推进管养水平和养护质量。按期完成G320沪瑞线龙游段4千米普通国、省道干线公路路面中修工程、S222（50省道）龙丽线龙游段大车至马戍口段7.74千米公路养护大修（灾毁恢复重建）工程、S315（46省道）兰贺线龙游段4.94千米公路养护大中修（灾毁恢复重建）“白改黑”工程和6.6千米中修追加计划，全面提升干线公路技术状况。10月，代表衢州市迎接交通部干线公路管养检查，取得优异成绩。

【完成“十三五”交通规划】 注重前期调研，广泛征求意见，注重科学论证，加强协调配合，主动向上衔接，稳步推进全县交通事业各项规划的编制。围绕服务县域经济发展和产业布局的需要，调整和完善“十三五”交通规划，对旅游线路、集聚园区、疏港、铁路规划进行补充，最终形成《龙游县综合交通运输十三五发展规划》（报批稿）。明确打造四省边际区域性综合交通枢纽节点的总体定位，构筑龙游县“内环外绕七纵九横两江一港”的大交通格局，着力构建安全、畅通、便捷、高效、美丽的现代综合交通运输体系，明确推进高铁建设、公路网络化建设、航运开发建设、综合客运系统建设、现代物流体系建设、谋划航空新发展等重大任务，为龙游经济社会发展提供强有力的交通保障。“十三五”期间，全县主要交通项目建设总投资达123.7亿元。

图96 县公路局养护工人清洗驿前大桥

【公路养护】 公路管理部门不断加强公路的日常性、周期性养护，以延长公路的使用寿命，节约养护成本和重建成本。强化公路的精细化、科学化、规范化养护工作，以国省道干线公路、重要县道为重点，对公路进行全面养护，完成路面保洁12.17万千米；清理路肩、边坡62.52万平方米；清理边沟65.16万千米；埋设示警桩228根；补埋百米桩572根；沥青路面坑洞修补112.27万平方米，用沥青热拌料302.45吨，沥青冷补料262.17吨；绿化修剪1529.2千米。加强农村公路管养，共实施农村公路等级提升工程92.7千米、农村公路等级改善47.7千米、农村公路大中修48.01千米，结合省“四个一万”（即提升农村公路技术等级1万公里、实施大中修1万公里、实施安保工程1万公里、建设港湾式停靠站1万个）工程，完成危桥改善2座、农村公路安保工程115.47千米，均超额完成年初计划。全年共检查农村公路养护里程873千米，占列养公路里程的85%以上。从检查的情况来看，总体路况稳中有升。完成汽车拉力赛赛道维修129千米、做好农村公路水毁修复技术指导等临时性工作，指导詹家镇农村公路管理站成功创建省级规范农管站。

【路政管理】 全力推进依法治超工作，保护路产路权。加强日常管理，共整治马路市场30个，清理公路边堆积物19160平方米，拆除违法构筑物4070平方米，拆除非公路标志390块，发现和查处违章案件824件，收取赔偿补偿费36.56万元。坚持联合治超，共检测车辆 16696辆，查处违法超限车辆381辆，卸载货物13247.05吨，收取超限车辆罚款209.95万元；强化科技治超，在全市率先安装超限非现场执法设备，对超限车辆实现24小时不间断检测。牵头推进“两路两侧”“四边三化”专题整治工作，派出600余人次参加马龙山市场、小南海集镇、永安路等处的整治工作，协助完成40个省级整治点的整治任务。

【道路客运管理】 在重大节日前，对节日的客流量进行调查摸底，合理安排运力，精心布置运输安全工作，制订应急预案。全年完成节假日运输220万人次，未出现旅客滞留现象，没有发生重大道路运输行车事故。应学校和市民的要求，开通学生定制班车。县运管部门和教育部门走访龙游第二高级中学、龙游中学和县职业技术学校，1月，基本完成校车许可；2月上旬，开通龙游至十里坪的直达班车；3月，开通龙二高学生定制班车，为学生营造安全便捷的行车环境。顺创公交客运公司更新客运车辆29辆，客运车辆技术状况大幅提升。公交客运企业进一步完善内部管理制度，落实管理责任，县内公交客运行业实现稳定有序经营。发展旅游包车运力，全县新增客车运力指标6辆。在县城货场路与兴龙路交界处规划建设临时城乡客运换乘中心，项目招标及工程“三通”等基础性工作已准备就绪。完成龙游至十里丰公路沿线28个港湾式停靠站建设。开展出租车行业规范经营、文明服务专项稽查。针对不打表计价、拒载、强行拚载等比较突出的现象，组织稽查人员在不同时段连续对出租车进行检查，查处出租车不规范经营32起，处理出租车经营投诉43件。

【道路货运管理】 对照新的《道路危险货物运输管理规定》，全县7家危货运输企业中有5家不符合许可要求。运管部门积极引导、对接相关企业和部门，其中华丰物流、巨化矿业核减剧毒品经营范围；光华和泰安民爆购足10辆运输用车，龙游民用爆破公司则与江山和开化民爆3家公司完成资质整合。针对天津“8·12”爆炸事故，组织对7家危货运输企业进行重点排查。6月，运管部门领导带队深入龙游县商贸物流发展有限公司，就物流园区的总体规划进行调解，并对柳丰物流整合事宜、物流园区下步发展方向和政策扶持进行有效对接，明确下一步物流工作方向。

【机动车维修与驾驶培训管理】 按照《机动车维修服务质量规范》的要求，全方位提高维修质量及服务意识。推行“先培训，后付费”的驾驶培训新模式，促使各驾校之间从单纯的价格竞争转变为服务质量的竞争，使整个驾培行业朝着良性方向发展。全年完成机动车维修4.86万辆次，完成机动车检测8364辆次，新培训汽车驾驶员8978人。严格执行浙江省《道路运输培训机构资质条件》的规定，对不符合要求的机动车驾驶培训学校强令整改。按照交通部和省交通运输局的要求，全面实施营运车辆燃料消耗限制标准，推广率达100%，并建立营运车辆燃料消耗限制标准执行台账。加大整合稽查力量，将稽查所原有的3个中队整合为2个中队，每队增至8人，加强对道路运输市场的监管。与城管、交警等部门联合执法，联动处置，开展无证经营百日专项稽查，查处运输违法案件92件，罚款7万余元，有力打击道路运输中的违法行为。

【安全生产管理】 贯彻“安全第一、预防为主、综合治理”的方针，全面落实安全生产责任制及上级安全工作要求，严抓安全生产管理，未发生各类安

图97 开展“清隐患，保畅通”行动

全责任事故，未发生工程项目质量事故，未发生治安事件，未发生越级上访、罢运等群体性事件，保持全系统安全生产的平稳态势。对全县国省道、县乡道进行地毯式排查，国省道排查出风险点（段）178处共14.98千米，县道排查出风险点（段）256处共208.35千米，乡道排查出隐患点（段）403处共203.26千米。完成S315兰贺线K38＋485兰石路口（兴龙南路交叉口）、S315 K21＋900湖镇下范路口、S316 K26＋200横山张家路口、村道大街横坑口—横坑—铜坑表等4处事故易发点（段）整治工作。8月底，按照上级要求，深刻吸取“8·12”天津滨海新区危化品仓库爆炸事故的沉痛教训，开展危险化学品道路运输安全综合整治和安全隐患大排查大整治专项行动。

（县交通运输局 郑元 王肖璐）

2015年度龙游县公路交通基础设施完成情况一览表

表20

工程名称	建设规模	建设工期与进展	投资金额
320国道与杭新景高速龙游塔石互通连接线交叉改造工程	新建宽40米的一级公路650米	建设工期1年9个月，至12月底，完成路基工程，预计于2016年6月全面完成	至年底，投资3327.17万元。工程共计投资4327.17万元
毛岭头至十里铺立交段整治提升工程	改造路线2.54千米（包括互通区1个），改造总面积11.7万平方米，总投资3452万元	项目分二期实施，一期工程为十里铺立交互通区景观工程，于10月底全部完成；二期为毛岭头至马报桥段整治提升工程，于12月底开工	完成投资2400万元，其中一期工程完成投资800万元，二期工程完成投资1600万元
农村公路大中修工程	共48.08千米（其中县道30.18千米、乡村道17.9千米）	全面完成，建设工期1年	投资5066.4万元，其中县道3926.9万元，乡、村道路1139.5万元
G320沪瑞线龙游段普通国省道干线公路路面中修工程	逐段对2千米路面进行病害处治并加铺5厘米沥青	全面完成，建设工期2个月	471万元
S222（50省道）龙丽线龙游大车至马戍口段公路养护大修（灾毁恢复重建）工程	路基宽度10米，总长7.74千米，进行病害处治	全面完成，建设工期4个月	1670万元
S315（46省道）兰贺线龙游段公路养护大中修（灾毁恢复重建）工程	双幅折合8.09千米	全面完成，建设工期6个月	4235万元
G320沪瑞线龙游九里立交至尖竹桥段收费公路养护大中修工程	逐段对2千米路面进行病害处治并加铺5厘米沥青	全面完成，建设工期2个月	628万元
S316（21省道）龙莴线龙游段路面大中修工程	预防性养护7.78千米	全面完成，建设工期2个月	565万元
S222（50省道）龙丽线龙游段普通国省道干线公路路面中修工程	对28.1千米路面逐段进行水泥板修复，挖除水泥板回铺沥青混凝土	全面完成，建设工期3个月	529万元
S315（46省道）兰贺线龙游段普通国省道干线公路路面中修工程	对6.6千米路面进行病害处治，并回铺5厘米沥青砼	全面完成，建设工期3个月	1529万元

铁路建设

【概况】 2015年，龙游县铁路建设办公室（简称“县铁办”）根据县委、县政府的总体工作部署，围绕衢宁铁路前期、浙赣线电气化改造工程和遗留问题处理、杭长项目扫尾等工作，全力推进龙游铁路建设。

【衢宁铁路工程建设】 衢宁铁路项目是2015年龙游县铁路建设的重头戏。县铁办按照项目的时间节点要求，上下联动、全力以赴做好各项工作。出台《衢宁铁路（龙游段）建设政策处理工作实施意见》《衢宁铁路（龙游段）房屋拆迁政策的补充意见》，为衢宁铁路项目在龙游县顺利实施提供政策依据。8月6日，衢宁铁路龙游段征迁动员大会召开，衢宁铁路工程项目正式启动。会后，征地告示、征地红线及界址放样、证据保全摄像、土地分户丈量、青苗清点、登记和苗木评估等工作全面展开。10月底，完成红线内征地的丈量、评估工作，完成31公顷土地的征地协议签订，大大超出市政府提出的年底前完成50%的目标。主动服务项目建设，帮助施工单位办公住宿场地租用、施工用电、临时爆破、临时用地选址和报批等工作的对接协调。9月，龙游段两个中标施工单位中铁三局和中铁十二局全面进场施工。

【衢宁铁路龙游南站站前广场规划】 衢宁铁路龙游南站位于庙下乡庙下村经堂前自然村和晓溪村上洋自然村，距县城约20千米，距庙下集镇约1.5千米，距溪口集镇约2千米。设客运站、货运站和维修工区，客运站房面积3000平方米，车站中心轨顶标高164.18米，站房场平标高157.89米。为在服务衢宁铁路建设的同时带动当地经济和社会发展，造福于民，在龙游南站站场设计过程中，县铁办从长远规划，力求方案最优化，少留或不留缺憾。加强与设计单位铁四院的工作对接，反复论证龙游南站选址定位、站前区及周边的规划红线范围，相关部门、乡镇多次召开会议，征求对站前广场设计方案一稿、二稿的意见，并及时反馈给设计单位，调整、完善设计方案。至年底，站前广场设计方案送审稿通过评审论证。

【衢宁铁路（龙游段）拆迁户安置点选址】 根据县政府的相关文件规定，铁路沿线被拆迁户可按自己意愿自主选择进异地搬迁小区或农整小区安置。县铁办做好拆迁安置点比选优化，在认真调研的基础上，制订出台《关于衢宁铁路项目拆迁户进异地搬迁小区、农整小区安置的工作方案》。至年底，庙下乡庙下村、晓溪村、遂乐村、马戌口村拆迁安置点选址已明确，并已在初步规划设计中。

【浙赣线电气化改造项目遗留问题处理】 妥善处理浙赣线电气化改造项目遗留问题。与上海铁路局已达成欠款还款计划，至年底，已分期还款5000万元。完成原浙赣线龙游段的房产、土地移交工作，并就铁路桥梁资产移交和安全监管工作召开协调会。8月，由县铁办牵头，召集县交通运输局、铁路杭州枢纽工程指挥部、杭州工务段、金华桥梁车间及龙游桥梁工区等相关单位组成安全工作小组，对浙赣线龙游段境内的5座上跨立交桥进行安全检查，排查安全隐患，确定初步整改方案，年底前完成全部整改，确保铁路交通大动脉的畅通。

【杭长客运专线项目扫尾工作】 督促施工单位做好杭长客专项目“小三改”遗留问题和道路修复等扫尾工作，完成3号搅拌站损毁道路修复和站前排水渠防护栏安装工作。

（县铁办 雷文美）

铁路客运管理

【概况】 自2014年12月10日杭长客运专线正式开通营运以来，2015年，龙游火车站再次迎来“7·1”大调图，通过努力争取，共有25趟高铁停靠办理客运作业(调整前为15趟)，其中上行15趟、下行10趟；新增到厦门、贵阳的高铁停靠车次，有7趟普铁列车停靠办理客运作业，其中上行2趟、下行5趟。龙游火车站安全生产再创纪录，运输收入、发送旅客数同比有较大幅度增长，实现经济效益和社会效益的双丰收。高铁的快捷便利，有利于把龙游纳入长三角经济圈，缩短龙游与全国各主要城市间的时空距离，带动龙游经济尤其是龙游旅游经济的快速发展。龙游高铁成为龙游县及临近县（市、区）群众出行的重要选择。

【龙游火车站】 龙游火车站地处龙游县城南郊，车站中心里程为沪昆线K413＋605处，距龙游东站7.15千米，距衢州东站20.29千米。车站按技术性质属中间站，按业务性质属客运站，分为普速场和高速场，高铁线路设计时速为350千米，核定等级为三等站。车站主站房共二层，建筑面积为4200平方米，一楼设售票厅、贵宾室、候车室、公安派出所,候车室能同时容纳旅客800人，二楼为车站办公区域。2015年，车站在编职工54人，设有行车、客运两个生产班组。在站区内有杭州铁路公安处龙游公安派出所、杭州工务段龙游工务车间、杭州电务段衢州信号车间龙游信号工区、杭州供电段衢州供电车间龙游电力工区、上海通讯段金华通讯车间衢州通讯工区龙游值守点、杭州维管段龙游维管工区等铁路系统的相关部门。车站采用计算机联锁设备，普铁场设置4股道，两个站台面，有7趟普铁列车办理客运作业，主要方向宁波、徐州、广州、成都、重庆、衡阳等城市；高速场设置4股道，两个站台面，有25趟高铁停靠办理客运作业，办客高铁列车的主要城市为：上行方向的杭州、上海、南京、合肥、常州等城市，下行方向的南昌、九江、长沙、贵阳、福州、厦门等城市。售票系统已实现电子售票全国联网，车站设有自助售票和取票机，同时在城区设有火车票代售点。全国各站的火车票和返程票均可网上购票、电话订票。

【安全生产】 龙游站全体干部职工长期坚持安全第一的思想不移位，落实安全管理新机制，严格管理，

图98 龙游火车站获金华车务段职工羽毛球赛团体第一名

盯控关键，确保运输安全生产持续稳定。2015年，再度实现安全生产年度工作目标，至年底，车站实现安全运营11916天。

【“三线”建设】 在铁路系统开展的“生活线、文化线、卫生线”建设中，龙游火车站以创建“和谐之家、温馨之家、文化之家、健康之家”为载体，不断提升“三线”建设管理成效，全心全意为职工服务、为运输安全生产服务。实现单身宿舍宾馆化，每间宿舍配备一室一卫、一桌一柜、一椅一床,还配有液晶彩电、空调和电热水器；生活文化设施齐全，小浴室、小食堂、活动室、阅览室样样配齐，实现生活环境花园化,员工生活环境的建设得到职工的普遍认可,并转化为职工运输安全生产的动力。连续六年被金华车务段授予“三线”建设示范站。

【客运工作】 车站以“安全出行、温馨出行、方便出行”为目标,全面提升服务质量,不断完善客运服务便民利民措施。以春运、暑运和小长假为营销主体，大力加强售票和客运运输组织工作。以高铁开通运营和每次调整列车运行图为契机，积极争取多停靠办客列车，既方便广大群众外出旅行，也提升龙游的城市品位。实际完成运输收入和发送旅客数同比均有较大幅度增长。

（龙游火车站 郭生均）

2015年度龙游火车站停靠列车基本情况

表21

车 次	运行区间	停靠时间	车 次	运行区间	停靠时间
G7372	江山—合肥南	07:00—07:02	G7375	合肥南—江山	15:08—15:10
G7369	杭州东—衢州	07:49—07:51	D81	杭州东—九江	16:28—16:38
G7366	江山—上海虹桥	08:16—08:18	G1356	长沙南—上海虹桥	17:08—17:10
G7640	衢州—合肥南	08:45—08:47	G1483	南京南—长沙南	17:57—17:59
G1383	上海虹桥—南昌西	08:48—08:51	G1656	厦门北—上海虹桥	18:30—18:32
G1651	上海虹桥—厦门北	09:10—09:12	G1326	贵阳北—上海虹桥	18:44—18:46
G1632	福州—上海虹桥	10:33—10:35	G1639	上海虹桥—福州	19:26—9:28
G1452	南昌西—杭州东	11:03—11:05	G1678	厦门北—南京南	19:55—19:57
G1325	南京南—贵阳北	11:31—11:33	G1376	怀化南—上海虹桥	20:16—20:18
G1657	上海虹桥—厦门北	12:21—12:23	K8371	徐州—江山	11:54—11:57
G7360	衢州—常州	12;25—12:27	K1271	杭州—成都	14:25—14:28
G1350	长沙南—上海虹桥	12:46—12:48	K8372	江山—徐州	16:15—16:18
D82	九江—杭州东	13:26—13:28	K1248	宁波—重庆	18:35—18:38
G7692	江山—合肥南	13:41—13:43	K759	上海南—衡阳	21:06—21:15
G1387	上海虹桥—南昌西	14:23—14:25	K846	贵阳—宁波	21:00—21:03
G1636	福州—上海虹桥	14:46—14:48	K325	温州—广州	22:52—22:55

铁路货运管理

【概况】 2015年，铁路龙游东货运站在上海铁路局金华车务段的领导下，认真学习贯彻上级系列安全会议精神，坚持“三点共识”，确立安全工作无小事的意识，安全工作是铁路工作的根本，凡是涉及安全的都是大事；树立安全第一的指导思想，做任何工作都要把安全放在第一位考虑，在日常工作中坚持做到，影响到安全的工作、服务于安全的工作、保证安全的工作、解决影响安全问题的工作都是第一位的工作；明确影响安全的问题必须立即解决的工作要求，绝不允许拖拉、延误，更不允许存在任何侥幸心理。坚持“三个重中之重”，把客车安全作为安全工作的重中之重，包括高铁和普速列车的安全必须予以保证；把加强安全管理作为安全工作的重中之重，通过各级组织、各级干部的层层负责，通过有效的安全工作机制，把安全工作的要求一层一层地落实下去；把抓落实作为安全管理工作的重中之重，安全管理的重点在于抓落实，在于把各项规章制度、工作部署和要求、保安全的措施一条一条地落实下去，确保每一个层级和岗位都做到位。各级领导干部要把精力集中到抓安全上，真正把安全工作落实到位，确保运输安全稳定。以安全新机制为平台，以风险管理为手段，以班组建设为抓手，以业务培训和安全教育为着落点，扎实推进车务段的安全管理。深入开展安全生产大检查，深化“打非治违”专项整治工作、调车安全专项整治、劳动安全陋习排查，强化接发列车防错办安全控制，大力推进班组建设和6S管理〔指对生产现场各生产要素所处的状态不断进行整理(Seiri)、整顿(Seiton)、清扫(Seiso)、安全(Safety)、清洁(Seiketsu)及提升人的素养(Shitsuke)的活动），围绕客车安全、接发列车、调车作业、劳动安全、施工安全，强化现场安全关键控制，严格落实各项安全措施，扎扎实实地做好车站各项工作，车站运输安全保持平稳。至年底，车站实现安全运输3496天。

【铁路龙游东货运站】 车站位于浙江省龙游县东华街道境内，车站中心里程位于沪昆线自上海西站起k406＋457处，是隶属上海铁路局金华车务段管辖的三等车站。车站占地面积约20公顷，配有货物线6股、油库专用线1股，仓库面积3000平方米，雨棚面积2700平方米，有起吊能力36吨和20吨的龙门吊各2台，具有较强的货物装卸能力。货场设计吞吐能力为200万吨。

图99 货运站工人在装载货物

【组织运输】 在运输生产的组织和指挥上，发挥好车站的牵头作用。建立每日站区运输交班会制度，及时通报信息，了解作业情况，通力协作，紧密联系，主动配合，形成运输指挥和装卸车组织的有效机制。合理安排调度机车的使用，及时联系，提前谋划，加强计划编制和货物取送，确保全年车站货物作业的安全畅通。

【安全风险管理】 根据上级要求和规章变化，修订、完善《车站行车工作组织细则》《岗位作业指导书》《车站管理制度汇编》和主要行车岗位责任制等作业制度和安全管理办法，加强安全基础建设。深入开展安全生产宣传，开展事故案例教育，增强干部职工的安全责任意识、风险意识和“遵章守纪、按标作业”的自觉性，营造浓厚的安全氛围。强化安全过程管理，消除安全控制上的“盲区”和“死角”；制定完善雨雪、迷雾天等恶劣天气的应对措施，提高对恶劣天气的应急处置能力；加强施工安全管理，严格执行安全控制措施，加强施工安全监督检查，强化施工前、施工中、施工后各环节的控制。

【调车作业】 紧紧抓住调车计划、进路控制、穿越正线、压绝缘节作业、超限绝缘节及无线电调车灯显等关键环节，全面落实自控、互控、监控和把关措施，严格执行“问路式”调车。重点抓好调车工作各项制度的落实，严肃各项调车作业纪律，完善防溜规章制度，细化防溜措施办法，强化防溜措施的落实与检查制度。与货运中心营业部联系，以装卸防护红牌的设撤联系、门吊作业时调车作业联系、货场调车环境整治及取送车计划联系为重点，消除结合部的安全隐患，确保调车作业过程安全受控。

【接发列车作业】 树立“客车无小事”的观念，始终把客车、动车安全放在重中之重的位置。完善非正常情况及不良天气情况下的行车组织办法和安全措施，落实各项接发列车基本制度，执行防止电力机车进入无电区的安全措施。确保接发列车，尤其是旅客列车的绝对安全。加强与邻站的联系，执行好联控制度。

【后勤保障】 加强车站“三线”建设，管理好、使用好段配给的文化、生活设施，切实改善职工生产生活条件。加强财务管理，加大成本控制力度，对车站季度经济活动进行分析，做好车站费用预算控制工作；加强节能降耗工作，努力节约一吨水一度电，顺利完成全年预算目标任务。完成食堂操作间的改造；完成调车间休间、更衣间、工具间的装潢；启用新的助理室；完成货场劳保渣的补充工作。

（铁路龙游东货运站 王飞）

水上运输管理

【概况】 龙游县港航管理所（以下简称“县港航所”）坚持抓文明创建，提升港航形象；坚持抓学习教育，提高全员思想意识；坚持抓制度建设，规范人员行为。继续抓好“五水共治”工作 ，致力改善水环境。以主动服务的理念，对年年红水上旅游公司港口岸线许可和码头建设提出建设性意见。

【水上安全监管】 全县共有采砂业主13家，船舶63艘；跨航区个体货运业主2家，船舶2艘；客运企业1家，船舶14艘。辖区正常使用船舶79艘，运力为4023载重吨。按照“五水共治”的要求，7月1日，衢江龙游段停止开采沙石，所有的采沙船均停运。为了保证汛期安全，港航所人员主动上门动员部分业主将船舶撤离；对未撤离的船舶，督促船主严格执行安全锚地停泊规定，同时加固安全设施、落实值班人员。根据情况不定期做好巡查，对所有船舶实行动态监管

【创建“最美示范窗口”】 以创建省港航管理局最美示范窗口为抓手，围绕服务社会民生，践行社会主义核心价值观；以解决群众关切问题为突破口，提高服务质量水平，提升港航系统形象。港航所政务中心按照“能办的事，马上办；难办的事，帮着办；知道的事，提前办”的工作要求，从单位环境、内部标识、工作制度、工作台账等方面着手，改进硬件设施，提升窗口形象，提高服务对象的满意度，得到省港航局领导的认可。11月20日，在龙游港航所召开浙江省港航系统创建“最美示范窗口”现场会，龙游港航所政务中心并被省港航局表彰为浙江港航行业“十大最美示范窗口”。

【服务重点项目】 浙江省第一批特色小镇“龙天小镇”是龙游年年红水上旅游公司开发建设的旅游项目，预计建成后将迎来水上旅游的跨越式发展，旅客

图100 县政协委员视察衢江航运开发工程红船豆水利枢纽

将达到每年100万人次。针对其港口项目建设，港航所主动上门服务，4月，专门向该公司送达《港口建设项目服务联系通知单》，对建设项目使用港口岸线许可和码头建设的有关规定提出具体的意见要求。邀请浙江省港航局海事处及港政处相关人员到现场进行指导，就如何推动公司码头岸线行政许可、游船的建造、船员的培训、安全管理模式等问题提出意见与建议，为公司做好参谋，加快项目的前期工作。

【抓教育提意识】所党支部要求党员干部“严以修身、严以用权、严以律己，谋事要实、创业要实、做人要实”，把“三严三实”教育活动与航运大开发的形势相结合，开展“航运大开发我怎么办”“航运大开发我怎么服务”等大讨论，提高活动实效。9月，港航所全员参加县交通运输局组织的“守纪律、讲规矩、促廉政”的专题教育，使每位同志树立起“守纪律、讲规矩、促廉政”的意识。12月，港航所开展《中国共产党廉洁自律准则》和《中国共产党纪律处分条例》学习活动。

【红船豆枢纽船闸工程】 衢江航道红船豆枢纽船闸工程全年完成投资1818万元，自开工以来累计完成投资9.45亿元，占概算投资的97.7%。其中红船豆船闸工程全年完成投资1180万元，自开工以来累计完成投资1.46亿元，完成工程形象进度95.6%；红船豆电站工程累计完成3.98亿元（含设备），电站设备及附属设施全部安装到位，完成形象进度100%。12月22日，

钱塘江中上游衢江（衢州段）航运开发工程红船豆枢纽及船闸工程蓄水阶段验收会议在衢州召开，红船豆枢纽及船闸工程顺利通过蓄水阶段验收。12月31日，红船豆枢纽及船闸工程正式下闸蓄水。

【小溪滩船闸工程】 全年累计完成投资7130万元，主要完成混凝土浇筑及上下游引航道及连接段航道土石方开挖，累计完成土石方工程64.55万立方米，完成合同土石方工程量的60.9%。

（龙游县港航管理所 夏景）

电力建设与电能供应

【概况】 2015年，国网龙游县供电公司完成固定资产投资1.06亿元。其中电网投资1.02亿元；全县用电总量为19.72亿千瓦时,同比下降2.19%；售电量17.71亿千瓦时，同比下降3.82%。资产总额达6.26亿元，资产负债率24.15%，全员劳动生产率为90.36万元/人·年，同比降低6.75%。获全国“最美供电所（科学管理奖）”、浙江省“五一劳动奖状”、省“安康杯”竞赛先进集体、省治安先进集体、省企业管理先进单位、省营销工作先进单位、衢州市先进基层党校、衢州市“巾帼文明岗”等荣誉。

【主抓电网建设】 圆满完成“十三五”配电网规划编制、评审及上报，主动衔接主网规划和地方总体规划，增加电动汽车充电设施及美丽乡村新能源综合接入规划。落实属地管理制度，保障衢遂1097生命线改造工程顺利进行。积极做好35千伏罗家变前期开工准备，圆满完成220千伏士元变所址、110千伏城中变所址和廊道路径审查等工作。完成配电网投资1.02亿元，累计竣工10千伏线路26.48千米、低压线路272.01千米。顺利通过农村农用电力线路改造验收，完成投资4582万元，线路总长450千米。迅速启动新增城农网升级改造工程，第一时间组建项目管理中心，建立健全“两会两制”（即配电网月度例会、季度通报会，问责机制和督查考核机制），共取得25个配网基建项目的可研批复，第一批计划投资项目18个，已启动9个，竣工投产4个。

【提升保供电能力】 开展电网承载力分析，做好局部电网供电薄弱环节安全防控。扎实推进频繁停电、低电压、配变超过载等专项治理，完成402台单相变和195台配变超载、过载综合治理和改造。深化营配贯通数据治理及成果应用，实现停电到户分析、低电压监控，主动抢修，全年故障平均修复时长为86.04分钟，同比下降34.5%。大力推广城区开关站配网自动化改造，10个开闭所具备两遥及以上功能，实现调、配、抢三级监控。完成农网线路在线监测设备安装的全覆盖，不断提高故障研判和处理速度。推进配网设备调度规范化命名，累计完成125条线路、21座站所的命名变更。全力推进PMS2.0数据治理，坚持业务不外包、质量不打折、期限不拖延，顺利实现上线运行。科学应对台风、雷雨、寒潮等灾害性天气，快速响应，及时抢修恢复供电。联动开展调度大楼停电应急演练，圆满完成“迎峰度夏”等20项重大节日活动保供电任务。

图101 公司举行新大楼停电应急演习

【提高服务质量】 开展“四度暖心”管理，拓广度，拉近客户距离；挖深度，强化服务能力；提速度，加快服务效率；强力度，提升服务质量。创新三类经理网格化服务模式，开展“四季四服务”（即开展优质电力、平安电力、爱心电力三项活动，服务春

图102 公司党委书记方凌斌走访慰问在高温下工作的一线工人

茶用电；实施优化运行、强化抢修、深化改造三大工程，保障迎峰度夏；通过用电建议、结对共建、定向联系三类服务，添彩金秋；采取重建线路、完善网架、提前防御三项举措，抗冰度冬）优质服务和社会公众体验日等活动，打造集营业厅、“95598”电话、智能互动网站、短信、手机客户端、微信“六位一体”的互动服务平台，完成微信公众号绑定1.53万户，拉近客户距离。挖深度，稳步推进电能替代，完成电锅炉改造19家，新增容量约为1000千瓦，多供电量23.82万千瓦时。优先考虑企业生产需要，经多方协调为8家企业调整计划停电时间，获维达纸业“情系企业 鼎力支持”锦旗致谢。提速度，全面推进业扩报装提质提速，高效服务省市县重点项目，提供零距离的定制化服务，业扩全流程平均时长压缩到14.15个工作日，效率提升71.7%。强力度，以“四送四进”（送电力责任进政府、送电力科技进企业、送电力服务进敬老院、送电力咨询进社区）为主要内容，开展“点亮驿站”“村电共建”等一系列惠民、利民、便民活动，开展大客户走访活动20次，将优质服务送出去，把客户需求请进来。

【重视安全基础】 抓教育培训，构建安全生产宣传教育园地。以安全教育“一书一堂”为载体，开展常态化安全培训，促进安全意识与技能双提升，共组织安规普考2次，调考10次，各类安全培训达500余人次。抓视频监控，构建立体监督格局。开展3G移动视频运用月度点评，共开展作业现场3G视频监控1218次，抽查3G视频场景562次，发现并处理不规范行为43项。抓风险管控，构建闭环整改流程。针对“安全隐患随手拍”活动中发现的113项隐患和在春秋查、新一轮安全性评价、安全大检查中排查出的193项问题，逐级落实整改，实行销号管理，整改完成率100%。强考核力度，全面提高安全监管的有效性。严格落实领导干部到岗到位制度，深化员工安全积分制，加大违章“零容忍”考核力度，发现并考核“零容忍”违章5起。

【服务美丽乡村建设】 认真贯彻国网“新农村、新电力、新服务”农电发展战略，扎实推进新农村电气化建设，实现龙游县村村、镇镇电气化。坚决实施城乡同质化服务，创新台区经理服务模式，推广供电所“两项清单”和“电力便民服务地图”，确保电力“普惠”服务覆盖“最后一公里”。主动对接石角、三门源等标杆示范村创建和贺田村文化礼堂建设，配合开展设备移位和杆线改迁工作，助力“美丽乡村”创建行动。大力响应“县领导分片包干、百名局长（书记）联百村、千名干部结千户”号召，结对人均收入4600元以下贫困农户36人，结合家庭实际情况，根据致贫原因落实救助帮扶措施，为建设“两美”龙游、实现小康做出贡献。

【依法治企】 充分发挥协同监督平台作用，开展生产性大修项目效能监察，实施新增城农网升级改造工程项目全过程审计。做好省公司依法治企检查和审计调查中发现问题的整改销号工作，共完成48项整改任务。强化风险防范，修订完善公司印章使用审批流程、规范图书购买借阅、信息报送、协同办公实用化考核等规范7项。组织开展“廉政学习周”、农电人员“廉政学习月”、国网公司通用制度学习等主题教育活动，分别组织廉政和安全规范考试3次，参考人员378人，合格率100%。构建作风建设长效机制，深化正风肃纪专项巡查，加强“阳光用电”“阳光业扩”等成果的应用，逐级签订廉洁从业承诺书241份。开展严肃工作纪律专项整治，向全县272个乡镇、村委会发放《国网龙游县供电公司关于员工廉洁从业相关规定的告知函》，以“零容忍”的态度坚决查处“吃拿卡要”等不正之风。

【党建文化建设】 严格落实“三严三实”主题教育活动各环节工作要求，深入基层调研，广泛征求意见，查摆整改“不严不实”问题，带动工作作风转变。举办专题学习4次，领导带头讲党课6次，并组织全体党员干部走进浙江省法制教育基地接受警示教育。依托“第一班长法”，班子成员走进一线员工，广泛听取意见建议，积极开展不作为、乱作为等损害群众利益问题的自查自纠。创建“龙游电力云课堂”微信企业号，服务党员教育，优化党员情感化联络、情趣化学习的“双情”体验。持续深化“党员领头雁工程”，开展基层党支部“1+1+1”共建活动，积极参与共产党员服务队竞赛活动，做亮做优“党组织联建、党员连心服务”先锋品牌。

【强化党工团共建】 共建企业幸福家园。继续加强民主管理。设立职工代表接待站，征集合理化建议18条，办理代表提案8件，切实维护职工权益。持续开展暖心活动。组织开展职工趣味运动会、全民健身等系列活动，丰富员工业余文化生活。完善后勤基地“开心农场”建设，提升员工幸福指数。坚持开展四季送温暖走访慰问活动，走访慰问54人次，发放医疗补助金3.65万元，组织爱心捐款，共筹集医疗补助金17万余元，情暖患病员工。实施青老关爱工程。开设青年课堂3期，创建青年素质拓展室，广泛开展青年文体、爱心公益等活动，凝聚青年向心力。创新实践离退休员工帮扶实践计划，不断提升离退休人员的幸福指数和满意度，该实践计划荣获省公司离退休工作优秀调研成果一等奖，退休党支部获省公司最美“幸福驿站”。

（国网浙江龙游县供电公司 司海涛）

2011—2015年龙游县小水电上网电量比较

表22

年份	上网电量（万千瓦时）	同比增降（%）		上网高峰（万千瓦时）	同比增降（%）		上网低谷（万千瓦时）	同比增降（%）	
		增	降		增	降		增	降
2011	1830.88	—	38.34	1217.6	—	31.68	613.28	—	48.38
2012	2851.86	55.76	—	1846.06	51.61	—	1005.8	64	—
2013	2808.62	—	1.52	1804.11	—	2.27	1004.51	—	0.13
2014	2275.19	—	18.99	1480.63	—	17.93	794.57	—	20.90
2015	2827.21	24.26	—	1818.88	22.85	—	1008.34	26.9	—

2011—2015年龙游县供售电量比较

表23

年份	年供电量(亿千瓦时)	同比增长（%）	年售电量(亿千瓦时)	同比增长（%）
2011	14.90	19.81	14.49	21.95
2012	16.45	10.40	15.84	9.32
2013	18.56	13.52	17.91	13.06
2014	19.83	6.84	18.41	2.79
2015	18.13	−3.79	17.71	−3.82

邮政管理

【概况】 2015年，在省、市邮政分公司的正确领导下，中国邮政集团浙江省龙游县分公司（简称“中国邮政龙游县分公司”）根据省邮政公司“围绕一体两翼，实现三个一流”的总体要求，主抓金融业务、寄递业务、农村电商业务“三个一把手”工程，发扬求真务实、埋头苦干的工作作风，突出重点，狠抓落实，在推动企业转型，增强企业核心竞争力方面下大功夫，较好地实现了经营发展的稳步提升，各项工作持续推进。全年完成业务总收入2031.96万元。公司被评为2014—2015年浙江省报刊发行业务、账务会审先进集体；《“保存量，拓增量，抢占校园报刊大市场”——校园报刊营销案例》获2015年全省邮政报刊专业一季度优秀营销案例三等奖；《“紧盯校园大市场，见缝插针赢商机”——〈做党和人民满意的好老师〉开发营销案例》获全省邮政2015下半年报刊零售优秀营销案例三等奖。在龙游县2015年度考核中被评为“满意单位”。

【寄递业务】 为全力推进“三个一把手”工程中寄递业务的快速发展，公司成立包裹业务局，并提供专门的办公场地和车辆，配备专职的内部处理和揽收人员，为扩大业务规模夯实基础。包裹从业人员利用业余时间对各类大小型企业进行走访，深入了解客户需求，做好信息登记，积累有效客户资源。认真迎战“双十一”包裹战，“双十一”来临前，包裹业务局组织人员对合作商家进行走访摸底，确保活动期间走访揽收工作衔接有序；及时做好人员抽调、补充，为保障包裹能及时处理装车，抽调综合办、市场部员工组成帮扶团队，遇包裹数量较多的情况，帮扶人员随时充实到分拣岗位，加班加点处理邮件。“双十一”期间，共收寄包裹2800余件，较2014年增长800余件。

【农村电子商务】 开拓发展农村电子商务，发展“邮掌柜”加盟店43个。在建设村邮站的基础上，利用小商店、小超市人气聚集的特点，同邮乐公司合作，大力推广“邮掌柜”进销存系统。在邮乐平台上，积极推行农产品进城和工业品下乡工作；利用“邮掌柜”系统的代购功能，通过邮乐平台，为村民选择自己中意的质优价廉的日用商品，让文化程度不高的农户也能在家里实现网络购物，全年代购笔数达3481笔，金额为12.3万元。

图103 龙游邮政志愿服务队参加“万人治污大行动”

【E邮站建设】 按照省、市邮政分公司要求，加快落实“为民办实事工程”，推进E邮柜工程的建设。全年完成35个E邮站点的建设。与政府层面沟通并取得支持，县政府对E邮柜项目表示支持，并给予资金补助。

【党风廉政建设】 加强党员干部廉洁从政教育。组织学习《中国共产党廉洁自律准则》和《中国共产党纪律处分条例》，深入贯彻《中国共产党党员领导干部廉洁从政若干准则》，引导党员干部树立正确的价值取向。举办“三严三实”教育党课，要求党员干部要用“三严三实”的戒尺规范自己的言行。组织机关部室人员参观由衢州市纪委举办的《清风画廉》廉政漫画巡展，教育广大党员干部坚决反对“四风”，真心服务群众起到了清晰、深刻的教育警示作用。重阳节，组织党员干部到湖镇范家村、张家埠村看望慰问结对村低收入农户，充分发挥党员干部带头模范作用。

【员工素质建设】 组织员工参加2015年龙游县“阳光水岸杯”迎新春健康长跑活动。与移动公司组建“邮电通信系统代表队”，参加龙游县第二届全民健身运动会龙舟赛，获总排名第六的佳绩。5月，组织6名志愿者到灵山江东岸参加县委、县政府组织的“万人治污”河道专项整治行动。

（中国邮政龙游分公司 魏巍）

2011—2015年度龙游县邮政业务量比较

表24

年份	业务总收入（万元）	同比增长（%）
2011	1815.00	23.17
2012	2107.96	16.14
2013	2389.46	13.52
2014	2378	- 0.41
2015	2031.96	−3.46

中国电信龙游分公司

【概况】 2015年，中国电信龙游县分公司（简称“县电信公司”）在县委、县政府及省市电信公司的关心支持下，立足于部门职能，致力于为民服务，注重服务创新，大力建设光网城市，助推“智慧城市”建设。至年底，经营收入8200余万元，同比增长0.98%。获省级先进基层党组织、省级“最美政企一家人”、省级“最美一家人”和龙游县“满意单位”等荣誉称号。

【建设光网城市】 全力加快光网建设，光网覆盖率已到达99%以上，基本实现全光覆盖。开展宽带跨越式大提速，高速光宽带可达100M，满足用户对高品质上网的需求。全年共完成工程立项240余个，投入建设资金2000余万元，新增光分近万个。预计在2016年6月底前，实现宽带用户全光化，真正实现光网城市。充分发挥电信业在信息化建设中的主力军作用，加快推进信息化建设。优化传输网、城域网、LTE网等承载网络，不断夯实网络基础，年底前补增LTE基站100余个。

【助推“智慧城市”建设】 服务社会发展，推进智慧城市建设，积极推进“无线城市”建设。2015年县政府为民办实事项目之一“爱龙游—无线城市”项目一期工程已完成无线接入标识SSiD为“i-LongYou”的热点有30余个，共计AP140余个，提升市民感知，确保无线网络安全。全省“文化礼堂建设工作推进会暨全省电信无线网络进文化礼堂”启动仪式在龙游县溪口镇石角村文化礼堂隆重举行。12月底，完成农村文化礼堂的无线网络建设，为村民访问互联网提供方便，共享网络带来的好处。县电信公司与龙游县风景旅游管理局合作，签署“龙游旅游三屏信息化系统”协议，助推龙游智慧旅游发展。由县电信公司承建的县教育网、公安网、财税专网、环保监控、数字卫生网等内部网络为各单位提供快捷、稳定、安全、可靠的办公网络。通过无线城市、政务云、“三民”工程、教育云、治安视频监控、智慧旅游、平安城市、移动办公、翼支付等信息化技术，助推龙游县“智慧城市”建设。

【快速接应重点工作】 快速接应县委、县政府各项重点工作。主动对接各有关部门，全面推进党风廉政建设，开展“三严三实”专题教育活动。组织内部员工

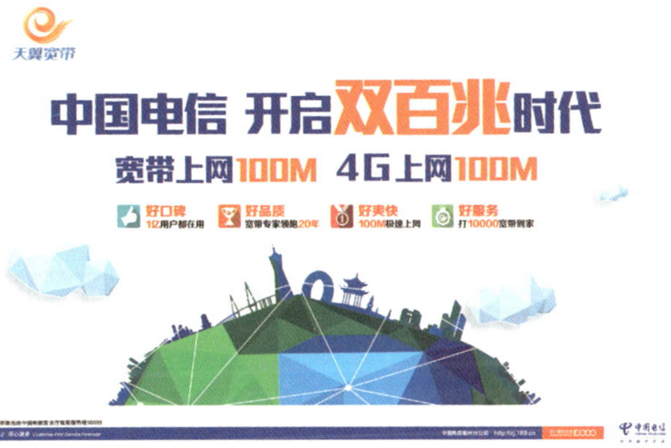

图104 中国电信开启双百兆时代

快速接应、有序开展“五水共治”“消除4600”及文明劝导等相关工作。扎实推进应急管理工作，结合公司工作实际，狠抓应急处置工作机制建立、应急通信保障队伍建设、风险隐患排查整治等工作，确保各项工作深入、扎实、健康地开展。积极配合政府部门完成高坪桥水库、城东片区等各类杆线迁移任务。

【提升优质服务】践行群众路线，深入一线，切实为群众解决各类通讯服务问题。组织党员、骨干深入60余个行政村，了解用户对电信服务的意见和要求，并及时落实整改。全面推进首问责任制，狠抓服务质量。为确保更便捷、更优质的服务，通过定期培训和技能PK，提升营业员、渠道经理、客户经理等业务人员的综合素质，不断强化一线服务人员的服务意识、服务能力和业务水平。

（中国电信龙游分公司 肖蓉）

2011—2015年度中国电信龙游县分公司近业务量比较

表25

年份	业务总收入（万元）	同比增长（%）
2011	6900	3.9
2012	7700	12.0
2013	8400	9.3
2014	8800	4.3
2015	8200（税后）	—

中国移动龙游分公司

【概况】 2015年，中国移动通信集团浙江有限公司龙游分公司以客户为中心，以市场为导向，以执行力提升为保障，积极推进4G业务发展，不断夯实网络支撑，产品创新、客户服务基础，优化升级网络结构，加大全业务探索力度，拓宽信息化服务领域，深化运营转型，推动公司可持续健康发展。分公司下设综合部、市场经营部、网络部和政企客户部四个部门，截至年底，经过组织架构优化，共设城区、湖镇、溪口、小南海、横山5个区域营销部和龙游营业厅、解佰营业厅、溪口厅、湖镇厅、横山厅5家营业厅。在编员工102名，大专及以上学历占95%。

【“互联网+”建设】 加大网络建设能力力度，加强设备运行维护，本着做广、做深、做厚的原则，全年新增4G基站283个，4G基站累计达520个，已实现城区、13个乡镇、高速、国道、省道及主要乡镇道路2个国家AAA级以上景区全覆盖（龙游石窟、民居苑），行政村覆盖率达98.5%。通过开通应急通信车、对基站扩容等应急方式，顺利保障汽车拉力赛、大型人才交流会、农村集会、节假日活动的移动通信网络。组织网络部各岗位员工、代维人员参加应急通信保障演练，提升应急维护实战能力。制作、发放网络服务手册，为客户提供网络咨询服务，做好故障、投诉的深度分析，有效解决客户的投诉。日常工作中以预防为主，主动维护，切实降低故障率。VoLTE技术正式上线，4G下的VoLTE技术使4G用户接通等待时间更短，享有更高质量、更自然的音视频通话效果。迅速发展移动宽带、数字电视业务，在品牌实力、节目内容、售后服务等多个方面都具有显著优势。至年底，移动宽带电视用户数达4694户，同比增长164%。宽带覆盖户数达10.75万，同比增长33%。宽带接入户数达3.05万，同比增长39%，接入率呈现逐年上升趋势。

【优化服务】 公司坚持以客户为中心，严抓业务规范落实、业务流程优化、服务质量监控，降低客户服务缺陷，提升客户感知度，努力为社会提供综合、便利、有特色的通信服务。通过打通手机营业厅、开发微信公众号、制作二维码、配置短信营业厅等电子渠道，推动流量消费便捷化。通过结合总经理接待日、消费者权益日等活动，收集客户需求，优化服务流程。通过建立触点满意度周预警制度、及时开展触点不满意客户修复回访，做好服务闭环管理。通过建立内部正向激励制度，开展服务技能比武、周三夜学、月度服务明星评比等活动，组织营业人员深入学习服务规范、营销技能，提高员工业务水平。为落实国家加快建设高速宽带网络促进提速降费的有关要求，大幅降低流量费，每兆流量费用降低至0.025元，下降幅度高达240%；实施流量共享、月度流量不清零政策，为用户合理分配资源；推出安心保等产品，为用户上网流量和费用进行双封顶。宽带提速降费，带宽由主推6M改为主推12M，2年12M裸宽带的费用由900元降为600元，20M由1440元降为900元。

【信息化建设】 依托4G网络建设，发挥自身优势，将4G技术渗透至城市管理、商务办公、居民休闲等领域，努力为客户提供丰富的移动技术信息化应用，不断完善视联网、城乡天眼、移动办公、三民工程、农技110、掌上农家乐、和慧眼等行业应用，推动龙游经济发展。

【企业管理】 践行“善知善行，惟和惟新”的工作文化，制定下发各类基础管理文件，强化工作执行力，加强队伍建设，提升员工素质，荣获工人先锋号、消费者信得过单位、巾帼文明岗等荣誉称号。安全管理实行领导责任制，做到齐抓共管落实到个人，开展各类安全知识培训和应急演练活动，增强员工安全意识。加强员工关爱，充分发挥工会、团委作用，以“和·家”为主题，积极开展趣味运动会、登山比赛、K歌比赛、职工演讲大赛等系列活动，丰富员工业余文化生活。深化企业党建，深入抓好基层党建和反腐倡廉工作，持续提升管理效能。

图105 龙游移动公司政企客户部获省“工人先锋号”荣誉

【社会公益活动】 响应县委、县政府号召，投身各项公益活动建设，营造“正德厚生，臻于至善”的企业形象。积极主动参与 “五水共治”和无偿献血、文明劝导等志愿者活动；参与学雷锋“便民服务幸福传递”；争做圆梦使者，认领“微心愿”，开展“小衣大爱”爱心捐衣等系列捐助活动，共捐赠图书、文具、衣物200余件。

（中国移动龙游分公司 陈婧）

2011—2015年度中国移动龙游分公司业务量比较

表26

年　份	业务总收入（万元）	同比增长（%）
2011	12366.5	10.1
2012	13435.0	8.60
2013	14630.7	8.9
2014	14126.94	- 3.4
2015	13687.08	−3.1

中国联通龙游分公司

图106 龙游联通太平西路营业厅

【概况】 2015年，国家深入实施网络强国、宽带中国、大数据等战略，全面推进“互联网+”行动计划，大力拓展网络经济空间，流量和信息消费全面发展。中国联合网络通信有限公司龙游县分公司（简称“中国联通龙游分公司”）围绕这一工作主线，对标先进，优化管理，提升效益，加快企业转型，强化支撑保障，着力打造更快、更强、更成熟的4G网络，全力推广智能手机，各项工作取得新进展。公司设综合支撑中心、集客区域营销中心、公众营销中心及太平西路营业厅。根据工信部和省公司实施实名制的要求，实名制实施达标率100%。深入践行“三严三实”专题教育活动，圆满完成党的十八届五中全会、县“两会”、高校招生考点监控、国际汽联亚太汽车拉力赛等重要通信保障任务。

【品牌建设】 作为联通的全业务品牌，“沃”给用户带来超高速的3G/4G应用“快”感和全新的“精彩”，传递时尚、进取、开放、活力的品性，具有很强的品牌延展性,极大地提升了中国联通的形象。“沃”是中国联通品牌营销上的一大创新之举，承载着重要的历史使命。全业务品牌“沃”将覆盖其所有产品、所有业务以及所有服务，凸显在新兴的3G/4G个人移动通信市场的优势，以及在家庭、企业用户市场提供融合业务的能力。

【网络建设】 在全国范围内与铁塔公司实现基站共享，与电信公司开展4G和线路合作。深化本地与移动公司的接入网资源共享。开展“三个专项”活动（指宽带装移修专项服务提升活动、移动网专项服务提升活动、营业厅专项服务提升活动），提升移动、固话、网络的质量，提高建设效率，改善用户的感知度。全年累计投资2000多万元，移动网新建WCDMA基站184个（含共享）、分布系统9套，室分A类楼宇覆盖率达到99%，3G乡镇设站率达到100%。全面实行光改，接入网新增宽带端口8000个，新增小区接入30个，扩容片区6个。

【服务优化】 针对用户推出“惠民生、送服务”等活动，提升客户感知度，深化实施宽带装移机“无条件受理”和限时修障公开服务承诺，落实宽带“一日通”承诺制度，实行宽带24小时限时修障服务，申诉率同比下降1个百分点。

【回报社会】 遵循“共建、服务、绿色、诚信”的经营理念，扶贫帮困，支持、帮助联系乡镇解决实际问题。参与新农村建设，为新农村信息化建设保驾护航。依据品牌战略对VIP客户实施分级服务，针对3G、4G产品和客户兴趣，通过俱乐部组织特色服务。参与社会爱心公益慈善活动，响应县委、县政府4600元低收入农户结对帮扶工作。

【企业文化建设】 加强企业文化和队伍建设，提高员工职业化能力和服务水平。为营造公司积极、健康、向上的企业文化氛围，印发《践行社会主义核心价值观创建最美行业五年规划》及《践行社会主义核心价值观创建最美行业2015年创建计划》，将“最美行业”创建作为培育践行核心价值观、加强行业精神文明和队伍建设的重要抓手。关爱员工，全面落实“五小”（指公司小食堂、小浴室、小卫生间、小活动室、小阅览室等设施）建设方案，切实解决基层员工吃饭难问题；公司还积极做好送清凉、送温暖等困难员工慰问、高温慰问等工作，增强员工的归属感和凝聚力。

（中国联通龙游分公司 余建新）

中国石化龙游支公司

【概况】 2015年，中国石化龙游支公司成品油经营总量9.5万吨，其中柴油6.4万吨、汽油3.1万吨，同比增长2.4%，零售占比为84%。加油站油品零售持卡消费比例为54%，同比增加了4个百分点。实现非油品销售额1158万元，同比增长50.9%。深入开展“安全、环境与健康”的HSE体系建设，强化基础管理，加大隐患整治力度，做细做实安全管理工作，实现本质安全，全年安全平稳运行。持续开展“家文化建设”“多卖一吨油”等主题活动，提升企业凝聚力，提高服务满意度，拓市增效，增强企业核心竞争力。

【拓销路保增长】 直分销通过拓展新客户、发展老客户的新业务保持销量的增长。2015年以来，除物流运输业用油增长外，在“五水共治”的大环境下，龙游沙场用油量逐步降低；工程用油量由于工程开工减少也降低不少；几个矿山由于开采证到期，基本处于停工中，用油量锐减，成品油批发销售显露出疲态。面对严峻的形势，公司一方面抓住批零差价大，许多客户特别是物流公司想批发用油以降低成本的要求，主动出击，加强走访，开发几家物流新客户，虽然单个物流企业用油量下降，但物流运输行业的油品总销售量却有所上升，弥补了其他几个行业的油品的减少量；另一方面，积极响应“油非双增长”销售竞赛活动，客户经理充分发挥线条营销优势，实现油非客户资源共享。自活动开展以来，从实际情况出发，选择尿素液为主打产品，了解客户使用情况，逐步对客户已在使用的产品进行替换，已经取得比较明显的效果。

【零售经营促销增量】 公司开展“多卖一吨油”主题活动，通过开动员会，按销量分档次实行站与站间经营数据的对标分析，相互间形成一种比学赶帮超的竞赛氛围，还和对标兄弟单位中石化江山公司建立微信群，每日各站互报销量，相互了解各站的轻油、非油、卓玛泉、清净剂和尾气处理液等重点推广商品的销售情况，取长补短，促进销量增长。统一制作“多卖一吨油”的活动展板挂在每个站的墙上，活动展板中包含销量数据的分析情况、上级公司的活动简报等，使活动开展情况一目了然。各站一方面通过考核，发放增量奖，促进员工转变意识，从“要我多卖”转变到“我要多卖”；鼓励员工多说一句话，多加一升油，力争多卖一吨油。另一方面，各加油站完善便民设施，做好顾客流失分析，促进销量增长。各加油站有针对性地研究市场、客户和竞争对手，对区域内的加油点做到心中有数，认真分析老客户、大客户的流失原因，加强规范服务，找准扩销增量的突破口。

【加油卡推广】 为做好加油卡用户的服务，设置IC卡专职经理，负责客户维护工作。全年电话访问、走访客户1200余次，短信发送超1800条。新增月均消费在5000升以上的钻级客户6户，新增月均消费在2000升以上的金级客户4家。做好上门走访工作，多次走访龙游县第三中学、城西物流停车场等集团用户，教客户进行网上注册会员、网上充值、网上查询信息等IC卡自助服务。中秋节期间，走访10余家钻级、金级的老客户，加强沟通，了解客户的近况和需求，以便更好地开展服务工作。完善IC卡网络建设，增设下章站、顺风站2个充值网点，将城北站、城南站2个站级充值网点升格为站级发卡点，方便用户办理IC卡业务。由于公司所处兴龙北路禁止停车，给前来办理业务的客户造成不便，结合公司业务发展需要，公司决定把第一发卡网点合并到城西营业厅。6月，完成营业厅的搬迁工作，原第一发卡网点所有业务都转到城西营业厅办理。

【非油销售取得突破】 油非互动促进非油业务销售取得突破。在开展便利店常规促销活动的基础上，大力推广加油送现金券、电子抵扣券、买赠等活动，促进非油销售。通过开展销售竞赛，清净剂、尿素液、卓玛泉等重点商品销售增长明显。尤其是源自西藏念青唐古拉山脉海拔3700米的史前冰川的易捷卓玛泉，以其高品质、安全放心的特质，深受市场认可。“加中国石化优质油，品中国石化优质水”已然成为消费者的第一选择。标准化陈列和智能化订货是促进便利店专业化运营水平提升的重要手段，在龙游二站和城北站的易捷便利店先行试点实施，前期完成便利店货架平面图的绘制及平面图的标注工作，实施第一次的智能化订货和全面的标准化陈列，大大提升加油站的管理水平，促进销售量的提升。在试点的基础上，龙游的5个易捷标准点全面推行标准化陈列和智能化订货。

【做实做细安全管理】 4月，对下辖加油站的设备进行全面的安全检查；6月，开展半年度基础管理大检查，对加油站进行安全数质量、零管、财务、非油品等全方位的大检查；8月，结合天津“8·12”危险品仓库爆炸事故，开展年度加油站HSE大检查；10月，进行隐患整改大排查，对所有加油站的设备、制度、基础管理进行大排查。对检查出的问题要求及时整治到位。针对第一站潜油泵人孔井渗水严重的问题，7月28日，着手清洗油罐，停止营业，进行人孔井隐患改造。8月23日，改造完成，经油罐清洗、油品取样化验合格后重新开始营业。经整改，人孔井保持清洁、干燥，确保潜油泵安全无患，自此，长达2年多的安全隐患得到彻底整改。按相关部门的要求做好散装汽油的管理工作，将原先设定的12座散装汽油加油网点筛选削减为5个，分别为龙游二站、灵山加油站、湖镇加油站、横山加油站、小南海加油站。这5座加油站必须把每天来站加注散装汽油的客户信息、用量、用途登记在册，下班前上报到所在辖区的派出所，每月还要将散装汽油的笔数、总量报到公司零管部门，由零管部门汇总后上报县商务局。9月，对无监控、无“110”报警系统的加油站先后安装监控和110报警系统，并对已有的监控、“110”报警系统进行维护。10月23日，组队参加衢州中石化系统第二届消防运动会，参加干粉灭火器灭火、石棉毯灭火、应急预案演练3个项目比赛，获得二等奖的好成绩。

【创新人力资源管理】 为规范劳动用工，提高人力资源管理水平，上半年，就4月30日劳务工合同到期事宜做出统一安排，在上级公司政策下达后，开展劳务工合同到期变更工作。对到期不再续签用工合同的员工，及时做好补偿金清算发放工作；对续签用工合同的员工当面就签订事项进行沟通，顺利完成全区域所有员工的合同变更工作。将油品配送业务外包给衢州朝阳油品运输公司，配送车驾驶员、押运员的用工合同转至朝阳公司。12月，进行派遣用工制度改革，在上级公司的指导下，经龙游区域站长们商讨，根据地域、交通路线和管理半径，由站长自愿组合，投资成立龙游县顺安企业管理有限公司、龙游县顺畅企业管理有限公司、龙游县顺捷企业管理有限公司3个加油站管理公司，分别与龙游支公司签订加油站委托管理合同，所有加油站员工均转换为劳务派遣工，分别与3个管理公司签订用工合同。

（中国石化龙游支公司 林雄伟）

2011—2015年中国石化龙游支公司业务量比较

表27　（单位：万吨）

年份	成品油经营量	同比增长（%）	非油品业务	同比增长（%）
2011	6.7	8.1	387	26.5
2012	7.7	14.9	569	47.0
2013	8.8	14.3	702	23.4
2014	9.3	5.7	769	9.5
2015	9.5	2.4	1158	50.9

商贸服务业

概　述

2015年，龙游县在夯实传统服务业发展基础的同时，加快现代服务业发展，浙西再生资源市场、龙游电商城等一批服务业项目建成运营，并跻身全国首批农村淘宝试点县行列，推动龙游服务业向专业化和产业链高端延伸。深化服务业发展体制改革和创新，先后草拟加快服务业发展、支持民办教育健康发展、支持民营医疗机构健康发展的若干政策意见，出台《关于加快发展养老服务业的实施意见》等相关政策文件，组织编制《龙游县“十三五”服务业发展规划》，不断完善相关政策体系。重视服务业项目申报对接，龙游家居建材城、六春湖运动休闲区等2个项目列入2015年度浙江省服务业重大项目计划；金属贸易物流城、人民广场城市综合体（一期）、紫檀孝福国学文化博览园等23个项目列入2015年度衢州市服务业重大项目计划，一批重大服务业项目建设有序推进。全年受理旅游、养老、餐饮、娱乐、仓储和社区服务等服务业项目282项；游客接待数和旅游总收入年均增长24%以上；网络零售额突破14亿元。实现服务业增加值80.7亿元，同比增长11.2%；完成投资65.74亿元，占全部固定资产投资的45%，服务业已成为全县投资的主力军。服务业对全县经济增长贡献率达52.3%，第一产业、第二产业、第三产业结构优化为7.0∶51.8∶41.2。

商贸经济

【概况】 2015年，龙游县商务局紧紧围绕全年商务工作目标，立足县情，抢抓电子商务产业发展带来的新机遇，积极应对对外贸易大幅下滑的不利局面，加快商贸流通和市场建设，坚持创新驱动和转型发展，稳中求进，努力增强商贸发展内生动力，为龙游经济社会发展做出贡献。全县实现外贸出口总额3.53亿美元，同比增长14.11%；外贸进口额1.02亿美元，同比下降28.1%。实际利用外资1056万美元，同比增长50.9%；新批外商投资企业2家，设立境外投资企业2家，境外投资总额250万美元。全年实现社会消费品零售总额116.1亿元，同比增长11.1%，商务领域未发生安全生产责任事故。

【对外贸易】 积极发挥政策导向，充分利用各种途径和资源，帮助企业向上级部门争取各项奖励资金47万元，全年申报省扩大进口资助、中小企业开拓国际市场等资金项目40余个。通过培训引导、典型示范等方式，鼓励企业探索发展跨境电商，先后组织54家企业赴杭州参加“阿里巴巴总部直通车”跨境电子商务培训；组织60余家骨干外贸企业参加“互联网＋外贸”跨境电子商务培训，至年底，全县有10%的外贸企业着手开展跨境电子商务工作。积极对接国内展会平台，组织全县26家企业参展第117届广交会，设摊位38个，参展代表100多人；组织7家企业参展第14届消博会，设摊位8个；组织5家企业参展第25届华交会，设摊位7个；组织7家企业参展宁波食博会，设摊位8个。多家企业还先后参加美国中国品牌展、日本大阪展、亚欧展和香港食品展等国际经贸展会。通过一系列的积极动作，引导企业在继续巩固传统市场的同时，积极拓展新兴市场，全力推进市场多元化战略。

【境外投资】 先后帮助浙江001集团、龙游外贸笋厂有限公司2家龙游本土企业实施“走出去”战略，实现设立境外投资企业“零”的突破。通过与省、市商务部门的全面对接，帮助有意向走出国门的龙游企业分析海外市场行情，提供境外投资服务咨询等服务。龙游外贸笋厂有限公司与日本企业合资，在日本设立创新方法株式会社；浙江001集团成功收购越南证券IVS公司，投资325万美元、注册资本146万美元，占有49%的股份，并与印尼一企业洽谈电动车生产项目。

【互联网＋两化两游】 在新型工业化方面，依托现有的特种纸、绿色食品、装备制造等特色工业产品，争取规上企业电子商务覆盖率比例达50%以上，推动全县传统企业实施“电商换市”，开展全网营销和原材料采购、产品销售、物流等网上交易，实现线下产业平台和线上电商交易平台的融合发展。在新型城镇化方面，整合盘活老城区、老厂房等闲置资产，发展电子商务，发挥五金、建材家居、小商品等专业市场的集聚优势，以电商发展引人才、聚人气。在文化旅游方面，积极对接去哪儿网、携程网等网络平台，加快对接乡村休闲旅游及龙游石窟、民居苑二期及年年红龙天小镇等景点，加快与特色农产品、酒店、民宿的线上线下融合，打响“东游西游不如龙游”的龙游旅游招牌。

【电子商务】 农村电子商务发展立足“一村一品”基础，对接阿里巴巴“千县万村”计划，着力推广“互联网＋三农”，建成“农村淘宝”的1个县级电子商务服务中心和65个村级电子商务服务站，培育建设首批“淘宝村”，完成农村电子商务市场的新布

图107 龙游申通电商产业园启动仪式

局。通过培育示范农产品龙头企业、家庭农场，扶持销售千万元和销售百万元的规模电商，以龙游电商城、淘宝·龙游馆、大宗商品交易所为平台，做大“一村一品”农产品网销规模，打响放心农产品的“龙游品牌”。至年底，全县生猪期货、红木期货市场已经上市，山茶油期货和大咯大鸡蛋等专业产品正在筹备上市。

【市场监管】 做好各加油站年检工作，完成衢江石油湖镇加油站原地改扩建项目的前期综合协调工作；重点检查购买散装汽油实名制的执行情况；针对非法加油站这一社会关注的热点难点问题，协同县相关部门开展联合检查。多次走访商贸流通龙头企业，调研商贸流通业基本情况，加强对各大超市、集贸市场和规模较大的专业批发市场的日常管理；联合相关部门，对世纪联华、东方商厦、福泰隆及春天百货等大型商场超市开展安全隐患大检查；配合相关部门，开展黄标车大气污染排放执法自查，强制报废黄标车1107辆，监督回收企业按规定报废拆解。做好再生资源经营活动、商业特许经营、商业促销活动的备案登记工作，加强对商业预付卡、拍卖、典当、旧机动车交易、废旧汽车回收等特种行业的管理。

【组织建设和干部队伍建设】 结合招商引资、外经贸及商贸工作的各项目标任务，全面落实党建工作责任制，充分发挥基层党组织的战斗堡垒和党员的先锋模范作用。巩固群众路线教育实践活动成果，实现作

风建设常态化。推进党建工作创新，加快学习型、服务型、创新型党组织建设。深入推进商务系统反腐倡廉建设，落实党风廉政建设责任制，加大预防和惩治腐败力度。落实为民、务实、清廉的机关建设要求，以作风建设的新成效激发商务发展的新动力，着力培养一专多能、点面结合的复合型干部，努力打造务实、高效、廉洁的服务型机关干部队伍，增强局机关的向心力、凝聚力和战斗力。

（县商务局 王玲）

2015年度龙游县外贸自营进出口分类统计

表28 （单位：万美元）

名称及分类		1—12月累计	12月份单月	2014年同期	同比增长（%）
自进出口总额		45484.54	8459.33	45110.66	0.83
其中	1.出口总额	35281.16	7196.61	30919.72	14.11
	流通企业	12753.91	4890.91	2932.30	334.95
	生产企业	18133.81	1955.81	22131.35	−18.06
	“三资”企业	4393.45	349.89	5856.07	−24.98
	2.进口总额	10203.38	1262.72	14190.95	−28.10
	流通企业	995.49	75.44	1343.38	−25.90
	生产企业	4638.18	729.67	4572.96	1.43
	“三资”企业	4569.71	457.61	8274.71	−44.77

2015年度龙游县分企业自营进口统计数据

表29 （单位：万美元）

企 业 名 称	1—12月累计	12月份单月	2014年同期	同比增长（%）
维达纸业（浙江）有限公司	3912.46	444.17	7526.94	−48.02
浙江恒达纸业有限公司	1481.72	117.20	959.01	54.51
浙江凯伦特纸业有限公司	742.78	255.71	405.12	83.35
浙江润盛贸易有限公司	709.41	19.32	955.05	−25.72
浙江海景纸业有限公司	681.80	74.44	646.87	5.40
龙游塔恩纸业有限公司	627.74	13.44	693.46	−9.48
浙江华邦特种纸有限公司	503.67	91.67	353.38	42.53
浙江凯丰纸业有限公司	316.03	84.39	489.72	−35.47
浙江大盛纸业有限公司	310.07	61.28	288.79	7.37
浙江龙游海阔特种纸有限公司	291.59	0.00	234.45	24.37
浙江昌茂贸易有限公司	180.76	49.69	35.20	413.60
浙江高得宝利新材料有限公司	154.16	4.19	0.00	—
浙江好友工贸有限公司	68.03	2.99	327.50	−79.23
浙江龙游盛豪工艺品有限公司	56.12	0.00	90.10	−37.71
浙江腾辉科技有限公司	46.46	13.39	40.92	13.54
浙江龙游金铭木业有限公司	28.81	0.00	30.50	−5.52

续表

企业名称	1—12月累计	12月份单月	2014年同期	同比增长（%）
龙游县金龙纸业有限公司	27.27	27.27	0.00	—
龙游鑫隆贸易有限公司	24.61	0.00	14.40	70.87
浙江龙游亿洋国际贸易有限公司	8.18	2.08	5.16	58.31
浙江天天虹特种纸有限公司	7.84	0.00	0.00	—
浙江龙游展宇有机玻璃有限公司	5.92	0.00	13.99	−57.72
浙江茗皇天然食品有限公司	4.34	0.00	2.12	104.63
浙江金昌纸业有限公司	3.25	0.00	5.88	−44.66
龙游双洲包装制品有限公司	2.01	0.00	16.91	−88.09
龙游诸承进出口有限公司	1.68	1.36	0.00	—
龙游秀琪贸易有限公司	1.48	0.00	0.00	—
浙江镨适保商贸有限公司	1.12	0.00	0.00	—
浙江真善美涂布科技有限公司	0.88	0.00	0.00	—
浙江睿泰汽车零部件有限公司	0.80	0.00	0.00	—
浙江新屹服装有限公司	0.50	0.00	0.00	—
龙游外贸笋厂有限公司	0.46	0.00	3.83	−87.89
浙江雪伦服饰有限公司	0.39	0.13	0.00	—
浙江亿邦特种纸有限公司	0.23	0.00	18.38	−98.73
浙江迅羽贸易有限公司	0.22	0.00	6.07	−96.40
浙江天泽时装有限公司	0.20	0.00	0.00	—
龙游均泰科技竹木业有限公司	0.19	0.00	0.38	−51.46
浙江肯特汽车零部件有限公司	0.10	0.00	0.00	—
浙江特美新材料股份有限公司	0.08	0.00	0.00	—
合　计	10203.38	1262.72	—	—

2015年度龙游县分企业自营出口统计数据

表30　（金额单位：万美元）

企业名称	1—12月累计	12月份单月	2014年同期	同比增长（%）
龙游诸承进出口有限公司	9904.84	4642.43	0.00	—
浙江家德家居有限公司	2000.51	217.68	2275.63	−12.09
捷马化工股份有限公司	1844.16	13.38	3091.69	−40.35
龙游新西帝电子有限公司	1645.89	188.07	2624.91	−37.30
龙游塔恩纸业有限公司	1472.93	155.79	1635.11	−9.92
龙游亿莱达电器有限公司	1187.73	120.67	1174.36	1.14
浙江特美新材料股份有限公司	1077.10	144.47	947.34	13.70
龙游外贸笋厂有限公司	1030.54	81.17	1024.76	0.56
浙江新屹服装有限公司	884.23	150.88	961.38	−8.02

续表1

企业名称	1—12月累计	12月份单月	2014年同期	同比增长（%）
龙游公任电子有限公司	783.78	214.20	745.15	5.18
浙江茗皇天然食品有限公司	725.91	39.16	688.73	5.40
浙江龙游亿洋国际贸易有限公司	558.58	53.36	672.81	−16.98
浙江省龙游汇洋对外贸易有限公司	553.73	45.55	716.05	−22.67
浙江鹿成宠物用品有限公司	539.36	13.62	616.06	−12.45
浙江001集团有限公司	508.04	35.35	386.11	31.58
龙游宇豪厨具有限公司	495.65	42.62	186.80	165.33
浙江龙游正润窗饰有限公司	413.42	51.51	0.00	—
浙江大盛新材料股份有限公司	361.62	60.70	275.85	31.09
浙江双洲包装制品有限公司	312.03	25.95	171.73	81.70
浙江贯洲电气有限公司	298.05	11.14	122.74	142.84
龙游天时旅游用品有限公司	282.85	73.15	242.44	16.67
浙江龙游春城电子有限公司	278.63	30.47	210.82	32.16
浙江真善美涂布科技有限公司	267.39	23.32	310.21	−13.80
浙江中常工贸有限公司	262.15	6.69	349.44	−24.98
浙江超洁实业有限公司	251.42	32.28	533.93	−52.91
浙江睿泰汽车零部件有限公司	243.43	5.53	105.17	131.47
浙江诺通机车部件有限公司	235.41	29.38	218.52	7.73
浙江龙游东方阿纳萨克作物科技有限公司	227.18	30.06	112.23	102.42
浙江迅羽贸易有限公司	226.62	0.00	295.14	−23.22
龙游县旭军电子有限公司	211.78	24.73	286.01	−25.95
龙游鑫隆贸易有限公司	206.28	11.00	254.25	−18.87
衢州汉迪沃克贸易有限公司	205.62	16.20	192.78	6.66
浙江特拉蕾乳胶工艺有限公司	205.06	13.01	241.94	−15.24
浙江冠诚科技有限公司	202.52	39.18	135.84	49.09
浙江远帆无纺布有限公司	199.95	19.37	327.01	−38.86
凯斯通阀门有限公司	198.06	18.04	113.66	74.27
浙江宏飞塑业有限公司	192.10	0.00	3222.21	−94.04
浙江和佳工贸有限公司	189.88	22.55	88.26	115.14
龙游嘉航礼品有限公司	182.68	19.64	207.11	−11.80
龙游县鹏辉服饰有限公司	179.93	2.25	173.54	3.68
浙江骏丰日用品有限公司	178.15	30.38	0.00	—
浙江雅艺工贸有限公司	173.28	4.55	346.74	−50.02
浙江润达金属制品有限公司	172.02	27.33	33.62	411.61
浙江恒润装饰材料有限公司	165.81	18.91	165.86	−0.03
浙江芯特科技有限公司	154.63	23.29	113.31	36.47
浙江亿邦特种纸有限公司	153.81	2.47	252.56	−39.10
龙游万德福电子有限公司	152.74	10.37	126.59	20.65

续表2

企业名称	1—12月累计	12月份单月	2014年同期	同比增长（%）
浙江百依家纺有限公司	149.56	3.15	169.90	−11.98
浙江星利拉链有限公司	137.83	3.31	219.16	−37.11
浙江恒达纸业有限公司	126.32	27.60	48.78	153.76
浙江草庄诗朗壁纸有限公司	124.12	34.55	0.00	—
浙江童氏橡胶有限公司	109.55	0.00	40.62	169.67
龙游秀琪贸易有限公司	108.29	5.75	21.78	397.30
浙江汇金机械制造有限公司	98.42	13.03	102.43	−3.92
龙游翔飞进出口有限公司	91.62	16.75	35.42	158.66
龙游美旭贸易有限公司	90.40	13.37	80.43	12.40
浙江瑞辉工贸有限公司	85.55	12.45	57.82	47.96
浙江省龙游旺发对外贸易有限公司	84.54	1.34	149.97	−43.63
浙江瑞飞交通器材有限公司	83.32	5.71	95.53	−12.78
衢州市卫丰泵业有限公司	78.85	0.00	87.81	−10.20
浙江菲尔马滤清器有限公司	77.96	4.73	161.18	−51.63
浙江友丰包装材料有限公司	77.63	8.51	81.33	−4.55
龙游华润旅游用品有限公司	77.46	8.21	29.76	160.31
浙江法来福无纺布有限公司	73.88	2.79	70.99	4.06
浙江明瑞制冷材料有限公司	73.15	0.00	142.68	−48.73
浙江浪蕾内衣有限公司	72.34	22.51	75.98	−4.78
浙江洁美日用品有限公司	71.44	7.38	48.24	48.08
浙江创展电子科技有限公司	69.64	4.52	198.22	−64.87
龙游县爱姆吉提体育用品有限公司	67.66	8.79	61.55	9.92
浙江龙游金铭木业有限公司	62.45	0.00	54.83	13.89
龙游蓝蝶金属制品有限公司	57.14	49.69	0.00	—
浙江龙游越丰电子有限公司	56.20	5.73	58.15	−3.35
浙江方大织带有限公司	54.14	6.11	99.61	−45.65
克里特集团有限公司	52.63	0.38	19.87	164.85
浙江华邦特种纸有限公司	51.19	2.76	46.31	10.54
浙江錩泰机械工业有限公司	49.94	7.32	14.32	248.63
浙江雪伦服饰有限公司	44.24	3.74	0.00	—
龙游龙顺电子有限公司	43.89	6.07	43.61	0.65
浙江君旺纸业有限公司	43.63	6.51	39.06	11.69
浙江龙游展宇有机玻璃有限公司	42.36	3.86	3.92	981.31
浙江鸿基汽配有限公司	35.35	4.02	19.36	82.60
浙江天天虹特种纸有限公司	32.60	9.00	17.92	81.92
浙江瀚运五金有限公司	31.41	31.41	0.00	—
龙游县金祥窗饰有限公司	31.27	0.00	261.53	−88.04
浙江龙游中兴矿产品有限公司	30.79	0.00	61.44	−49.89

续表3

企业名称	1—12月累计	12月份单月	2014年同期	同比增长（%）
浙江肯特汽车零部件有限公司	30.74	6.40	10.98	179.94
浙江晨浩文体用品有限公司	26.07	0.00	22.46	16.09
浙江天瑞化学有限公司	24.20	1.29	28.94	−16.37
龙游特美包装材料有限公司	21.12	0.00	40.96	−48.31
浙江彬立机械设备有限公司	20.85	0.00	110.50	−81.13
龙游欧朋机电科技有限公司	20.51	1.84	20.56	−0.25
龙游新迪高分子材料有限公司	18.28	0.00	11.28	62.12
龙游启诚进出口有限公司	15.63	0.00	15.91	−1.72
浙江龙游德力助锯业有限公司	14.03	0.00	18.00	−22.05
浙江莎兰娜化妆品有限公司	13.73	0.00	0.00	—
龙游县同庆电子有限公司	13.00	0.00	9.56	35.97
浙江康乾工贸有限公司	12.98	0.00	0.00	—
龙游佳宜进出口有限公司	12.95	1.61	14.03	−7.69
龙游爱辉贸易有限公司	12.02	0.00	0.00	—
浙江铭凯汽车玻璃有限公司	11.52	0.00	24.88	−53.72
浙江百力工贸有限公司	10.98	0.00	13.03	−15.70
浙江科力印业新技术发展有限公司	9.56	1.32	25.54	−62.58
浙江龙游家涵家居制品有限公司	8.15	0.00	0.00	—
浙江奥冠电子科技有限公司	7.91	0.70	33.85	−76.65
龙游均泰科技竹木业有限公司	6.82	0.00	11.51	−40.77
浙江光明铁道实业有限公司	5.67	0.00	10.96	−48.28
浙江龙游镭迪涂装设备有限公司	5.40	0.00	8.17	−33.94
浙江固正机器制造有限公司	0.34	0.34	0.00	—
浙江龙游四海化工有限公司	3.52	0.00	0.63	460.51
浙江普力玛医疗科技有限公司	1.91	0.00	30.21	−93.68
浙江龙游辰港宣纸有限公司	1.73	0.00	21.07	−91.81
浙江罗贝壁纸有限公司	1.70	0.21	11.95	−85.76
浙江舜浦纸业有限公司	1.22	0.00	0.89	36.70
龙游诺森电气有限公司	1.18	0.00	3.28	−64.12
浙江天耀纸业有限公司	0.58	0.00	11.25	−94.83
龙游祥威电子有限公司	0.44	0.00	0.00	—
龙游同创电子技术开发有限公司	0.11	0.00	0.00	—
龙游莉咋针织有限公司	0.10	0.00	0.00	—
合计	35281.16	7196.61	—	—

服务业管理

【概况】 2015年，龙游县高度重视服务业发展，明确重点，狠抓落实，全县服务业实现平稳增长，服务业结构得到进一步优化，促进了产业的转型升级。全县实现服务业生产总值80.7亿元，占GDP比重达41.2%，同比增长11.2%，超出GDP增长速度4个百分点；实现社会消费品零售总额116.3亿元，同比增长11.3%；完成服务业固定资产投资65.7亿元，同比增长23.8%，超出固定资产投资增速9.6个百分点；新增限额以上服务业企业10家，

【完善政策体系建设】 为加快服务业发展，深入贯彻《浙江省人民政府关于进一步加快发展服务业的若干政策意见》精神，结合龙游县服务业发展实际情况，出台《关于加快服务业转型跨越发展工作的实施意见》，完善政策体系研究。通过到周边县、市以及部分在加快服务业发展方面成效显著的县市的考察调研，并参加省、市发改委组织的培训学习，调整完善龙游县加快服务业发展的相关政策。

【科学编制发展规划】 以旅游业为重点，以优化空间布局为目的，明确全县服务业发展目标，启动并完成《龙游县"十三五"服务业发展规划》和《龙游县文旅融合"十三五"发展规划》（初稿）。以重大项目布局为导向，相继完成《龙南生态休闲专项规划》初稿、《龙游县三门源旅游度假区旅游开发规划》和《龙游石窟旅游度假区总体规划》的评审。

【重大项目建设】 以项目为载体，全力抓好项目谋划筹备、项目建设推进和招商引资工作。结合全县服务业发展实际，挖掘、谋划一批投资大、带动作用强、业态新的现代服务业项目，不断充实县服务业发展项目库。全年完成商贸类、物流类、旅游类等重大服务业项目谋划29个，项目总投资193.5亿元。积极

图108 即将竣工的龙游世贸城

谋划、储备2016年重大服务业发展前期项目19个，总投资246亿元，项目总量明显增大。

【完善项目决策咨询机制】 根据各部门的职能和权限，加强统筹协调，不断完善服务业项目决策机制，提高服务业项目质量，增强项目布局的合理性和决策的科学性，推动服务业与城市化的融合发展。全年受理旅游、养老、餐饮、娱乐、仓储、社区服务等服务业项目242项，其中，龙游县加快服务业发展领导小组办公室受理64项，并召开项目决策咨询会议5次。

【规范项目管理】 着力推进省、市、县服务业重点项目建设，六春湖运动休闲区、家居建材市场2个项目列入2015年浙江省服务业重大项目计划，紫檀孝福国学文化博览园、人民广场城市综合体（一期）、世贸商业城、石窟休闲度假中心等在建重大服务业项目加快建设。推动在谈服务业重大项目落地，申通农产品电子商务物流中心完成土地招拍挂，六春湖运动休闲区平台组建、项目设计、现场勘探等前期工作进展顺利。

【谋划服务业特色小镇】 根据浙江省政府在全省加快规划建设一批聚焦七大产业、兼顾丝绸黄酒等历史经典产业、有独特文化内涵和旅游功能的特色小镇的要求，坚持"成熟一个，上报一个"的务实方法，深挖存量，激活增量，做好特色小镇的谋划申报。6月，在中国红木家居文化园项目的基础上，谋划龙游红木小镇并成功入围浙江省首批37个特色小镇创建名单。主动对接新加坡客商及其方案编制单位，紧抓在

谈的颐怀园生态健康休闲谷这一重大项目，将颐怀园生态健康休闲谷项目包装成新加坡风情小镇，新加坡风情小镇顺利通过第二批省级特色小镇初审，并完成创建联审。注重特色小镇的谋划储备，按照“一个项目、一个园区、一个区域都有可能创建特色小镇”的思路，通过梳理摸排，共筛选出六春湖养生运动休闲区、横山天池富硒产业、三门源古村落、汽车运动中心等一批产业定位准、投资主体明、投资规模大且符合或接近省、市特色小镇申报条件的项目，谋划储备高山运动小镇、竹海风情小镇、天池富硒小镇、三门源生态民俗文化小镇、温泉小镇、汽车拉力小镇等服务业特色小镇，增强全县服务业发展后劲。

【城东新区建设】 规划面积8.6平方千米、已开发用地1.13平方千米的商贸物流园区已有入园项目9个，其中龙游县粮食批发交易市场、宝塔农资、柳丰物流等4个项目已投入运营；龙游国际建材家居城、嘉溢鑫城主体建筑正在施工中；龙游国际花木城、冷链物流等一批意向入园项目正在招商对接中。按照“一心两区”（即中等规模城市的公共服务中心、生态宜居区和现代服务业集聚区）定位，坚持“统筹规划，科学开发，分期实施”原则，高起点规划，高标准建设，高水平管理，力争将城东新区打造成生态、文态、业态、形态融合发展的高品质新区。完善城中村、城郊村搬迁改造政策体系，加快城东新区道路建设，延伸荣昌东路，建成学士路、子鸣路、文靖路、端礼路等构成的18公里城市道路，形成“三横四纵”道路骨架系统。至年底，疏港公路已完工，小高山整体搬迁政策处理工作有序推进，子鸣社区完成桩基工程。

【龙游石窟旅游度假区】 2001年，经省政府批准，龙游石窟旅游度假区成为省级旅游度假区。至2015年，度假区总面积36.8平方公里，是龙游县整合文化旅游资源，着力发展文化休闲、运动体验、康体养生功能，打造浙、闽、皖、赣四省边际门户型旅游目的地和休闲度假胜地的重要旅游发展平台。度假区主要规划布局了新龙游石窟景区、民居苑二期拓展工程、龙游石窟度假中心、年年红中国家居文化园、汽车拉力运动中心等10个重大旅游建设项目。

【旅游业】 以省文旅融合发展专项改革试点为契机，突出“龙游石窟”旅游品牌的引领作用，平稳推进紫檀孝福国学博览园、石窟休闲度假中心、民居苑拓展工程一期、龙游石窟洞内灯光改造等一批重点旅游项目，全县旅游经济持续保持高速增长，全年共接待游客1042.3万人次，同比增长15.9%。实现旅游收入62.9亿元，同比增长20.2%。

【金融业】 创新农村金融服务产品，注重金融服务创新，金融运行继续保持上升态势。全县金融机构人民币存款、贷款余额分别达244亿元和215.9亿元，同比分别增长9.2%和6.8%；居民存款余额为139.1亿元，同比增长14.1%。

【房地产业】 房地产业稳健运行，全年商品房销售23.04万平方米，同比增长19.3%；销售额12.3亿元，同比下降7.3%。

（县服务业办 董永生）

供销合作经济

【概况】 2015年，龙游县供销社按照“适应新常态，改革促发展”的工作思路，积极稳妥推进各项工作，项目建设、经济建设、基层组织建设等方面都取得新的进展。经营总收入12.26亿元，同比增长44.24%；商品销售总额11.35亿元，增长36.25%；实现利润268万元，同比增长55.81%；推销农产品6.88亿元，同比增长44.23%。在2015年度全省供销系统综合业绩考核中荣获优秀奖，被评为2015年度“浙江省供销社农产品电子商务发展先进单位”和“省供销社系统信息宣传工作先进单位”。

【实施“强企兴社”工程】 及时了解省供销社及其所属集团公司的项目建设规划，加强与省供销社及其所属集团负责人的联系对接。与浙江华都控股集团对接，做好湖镇商贸服务中心建设项目的前期论证工作。做好龙游国际建材家居城市场项目的服务工作，促进项目顺利推进，在完成龙游国际建材家居城市场一期工程项目建设的基础上，做好市场试营业的前准备工作。根据龙游产业特点和资源优势，建立2015年项目信息库，重点培育一批项目，并向省供销社争取财政扶持资金62万元。借助国资委对3家县供销社参（控）企业内部审计的有利时机，认真查找问题，汲取经验教训，制订整改方案，采取有效措施，做好社有企业的规范提升工作。

【拓展服务领域】 创新农资现代经营服务网络，建立植保专业合作社和庄稼医院，推广农资技物结合服务，全年完成5000吨化肥淡季储备任务。开展统防统治，宝塔、绿丰植保专业合作社全年的统防统治面积达400公顷。规范再生资源回收利用网络，以浙西再生资源综合市场为龙头，加强对二手车市场的管理，马龙山废旧汽车市场得以搬迁整顿。配合浙江蓝天废旧家电收回处理有限公司做好废旧家电回收利用工作，促进县域循环低碳经济发展。搭建农副产品市场购销网络，阳成农产品有限公司实行对外批发、对内配送的“两轮驱动”发展模式，订单收购1000多吨新鲜蚕豆销往上海、常州等地，同时在湖北2个乡镇建立133.33公顷蚕豆种植基地；与11个学校、监狱和企事业单位签订配送协议，全年销售额累计达2000余万元；拓展农村日用消费品网络，在县内中心镇设立大型直营店和二级配送中心，改造提升乡村超市连锁门店，扩大农村日用消费品连锁经营覆盖面。

【创新服务手段】 以宝塔农资公司为龙头，加强与专业合作社、种植大户、生产基地的服务对接，组织植保、土肥等方面的专家深入田间地头，开展预约送货上门、农技蹲点辅导、测土配方施肥、病虫害统防统治等系列服务，服务面积达666.66公顷。组织专业合作社参加上海、西安、杭州等地的农博会和展销会，展销龙游现代农业成果及名特优产品。5月，由龙游吴刚茶叶专业合作社选送的龙游红牌红茶在93家参评企业中以综合评比第二名的成绩脱颖而出，喜获2015“浙茶杯”优质红茶评比金奖。加大特色精品农业品牌战略政策引导和资金扶持力度，12家专业合作社已成为现代农业生产领头羊，拥有自主商标14个、省级以上特色农产品博览会金奖8个。抓好农资应用、农业科技和法律法规培训，帮助3000多名专业合作社社员成为特色农产品种植、养殖和加工的行家能手。

【优化“社司一体”经营机构】 由县供销社控股，牵头组建供销有限公司，依据现代企业产权制度和现代企业管理制度，广泛吸纳县内有一定影响力和较好经营基础的能人、专业合作社投资入股，组建溪口供销合作社经营服务综合体和湖镇供销有限公司。

【构筑“社社一体”联合模式】 采取“供销社＋合作社”联合发展模式，通过资本联结、业务对接、服务带动等方式，重点培育扶持一批民主管理好、经营规模大、示范带动能力强、发展前景好的专业合作社。供销社共参办、领办53家专业合作社，全年销售农产品4.92亿元，并新增省级专业合作社示范社1家。

图109 省农办副主任高启华到塔石镇调研

【搭建“社村一体”服务平台】 通过争取上级扶持资金，由县供销社牵头，会同村级集体组织、农资连锁经营店、日用消费品连锁超市等单位，共同组建村级综合服务社，实施村级综合服务社的改造升级，让农民在家门口就能享受到便捷的购物、医疗、通讯、休闲等生产生活服务，并统一门店标识，提升供销社形象。至年底，已建成寺下村、里王村等72个行政村的村级综合服务社。

【“合作社＋基地”模式】 按照浙江省供销合作总社51号文件要求，结合龙游实际，着力探索“合作社＋基地”供销社发展模式。以夏金粮食生产功能区为基地，依托红专种粮专业合作社，为农户提供农机作业、统防统治、烘干储藏、加工销售等现代农业服务，实现从育秧到加工的“一条龙”作业，促进粮食生产规模化、机械化、科技化发展。该合作社通过机械化操作种植早、晚稻达666.67余公顷，机耕机插1000公顷，植保社会化服务666.67公顷，烘干稻谷800万公斤，实现销售额1800万元。同时，带动周边14个行政村700余户农户种植水稻，签订1000公顷水稻种植全程服务合同，助农增收150余万元。

【“合作社＋电商”模式】 依托网创公司“淘宝•龙游馆”平台，鼓励引导专业合作社发展电子商务，加快农产品“电商换市”步伐。“淘宝网•龙游馆”新增天猫方飞旗舰店（饰品）、京东方飞饰品店、聚划算、微信商城等平台及线下饰品销售等渠道，拓展网创公司赢利模式，全年销售额达7736万元。龙游竹海鲜笋专业合作社通过该模式设立溪口农村电子商务服务站，销售溪口冬笋、春笋、板栗以及特色小吃，全年实现销售额216万元。

【“合作社＋协会”模式】 认真抓好农超对接、农市对接、农校对接等“三个对接”，探索“专业合作社＋农产品经纪人协会”营销模式，拓宽龙游农产品外销渠道。先后组织4批龙游种植、养殖专业合作社和涉农加工企业赴上海、陕西、杭州等地参加展销会。农产品经纪人协会组织网商、茶叶、富硒、水产、畜禽、果蔬、笋竹7个分会开展农产品生产销售加工对接，形成合力，抱团发展，携手共进。龙和水产养殖专业合作社利用协会在杭州设立的“龙和水产行”，全年销售“西湖醋鱼”原料活鱼1000余万公斤，销售额达8000多万元。

【依章管社】 组织基层组织开展企业管理等方面的调研，建立健全机关各项规章制度，做到依章管社。加强对供销社系统3家企业的内部审计，对近3年来16个财政和上级供销社扶持的项目进行督查，健全财政扶持资金的申报、使用和监督管理机制，强化绩效追踪，促使项目落实到位。贯彻中央“八项规定”和省、市、县有关要求，严格落实党风廉政建设“两个责任”和主要负责人“五个不直接分管”制度。严格执行《浙江省机关工作人员差旅费管理规定》，加强车辆报销费用管理，落实出车登记制度。完善机关工作人员实事量化考核办法，落实班子成员工作月考核制度和阶段性工作点评考评制度，认真做好综治、维稳、信访等工作，及时做好疏导、劝解工作，确保供销系统和谐稳定发展。

（县供销社 舒水明）

粮食工作

【概况】 2015年，龙游县粮食局以保障粮食安全为工作主线，进一步完善粮食稳价保供体系、粮食流通监管体系和粮食服务体系等管理机制，强化粮食队伍建设，较好地完成全年粮食工作目标任务。先后获浙江省粮食收购工作先进单位、衢州市粮食安全责任制考核优秀单位等荣誉称号。

图110 龙游县召开粮食安全工作会议

【全力做好粮食收购】 加大融资力度，帮助粮农解决生产资金。3月中旬，提早发放粮食订单预购定金，并与邮储银行、信用联社等部门联手开展粮食订单质押贷款业务，切实帮助农民解决资金筹措难题。全县共发放预购定金500万元，发放订单质押贷款636万元，同比分别增加1.42%和10.23%。比2014年提早10天开秤收购稻谷，第一次实现从收割、烘干到售粮等环节的无缝对接，农民省去存放、打包、装卸等环节，直接为粮农售粮节省成本65元/吨，减轻粮农售粮负担。至8月31日，全县累计收购早稻19717.7吨，减少农民售粮环节成本110万元。

图111 在清廉社区开展“世界粮食日”暨全国爱粮节粮宣传周活动

【狠抓安全储粮和安全生产】 深化“星级粮库”创建活动，围绕“保质、增效、绿色、安全”目标，加大对科学保粮的资金投入。充分运用机械通风、环流熏蒸、粮情测控等科学保粮设施，大力推进“智慧粮库”“生态粮库”建设，抓好“危仓老库”的维修改造，推进粮食信息化建设，着力提升科学管粮水平。积极开展安全生产大检查，对下属各粮库、粮站的储粮进行“一符四无粮仓”(即账和物相符,无虫、无鼠雀、无霉变、无事故)鉴定，确保储粮的安全；对危旧仓房、钢结构罩棚、机械设备、消防设施及器材配备、熏蒸药剂库、规范用电等方面进行彻底检查，确保生产作业“无病”上岗。

【加强粮食流通管理】 积极开展粮食市场分析预测及价格预警工作，及时掌握全县粮食价格波动情况，准确分析变动趋势，增强预警应变能力。对地方储备粮和应急周转粮承储户，建立粮食购、销、存台账，定期或不定期地对承储户进行粮食库存检查，在保证粮食正常供应的前提下，确保粮食应急时调得出、用得上，确保粮食市场的价格稳定。积极做好元旦、春节等节假日和雨雪冰冻天气等非常时期的粮食供应，保证全县粮食市场平稳。规范军粮供应管理工作，规范军粮质量管理，保证军供粮食质量安全。

【粮食宣传“三进”】 抓好粮食宣传“三进”（进校园、进社区、进农户）活动。在龙游县桥下小学组织开展“爱粮节粮”主题宣传教育活动，通过国旗下讲话、专题黑板报宣传、节约粮食大检查、爱粮节粮倡议书签名及开展主题班（队）会活动，引导全校师生从我做起、从小事做起，增强学生节约粮食的意识。在阳光社区、清廉社区开展社区互动宣传活动，通过悬挂宣传横幅、发放宣传册等形式，向居民宣传爱粮节粮的意义，发放宣传资料2600多份，并组织专业技术人员走进居民，普及粮食科普知识，现场教给居民选购大米、面粉、食用油等技巧，900余名群众参与现场咨询。开展“兴粮惠农进万家”活动，积极向种粮大户宣传国家的粮食政策，发放粮食政策资料50多份，发放温湿度计、节粮小器具等20多套。

【加强作风建设】 完善考核激励机制，提振党员干部精气神。开展“深改革、强规范、提能效”作风建设专项行动，开展领导干部“大抓基层”集中蹲点调研活动，组织党员干部与低收入农户开展“一对一”帮扶工作。强化正风肃纪，对全县粮食系统干部职工执行纪律情况进行明察暗访，引导党员干部增强纪律意识、发展意识、服务意识和责任意识，提升机关服务效能。

（县粮食局 宋礼成）

烟草专卖

【概况】 2015年，龙游县烟草专卖局（分公司）在地方政府和上级行业主管部门的正确领导下，坚持主题、主线、主基调不动摇，主动适应经济运行新常态，推进转型提升，在营销服务、专卖管理、内部管理、队伍建设等方面取得较好成效。全年销售卷烟18554箱。实现卷烟销售额73304万元，同比增长5.91%。实现税利18738万元，同比增长16.44%，为国家和地方经济建设做出贡献。全年查获各类卷烟违法案件52起，查扣各类卷烟14153条，涉案卷烟金额281.69万元，切实维护国家利益和消费者利益。

【品牌培育】 落实各项措施，品牌培育效果明显。深入市场进行调查，深层次了解卷烟库存情况，分析培育趋势，挖掘品牌潜力；强化服务指导，开展针对性宣传，指导零售客户开展品牌推介，优化重点品牌陈列，提高品牌培育效果；开展品牌培育劳动竞赛，积极营造“比、追、赶、帮、超”的良好工作氛围；强化品牌培育考核，每周、每月公布进货面和销量进度，促进培育进度。全年销售重点品牌卷烟14756箱，同比上升2.84%，增幅居全地区第一；完成原中央苏区卷烟销售743箱，同比增长6.50%，其中销售“七匹狼”系列卷烟692箱，同比增长9.58%，完成全年任务的107.90%，同比增幅居全地区第一。

【终端建设】 注重零售客户店堂形象，积极推进零售终端建设，为客户统一配置立柜、背柜、灯箱，打造统一的视觉效果；及时跟进终端服务工作，帮助客户开展卷烟陈列、明码标价、库存采集工作，优化店面环境和结账方式，提高客户盈利水平。全年共建成现代终端136户，“十二五”期间，共建成现代终端555户，完成338户扫描枪配置。注重提升零售客户能力，持续推进客户培训工作，全年共组织培训10场，1000余人次参加培训。开展“阳光助学”、扶贫帮困等活动，对23名考上全日制高等院校本科的零售客户子女和7户因病致贫、因突发事件致贫的零售客户进行资助，合计金额2.25万元。

【提税顺价】 从5月10日起，国家决定大幅提高卷烟消费税，批发环节从价税税率由5%提高至11%，并按0.005元/支加征从量税；在提税的同时，适当顺价，国家烟草专卖局同步调整并适当提高卷烟批发价格和建议零售价。围绕行业工作部署，在提税顺价前后，龙游县烟草专卖局（分公司）全力做好社会舆情掌控，通过增加走访频次、发送短信、开通网络订购平台等渠道，面向零售客户和消费者开展正面宣传和舆论引导工作。充分发挥“三员”(市场管理员、客户经理、送货员)的协同力量，将《衢州烟草卷烟价格目录表》等资料及时发放到位，并于第一时间着手开展新的明码标价维护工作，切实推进卷烟市场价格平稳过渡。

【市场监管】 积极开展“春雷1号”和“天网一号”专项行动，严厉打击物流运输环节的涉烟违法行为。联合公安、交警部门，开展联合检查6次，出动执法人员35人次，查获无证运输案件7起，查获涉案卷烟12203条，涉案金额238.05万元。开展“无证无照经营百日执法专项整治”行动，各所队与市场监督管理部门共开展联合专项检查行动13次，出动执法人员115人次，查获无证经营案件13起，查获涉案卷烟588条，涉案金额10.57万元。

图112 开展卷烟市场检查

【依法行政】 严格规范办理烟草专卖零售许可证，集中开展许可证管理专项检查，不断提升依法行政能力。文明、热情接待办证群众，办证窗口每月都获评“五星级窗口”荣誉。结合“3·15”消费者权益保护日、浙江法治宣传月、“5·15”打击和防范经济犯罪宣传日、“12·4”宪法宣传日等活动，宣传烟草专卖的法律法规，提供投诉处理、真假烟鉴别等服务，全面推进烟草专卖阳光执法体系建设。

【精益管理】 全面推行预算管理，完善预算定额标准，严格控制重点费用，业务招待费、会议费、车辆运行费等重点费用大幅度下降。深化创新管理，开展创新项目2项，完成2项QC成果，QC成果共获5个行业内外的奖项。围绕降本增效，全面开展对标工作。通过对标，找出管理短板，改进工作措施，提升管理水平。加强安全监管，以交通安全、消防安全为重点，强化安全教育培训，开展应急预案演练，营造浓厚安全氛围。稳步推进岗位达标工作，通过“手指口述”，将操作行为、操作规范、注意事项等进行一一阐释。帮助员工通过心想、眼看、手指、口述等肢体和语言的配合，对工作过程中的每一道工序进行确认和提醒，确保按规程作业，杜绝操作失误，提升全员安全意识，保持良好安全态势。

【队伍建设】 严格落实党风廉政责任制，深化作风建设，开展“三严三实”专题教育，进行“正风肃纪”工作督查。持续规范“三项工作”，工程投资、物资采购方面做到计划先行、报批到位、程序规范、公开透明。加强党建工作，新建党员活动中心，严把党员发展关口，切实发挥党支部的战斗堡垒作用。加强工会组织建设，拓展员工健身活动场所，开展登山、游泳、拔河、安全驾驶等群众活动，关爱员工工作生活。衢州市烟草公司工会委员会龙游分会被全国总工会评为2015年度“全国模范小家”。加强团组织建设，组织青年员工认领“微心愿”，结对龙游县培智学校，助力“五水共治”，参与无偿献血，引导青年员工用实际行动履行行业职责和社会责任。

（县烟草公司　方倩）

盐务管理

【概况】 2015年，龙游县盐务管理局（盐业公司）坚持执行食盐专营政策，全面履行盐务管理职能，以调结构拓市场为重点，以提高盐业经济质量和效益为中心，深入开展“三严三实”专题教育活动，全体员工思想同心、行动同向，立足盐业主业，着力多元发展，各项工作取得一定成效。全年购进各类盐产品3640吨，销售各类盐产品4114吨，其中工业副产盐598吨，实现销售总收入1161.5万元，同比增长3.8%；非盐销售299.2万元，同比增长51%；三项费用总额204.5万元，同比减少15.6万元，同比下降7%；实现利润总额77.43万元，同比增长1.8%，销售收入和利润指标再创新高。

【食盐专营】 认真落实省盐务局（集团公司）盐产品的分配调拨计划，履行专营职责，编制月度销售计划，强化食盐专营质量管理，把“保障食盐供应，让全县人民吃上放心合格碘盐”作为工作重点，较好地保证各类盐产品的安全有效供应，碘盐覆盖率、碘盐合格率、合格碘盐食用率分别达到98.5%、100%、98%。保持合理库存，提升应急应变能力。为满足消费者的不同需求，推进盐产品结构调整，实施海盐精品化战略，形成高、中、低各档和低钠盐、健康平衡盐等多品种盐产品的有效供应。丰富市场供应品种，满足甲亢等特殊人群的需求，在原有17家供应点的基础上，各乡镇及大型超市增设供应点，方便群购买。

【盐政管理】 组织盐政执法人员参加省、市局专业法律知识的培训学习，提高执法人员依法行政能力。坚持“打建结合、管销联动”的工作机制，全年出动检查人员169人次，检查经营单位（户）967户次。5月和12月，分别对全县小包装食盐市场和大包装食盐的食品加工、蔬菜腌制开展专项整治，发现并及时处理违规购销小包装碘盐738千克，涉及经销户11户，

图113 盐业公司营业厅

净化盐业市场；6月，参与市局组织的县际联合执法检查，保障用盐安全；加大日常对餐饮业、大型企业食堂、学校食堂等重点区域、重点环节的用盐监督力度；强化对工业副产盐的监管，防范工业副产盐流入食盐市场，与系统内各市县公司联系，帮助工业副产盐产出企业销售副产盐598吨，有效遏制副产盐流入食盐市场的隐患，切实保障食盐安全。

【“科学补碘”主题宣传】 帮助群众普遍掌握碘缺乏病防治知识，增强防病意识，围绕“科学补碘，重在生命最初1000天”主题，制定宣传活动方案，在县体育馆门口开展第22届“防治碘缺乏病日”宣传活动。活动期间，向群众现场演示真假碘盐识别方法，展示碘缺乏危害及防治知识画版，分发《碘缺乏的危害》《防治碘缺乏病知识宣传专刊》等资料，并在活动前夕制作跨街横幅，提高群众对科学补碘的全面认识。同时，向群众宣传盐业政策法规，为持续推动消除碘缺乏病工作起到积极作用。

【“三严三实”专题教育】 公司党支部按照浙江省盐业集团有限公司（省盐务管理局）、衢州市盐业公司（市盐务管理局）党委《关于开展“三严三实”专题教育实施方案》的要求，切实抓好“三严三实”专题教育。向员工发放党风、自律、用权、担当等方面的征求意见表，征求意见建议，并进行民主测评；向服务对象、用盐企业征求工作作风、服务质量的意见建议，取得了一定成效；将“三严三实”教育与党的群众路线教育实践活动成果结合起来，把开展“三严三实”专题教育与食盐专营和各类经营管理工作联系起来，用“三严三实”和《中国共产党廉洁自律准则》作为员工生活、学习和各项工作的行动指南。

（盐务局 严永庆）

财政·税收

概 述

2015年，龙游县财政部门围绕县委、县政府中心工作，牢固树立“促进发展、保障民生、科学理财、加强监管”的理财观，主动适应财税改革新形势，努力做好“生财、聚财、用财、理财、管财”文章，深化财税体制改革，建立全口径预算体系，做好结余结转资金管理，积极探索财政资金竞争性存放机制。税务部门坚持依法治税，规范征管，落实优惠，挖潜增收，全县税收增长持续平稳，收入结构不断优化，地方税收入比重达84.2%，进一步增强地方可用财力。围绕“便民办税春风行动”主题活动，不断优化纳税服务，充分发挥税收服务经济职能作用，持续开展调整城镇土地使用税政策，促进土地集约、节约利用工作；顺势而为，助推企业上市，开展支持浙商创业创新“回头看”工作，为支持浙商回归和企业转型升级提供税收政策支持。为强力助推企业上市，大力推行政府和社会资本合作的PPP模式，设立1.2亿元产业基金，引导金融、社会资本支持全县实体经济发展。加强企业帮扶力度，为企业减负让利1.48亿元，帮扶84家企业周转贷款26.92亿元，为拟上市公司担保6050万元，有序推进全县经济社会各项事业健康发展。

财 政

【概况】 2015年，全县财政总收入18.65亿元，同比增长11.2%。其中一般公共预算收入12.66亿元，同比增长11.8%；一般公共预算支出35.59亿元，同比增长18.5%。全县财政收支平衡。

【深化财政改革】 以新预算法实施为契机，建立全口径预算体系，完整编制政府公共预算、政府性基金预算、国有资本经营预算、社会保障预算等“四本预算”。整合归并部门工作性专项经费，规范预算单位支出管理。出台《完善财政专项资金审批事项的意见》，简化审批流程，明确审批责任，加快审批速度。完成新一轮乡镇（街道）财政体制调整及13个乡镇公共服务平台建设，激发乡镇（街道）财政活力，

图114 龙游县召开财税工作会议

提高乡镇公共服务能力。全面推进预决算公开。积极开展财政资金竞争性存放，竞争性存放金额达7.5亿元。加大财政存量资金盘活力度，收回结余资金4.5亿元。合规举债，规范债务管理，争取5.54亿元置换债券，用于置换2015年政府负有偿还责任的到期债务；争取新增政府债券3.5亿元，保障县职教中心、高坪桥水库移民安置点和县城大南门历史文化街区等重点项目建设。

【服务转型发展】 提高还贷周转金运转效率，全年为84家企业还贷周转388次，金额达26.92亿元；组建昊诚融资性担保公司，为拟上市企业担保6050万元，有效解决企业融资互保问题。设立1.2亿元产业基金，引导金融、社会资本支持龙游县实体经济发展。积极推动企业上市,全年兑现16家企业“新三板”挂牌签约及股改奖励840万元。大力推行政府和社会资本合作的PPP模式，谋划21个PPP项目，建立PPP模式项目库，投资总额约70亿元。大力发展电子商务，拨付农村淘宝、电商城、1688产业带项目建设等扶持奖励资金1566万元；争取上级工业与信息化发展资金、小额贷款风险补偿等涉企专项扶持资金2965万元。

【保障重点支出】 加大社会事业投入，分别投入3.85亿元、2.81亿元、2.66亿元用于教育、卫生、社会保障与就业，并投入3684万元用于文化体育与传媒，支持推进文化惠民工程。保障重点项目实施，支持在建项目后续融资，融资额度达4.2亿元。做好机关事业单位工资改革和机关事业养老保险制度改革资金的测算和保障工作。大力保障“三农”支出，重点保障“五水共治”共建生态家园专项经费，加大对农村环境综合整治和公共基础设施建设的投入，全年共拨付专项支农资金6.23亿元。推进富硒产业聚集区、特色基地、专业合作社、家庭农场建设，促进农民增收、农业增效。

【强化财政监督】 推进财政资金绩效评价，进一步强化预算部门单位的预算绩效意识。强化财政监督职能，建立财政资金动态监控制度，在全县范围开展财政拨款的行政事业单位、社会团体、国有公司执行中央“八项规定”等专项检查。加强政府采购监管，制订并下发《龙游县2015年度政府采购目录及标准》《龙游县政府向社会力量购买服务实施办法》，规范预算单位政府采购行为。做好“三公”经费压缩工作，对各行政事业单位、乡镇（街道）的公务接待费指标、公车运行维护费用指标按照上年指标压缩5%。认真贯彻落实上级各项禁令和财经纪律，会计核算中心拒付纠错金额达8290万元。规范项目审核管理，审核“三算”（即概算、预算、决算）项目847个，净核减资金1.86亿元。

图115 县财税局举办“新常态，新作为”演讲比赛

【注重队伍建设】 抓好党风廉政建设，推进惩治和预防腐败体系建设，落实“一岗双责”“一案双查”机制，实施“干部平安工程”和“家庭幸福工程”，开展廉政警示教育活动，做到“干成事、不出事”。执行上级各项禁令，开展正风肃纪专项行动，突出整肃重点，严格问责追究，抓住重要节点，防止“四风”（即形式主义、官僚主义、享乐主义和奢靡之风）抬头。深化“学习、调研、改革、创新”活动，组织开展“龙游财税讲堂”25期，向上级投稿90篇，完成调研课题54个，其中《从财政角度看目前企业上市过程中存在的问题及政府作为的研究》一文获2015年度全省财政系统调研报告评审一等奖，调研质量明显提升。

（县财税局 郑思）

2011—2015年度龙游县财政收入与支出比较

表31

年份	财政总收入（亿元）	同比增长（%）	地方财政收入（亿元）	同比增长（%）	财政总支出（亿元）	同比增长（%）
2011	11.12	24.5	7.09	22.1	18.28	13.7
2012	12.55	12.8	8.05	13.5	20.46	12.2
2013	14.13	12.59	9.00	11.80	23.78	16.23
2014	15.7	10.9	10.2	13.5	27.3	14.9
2015	18.65	11.2	12.66	11.8	35.59	18.5

地　税

【概况】 2015年，龙游县地税部门共组织各项收入16.18亿元，较上年下降1.5%，其中：税收收入8.52亿元，增长11.18%，营业税、企业所得税、个人所得税三大主税种合计增收7966万元，占总增收额的93.03%；非税收入7.66亿元，下降12.57%，主要原因为2014年失地农民一次性补缴养老保险基数较高，且2015年失业保险费费率由3%下调为2%，导致非税收入下降。

【抓好收入征管】 继续深化发票管理，开展发票查验比对工作。以风险管理为导向，加强税源管理。充分利用重点税源监控数据，增强组织收入的主动性。加强日常税款征缴管理及汇算清缴，严格依法开展欠税公告，对欠税人实施阻止出境、通报备案，防范欠税风险。积极开展税收定额调整，强化非正常户管理。加大非税收入征管力度，有效夯实地方财力。完善非税收入缴款渠道，推进浙江政务服务网统一支付平台建设。严格执法，规范有序开展各项税收检查，全年检查企业69户，查补入库收入720万元，同比增长8%。

【助推企业发展】 服务企业上市，编写《“新三板”知识手册》，开展上市相关政策宣传，针对企业股权变更、资产重组、优惠政策备案等涉税风险环节，提供质检式评估服务。全年共有18家企业与券商签约，实现一、二、三产业全覆盖；完成股改6家，正式挂牌5家，产品上市2家。落实财税优惠政策，通过各环节审批或备案等方式为企业（个人）减负让利1.48亿元，有效增强企业活力。兑现调整城镇土地使用税政策，为90家“亩产税收”达标企业减免税收1224万元，进一步促进土地集约节约利用工作，倒逼企业转型升级。制定支持浙商创业创新工作长效机制和“回头看”实施方案，为支持浙商回归和企业转型升级提供税收政策决策支持。

【加强国地税协作】 整合和优化征管服务资源，在税收征管、纳税服务、税务稽查方面推行36个合作项目，通过职能整合和流程再造，实现管理和服务简便化、集约化。联合推进征管、稽查深度合作，充分发

图116 浙江省地税局副局长王平（右四）到龙游调研

挥综合治税作用，形成征管合力，营造国、地税综合治税体系，减少税源流失，促进税负公平。合力整顿和规范税收秩序，营造公正税收环境。强化税收执法内外监督，深入推行税收执法责任制，进一步健全执法岗位责任体系和整合业务流程，认真按照内部考核和外部评议办法，强化执法过错责任追究，促进税收执法水平不断提高，税收法治环境不断优化。

【深化综合治税】 五部门联动，推进“五证合一、一照一码”工作，实现管理信息资源共享。加强与工商部门协作，通过“税友龙版”辅助查询系统，实时获取工商部门相关信息，继续加强纳税人注销工作的协作管理。联合公安、国税等部门，顺利推进全县砂场整治、打击发票违法犯罪行动。加强与国土部门联系沟通，掌握每季度矿山实际开采量；加强与水利部门协作，获取河道采砂相关资料，为后续税务稽查提供基础资料。

【优化纳税服务】 落实上海自贸区创新税收服务措施，继续落实“首问责任制”和“同城通办”工作制度。严格按照《全国税务机关纳税服务规范》2.0版本要求，做好导税服务、延时服务和预约服务。执行午间值班制度，为纳税人提供全方位和个性化的服务。组织开展纳税人满意度调查中发现的有关问题的整改工作，对800家纳税人进行上门服务。继续开展“三送二听一沟通”活动，引导财税干部深入企业、深入部门、深入群众，倾听意见和建议，提升财税干部解决实际问题、服务社会发展的能力。在全省2015年度纳税人满意度调查中，龙游地税位列衢州市地税系统第一名，在全省71个市（县、区）中列第七名，其中工业园区分局在全省246个地税分局中位列第三名。

（县财税局 郑思）

国家税务

【概况】 2015年，龙游县国税局共组织税收收入8.41亿元，同比增长7.8%，增收6108万元。其中，为县财政总收入贡献7.34亿元，增长9.7%；为全县公共预算收入贡献2.33亿元，增长10.7%，分别占全县财政总收入及公共预算收入的39.37%和18.4%，实现税收增长与地方经济协调发展。持续优化纳税服务，切实履行“把麻烦留给自己，把方便带给纳税人”的庄重承诺。在全省90个单位参加的2015年度纳税人满意度测评中，龙游县国税局名列国税系统第一名。

图117 龙游县国税干部大讲堂

【服务地方经济】 用足、用好税收优惠政策，全面落实各项结构性减税政策，共办理各类减免税4.27亿元。其中出口退（免）税1.34亿元，有效保障全县外向型经济的健康发展；固定资产进项抵扣税款1.36亿元，加快推动投资和转型升级步伐；各类税收减免和先征后退税款2.74亿元，包括高新技术企业征前减免税金2452万元；民政福利、资源综合利用企业退税5070万元；小微企业优惠政策减免税金3735万元；车购税减免税金515万元。充分发挥税收在稳增长、调结构、促转型、惠民生上的职能作用，为促进龙游县经济转型升级和发展壮大提供实实在在“真金白银”。

图118 国税局干部看望抗战老兵

【夯实税收征管基础】 认真落实《全国税收征管规范1.0版》，及时做好流程修改、制度完善、业务培训等工作，确保征管规范有效落实，夯实税收征管基础。以“亩产税收”为导向，以“单位能耗税收产出”为提优增效目标，对工业企业进行综合效益评价和分类管理，深挖企业增长潜力，推动地方经济转型升级。

【完善团队化风险防控管理体系】 建立增值税、企业所得税风险防控团队，不断提升“发现疑点、处理疑点”的能力；健全修理修配、矿山开采等10个行业的税收监控模型，深入实施“信息管税”，拓宽信息收集渠道，源头采集工商、地税、质检、电力等部门的第三方信息，提高信息管理质量和应用层级。认真落实《重大税收执法决策工作制度》，降低执法风险和廉政风险。共对全县12家高新技术企业、16家享受增值税税收优惠政策的民政福利企业和资源综合利用企业进行全面的风险应对。

【继续深化国地税合作】 多次召开国、地税合作专题会议，在税务登记、信息共享、税务检查、纳税人权益维护和互相委托代征税款等方面密切合作，形成“互通有无，紧密合作、联合办税、资源共享、信息互换”的工作机制，联合打造全职能办税大厅，实现“进一家门，临一扇窗，办两家事”，探索办税服务厅深度合作模式。

【深入推进依法治税】 努力营造全社会知法、懂法、守法、用法的税收法治环境。在龙游当地报纸、电台、电视台开展不间断报道依法治税，全方位、多渠道、多形式地展示一系列国税法治工作，形成良好的法治氛围。县国税局联合地税局、教育局、司法局、团县委五部门，围绕“依法治税”主题，开展“牵手红领巾 税法进校园”活动，作为国民税收素养提升工程的重要组成部分，确保2002年后出生的每一届九年制义务教育毕业生都能接受一次税收法治启蒙教育，推进税收法治向纵深发展。

【全面实施清单管理】 推行税收执法权力清单，公开《浙江省国家税务局关于发布第一批税务行政处罚权力清单及流程图的公告》和《税务行政处罚权力运行流程图》。推行税务行政审批事项清单，认真落实《全国税收征管规范1.0版》和《全国税务机关纳税服务规范2.0版》，深化行政审批制度改革，涉税事项行政审批不断下放和前移到办税大厅，不断完善集中审批模式，实施“三证合一”（“三证”即工商营业执照、组织机构代码证和税务登记证）减轻纳税人办税成本。推行税收执法责任清单，明确工作职责和职责边界，建立权责一致的职责体系，降低干部执法风险。试行纳税信用清单，落实纳税信用等级管理办法，建立税收“黑名单”制度，通过“税易贷”税银合作等盘活纳税信用、扩大纳税信用信息的社会化应用范围，积极推进纳税信用体系平台与社会诚信体系平台的融合，倒逼全社会纳税遵从度的普遍提升。

【纳税检查、评估成效显著】 积极探索“行业+团队”纳税评估新方式，进一步加强重大税收违法案件的查处，加大区域治理和行业治理的力度，深入开展打击出口骗税和发票违法犯罪活动，发挥好纳税评估、税务稽查维护税收秩序、保障公平竞争的职能作用。纳税评估补缴入库税款滞纳金919万元，稽查查补入库税款罚款滞纳金1151万元，保持对税收违法活动的高压态势。

【开展“便民办税春风行动”】 制定推出便民办税十项工作任务，先后开展“入企大走访”“换角色、真体验”等活动，对纳税人提出的意见建议和涉税问题逐条落实解决。发挥“1890”工作室作用，推进纳税人学堂建设，扩大“1890”热线服务面，建立健全“1890”QQ群、微信群管理服务办法，举办“新三板”上市企业税收与财务讲座，倾力服务新三板上市企业，纳税服务的覆盖面进一步扩大。

【优化纳税服务举措】 提升办税服务厅标准化建设， ARM机、叫号机等硬件设施进一步完备。推行行政审批“一窗式”受理、出口退税无纸化等实事化工程；实现国地税大厅合并，解决国、地税“两头”跑现象。充分发挥QQ群、微信群、“1890”热线电话等线上交流互动的作用，在快速响应上下功夫；完善导税员、首问责任制等服务前导工作，全面开展“一窗一品”纳税服务品牌创建活动，“1890”工作室得到纳税人的普遍赞扬与好评。

【维护纳税人合法权益】 将办税服务、税法宣传、信用管理、纳税评估、税务稽查、行政复议等都纳入纳税服务范畴，拓展纳税服务的内涵和外延，及时处理纳税服务投诉，着力加强和完善“1890”涉税舆情应对功能，做好“7881890”市民热线、县长信箱等本地站点的舆情回复、转办工作。

（县国税局 柳成良）

2011—2015年度龙游县税收情况比较

表32

单位：亿元

年份	地方税收				国家税收			
	地税总收入	同比增长（%）	其中税收收入（不含耕、契两税）	同比增长（%）	国税总收入	同比增长（%）	构成县财政收入	同比增长（%）
2011	10.8	44,39	4.65	22.05	5.34	27.51	4.50	27.51
2012	11.27	4.35	6.22	11.7	6.17	15.54	5.24	15.41
2013	12.18	8.07	6.84	9.97	7.07	14.59	6.26	19.47
2014	16.42	34.9	7.66	11.99	7.8	10.45	6.69	7.0
2015	16.18	- 1.5	8.52	11.18	8.41	7.8	7.34	9.7

2015年度龙游县国、地税净入库税收前100强

表33

序号	纳税人名称	入库税收（万元）						
		2015年			2014年			同比增减（%）
		国税	地税	合计	国税	地税	合计	
1	龙游县农村信用合作联社	5320	2407	7726	3269	2348	5617	37.56
2	国网浙江龙游县供电公司	4028	593	4620	3478	540	4019	14.97
3	维达纸业（浙江）有限公司	3595	481	4076	2152	405	2557	59.38
4	衢州市烟草公司龙游分公司	3100	402	3501	2771	356	3127	11.97
5	光明铁道控股有限公司	3117	343	3460	1974	145	2119	63.30
6	浙江恒达新材料股份有限公司	2111	881	2992	1818	449	2267	31.99
7	浙江广和房地产开发有限公司	221	2713	2934	1270	2922	4191	−30.00
8	龙游华都房地产开发有限公司	0	2597	2597	0	888	888	192.63

续表1

序号	纳税人名称	入库税收（万元）						
		2015年			2014年			同比增减（%）
		国税	地税	合计	国税	地税	合计	
9	龙游塔恩纸业有限公司	2297	114	2411	2095	159	2254	6.99
10	龙游县金伦废纸回收有限公司	2339	48	2387	2021	97	2118	12.67
11	龙游县国有资产经营有限公司	10	2319	2328	39	19	58	3942.14
12	浙江孝福家具有限公司	1666	523	2189	1674	231	1905	14.86
13	浙江东恒工贸有限责任公司	1904	188	2092	2490	133	2623	−20.26
14	龙游县龙港房地产开发有限公司	0	2011	2011	0	1321	1321	52.25
15	衢州裕禾商贸有限公司	1880	130	2010	2233	252	2484	−19.09
16	浙江凯丰新材料股份有限公司	1569	386	1955	1476	107	1583	23.50
17	龙游县奔康投资有限公司	0	1691	1691	0	1425	1425	18.67
18	龙游浙农家居建材市场开发有限公司	0	1588	1588	0	133	133	1093.06
19	泰宇控股集团有限公司	120	1391	1511	313	1416	1728	−12.59
20	龙游恒泰时代置业有限公司	0	1462	1462	0	203	203	620.02
21	龙游伊利乳业有限责任公司	1254	86	1339	0	60	60	2141.16
22	浙江金昌特种纸股份有限公司	1014	161	1175	748	63	811	44.95
23	浙江华邦特种纸业有限公司	931	241	1172	1645	546	2191	−46.50
24	恒盛能源集团有限公司	982	145	1127	477	128	605	86.24
25	浙江青龙山建材有限公司	797	229	1026	1197	121	1318	−22.17
26	浙江贝尔通信集团有限责任公司	663	262	926	540	178	718	28.87
27	浙江家德家居有限公司	725	170	895	0	127	127	605.66
28	龙游鑫业混凝土有限公司	850	27	877	787	67	854	2.65
29	龙游广和银杏湾置业有限公司	0	856	856	0	240	240	256.73
30	浙江龙游新西帝电子有限公司	777	51	828	700	129	829	−0.12
31	浙江培华建设有限公司	54	742	796	245	265	509	56.41
32	浙江年年红家居有限公司	658	138	796	770	395	1165	−31.67
33	龙游泽龙电力工程有限公司	0	776	776	0	521	521	49.09
34	浙江海景纸业有限公司	596	137	733	609	70	679	8.02
35	中国人民财产保险股份有限公司龙游支公司	0	726	726	0	662	662	9.61
36	浙江龙游小溪滩水利枢纽开发有限公司	691	29	720	505	38	543	32.61
37	龙游外贸笋厂有限公司	642	74	717	421	71	492	45.56
38	浙江龙游道明光学有限公司	355	354	709	615	391	1007	−29.54
39	龙游县茗皇小额贷款有限公司	0	682	682	0	284	284	140.24
40	浙江茗皇天然食品开发有限公司	581	101	681	488	106	594	14.72
41	浙江申城房地产开发有限公司	0	641	641	0	538	538	19.13
42	浙江新屹服装有限公司	566	52	618	551	27	578	7.02
43	浙江蓝天废旧家电回收处理有限公司	493	103	595	735	91	826	−27.92

续表2

序号	纳税人名称	入库税收（万元）						
		2015年			2014年			同比增减（%）
		国税	地税	合计	国税	地税	合计	
44	浙江和畅电力铁塔有限公司	463	124	587	109	31	140	318.86
45	浙江龙游义商村镇银行股份有限公司	352	226	578	543	210	753	−23.24
46	浙江龙游浙西轧钢有限公司	550	19	569	1201	110	1311	−56.61
47	浙江万明建设有限公司	0	560	560	0	308	308	81.72
48	浙江安佑饲料科技有限公司	504	42	547	589	61	650	−15.88
49	浙江物产光华民爆器材有限公司	516	15	530	358	148	505	4.93
50	浙江特美新材料股份有限公司	396	133	529	416	33	449	17.85
51	浙江超洁实业有限公司	458	57	514	135	65	200	157.03
52	浙江永春针织有限公司	427	67	494	417	48	466	6.08
53	浙江华飞轻纺有限公司	362	132	493	580	189	768	−35.79
54	浙江金龙纸业有限公司	285	192	477	616	226	841	−43.30
55	浙江天耀纸业有限公司	385	82	467	454	70	524	−10.84
56	龙游勤达旅游帐篷有限公司	390	38	427	229	25	253	68.78
57	浙江亿洋工具制造有限公司	391	35	426	582	41	622	−31.54
58	浙江001集团有限公司	356	48	404	516	71	587	−31.16
59	浙江佳维康特种纸有限公司	246	156	402	0	45	45	784.02
60	浙商证券股份有限公司龙游太平西路证券营业部	337	58	395	79	12	91	333.14
61	浙江腾龙竹业集团有限公司	259	114	373	130	327	457	−18.35
62	龙游泽龙房地产开发有限公司	0	350	350	0	906	906	−61.40
63	浙江特邦金属制品有限公司	346	0	346	9	0	9	3793.25
64	浙江名嵘纺织有限公司	296	49	345	248	61	310	11.49
65	龙游县龙新高速公路投资有限公司	13	328	341	0	235	235	45.26
66	浙江乔老爷铝业有限公司	286	43	329	36	28	65	408.29
67	中国移动通信集团浙江有限公司龙游分公司	290	33	323	151	270	420	−23.20
68	龙游亿莱达电器有限公司	285	24	309	315	54	370	−16.43
69	中国电信股份有限公司龙游分公司	246	59	305	113	195	308	−1.03
70	浙江龙游公任电子有限公司	284	20	304	251	34	286	6.49
71	浙江龙丽丽龙高速公路有限公司龙丽管理处	0	293	293	0	210	210	39.62
72	浙江龙游恒瑞房地产开发有限公司	0	291	291	0	160	160	82.34
73	浙江恒润装饰材料有限公司	210	73	283	102	46	149	89.98
74	浙江开泰纸业有限公司	0	282	282	0	33	33	755.80
75	浙江宜成环保设备有限公司	253	28	281	109	25	134	109.88
76	浙江龙游通衢劳务有限公司	0	276	276	0	201	201	37.19
77	浙江省十里坪羊毛衫厂	249	23	272	304	22	326	−16.49
78	龙游广华置业有限公司	0	267	267	0	229	229	16.67

续表3

序号	纳税人名称	入库税收（万元）						
		2015年			2014年			同比增减（%）
		国税	地税	合计	国税	地税	合计	
79	浙江舜浦纸业有限公司	218	45	263	224	52	276	−4.86
80	龙游县正国房地产开发有限公司	0	260	260	0	723	723	−63.96
81	浙江固特气动科技股份有限公司	227	29	256	74	27	100	154.80
82	浙江龙游灵山江水电投资有限公司	252	4	256	183	4	187	36.62
83	龙游运申制版有限公司	204	48	252	222	42	263	−4.32
84	浙江龙游昌业房地产开发有限公司	0	250	250	0	140	140	78.96
85	浙江力源新材料有限公司	234	8	242	214	70	284	−14.63
86	龙游华创置业有限公司	0	240	240	0	301	301	−20.18
87	浙江宝成钢品科技开发有限公司	219	16	235	21	25	46	411.11
88	浙江耐特玻璃科技有限公司	153	80	233	140	41	181	28.44
89	衢州市广豪置业有限公司	0	225	225	0	115	115	96.11
90	龙游隆创置业有限公司	0	224	224	0	146	146	53.82
91	浙江龙游浙昕钻饰制造有限公司	149	73	222	159	46	205	8.35
92	龙游恒业电力设计有限公司	186	30	216	38	15	53	310.58
93	浙江通衢水电建设有限公司	0	215	215	0	100	100	115.60
94	浙江鹿成宠物用品有限公司	180	30	210	131	29	160	31.23
95	龙游运城压纹制版有限公司	162	48	210	212	39	252	−16.64
96	浙江导克实业有限公司	127	81	208	30	41	71	194.28
97	龙游天池山水泥制造有限公司	48	160	208	164	25	189	9.86
98	龙游石窟风景旅游有限公司	0	207	207	0	48	48	328.80
99	浙江莱德桑机械有限公司	135	71	205	250	88	338	−39.28
100	浙江汇金机械制造有限公司	177	28	205	199	19	218	−6.22

中共龙游县委常委、县纪委书记朱政（左二）到中心调研

常山县副县长方荣一行到龙游行政服务中心考察涉批中介网上大厅建设工作

“三严三实”学习

召开乡镇（街道）便民服务中心工作会议

召开“五证合一”协调会

召开每月一次的进驻部门窗口负责人工作例会

11月4日，龙游县委书记方健忠（中）督查永安路两侧整治工作

10月27日，龙游县副县长陆寿泉（右一）调研横山镇污水处理厂项目

7月7日，县住建局局长徐建华（中）调研城东新区道路建设项目

3月12日，县住建局召开全县住宅小区物业服务工作大会

8月4日，县住建局召开学习贯彻县委、县政府全会精神工作会议

建设中的灵江家苑。龙游灵江家苑安居工程为新建的保障性住房，建筑面积6万平方米，其中一期建筑面积2.3万平方米，二期建筑面积2.4万平方米

建设中的惠民工程——龙游风味美食广场。龙游美食广场主要经营龙游传统风味小吃，兼顾各类餐饮，以正宗、美味、快捷、价廉、卫生、舒适为特色，方便和造福大众。项目占地8660平方米，经营面积为9760平方米，内设店面51间，并设有摊档区，可同时容纳1000多人就餐

改造中的亚伦小区

建设中的子鸣社区安居工程。该工程集拆迁安置、危旧房改造、保障性用房为一体，总建筑面积约16.8万平方米

机械化清扫作业为环卫工人“减负降危”

改造后的兴龙路人行道

改造后的龙洲路沥青路面

改造中的阳光小区

改造后的荣昌路人行道

整治后的龙洲公园

改造中的竹景花园

浙江省委党校副校长杨仲林（前排左一）到龙游县委党校调研

县委理论学习中心组学习会在党校召开

县委书记方健忠出席全县村党组织书记培训班开班仪式并为学员上党课

县长刘根宏为招商引资干部培训班学员上课

举办二〇一六年新录（聘）用公务员、事业单位工作人员和大学生村官培训班

县委常委、组织部长王光华（右一）到县委党校调研

常务副校长余文祥为农村党员上党课

召开“百狮争先，一线攻坚”行动
挂职干部培训班学员座谈会

浙江省干部教育培训现场教学示范基地授牌仪式

校党支部在“党员固定活动日”组织党员开展学习活动

组织学员参与“五水共治”

龙游年鉴

2016

Longyou Nianjian

龙游县公安局

浙江省公安厅党委委员、副厅长、纪委书记王海仁（中）看望慰问见义勇为先进分子杨郑霞家属

7月30日，浙江省委常委、公安厅长刘力伟（中）到龙游调研

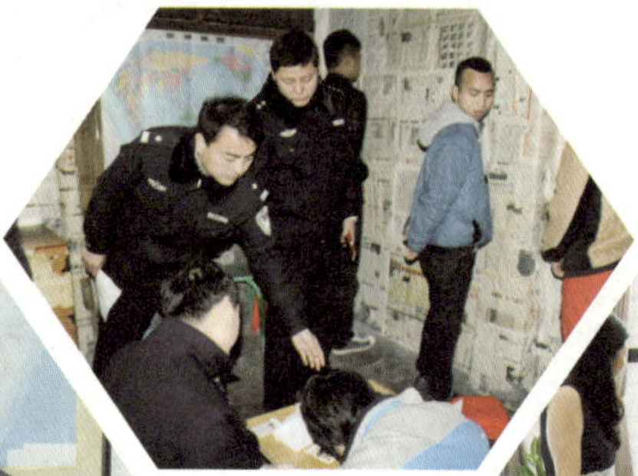

1. 4月7日，县公安局将破获盗窃古墓葬案中追回的国家三级珍贵文物——宋代青白釉莲瓣纹灯盏移交给县文化广电新闻出版局。

2. 4月9日，在公安部、省市经侦部门的大力支持下，经过不懈努力，龙游县公安局成功将境外逃犯、经济犯罪嫌疑人胡某引渡回国，这是“猎狐2015”专项行动启动以来全国公安系统首次从希腊成功引渡经济犯罪嫌疑人。

3. 在县政法委统一部署下，县公安局联合龙洲街道、县市场监督管理局等部门在全县范围内先后开展了2次打击传销集中统一行动。

4. 组织民警分批开展户外拓展训练。

5. 开展“护城河1号”集中统一行动。

6. 邀请浙江省警察学院谢需教授到龙游指导开展活力警营沙盘治疗体验活动。

7. 圆满完成2015年国际汽联亚太汽车拉力锦标赛安保工作。

8. 开展常态化武装巡逻。

2月13日，县检察院检察长刘建华（前排左一）与班子成员签订党风廉政建设责任书

11月24日，县检察院邀请县人大代表、县政协委员参加“检察开放日”活动

2月10日，县检察院干部深入联系村开展送温暖活动

2月27日，县检察院开办“龙检讲坛”，提升检察人员综合素质

5月21日，县检察院干部参加“万人治污”大行动

5月27日，县检察院干部参加“绿水青山就是金山银山”主题微党课大赛并获佳绩

6月18日，县检察院主动接受人大常委会对检察官的履职评议

举办“举报宣传周”等活动，推进阳光检务

7月1日，组织党员检察官重温入党誓词

开放的检察服务大厅建成并投入使用

龙游县人民检察院

龙游年鉴

2016

Longyou Nianjian

龙游县人民法院

12月15日，衢州市委副书记、政法委书记江汛波（左一）到湖镇法庭调研

2月28日，衢州市中级人民法院院长魏新璋（前排右一）到龙游县人民法院调研

龙游县人民法院院长方永新在县人代会上作工作报告

4月3日，衢州市中院、龙游县委为龙游县法院举行记功表彰大会

5月19日，龙游县法院公开审理金帆达特大污染环境案

6月30日，县法院开展以“司法零距离，调解大联动”为主题的“公众开放日”活动

8月21日，县法院开审新行政诉讼法实施后龙游县首例行政首长出庭应诉案件

8月24日，县法院组队参加衢州市法院系统歌咏比赛

11月25日，县法院开展“法官送法进校园”活动

12月4日，县法院法官上街开展“第二个国家宪法日暨第15个全国法制宣传日”法治宣传活动

12月14日，县法院开展法警处突演练

3月12日，浙江省委常委、常务副省长袁家军（左二）一行到龙游调研特色小镇建设

9月15日，浙江省发改委副主任翁建荣（右二）一行到龙游调研特色小镇建设

浙江省发改委规划处处长朱磊（左二）在龙游县发改局局长李竹生（左一）陪同下调研红木小镇建设

8月5日，浙江省粮食局副局长韩鹤忠（右）一行到龙游县调研早稻收购工作

8月4日，衢州市副市长马梅芝（左二）到龙游调研早稻收购工作

世界粮食日暨全国爱粮节粮宣传周活动期间，县粮食局局长张智望（右一）与种粮大户童红专亲切交流

8月7日，召开全县粮食安全工作会议

10月16日，县粮食局开展世界粮食日暨全国爱粮节粮宣传周进社区活动

10月16日，桥下小学举办世界粮食日暨全国爱粮节粮宣传周活动

数字龙游地理信息公共服务平台暨“天地图·龙游”开通仪式

召开大南门历史文化街区专家评审会

召开2015年县规划委员会第一次会议

组织青年志愿者参加社区服务活动

城东片核心区修建性城市设计效果图

龙游年鉴

2016

Longyou Nianjian

龙游县规划局

龙游年鉴 2016

Longyou Nianjian

龙游县住房改革委员会办公室

衢州市公积金中心主任王政理（左二）在县房改办主任钱柏根（左一）陪同下调研社区公积金扩面试点工作

参加横山镇河宗村文化礼堂落成典礼

衢州市各县（市、区）公积金中心主任会议在龙游县召开

组织干部职工参加全县“抗雪除冰保畅通”活动

党员学习

12月4日，在全国“法制宣传日”中，房改办工作人员向群众宣传住房公积金政策

房改办干部职工参加“创国卫、治脏乱”万名志愿者大行动

窗口工作人员积极、热情做好公积金支取及贷款服务

浙江省副省长孙景森（右四）一行到龙游调研红木小镇建设情况，衢州市市长杜世源（右一）、龙游县县长刘根宏（右二）陪同

衢州市副市长陈锦标（左二）一行在龙游县副县长陆民（右二）、县旅委主任徐建丰（左一）陪同下考察姑蔑生态园

4月2日，龙游黄茶文化旅游节在罗家乡举行，县委书记方健忠致辞

6月26日，举办龙游旅游走进上海社区推介会

10月25日，大型古地下工程科学问题及长期保护国际学术研讨会在龙游召开

10月28日，举办“善蒸坊”杯龙游大厨美食文化节

龙游年鉴

2016

Longyou Nianjian

龙游县国土资源局

龙游县国土资源局获评“全国国土资源管理系统先进集体”，党委书记、局长胡益峰在人民大会堂领奖

浙江省国土资源厅副厅长张金根到龙游调研地矿管理工作

衢州市加强基层国土资源所建设工作现场会在龙游县召开，与会人员赴横山国土站现场观摩

县国土资源局干部到监狱参加警示教育活动

县国土资源局干部进村入户，宣传地质灾害避险知识

县环保局局长郑建飞（右三）带队开展生猪养殖场专项执法行动

开展智慧环保“亮剑行动”

6月8日，县环保局邀请县纪委教育调研室主任陈琦为党员干部上党课

6月5日，县环保局在县体育馆前举办“六五”世界环境日宣传活动

7月16日，浙江省体育局局长孙光明（前中）一行到龙游县考察户外拓展项目

11月3日，2015国际汽联亚太拉力锦标赛中国（龙游站）拉力赛圆满收车

龙游县第二届全民健身运动会

第二届全民健身运动会暨“泽龙杯”青年奔跑运动会

汽车运动中心自驾游营地

8月16日，中共龙游县委书记方健忠（左二）带队开展危化品企业安全大检查

县安监局局长金元玫（右二）带队到企业检查安全生产工作

龙游县举行西气东输龙游段管道泄漏应急抢修演练

6月16日，县安监局组织开展“安全生产月”宣传咨询日活动

8月27日，在中共龙游县委党校举办安全生产监管行政执法培训班

10月22日，衢州市烟花爆竹经营安全专项整治工作现场会在龙游召开。与会代表观摩烟花爆竹长期零售点“九统一”示范店和烟花爆竹批发公司的规范化管理仓库

9月9日，龙游县召开全县安全生产和环境保护强执法百日行动部署会

龙游县安全生产监督管理局

龙游县司法局

5月13日，浙江省司法厅副厅长吉永根（右一）一行到龙游县调研法律援助和人民调解工作

10月22日，浙江省司法厅副厅长陈钟到龙游县调研司法行政工作

2月10日，县司法局局长金祖浩（左二）一行走访联系村困难户

6月25日，衢州市考核验收组到龙游县验收"六五"普法工作

4月30日，县司法局干部到龙游县北辰小学举办预防未成年人犯罪法治讲座

5月20日，组织开展"浙江法治宣传月"活动

5月29日，开展党风廉政专题教育活动

6月17日，县司法局举办全县第二期"夕阳红、龙游大妈"人民调解员培训班

成立县依法维权服务中心

5月21日，组织干部职工参加"万人治污"公益劳动

5月18日，浙江省民政厅副厅长罗卫红（右一）到龙游县调研民政工作

衢州市副市长陈锦标（中）一行到龙游县调研民政工作

县委书记方健忠（左一）到龙洲街道红星社区看望百岁老人

县委副书记、县长刘根宏（右一）走访慰问特困党员，为他们送去党和政府的关怀及节日祝福

2月5日，县民政局局长邹国宁（右二）送“福”下乡，为村民送上新春祝福

9月1日，县民政局举行“情系学子·慈善助学”资助贫困家庭大学新生资助金发放仪式

9月28日，县民政局开展“情暖中秋·关爱空巢老人”活动

龙游县民政局

3月11日，浙江省文化厅厅长金兴盛（前排左二）一行到龙游县调研文化工作

4月9日，“‘河山情怀’包遂初、包辰初画展”在龙游县翠光阁举行，展出兄弟二人精品力作68幅。图为县委书记方健忠致贺词

1月14日，中国书法家协会会员、中国美协培训中心特聘画家盛自强先生向龙游县博物馆捐赠书画作品20余件

2月11日，县文化馆组织文化干部到乡村送春联

4月10日，农民篆刻家、书画家张得善先生（右一）将多年来精心创作的18件（套）书画作品及28件篆刻作品捐赠给龙游县博物馆

4月21日，沐尘畲族乡举办“三月三”畲族风情文化节活动

8月25日，县文化广电新闻出版局局长方玉林（前排左三）为第二届龙游魅力青年才艺大赛获奖选手颁奖

10月26日，中外学者考察龙游荷花山遗址

举办龙游县首届村歌大赛

浙江省副省长孙景淼（左三）到龙游调研交通工作。衢州市市长杜世源（左二）、龙游县县长刘根宏（右一）陪同。县交通运输局局长吴生祥（左一）向领导们介绍龙游县的交通建设情况

县交通运输局组织全体党员干部参加“守纪律、讲规矩、促廉政”专题教育活动

养护工人清洗驿前大桥

溪口公路站与龙南路政中队联合开展“清隐患、保畅通”行动

驿前大桥

龙游县交通运输局

龙游县道路运输管理所

浙江省副省长黄旭明一行到沐尘畲族乡考察乡村公路及港湾式停靠站建设工作

浙江省道路运输管理局局长胡嘉临（左一）与龙游县交通运输局局长吴生祥（右二）试乘新的公共汽车

“点亮微心愿·共筑中国梦”，运管所所长张军红（中）一行走访慰问结对社区困难群众

开展“重走红军路、追随革命先驱足迹”等活动，全面推进“两学一做”学习教育活动

举办执法人员培训班，加强“执法为民、精益求精”的工作作风建设

“创国卫，大家齐心协力；亮窗口，我们责无旁贷”，组织运管人员清洗公交站亭

龙游县城市公交一次性更新40辆新能源公交车

团结奋进的领导班子

众志成城抗冰雪

公路修复促安全

应急抢险保畅通

专项整治美路域

整治“违线”“超限”运输车辆

整治公路沿线交通设施

龙游年鉴 2016

Longyou Nianjian

龙游县公路管理局

龙游年鉴

2016 Longyou Nianjian

8月27日，浙江省副省长黄旭明（右一）到龙游县调研历史文化名村保护利用工作

4月29日，浙江省农办副主任高启华（中）在龙游县副县长郑国华（左一）、县农办主任姜锴（右一）的陪同下考察龙游县农民培训工作

龙游县农业和农村工作办公室

县农开办项目管理人员在大街乡贺康村贺田高标准农田项目区进行技术指导

1. 贺田高标准农田建设项目新建的防洪堤。
2. 贺田高标准农田建设项目新建的游步道。
3. 上下畈高标准农田建设项目新建的渠道。
4. 湖十畈高标准农田建设项目新建的机耕路。
5. 石佛乡高标准农田建设项目新建的水泥路。
6. 石佛乡姚村村施工人员忙着铺砂石垫层，加快浇筑水泥路，全力推进石佛高标准农田建设项目的建设进度。
7. 湖镇镇童家仓村施工人员在新建机耕路，浇筑渠道，确保工程能在春耕来临之前完工。

龙游县农业综合开发办公室

龙游年鉴

2016

Longyou Nianjian

龙游县综合行政执法局

7月16日，龙游县委副书记、县长刘根宏（左一）为县综合行政执法局揭牌

出席揭牌仪式的市县领导刘根宏、张晓光、陆寿泉和县综合执法局全体干部职工

县综合执法局抓好队伍建设，组织党员干部学习《中国共产党廉洁自律准则》和《中国共产党纪律处分条例》

坚持“内强素质 外塑形象”，组织执法人员在荣昌广场进行队列训练，展现良好的队伍形象

为确保顺利通过省级文明县城复评，县综合行政执法局对城区道路两侧开展市容环境集中整治，同时加大“文明劝导”等宣传力度，引导广大市民共同营造整洁、优美、文明、有序的城市环境

3月14日，浙江省林业厅副厅长杨幼平（左二）带领省造林督查组到龙游指导工作。龙游县副县长郑国华（右二）、县林业局局长陈雪华（左一）陪同

4月8日，浙江农林大学副校长鲍滨福一行到龙游调研竹加工企业

1月6日，林业局员工为龙游石窟景区的松树打免疫针

1月29日，龙游县召开创建森林城市动员大会

2月25日，机关干部到龙游林场参加义务植树劳动

7月8日，举办涉松涉木企业松材线虫病防控培训班

11月11日，国家森防总站书记李青松到龙游调研林业有害生物防控工作，浙江省防检局局长洪流、衢州市林业局副局长薛伟陪同

11月3日，浙江省防检局局长洪流带队到湖镇镇彭塘村检查指导松材线虫病防控工作

5月21日，浙江省水利厅厅长陈龙（右一）调研衢江治理工程张家埠防洪堤建设

5月11日，中共龙游县委副书记、县长刘根宏（左二）在县水利局局长方金元（右二）陪同下，调研水利防汛工作

2月19日，在衢江流域（龙游段）开展渔业增殖放流活动。2015年，全年共增值放流各类优质鱼苗1786.8万尾

3月22日，县水利局组织开展“世界水日”“中国水周”宣传活动

12月4日，龙游县召开周公畈水库除险加固工程竣工验收会。周公畈水库工程概算总投资3568万元，设计洪水标准为100年一遇，校核洪水标准为2000年一遇，消能防冲设计为30年一遇，总库容1039万立方米。

1. 灵山港慢行绿道（下杨村至石角村段）官村段贯通应急工程新建绿道576.93米，改造官村至姜席堰段黑色沥青砼路面1560米。

2. 童岗坞大东塘位于童岗坞自然村的核心地段。工程总投资80余万元，清淤约3200立方米，建成护岸192米、水渠100米、配套道路230米，建池塘景观节点1处。图为童岗坞村大东塘植物措施点。

3. 石角防洪堤游步道。

4. 灵山港寺后段。

5. 天池游步道。

灵山港高排坞栈桥

后田铺灵江湖

灵山江官潭至洪呈防洪堤

龙游年鉴 2016

Longyou Nianjian

龙游县财政地税局

四月十六日，浙江省地税局副局长王平（前排右四）到龙游调研

2月25日，龙游县县长刘根宏（右二）一行在县财税局局长徐志明（右四）陪同下到办税服务大厅慰问工作人员

1月20日，龙游县委常委、常务副县长张少华到县财税局调研

1月17日，县财政地税局组织党员干部参加全国税务系统党风廉政建设工作视频会议

3月4日，召开全县财税工作会议

5月13日，县国税、地税部门联合开展“税法进校园”活动

5月15日，龙游县举行第一期财政专户资金竞争性存放招投标会

6月30日，县财政地税局组织开展“新常态，新作为”演讲比赛

龙游县国家税务局局长龚岳成（中）辅导小规模纳税人办税流程

国税局干部看望抗战老兵，共忆难忘的烽火岁月

4月28日，小记者团走进国税局，零距离感知税收知识

5月22日，对中小企业开展政策辅导

5月13日，举办“牵手红领巾，税法进校园”活动

3月25日，组织开展龙游县国税局干部大讲堂活动

中国税务

龙游县国家税务局

龙游县气象局

龙游县气象局局长祝颂平（右一）深入田间调查水稻生长发育情况

3月9日，县气象局举办人工影响天气作业现场培训

4月17日，桥下小学300名学生走进中小学气象科普教育基地，零距离探秘气象科学知识

3月20日，县气象局举办农业气象防灾减灾科普宣传走进橘园活动

8月26日，县气象局到危化企业开展防雷安全大检查

开展特色农业气象试验，对铁皮石斛发育进行动态监测

工作人员在安装称重式降水仪

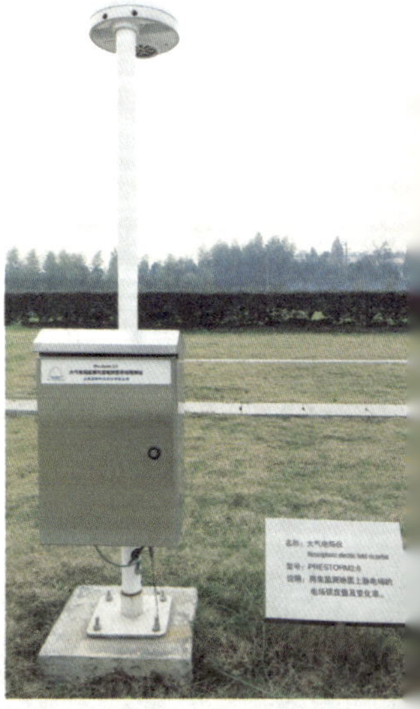

建立全县第一个大气电场仪

十一月八日，农业部部长韩长赋（右三）在浙江集美生物技术有限公司听取龙游县生猪保险与病死动物无害化处理联动及养殖污染第三方监管工作汇报

保险公司与处理中心开展现场勘察工作，填写“龙游县病死生猪现场勘察收集交接凭证”

规模养殖场环境治理智能管理平台通过在养殖场安装智能电表、液位仪、电磁流量仪等设施，在线上对生猪养殖场污水处理及沼液利用系统进行实时远程管控

吉祥生态农场利用“沼气池→沼液池→管道→施肥”的排泄物就地消纳循环利用系统，实现规模养殖场“猪—沼—作物”自我消纳的终端环节——沼液喷灌

依托浙江开启能源科技有限公司建立“猪粪收集—沼气发电—有机肥生产—种植业利用”的开启大循环模式，实现猪粪统一收集集中处理

依托浙江集美生物技术有限公司建立“病死猪统一收集、集中处理、保险联动、智慧监管”的“集美模式”，对病死生猪全部实现无害化收集处理

龙游县畜牧兽医局

龙游年鉴 2016

Longyou Nianjian

龙游县市场监管局

2月17日，县委书记方健忠（左一）走访慰问市监局龙洲所基层一线干部职工

9月28日，县长刘根宏（左二）在县市场监管局局长夏浩波（右二）陪同下深入超市检查国庆市场供应及食品安全工作

2月12日，浙江省食药局局长朱志泉视察龙游伊利乳业项目

1月28日，县市监局药械监管科干部对县城药店开展日常检查

2月2日，县市监局餐饮监管科干部开展餐饮环节帮扶指导，促行业规范提升

4月7日，县市监局溪口所干部在龙南商贸城开展肉品和水产品专项整治百日行动

7月13日，县市监局东华所干部主动上门服务，助力浙江托泰电器有限公司品牌建设

12月10日，县市监局质标科干部送标准到梨园，暖心服务助产业做大做强

一月十六日，县市监局在局五楼会议室举行新制服换装暨宪法宣誓仪式

12月3日，衢州市副市长马梅芝（左一）一行在县商务局局长徐汝清（前排右一）陪同下考察龙游电子商务工作

8月7日，县委书记方健忠（右三）出席龙游申通电商产业园启动仪式

8月18日，县长刘根宏一行参观龙游农村淘宝运营中心

12月25日，龙游电商城举行开园仪式

县商务局组织54家企业赴杭州参加“阿里巴巴总部直通车”跨境电子商务培训活动

11月3日，举办县工业电子商务推进大会暨“1688”特色站点发布仪式

龙游县消防大队

4月21日，浙江消防总队政治部主任余昌带（左二）一行到龙游指导消防工作

11月24日，县政协主席黄利荣（中）一行在教导员黄志强（左一）、大队长胡晓凡（左二）陪同下到龙游县消防大队调研

1月22日，横山镇山门寺水库一辆挖掘机侧翻于水渠内，消防官兵及时赶赴现场抢险

4月27日，消防官兵在溪口镇222省道西京坞村山头底自然村路段抢险救援

7月16日，某企业烘干房发生火灾，消防官兵前往救援

9月10日，杭新景高速公路两货车相撞，消防官兵正在抢险救援

11月12日，杭新景高速公路火灾救援现场

12月29日，杭金衢高速公路一半挂车起火，消防官兵正在救援

6月26日，浙江省消防总队总队长陈子浩（前排中）一行到龙游消防大队调研，看望慰问基层消防官兵

忠诚可靠
服务人民
竭诚奉献

5月21日，浙江省水利厅厅长陈龙（右三）到高坪桥水库考察

6月17日，浙江省移民办副主任陈金伟（右一）听取高坪桥水库工程建设管理处主任周雪祥（左一）针对库区公路改复建及影响区扩迁范围的介绍

4月27日，县人大主任、高坪桥水库工程建设指挥部总指挥周中民看望实物调查一线人员

4月7日，召开高坪桥水库工程建设指挥部全体成员会议

4月10日，举办高坪桥水库工程建设征地移民实物调查技术培训班

4月16日，召开高坪桥水库库区红光村户主会，介绍实物调查相关事项

7月29日，召开高坪桥水库库区党员村民代表会议，通过安置点选址方案

10月15日，召开高坪桥水库库区公路改复建应急工程初步设计审查会

12月16日，召开高坪桥水库工程建设征地移民安置规划大纲评审会

]，开展青苗等地上附着物丈量清点工作

六月二十九日，龙游县卫生和计划生育局成立。局长丁俊（左一）从县委常委、组织部部长徐雄强（右一）和副县长王永明（左二）手中接过牌匾

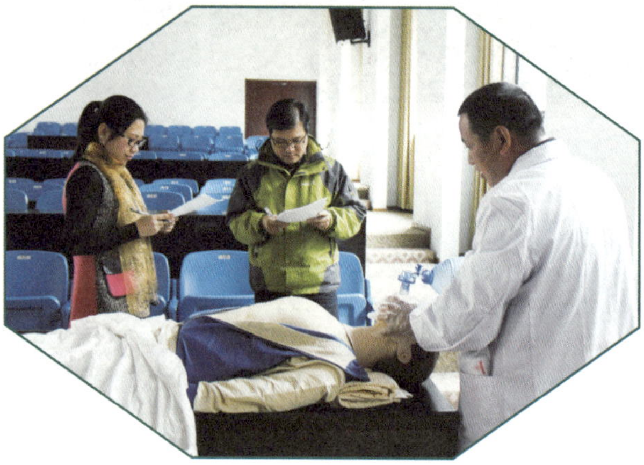

11月19日，组织开展基层卫生实践技能操作竞赛

3月2日，组织党员干部参加“万人治污”大行动

12月1日，开讲全县卫生计生系统干部党风廉政建设党课

县卫生计生局机关干部带头参加无偿献血活动

中心工作人员在监测点进行水质采样

3月24日，开展“结核病宣传日进校园”活动

中心领导就“山东非法经营人用疫苗事件”接受县电视台新闻栏目专访，宣布全县预防接种使用的所有疫苗均符合国家要求

在全市病媒生物及其相关疾病监测技术培训中，专业技术人员开展老鼠监测等现场操作

县疾病预防控制中心党支部被评为2015年度龙游县“先进基层党组织”，中心主任钟胜清（左一）上台领奖

龙游年鉴

2016

Longyou Nianjian

龙游县妇幼保健院

龙游县妇幼保健计划生育服务中心

县妇幼保健计划生育服务中心成立

2015年12月12日，龙游县妇幼保健计划生育服务中心正式揭牌成立。该服务中心由原县妇幼保健院和计划生育指导站两家单位合并而成，是一家政府举办的集医疗、保健、计划生育技术服务、科研、健康教育为一体的公益性事业单位，主要承担妇女儿童保健、计划生育技术服务、妇女儿童疾病防治、出生缺陷综合防治、婚前医学健康检查、孕前优生检查、计划生育宣传教育、生殖保健、妇幼重大卫生服务项目管理等公共卫生、医疗保健和计划生育服务。

县妇幼保健计划生育服务中心的成立，是县委、县政府为加快龙游县计生技术服务和妇幼保健事业科学发展步伐做出的重要决定。在资源配置上，服务中心既有妇幼保健人才、技术、市场竞争力的优势，又有计划生育政策、组织、服务网络的优势；在发展空间上，则拓宽了服务领域，增强了服务功能，全力实现计生服务与妇幼保健的共赢。

在“5·12”护士节开展“展护士风采”系列活动

7月13日，参观万少华团队事迹展

9月14日，举办全县妇幼保健知识竞赛

县妇保院护士杨美（右五）入选2015年度“最美龙游人”

院长：胡梅芳　　电话：0570-7019289　　地址：龙游县兴龙北路291号

网址：www.lyxfby.com

2015年11月19日，浙大医学院附属邵逸夫医院与县人民医院举行合作签约仪式

龙游县人民医院始建于1940年，是一所集医疗、科研、教学、预防保健于一体的二级甲等综合性医院，是国家卫计委确定的首批重点建设的500家县级公立医院，是浙江大学医学院附属邵逸夫医院龙游分院。先后获国家级爱婴医院，浙江省文明医院、绿色医院等国家、省、市、县级集体荣誉90余项。

医院有职工878人，其中高级职称99人、中级职称213人。核定床位630张，开放床位800张，设18个病区、2个社区服务站，开设专科专病门诊40余个。医院拥有磁共振、16排32层螺旋CT机、大型遥控X光机、DR机、体外碎石机、彩色B超、脑彩超、脑电图、睡眠鉴定仪、心肺功能测定仪、骨密度测定仪、眼科进口白内障超声乳化仪、德国产光学相干断层扫描仪OCT、动态心电图、动态血压、运动平板、快速冰冻切片机、快速细菌鉴定仪、电化学免疫发光仪、黄疸检测仪以及手术显微镜、C臂机、高清胃镜、胆道镜、结肠镜、支气管镜、胸腔镜、高清腹腔镜、膀胱镜、膝关节镜、乳腺旋切系统、能量平台、胎儿中央监护系统、鼻咽镜等一批先进的医疗仪器设备。

医院注重专科建设，拥有一批具有省、市、县领先水平的特色专科，是浙江省基层卫生适宜技术示范基地。呼吸学科为浙江省县级医学龙头学科，呼吸内科、护理学科为市重点学科。神经内科、普外科、骨科、放射科、孕产妇抢救中心、新生儿抢救中心为县重点学科。获批成立市级专家工作站1家（傅国胜专家工作站）、县级专家工作站3家（李红专家工作站、王春林专家工作站、周建英专家工作站）。

医院以病人为中心，优化服务流程，不断提高医疗质量和服务水平，为人民群众身体健康提供更好的医疗保健服务。

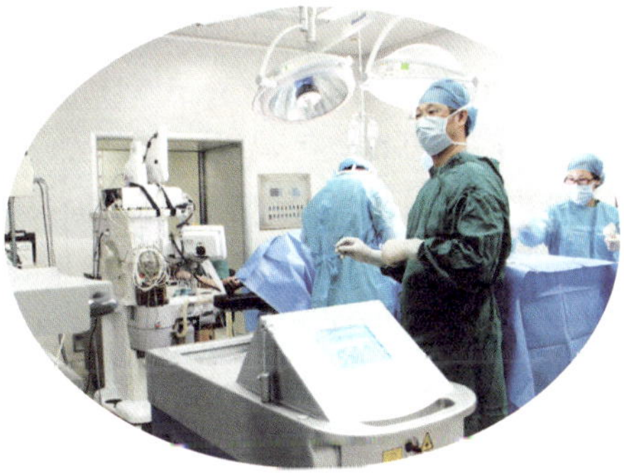

泌尿外科钬激光微创手术

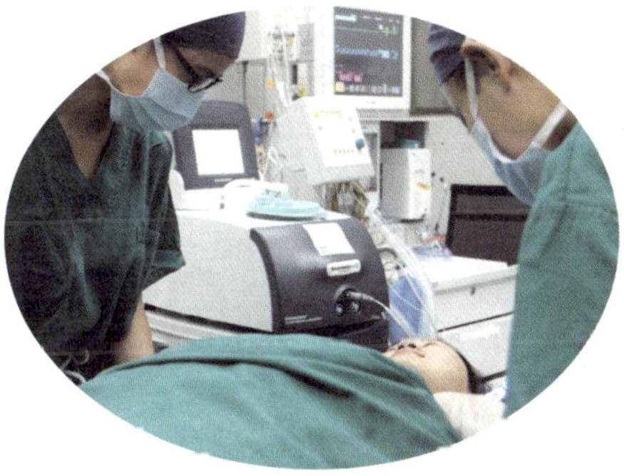

肿瘤外科乳腺旋切微创手术

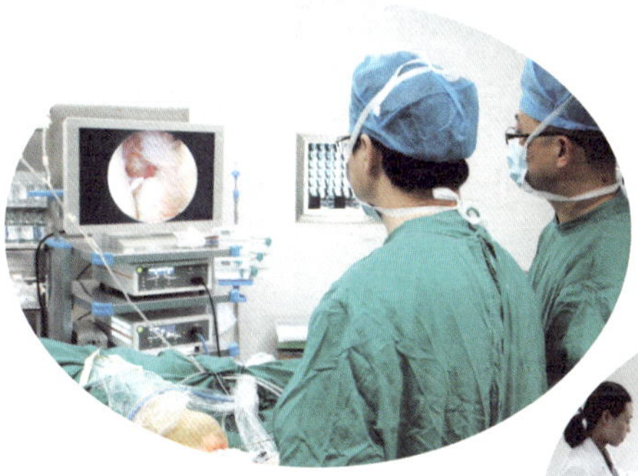

骨科高清关节镜微创手术

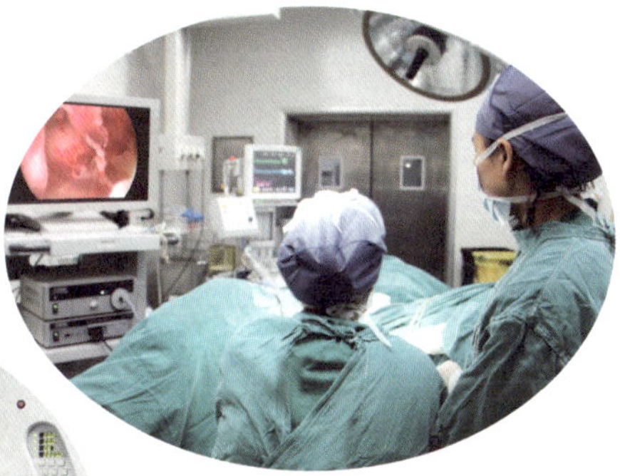

妇科高清微创手术

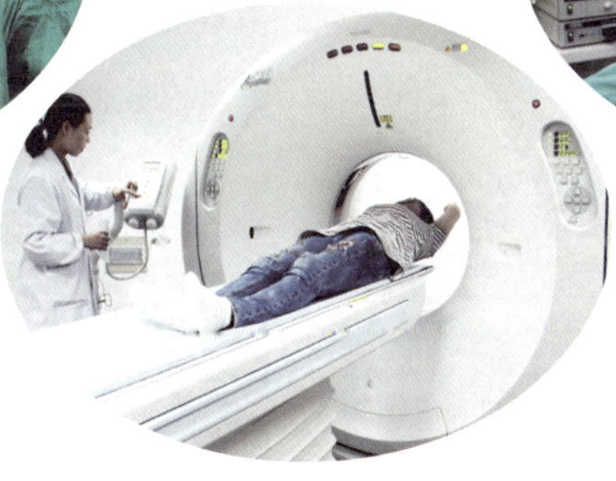

放射科原装进口32层螺旋CT

龙游县人民医院

院长：周建民
电话：0570-7016622
地址：龙游县龙洲街道荣昌大道373号

急救中心：120

龙游县中医院

县中医院与浙江省人民医院合作成立洪德飞专家工作站

举办纪念建党95周年系列活动，组织党员重温入党誓词

心灵手巧的天使们用中草药描绘着对生命的祝福

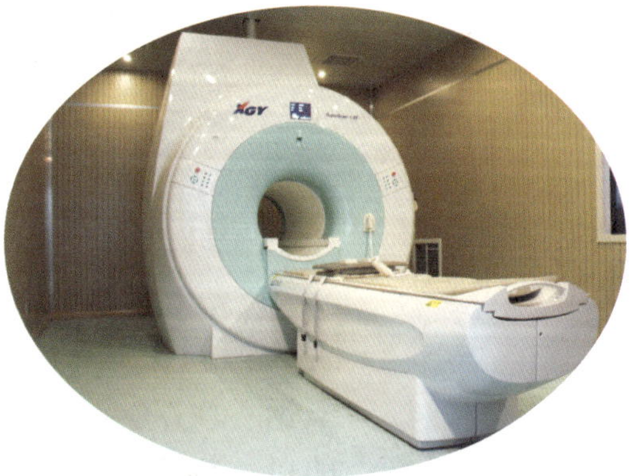

引进县内最高端的1.5T核磁共振

龙游县中医院是一所集医疗、教学、科研、预防保健于一体的二级甲等综合性中医医院，是龙游县人民政府定点的惠民医院。2015年，医院通过国家级爱婴医院复核，获龙游县“敬老文明号”荣誉称号。

在各级政府和卫生行政主管部门的支持下，2016年，县中医院基本建设又有新的进展，新引进1.5T核磁共振，搭建院区连廊，实施场地道路整改，医院硬件环境得到明显改善。

积极响应“双下沉、两提升”号召，加强与省级医院的协作联系。2015年5月，县中医院与浙江省人民医院合作，成立肝胆胰外科洪德飞专家工作站，借助省级医院的优质资源，推动县中医院的良性发展，为龙游百姓提供更优质、更便捷的医疗服务。充分发挥中医药特色，冬病夏治等中医治未病举措连年获得患者的好评。8月，医院又引进方便携带、不用煎煮、一冲即用的中药配方颗粒剂，为古老的中医药注入新的科学内涵。加大中医药文化的普及力度，与县科协、县卫计局等部门联合举办“中医药健康知识大讲堂”。

医院党建工作富有成效。积极有效地开展“两学一做”学习教育活动，启动党员积分管理，使党员管理有了标尺，并创新性开设微信“微党课”，把思想政治建设抓在日常、严在经常，在加强党员队伍教育管理上迈出扎实的步子。

龙游县中医院将继续以精细化管理为抓手，不断提高医疗技术水平，提升服务品质，全心全意为人民群众的健康服务！

院长：徐林发

电话：0570-7022171

地址：县城太平东路272号

2015年9月8日，县委书记方健忠（中）一行到龙游中学调研

2015年6月1日，县委副书记、县长刘根宏一行到学校与师生欢庆“六一”儿童节

2015年4月21日，中国工程院院士杨小牛回到母校湖镇初中

浙派名师到龙游县桥下小学开展教学指导诊断活动

外籍专家到学校送教

龙游高等学历教育基地 地方专业应用人才摇篮

校园一景（新）

浙江广播电视大学龙游分校前身是龙游电大工作站，成立于1984年4月，隶属县教育局，是县成人高等教育的专业机构。学校秉承“创建学习型社会，构建终生教育体系”的服务理念，依托现代信息技术，整合优质资源，突出办学特色，积极开展现代远程学历教育，并与国家开放大学、北京大学、对外经济贸易大学、大连理工大学、福建师范大学、华中师范大学、中国医科大学合作办学，开设理科、工科、文科、医科四大类，包括法学、会计、工商管理、行政管理、计算机应用、小学教育、学前教育、建筑施工与管理、机械制造与设计、电力系统自动化、水利水电工程、土木工程、护理学、药学等40多个专业的大专、本科学历教育，每年为全县培养输送近千名本、专科毕业生，为龙游经济建设和社会发展作出较大贡献。

欢迎社会各界人士报读！

校长：徐小华　　书记：缪正荣

招生报名咨询电话：0570-7013890

招生报名地点：龙游县招商路21号　龙游电大一楼招生办

网址：www.zjlydd.com

浙江广播电视大学龙游分校

县四套班子领导走进职教中心暨职业教育改革工作推进会在县职教中心举行

龙游县职业技术学校是龙游县唯一一所公办职校。新建的龙游县职业教育中心依托县职业技术学校，布局合理，设施先进，是具有前瞻性的现代化职业教育中心。学校占地190亩，总投资2.46亿元，主体建筑包括教学楼（文智楼、文慧楼、文德楼、文馨楼）、图文综合楼、机电实训楼、风雨操场、足球场及设施一流的食堂和学生公寓。

学校有52个教学班，在校学生近2300人。170名教职工中，有专任教师159人，其中高级教师79人、“双师型”教师69人、具有硕士学历教师16人。

近年来，学校先后被评为浙江省中职学校德育工作先进集体、浙江省群众体育工作先进集体、浙江省首批中等职业教育改革发展示范校、浙江省中等职业教育创新创业课程教学试点学校、浙江省中等职业教育专业课程改革基地学校、浙江省中小企业职工培训示范基地、浙江省优秀职工教育培训基地、衢州市社会科学普及示范基地，同时还获得衢州市禁毒工作先进集体、衢州市禁毒教育示范学校、衢州市第三届全民运动会贡献奖、衢州市职工培训示范基地、衢州市无烟单位等荣誉称号，成功创建以龙舟运动为主体的省级体育特色学校。

学校设有机电技术应用与造纸工艺组成的加工制造类，电子商务与会计组成的财会商贸类，旅游服务与管理、民族工艺品制作及现代农艺技术组成的文旅农林类，学前教育与护理组成的教育服务类等四大专业群9个专业，造纸工艺和现代农艺技术为省示范、省特色专业，电子商务为省骨干专业，建有中央财政支持的国家级先进制造业实训基地、省级现代农业实训基地和省级电子商务实训基地。近年来，毕业生双证率达100%，中级证考取率在65%左右，一次就业率在98%以上，近六年的高职升学率在90%以上。2016年，龙游县职业技术学校共有266人参加浙江省高职单招单考，上线人数达265人，上线率为99.6%，其中有40位学生上本科录取线。

1. 护理实训
2. 木雕实训
3. 电工实训
4. 电子商务实训
5. 造纸工艺实训
6. 学前教育实训
7. 旅游服务与管理实训
8. 现代农艺技术炒茶实训
9. 机电技术应用车工实训

龙游县职业技术学校

微信公众号二维码

企业号二维码

县委副书记徐雄强（右二）、副县长陆民（左二）一行到学校调研

县教育局局长邱子龙在学校艺术节上致辞

龙游华茂外国语学校是一所股份制民办初中，2001年由龙游中学和宁波华茂集团股份有限公司联合创办。学校位于省一级重点中学——龙游中学对面，文脉相承，求学氛围浓郁，是学生理想的学习场所。学校占地面积59646平方米，建筑面积27342平方米。现有44个班级共1796名学生，有专任教师138名，历任外籍教师23人，有市县名师、市县学科带头人、县拔尖人才及县教科研骨干教师等40余人。

建校以来，在县政府的关心支持和董事会、教育局的正确领导下，学校以一流的办学条件、精细的学校管理、浓郁的英语和国学特色、丰富的拓展性课程、显著的办学成果赢得了社会的广泛赞誉。办学至今，十三届毕业生中考成绩上省一级重点中学正取线的人数和比例稳居衢州市首位。近五年，每年中考学校均有350多名学生被龙游中学录取。学生行为习惯好、学习能力强、学科基础扎实，发展潜力大，受到高一级学校的高度评价。经过高中三年的学习，通过高考，每年都有一大批龙游华茂外国语学校输送的优秀学子考取北大、清华等全国一流名校。

龙游华茂外国语学校的成功创办，开创了龙游基础教育办学体制改革的先河，是龙游县教育发展史上一个重要的里程碑，为龙游教育的改革与发展注入了新的生机与活力，对于提升龙游教育的核心竞争力，满足龙游人民对优质教育的需求，促进龙游经济社会的全面发展起到了积极作用，影响十分深远。

浙江省示范性初中

龙游中学实验学校
龙游华茂外国语学校

龙游县华岗中学创办于2016年。学校以龙游籍著名的学者、教育家、原山东大学校长华岗命名，依托龙游中学合作办学，是一所高起点、高品位的城区公办初中。学校设计规模为36个班，2016年秋季开始招生，共招8个班级。学校师资力量雄厚，名师荟萃，2016年有在职教师28人，其中有浙江省特级教师1人、衢州市名师1人、衢州市学科带头人1人、衢州市教坛新秀1人；有县级拔尖人才、县名师、县学科带头人等6人；获得过衢州市优质课一等奖7人、县级优质课一等奖15人。

学校坐落于龙游最繁华的市中心，校园有着60多年的办学历史，文化底蕴深厚，校园环境优美，现代化设施齐全，教学区、生活区、运动区布局合理，为学生的全面发展提供了现代化的物质保障。

学校秉承华岗精神，恪守“做有情怀的‘华中’人”这一办学宗旨，以“求真、务实”的态度，竭力为学生提供优质教育，努力做到让学生喜欢、让家长放心、让社会满意。

县长刘根宏（中）一行到学校走访慰问

副县长陆民（中）一行莅临华岗中学指导开学工作

浙江省龙游县华岗中学

未来教育高精尖创新中心执行主任余胜泉（中）教授到龙游凯马国际学校考察，指导学校教育教学工作

与澳大利亚伊曼纽尔圣公会高中签约结对

龙游凯马国际学校是经衢州市教育局批准成立的民办国际高中，由浙江省一级重点中学、衢州市首批名校龙游中学和浙江凯马控股有限公司联合举办。学校坐落在钟灵毓秀、人杰地灵的龙中老校区内，配备了媲美龙中创新班的超强师资，是求学成才的理想场所。

学校传承龙中精髓，拓展国际视野，结合自身特色，走素质化、个性化、智慧化、国际化发展道路，高起点、高质量、高品位，立足龙游，辐射全省，努力打造一流的民办国际学校。国际理解教育、智慧德育、情商开发、“成长型”学习、创客教育和英语特长是学校发展的六大支柱和亮点。办学一年来，学校凭借鲜明的办学特色和高端的智慧教育，在社会上声名鹊起，成为备受家长、学生青睐的学校。

积极开展国际理解教育，培养世界公民。国之交在于民相亲，民相亲在于心相通，心相通在于互理解。国际理解教育是凯马的一门综合实践课程。该课程以活动、实践、体验为导向，在加强本土文化认同的同时，拓展学生国际视野，培养世界公民。学校不仅与北京大学、中国人民大学国际教育学院、浙江大学、上海外国语大学等国内著名高校合作，还设有“龙游中学、龙游凯马国际学校——澳大利亚堪培拉大学直通车”项目。与此同时，学校与美国纽约新世纪探索学校、澳大利亚伊曼钮尔完中、德国特奥多•斯托姆文理中学、意大利罗马托尔夸托•塔索高中等国外名校结成友好姐妹学校，教师互访，互相接待交换学生。目前，学校正在积极筹备国际班。该项目已与浙江大学签约合作，开设出国留学课程，帮助有意出国求学的学生进入世界百强名校就读。

依托智慧德育、情商课程，培养学生成功品质。成功=20%的智商+80%的情商。学校依据美国哈佛大学教授戴维•麦克利兰“成就需要理论”，自主研发智慧德育系统，全面记录学生的日常行为表现，通过数据转换衡量分析预示学生未来成功的七项性格品质指标，通过课程化的日常行为规范教育、精心设计的德育系列活动、涵盖德智体三方面的团队竞赛、人人必修的情商开发课程和完全导师管理制等教育手段，鼓励和引导学生养成良好的行为规范，培养优良品格，唤醒学生内在潜能，提高学生成就动机，完善学生人格。

学生走进巴林纳老人院关爱老人

访姐妹学校，展凯马风采

构建互联网+智慧云教学模式，实施个性化“成长型”学习。龙游凯马国际学校是一所大数据驱动实施个性化教育教学的智慧学校。学校与浙江师范大学合作开发智慧云教室平台，构建互联网+教学模式。在凯马，没有教师，只有学师；没有教案，只有学案；没有教学设计，只有学程设计。每一个学生都配有一台特制的平板电脑，学生每一个知识点、每一次练习、每一天的掌握情况都被如实记录下来并上传到大数据中心，数据分析系统及时进行分析，针对学生所犯的错误或薄弱环节，自动将相关练习或学习资料推送到学生电脑，供学生自主补习。教师清楚掌握每个学生的知识结构和存在的漏洞，及时开展个性化辅导。互联网+教学使学习变得更个性化、更高效。同时，凯马学校通过独特的个性化学程设计、自主学习、小组协作学习，完美解决了高考“七选三”教学组织与管理的难题。

聚焦核心素养，培养创业创新人才。学习与创新素养、数字化素养、职业与生活技能是21世纪必备素养。学校开展实景学习、创客教育、机器人足球运动、机器人制作、创新实验等课程学习，打造特色课程，聚焦学生的核心素养，提升学生的综合竞争力。实景学习共有五门课程，每门课程2个学分，学校利用双休日、寒暑假分步实施。“创客教育”主要安排在高一、高二年级，每学年3学分，共6学分。学校成立了3D考古社。凯马学子亮相首届浙江省中学生机器人足球大赛。凯马孩子自己策划、组织学校的一切活动，甚至通过上互联网众筹的方式，自己筹集资金，自编自办校刊《一树花开》。凯马孩子在娱乐中玩出创意，在沉浸式教学中学习新知，而这终将助力他们“创造未来”。

着力打造英语特长，提升国际竞争力。“说一口漂亮的英语”是凯马学生的必备素质。学校为此配备了强大的师资，按照大学英语专业的培养模式设置课程。6个班级共有8名英语教师，其中外教4名。美国外教Megan、Sarah，加拿大外教BILL，乌克兰外教Maryna分别任教听力、口语、写作、泛读；徐健生老师负责语音教学；胡小玲、叶丽、顾芳园老师上精读课。教师们通力合作，着力提升学生的英语素养，提升学生的国际竞争力。

凯马学子代表浙江省亮相全国“星星火炬”英语大赛主赛场

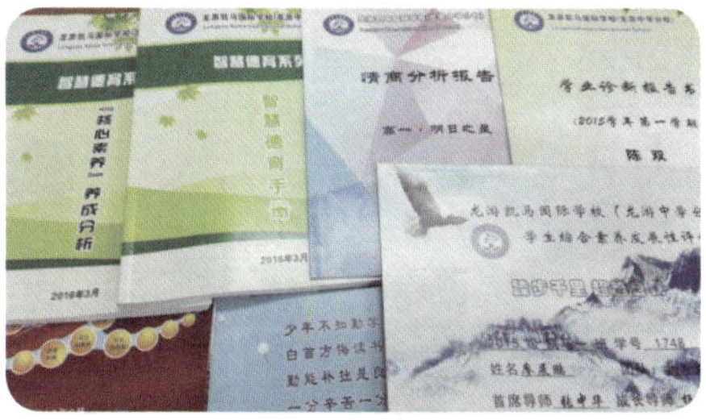

运用大数据分析报告

成立3D考古社

校刊《一树花开》

龙中基因　国际视野

求真尚美传承龙中精髓

多彩发展演绎凯马传奇

凯马的办学思想：

享受学习，体验成功，开发情商，成就精彩。

凯马的育人理念：

以成功为成功之母，让每一个孩子都像金子般闪光。

2015学年见证了凯马学子创造的奇迹——100名学生，118个大奖！6个全国一等奖，47个全国奖；2个华东地区一等奖，6个浙江省一等奖，96个省三等以上奖！奖项涵盖语文、数学、物理、英语、地理多门学科以及机器人、美术、音乐、体育、演讲、创新能力等各个领域。我们坚信，凯马学子今后一定会创造更多的精彩、更多的惊喜，从成功走向成功，从奇迹走向奇迹！

衢州市人大常委会主任居亚平（右一）在县委书记方健忠（左一）陪同下考察龙游建材家居城

县委副书记、县长刘根宏（右一）一行在公司董事长叶慧俊（左一）陪同下到龙游建材家居城调研

县人大代表、县政协委员视察龙游建材家居城

龙游国际建材家居城

龙游国际建材家居城气势恢弘，占地150余亩，建筑体量达20万平方米。综合建材交易、家居广场、仓储物流、商务办公、配套居住五大规模业态，是集“一站式购物”和“体验式消费”为一体的全新建材家居市场模式。公司配备专业的商业管理团队，吸纳数百精英商户，汇聚陶瓷卫浴、家居饰品、灯具灯饰、家居五金、窗帘布艺、板材涂料、仓储物流、配套服务等豪华阵容和上万品牌商品，完美打造浙西南地区规模最大、品牌最全、综合性和专业性最强的建材家居集结基地。恭迎广大消费者光临采购。

买建材从此就去

国际建材家居城

德辉 1925

浙江德辉食品有限公司

浙江德辉食品有限公司
ZHEJIANG DE HUI FOOD CO.,LTD.

德辉 1925

浙江老字号
Zhejiang Time-honored Brand

百年传承 不忘初心

“德辉”第一代掌门人蓝宏柏本为龙游商帮蓝氏族长，于民国十四年（公元1925年）创办“德辉糕点铺”。店铺位于古城东阁桥下街角一隅，主营糕点、芙蓉糕等当地特色小吃，受到龙游百姓的喜爱。德辉制作技艺代代相传，经过民国时期第二代传人蓝天祥、解放后第三代传人蓝玉球的不断改进，知名度越来越高。至第四代传人蓝锦国，他传承诚信经营的理念，在挖掘传统技艺的基础上，根据现代食品的发展方向，经过创新改善，以“绿色、安全、美味”为宗旨，开发了更符合现代人口味的优质的德辉酥饼系列产品。在百余年的发展过程中，德辉形成了独特的制作技艺和习俗文化。

1993年，蓝锦国恢复祖业，成立德辉食品厂；2006年，扩大生产规模，正式更名为浙江德辉食品有限公司。带着弘扬中华传统美食文化的信念，德辉人“摸着石头过河”，历尽艰辛，一步步走来终于找到了企业成功的密码——团结协作、追求卓越、共创共赢。时至今日，德辉已经从一家名不见经传的手工作坊成长为享有美誉的品牌企业。值得骄傲的是，“德辉”品牌相继获得了“浙江省知名商号”“浙江省著名商标”“浙江省名牌产品”等荣誉称号，并被浙江省商务厅认定为“浙江老字号”。

“德辉”精神——团结协作、追求卓越、共创共赢，是德辉创始人的人生格言，更是德辉人“想事、干事、干成事”的真实写照！

团结协作

每一个凡人，其实都可以成为伟大的禹。建厂之初，德辉公司规模远不如现在。在那段艰苦的岁月里，出于生存的本能，靠团结协作为今天的德辉奠定了基础。很多从那个时期走过来的德辉人，都深有感触：“团结”，不仅仅代表着一个产业的发展过程，它更深层的含义是企业的精神所在。正因如此，德辉一直要求员工坚持共同协作的理念，每一个人都必须做到“团结、一直团结”。就是这样，德辉公司走出了最关键的第一步。

追求卓越

穷则变，变则通，通则久。德辉初期面临着严峻的问题：产品与别人雷同，价格上没有优势，企业竞争力无从谈起。要找到属于自己的竞争优势，德辉意识到仅凭传统的生产工艺是完全不够的，一定要实现自主创新，由于产品自身的特性，在生产工艺上并无太多的创新空间，只能在材料、外观规格上做文章，而追求卓越在德辉人自我超越中烙下了深深的印记。值得一提的是，德辉开创的薄酥饼系列产品开创了业界之先河，在同行业中被传为佳话！这是一次最为成功的创新，让德辉赢得了市场和品牌的双丰收。

共创共赢

糕点行业发展迅速。国内市场上西式糕点的频频出现，各式各样的西饼数不胜数，中式糕点反而被忽视了。中式糕点凝聚着中华五千年的悠久文化，如何进一步弘扬传统美食文化是德辉人一直在思考的问题，同时也是德辉人的责任和使命。经过多年的准备，一座以糕饼文化为主线的德辉“善蒸坊”糕饼文化园正拔地而起。“善蒸坊”糕饼文化园的成功建设，可以更好地保护传统糕饼文化，让游客们了解、体验文化并自觉地传承文化，创造一个共赢的文化市场，促进龙游文化产业的繁荣发展。

世界在变，征途在变，但德辉人“团结协作、追求卓越、共创共赢”的精神却从未改变！这是德辉人一路前行、高奏凯歌的密码。面向未来，面对挑战，德辉人一定不忘初心、继续前进。

金融业

概 述

2015年，龙游县金融业平稳健康发展。面对经济下行的压力，在上级金融管理部门的指导下，龙游县深入开展“普惠金融突破年”活动，加强政银企合作，为重点项目、重点行业和企业提供金融服务。进一步提升全县金融管理和金融服务水平，推进金融创新，提升金融支持实体能力。深化信用体系建设，完善信用成果转化机制，加强信用乡、信用村、信用户创建。强化经济运行监测，防范化解企业资金链风险等问题，深化企业金融稳定工作机制，杜绝随意抽贷压贷。拓展多元化融资渠道，用足用好1亿元的还贷周转金，强化企业转型资金保障。各保险公司立足龙游，健全各项管理制度，定期组织、召开县域内同业合规经营会议，促进龙游保险市场健康、良性发展，为当地经济社会发展提供有力保障。

2011—2015年度龙游县金融机构本外币存贷款比较

表34

年 份	各项存款（亿元）	同比增长（%）	各项贷款（亿元）	同比增长（%）
2011	153.94	16.39	122.87	16.71
2012	176.37	14.57	148.80	21.10
2013	203.80	15.56	177.11	19.03
2014	223.91	9.86	202.47	14.32
2015	244.60	9.24	216.27	6.82

金融管理

【概况】 2015年，中国人民银行龙游县支行在上级行和龙游县委、县政府的领导下，深入学习习近平总书记系列重要讲话，全面贯彻党的十八大和十八届三中、四中、五中全会及中央经济工作会议、上级行工作会议精神，扎实开展“普惠金融突破年”“基层组织建设年”活动，提升支行内部管理水平和履职效能。至12月末，全县金融机构本外币存款余额244.60亿元，较年初新增20.69亿元，同比增长9.24%，比全市平均增幅高2.98个百分点；全县金融机构本外币贷款余额216.27亿元，较年初新增13.80亿元，同比增长6.82%；外汇各项存款余额0.09亿美元，各项贷款余额0.06亿美元。

【强化“窗口”指导】 定期召开金融机构行长联席会议和信贷分析例会，开展银企对接，举办“服务月”“走访月”活动，宣传宏观调控政策，加强对“五水共治”“四换三名”及重点骨干企业信贷支持，积极做好信贷支农、支小、支民生工作。指导各金融机构有序开展利率市场化改革，引导两家法人金融机构参与利率定价自律机制建设。针对县财政7.5亿元专项资金招投标工作，及时进行窗口指导，采用综合评分的办法，维护公平有序的市场定价秩序。指导龙游农信联社做好大额存单和同业存单的发行工作，积极向上级行争取支农再贷款规模，至12月末，全县支农再贷款余额达2.54亿元，创历史新高。

图119 人行龙游支行行长陈生主持召开窗口指导会议

【推进金融创新】 参与制定《关于开展小额贷款保证保险业务试点工作实施意见》，由财政出资500万元设立贷款风险补偿基金，并承担保费的50%，银行与保险机构按3∶7的比例分摊贷款本息损失风险。出台《关于金融支持科技创新型企业发展的指导意见》，与县科技局等4个单位联合制定《龙游县科技金融合作贷款的实施意见试行》，引导金融机构更好地发挥在促进县域重点产业结构转型、科技企业自主创新等方面的重要作用。指导龙游建行开展“助保贷”“税易贷”业务，建立增信和风险代偿专项基金。积极开展应收账款融资业务，深入银行和重点企业做好对接工作，平台融资效果逐步显现，全年累计完成应收账款融资业务47笔，合计金额7.2亿元人民币、252.9万美元，在衢州市考核中获得第一名。积极引导金融机构推出“电商贷”“商创通”“网创通”等产品，加大对小微电商客户群体的信贷支持；探索“精准扶贫”，进一步完善低收入农户小额扶贫贴息贷款促增收机制，至年底，全县共发放“丰收爱心卡”35662张，授信总额度为8798万元，支持农户1546户，贷款余额5941万元。做好县辖企业上市服务工作，派员常驻县上市办，力推企业进军“新三板”。

【深化外管改革】 开展“服务优化工程”活动，通过走访涉汇企业、举办直接投资外汇政策培训班以及利用网络平台即时答疑等举措，不断提升服务实体经济的 能力；积极开展企业联机接口应用推广工作，与龙游特美纸制品有限公司签署《国家外汇管理局企业联机接口服务使用承诺书》，成为衢州市第一家企业联机接口接入企业，得到分管县长的批示肯定。

【推动示范创建】 全面推进星级银行卡助农服务，全县共有银行卡助农服务点244个，其中可办理代理转账业务助农服务点165个，占比67.62%，满足农村地区3000元以下的小额取款、现金汇款、转账汇款、代理缴费等业务需求。积极开展“电子支付应用示

图120 国家外汇管理局龙游县支局举办直接投资外汇管理政策培训班

范区”“金融服务示范村”创建工作，至12月末，全县共创建“金融服务示范村”9个、省级电子支付应用示范区1个、市级手机支付应用示范区2个、网上支付应用示范区5个。推动村级服务平台整合，将村邮站、电子商务服务点、村级便民服务中心、金融消费维权服务点、反假货币工作站、银行卡助农服务点进行整合，改善农村支付服务环境，推进农村普惠金融发展。全年整合电子商务服务点34个、反假币工作站126个、村邮站31个、村级便民服务中心4个，得到中国人民银行支付结算司领导的肯定。

【加强社会用卡平台建设】 全县共布放ATM机261台，每万人拥有ATM机6.46台，实现银行结算网点、ATM机乡镇全覆盖。全县银行卡特约商户和POS终端同比分别增长16.16%和45.48%，发放有效银行卡138.29万张，人均持卡3.42张；有银行卡特约商户2674户、POS终端2738台，每万人拥有POS机67.77台。

【深化金融宣传】 组织开展“金融知识普及月”“反假货币宣传月”“央行支付、惠及万户”“普惠金融大讲堂”“中国人民银行经理国库30周年”“6·14信用记录关爱日”“3·15金融消保维权宣传”等宣传活动。制作普惠金融知识易拉宝，开展“普惠金融”进社区、进农村、进礼堂、进企业活动，向社会公众普及金融知识。

【推进信用环境建设】 积极参与省级“信用乡”（镇、街道）、“信用村”（社区）的推荐评选工作，共授牌省级信用村5个、信用乡2个；积极做好农村青年信用示范户的复评扩面工作，全年评定农村青年信用示范户99户，提升辖区内农村青年诚实守信意识；继续做好农户信用信息采集导入工作，至12月末，累计导入《浙江省农户信用信息管理系统》29951户。深入开展“整村授信，额度调剂”示范村规范创建，通过金融机构与乡镇（街道）和村两委联动，确定调剂额度，有效解决农户生产资金不足却又缺少有效抵押的难题。针对不符合最低信用等级评定条件的低收入农户，经评定小组认定，增设辅助级信用户，给予3万元以下的调剂额度。经过2年的摸索实践，2015年，全县117个村开展此项工作，累计为5762户农户发放调剂额度贷款2.95亿元，其中，评定辅助级农户4113户，发放信用贷款0.66亿元。探索制定《龙游县建筑企业信贷诚信评价标准》，对县域建筑企业的融资情况、担保状况、信用评级状况等开展评价，不断细化企业诚信体系评价工作。开展龙游县“信贷守信企业”评选活动，全年评定“信贷守信企业”91家，树立诚信企业典型，进一步优化社会信用环境。

【维护区域金融稳定】 继续完善《龙游县金融机构信贷资金风险预警监测制度》，加大对出险企业的跟踪、监测，做好企业重组的处置协调工作，切实防范区域金融风险，维护区域金融稳定。指导金融机构做好呆账核销工作，2015年各金融机构核销处置不良贷款累计5.4亿元。认真贯彻落实《存款保险制度》，依法推进存款保险现场核查，做好风险评级和风险差别费率准备工作，发挥其风险警示和早期纠正作用，增加风险事中管理的主动性。

（人民银行龙游县支行 罗余镌）

银行业监管

【概况】 2015年，中国银行业监督管理委员会衢州监管分局龙游办事处（简称“龙游银监办”）在县委、县政府和上级银监部门的正确领导下，积极贯彻落实各级会议精神，以“控风险、强服务、促转升”为工作主线，有效维护金融秩序，稳步推进辖区内银行业服务水平，牢牢守住县域金融风险底线。

【提升银行业服务水平】 全力推动普惠金融工作，稳步推进网点建设，不断完善服务功能。2015年，辖内有金融机构网点80家、离行式自助银行41家、农村便民服务点210个，有效践行金融普惠。组织辖内部分银行进行双休日网点轮休，使金融消费者享受到银行业服务创新和科技进步带来的服务便利。强化正面宣传引导，组织开展以“防范金融诈骗、防范非法集资”为主要内容的“金融知识进万家”宣传服务月活动、“小微金融服务进社区”和“小微金融服务进市场”等活动，提高辖内银行业金融服务水平，提升金融消费者满意度。

【支持实体经济发展】 结合县域经济金融实际情况，积极引导银行业为重点项目、重点行业和企业提供金融服务。深化“提升信用品质，服务实体经济”主题活动，督促辖内银行业积极贯彻落实国务院、银监会等部门关于金融支持实体经济发展相关要求，提升银行业支持实体经济发展的贡献度，为实体经济发展营造良好的金融生态环境。积极引进创新还款方式和贷款方式，规范服务收费，收费项目同比减少151项，收费总金额同比减少214万元，贷款平均利率同比下降0.34个百分点，有效缓解企业还贷压力，降低企业融资成本。

【严守银行业风险底线】 以风险排查和监测为抓手，对辖内各机构的不良贷款和大额贷款进行月度监

图121 组织召开“银企对接服务月”动员会

测，及时、全面地掌握各行信用风险情况，多次组织各行对贷款企业进行风险排查，摸清底数，及时发现风险苗头。稳步推进授信主办行试点工作，在总结前两年试点经验的基础上，新增31家企业实行主办行制，进一步扩大授信主办行试点工作范围，深化工作机制，有效防范因过度授信、过度担保而导致的企业“两链”（指资金链、担保链）风险，拓宽企业融资渠道。搭建“押品资产交易信息平台”，有效拓宽不良贷款处置的信息沟通渠道。督促辖内机构加大不良贷款清收处置力度，努力化解存量不良压力，有效遏制不良贷款的上升势头，增强银行抵御风险的能力。

【促进法人机构转型】 积极发挥监管引领作用，有效把握法人机构经营发展战略方向，推进转变经营理念，顺应经济发展新常态，不断深化业务创新，完善风险定价，朝着现代商业银行目标努力转型。引导督促加快制度和流程建设，完善相应考核机制，2家法人机构共新增、修订完善各项管理制度85项。以“两加强、两遏制”回头看、EAST疑点数据核查、业务库专项检查、“清雷防险归源”等专项行动为抓手，督促法人机构树立全面风险管理理念，依法合规经营。督促深化“支农支小”，不断推进渠道和产品创新，加强市场细分，推出迎合市场需求的新产品，获得用户的好评。

【推进平安金融建设】 会同公安部门深入开展银行业安全评估工作，实现安评工作机构和网点的全覆

盖，切实保障银行业安全平稳运行。按季召开金融机构安保工作例会，及时通报安保检查情况，以全国典型的涉银案件为例，督促辖内银行业引以为戒，强化内控建设，规范员工行为，加大案防工作力度，打造平安金融。对辖内银行业参评“标杆网点”的网点进行实地打分，认真评选，推进各网点的硬件、软件建设，树立良好的银行业形象。畅通金融消费者投诉渠道，妥善处理群众来信来访，努力让来访者满意。2015年，全县银行业实现全年平稳运行，无重大案件发生。

（龙游银监办　周倩）

中国工商银行股份有限公司龙游支行

【概况】 2015年，中国工商银行股份有限公司龙游支行（简称“工商银行龙游支行”）各项存款新增46782万元，同业增量占比94.94%，全年保持第一，其中储蓄存款新增15640万元、对公存款新增31142万元，同业新增占比分别为47.05%、194.18%，各项贷款余额477142万元，比年初新增30767万元，余额占比和新增占比分别为44.29%、218.74%，均居同业第一。中间业务收入5976万元，位居衢州市首位；在衢州市工行系统，14项专业排名均名列前茅，连续四年经营绩效全市考核第一。风险管控稳定，连续20年实现安全经营，全行不良贷款率为0.45%，圆满完成不良贷款处置工作。服务工作再上新台阶，连续三年获龙游县“最满意单位”殊荣。

图122　工行衢州市分行流程管理项目推进会在龙游召开

【服务实体经济】 将自身发展与当地经济紧密结合，从拓新、挖潜两个方面入手，对龙游县“2015年度省市重点工程”和“五大支柱产业”项目进行筛选排摸，以营销资源储备库为载体，注重项目信息收集渠道建设，加强与当地发改委、招商局、开发区等政府有关职能部门的沟通和对接；关注政府部门公开的项目清单、新闻媒体披露的重大项目信息和当地优质企业各个阶段融资的需求情况；充分发挥分行、公司、部和支行各个层面获取信息的渠道优势，形成上下联动机制，获取第一手信息资源，展开调查摸底，筛选纳入“项目储备库”。2015年，支行向浙江年年红家居有限公司、龙游浙农家居建材市场开发有限公司和浙江高得宝利新材料有限公司等项目客户放贷，增加项目贷款18134万元，项目贷款比年初增长19.8%，有力支持了地方经济发展。

【提升服务品质】 推出“每月一规范”活动，每月推出一项服务规范标准。一是明确规范要领和关注点，要求所在部门网点利用晨会或周会进行学习解读，让人人领会；二是将每月一规范内容作为当月服务检查小组的重点检查内容之一，按规范进行服务积分的加分或减分。4月，支行对柜员提出“接待客户时，向客户行举手礼”的服务规范。一是柜员在前一笔业务办理结束，按下叫号器后，即举起右手，要求五指并拢，手掌高过自己的耳朵；二是在客户未走近柜口时行使，已走近柜口则无须行使举手礼；三是当客户到达柜口后，即可放下右手，微笑问候，询问客户需求，每项服务的规范条款都有实施细则，也为检查小组的“执法”提供标尺。

【人才队伍建设】 根据年初制定的2015年度全行学习培训计划，有步骤、有计划、全方位、按部就班开展信息报道写作、大堂服务培训、投资理财讲座等17项的全员岗位培训活动，持之以恒地提升全员业务素质。2015年，在总行15项专业网络竞赛上，县支行有3名员工获得总行前100名；在岗位序列考试中，有16名员工取得相关岗位中级以上任职资格，1名员工取得AFP证书。针对近年来入行的青年员工多、青年员

图123 工行龙游支行开展防范金融诈骗宣传活动

工从事一线临柜岗位多的特点，支行按照流程管理的业务培训流程和业务辅导流程，从新员工踏进龙游支行的第一天起，支行业务管理部就组织新员工开展每周三个晚上的业务技能集中训练，指定专业的业务能手，手把手对新员工进行手工点钞、机器点钞、汉字输入、传票输入等项目的指导，以尽快提升新员工的业务技能和操作水平。在市行组织的2次新员工技能测试中，县支行的总体水平均获得市行肯定，2名新员工全部通过测试。在2015年柜员等级考试中，县支行有6名员工通过中级考试，8名员工通过初级考试，考试通过人数在衢州市各支行中名列前茅。

（工行龙游支行 张焕）

中国农业银行股份有限公司龙游支行

【概况】 2015年，中国农业银行股份有限公司龙游县支行（简称“农业银行龙游支行”）紧紧围绕上级行的战略部署，以支持县域经济发展为着力点，突出项目建设、中小企业发展、“三农”服务的重点，积极争取政策倾斜，着力推进金融创新，切实加强渠道建设，持续深化客户服务，不断提高普惠金融服务水平，助推地方经济的发展。2015年，各项贷款余额达20.86亿元，各项存款余额达30.59亿元。龙游农行荣昌支行获2015年度“银行业协会文明示范服务三星级营业网点”荣誉，成为全省农行系统唯一一家获此荣誉的二级支行。

【为地方经济提供有力保障】 在上级行的指导下，始终以服务地方经济发展为己任，努力提供优质高效的金融服务，积极争取成为全省农行特色产业发展和服务“三农”的重点试验区，在信贷规模、管理政策、产品创新等方面得到上级行的重点支持和倾斜；主动对接重点项目建设，量身定制助力实体经济发展，倾心尽力服务“三农”和民生。作为服务“三农”的重要力量，农行龙游支行加大对县域“三农”的信贷投放力度，依据上级行的“三农”信贷政策，确定重点信贷投放领域，支持重点产业、特色企业。以“稳增长”和“惠民生”为抓手，助力棚户区改造、“五水共治”和美丽乡村建设，为县域基础设施建设提供资金保障。

【为农村区域提供金融服务】 着力推进普惠金融提质。为进一步提升普惠金融便利化程度，采取多种有效宣传方式，通过推广网上银行、掌上银行、惠农通服务点等业务，扩大县域农村地区金融服务覆盖面。充分发挥农业银行点多面广、覆盖城乡的网络优势，优化网点布局，增强辐射功能，在溪口镇增设驻点式自助银行。继续实施“惠农通”工程，推动金融知识进万家、进村、进社区活动。通过加快农村产品创新和加强农村信用体系建设，设立金融自治村，进一步提升金融服务水平。深入农村、山区，以便农支付工程为中心，以惠农卡投放、推进“惠农通”工程为基本点的，通过加快机具投放、加大农户贷款、强化便民支付结算、推进金融知识宣传普及等手段，将服务触角延伸至广大乡村，筑起便农金融的“快车道”。做大做强“农行理财微课堂”这一品牌，通过送金融知识进山村、送理财微课堂进乡镇、诚邀优质个人贵宾客户参加资本投资讲座等形式，针对农村客户群体，量身订制“定利盈”“活利盈”“基金定投”“自动理财”“通用掌银”等产品，让老百姓得到实实在在的实惠和便利。

【为客户资金提供安全保障】 与公安机关协作开展金融反诈骗行动，重点打击虚假信息和电信诈骗。完善应急处置工作机制，及时拦截涉案资金“出口”，通过采取对诈骗电话实时堵截、公安机关专人专线、企业财务加盟反诈骗战线等措施，多渠道、全方位开展“心防工程”，提升群众的防范意识，尽最大努力保护客户财产安全。针对安全保卫工作面临的新形势，龙游农行制定更加详细、科学、有效的应对措施。根据不法分子针对银行自助设备进行犯罪的作案特点，定期安排银行专业人员加强对离行式自助银行的巡检，对照近年来发生的利用ATM机和银行卡作案的案例，开展重点防范布控。加强与公安经侦部门的联系，及时获知新型金融诈骗手段，并加以预防。全年成功堵截6起电信诈骗案件，启动应急预案2次，避免客户经济损失16000余元。成功与公安机关以及兄弟行联动合作，跨省追回被骗资金6000余元。针对新出现的窃取客户手机验证码盗买基金的诈骗手法，及时与基金公司联络，追回被盗资金5000余元。

【为客户群体提供优质服务】 客户满意是农行人的最大追求。在网点渠道建设上，始终致力于为广大客户营造温馨舒适的服务环境，着力加快网点硬件改造，推行分区、分层服务，配备各类便民设施，深入开展网点文明规范服务，提升客户满意度。切实加大电子渠道建设力度，在全县建立自助银行，布设POS机、转账电话等网络设施，让客户全天候享受农行便利、快捷、周到的服务。以星级网点创建为动力,持续开展规范化服务提升，保持各网点奋发有为的精神面貌,强化柜面服务，赢得业绩提升，也赢得群众口碑。

（中国农业银行龙游支行 周睿旻）

中国建设银行股份有限公司龙游支行

【概况】 2015年，中国建设银行股份有限公司龙游支行（简称“建设银行龙游支行”）以转型发展战略为指导，坚定贯彻落实“以转型发展作为硬任务，以不良压降和案件防控作为硬约束”的工作部署，从经营和管理着手，切实转变观念，提升客户满意度和执行力，支行社会形象得到有效提升。获2015年度龙游县“最满意单位”荣誉称号。

【提升服务品质】 为进一步满足小微企业的日益增长的个性融资需求，支行不断提升创新水平，提高服务品质，为小微企业量体裁衣，努力提供个性化服务。创新担保方式，推出无须抵押的信用贷款产品“善融贷”“信用贷”“创业贷”“POS贷”“税易贷”“结算透”，有效缓解信誉好、结算量大、诚信纳税的小微企业的融资难问题。创新信贷流程，推出建行“评分卡”产品，针对单户授信500万元以下的小微企业采用评分卡打分的方式，对企业及企业主的履约能力、信用状况、资产状况以及环保等非财务信息进行评价，改变传统的“评级、授信和支用”的信贷流程，提高评价的针对性。简化审批流程，通过“评分卡”业务，为小微企业办理贷款2905万元。创新还款方式，通过“评分卡”续贷、借新还旧、再融资和展期等无缝对接措施，无须企业还本，有效减少企业融资成本。全年累计办理续贷、借新还旧、再融资和展期贷款近10笔，投放金额近5000万元。创新合作方式，积极与政府、专业市场、园区管委会等单位对接，全力搭建“助保贷”“税易贷”等平台，为小微企业解决融资难。

【提升营销能力】 从锻炼客户经理队伍的综合素质出发，组建营销团队，细化客户，明确目标。以“聚财宝”“特色储蓄”等产品为重要抓手，开展存款和产品营销的竞赛活动。开办多场次的产品、保险投资理财报告会和高端客户讲座，以会议形式，营销建行个银产品。加快开放式理财产品客户的资金转换，从源头抓起，做好代发工资户的拓展。加强柜面高低柜、大堂经理、个人业务顾问联动营销，开展信用卡预审批网点PK赛，并通过支行微信群平台，通报各网点每天个人网银和手机银行客户新增等情况，激励员工队伍的创业热情，实现柜面日常销售的常态化。拓展个贷业务力度，主动营销，将个贷业务拓展作为个人业务7个“一把手工程”的重点产品来抓，以楼盘及中介机构的营销为抓手，优化内部流程环节，提高服务水平与效率。树立建行的个贷服务品牌，个贷业务取得重大突破，全年个贷新增1.21亿元，占全县四大银行新增个贷的54.48%，取得骄人的成绩。

【提升内控能力】 强化对信贷的日常监督检查，根据监管部门、市分行风险部和合规部的部署要求，开展信贷客户贷后管理落实情况、授权制度落实情况、违规代客情况、“清雷防险”行动、案件防控、新发放贷款“回头看”、员工行为等专项排查，开展大中型信贷预警客户风险排查和两违检查“回头看”等风险排查。通过做实“三查”制度，增强信贷人员尽职履职意识，规范信贷业务操作。强化信用风险管控工作，充分运用对公资金管理系统、小企业客户早期预警系统、贷后跟踪管理系统、贷后管理跟踪例会和高层分析会平台，重点对资金链和担保链存在断裂风险的隐患企业、涉及民间融资企业、受宏观环境影响企业、经营业绩下滑比较明显的企业进行管控，逐户排查分析风险情况。对有相关潜在风险的客户，强化部门联动、上下联动，制订具体的应对措施，通过催收、诉讼、平移、核销，将风险隐患降低到最低限度。强化审计整改工作，对2015年新发放贷款审计、相关机构负责人离任、经济责任审计及其他审计问题和内外部检查中发现的问题，组织“回头看”与整改。

【注重细节管控】 深入开展党风廉政建设，把贯彻落实改进工作作风、密切联系群众的“八项规定”贯穿于日常工作中，改进调查研究，解决实际问题，简化接待，精简会议。支行领导班子带头严格遵守廉洁从业规定，严格落实责任制，支行的业务招待费、会议费、差旅费支出都按照合规性进行控制。至12月底，支行招待费及宣传费支出减少22.78%，差旅费支出减少48.07%，车辆费用支出减少21.83%，成本支出结构得到进一步优化。

【加强队伍建设】 强化业务培训和指导。支行个金部门积极做好上级行相关政策、个人产品的贯彻落实及组织推广工作，让更多的员工参加业务培训，及时了解和掌握上级行的政策，切实提高培训的效果和质量。完善客户经理培训制度。为加快提升客户经理的综合素质，制定培训规划，规范培训内容，安排案例分析，增强客户经理对所管辖客户的了解程度，提高客户经理业务处理能力，同时提供跨部门沟通的良好机会。全年共组织开展现场培训9场、视频培训30场，参加培训人员涉及对公条线分管领导、相关负责人及全行所有的对公客户经理。

（建设银行龙游支行 何洪涛）

中国银行股份有限公司龙游支行

【概况】 2015年，中国银行股份有限公司龙游县支行（简称“中国银行龙游支行”）按照省行“重发展、讲效益、控不良、严治行”的工作方针，在坚持规范经营、防范风险的前提下，以发展为主线，以防控和化解不良贷款为支行主要工作，结合案防及内控教育，实现支行各项工作平稳、健康发展。

【支持地方产业】 在积极贯彻落实国家、上级行有关产业结构调整的信贷政策的同时，以支持地方经济建设为己任，与当地招商部门做好衔接，本着“客户至上、共同发展、合作共赢”的理念，与企业风雨同舟，共渡困难，抓住机会向上级行争取资金支持，支持企业进行生产经营和项目建设。充分利用中行外汇业务传统优势，创新利用新产品，为企业提供丰富的授信品种，量身定制全方位的跨境产品组合服务方案，推动人民币跨境业务的发展，支持企业“走出去”。为积极响应国家对小微企业发展的扶持政策，满足日益增长的小微企业融授信需求，充分发挥“中银信贷工厂”创新信贷模式的优势，整合业务流程的集成创新模式，通过专业化分工和工厂式、标准化、流水线运作，使贷款审批更加专业高效，满足小微企业的融资需求。

【推进民生服务】 加大个人贷款力度，充分发挥个人贷款的业务优势，打造个人贷款优势品牌，全方位满足居民在购房、买车、教育、投资经营等方面的融资需求，有效支持当地居民消费的升级换代。2015年，支行累计发放个人贷款2.3亿元，有力推动龙游消费市场的发展和繁荣，帮助居民圆了自己的住房梦、汽车梦。全力推进结售汇等传统优势业务发展，持续打造中国银行出国金融服务品牌，为海外留学、出国旅游、境外商务、投资移民等客户提供专业、高效的综合性一揽子金融业务，满足广大客户日益增长的金融服务多元化需求。出国留学贷款为帮助广大青年圆留学梦提供重要的融资渠道。

【注重渠道建设】 逐步建立起实体网点、自助银行、网上银行、电话银行、手机银行等多渠道共同发展的银行服务体系，为客户提供全方位便捷的金融服务。大力推动网点功能、网点服务等方面的战略转型，改善网点软硬件环境，将营业网点打造成让客户放心满意的前沿窗口。积极推进渠道建设，将自助银行作为网点渠道的重要延伸，自动柜员机等自助银行设备投放力度进一步加大，覆盖区域扩大到城区、开发区、学校等范围，为客户提供更为便捷的24小时金融服务。支行拥有网点5家、24小时服务的自助银行8家，有自助设备27台。

【狠抓队伍建设】 按照《中国银行营业网点优质高效服务考核标准》，认真实施网点服务销售流程优化工作，通过集中授课、网点现场辅导等方式强化专业服务培训，对员工服务礼仪、服务技巧、投诉处理等方面进行规范。大力开展技能练兵、文明优质服务评比等活动，分层次抓好产品和客户营销培训，提升员工的专业化、规范化服务能力，打造最佳客户体验。以精细化管理提升服务质量，进一步强化“以客户为中心”的服务理念，启动网点服务专项治理活动，深入开展网点服务自查自纠活动，对检查出的问题及时整改，加强检查监督，狠抓管理。

【热心社会活动】 在支持当地金融发展，服务广大客户的同时，不忘自身社会责任，积极投身社会公益活动，通过开展“进校园、进社区、下乡村”等系列活动，送金融服务、金融知识、金融普法上门，在辖区范围内开展“金融知识宣传服务月”、金融知识下乡、金融知识万里行、法制宣传等活动，向民众普及金融知识，提高客户的金融安全防范意识，增强金融消费者的自我保护理念。服务政府中心工作，行领导多次带领党员赴文明结对村开展农村道路清洁、河道清理等活动，为打造“美丽乡村”出力；组织员工积极参加文明劝导、平安巡逻、爱心献血等公益活动，勇担社会责任。

（中国银行龙游支行 陈红霞）

龙游县农村信用合作联社

【概况】 2015年，龙游县农村信用合作联社（简称“县农信联社”）深入贯彻“一条道路，两场革命”战略，在“强基础、控风险、树品牌”三方面精准发力，普惠金融开花结果，业务创新与风险管控主动有为，干部队伍建设、企业文化建设抓手有力，“基础金融不出村、综合金融不出镇”的服务格局全面形成，业务发展总体稳健，继续领跑全县银行业。2015年，各项存款余额88.28亿元，年增11.04亿元，同比增长14.30%；各项贷款余额65.33亿元，年增7.15亿元，同比增长12.29%。县农信联社始终秉持“善为”的核心文化，坚持“怀向善之心、炼成善之能、立致善之功”，以优质的金融服务为龙游百姓实现幸福生活而不懈努力。连续第五年排名全县经济贡献50强首位，连续第五年获评全县“最满意单位”，获得龙游县2015年度机关部门综合考核营业性单位二等奖，获得2015年度省、市治安安全先进单位，营业部获得“浙江农信系统品牌服务示范网点”荣誉。

【构建普惠金融服务网络】 全面开展“走千家、访万户、共成长”劳动竞赛、“普惠百村行，相约零距离”等主题活动。在226个行政村铺开“零距离”

图124 龙游县农信联社开展"普惠百村行—— 相约零距离"现场主题活动

服务工作，进村率达到90%，为18165户农户、321户商户办理授信签约；制"爱心卡"35227张，发放率达100%。在城区，推出"零距离扫街"活动，走访企业171家，小微企业贷款新增13家；个体工商户建档590户，签约102户。顺利完成"阳光信贷"数据向"普惠快车"迁移的工作。至年末，客户信息采集10.9万户，头像采集4.54万户，指纹录入4.45万户，客户评价8.61万户，其中用信2835户，新增1714户。深化"整村授信，额度调剂"工程，完成117个行政村21432户"阳光信贷"农户的调剂，调剂信用额度16.98亿元；新设辅助级农户7100户，调剂授信额度1.58亿元。3118户农户利用调剂增加的信用额度获得贷款1.67亿元。

【加快金融产品和服务创新】 推出丰收"网创通"贷款，牵手电商共谋发展，制订星级电商评定管理办法，在衢州市率先启动电商星级评定授信工作，为37户电商授信2028万元，全年累计发放贷款2051万元。在衢州市金融创新演示会上，"网创通"获得三等奖。推出"商创通"自助贷款，与龙游县2家商会、28户青创协会会员建立合作关系，金融自助信用贷款授信总额1280万元，全年累计发放贷款1057.5万元。针对集聚在龙游县三大工业园区、处于中游的制造企业和加工企业，推出"账易通"应收账款质押贷款，主要缓解上下游两端支付现状造成的流动资金困难。推出"商圈微小贷款"业务，通过平台采集商户信息1486户，办理贷款32户，金额2480万元。加强与融资性担保公司合作，助力企业上市"新三板"。年内，为浙江金昌特种纸、浙江鑫隆竹业有限公司发放基金担保贷款1960万元；与保险公司合作，推出"信保通"小额保证保险贷款，年内试点发放贷款210万元。

【加大投资理财力度】 先后成功加入全国银行间拆借市场和全国银行间债券市场，成为全国交易商协会会员单位，并在中国交易中心、上海清算所、中央债券结算登记所开户上线，是衢州市首家债券业务平台齐全的农信机构。全年成功发行3期8亿元的同业存单，成为全国第三家发行同业存单的农信社，也成为2015年全国农信联社发行同业存单量最大的小法人机构；成功上线大额可转让存单业务，完成第一期3300万元大额存单发行，这是继海盐县农信联社之后全国第二家、衢州市第一家发行大额存单的县级农信联社。持续发行"丰收·信福""丰收·喜悦"等理财产品，相继开通柜面、网银、手机银行及自助终端四种购买渠道。

【打通"零距离"服务渠道】 实现线上线下体验"零距离"。试水互联网金融，丰收购"龙游馆"开馆，吸引方飞食品、德辉食品等具有龙游特色的商户入驻；塔下叶村金融便利店开启农产品网上代销、本地电商代购的新服务；升级官方微信平台，开通微网站，提供便民信息，直接连通各营业网点电话进行各类业务咨询，并可在微信平台上进行大额存取款、贷款、ETC、信用卡等业务预约；加快公共自行车IC卡、ETC业务等线下体验业务推广，全年共办理公共自行车IC卡9083张，发行ETC设备8363台，覆盖全县23%的车辆。实现金融服务示范村支付"零距离"。建成22个金融服务示范村、2个手机支付示范村，在全县占比达85.7%；下辖的三家银行卡助农服务点被评为"五星级银行卡助农服务点"，占全县总数的3/4。实现金融便民车服务"零距离"。与人员网、电子网和机具网"三网"同步，真正为金融服务薄弱地区、社区、企(事)业集团客户提供金融服务。自12月1日发车以来，共出车15次，涉及15个行政村，累计办理现金收付468笔，金额70.09万元，接受客户业务咨询1500余次。实现金融夜市相伴“零距离”。12月25日晚，开展以“幸福在行动，情暖福利院”为主题的义拍活动，标志着衢州市首家“金融夜市”正式营业，活动当晚，拍卖所得的爱心善款全部捐献给龙游县儿童福利院。

【信贷风险防控】 从源头上强化“两控制”，对大额贷款客户授信限额和对外担保限额进行严格控制。对授信管理办法进行修订完善，推行信贷风险经理委派制，实行贷前贷后两平行原则。加大集中清收力度，优化不良资产外包清收制度，将一些历史遗留、清收难度大的不良资产委托律师事务所清收，年内清收不良贷款126万元。加大对失信主体的制裁力度，在系统内部建立失信“黑名单”库，并采取动态管理方式。集中开展“执行风暴”活动，严厉打击逃避债务行为，邀请县人民法院执行局工作人员作相关法律知识培训，解答诉讼执行问题。加大清收激励力度，开展不良资产清收大会战。县联社领导分赴各信用社（部），召开风险管控分析会，把脉问诊。强化清收举措，建立“两管三抓四落实”（“两管”即对大额不良贷款实行领导班子领衔清收和基层信用社主抓执行的双重管理模式，“三抓”即领导包片抓进度、部门经理包社抓清收、信用社主任包户抓效果，“四落实”即领导包抓全县不良大户、部门包抓不良“大社”、信用社主任包抓社内大户、信贷员包抓不良重点户四项制度全面落实）大额不良贷款清收攻关策略。

【规范财会管理】 加强会计基础总部建设，侧重风险点专项检查。建立财务包干制度，财务指标实行年初额定，全年限额使用，对基层社实行“以量定费、限额管理、专款专用”原则。成立财务费用管理监督小组，对全系统的费用开支进行检查、监督和管理。优化财务管理系统，从单纯的核算型系统向核算管理型系统转变。加强反洗钱工作管理，强化反洗钱人员的业务培训。特邀国家金融安全银行业务培训服务公司为辖内员工进行考前培训与辅导。

【合规文化建设】 实现员工异常行为排查常态化，重点关注消费异常、交友复杂、有不良嗜好的员工行为，并采取约谈、交流、轮岗等措施防患于未然。年内开展全县系统防范民间金融风险传染与操作风险摸底排查。完成《衢州银行业员工行为排查EAST数据采集》工作。加强员工账户异常交易的监控与排查，利用内部计算机辅助审计系统的数据分析功能，按季对员工账户异常交易进行排查。全面开展“回归本源、文化立社”“强合规、提素质、优服务”等主题教育活动，通过合规教育培训、案例剖析、合规检查、重点岗位双向交流、柜面服务考评和“服务之星”标杆引领，培育良好的会计合规管理氛围。

【品牌文化建设】 对宣传空白、宣传盲区进行延伸拓展，开辟城乡公交和中巴车身、农村墙体以及出租车车载LED等宣传阵地。升级官方微信平台，增强线上服务功能，搭建微信交流群。注重对普惠亮点、服务特色的提炼总结以及上报宣传，信息新闻宣传工作连续6年被评为省、市信用社系统先进集体。携手上海艾肯品牌策划有限公司，开启品牌文化建设工程，完成品牌文化手册、产品业务手册及吉祥物设计，甄选培育16名“种子教官”，跟进后续文化的宣传报道工作。结合品牌文化建设的系列成果，在全县范围内开展步调一致、特色鲜明的宣传活动，将“善为”核心文化和“你身边的幸福银行”的品牌价值内化于心、外化于形。

图125 开展“携手共治，畅享消费”主题宣传活动

【培育善为的责任文化】 开展走访困难员工、离退休员工等系列慰问活动，全年共补助离退休困难员工28人次66500元，发动全社员工为困难员工捐款12.48万元。组织党员干部赴红罗村开展“普惠百村行——争做建设美丽乡村先锋手”活动，集中开展生产生活垃圾清扫及河道清理。组织参加以“青春助力五水共治，携手共建美丽龙游”为主题的绿树认养和护苗成长除草活动。邀请县书画家协会成员分赴基层开展“普惠百村行——送春联下乡”活动。组织员工在重阳节赴敬老院慰问孤寡老人，开展“微爱心”助学行动。与溪口镇灵下村47户低收入农户“一对一”结对，捐款14100元。

【思想政治工作体系建设】 10月27日晚，县农信联社党委中心组（扩大）学习会的召开，标志着县农信联社思想政治建设工作正式拉开序幕。通过下发思政工作通知，层层签订责任书，形成一级抓一级、层层抓落实的思想政治工作大格局。制定政治理论学习计划，建立党组织理论学习制度和领导带头讲课制度，由党委书记、理事长代表县农信联社党委作题为《忠诚、干净、担当——做让党放心、让群众满意的好干部》的专题讲座。建立联系人制度，突出“七必谈”“五必访”机制。树立典型标杆，强化“典范”引领作用。健全思想政治工作评价体系，将思想政治落实情况作为民主生活会和年度工作述职述廉的重要内容，并列入年度综合考评内容。

（龙游农信联社 王俊）

中国农业发展银行龙游县支行

【概况】 2015年，中国农业发展银行龙游县支行认真贯彻落实上级行和县委、县政府的决策部署，以龙游县土地储备中心8亿元项目、奔康三期1亿元项目为依托，加大支持龙游县城市东进和农民住房集中建设。以调整信贷结构和清收处置不良贷款为重点，坚守风险底线。以“三严三实”教育活动为契机，加强

图126 开展2015年版第五套人民币反假币宣传活动

班子和队伍建设，为支持龙游县“三农”发展做出新贡献。2015年，支行各项贷款余额111430万元，比年初增加32978万元，增幅42%；各项企事业单位存款余额为48717万元，比年初增加5359万元；实现中间业务收入154万元，比2014年增加88万元。

【保障地方粮食安全】 履行职能，确保省级和县级储备粮增储、轮换和调控粮的信贷资金足额供应。全年累计发放省储、县储储备、轮换贷款共11795.91万元，共收购粮食25430吨，转储备粮食17430吨，顺利完成夏、秋粮食收购工作，确保龙游县粮食安全。

【支持新农村建设】 以土地收储整治、农民集中住房安置为重点，全力支持龙游县新农村建设。加快已批未放的龙游县城市东进项目贷款投放进度，全年共投放贷款3.7亿元，确保该项目顺利实施。营销并及时投放龙游县奔康下山脱贫三期工程1亿元贷款，帮助政府新建安置住房460套。积极对接高坪桥水库建设和“一路一桥”项目。做好自营性业务续贷工作，全年续贷自营性业务贷款11500万元。

【风险防控】 筑牢风险防控，提升信贷资产质量。建立风险排查长效机制，对全行18家贷款企业的7.8亿元贷款进行全面排查，摸清贷款企业应收账款的真实性、对外担保金额及民间借贷等情况。提高抵质押贷款占比，降低贷款隐性风险。根据企业自身潜在风险，为存量贷款追加保证担保人2人，追加保证担保金额3350万元；追加借款人机器设备抵押2笔，抵押

金额3000万元。做好不良贷款清收、处置工作，针对3笔存量不良贷款，积极与法院、律师事务所及上级行沟通，采取司法诉讼、贷款重组的方式化解风险。

【加大存款营销力度】 通过深挖项目资源，落实项目资本金和偿债准备金提前到位，在合法、合规的前提下，尽可能延长贷款资金的留存时间。土地收储中心和双江水利公司派生存款23046万元。抓好销售货款归行工作，加强对贷款企业账户的管理，完善大额资金支付审批制度；加强项目资金支付管理和上下游客户的开户揽存工作，增加存款，2015年存款业务再上新台阶。

【加强财会基础管理】 加强费用开支计划管理，坚决压缩非经营和消费性支出，集中财力保证业务发展的需要。加强固定资产指标管理。提升对外服务水平，树立以客户为中心的服务理念，提高结算业务办理效率。以信息科技“规范管理年”活动为契机，加强机房的日常监控和基础环境管理；完成机房规范化达标建设，顺利通过农发行浙江省分行的验收。

【党风廉政及作风建设】 认真落实党风廉政建设责任制，支行领导班子签订《目标责任制》2份，全行员工签订《党风廉政建设及安全保卫工作责任书》17份。认真抓好案件防控和排查工作，对在职员工和退休员工进行异常行为和廉洁方面风险排查，签订廉洁从业承诺书17份。加强廉政教育，筑牢干部员工思想防线，狠抓作风建设，修订完善《农发行龙游县支行各部室工作考核办法》《农发行龙游县支行员工行为手册》等规章制度。按照总行办公用房管理规定，整合、改造部分办公室，使办公室面积符合规定。扎实开展“三严三实”专题教育活动。

【企业文化建设】 加强对员工的教育培训，提高队伍综合素质。积极参加上级行举办的评级授信、信息科技、财会培训班4期，受训18人次。加快青年员工培养，组织青年员工参加季度考试8次，通过率100%；推行一对一“身边教师”培训，由一名骨干员工带领一名新员工学习业务知识。充分发挥工会作用，积极开展活动。组织员工参加钓鱼比赛、趣味运动会等活动，丰富员工业余生活。加强农发行形象宣传力度，组织员工积极参加县政府举行的“全民行动，清理河道垃圾”活动，派入党积极分子参加县治堵办牵头的“规范人行道停车”活动，提高农发行的公众形象及知名度。

（农业发展银行龙游县支行 陈俊杰）

中国邮政储蓄银行股份有限公司龙游县支行

【概况】 2015年，中国邮政储蓄银行龙游县支行（简称“县邮储银行”）认真贯彻省、市分行的工作安排和相关会议精神，坚持“干在实处、走在前列”的总要求，以“强管理、促发展、控风险、增效益”为主线，在坚持规范经营、防范风险的前提下，以发展为主线，以利润为目标，以高品质、专业化服务为手段，拓展市场、创新产品、培育客户，实现各项业务的全面、稳步增长。2015年，支行各项存款余额达14.28亿元，贷款结余达6.71亿元。连续两年获评龙游县年度考核营业性单位三等奖，获评2015年度龙游县银行业金融机构综合评价A等行、市级治安安全先进单位等荣誉。

图127 召开2015年龙游县种粮大户座谈会

【“四业并举”促发展】 坚持“四业并举”、均衡发展的原则，加快推进重点业务发展。以提升经济资本回报为目标，改进资产负债管理，优化盈利模式和业务收入结构，提升业务发展质效。狠抓存款不放松，大力发展银行卡、支付结算和代收付业务，做深做细网点转型，提升网点吸储能力；抓客户，抓联动，以公贷、结算、现金管理等促公司存款增长。加快贷款投放，优化产品结构，零售信贷和小企业贷款齐发展，大力发展中间业务和电子银行业务，积极开展支行外拓活动，推进理财业务、信用卡业务及国债业务。加强贸易融资、资金业务等新型业务的发展，在做好各项传统业务的同时，寻求国际业务、票据业务等新渠道的发展。

【开展惠民便农服务】 始终坚持服务“三农”的战略要求，按照“深化改革、严控风险、稳中求进”的总体思路，深入研究农村客户的金融需求，通过联合开展“送金融知识下乡”“邮银理财”等主题宣传活动，把优质的金融产品和稳健的金融投资理念送至广大新农村市场，提高农村地区客户的理财意识。全年累计销售国债894万元、人民币理财产品1778万元，连续2年被中国人民银行龙游县支行评为“国债发行与兑付业务”先进单位。

【创新金融服务产品】 创新金融产品，通过“家庭农场贷款＋创新担保”提升现代农业服务能力。7月，通过在传统家庭农场贷款产品要素上进行“非传统抵质押担保方式相关要素调整”的上报申请，拓宽支行家庭农场贷款业务发展的客户面，净增家庭农场贷款14笔，合计金额1267万元。整合行内资源，分析客户需求，重点联动理财、国债、基金、信用卡、商易通等产品，为客户提供融资、投资、结算、理财、家庭消费、现金管理等全方位金融服务，扎实推进代收代付等业务，并对小企业客户推出“短期贷”业务，有效降低企业融资成本。

【强化内部管理】 结合支行实际，制定出台18项考核办法和管理类文件，有力地支撑和指导支行各项经营发展和精细化管理工作。组织开展各类专项检查与排查活动。开展民间借贷专项排查整治“回头看”和顶冒名贷款风险排查活动；与邮政方共同对辖内网点开展入库尾箱排查；牵头开展2015年防范打击非法集资宣传教育活动；协助市分行完成省分行组织开展的网点合规检查档案会审、反洗钱专项审计；查处违规行为，集中整改一批屡查屡犯的违规操作。坚持每季召开案件防控会议，组织学习最新案防知识，开展多种形式的应急预案演练，提高员工应对突发事件的现场处置能力。

【企业文化建设】 贯彻“以人为本”理念，积极开展文体活动。工会先后组织多次户外活动：“三八”妇女节组织女职工开展户外活动，4月组织员工游览三门源景区，母亲节组织员工携母参加户外活动，10月组织员工钓鱼比赛，11月组织员工开展游泳比赛，活跃员工的业余文化生活，为员工营造宽松、快乐的工作、生活环境。致力职工小家建设，先后建成溪口镇支行职工小家和支行员工健身活动场所，为员工生活提供便利。鼓励员工参加外部机构组织的各类比赛，积极参加龙游县金融系统“最美金融人”评选活动、龙游县金融系统“我与金融共成长”演讲比赛、衢州市金融系统书法比赛，为支行争得荣誉。加强党群队伍建设，认真开展“三会一课”基层党支部党员学习活动；结合“三严三实”专题教育活动，组织党员干部到十里坪监狱开展警示教育活动。加强政治学习，增强党员干部的理想信念、党性修养和道德品行，正确认识人生观、世界观、权力观、地位观和利益观，党员在员工中起到先锋模范作用，为员工做出表率。

（县邮储支行 诸葛芬）

浙江龙游义商村镇银行股份有限公司

【概况】 龙游义商村镇银行于2010年9月由义乌农村商业银行发起成立，注册资金1.6亿元。义乌农村商业银行的前身为义乌市农村信用联社，历史悠久，实力雄厚，2015年义乌农商银行存贷款总规模达到735亿元。龙游义商村镇银行在龙游县委、县政府、县人行、县银监办及义乌发起行的关心支持下，始终坚持立足龙游，坚定支农支小，努力服务龙游经济发展大局，积极履行社会责任。2015年，龙游义商村镇银行各项存款余额67227万元，各项贷款余额92007万元，存贷规模再创历史新高。开业5年来，共上缴税收3098万元，连续多年被评为龙游县经济贡献50强企业之一。2015年，先后推出义商借记卡、网上银行、手机银行、ATM机自助银行等服务项目。获龙游县“文明单位”荣誉，被中国人民银行衢州中心支行评为统计先进集体；总行营业部被评为文明规范服务三星级网点，湖镇支行行长徐辉获龙游县“最美金融人”称号。

【坚定支农支小】 大力推广5项费用全免的“义商”银行卡和网上银行业务，服务龙游广大百姓。“义商”借记卡开户4676户，网上银行开户1540户。加强基础客户服务，加大增户扩面工作力度，走村、入企、访户，送金融知识下乡，满足龙游百姓的金融需求。培育发展金融指导员，让客户经理更贴近农户，做好农村金融知识、新业务的宣传推广。架起金农桥梁，贴近群众，做百姓的伙伴银行。开发“农易贷”“薪易贷”“保易贷”“光伏贷”“美丽田园产业链贷款”系列信贷产品，满足百姓需求。委托专业公司开发客户经理业务绩效考核系统、柜员业务量考核系统、贷款利率定价系统、个贷系统，发挥科技支撑作用。

【强化文化兴行】 在中共龙游县委组织部和机关党工委的指导和帮助下，7月2日，中共浙江龙游义商村镇银行股份有限公司党支部召开成立大会，龙游义商村镇银行有了自己的党支部，党建工作有了新起色。为建立员工交流平台、丰富企业文化内涵，创办《义商家园》内部刊物，全年共刊出7期。推广内网平台及公众微信号的使用，丰富品牌建设和宣传载体的内容。举办“做人、做事、做业务”系列讲座，丰富员工的精神生活，促进员工交流学习。

【履行社会责任】 结对献爱心，开展公益活动。横

图128 龙游义商村镇银行湖镇支行行长徐辉（左2）荣获“龙游县最美金融人”荣誉

山支行、塔石支行与当地学校贫困学生结对扶贫，开展“义商伴你成长”活动。全行中层以上干部多次走进詹家镇詹家村，慰问年收入低于4600元的贫困户。挤出有限的办公经费，支持横山镇凌阁张村，帮助村民修建致富路；支持詹家村芝溪“五水共治”，让水更清，让景更美。与溪口镇寺下村联合举办中秋晚会，进行整村授信宣传，深入农村基层，为“三农”做好服务。

（龙游义商村镇银行 曹建明）

温州银行衢州龙游支行

【概况】 2015年，温州银行衢州龙游支行坚持“立足中小、立足地方”的经营宗旨，合规经营，积极拓展市场，各项业务取得较好成绩。支行各项存款余额27570万元，各项贷款余额58022万元。被衢州市精神文明建设委员会授予“文明单位”荣誉称号。

【创新金融产品】 围绕龙游县委、县政府“五水共治”中心工作，支持农村养殖户经营模式的转型升级，创新推出饲料直销贷款，给予饲料生产商第三方授信额度，由饲料厂选择直销合作的养殖户，解决养殖场属于集体土地房产无法抵押的难题，同时也解决在“美丽乡村”建设的大环境下农村养殖户转型升级

的资金需求。根据企业不同的资金周转需求，量身定制企业理财产品，有效利用企业闲置资金，提高企业资金利用率，并创新推出企业理财产品质押业务，满足不同层次中小企业的融资需求。

【努力处置和化解不良贷款】 2015年，支行不良贷款大幅上升，不良贷款客户达到16户。面对严峻形势，支行采取积极措施，采用多种形式与企业进行多次谈判、协商，达成转化方案，并上报审批。通过一年的艰苦努力，采取先易后难、部分瘦身的方法，取得一定成效。至年底，不良贷款客户减至11户，降低不良贷款3315万元（其中现金回收2347万元）。其中，通过以贷还贷方式转化2户，金额800万元；通过法院执行部分收回4户，金额380万元；由保证人承接1户，金额279万元；自购1户，金额108万元；变卖抵押人资产归还贷款1户，金额1748万元。对存量贷款进行不定期排查，重点关注列入“两链”风险的客户，发现风险隐患及时处置。全年退出风险客户3户，金额1260万元。对新发放的贷款严格把关，着重审查贷款用途，做到当年发放的贷款无逾期、无欠息。

【服务上市工作】 助力浙江再生方医药科技有限公司上市工作，新增法定代表人陈德轮贷款300万元，用于置换其上市公司贷款。为浙江亿洋工具制造有限公司上市新增贷款500万元。

【发展小微贷款】 在10辆农村公交车上宣传温州银行产品，并到城乡接合部的村驻点开展营销宣传，对重点乡镇制订营销目标，任务到人，确保每周都有员工到乡镇做营销宣传。创新贷款模式，在分行的指导下，创新养猪户的“直销模式贷款”，由总行授信1500万元，全年发放贷款10户，金额357万元，取得良好效果。加大贷款结构的调整力度，以小微和个人经营性贷款为主导，努力形成行业性、产业性、地域性目标客户群体。新增小微和个人经营性贷款116户，贷款金额7738万元。

【强化金融服务】 结合人民银行“金融知识普及月”“普及金融知识万里行”等活动，组织员工到塔石、溪口、詹家等乡镇开展针对性强、内容丰富的“送金融知识下乡”活动，向当地村民普及反假币、反洗钱、警惕非法集资等金融知识，增强民众金融保护意识。支行在张家埠村设立金融便利服务点，并派专员负责该片区农户的金融需求，深入开展普惠金融工作。开展各种形式的金融服务下乡活动30余次，使温州银行的产品和服务更加贴近农户，提升县域支行服务金融市场的能力。

【履行社会责任】 结对横山镇塔下叶村，认领清洁塘，组织员工参加“五水共治”活动，为美化城乡环境贡献一分力量。长期坚持与塔石雅村小学开展“献爱心，结对子”助学活动，认领学生的“微心愿”，为贫困学生送上学习用品及慰问金，让他们感受到社会大家庭的温暖。响应县政府号召，配合做好文明县城复评工作，到太平路及城北城乡接合部开展文明劝导、治污治乱工作，向市民倡导文明出行、爱护环境的环保理念。认真贯彻省委、省政府“全面消除家庭人均纯收入4600元以下低收入农户的贫困现象”的重大决策部署，配合龙游县委、县政府做好“消除4600”工作，开展一系列走访活动，定期组织员工下乡进村，给困难家庭送去爱心，为他们送去柴米油盐等日常生活用品，有序推进“消除4600”工作。

【企业文化建设】 每月坚持开展“服务之星”“技能之星”“核算之星”“营销之星”评选。设立“每月之星”表彰专栏，按月公布获得“每月之星”称号的人员名单，并在全行通报表扬。通过评比，激发员工“人人是明星，月月争明星”的激情，提高员工的综合素质，营造良好的工作氛围。通过定期开展员工登山、采摘等户外活动，丰富员工业余生活，促进员工之间的沟通交流，增强团队凝聚力和战斗力。

（温州银行衢州龙游支行 陶丰）

金华银行股份有限公司衢州龙游支行

【概况】 金华银行股份有限公司衢州龙游支行（简称“金华银行衢州龙游支行”）位于荣昌路577号，是一家股份制商业银行。自2012年10月25日开业以来，本着“服务是金，融通精华”的经营理念 ，坚持“立足地方、支持中小、服务市民、回报社会”的经营宗旨，坚持“中小企业主办银行”的市场定位，坚持差异化、特色化经营策略，积极拓展市场，各项业务取得较好的成绩。

【拓展信贷市场】 全年共发放贷款20814万元，其中项目贷款2000万元。该项目贷款不仅极大地支持了龙游地方经济和城市建设的发展，增强与公司及其他关联人的金融业务合作关系，从而提高该企业及项目对支行的综合贡献度。结合总行推出的新产品，加强与政府和保险公司的合作，开拓新的融资渠道，和财险公司签订小额保证保险合作协议。

【拓展中小企业客户】 支行致力于结合龙游经济实际及金融竞争态势，始终坚持“中小企业主办银行”的市场定位，贯彻“支农支小”信贷投向，坚持特色化、差异化经营，在激烈的市场竞争中谋发展。通过客户经理“进园区”“进企业”等多种活动，走访企业，做好上门营销。积极储备资源，建立客户信息库和目标客户库，随时更新内容。积极进行新产品、新业务的学习和推广。定期组织员工学习产品与业务知识，加强与客户的沟通和联系，及时了解支行个人存量经营户的经营情况和资金需求变化情况，做好服务工作，避免信贷风险。

【提供优质服务】 严格落实银行业“七不准”（即不准以贷转存、不准存贷挂钩、不准以贷收费、不准浮利分费、不准借贷搭售、不准一浮到顶、不准转嫁成本）和“四公开”（包括收费项目公开、服务质价公开、优惠政策公开、效用功能公开）要求，规范服务行为，大力倡导“买者自负、卖者有责”理念，充分尊重金融消费者的知情权和选择权，健全金融消费者投诉处理机制，切实加强对金融消费者的保护，杜绝乱收费。大力开展金融宣传，结合金融服务宣传月等主题宣传活动，积极组织开展支付结算、防范金融诈骗、防范非法集资、反洗钱、反假币等宣传活动，走进园区、厂区和社区，向广大企业主、个体工商户和市民宣传推广金融政策，推销特色产品。全年共开展集中宣传20余次，走访客户1100余人。深入塔石村开展“结对帮扶”工作，助推年收入低于“4600元”的低收入农户脱贫解困，共结对帮扶贫困农户5户。

图129 金华银行开展送金融知识进万家活动

【加强员工队伍建设】 强化人力管理，确保队伍建设。积极做好人员聘任工作，根据业务发展需要，组建一支综合素质强、业务水平高的员工队伍，引导员工积极参加各类考试，主动参与竞争上岗。按照人尽其才的原则进行岗位布局，把每位员工都放在最合适的位置上，发挥其最大作用。努力推进员工培训工作，有针对性地开展分级分类培训，根据员工的工作岗位、职位、身份性质的不同，制定有针对性的业务强化培训方案，不断提高员工的履岗能力。

（金华银行衢州龙游支行 赖印）

浙商银行股份有限公司衢州龙游支行

【概况】 2015年，浙商银行股份有限公司衢州龙游支行（简称“浙商银行衢州龙游支行”）围绕总行制定的“到2025年左右，成为最具竞争力的全国性股份制商业银行和浙江省最重要的金融平台”的“两最”目标，坚持全资产经营战略，强化创新推进与全面风险管理，各项业务快速协调发展。至年末，各项存款余额4.58亿元，各项贷款余额7.12亿元。

【服务地方经济】 将支行的工作着力点与县政府和银行监管部门的重点工作有机结合起来，切实增加对当地实体经济的信贷投入，助推龙游经济发展。创新融资模式，助力企业发展；践行普惠金融，真正将“普惠”进行到底，进社区、进市场、进企业，开展金融知识宣传。根据龙游经济特点，主推“三年贷”“便利贷”“随易贷”等特色信贷产品，满足不同客户群体的需求，有效破解小微企业的担保难题。为龙游国资公司、城投公司量身定做结构性融资产品，发放委托贷款3亿元，助力龙游经济建设。

【提升服务能力】 开展商务礼仪和服务技巧培训，提高员工服务技能。通过服务违规问题管理系统，员工可以将自查发现的问题及整改情况进行录入，提高服务意识。营业部员工每周进行一次技能测试，每月进行服务之星、技能之星评比，树立标兵。综合管理部每月对支行整体的服务情况进行突击检查或通过录像进行检查，提高整体服务质量。

【企业文化建设】 注重员工能力培养，通过新员工培训和产品业务培训，提升员工业务素质。通过中层干部周会、客户经理晨会等制度，细化工作目标，讨论工作案例，提高工作效率，增强政策执行力。关注青年员工的成长和发展，召开青年员工座谈会，了解青年员工的思想动态，帮助解决实际困难。注重团队

图130 浙商银行龙游分行召开青年员工座谈会

建设，组织员工参加登山比赛、演讲比赛、篮球比赛等文体活动，增强团队凝聚力。践行社会责任，组织员工参加大型公益助学活动——浙商银行“彩虹计划”，资助贫困学生，慰问孤寡老人，为他们送去温暖和关怀。

（浙商银行衢州龙游支行 朱敏）

浙江泰隆商业银行股份有限公司衢州龙游支行

【概况】 2015年，浙江泰隆商业银行股份有限公司衢州龙游支行（简称“泰隆银行衢州龙游支行”）继续秉承“小微企业成长伙伴”的市场定位，实践“最重要的是让您满意”的服务理念，贯彻“政府满意、监管放心、同业认可、客户信赖”的4个要求，努力使“泰隆模式”在龙游落地生根。2月11日，泰隆银行龙游湖镇小微企业专营支行开业；11月26日，泰隆银行龙游交易城社区支行开业，实现县域一家综合性支行带一家小微支行带一家社区支行的“1+1+1”模式。2015年，支行各项存款余额3.55亿元，较年初增加1.4亿元；贷款余额3.31亿元，较年初增加1.27亿元。

【着眼小微下沉服务】 自成立以来，支行坚持服务小微企业市场定位不动摇，传承落地泰隆模式。2015年，实现一般贷款户数1036户。从贷款额度来

看，所有贷款金额在500万元以下。年末有余额的一般贷款中，额度在100万元以下的贷款户数为1002户，占所有贷款户数的96.72%，余额2.33亿元；100万元（含）以上的一般贷款户数34笔，占所有贷款的3.28%，余额5513万元。

【凸显泰隆优势】 在信贷文化上，坚持“三品三表”（即人品、产品、抵押品；电表、水表、报关单表），破解信息不对称难题。在服务效率上，坚持“三三制”，打造高效便捷的“信贷快车”，满足小企业融资“短、小、快、急、频”的需求特点。在担保方式上，力推信用贷款和道义担保，打破抵押物不足导致的贷款难瓶颈。在营业时间上，早开门，晚关门，与小微客户作息时间保持一致。在营销方式上，开展一对一主动服务，提升服务质量和客户体验。在服务收费上，实行裸利裸费，让利客户，减费让利项目近40项。同时，除合同规定的利率外，决不搭售其他一切业务（如保险、理财业务等），让客户明明白白消费，没有任何隐性成本。在队伍建设上，高度重视廉洁自律，严格执行“双十禁令”“三九条令”等铁律，严禁员工拿客户一分钱、吃客户一顿饭，队伍的廉洁自律蔚然成风。

【实现金融服务与金融需求的无缝对接】 针对小微客户在转贷过程中资金周转出现困难，往往需要向资金中介临时借调高额转贷资金的实际问题，支行对生产经营正常、暂时出现流动性困难的小企业推出“接力贷”金融产品，对相关小企业不停贷、不抽资；暂停对中小企业的其他收费；不强行搭售其他产品。企业只需按规定办理银行贷款，支付原有利率，3天内，企业续贷流动资金就能实现“无缝对接”，确保企业正常资金流动的需求。“接力贷”产品有效推进金融支持实体经济的进程，完善对小微企业的金融服务。通过创新信贷方式和创新还款方式，实现还款与续贷的无缝对接，减轻小微企业融资成本，挤压高利贷生存空间，实现金融还款方式的创新。2015年，办理有余额的“接力贷”74笔，金额达2398万元。

图131 泰隆银行龙游湖镇小微企业专营支行开业

【全方位打造泰隆“家”理念】 打造平等、包容、尊重的“企业员工家文化”，倡导全员平等，提倡包容，彼此尊重。践行“传帮带文化”，要求管理者做好“心理医生”，成立各种社团和俱乐部，让员工快乐工作，快乐生活。推出员工旅游、“亲亲宝贝计划”、亲子假等富有“家”气息的一系列特色福利。打造公平、尊重、热情的“客户关系家文化”，以“德润其身，泰和共隆”为核心价值观，践行“善待客户”“最重要的是让您满意”的服务理念，实现与客户共成长。打造关怀、感恩、感动的“员工家属家文化”，首创“儿女上班,父母领薪”的“亲情A+B”福利制度，推出“FAMILY DAY（家庭日）”福利项目，提升员工父母的自豪感和对企业的认同感。打造精细、和谐、安全的“安全保卫家文化”，要求全体员工以支行为家，关心“家”里的点点滴滴，从小事做起，将安保工作落实到每个细节，做到人人参与、人人重视、人人有责。

（泰隆银行衢州龙游支行 徐奕）

中国人民财产保险股份有限公司龙游支公司

【概况】 2015年，中国人民财产保险有限公司龙游支公司（简称“人保财险龙游支公司”）始终以“人民保险、服务人民”为使命，做人民满意的保险公司。全年实现保费收入1.71亿元，占龙游财险市场份额的62.4%。连续多年获龙游县经济贡献50强企业，在县考核中获“满意单位”称号。获人保总公司“感动中国人保财险2015年度人物”荣誉，是系统内唯一一家获此殊荣的团队。

【政企合作】 作为国有企业，人保财险龙游支公司是政府项目的首席承办者。2015年，合作的项目有政策性农业保险、政策性农村住房险、政府公务用车保险、医疗责任保险、农村小额意外保险、校（园）方责任险、食品安全责任等多个保险项目。多年来，人保财险龙游支公司凭借雄厚的技术力量和优质的承保、理赔服务获得政府部门、社会各界的好评。

图132 2015年度龙游县农口系统会议在人保财险龙游支公司召开

【合规经营】 公司坚持“合规经营、有效发展”的经营宗旨，严格按照中国保监会、浙江省保监局的各项管理规定，开展各项保险业务。建立、健全各项管理制度，定期组织召开县域内同业合规经营会议，促进龙游财产保险市场、行业的健康发展。

【回馈社会】 人保财险龙游支公司不忘承担社会责任，做有担当的国有企业。2015年，与县政府、县财政局共同推出小额贷款保证保险，一定程度上缓解了全县种植业、养殖业、家庭农场等小微企业的融资难题。4月24日，与龙游县委组织部、县委宣传部、县知联会共同举办的“龙游情怀”丛书捐赠仪式暨第二届全民读书节在北辰小学正式启动。 8月13日，人保财险龙游支公司举行“龙游大妈”自愿服务群体服装捐赠仪式，共捐助印有“人保财险”字样的T恤450件。8月31日，由龙游县委宣传部、县委统战部、湖镇镇人民政府举办的“纪念抗战胜利70周年进礼堂”暨关爱抗战老兵启动仪式在湖镇镇地圩村文化礼堂隆重举行，人保财险龙游支公司作为协办单位出席该次活动。人保财险龙游支公司积极参与 由县机关工委等部门组织的“我志愿·我最美”文明劝导活动。通过参与一系列的社会公益活动，进一步提升为龙游经济、社会发展服务的功能。

（人保财险龙游支公司 童晓东）

2011—2015年度人保财险龙游支公司基本业务比较

表35

年份	保费收入（万元）	比上年增长（%）	处理案件（件）	支付赔款（万元）
2011	7744	25.80	7068	5276
2012	9535	23.13	11708	8279
2013	11457	20.16	13021	9872
2014	15536	35.60	15012	12187
2015	17119	11.01	25062	14106

中国人寿保险股份有限公司龙游县支公司

【概况】 2015年，中国人寿保险股份有限公司龙游县支公司（简称“中国人寿龙游公司”）坚持服务社会经济发展大局，以人为本，甘于奉献，为“应对危机、保稳促调”提供保险服务，充分发挥大公司的主渠道优势，为推进社会和谐发展发挥积极作用，实现社会效益与企业利益的双赢。公司各部门充分把握市场脉搏，整合资源，各项业务稳健发展，共达成保费1.22亿元，占龙游寿险市场份额的48.86%。

【政保合作有序进行】 有序推进工伤生育保险，合作成效显著，深受龙游县政府和参保单位的好评。继工伤生育保险合作后，城镇职工大病续签及县就业局高校毕业生就业见习基地建设也进一步强化。通过3年运作，政保合作新模式已趋于成熟，公司将继续与龙游县政府深化政保合作，探索搭建社会保险多险种政保合作综合服务平台，完善城乡居民社会保障体系，让更多的老百姓得到实惠。

【发挥保险经济补偿作用】 国寿保险的保单多数具有保单借款功能，保单持有人在借款的同时，不影响保单的保障与收益功能。近年来，公司为帮助小微企业解决资金困难，积极开展各项保单质押借款业务，全年保单借款金额达到4500多万元，有效缓解客户的资金困难。同时，公司及时支付各类满期金及养老金3000万元，支付死亡伤残赔款及各项医疗赔付1250余万元。在理赔工作中，做到“不惜赔、不错赔”，充分发挥保险保障作用，全面保护客户保险利益，为龙游的经济发展尽一份责任。

图133 中国人寿保险股份有限公司龙游县支公司

【保险业吸收就业能力凸现】 至年底，公司有在职员工346人，其中在编员工31人、劳务合同工3人、营销员312人。公司每年都要吸纳部分高校毕业生成为公司的职业经理人，在夯实公司发展基础的同时，妥善安排社会富余劳动力，缓解地方就业压力，助推龙游的社会稳定。

（中国人寿龙游支公司 席燕飞）

2011—2015年度人寿保险龙游县支公司基本业务比较

表36

年份	保费收入（万元）	比上年增长（%）	短期险保费（万元）	处理赔案（件）	支付赔款（万元）
2011	8680.0	−22.54	889.06	2199	631.4
2012	9167.28	5.61	813.55	2531	819.15
2013	10017	8.48	1087	2061	903.87
2014	12600	20.5	1262	2479	999.27
2015	12206	−3.22	1345	2500	1250

2015年度龙游县保险公司基本情况

表37

保险公司名称	公司地址	业务类型	法人代表
中国人民财产保险股份有限公司龙游支公司	太平西路182号	财产保险	詹春林
中国太平洋财产保险股份有限公司龙游支公司	环河步行街5号	财产保险	王震
天安保险股份有限公司衢州中心支公司龙游营销服务部	龙翔路253号农机大楼2楼	财产保险	蓝晓斌
中华联合财产保险股份公司龙游支公司	远洋现代城4号楼1楼	财产保险	毛贵荣
平安财产保险股份有限公司龙游县营销服务部	太平西路525号	财产保险	许琳
永安财产保险股份有限公司衢州中心支公司龙游营销服务部	龙洲路328号	财产保险	陈德鸿
中国大地财产保险股份有限公司衢州中心支公司龙游支公司	衢龙路20号东	财产保险	林深
安邦财产保险股份有限公司浙江分公司龙游营销服务部	鹏程路25号	财产保险	方益宏
阳光财产保险股份有限公司龙游支公司	衢龙路429号	财产保险	李晓娟
中国人寿财产保险股份有限公司龙游支公司	岑山路3号	财产保险	唐颖芬
中国人寿保险股份有限公司龙游支公司	兴龙北路36—54号	人寿保险	尤激扬
中国太平洋人寿保险股份有限公司衢州中心支公司龙游营销服务部	幸福路55号2楼	人寿保险	林敏
泰康人寿保险股份有限公司浙江分公司龙游支公司	谷水路19号3楼	人寿保险	何素英
新华人寿保险股份有限公司龙游营销服务部	环城西路144号4楼	人寿保险	何雪红
民生人寿保险股份有限公司龙游营销服务部	太平西路1号4楼	人寿保险	徐敏芬
农银人寿保险股份有限公司浙江分公司龙游营销服务部	龙翔路253号农机大楼4楼	人寿保险	贺艳艳
合众人寿保险股份有限公司龙游营销服务部	荣昌路148号广和大厦商务楼6楼	人寿保险	邵胜
中德安邦人寿保险股份有限公司浙江分公司龙游营销服务部	荣昌广场广信商务楼801室	人寿保险	曾淑珍
中国平安人寿保险股份有限公司衢州中心支公司龙游营销服务部	太平东路10号4楼	人寿保险	张少聪
生命人寿保险股份有限公司衢州中心支公司龙游营销服务部	鸿图路远洋现代城5号楼5-2-4	人寿保险	高君
信泰人寿保险股份有限公司龙游县支公司	火车站广场西侧副楼4楼	人寿保险	朱志松
华泰人寿保险股份有限公司浙江分公司龙游支公司	荣昌大道以北华昌大厦7楼	人寿保险	黄霞
阳光人寿保险股份有限公司龙游县支公司	环城西路144号	人寿保险	王亚俊
中国人民人寿保险股份有限公司龙游支公司	太平西路25号楼4楼	人寿保险	郑川锋

经济管理与监督

概　述

2015年是“十二五”规划的收官之年，也是“十三五”规划的谋篇布局之年。龙游县主动顺应经济发展新常态，准确把握新常态下速度换挡、结构优化、动力转换等特点，始终保持清醒头脑，主动应对各种困难和复杂局面，变压力为动力，化不利为有利，抢抓机遇,坚定信,克难前行，推动龙游经济再上新台阶。立足龙游实际，精准定位产业发展方向，加快主导产业培育，壮大实体经济，引导特种纸、装备制造等现有特色产业做大做强、做精做深，加大绿色食品饮料、高端家具制造、生物科技及新材料等新产业引进力度，促进产业结构优化升级。出台企业综合效益分类排序、城镇土地使用税分类分档奖励等政策,突出扶优扶强，推动工业转型发展。节能减排完成上级下达任务。县域经济在转型升级中平稳增长。

发展和改革管理

【概况】 2015年，龙游县发展和改革局在县委、县政府的正确领导和上级发改部门的指导下，主动适应经济发展新常态，突出转方式、调结构，着力抓重大政策争取、重大项目实施、重点改革推进、重大规划编制和重点课题研究，推动发展改革工作取得新突破，全县经济社会保持平稳较快发展。

【综合谋划】 面对经济下行压力，加强运行形势研判和经济政策预研，强化经济运行分析，密切关注全县经济运行走势，针对经济运行和项目推进中存在的突出问题，提出有效对策和建议，供县委、县政府决策参考。注重调查研究，对接新形势、新常态，抢抓新机遇，抓实《龙游县“十三五”发展基本思路研究》《龙游县国民经济和社会发展第十三个五年规划纲要》的编制工作。对25家工业企业和10家服务业企业运行情况进行监测，每月对投资运行和重点项目推进情况及时进行分析，《2015年龙游县工业企业问卷调查分析报告》每季度均被省发改委、经信委季度企业监测报告汇编采用。结合龙游县2014年经济运行情况和2015年发展形势分析，立足经济新常态，科学编制2015年度龙游县国民经济和社会发展计划报告，合理确定主要发展指标，经县十二届人大四次会议审议通过并印发执行。

【项目谋划】 编计划，定目标，印发实施2015年度龙游县“四重双百”重点项目计划、县“大干项目、干大项目”领导干部“三挂”活动计划、政府性投资项目计划及县“四重双百”重点建设项目推进分月投资及形象进度节点计划等，实现乡镇（部门）任务明、目标清，为其早安排、定措施，圆满完成目标任务打下良好基础。年度安排“四重双百”重点建设项目244个，总投资706.6亿元，其中实施类项目134

个，年度计划投资104亿元；前期类项目110个，年度计划投资17.96亿元。充分发挥财政资金“四两拨千斤”作用，安排政府性投资项目94个，总投资76.09亿元，年度投资25.35亿元。编制县“十三五”重点建设项目规划，按照申报汇总、分线深化、认证决策等3个阶段推进，初步纳库重点建设项目155个，估算总投资1160亿元，“十三五”计划投资740亿元，为“十三五”持续稳定增长提供项目支撑。开展以“比潜力，看谋划”为主题的“龙游好项目”谋划竞赛活动，龙游城市第三自来水厂、城区绿道一期工程等10个项目被评选为2015年度“龙游好项目”。

【项目推进】 坚持把县“四重双百”重点建设项目作为“保稳促调”工作的主要抓手，在2014年基础上完善“五项竞赛”、领导干部“三挂”活动、重点项目推进“周协调、月督办、月通报”等工作机制，开展“夏季会战”，完善考核奖励机制，形成稳增长的强大合力，及时破解影响项目推进的难题，确保一批项目顺利落地开工建设，并得以快速推进，实现投资平稳增长。全年完成全社会固定资产投资144.96亿元，同比增长14.2%，增速居于衢州市各县（市、区）前列。按照2015年“四重双百”重点建设项目计划、政府投资项目计划的要求，开展项目审批、项目核准（备案）等管理工作，主动服务项目业主，全年完成审批、核准、备案项目132个共计147件次，并予以公开。加强政府性投资项目管理，严控项目“三超”（即超工期、超概算、超标准）“三边”（边规划、边设计、边施工）和设计变更频繁现象，全年累计对110余个项目合同进行变更审批与备案。

【项目对接】 加强政策研究，细化项目包装，积极对接争取，全年共有吉恒家居年产2万套红木家具制造基地等11个项目先后列入省重点建设项目，新增数列各县（市、区）首位。国际家居建材城、六春湖运动休闲区等2个项目列为浙江省重大服务业项目。维达纸业三期工程等5个项目列入2015年浙江省扩大有效投资“411”（即推进万亿产业转型升级工程、万亿基础设施完善工程、万亿统筹城乡建设工程、万亿公共服务提升工程等“四大万亿”工程，建设1000个以上省重大项目，带动全社会固定资产投资超过10万亿元）重大项目计划。龙游县城市污水处理厂二期改扩建工程等24个项目共争取上级补助14660万元，其中龙游县灵江家苑安居工程配套基础设施建设工程获中央预算内资金补助2000万元。龙游县棚户区改造项目列入浙江省2015年专项建设基金项目，获上级3000万元资金支持。“年年红”特色小镇争取土地指标20公顷。高坪桥水库工程入选国家发改委第一批PPP推介项目计划，并与六春湖养生运动休闲区等2项目同时列入省级示范项目库。

【特色小镇】 省长李强在省十二届人大三次会议所作的政府工作报告中提出：要在全省要加快规划建设一批聚焦七大产业、兼顾丝绸黄酒等历史经典产业、有独特文化内涵和旅游功能的特色小镇。龙游县在特色小镇谋划争取中顺势而为，吃透政策，工作成效显著，先后谋划年年红·红木小镇、新加坡风情小镇（龙游颐怀园生态健康休闲谷）、高山运动小镇、开启能源小镇、龙游商帮小镇、竹海风情小镇、天池富硒小镇、三门源生态民俗文化小镇、温泉小镇、汽车拉力小镇10个特色小镇。其中，红木小镇成功列入省第一批37家特色小镇创建名单；新加坡风情小镇已签订正式投资协议，组建了项目推进领导小组，并已开展项目政策处理工作。

【规划编制管理】 重点专项规划编制成果丰硕，全年共安排55项规划编制计划，其中，有“十三五”重点专项规划16项、城乡规划21项、部门专项规划18项。15项“十三五”重点专项规划均已完成初稿，重点建设项目、水利发展、交通运输、电力发展、气象防灾减灾、基础测绘、现代农业发展等7项规划已完成送审稿。

【新能源发展】 实现新能源产业重点突破。华电天然气热电联产工程已投产试运行；龙游工业园区30MW（兆瓦，Medium Wave的字母缩写）分布式屋顶光伏发电项目一期10MW已并网，二期20MW屋顶正在落实；

城南工业区60MW分布式屋顶光伏完成项目备案；省级天然气管网龙游支线和华电电厂专线已正式通气，中石化成品油管道工程主体已完工；新奥燃气公司完成城市门站及天然气连接线项目建设。5月，由县发展改革局牵头，组织开展全县石油天然气管道安全保护工作培训，乡镇、部门、企业等近百人参加培训；7月底，完成油气管道安全应急演练，乡镇、部门、企业等近百人参演。做好湖镇镇新能源示范城镇创建工作，家庭光伏、分布式光伏部分屋顶已落实，湖镇镇客路村30MW地面电站已开始表面清理。印发实施《龙游县可再生能源发展专项资金管理暂行办法》，落实新能源示范城镇农户和企业屋顶光伏发电项目投资方。

【循环经济推进】 建立循环经济项目储备库，浙江荣龙纸业年产2.5万吨灰纸板生产线、龙游旭光新建年产300套激光再制造瓦楞辊生产线列入浙江省循环经济“991行动计划”2015年实施项目。积极应对气候变化，6月，制定《龙游县2010—2014年温室气体清单编制工作方案》，明确组织机构、主要目标、工作机制、责任分工及工作保障，并于11月完成龙游县2010—2014年温室气体排放清单编制，同时，组织19家重点企业开展温室气体排放报告编制。

【城镇发展战略】 深化中心镇改革与发展，把中心镇建设作为县新型城镇化建设的重要突破口。湖镇镇、溪口镇获2015年浙江省中心镇培育专项补助资金290万元，按照《龙游县中心镇建设专项资金补助项目管理办法》，编制年度专项资金分配方案，对11个符合扶持政策的项目给予专项补助。

【投资管理体制改革】 优化行政审批效能，全面开展政务服务“四单一网”梳理工作，初步完成权力清单梳理，保留权力事项39项。完成非行政许可事项清理，20项，其中取消1项、合并12项、调整7项（其中调整至其他行政权力3项、审核转报4项）。公务用车改革前期工作按省市要求稳步推进。加强项目投资管理，优化调整政府核准投资项目的审批流程，取消项目服务联系单制度。

【农村“两险”推进】 稳步推进农村两项政策性保险。政策性农业保险大户和农村住房保险参保率已分别达到90%。政策性农业保险实现保费收入4755万元，全年累计理赔1458万元；政策性农村住房保险实现保费收入97.4万元，累计理赔48.9万元，为促进农业增产、农民增收与农村稳定做出积极贡献。

（县发展和改革局 韩彬）

市场监督管理

【概况】 2015年，龙游县市场监督管理局牢牢把握机构改革主线，紧紧围绕县委、县政府的工作部署，以改革提质为动力，以实干促融为抓手，狠抓食药安全与特种设备安全，维护市场经济秩序，服务经济发展，各方面工作取得明显成效，圆满完成各项工作目标。多项工作获各级领导批示肯定，其中整合消费投诉平台、努力创新消费维权新机制工作得到省工商行政管理局的充分肯定。被评为2015年度浙江省基层市场监管（工商）部门创先争优绩效评价优胜单位。

图134 浙江省食药局局长朱志泉到龙游伊利乳业调研

【机构改革】 6月30日，龙游县质量技术监督局并入龙游县市场监督管理局。11月10日，龙游县人民政府办公室印发《龙游县市场监督管理局主要职责内设机构和人员编制规定》，将原龙游县质量技术监督局的职责划入龙游县市场监督管理局。

【质量强县工作】 5月2日，组织召开全县质量强县建设工作会议，与相关部门、乡镇（街道）签订2015年质量工作目标责任书，分解落实质量考核工作责任。出台2015年质量强县行动计划和质量工作考核办法，进一步明确责任分工，夯实工作基础。对照市政府制定的考核办法和质量工作考核评分细则，多次召开迎检工作碰头会，牵头做好质量工作责任分解和相关资料的收集与汇总，做好迎检准备工作。12月8日，顺利通过衢州市政府质量工作考核组对龙游县2014—2015年度质量工作的考核，质量工作成效得到考核组的充分肯定。

【服务市场主体】 继续深化商事登记制度改革，落实放宽准入的举措，根据省、市、县“四张清单一张网”（指政府权力清单、企业投资负面清单、政府责任清单、省级部门专项资金管理清单和浙江政务服务网）的总体部署,对行政审批事项进行全面梳理，快速推进“五证合一”（“五证”指营业执照、组织机构代码证、税务登记证、社会保险登记证和统计登记证），实现“一表申请、一窗受理、一次告知、一份执照”，积极鼓励发展“众创”空间，市场活力和发展动力得到进一步激发。至12月底，全县共有各类市场主体22370户，新开业3169户。其中新发展个体工商户2414户，新增注册资本5.4亿元；新发展民营企业641户，新增注册资本24亿元。

【推动企业转型升级】 以“小微企业三年成长计划”为载体，强力推进“个转企”提质扩面，开展“市场监管干部连小微企业”服务活动，共走访企业370家，跟踪对接服务企业261家，建立一户一册的新设企业活跃度档案157家、七大重点产业企业培育档案36家、重点区域企业成长档案68家。至12月底，共完成“个转企”126户，其中公司制企业104家，占转型升级总数的82.54%；完成个人独资企业转型升级为公司制企业的二次转型5家。拓宽融资渠道，企业出质股权1亿元，办理债权担保3.93亿元；开展动产抵押，全年为企业办理动产抵押登记78份，抵押合同金额20.12亿元。

【推进品牌战略】 围绕“浙江制造”，深入推进全县质量工作和品牌战略。以政府质量奖和小微企业三年成长计划为载体，不断推进“三名”工程，通过认真筛选，组织4家企业开展浙江省及衢州市著名商标申报培育；推动8家企业导入卓越绩效模式等先进质量管理方法，并推荐1家企业、1位个人争创2015年度衢州市政府质量奖；组织3家企业开展浙江名牌产品申报（其中新评2家）、组织16家企业开展衢州名牌产品申报；浙江龙游溪口吴刚茶厂的“吴刚”商号荣获2015年度浙江省知名商号；浙江托泰电器有限公司的“TOT”商标成为衢州市首个以小微企业名义申报并取得成功的浙江省著名商标；浙江德辉食品有限公司被浙江省质量技术监督局、省教育厅授予“浙江省中小学质量教育社会实践基地”称号，成为全县第一家、衢州市第二家省级中小学质量教育社会实践基地。至年底，引导企业新注册商标115件，全县商标总存量达2390件，其中中国驰名商标2件、证明商标3件，浙江省著名商标26件，衢州市著名商标63件。

图135 县市监局开展“送标准到梨园”活动

【标准化工作】 县市场监管局通过上门指导，不断提高企业采标率（“采标”是采用国际标准和国外先进标准的简称，是指将国际标准或国外先进标准的内容进行分析研究，不同程度地转化为国家标准并贯彻实施）。至年底，全县制造业规上企业采标率达到50.7%。推动标准提升，完成《黄花梨生产技术规程》省级地方标准修订、《志棠白莲生产技术规程》县级地方标准制订，助推《山塘小水库洁水养殖技术规范》县级地方标准规范上升为市级地方标准规范；制订《生猪排泄物综合利用技术规范（征求意见稿）》县级地方标准规范，为打造龙游县“四大模式”升级版做出积极贡献。积极推广生态农业大循环的“开启模式”，在衢州市召开的全国生态循环农业现场交流会上，现场介绍“开启模式”，得到农业部、省政府主要领导的充分肯定。指导3家企业参与2个国家标准、2个行业标准的制订与修订工作，提高本地企业的市场话语权；指导10家企业的29项企业标准在企业产品标准信息公共服务平台上进行自我声明公开，有效简化企业产品标准备案手续，提高备案效率。

【助推市场提升发展】 围绕新建一批、改造一批、提升一批的思路，重点推进龙游国际建材家居城（续建）、龙游金属贸易物流城（一期）2个市场项目建设工程。以保障和改善民生为重点，通过放心市场创建活动，全面提升农贸市场的建设、管理和服务水平，巩固农贸市场改造提升成果，推进农贸市场的软硬件升级、长效管理和业态创新。积极融入县委、县政府“四重双百”重点工作，全程对接、专项服务龙游金属贸易物流城（一期）项目，全面完成计划目标。2015年，全县各类商品交易市场贸易成交额达57.24亿元。

【食品安全基层网络建设】 2月13日，组织召开全县食品安全工作会议，由县政府与15个乡镇（街道）及相关职能部门签订食品安全目标管理考核责任书；出台《2015年食品安全工作要点》《2015年度食品安全工作考核细则》，将食品安全目标任务层层分解落实。逐步完善协管员报酬保障机制，部分乡镇（街道）建立了配套保障机制；进一步完善基层监管工作机制，出台《龙游县食品安全协管员管理办法》《龙游县食品安全协管员考核办法》，明确协管员配备、考核培训、日常管理等的具体规定；强化对基层协管队伍的业务培训，针对食品安全协管员日常巡查工作及农村集体聚餐备案指导工作开展专门培训，全年培训3408人次；同时，印发食品安全协管员工作台账以及各类食品安全读本9000余份。

【食品安全监管】 深入开展食品安全专项整治和隐患排查，突出重点行业、重点企业和重要时段，组织开展食品安全风险隐患大排查、大整治，扎实推进肉品、水产品百日会战和餐桌治理三年计划等专项行动，共出动执法人员2507人次，排查相关经营单位2264个次，销毁问题食品1623.92公斤，抓获涉嫌生产、销售不符合安全标准食品的犯罪嫌疑人4名，由公安部门刑事立案1起。积极探索“两小行业”（小作坊、小餐饮）分类监管，向县政府提交《关于推进无证无照餐饮分类处置的报告》，提出分类处置措施，获县长刘根宏重要批示，餐饮单位取证率由整治前的56.5%上升至83%，有效改善餐饮业无照经营难题；多措并举，对小作坊进行理清，在全市率先开发“小作坊许可业务软件”，落实食品生产企业质量安全主体责任，小作坊监管工作得到衢州市市场监督管理局的充分肯定，并在全市加以推广。

【药品医疗器械监管】 强化药品医疗器械监管，抓实新修订药品GSP（“GSP”是“药品经营质量管理规范”的英文缩写）认证，共认证企业80家，其中整改后通过15家，3家企业因达不到新版GSP认证要求被关停。抓实医疗器械回头看工作，加强对经营使用单位重点环节、重点品种的检查，重点查看隐患排查后的整改措施落实情况；抓实日常监管工作，深入开展全县药品医疗器械专项整治，对全县120家药品经营企业、384家医疗机构、21家器械经营企业进行专项检查，开展专项抽检151批次，发现不合格药品2批次。进一步完善药品不良反应监测和报告体系，注重制度考核和宣传培训，建立县级医院、乡镇卫生院、社区卫生服务站、零售药店四级监测网络，全年上报药品不良反应报告506份，其中新的、严重的报告为257份，占全部报告比例的50.80%；医疗器械不良事件报告90例。

【特种设备安全监管】 围绕“安全第一，预防为主，综合治理”的工作方针，牢固树立“红线意识”，扎实有效地开展特种设备安全监察工作。大力推进特种设备安全主体责任落实，狠抓特种设备安全隐患排查整治，推进分级分类监管，强化特种设备安全监察防控体系。全年出动执法人员528人次，检查特种设备使用单位176家次，监督特种设备安装过程40余起，发现一般隐患52条、重大隐患15处，下发安全监察指令书15份，隐患整治率达100%。

【市场秩序整治】 坚持依法行政，加大重点领域的执法力度，深化食品安全、特种设备事故隐患的排查和治理，协调锦绣龙城完成18台不合格电梯的整改，确保群众生命安全，食药安全风险管控工作获县政法委书记的批示肯定。紧紧围绕县委、县政府“平安龙游”“五水共治”“三改一拆”等中心工作，开展蓝剑系列、打非治违、无证无照百日会战等专项执法行动，补办营业执照744份、餐饮及食品流通等许可427份，城区无证无照经营状况明显改善。保持对非法传销的高压态势，会同公安等部门开展打击传销行动10余次，出动执法人员200人次，捣毁窝点38处，查获传销人员276人次。其中解救被困人员7人、刑拘14人、行政处罚34人；抓获传销骨干6人（其中A级头目1人、B级头目2人、C级头目3人）。全年立案查处各类违法案件167起，其中大案、要案25件，罚没款69.2万元。

【消费维权】 继续完善“四民四网”（即立足民生，建立民生服务网；畅通民意，建立民意畅通网；了解民情，建立民情信息网；维护民权，建立民权保护网）工作模式，围绕“3·15”主题活动，深入开展普法宣传，发放宣传资料1万余册。开展“回头看”活动，进一步推进“12315”消费维权服务站建设。建立消费维权短信平台，健全消费维权网络。整合举报投诉热线，对外公布举报电话“2812315”，实行统一接听、统一受理，并规范、合并非电话类的网络、传真、信件等其他举报渠道，实现举报投诉渠道的全面整合。全年受理消费者投诉、举报、咨询432件，解决率为100%，其中成功调处万元以上消费纠纷6起，累计为消费者挽回经济损失20余万元。

（县市场监督管理局 叶凌豪）

2015年度龙游县新增的浙江省著名商标

表38

商标名称	商标标识	商标注册证号	类别/商标实际使用商品或服务	企业名称（商标注册人）
克里特	克里特®	3419032	7类/泵（机器）、阀（机器零件）、压力阀（机器部件）	克里特集团有限公司
TOT	TOT	6306632	9类/电开关，插头、插座及其他接触件	浙江托泰电器有限公司

2015年度龙游县上报延续确认的浙江省著名商标

表39

商标名称	商标标识	商标注册证号	类别/商标实际使用商品或服务	企业名称（商标注册人）
方山		5993548	30类/茶、茶叶代用品	龙游县方山茶厂
王字牌		1410589、1063096	16类/印章、印油	浙江科力印业新技术发展有限公司
腾龙		339315	19类/竹胶板	浙江腾龙竹业集团有限公司
浙铁		5386818	19类/铁路用非金属枕木、建筑石料、非金属预制件等	光明铁道控股有限公司
海伦		763797	16类/印刷纸、纸板、印刷涂料原纸	浙江省龙游云丰纸业有限公司
燕荡山		324363	19类/水泥	浙江青龙山建材有限公司

2015年度龙游县新认定的衢州市著名商标

表40

商标名称	申请认定商标标识（电子版）	商标注册证号	类别/申报商标实际使用商品或服务（不超过三件）	企业名称（商标注册人）
善蒸坊		9858523	30类/面粉制品、谷类制品、以米为主为零食小吃等	浙江德辉食品有限公司
舜浦纸业		9933453	16类/彩色棉纸、工艺编织纸、装饰纸	浙江舜浦纸业有限公司

2015年度龙游县申报延续的衢州市著名商标

表41

商标名称	申请延续确认商标标识（电子版）	商标注册证号	类别/申报商品或服务实际使用（不超过三件）	企业名称（商标注册人）
凯丰		4461591	34类/香烟过滤嘴、卷烟纸、水松纸	浙江凯丰新材料股份有限公司
唯鲜		1474292	29类/火腿、肉、猪肉食品	浙江龙游唯华火腿食品有限公司
南海石窟		1575773	33类/黄酒、烧酒、果酒	龙游县荣光酒厂
冰欣		7379454	16类/牛皮纸板、纸箱、卫生纸	龙游县金龙纸业有限公司
光明铁道		5911434	19类/发光铺路材料、建筑石料、水泥电杆	光明铁道控股有限公司
kcyst		5200617	6类/金属阀门、金属水管、金属管头接头	凯斯通阀门有限公司
克里特		3419032	7类/泵（机器、发动机或马达部件）、压力阀（机器部件）	克里特集团有限公司
田野		1611182	29类/蛋、皮蛋、咸蛋	龙游县田野家庭农场

国资管理

【概况】 2015年,龙游县国有资产管理委员会（简称为“县国资委”）主动适应经济新常态，围绕“建机制、盘存量、推重组”的工作目标，全面深化国资、国企市场化改革，为经济社会转型跨越发展注入强劲动力。10家核心公司年经营收入达4.11亿元，向财税部门上缴税费1.07亿元，其中税收5657万元、土地出让金2402万元、房租收入2386万元。县国资委获2015年度衢州市国资系统先进单位，被评为龙游县年度工作先进单位、县政协提案办理先进单位。

【国资市场化改革】 国资公司重组完成后，推出水务、奔康、交投、城投、商贸、文旅6家公司进行市场化改革，通过政企分离、高管选聘、人员分流、清产核资，把6家公司的公共服务职能、出资人监管职能和市场化主体职能分离，转变为市场化运营的企业，实现“四自”发展，自主经营、自负盈亏。

图136 与外县（市）考察团进行工作交流

【顶层设计】 牵头起草《关于推进龙游县国资改革的若干意见》，并经县委、县政府常务会议审议通过，同时配套设计人事管理、工资总额预算管理、经营业绩考核及薪酬管理、财务管理、投资项目管理5项管理办法，构建龙游国资运行、监管“1+5”政策体系。明确以加快市场化改革步伐、优化国有资本布局、完善现代企业制度和国有监管体制为重点，推进国有资本运作市场化、证券化、社会化，实现国有资本布局结构显著调优、国有企业制度更加健全、国有经济保障民生贡献显著增强、国有监管体制更加完善的改革重点、改革方向和改革目标。

【优化资产池】 针对原国有资产散乱、闲置的问题，以动产和不动产为资产切割标准，理清国资与财政责任主体关系，国资委承担全县不动产管理责任，逐步将分散在各部门的不动产全部纳入国资委统一监管，全县69个单位的2162宗资产均移交到资产池，池内资产实施分类监管，经综合考量后，确定“留、拆、卖”对象，确保国有资产价值最大化。“留”一批，将一部分资产作为行政性办公用房，另一部分则作为经营性资产，实行市场化统一竞标出租，544宗资产公开招租后，租金收入比原来增加56%；打通经营性资产与行政性资产的转换通道，通过办公楼搬盘，为经营性资产的转变腾出空间。“拆”一批，将一部分用于旧城“搬盘”、功能疏解和有机更新，另一部分则用于建设公共停车场，至年底，共拆除破旧厂房7.6万平方米，建设临时停车场3.4万平方米，增加停车位近900个。“卖”一批，及时处置变现101宗增值空间有限的资产，收入达1.69亿元。同时，对历年积压的47亿元已完工的项目，集中精力开展项目结算。通过资产集中整合和统筹利用，大量无效资产转变为有效资产，低效资产转变为高效资产。

【做大资金池】 多年来，龙游县国资核心公司存量资金年均约5亿元～6亿元，散落于数十个账户，效率低，效益差，成本高。针对这个问题，制定出台《龙游县国有公司资金集中管理办法》，将国资公司各类资金汇集至母公司，形成“资金池”，汇“小水坑”为“大水池”，充分发挥“资金池”的资金调剂使用，提高资金周转效率。自“资金池”运行以来，共有入池单位30家、入池账户66个，平均资金归集率达80%，资金周转率为320%，压缩信贷资金3.7亿元。优化“借、用、存”计划，提高“池内”资金收益率，如对银行类经营机构进行公开招标，以实惠的日利率计算利息；或通过购买理财产品，增加收益，两部分理财年收益就达2000万元以上。

图137 龙游县国资委组织青年干部参加志愿者活动

【发挥投融资优势】 以“保证需求，合理融资”为指导思想，实行融资项目库，发挥国资投融资优势，保障政府性项目顺利推进。2015年，就城南综合市场置换、中北公司工行低丘缓坡项目贷款、棚户区改造项目资本金贷款、灵江家苑安居工程、污水处理厂、翠竹小区等与各部门各单位进行对接，协助落实贷款共计11.47亿元。创新融资渠道，通过股权投资，融资3000万元，利率为1.2%。

（县国资委 周小水）

2015年度龙游县国有公司基本情况

表42

公司名称	公司地址	成立时间	经营业务	法人代表
龙游县国有资产经营有限公司	龙游县财政大楼（莲湖公园旁）	2003.08	一般经营项目：国有资产经营、管理，机动车安全技术检验、房地产开发、土地开发咨询服务	周文婷
龙游县中发农业投资有限公司	龙游县龙洲街道幸福路148号	2007.04	农业发展项目投资、开发项目投资、水利发展项目投资、粮油生产基地项目投资	胡林华
龙游县中北实业有限公司	龙游工业园区金星大道	2011.03	农业开发项目投资、土地开发咨询、建材、金属制品销售、低丘缓坡开发项目的投资与服务、特种纸技术研发服务	黄超
龙游县兴业经济发展有限公司	龙游县城南工业区开发大道	2000.05	土地开发、咨询、服务，市政公共设施管理、城市绿化管理、基础设施配套工程的项目投资	应华翠
龙游县交通投资集团有限公司	龙游县龙洲街道新二路9号	2015.07	交通基础产业项目的投资、管理、开发，投资管理服务，投资咨询服务，资产管理	陈卫平
龙游县城市发展投资有限公司	龙游县西湖沿路1号	2013.10	受县政府委托，从事城市基础设施项目、市政公共项目、县政府指定建设项目、社会公共事业项目、园林绿化及配套项目的投资开发和管理服务；从事政府授权范围内的国有资产经营管理服务；房地产开发经营（凭资质证经营）	冯雪外
龙游县商贸物流发展有限公司	龙游县东华街道十里铺	2013.12	综合商贸物流园区项目的投资、开发	吕益鸿
龙游县奔康投资有限公司	龙游县龙洲街道兴龙北路33号综合楼第三层	2008.08	下山脱贫安置小区项目投资、农业开发项目投资、农村基础设施项目投资	付卫平
龙游县水务集团有限公司	龙游县东华街道荣昌大道35号	2015.07	原水、自来水、水利水电、污水处理，市政项目的投资管理、开发；河道疏浚和砂资源开发项目的投资管理；水利设施维护和管道维修；建筑材料、仪表销售；农田灌溉服务；内陆养殖、销售；资产经营管理	谢荣茂
龙游县文化旅游发展有限公司	龙游县龙洲街道文化西路45号	2011.05	文化旅游项目开发；旅游基础设施投资、建设及旅游资产经营管理；景区开发	张旗

物价管理

【概况】 2015年，龙游县物价局认真贯彻落实浙江省物价工作会议精神，围绕县委、县政府中心工作，以“服务发展，稳定物价，保障民生”为工作主线，加快推进价格改革，依法履行价格监管职责，着力解决关系群众切身利益的价格问题，圆满完成年度各项工作任务。

【价格监测】 调整和完善价格监测预警网络，价格监测点由37个调整到42个，监测品种从75调整到81

个。做好国家发改委实时价格监测和浙江省重要商品及服务价格的常规监测工作，分析价格走势，每月定期编制价格监测简报，及时发布价格动态。在配合衢州市物价局做好全市价格监测任务的同时，结合本地实际，开展龙游县民生商品价格监测和信息公布工作，每月分3次定期在《今日龙游》、县电视台图文频道、龙游信息天地等媒体平台进行公布，引导消费者货比三家，合理消费。

【价格监督检查】 组织开展药品价格放开后市场执行情况的专项检查，防止药品零售经营者借药品价格放开之机乱涨价行为的发生。对全县范围内的旅游景点、旅行社及相关餐饮、住宿等行业经营者的价格行为开展检查，指导并督促做好明码标价和收费公示工作，规范整治旅游业价格行为。在配合衢州市物价局做好教育收费专项检查的同时，与市局一起上下联动，有重点、有针对性地对全县4所学校开展检查，依法查处教育收费中存在的价格违法行为，涉案金额22.39万元。对龙游县境内高速公路服务区商品及服务价格进行检查，从明码标价、价格行为规范等方面向服务区提出改进意见。对商品房销售明码标价进行专项检查，使“一套一标”政策落到实处。针对成品油价格调整频繁的情况，及时组织人员对成品油价格进行跟踪检查，确保各加油站能按照调价规定及时准确调整成品油价格。在重大节日等价格敏感期间，组织开展市场价格巡查，宣传价格政策，提醒、告诫商家规范价格秩序，对明码标价不规范、有虚构原价嫌疑的10多家商店责令整改，维护节日市场价格的基本稳定。认真做好价格投诉举报处理工作，全年共受理价格投诉举报及咨询27件，回复率100%，成功调解多起价格纠纷。

【收费管理】 创新行政事业性收费管理机制，在全面停止行政事业性收费许可证核发及收费年度审验工作的基础上，加强对行政事业性收费的事中、事后管理，建立收费单位收费情况公示清单制度和行政事业性收费单位收费执行情况报告制度。贯彻落实价费政策，取消暂停12项收费，对小微企业免征42项行政事

图138 县物价局组织召开龙游县城区居民生活用水价格改革方案听证会

业性收费，降低房屋转让手续费、国内植物检疫费等收费标准。开展清费减负工作，对全县强制性、垄断性的涉企经营服务性收费进行清理，涉及14个部门共39个收费项目，经审核，建议保留收费项目21个。核定县质量技术监督局特种用车驾驶员培训等4个培训班的收费标准。

【价格管理】 根据《浙江省定价目录》和权力清单，全面清理价格管理职权，放开一批定价权；对2001年以来价格和收费政策文件进行清理，保留规范性文件44个，公布废止文件142个。调整规范管道天然气价格，降低居民用气价格并实施阶梯气价制度，对非居民用户气价实行价格联动机制。调整城市供水价格，居民生活用水价格实行阶梯水价，非居民用水价格实行超计划加价和差别水价。贯彻落实非公立医疗机构医疗服务市场调节价政策，全面放开药品价格，取消原政府制定的药品价格。先后制定出台公共自行车出租收费、城区公共停车场所收费标准，核定华都首府一期前期物业收费标准，调整招标席位等相关收费项目及标准。

【农本调查和成本监审】 开展生猪、油菜籽、早稻、晚稻等农业生产成本调查，及时分析预测生产成本及价格走势，为生产经营者和国家制定相关政策提供成本信息。开展华茂外国语学校生均教育成本调查和龙游石窟门票价格、城市公交车、生猪定点屠宰、城市供水、管道天然气等成本监审工作。

【价格认定】 全年共完成价格认定业务206起，其中公安机关191起、人民检察院2起，市场监督管理局、农业局、林业局、国土资源局等部门13起，鉴证标的总额837万元。在省认证中心开展的案卷抽查评比活动中，龙游县物价局认证中心案卷质量在衢州市被抽查的县（市、区）中成绩最好，得到省认证中心检查组的充分肯定。

【服务中心】 围绕“五水共治”工作目标，充分发挥物价局的价格职能作用，建立居民阶梯水价制度，调整居民生活用水供水价格；调整非居民生活用水和特种用水的供水价格；实行非居民超计划用水累进加价制度；实行差别水价政策。积极配合县集中供热领导小组和工业园区，对恒盛热电的供热成本进行调查，每月对秦皇岛中准煤价进行审核。组织全局干部职工广泛参与“五水共治”和美丽乡村创建等活动，积极支持局机关选派的2名生态指导员开展工作，在时间、经费、用车等方面提供有力保障。

（县物价局 邵水良）

2015年龙游县主要消费品及服务价格

表43

收费类别	收费项目	收费标准
教育	幼儿园保教费、代管费	保教费省一级（日托）每人每月380元、省二级每人每月290元、省三级每人每月200元、准办级每人每月110元；代管费每人每学期100元（多退少不补）
	普通高中学费	省一级重点中学1200元/生.学期；省二级重点中学1050元/生·学期；省三级重点中学950元/生·学期；省A级普通中学750元/生·学期
	普通高中住宿费	龙游中学4人间800元/生·学期、龙游中学8人间400元/生·学期
		龙游县第二高级中学8人间400元/生·学期
		龙游县横山中学男生1号宿舍200元/生·学期，男生2号宿舍、女生3号楼宿舍200元/生·学期，女生1号、2号公寓260元/生·学期
公安	公民出入境证件费	
	1.护照(含加注)	200元/本，丢失补发200元/本，护照加注20元/项次
	2.出入境通行证费	一次有效20元/证，二次有效50元/证，多次有效100元/证
	3.内地居民因私赴港签注收费	一次有效签注每件20元，二次有效签注每件40元，短期（不超过一年）多次有效签注每件100元，长期（三年）多次有效签注每件300元。一年以上（不含一年）两年以下（含两年）多次有效签注每件150元，两年以上三年以下（不含三年）多次有效签注每件200元
	4.前往港澳通行证工本费	50元/证
	5.往来港澳通行证工本费	100元/本，延期、加注20元/项次
	户籍管理证件工本费	
	1.户口簿	居民户口簿工本费5元/本，集体户口簿工本费2元/本
	2.户口迁移证件	户口迁移证工本费1元/张，户口准迁证工本费1元/张
	第二代居民身份证工本费	申领、换领、换发20元/证，丢失补领或损坏换领40元/证，临时第二代居民身份证10元/证

续表1

收费类别	收费项目	收费标准
公安	机动车号牌工本费	
	1.号牌（含临时）	汽车号牌：反光100元/副，不反光80元/副。挂车号牌：反光50元/面，不反光30元/面。三轮汽车、低速货车、拖拉机号牌：反光40元/副，不反光25元/副。摩托车号牌：反光70元/副，不反光50元/副。机动车临时号牌：5元/张。调换号牌、遗失补牌按同类号牌收费。
	2.号牌专用固封装置	单独补发号牌专用固封装置1元/个
	号牌架	铁质号牌架及同类产品5元/只，铝合金号牌架及同类产品10元/只
	机动车行驶证工本费	
	1.机动车行驶证	15元/本。调换、遗失补领按同类证件收费
	2.“临时入境机动车号牌和行驶证”工本费	15元/证
	机动车登记证书工本费	10元/本
	驾驶证工本费	
	1.驾驶证工本费	驾驶证工本费10元/本。驾驶证IC卡30元/卡。调换、遗失补领以上证件按同类证件收费
	2.“临时机动车驾驶许可”工本费	10元/证
	机动车安全技术检验费	
	1.汽车	检测线检测100元/车次，人工检测50元/车次，新车上牌免收
	2.摩托车、三轮货车、低速货车	检测线检测60元/车次，手工检测30元/车次
	驾驶许可考试费	
	1.驾驶许可考试费	科目一（道路交通安全法律、法规和相关知识）考试费标准80元/人次，科目二（场地驾驶技能）考试费标准180元/人次，科目三（道路驾驶技能）考试费标准100元/人次。补考（包括法律、法规、规章规定需要重新进行的考试）80元/类次
	2.机动车驾驶员道路交通安全教育培训费	每日最高不超过30元，具体为：1.机动车驾驶人在一个周期内累计记分达到12分，并按规定参加安全教育培训的，每人每期7日，培训费标准为180元；2.发生人身伤亡交通事故负有同等以上责任尚不构成犯罪的机动车驾驶人参加安全教育培训，每人每期2日，培训费标准为60元；3.机动车驾驶人在一个周期内累计记分未达到12分，自愿申请参加安全教育培训的，每人每期1日，培训费标准为30元。培训教材费5元/人，第二次参加同类培训的，已有教材的可不再购买
民政	殡葬收费	
	1.火化费	330元/具（免费、由财政部门转移支付）
	2.接尸费	普通车辆起步价180元/次，超过30公里每公里加收4元，但最高不超过300元/次（免费、由财政部门转移支付）
人事社保	医疗保险IC卡遗失补发工本费	20元/卡
	职业技能鉴定费	理论考试：社会人员35元/人，在校学生20元/人。实际操作技能考试：省职业技能鉴定中心直接组织的社会人员180元/人，在校学生100元/人；省机关事业单位技工考核管理服务中心组织的省部属机关事业单位工人100元/人。各地组织的实际操作技能考试收费由各市县物价、财政部门制定

续表2

收费类别		收费项目	收费标准
国土		土地登记证书工本费	普通证书：个人5元/证，单位10元/证；国家特制证书：20元/证；“三资”企业20元/证
农业	国内植物检疫费	国内植物产地检疫费	
		粮谷类	按产值比率0.25%
		经济作物类	按产值比率0.30%
		水（瓜）果类	按产值比率0.40%
		国内植物调运检疫费	
		粮谷类	按货值比率0.40%、
		经济作物类	按货值比率0.45%
		水（瓜）果类	按货值比率0.55%，其中茶叶、香菇、黑木耳、金针菇、黄花菜、中药材按0.4%
	畜禽及畜禽产品检疫费	大家畜	产地检疫3元/头，屠宰检疫6元/头
		中家畜	产地检疫2元/头，屠宰检疫4元/头
		羊	产地检疫1元/头，屠宰检疫2元/头
		禽、兔、鸟类	产地检疫0.1元/只，屠宰检疫0.1元/只
		雏禽（10日龄以内）	产地检疫0.05元/只
工商		个体工商户注册登记费	
		1.开业登记费	免费
		2.重新登记、换发营业执照	免费
		3.变更登记费	免费
		4.补（换）发营业执照	免费
住房城乡建设		房屋所有权登记费	1.住房80元/件，非住房550元/件；2.房屋查封登记、注销登记和因登记机关错误造成的更正登记，不收取房屋登记费；3.农民利用宅基地建设的住房登记，不收取房屋登记费，只收取房屋权属证书工本费；4.经济适用住房登记，以及因房屋坐落的街道或门牌号码变更、权利人名称变更而申请的房屋变更登记减半收取房屋登记费；5.企业房产抵押登记收费暂缓执行，对城镇居民最低生活保障对象、残疾人以及领取国家抚恤补助的优抚对象家庭办理抵押登记的，免收抵押登记费
有线电视		居民用户的有线电视入网费	300元/户
		非居民用户的有线电视入网费	基准价180元/每个接收终端,上浮不超过10%，下浮不限。有线电视服务机构对建筑物有线电视管线实施预埋，已收取配套设施建设费或预埋工程费的，不得再向申请安装有线电视的用户收取有线电视入网费。农村有线电视独立小前端（小有线电视网）的入网费基准价为每户150元，可上浮不超过20%，下浮不限
		有线数字电视基本收视维护费（主终端）	20元/月
		有线数字电视基本收视维护费（副终端1）	1元/月
		有线数字电视基本收视维护费（副终端2及以上）	4元/月

续表3

收费类别		收费项目		收费标准
供电	居民生活用电	不满1千伏“一户一表”居民用户	月用电量50千瓦时及以下部分	0.538元/千瓦小时
			月用电量51～200千瓦时部分	0.568元/千瓦小时
			月用电量201千瓦时及以上部分	0.638元/千瓦小时
		峰谷电表电价	峰谷时段划分	高峰时段8：00—22：00
				低谷时段22：00—8：00
			月用电量50千瓦时及以下部分	高峰电价：0.568 元/千瓦小时
				低谷电价：0.288 元/千瓦小时
			月用电量51～200千瓦时部分	高峰电价：0.598 元/千瓦小时
				低谷电价：0.318 元/千瓦小时
			月用电量201千瓦时及以上部分	高峰电价：0.668 元/千瓦小时
				低谷电价：0.388 元/千瓦小时
		合表用户	不满1千伏合表用户	0.558元/千瓦小时
			1～10千伏及以上合表用户	0.538元/千瓦小时
供水		居民生活用水		1.75元/立方米（含0.65元/立方米污水处理费)
		非经营性用水		2.3元/立方米（含1.00元/立方米污水处理费)
		经营性用水		2.6元/立方米（含1.1元/立方米污水处理费)
		特殊行业用水		3元/立方米（含1.2元/立方米污水处理费)
医疗服务卫生		诊查费		门诊诊查费10元/次
				急诊诊查费11元/次
				门急诊留观诊查费1.5元/日
				住院诊查费15元/日
		护理费		等级护理费20/床日
		注射费		肌肉注射1.2元/人次；静脉注射2.3元/人次
		院前急救费		入院前的120急救或现场急救150元/人次
		救护费		起步价10元（3公里内），3公里外部分2元/公里

统计工作

【概况】 2015年，龙游县统计局根据省、市统计工作的统一部署，围绕县委、县政府的中心工作，深入推进基本单位名录库、企业一套表制度、数据采集处理软件系统、联网直报系统等互相联系、共为整体的“四大工程”建设，运用全国第三次经济普查取得的成果，建成统一完整、不重不漏、及时更新的基本单位名录库。切实加大企业联网直报工作的培训与指导，强化数据审核评估。开展面向基层统计人员及广大统计调查对象的统计法制宣传教育活动，依法开展统计巡查和统计执法检查。积极推进统计工作的改革创新，强化服务意识，求真务实，各项工作稳步推进，为全县经济社会发展提供较好的统计支撑和服务保障。

【经济普查】 完成第三次经济普查的后续工作。组织各科室、各专业人员认真学习普查公报的发布流程、总体结构、具体内容及相关要求，熟悉省下发的普查数据汇总表，了解普查数据的筛选和应用；整体把控公报的内容和数据，相关科室严格按照工作要求，各司其职，密切配合，对搜集整理的内容、数据反复核对，确保各公报之间内容、数据的一致性和匹配性，共同做好公报的编制、发布工作。在公报编制过程中，加强与市统计局沟通交流，认真校验汇总数据的口径和准确性，对公报中的每一笔数据、每一段文字、每一张图表进行认真编辑、认真审核，发现问题及时向市统计局反馈，对特殊的、集中的问题按照全市统一口径处理。普查公报经市经济普查办公室审批后，及时报送县政府主要领导，并根据县长刘根宏的要求，于6月3日在《今日龙游》上全文刊登普查公报，同时在龙游县政府网、阳光政务网和统计局外网上进行加载，有效扩大普查成果的影响力。充分利用经济普查取得的基础数据资料，围绕党委政府关心和社会公众关注的热点、难点问题，启动第三次经济普查资料的开发利用，撰写《龙游县工业发展状况》《龙游县现代服务业发展研究》等6篇分析文章。

【1%人口抽样调查】 5月13日，龙游县人民政府办公室印发《关于开展2015年1%人口抽样调查的通知》，对调查工作进行全面部署。成立1%人口抽样调查工作协调小组，明确协调小组成员单位职责分工，7月底前13个抽中乡镇（街道）分别成立相应的工作机构，并抽调业务能力强、有调查工作经验的同志专门负责，全县落实专项工作经费45万元。8月上旬，召开绘图工作培训会，对1%人口抽样调查小区绘图工作的主要内容、工作流程及绘图方法进行详细讲解，组织专业人员到地形复杂、边界难辨的村（社区）进行现场查看，比对确定村（社区）边界，做到不重不漏、准确真实。10月中旬，开展为期2天的综合业务培训，70余名被选聘的指导员、调查员参加培训，并在培训结束后进行模拟测试。11月1日—15日，进行入户登记，调查员通过PDA（即手持电子终端设备）进行数据采集，县办业务人员对数据采集进行指导和督查，对碰到问题现场解决，对登记人数、出生人数和死亡人数进行重点监测，在国家规定的时间段按时完成调查和数据上传工作，11月下旬，快速完成编码工作。经初步统计，在2015年全国1%人口抽样调查中，龙游县共登记3046户7771人，其中出生人口40人、死亡人口33人。

【名录库建设】 “先入库，再出数”是统计工作的基本要求和准则，切实抓好新增单位入库是实现“应统尽统”的保证。召开龙游县统计工作会议，县委书记方健忠亲自主持会议，专题部署落实市统计工作会议的要求，明确县长、常务副县长抓经济考核指标落实，由常务副县长抓新增企业入库工作，由县督考办落实具体责任。建立新增单位排摸调查工作机制，召开新增单位分析会，各相关单位共享交流国税纳税收入和乡镇（街道）前期摸排情况。深入农产品批零企业等纳税库外企业，摸排符合新增入库的相关企业。针对新增企业对入库抵触情绪较重的问题，有针对性地化解符合条件的企业对新增入库的思想顾虑；针对如何抓电商经济、民宿经济、乡村旅游等新兴业态企业入库等新问题，通过集中培训等方式，做好业务对接，指导整理申请入库的相关材料，确保工作时效。县经信局、商务局等行业主管部门密切配合，加强对新增“四上”企业（规模以上工业企业、资质等级建筑业企业、规模以上批零住餐企业、限额以上服务业企业等4类企业的统称）的跟踪、指导，做好服务工作。至12月底，共申报“四上”企业25家，其中工业2家，批发、零售、住宿、餐饮9家，建筑业、房地产业4家，服务业10家。

【统计调查】 科学制定和分解2015年乡镇（街道）、部门主要经济目标任务，力争GDP、固定资产投资等主要经济目标增幅位次实现市级考核“保四争三”、省级考核“保二争一”的目标。明确各自职责，按月、按季监测主要经济目标运行情况，对主要目标实行动态管理，建立健全部门统计联席会议制度，及时解决目标运行中出现的问题。对GDP等主要经济指标开展预警分析，根据当月经济指标完成情况，及时进行分析，并向相关主管部门提出预警。按月召开投资进度促进会，通报各乡镇（街道）、部门的投资进度，协调发改局、督考办完成项目入库手续，以便及时开展入库统计，并进行投资统计和项目入库培训。对规上工业增加值等主要指标进行关联指标对比评估，及时与电力、税务等关联指标部门进行沟通协调，统一口径，对数据有疑问的企业及时查询，确保各项指标的匹配。积极组织“四上”企业一套表联网直报流程及业务培训，扎实搞好年报催报与审核，积极配合省、市做好年报查询改错工作。坚守统计“四条红线”（即坚持“先进库、再有数”，绝不自行修改名录库；坚持由企业独立报送真实的统计数据，绝不干预企业独立报送真实数据；坚持由企业自己上报联网直报数据，绝不代填代报企业数据；坚持由企业修改差错或补填不完整报表的原始数据，绝不自行修改企业任何数据）不懈怠，网报率稳定在100%。

【专项调查】 完善城乡住户调查一体化改革，搞好样本轮换点辅助调查员、记账户的培训，加强数据质量评估，落实专业例会制度，定期对记账、编码问题进行反馈交流。加强上门访户，把走访记账户当作一体化住户调查工作的重点，坚持入户指导常态化。做好扶贫统计监测工作，全面梳理150户低收入调查户的基本信息，以户为单位建立家庭情况小档案，实时监测调查户信息变动情况；定期深入各监测样本点，与调查户进行沟通交流，实地了解生产生活状况、收支账本记录情况以及工作建议；采取“回头看”形式，对调查户差错情况进行跟踪检查，分析评估相关收入支出的匹配性，防止在工资收入、低保收入、教育支出、医疗支出等重点方面出现遗漏。有效开展社情民意调查，先后开展农民工调查、“五水共治”满意度调查、群众对机关满意度调查等多项民情民意调查。做好月度劳动力调查、科技进步、妇女儿童发展等各项社情民意的监测和评价。撰写的“五水共治”民意调查调研报告得到县委书记重要批示。

【统计改革】 围绕投资统计制度、方法的改革需求，加大相关职能部门间沟通协调和配合，及时了解和掌握项目信息、投资信息、进展信息动态，发挥部门职能互补优势，实现投资资源信息共享，确保项目投资应统尽统。组织专业骨干人员下基层、走企业、跑部门、看项目，开展前期调查摸底工作，测算评估全县重点企业、重大项目的投资额，制定龙游县改革试点方案，组织“一套表”范围内的351家法人单位开展投资改革试点平台操作培训，共有350多名统计员分专业、分片区参加培训。出台《关于加强服务业统计工作的通知》，对各职能部门的工作职责进行补充完善。分片区组织全县200多家规模工业企业集中学习报表制度，详细讲解填报要求，主动上门或利用电话、微信和QQ，向企业提供“点对点”的实践指导服务。

【统计服务】 牢固树立统计部门是社会公共服务部门的观念，切实增强宗旨意识和民本观念，强化服务理念。加强业务知识学习，促进工作能力的再提高，强化统计宣传，利用多种形式开展统计宣传，使群众真正了解统计工作，了解统计产品。强化服务内容，及时发布统计公报、《统计月报》、《统计年鉴》等，满足社会各界对统计信息的需求，并通过网络服务、现场服务、电话服务等方式开展数据咨询服务，接待群众来访查询数据130多次，群众满意率和按期办结率达到100%。强化服务渠道，定期到基层联系统计工作，解决企业统计工作存在的问题，营造良好的社会舆论氛围。面对2015年严峻的经济下行压力，积极主动地加强统计预警监测，认真仔细地做好分析研究，为实现稳中求进的目标建言献策，一系列稳增长、调结构、促改革、惠民生的对策建议被县委、县政府采纳。

【制度建设】 深化党的群众路线教育实践活动成果，坚持立改立行，健全和完善民主决策、党政正职“五个不直接分管”、“三重一大”等相关工作机制，严格执行党内组织生活制度、“三会一课”制度。修订完善《“三重一大”事项集体决策制度》，制定《公务接待管理办法》和《统计数据质量管理办法》，出台《龙游县“企业一套表”联网直报企业统计工作考核办法》，完善《全员实事量化考核办法》

《信息工作考核办法》《机关工作人员考勤管理制度》和《财务管理制度》。在狠抓党风廉政建设“两个责任”“一岗双责”制度落实的同时，大力开展党性、党风、党纪教育，筑牢反腐倡廉思想防线，强化对内部重大决策和重大事项的监督，坚决制止奢侈浪费、公款送礼等“四风”问题的反弹，规范机关运转。结合《2015年度全员量化考核办法》，推行“考核督查，绩效挂钩”管理模式。适应新形势、新要求，制定年度统计法制工作要点和稽查工作计划。邀请专家到龙游开展统计法制专题讲座，全年执法检查200余家单位，对20余家有违反统计法行为的企业进行警告处罚。

【统计队伍建设】 强化统计人员技能培训、职业道德教育和统计文化建设，提高统计队伍的能力水平。12名局中层以上干部参加衢州市统计局联合山东大学经济学院举办的“全市统计系统能力提升研修班”学习，15名乡镇（街道）业务骨干参加衢州市统计局联合嘉兴学院举办的业务培训班学习。与高校合作，举办由全县各乡镇（街道）、有关单位的业务骨干和分管领导及统计局干部职工共70人参加的能力提升培训班，坚持学以致用，注重学习效果，加强学习交流，达到预期效果。组织开展统计继续教育，组织全县统计人员开展统计业务学习，44人通过统计从业人员资格考试，获得从业资格证。利用局党组理论学习、业务培训、集中学习等形式，结合“三严三实”主题教育活动，开展“统计为了谁、统计依靠谁”的交流研讨活动，学以致用，牢固党员意识，坚定理想信念，增强担当精神。

（县统计局 夏水财）

审计工作

【概况】 2015年，县审计局坚持以“两化建设”为统领，以“质量提升年”为抓手，着力在促进政策执行、规范权力运行、提高财政绩效、强化队伍建设、推动职责履行等方面下功夫，扎实有效地开展审计工作，充分发挥审计职能，为助推龙游转型跨越发展做出贡献。全年完成21个审计项目，查出主要问题金额102739万元，其中违规金额47万元、管理不规范金额102691万元。审计发现非金额计量问题25个。审计处理处罚金额17720万元，其中应上缴财政626万元、应减少财政补贴1295万元、应缴纳其他资金28万元、应调账处理金额15769万元。移送纪检、监察机关案件线索5条，移送人数13人，移送处理金额33万元。投资审计中心完成造价审计项目65个，送审额6478.97万元,核减造价1261.88万元，平均核减率为19.48%，通过审计，挽回经济损失1390.88万元。发表审计信息31篇，其中被省、市审计机关采用的信息16篇；编发《审计专报》5期，多次得到县领导批示。获县2015年度综合考核三等奖。

【财政资金审计】 根据《浙江省审计厅办公室关于印发2015年度财政预算执行和其他财政收支审计总体方案的通知》的要求， 3月—5月，县审计局对龙游县2014年财政预算执行情况进行审计。2015年财政审计主要开展了县本级政府预算执行审计、县科技经费专项审计调查、县2014年城镇保障性安居工程跟踪审计、公务支出公款消费审计及领导干部经济责任审计。财政预算执行审计采取大财政审计方式，重点关注2014年本级地方财政预算执行审计发现问题的整改情况、财政预算执行情况、全口径预算资金收支情况等。审计结果表明,2014年县财政预算执行总体情况良好，财政资金账表基本上能真实反映财政收支情况，各项财政收支基本符合现行财经法规和制度的规定，财政支出基本体现了公共财政的要求。但财政预算具体执行过程中仍然存在较为突出的问题，如财政收入增速放缓，财政收支矛盾突出，非税收入还没有完全纳入财政预算收支管理，部分专项资金使用不合理，财政资金安全监管工作有待进一步加强。审计查明的主要问题：一是税收征管工作有待加强和完善；二是非税收入征管有待加强；三是预算管理有待进一步加强和规范；四是生猪养殖场拆除复垦工作及财政补助资金管理有待加强和完善。针对审计中发现的问题，提出意见和建议，促进管理，提升绩效。对审计中发现的4起案件线索，按规定移送县纪委作进一步查处。

【整改落实情况】 在财政审计工作中，对2014年度的审计意见整改落实情况给予关注。县政府高度重视审计意见的整改，取得实实在在的效果。审计报告中提出的税收征管有待加强和完善、非税收入征管有待加强、预算管理有待进一步加强和规范、专项资金管理有待进一步加强等4个问题基本得到整改，县政府出台《龙游县财政结余结转资金管理暂行办法》等多项规定，从制度上作出进一步完善或调整，从管理角度加大力度，进行规范，从工作层面上进行补课、收缴和清除、废止。全县其他相关整改工作同样取得了阶段性成果。

【专项审计调查】 开展全县部分二级预算单位行政事业经费管理及使用情况专项审计调查、县科技经费专项审计调查、县国资公司运营情况专项审计调查。通过专项审计调查，进一步了解并掌握行政事业经费、科技经费的管理使用情况，进一步了解并掌握国资公司运营情况。通过专项审计，也发现一些在管理上有待改进的问题，并有针对性地提出改进意见和建议，同时编制《审计专报》进行披露，引起县委、县政府领导及相关部门的高度重视。

【政府投资审计】 主要开展县造耕地项目工程造价审计、1800吨善蒸坊牌龙游发糕加工扩建项目竣工财务决算审计、龙游县2009—2011年度中央财政小农水重点增补项目竣工决算审计等政府投资审计。通过审计，揭示政府投资方面存在的主要问题及薄弱点，有效核减工程报价，防止工程虚报，避免投资损失，为促进全县政府投资项目的规范管理、提高项目资金的使用绩效发挥积极作用，并为相关部门支付项目工程价款提供审计依据。

【农业环保审计】 主要开展县“五水共治”政策措施落实情况跟踪审计、富硒白莲高产高效技术示范推广项目竣工财务决算审计等农业环保审计。“五水共治”项目审计重点调查县农办组织实施的农村生活污水治理项目和县水利局组织实施的“百固”（即浙江省政府提出的每年除险加固100座水库、加固500公里海塘河堤的任务）项目。审计调查结果表明：龙游县紧扣省、市决策部署，围绕“清三河、两覆盖、两转型”工作重点，在推进“五水共治”项目建设和政策措施落实等方面取得明显成效，全县农村生活污水治理项目完成计划投资14000万元，涉及行政村91个，新建污水终端293处，新铺设排污管网423千米，新建、改建生态户厕7321个，有效改善农村水环境。7座病险水库加固工程、衢江治理工程、灵山港溪口—龙洲段治理工程、灵山港溪口—沐尘段治理工程等项目共完成投资额15200万元，实现全县治水的阶段性目标。在“五水共治”跟踪审计中，发现部分污水治理项目进度滞后，部分污水治理项目运行维护主体尚未落实，对此，审计局提出整改意见，要求加强治水项目的建设和管理。富硒白莲高产高效技术示范推广项目竣工财务决算审计表明，2014年度，较好地完成了横山镇天池村、横山村、会泽里村、白鹤桥村、上向徐村、塔下叶村等村的项目建设，工程总投资78万元，为龙游县富硒带实现白莲高产高效创造必要条件。

图139 审计局干部冒雪开展投资审计

【经济责任审计】 认真落实《龙游县党政主要领导干部和国有企业领导人员离任经济事项交接实施办法》等5项制度，在经济责任审计中，围绕领导干部岗位职责要求，依法规范审计内容，实事求是的进行审计评价，着重监督检查领导干部履职尽责情况，把贯彻落实中央“八项规定”、厉行节约反对浪费、廉洁从政等相关要求作为审计重要内容。按照审计项目计划和县委组织部的建议，完成龙游县庙下乡原党委书记周立云、乡长张海霞经济责任审计，完成小南海镇原党委书记叶宏波、镇长严凛冰经济责任审计，完成原县安监局局长邹国宁、县招投标监管办主任周石祥、县住建局局长夏剑平、县农业开发办公室主任邵司野的经济责任审计。协同县委组织部等相关部门完成16位领导干部的离任交接工作。通过审计，发现部分被审计单位存在财务管理不严格、内控制度不健全、资产管理不规范等问题。审计结束后，出具审计结果报告，揭示存在的问题，提出审计意见和建议，并督查整改，促进相关单位加强财务制度建设，完善内控制度，规范资产管理，增强领导干部的履职意识、责任意识和廉政意识。

【金融企业审计】 根据浙江省审计厅的统一安排及年度审计计划，实施并完成龙游县茗皇小额贷款公司2014年度经营风险专项审计。龙游县茗皇小额贷款有限公司是2013年4月16日成立的股份制金融企业，公司注册资本10000万元，内设信贷业务部、风险管理部、稽核财务部、综合部等4个部门，从业人员7名。2014年，营业收入2088.83万元，营业支出585.05万元，营业利润1503.78万元，净利润1174.27万元。至2014年年末，资产总额12037.68万元，负债总额452.49万元,净资产11585.19万元。审计结果表明，茗皇小额贷款公司运行平稳，业务基本合规，内部控制制度基本健全,信贷风险控制较好,获得了较好的经济效益。但在贷款业务方面存在“支农支小”贷款占比偏低、向股东借入资金、向股东及其关联方发放贷款等问题；在制度执行方面，由于未与银行征信系统联网，获得信息渠道不畅，贷前调查、贷时审查和贷后检查还有待深入，风险控制方面仍需进一步健全和完善。审计提出2点建议：一是要正确把握小额贷款公司的角色和定位，业务上做足做好“支农支小”贷款；二是要严格担保审核，高度重视潜在的放贷风险，积极“支农支小”，为龙游县农村金融体系进一步健全和实体经济的发展做出应有贡献。

【内部审计工作】 2015年，龙游县内审协会认真贯彻落实《龙游县内部审计人员后续教育实施办法》和《龙游县内部审计人员职业道德规范》，有序开展全县内部审计的工作指导，组织全县11家内部审计协会成员单位共47人参加省、市内部审计协会举办的业务培训班，较好地开展内审人员的后续教育和岗位资格证书培训。县住建局、教育局、信用社等内审单位积极开展内审工作，对“小金库”“三公经费”等实施内部审计，为单位健全内控制度、加强内部管理、提高资金效益、堵塞漏洞、避免损失、防范风险发挥良好作用。龙游县农村信用合作联社审计部实施的2010年4月—2014年2月已核销呆账专项审计被省内审协会评为省“表彰项目”；县教育局林建新被省审计厅授予“浙江省内部审计实务能手”荣誉称号。

【审计机关建设】 以开展“审计价值提升年”活动为契机，着力加强机关建设。以党校培训为平台，有计划、有系统地开展政治理论学习，增强党员干部的党性修养，使审计干部队伍的政治素质和品德修养得到进一步的提升。组织全体审计业务干部到浙江大学参加短期业务学习，汲取新知识，开拓新视野；采取自学、集中学和以审促学、互帮互学等多种方式，开展学习训练，提升审计人员发现问题、分析问题和解决问题的能力，不断丰富审计业务新知识和新技能，提高审计工作质量。以创建学习型、勤廉型、服务型审计机关为目标，以党风廉政建设和作风建设专项工作为载体，强化理论学习和警示教育。开展“争先创优”活动，促进作风转变，不断增强审计干部的反腐意识和自律能力，推进全县审计事业向前发展。

（县审计局 姜柏祥）

安全生产监督管理

【概况】 2015年，龙游县安全生产监督管理局围省、市下达的安全生产管理考核办法，积极探索安全生产监管的有效方式，完善安全生产责任体系、隐患排查治理体系、安全预防控制体系建设，努力提升安全治理能力，全县安全生产形势持续保持稳定向好的态势。全年共发生各类事故126起，其中死亡31人、受伤107人，同比分别下降1.6%、13.9%、1.8%。全县未发生水上交通事故，未发生一次死亡3人以上的道路交通责任事故，未发生建筑物倒塌责任事故，未发生较大事故，安全生产各项指标控制在市政府下达的目标以内，安全生产形势总体平稳。

【安全生产责任体系建设】 县委、县政府以新修订的《安全生产法》全面实施为契机，出台《关于进一步明确安全生产管理职责的规定》和《龙游县企业安全生产诚信管理暂行办法》等文件。健全完善“党政同责、一岗双责、齐抓共管”的安全生产责任体系，推动安全生产“五个全覆盖”（即“党政同责”全覆盖、“一岗双责”全覆盖、“三个必须”全覆盖、政府主要负责人担任安委会主任全覆盖、各级安监部门向同级组织部门通报安全生产情况全覆盖）和“三个必须”(即管行业必须管安全、管业务必须管安全、管生产经营必须管安全)的有效落实。县政府和15个乡镇（街道）、48个部门采取双重“叠加式”的方式，签订安全生产责任书，各乡镇（街道）、部门与所辖生产经营单位签订责任书，层层落实，分解细化任务。加强对责任制落实的监督考核，完善动态考核办法，继续实施安全生产“一票否决”、挂牌督办、行政问责、警示约谈等制度，告知承诺措施，落实属地管理、部门依法监管责任。坚持把乡镇（街道）和部门安全生产工作纳入“平安龙游”建设考核和综合目标考核范畴。

【安全预防控制体系建设】 强化源头把关，共受理各类审批事项82件，办结82件，办结率100%。组织“三同时”（即生产经营单位新建、改建、扩建工程项目的安全设施，必须与主体工程同时设计、同时施工、同时投入生产和使用）许可审查36家次；参与县决策咨询小组确定的23个项目的审查，完成全县167家烟花爆竹零售店的新证核发。健全完善应急管理机制，定期修改完善非煤矿山、危化品应急救援演练文本，督促企业常态化开展应急演练；协助开展2015年西气东输龙游段管道泄漏应急抢修演练活动，提高应对突发性事件能力。加强干部队伍能力建设，5月，组织全体安监干部前往杭州参加安全生产综合执法培训班学习，提高安监执法水平。

【创新安全生产工作模式】 探索政府购买安全服务的办法，积极引进社会专业技术力量参与政府安全管理，形成“政府购买服务、专家查找问题、企业整改隐患、安监督促整改”的新型安全管理模式。全年为全县146家已达标的三级工贸企业提供标准化“体检”服务，帮助2家矿山企业进行“会诊”，对198家烟花爆竹零售点隐患整改进行现场确认。创新烟花爆竹“九统一”（即统一门面、统一制度、统一着装、统一配送、统一堆放、统一消防、统一监控、统一台账、统一结算），安全连锁诚信经营模式，发放烟花爆竹零售点配送、零售和隐患查治“三合一”安全管理台账209份，209家零售点统一广告门面、统一制度安装，41家零售点统一安装监控视频。提升科技支撑能力，联合消防管理部门在相关企业推广“智慧用电”系统的应用，至年底，共有12家企业使用该系统，安装设备64套。继续推进危化企业工艺自动化控制改造，对重大危险源开展自动化检查测监控。建立生产安全服务网，按照“局领导联系1片2局3企、局机关干部联系3家企业”的原则，突出重点行业、高危企业，构建乡镇（街道）纵向联系和部门的工作体系，实现对企业的精细化、专业化、个性化服务。

【烟花爆竹经营专项治理】 4月—12月，按照国家安监总局和省、市的统一部署，集中开展“烟花爆竹

图140 开展烟花爆竹安全大检查

经营专项治理”行动，坚决按照烟花爆竹零售点“两关闭”（即关闭存在“下店上宅”、“前店后宅”等与居民居住场所设置在同一建筑物内形式的零售点；关闭与人员密集场所和重点建筑物安全距离不足、集中连片经营、在超市内销售、未按规定专店销售的零售点）、“三严禁”（即严禁销售超标、违禁、专业燃放类产品或非法产品；严禁在许可证载明的经营场所外存放烟花爆竹；严禁超许可证载明限量存放烟花爆竹），烟花爆竹批发企业“六严禁”（即严禁经营超标、违禁、非法产品；严禁超许可范围经营及向零售点销售专业燃放类产品；严禁在仓库存放不属于烟花爆竹的爆炸物等危险物品；严禁将执法收缴的产品与正常经营的产品混存；严禁储存超量、堆放超高以及通道堵塞；严禁购买和销售未张贴流向登记标签的产品）的治理原则，进行全面排查，严厉查处各类非法、违法、违规行为，并对查处隐患逐一进行整改。至11月20日，全县烟花爆竹经营安全专项治理圆满完成。全县原有308家零售点，经全面排查，关闭不符合安全条件的“两关闭”（即关闭存在“下店上宅”“前店后宅”等形式与居民居住场所设置在同一建筑物内的零售点；关闭与人员密集场所和重点建筑物安全距离不符合条件、集中连片经营、在超市内销售、未按规定专店销售的零售点）零售点286家，其中主动关闭歇业99家、关闭搬迁重新开业170家、原址整改重新开业17家。

【标准化创建和诚信机制建设】 继续把标准化创建作为提高企业本质安全水平的重要手段，至年底，全县已有203家企业通过标准化创建，其中新增10家，分别是三级达标8家、二级达标2家，累计发放安全生产标准化贴补奖金275万元。对企业实行安全生产诚信等级分类管理，完成对全县84家工矿商贸企业的诚信等级公布，其中A级7家、B级77家，按照“巩固A类，提高B类”的原则，实行动态监管，定期进行重新评估，推动企业安全生产主体责任落实。

【隐患排查整治体系建设】 编制监管执法计划，把年度执法计划作为最低执法要求。全年检查危化企业332家次，完成监管执法计划的141.2%；检查非煤矿山企业249家次，完成监管执法计划的148.2%；同时，督促各乡镇（街道）、园区编制和落实监管执法计划。先后开展烟花爆竹、“三场所一企业”（指有限空间作业场所、涉及可燃爆粉尘作业场所、喷涂作业场所和涉氨制冷企业）、有限空间3个专项整治；开展非煤矿山汛期安全检查、重点行业领域事故防患排查、工矿企业安全生产强执法3个专项行动；开展危化品企业安全生产基础管理执法检查、危化品领域突击检查、劳动密集型企业、企业标准化“回头看”4个专项检查；开展安全生产大检查专项整治，深化“打非治违”工作。全县共检查各类企业1289家次，排查隐患2502条次，整改率为95%；关闭烟花爆竹零售点99家，下发整改指令62份，移交法院强制执行1起。开展造纸行业安全管理综合整治，全县22家造纸企业通过技术、管理和制度等方面的创新，进一步推动企业主体责任的落实，全面提升造纸行业的安全。抓好安全隐患挂牌督办，2015年，全县有省市级挂牌督办3处，其中工矿企业2家、重大火灾隐患单位1家，年底均完成整改并通过验收；有县级挂牌督办9处，其中道路交通隐患4处、重大火灾隐患单位2家、电力隐患2处、工矿企业1家，均已经整改到位。

【开展“强执法百日行动”】 9月中旬，县安监局下发《龙游县工矿企业安全生产“强执法百日行动”方案》，并召开工作部署会，明确职责分工，对全县工矿企业，危险化学品生产、使用、储存、经营企业单位场所，对烟花爆竹批发经营单位场所、非煤矿山、

"三场所一企业"等涉及的行业领域开展全面的执法检查，共发现安全隐患363处，下达现场处理措施决定书292份，责令1家企业停止生产，立案查处违法行为9起，共计罚款9.16万元。

【加大执法查处力度】 投入20多万元配置执法记录仪、便携式打印机、照相机、笔记本电脑等执法装备，提升执法装备水平，强化监管手段。严肃查处违法案件和信访举报，全年查处各类安全生产违法案件21起，其中安全生产事故类14起、非事故类7起，罚款176.83万元。受理、办结各类安全生产举报（投诉）、信访案件10件。

【安全生产知识宣传】 6月，以"安全生产月"活动和宣传贯彻新修订的《安全生产法》为契机，先后开展安全生产知识竞赛、安全生产咨询日、最美安监人评选、安全文化"六进"活动、安监员业务竞赛、20000本安全知识读本进企业、关注"龙游安监"微博微信、20万条安全短信群发市民等活动。天津"8·12"事故发生后，配合县科协专门录制1期危化品科普宣传教育片，宣传危化品的识别、防护及正确使用等安全知识，减少群众对危化品的心理恐慌；制作安全生产形象宣传片，每天在龙游电视台综合频道、气象频道和全县公交车车载视频分时段滚动播放，提高全社会对安全生产的关注度。

【安监队伍建设】 根据县委办《关于开展乡镇（街道）、工业园区安监机构规范化建设的意见》的要求，以乡镇（街道）、工业园区为全县安全生产监管重点，配足、配齐专（兼）职安全生产监督员。县安监局向县政府提交《〈关于批准实行安全生产监管监察岗位津贴的报告〉的请示》，并向相关部门报送《龙游县安全生产监管监察岗位津贴管理办法》备案的函，为25名基层安监员落实每月220元的岗位津贴,规定各单位安监机构负责人享受本单位中层正职待遇。全年共投入20多万元财政装备资金为15个乡镇（街道）和工业园区安监机构配备笔记本电脑、执法记录仪、照相机等执法装备。组织开展安全生产监管法律知识培训，全县33名安监员通过网上执法考试，取得安全生产行政执法资格证。

【安全教育培训】 借助衢州市安监局的统一培训平台，组织县局25名干部赴杭州参加安监业务监管培训。借助县委党校、县职校资源和县委理论中心组平台，向全县260余名领导干部灌输安全生产知识。共举办乡镇（街道、园区）安监干部培训班3次，把安全生产列入新任党政领导干部、初任公务员培训课程，提高其安全生产意识。对企业负责人和安全管理人员开设安全培训班12期，1171人次参加培训；面向企业开设电工、电焊特种作业培训班11期，668人次参加培训。赴企业、乡镇（街道）开展上门培训26次，培训人员4300人次。

（县安监局 吴晓峰）

公共资源市场化配置监督管理

【概况】 2015年，县公共资源市场化配置监督管理办公室（县监管办）围绕县委、县政府中心工作，以严格规范的监管和优质高效的服务主动适应经济发展新常态，全力打造公平公正、透明高效的公共资源交易平台。全年累计完成交易项目1210宗，成交金额15.45亿元，节约支出2.03 亿元，增加收入1281.18万元；受理工程交易项目276宗，总成交金额12.94亿元，节减资金1.92亿元；完成土地出让15宗，出让面积16.46公顷，成交金额1.67亿元，增加收入1120万元，增值率为7.28%；完成产权交易10宗，成交金额827.86万元，增加收入161.18万元。

【服务业主项目建设】 根据县政府投资项目计划，对涉及续建、新建项目的部门、乡镇（街道）主动上门对接项目进度，提前谋划，协商招投标计划安排。上门服务的部门涉及县城投公司、龙北开发区、兴业经济发展有限公司、湖镇镇等20多个部门、乡镇(街道)的100多个项目，重点服务好特殊项目、重点项目的招投标工作，如农村生活污水治理项目、湖镇污水处理BOT项目、县福利院经营权招租项目、县子鸣安居小区建设工程项目，均做好招标前、招标中、招标后的检查工作，做到全程参与。

【完善政府性投资项目招投标工作机制】 3月，制定《关于进一步完善政府性投资项目招投标工作办法》，对乡镇部门招投标的限额、招标方式、服务类项目的招标方式进行调整。乡镇（街道）、部门招投标限额由原来的20万元提高到50万元，50万元以下的项目由乡镇部门自行组织招投标。机关部门自行组织招标的，其招标方式由部门自行确定。服务类项目招投标，20万元以下的进入县行政服务中心网上大厅进行公开比选，共审核发布招标代理比选公告59份；20万元以上的项目采用公开招标。通过调整，提高了乡镇招投标项目的效率，给予招标单位更多的招标自主权。制定《龙游县政府性投资建设工程项目现场管理人员实名制管理办法（试行）》，对政府投资1000万元以上的工程建设项目，由县监管办代表建设单位组织考勤管理，采用指纹机、影像管理机、摄像头等设备，将指纹和图像进行采集储存、验证签到，对承建政府性投资建设工程项目的中标单位现场管理人员的到岗履职情况进行考勤，全面提升政府性投资建设工程项目质量和安全管理水平。

【制定建筑业招投标诚信标准及评价办法】 认真贯彻执行《龙游县建筑施工企业、监理单位诚信综合评价实施办法（试行）》，制定招投标诚信的标准和评价办法，并严格执行，建立优胜劣汰的市场竞争机制，维护全县建筑市场健康稳定发展。

【专项检查】 4月，联合县住建局、交通运输局、水利局等部门，在全县范围内开展为期4个月的2014年度政府投资项目标后检查。检查内容为工程招投标情况、合同签订情况、建设工程标后监管情况。12月，与县住建局、交通运输局、水利局等部门组成联合检查组，在全县范围内开展投资1000万元以上的“四重双百”重点项目开工、在建工程的标后检查。对特殊项目的招投标做好重点服务，全程参与农村生活污水治理项目、湖镇污水处理BOT项目、县福利院经营权招租项目、县子鸣安居小区建设工程项目的招标前、招标中、招标后检查。5月和8月，会同县农办和住建局对各乡镇（街道）农村污水治理项目进行专项检查。针对检查中发现的普遍问题和突出问题，分析原因，下发整改通知，提出整改意见，同时督促施工企业按照合同要求诚信履约，共同做好“五水共治”工作。

【依法规范处理投诉案件】 全年处理投诉案件3起，分别是龙游县中小学学生饮水设备租赁服务项目，投诉中标候选人提供的样品不符合招标文件提供的技术规范要求，对代理回复不满意；国网浙江龙游县供电公司生产基地项目的电梯工程项目，对评委评标进行质疑；溪口镇枫林村农村生活用水治理项目，公示结束后代理公司发现投标报价有误，导致中标候选人错误。根据反映的问题，及时组织人员开展调查核实，并作出回复说明，化解矛盾。加大对不良行为的查处和惩戒力度，全年查处企业不良行为3起，并按相关规定作出处理

【提高依法行政能力】 加强干部队伍的思想品德和党风廉政建设，规范党员干部行为，提高干部队伍素质。通过举办招投标业务网上办理知识培训班，提高工作人员的业务素质和能力。通过学习教育活动，提升干部服务大局的意识，提高工作效率和工作执行力。修订完善《关于县监管办党组贯彻落实“三重一大”事项集体决策制度的意见》《县监管办党组决策重大事项议事暂行规定》《县监管办财务管理制度》等内部管理制度，着力营造争先创优、富有活力的工作氛围。开展学习型党组织建设、基层走亲、党员志愿服务等活动，组织党员干部赴联系村大沃口村进行实地调研，为联系村排忧解难。开展党员志愿者活动，组织党员干部赴灵江社区参加卫生保洁义务劳动；组织干部职工参加“万人治污大行动”河道专项整治，积极营造全民参与创建活动氛围。

（县监管办 张雪青）

城乡规划建设与管理

概 述

2015年，龙游县城乡规划建设与管理工作以全省第一批“浙江美丽县城”创建试点为契机，着力抓好城市建设和管理，坚持生态为基，民生为本，努力创建“生态美、生活美、功能美、空间美、文化美”的现代美丽县城。修编完善县域总规和土地利用总规，编制美丽县城三年行动方案、城市建成区有机更新等规划。扎实推进旧住宅区改造工作，推进城东新区基础框架建设，开展小高山村、原探矿厂区块搬迁改造。全力做好大南门征收改造项目准备工作，实施大南门历史文化街区保护一期项目，房屋收购工作有序推进，完成农民房屋征收安置。开展省级山区集聚发展改革试点，晨东小区、阳湖小区交付使用，翠竹小区主体完工，新增异地搬迁农户720余户共2200余人。设立龙游县综合行政执法局，城市管理得到加强。扎实推进省级文明县城复评工作，创建国家级生态村、省级生态乡镇6个、省级美丽宜居示范村12个，成为省生态县、省美丽乡村先进县。成功创建国家园林县城、省森林城市，入选首批浙江美丽县城试点县。

城乡规划

【概况】 2015年，龙游县规划局围绕县委、县政府提出的“两化”引领战略，保持务实奋进的工作作风，按照“强编制、精管理、优服务”的工作思路，扎实推进各项工作，较好完成年度各项目标任务。获2015年度衢州市城乡规划系统工作目标责任制考核优秀单位（第一名）。全年共承办人大、政协建议、提案27件，其中县人大建议、议案15件，县政协提案12件，全部按照规定的时间办结，办结率100%，满意率100%。

【全面推进城市规划编制】 围绕城市品质提升和建设重点，与高水平设计团队合作，组织城市规划编制。至年底，《高铁站前区控规及城市设计》和《县域绿道网规划》经县政府批复；《龙游县省级历史文化名城申报研究》完成规划成果，并用于指导大南门街区保护规划编制；《龙游城市两江四岸景观亮化规划设计》《美丽县城三年行动规划》《大南门历史街区保护规划》《大南门片区城市设计》《城市建成区有机更新规划》通过县政府组织的部门论证；城东片核心区修建性城市设计、鸡鸣山—城市绿心片区—中央生态廊道城市设计和景观设计、千里岗风景名胜区规划研究、小南海镇镇区城市设计均已形成阶段性成果。完成《龙游县域总体规划》实施情况评估，配合县政府谋划特色小镇，组织审查《新加坡风情小镇控制性详细规划》，编制完成龙游县竹海风情小镇概念性规划并上报省政府政研室。

【美丽县城三年行动规划】 2015年5月委托浙江省城乡规划设计研究院编制。7月，完成中期阶段性方案；9月，经县政府召开方案论证会并上报省建设厅城镇化发展中心，确认该规划提出的目标定位、实施路径基本合理，生态保育、空间提升、活力城市、服务保障、交通畅行、文化复兴、文明和谐等7大行动规划符合龙游实际，按类梳理的建设项目切实可行。要求从有利于城乡统筹、提升县城美丽和特色的空间品质着手，进一步提炼明确美丽县城建设定位和特色。积极吸收各部门编制的“十三五”专项规划成果，完善建设项目库。聚焦居民关注的教育设施、文体设施、公共绿地、危旧房改造、公共交通、市政管网、城乡绿道、历史街区保护、社会停车等民生工程，安排建设项目，为打造有特色的田园城市、公交城市、海绵城市、慢行城市、文化名城夯实基础，通过3年努力，提升龙游的美丽特色。

【“两江四岸”景观亮化规划设计】 2015年7月委托中国城市建设研究院有限公司浙江分院编制。9月，县政府召开方案论证会，明确规划范围延伸到城市环线及九里立交桥西入城口、宝塔路和龙游南连接线入城口。按照设计，中心城区突出两江（衢江、灵山江）、两山（城北的凤凰山、城南的鸡鸣山）、两滩（衢江中的两座生态岛屿）、一环线、高铁站站前区域及年年红紫檀国学博览园、龙游石窟、龙游民居苑3个景点的亮化，重点打造人民路、荣昌路、龙翔路、兴龙路、太平路、广进路及两侧建筑和重要节点。引入智能系统，对区块及节点的灯光设计等进行智能化控制，建设智慧城市。

【大南门历史街区保护规划】 2015年7月委托北京清华同衡规划设计研究院编制。同月，听取初步方案汇报，并提出修改意见。11月，召开部门讨论会，对街区保护范围、规模、功能划分等提出修改意见。规划详细调查大南门历史文化街区的现状，明确街区价值、保护要素与保护区划，提出县学街与胜利路的十字轴街区格局，明确街区的保护范围、保护目标、保护原则、用地布局、保护方式和措施等，为大南门街区保护、修缮和区块开发建设提供依据和指导，也为大南门片区申报省级历史文化街区和龙游县城申报省级历史文化名城做好准备。

【城市建成区有机更新规划】 2013年5月委托上海红东规划建筑设计有限公司编制。历经背景研究、信息收集、基地踏勘、概念方案等阶段，2015年11月，通过方案论证。规划提出“双增双减”（即增加公共空间、增加服务设施；减少人口密度、减少建筑密度）规划策略，以交通保护环的理念布置龙游城市功能布局，对大南门历史文化街区、太平路商贸区、城角坊片区、巨龙路沿线片区等重要区块进行存量空间的改造，为老城区功能疏解控制规划编制提供依据。

【城东片核心区修建性城市设计】 2015年7月委托上海红东规划建筑设计有限公司编制。9月，形成初步城市设计方案，通过评选，选取一个首选方案并进行修改完善。经部门论证会议定，城东片核心区修建性城市设计，将结合城东新区功能定位布局，打造中央生态廊道空间形态。优化城东核心区用地布局；沿荣昌路的商务配套轴与中央生态廊道的行政服务轴延续控制性规划的空间布局要求；结合海绵城市理念，优化鸡鸣堰水系引水，确保水体景观的稳定性。

【鸡鸣山—城市绿心片区—中央生态廊道城市设计和景观设计】 2015年7月委托汉嘉设计集团股份有限公司编制。12月，形成中期阶段性成果。通过方案讨论会，对方案进行调整，保留五爪垄水体景观区，同时在中心水景区预留部分文教、文体用地；结合城东新区基础设施建设，强化公共服务设施综合配套，处理好广场、绿地、水系等休闲开敞空间布局与土地高效经济利用的关系；做好与城市绿道功能的衔接和延续；着重打造以生态为基底、文化为内涵、休闲健身为主要功能的城市生态郊野公园。

【千里岗风景名胜区规划研究】 鉴于龙游县尚无国家级、省级风景名胜区的现状，为加强龙游县风景名胜区的保护和申报工作，县政府要求规划部门全面调查县内风景名胜资源，衡量评估其在区域风景名胜资源中的地位。县规划局于2015年5月委托中国美术学院风景建筑设计研究院编制千里岗风景名胜区规划，12月，形成规划初步方案。方案在龙游县旅游总体规划的基础上，以白佛岩—乌石寺的千里岗山脉区域为研究核心，范围约140平方千米。综合分析各景区、景点的风景价值、环境质量和旅游现状，明确风景名胜区景观资源的特征、范围，为申报省级风景名胜区进行可行性研究，并为风景名胜区的定性、发展对策及规划布局提出建设性建议。

【小南海镇镇区城市设计】 2015年7月委托海口市城市规划设计研究院设计。9月，形成初步设计成果。作为龙游县城区北面门户的小南海镇镇区是中心城区的重要组成部分之一，地理位置十分重要。设计重点是通过对镇区交通系统、现状用地、功能的梳理，提出“两轴两点七区”的规划结构及功能分区，用地功能布局、道路系统与土地利用规划、龙游石窟旅游度假区进行衔接，在土地利用方案、指标体系、分期建设等方面基本可行，基本符合城市总体发展规划。下一步计划对初步成果进行深化完善，提交部门及专家论证，以指导下一步镇区控制性详细规划编制及空间形态管理。

【新加坡风情小镇控制性详细规划】 2015年6月，对北京东方华脉工程设计有限公司编制的龙游县新加坡风情小镇概念规划和控制性详细规划进行论证。进一步深化规划的功能定位，明确健康养老和休闲旅游两大功能区块及配套设施的布局，形成“一心三轴四区”（“一心”即入口景观核心区；“三轴”即沿乌引渠道公共服务轴、东部休闲旅游轴、西部健康养生轴；“四区”包括公共配套区域，低层、多层、高层健康公寓区域，多层健康公寓，旅游服务设施等主题公园）的空间格局，尽量减少旅游和养老功能的相互干扰。明确海绵城市理念在控制性详细规划中的落实措施，结合山林、水系的保护利用，因势利导，发挥其生态和调蓄作用，减小管道管径和管网建设规模，加强对乌引渠道的保护，明确雨污水管网的穿越方式。在园林景观的改造和新建中，综合考虑气候、土壤等条件，选择部分适宜龙游种植的热带植物，充分体现新加坡景观的风貌特色。

图141 召开“新加坡小镇”规划论证会

【竹海风情小镇概念性规划】 2015年1月由浙江大学城市规划设计研究院编制完成。3月，经进一步深化完善后上报省政府政策研究室。规划针对竹海风情小镇的地理、历史、生态、文化、产业条件，以“山水名镇、文化古镇、竹海雅镇、运动强镇、养生慢镇、交通重镇”定位为目标，以自然生态为基底，以文化休闲度假为核心功能，以文旅资源整合、产业联动为开发模式，以体验化旅游功能创新演绎传统文化生活方式，山水相依、村镇相融，以六春湖运动养生休闲区、衢宁铁路龙游南站建设及浙江大竹海国家森林公园为核心引擎，拉动区域现代服务业升级，打造集山水旅游、生态宜居、运动养生、高端度假、文化体验、科技研发、交通集散于一体的、富有文化底蕴的竹海风情小镇。

【做好村镇规划与建设】 开展全县村庄规划设计情况摸底调查，梳理村庄规划编制情况。全县262个村，除去城中村、城郊村、镇规划区内的50个行政村，剩余的212个村中，有规划的村91个，其中需要修编的村56个，未编制规划的村121个，需要编制村庄设计的中心村有21个。加强村庄规划编制，至年底，完成30个行政村村庄规划编制（修编）方案。指导推进省农房改造示范村建设，2013年度省级示范村上圩头村、社里村、新槽村通过省级示范村验收，2014年度省级示范村泽潭村、坑头村、三门源村、半爿月村按要求推进，2015年度省级示范村官村村、客路村、贺田村完成规划编制并通过论证。完成国家级示范村石角村的申报工作，做好2016年省级示范村的培育工作。认真做好传统古村落保护工作，协助横山镇志棠村、湖镇镇通济街、大街乡贺康村和祝家自然村，沐尘畲族乡双戴村完成第四批“传统村落”的申报工作。协助上级专家组对历史文化名城、历史文化名镇、历史文化名村的保护设施建设规划实施情况进行调研，指导做好三门源村、泽随村保护项目实施工作。完成省级历史文化名村泽随村、三门源村、灵下村、庙下村和湖镇通济街历史建筑的基础统计工作，共调查统计历史建筑373幢。加强农村建筑工匠管理，组织村镇协会建筑工匠陈卫平等8位技术骨干参加浙江省农村建筑工匠技能比武大赛，获得团体二等奖以及个人一等奖1名、二等奖2名的好成绩。

【完善规划管理机制】 根据工作实际，整合科室职能，进一步完善规划许可内部工作流程，中心窗口统一受理收件、统一审批和统一发件，实现一站式审批，大幅压缩行政许可办理时限。推出建设项目规划许可办事指南，落实一次性告知制，严格实行办理时限承诺制。以政务服务网统一审批平台和规划管理信息系统建成为契机，积极推进网上审批，实现报批资料的电子化，提高审批质量和效率。按照县政府关于农村居民建房审批制度改革的统一部署和有关要求，开展农民建房审批事权委托下放工作调研，做好改革前后的审批管理衔接工作，对规划的部分行政审批权下放委托乡镇（街道）管理，提高农民建房审批效率。制定《龙游县城乡规划工作手册》，组织开展“美丽县城创建美丽宜居示范村建设”“城乡规划知识”专题培训，增强乡镇（街道）及规划工作人员的规划管控意识，提高规划工作能力。筹建龙游县农村居民建房审批系统，通过网络连接各乡镇（街道）农村居民建房审批，推进信息共享，加强管理与监督。

【助推“三改一拆”】 组织规划监察大队和社区共同对未统一整治的小区违法建设进行全面普查核实。按照“无违建县”创建要求和“分类处理、控新治旧”原则，倒排时间，开展小区违法建设集中整治。启动新华路拆违模式升级版，积极发动群众参与，在会同街道、县执法局、社区等相关职能部门进行联合执法的基础上，与街道、社区共同组织义工服务队、楼道长和小区内有威信的群众上门做违法建设户的思想工作，并在拆违现场对无理取闹、拒不配合拆违工作的违建户进行劝导，化解拆违阻力，有效推进城区拆违工作。至年底，城区共查处违法建设1341起共5.76万平方米。对莱茵河畔小区、银泰龙庭小区、向阳世家小区未处置到位的违法建设，按照分类处置要求完善相关资料，按法律程序移交法院执行。坚持拆改结合，在拆违前，县规划局、社区将小区的整治提升规划方案送到小区，征求群众的意见和建议。阳光小区、竹景花园、北门小区、铁路新村等通过整治改造，显著改善老旧小区环境，受到群众欢迎。

【配合交通治堵工作】 发挥规划的统筹作用和技术优势，在道路、停车场（库）及各类建设工程规划建设过程中，严格按照国家、省有关标准及设计条件审查，严格把关，确保设计条件与内容落实到位。积极配合小区环境整治，完成阳光小区二期、亚伦生活小区整治方案；配合县城管办道路整治，做好巨龙路、文化路、人民路道路整治工程中人行道车位划线方案；完成12个新增公共自行车租赁点的选址和老法院、老人民银行地块停车场的建设方案，停车场设社会停车位127个；提出城区和城郊绿道建设方案，并推进实施。

【抓好基础测绘工作】 完成龙游县基础测绘“十三五”规划编制申报。完成城乡5个片区1：500数字基础地形图及数据入库项目的公开招标。委托浙江省测绘资料档案馆编制完成龙游交通旅游图，委托浙江省第一测绘院编制完成龙游县乡镇影像图。根据普查要求，

图142 数字龙游地理空间框架建设项目验收暨成果推广会

做好龙游县地理国情普查“一区两率”（即城市建设区，绿地率和绿化覆盖率）调查工作，至年底，已通过政府采购审批，并向社会发布项目招标公告，择优选择服务商。

【数字龙游地理空间框架项目建设】 完成机房改造建设、基础硬软件部署、基础地理信息数据库及共享服务数据库建设、地理信息公共服务平台（政务版和公众版）部署安装等，为实现资源共享与应用、推进“智慧龙游”建设奠定基础。5月7日，数字龙游地理空间框架项目通过上级验收。加强地理信息平台的拓展应用，规划管理信息系统、地下管线管理信息系统、数字城管视频监控系统、防汛抗旱综合管理系统、地名信息管理系统等5个应用示范工程通过上级预验收。

【提供规划服务】 着手规划研究，积极参与项目策划、政策研究、项目招商，为政府决策提供参考。为促进新加坡风情小镇早落地，组织规划方案讨论和审查，提出书面审查意见；着手大南门历史街区保护规划的委托编制，广泛征求专家意见，将保护意见纳入大南门开发方案，为大南门历史文化街区的保护、申报及片区更新改造提供指导和依据；为推动龙游电商城和阿里巴巴运营中心等项目尽快落地，积极与县国土局对接，讨论申通电子商务产业园等8个地块的出让方案；积极与北京京西建设集团对接，讨论其提出的城东商贸综合体概念设计方案；为推动汽车城项目进度，拟定下洋村安置小区规划选址方案。加强基础测绘成果应用，为各项重点项目建设提供基础测绘成果服务，全年提供基础测绘成果审批行政许可事项40项，提供1：500～1：2000基础地形图面积共2480.12平方千米，为项目落地前期、实地踏勘、选址征地、各项评估及政府决策和项目审批提供科学依据。围绕“四重双百”等项目建设，积极做好规划指导和服务，推进项目实施。对龙游红木小镇建设方案审查、供地计划衔接、项目审批提供店小二式服务。调研人民广场城市综合体（一期）外部电网接入、人民南路市政配套、消防通道施工等问题，提出解决方案，推进项目开工建设。开展工业企业“零土地”技术改造项目审批工作，全年完成125个工业项目和264件城区服务业项目的现场踏勘，并出具规划审查意见。按照县政府工作进度要求，为重点工程推进提供规划保障。

【规划队伍建设】 抓好党员干部学习教育，利用局党组会、局中层干部会、局干部职工会和党支部会议，结合工作实际开展思想政治和党风廉政教育。组织观看《筑梦中国——中华民族复兴之路》等教育片，组织《中国共产党廉洁自律准则》《中国共产党纪律处分条例》专题学习，提高党员干部政治思想素质。强化干部职工业务知识培训，根据县人大反馈的“规划部门涉及基层群众办事审批难”情况，专题召开“揭伤疤、堵漏洞”研讨会，查找原因，反思不足。组织干部职工参加法律法规、规划审批管理实务等城乡规划知识培训，并进行闭卷测试，提升管理人员依法行政意识及规划审批管理实务能力。利用微信平台建立“龙游规划群”，加强规划业务交流。支持局纪检组开展监督检查，通过对建设工程项目规划审批管理、农村困难群众住房救助、农村居民建房规划审批管理、规划行政执法、“五不直接分管”制度、职工食堂管理等工作的专项督查及工作作风的明察暗访，严肃工作纪律，促进作风转变。

（县规划局 叶苏玲）

新农村建设

【概况】 2015年，龙游县农业和农村工作办公室（简称“县农办”）认真贯彻落实中央和省、市农村工作会议精神，大力实施统筹城乡发展战略，全面实施农业农村十大专项工作，全县“三农”工作继续保持良好的发展态势，实现“转型强农、治水美村、惠农增收、城乡统筹、农村和谐”的年度工作目标。龙游县被浙江省“千村示范万村整治”工作协调小组评为全省农村生活污水治理优胜县。县农办被省农办评为全省2015年度农办工作优秀单位，在县年度综合考评中获得三等奖，并被县委表彰为2015年度最满意单位、2015年度农村生活污水治理先进集体等。

图143 副省长黄旭明到龙游考察历史文化村保护工作

【提速提质治污水】 根据“农村生活污水治理攻坚年”的目标任务，做实做细项目前期，狠抓建设质量，全力推进农村生活污水治理。2015年，全县有120个村实施生活污水治理，新增受益农户34085户，投资17042.5万元。其中，建设生活污水处理终端422个，容积10225立方米，投入建设资金6077.9万元；铺设排污主管151.2千米、支管213.2千米、接户管338.8千米，投入资金8591.6万元；治理人工湿地422处，面积13160平方米；分散式处理13189户，投入资金2373.1万元。工程于6月开工建设，至年底已基本完工，并投入试运行。建管并重，及时启动农村生活污水治理设施的运行维护工作，在省级招标平台发布第三方运维信息，通过竞争性磋商，筛选出浙江海河环境科技有限公司作为第三方运行维护企业。已完成溪口镇石角村及大街、沐尘2个乡整乡运行维护设施安装，建立分类运行维护站点的规范样板。通过试点，由点及面，基本建立县、乡、村、户、第三方运行维护机构“五位一体”的农村生活污水治理运行维护机制。

【“贺田模式”全域覆盖】 新增154个“贺田模式”复制村，实现“贺田模式”全覆盖。3月，召开全县154个“贺田模式”复制村参加的培训会，发动群众签订“门前四包”责任书，会同县妇联完成115个村垃圾分类工作，发放《垃圾分类宣传册》10万余份。制定《2015年龙游县洁净家园行动考核办法》，牵头组织相关部门开展每月一次的暗访督查，推进清洁工程常态化。在衢州市组织的专项检查中多次位居全市前列。开展“四边三化”阶段性环境卫生整治工作，探索开展农村生活垃圾资源化减量化试点，建设红光村、项家村等太阳能垃圾沤肥站。

【深化“美丽乡村”建设】 按照“面上整治、线上美丽、点上出彩”的总体目标，持续加大建设力度，促进美丽乡村建设由“点”“线”“环”向面上辐射，由“生态”“形态”向“业态”“文态”上提升，由政府主导向政府引导、群众主体并重上转化，努力打造“宜居、宜业”的新农村。全县共有30个村开展美丽乡村创建工作，根据特色资源、项目需求等要素按重点村、一般村分层分类精心培育，着力打造“十里荷花、万亩富硒”观光线和“环灵山江”休闲旅游线。成功打造十里荷花AAA级景区，推进沿线12个村的乡村休闲旅游发展。创建以龙洲街道为核心的灵山江沿线村的生态观光旅游线。通过自主申报，选取面上12个村开展“三改一拆”、农村生活污水治理、村庄绿化及基础设施配套建设，共硬化道路3.1万平方米，新建文化礼堂12座，新（改）建农民休闲公园（广场）11个，新建农民集聚点11处，新建老年公寓5幢，新安装路灯102盏，修复水利设施20

余处。全面启动“两路两侧”可视范围内赤膊墙整治，共整治赤膊墙约111万平方米，完成年度任务数的103.06%。按照《龙游县历史文化村落保护与利用规划》，继续做好历史文化村落保护利用工作。2013年度续建村已完成所有的建设项目；在2014年度续建村中，重点村泽随村已完成总工程量的80%左右，4个一般村基本完成3年目标任务；2015年新建村全部完成古建筑修缮方案编制，重点村石角村完成总工程量34%。“政府补助、农户出资、就地保护”做法被刊载在《浙江政务信息》上，得到省长李强的批示肯定。

【“一户一策”精准消贫】 根据年初调查，全县有家庭人均纯收入在4600元以下农户9277户14980人。坚持把纳入低保作为现阶段“消除4600”的最主要最有效的方法，把实际贫困度作为是否纳入低保的首要条件，解放思想，简化程序，确保应保尽保。至年底，全县家庭人均纯收入4600元以下低收入农户已全部销户，其中纳入低保销户4628户6658人、享受重残补助销户593户1114人，干部结对帮扶销户4056户7208人。《对象找准、原因查准、措施精准、责任定准——龙游在全省率先启动全面消除4600元以下农户工作的主要做法》《县级领导分片包干、百名局长联百村、千名干部结千户》《帮扶台账精准消贫》《四个一推进电商扶贫》《输血、造血、活血三管齐下助力消贫》《龙游县“五个千万”消除4600》等经验材料被省农办以简报等形式发表，其中《对象找准、原因查准、措施精准、责任定准——龙游在全省率先启动全面消除4600元以下农户工作的主要做法》《龙游县“五个千万”消除4600》得到省农办领导的批示肯定。

【农村改革稳步推进】 年初，人口集聚平台——溪口翠竹小区顺利开工建设，11月，小区主体工程全部完工，共建有排屋109套、公寓房678套，预计可安置农户787户2300余人。着力推进“宅基地、农村承包地、村集体股权”确权颁证，完成农村宅基地确权登记9.37万宗，登记发证率92.30%；1∶500基础地形图测量完成55平方千米；全县262个村全部完成清产核资、社员界定、量化股权等工作，界定股东数33.29万人，发放股权证书12.59万本；建立流转土地经营权登记颁证制度，开展流转土地经营权证颁证，已颁证216本，证载面积1728公顷；探索为符合规定要求的林地经营权流转颁发“林地经营权流转证”，对40.60公顷林地开展颁证工作。深化农村产权交易体系建设，制订出台《关于规范农村产权交易管理的实施意见》《龙游县农村产权交易管理办法（试行）》等政策文件7个，依托县公共资源交易中心建立农村产权交易网络服务平台，实行分级交易机制，着力完善“1（县级）+15（乡镇）”农村产权县乡二级交易平台建设，得到市委副书记江汛波的批示肯定。县、乡两级农村林权、宅基地有偿选位、土地承包经营权和山塘水库水面承包经营权等交易量达1733万元。

（县农办 吴晟琼）

城市建设与管理

【概况】 2015年，龙游县住房和城乡建设工作紧紧围绕“以项目落地，深化新型城镇化”为主题，坚持以“新区建设、美丽县城、五水共治、产业发展、干部作风”为工作中心，聚焦重点，整合力量，提高执行，使城市更美丽、市民生活更美好。

【基础设施建设】 根据县政府关于“四重双百”以及政府性投资项目计划要求，制订《2015年住建系统“四重双百”重点建设及政府性投资项目推进责任落实分解表》，明确项目责任人及时间节点，全面落实项目建设。完成城东片区道路一期工程端礼路初步设计批复；完成友钦路、集贤路、伯珍路初步设计；完成广进路道路绿化、恩浩世贸城周边配套工程、东阁桥排污管道工程、莲湖溪环境整治改造、阳光水岸配套施工等工程。完成子鸣小区安居工程桩基施工；灵江家苑安居一期工程主体完工，二期工程已完成2层主体搭建；完成风味美食城1号、3号楼主体工程，2号、4号、5号楼正在施工建设中，亚伦小区整治改造工程动工建设；阳光小区三期整治改造工程准备动工建

图144 县住建局领导到污水处理厂项目现场办公

设；完成竹景花园社区管理用房二次装修。牵头落实永安路整治，连续攻坚9天，全面完成永安路两侧拆违任务，累计拆除违法建筑100余户约1.8万余平方米。

【旧城改造】 抓住破解征收安置这一重点工作，迎难而上，细化责任，确保相关工作有序开展。结合县城实际，收集、吸纳周边县市先行征收补偿办法，认真做好政策的酝酿、制订、出台工作。8月21日，颁布《龙游县国有土地上房屋征收与补偿安置若干规定》《龙游县国有土地上房屋征收补助与奖励标准》，为县旧城征收改造项目实施奠定政策基础。修订完善《龙游县城镇危旧住宅房屋安全管理若干意见》《龙游县城镇危旧住宅房屋提前收购实施细则》，规范危旧住宅房屋安全管理工作。按照省、市“三改一拆”工作要求，完成以兴龙路改造、北门小区整治提升、莲湖溪改造为主的16个旧住宅区整治改造项目；完成姜家区块详查和实地测量工作，登记各类房屋202户；大南门历史文化街区保护项目（一期）国有土地房屋收购取得阶段性成果。

【公用事业】 积极推进城镇“五水共治”建设，全面落实完善以6个建制镇为重点的污水处理设施管网建设。超目标完成城乡管网建设，完成集镇污水处理终端设施改造提升工程。严格开展污水处理净化工作，优化区域生态环境，完成污水处理厂二期改扩建工程。2015年，污水处理厂处置污水727万吨，全县减排COD（即化学需氧量）1081吨，圆满完成省下达减排目标任务。扎实推进生态文明建设，按时完成青龙山生活垃圾卫生填埋场污染治理任务，规范填埋场管理运行。严把入场关，确保生活垃圾入场顺畅，无其他污染源进入；加强对进场垃圾进行消毒、压实、覆盖，减少垃圾臭气外溢，消灭苍蝇等，全年使用杀虫液1280公斤、防臭剂1440公斤，覆盖膜2万余平方米；完善技术处理，确保对外排放水达标。

【市政园林管理】 巩固“国家级园林县城”创建成果，以“美丽县城”创建及文明城市复评为契机，加强园林绿化管护，做好城区117公顷绿地养护工作，补种行道树220多株，增加绿地面积，在现有绿地上实现绿量最大化。完善城市功能，启动公园内亭台楼阁、护栏、亮化、水系等各类市政设施维修；完成莲湖溪木桥翻修、荣昌路两侧花坛及江滨公园木制花坛维修；完成江滨公园清幽谷木曲桥、翠光阁北面木制平台更新；整治改造管辖范围绿地、道路、公厕、水系，确保公园、绿地内设施的完好和美观。优化城市环境，提升改造龙洲公园及城区7个小游园品位，清除老化灌木，种植地被植物，安装防护栏，基本解决公园环境“脏、乱、差”问题。做好各景点、公园、广场等亮化设施维护管理工作，及时更换损坏老化电缆、灯具和光带，保障景观效果，共更换高杆路灯4套，维修庭院灯342盏、草坪灯64盏、LED灯1088盏、节能灯1142盏、踏步灯和地埋灯117盏，埋设电缆线约2963米，更换及修理水泵26台、雾森喷头433只。以“利民便民”为服务宗旨，帮助社区完成北门小区、盈川路76号周边区域等部分管网及路面改造；完成龙翔路、荣昌路及巨龙路、西立交4处积水点改造；将老南门2个直排灵山江污水口接入城市总管。完成城区人行道修复9670平方米，修补沥青路面740平方米，维修水泥路面433平方米，疏通城区管网130千米，清理雨水窖井5478座，污水窖井1763座，维修及更换雨污水井盖249套，安装城区防坠网4200只。

【环卫保洁】 完善精细化管理标准体系，实现城市环卫管理标准化、常态化、系统化。成立督查考核小组，完善督查机制，实现督查18小时全覆盖；做到空档、晚班延伸督查，分片包干督查，公开化督查，并将督查情况及时通报，实现透明化。全年考核城区路段360次、夜班35次、中午空档42次，共计考核扣分367分。开展科学的道路保洁工作，每天机械清扫太平路、巨龙路、荣昌路等城区主要道路不少于1次；每日对太平路、荣昌路、兴龙路等主要道路实施喷洒水作业不少于2次；城区保洁机械化清扫率达51.64%。组建快速保洁、快速清运收集、机械化清扫等小分队，开展经常性巡查，做到整治一处、巩固一处。全年共处置突发情况66次，加班加点272余人次，出动车辆1023台次，清理垃圾死角617处，完善道路两侧环卫设施772处，更换垃圾箱758个，收集、清运和处置临时生活垃圾1362余吨，“门前三包一化”垃圾收集4158车。公厕改造后，城区有15座公厕达到二类标准。对县环卫所9座直管公厕实行市场化运作并免费开放，确保公厕设施完好，达到卫生标准。积极完成湖镇、龙南山区、工业园区、龙洲街道白坂等生活垃圾中转站的垃圾清运任务，确保4个中转站的垃圾日产日清；开展城区垃圾中转站的改造工作。协调处理城区4个中转站及龙南山区、湖镇、工业园区、白坂4个中转站生活垃圾清运作业存在的困难和矛盾。推进新湖风景南区小区、西湖沿家苑2个小区生活垃圾分类收集试点工作，投放大小分类垃圾箱568个，发放垃圾袋12万只，设置宣传栏6块，印发宣传资料5000余份。

【队伍建设】 认真学习党章和《中国共产党廉洁自律准则》《中国共产党纪律处分条例》。注重引导和组织基层党员干部学精、学透业务知识，真正做到干一行、爱一行、学一行、钻一行、精一行。组织全局党员干部观看《一生有爱》《旋风九日》等宣传教育片2次，并撰写观后感。安排有关人员对所有行政权力事项逐件进行办件测试。开展上门服务、预约服务、延时服务等各类特色服务，全年共为企业和群众提供特色服务50余项，受理事项6730件，办结6685件，无超期件，无投诉件。以“定时明查、不定时暗查、节假日必查”等方式开展明察暗访，引导干部职工树立大局意识、责任意识、服务意识，坚决反对“四风”，提高工作效率和服务水平，加强对干部职工的教育培养和监督。全年共开展执纪监督3次，检查单位21家，查处违纪问题1起，接待群众来信来电来访20件，办理上级交办件18件、自办件2件。认真办理县党代会、县人大、县政协的提案、议案61件，被评为县政协九届四次会议提案办理先进单位。

（县住建局 邱玉燕）

建筑业

【概况】 2015年，龙游县有资质的建筑企业达到47家。建筑业完成总产值超过60亿元，其中市外建筑业完成产值13亿元以上；建筑业企业完成税收同比增长10%以上。

【企业转型升级】 建立良好帮扶、协作关系，加大对企业的扶持力度。全县施工总承包企业中有一级资质企业5家，其中2015年二级升一级2家、三级升二级2家；新申报施工总承包企业、专业承包企业三级资质15家。工程监理企业乙级晋升甲级企业资质1家。全县建筑企业渐渐向数量适度、专业类别齐全、级别搭配合理的方向发展。

【质量安全监管】 建立健全建筑市场诚信体系，有序开展工程质量治理年行动，全面落实工程建设、勘察、设计、施工、监理单位等五方主体项目负责人质量终身责任制，推行质量终身责任承诺和竣工后永久性标牌制度。制定《龙游县工程质量治理两年行动实施方案》，组织相关责任主体宣传两年治理行动，落实“二书一牌”制度。所有新建项目开工前，建设单位都要与项目负责人签订授权书，项目负责人与监管机构签订质量终身责任承诺书，建设单位要建立五方主体法人代表和项目负责人质量终身责任信息档案，工程竣工后统一移交城建档案管理部门保管，项目竣工后，要在建筑物显著位置镶刻永久性铭牌，载明参建单位和项目负责人姓名，否则一律不予办理竣工

图145 建设中的灵江家苑

验收备案手续。与相关部门联合出台《关于进一步加强我县市政基础设施工程质量安全管理的通知》《关于进一步加强龙游县建设工程勘察企业管理的若干规定》等文件，规范市政工程和勘察企业管理。积极开展全县范围内建筑施工质量安全检查，确保质量安全生产落到实处，在建工程全年未发生死亡事故。申报9个“灵江杯”项目；开展“无欠薪浙江”行动，将3家施工企业列入县农民工工资保障预警单位，实行重点监管。

【建筑节能工作】 加强建筑节能和节能审查管理，完成建筑节能审查项目21个，其中建筑节能评估报告专家审查项目7个，建筑面积63.02万平方米。全面开展公共建筑房屋和住宅小区建筑节能审查工作，审查率100%。积极推进建筑节能示范项目，重点推行太阳能和光伏建筑节能示范工程。

（县住建局 邱玉燕）

2015年度龙游县重点建筑企业基本情况

表44

企业名称	地　　址	注册资本（万元）	法人代表
龙游吉祥园林建设有限公司	龙洲街道荣昌大道广和大厦A幢401室	4000	傅　康
浙江环达交通设施工程有限公司	湖镇工业区	1800	邱玉清
浙江龙游天泓建设有限公司	龙洲街道巨龙路106号三楼	2000	丰树青
浙江龙游宏业建设有限公司	龙洲街道荣昌大道广信大厦	2200	赵　英
浙江龙建建设有限公司	龙洲街道太平东路和平巷1号	2000	江益龙
浙江欧骏建设有限公司	龙游工业园区北斗大道21号	2100	朱爱松
浙江华宇钢结构有限公司	龙游工业园区凤山路8号	1808	王小君
浙江千叶环境工程有限公司	龙洲街道平政路287-1号（金泽大厦）二楼	2000	夏　伟
浙江万明建设有限公司	龙洲街道太平西路25号	5000	卢明成
浙江通衢水电建设有限公司	东华街道学士路222号	5000	徐松标
浙江恒鼎建设有限公司	龙洲街道龙翔路351号	2000	郑　云
浙江泰宇建设有限公司	龙洲街道灵江工业区祥云路19号	5116	骆　群
浙江衢州榕森环境建设有限公司	龙洲街道荣昌大道广信大厦323室	4050	胡雪芬
浙江培华建设有限公司	龙洲街道荣昌大道广和大厦A幢705-707室	5000	叶子雄
浙江创宇建设有限公司	龙洲街道竹海南路202号	5018	姜克宇
龙游县通途交通建设工程有限公司	龙洲街道新二路7号	6090	龚明山
浙江龙游瑞晟建设有限公司	龙洲街道兴龙北路4号楼23—25号	2568	张洪财

房地产业

【概况】 2015年，龙游县深入贯彻落实国家房地产宏观调控政策，推进房地产业健康平稳发展，完成投资额11.02亿元，新建项目1个，续建项目8个。

【严格审核把关】 严格规范交易行为，保障交易主体合法权益。严格执行服务承诺制度，确保产权管理登记正常运行，未发生违反承诺件。全年发放房屋权属证书3895本、商品房预售许可证14本，城区商品房预售登记合同备案1807件。

【强化物业管理】 规范并公开物业服务企业资质等级、服务内容、服务标准、收费标准，接受投诉监督，严格履行检查考核制度，严格执行物业维修专项资金使用办法。全年共接收维修基金申请48份，申请金额近90万元，至年底，已决算12份，决算金额26万余元。加强物业巡查和投诉处理。“三拆一改”整治后，小区内各种乱搭乱建现象大幅度下降，全年共接收县长信箱20件、县信访件9件、市政府热线投诉交办4件、“12319”电话投诉5件。

图146 县住建局召开全县住宅小区物业服务工作大会

【强化公房管理】 依据《衢州市城镇住房保障发展规划（2013—2017）》等文件要求，建成公共租赁住房388套，超额完成年度计划。按要求移交各类地段经营性用房180余间，建筑面积约6875平方米。全年共完成各类保障性安居工程报表200余份（套）。

（县住建局 邱玉燕）

2015年度龙游县主要楼盘基本情况

表45

楼盘名称	楼盘地址	开发企业
华都首府	龙洲街道货场路	龙游华都房地产开发有限公司
大自然	龙游工业园区金星大道11号	浙江中城房地产开发有限公司
兰桂庭二期	东华街道月桂街28号	衢州广豪置业有限公司
阳光新城	湖镇镇新光路139号	浙江龙游东鼎房地产开发有限公司
阳光水岸二期	龙洲街道人民路336号	龙游县龙港房地产开发有限公司
观澜壹号	龙洲街道龙翔路240号	浙江广和房地产开发有限公司
民辉玺园	小南海镇南海路99号	浙江民辉置业有限公司
恒泰东方广场	龙洲街道人民广场以南、人民路以西、兰亭路以北	龙游恒泰时代置业有限公司
溪口华亿广场	溪口镇溪口二桥以北、溪口三桥以南、灵山江西岸、龙南商贸城以东	龙游隆创置业有限公司

2015年度龙游县主要房地产企业基本情况

表46

企业名称	地址	注册资本（万元）	法人代表
浙江广和房地产开发有限公司	龙洲街道荣昌大道广和大厦	10000	吴树良
浙江民辉置业有限公司	龙洲街道荣昌大道298号	7000	徐伟民
龙游华都房地产开发有限公司	龙洲街道兰亭路289号	5000	叶顺宁
龙游恒泰时代置业有限公司	龙洲街道灵江工业区	5000	周金峰
龙游县龙港房地产开发有限公司	龙洲街道兴龙北路18号	2000	周秋生
浙江申城房地产开发有限公司	龙洲街道荣昌大道广信大厦B幢1-16号	2000	高仁松
龙游隆创置业有限公司	溪口镇扁石村	1000	曾意
龙游县龙城房地产开发有限公司	龙洲街道太平东路50号	1000	江益龙
浙江龙游东鼎房地产开发有限公司	湖镇镇新星路	500	林小春
衢州市广豪置业有限公司	东华街道宝塔路99号	500	薛城

城市管理和综合行政执法

【概况】 龙游县城市管理办公室主要负责城区市容市貌管理、违章占道管理、城区户外广告和横直幅广告的设置审批、霓虹灯广告管理等工作。由于城市管理执法体制改革，2015年6月，龙游县城市管理办公室撤销，成立龙游县综合行政执法局，集中行使市容环境卫生、城乡规划、城市绿化、市政公用、环境保护、工商行政管理（室外公共场所无照经营）、公安交通（人行道违法停车）、安全生产等21个方面的法律、法规、规章规定的全部或部分行政处罚及相关行政监督检查、行政强制职权。

【理顺行政执法机制】 积极同与编委办、县人力社保局等部门协商县行政执法局筹建方案，确定机构框架，扎实做好机构设置、职能划转和人员编制等方面的工作。与省法制办公室对接行政执法体制改革的相关事宜，征求对龙游县综合行政执法工作联席会议制度和协调配合机制的意见和建议，逐步实现各部门间无缝衔接，确保各项综合行政执法工作落到实处。多次前往衢州、嘉兴、兰溪、金华等地考察学习综合行政执法方面的制度和经验，探索“智慧城管”、城市智能停车收费管理、建筑垃圾处置、项目建设等的成功做法。

【加强巡查监管】 日常巡查中依法查处占道经营、占道洗刷、占道摆放物品等行为，严控严管户外广告设置管理，严厉查处机动车违章停放和建筑垃圾乱倒等现象，确保城市环境整洁、优美、文明、有序。对督查中发现的广告破损、霓虹灯缺字断亮、占道经营、乱搭棚铺等问题，按照责任分工，督促、协调相关责任部门（单位）限期整改。

【开展专项整治】 开展“庆两会、迎新春”亮剑执法行动和文化路、人民路、新一路、新二路、体育馆路、谷水路、岑山路、巨龙路等规范街的集中整治。对大众路2家水果店采取强制措施，暂扣其店外占道摆放的水果等物品。克服新疆商贩语言沟通不便等困难，反复做思想工作，将其摊位搬迁至对市容环境影响不大的地段经营。协调将巨龙路西门加油站置换地块改造成小货车临时停车场，解决汽车站、交易城、加油站周边小货车乱停放的问题。科学合理增设停车泊位，对不清晰的交通标线及停车位线进行复明，整

图147 县城管办整治飞云路马路市场

治期间共施划人民南路及文化东路等路段停车位244个，施划交通标线2160米。拆除人民路、兰亭路、兴龙路、学士路等路段私设的接坡。

【迎接省级文明县城复评】组织执法人员对城区各主次街道开展集中整治，特别是将东华街马路市场引导至好又多超市内，并做好日常巡查，防止反弹。重点整治农贸批发市场外溢摊点及人行道车辆乱停放等问题。会同县文明办、住建、房管、街道社区、小区物业等单位对莱茵河畔、清风雅苑、香格里拉、翠光、锦江花园、向阳世家等17个违规饲养家禽家畜情况较为严重的小区进行地毯式的联合执法。联合相关职能部门拆除翠光路、人民南路、巨龙路等路段的多处违章搭建的铁皮棚、小木屋及遮阳篷等，美化沿街市容环境。

【“牛皮癣”督查】 加强日常巡查、督查，扎实做好城区“牛皮癣”清理保洁工作。经常性地督查主次街道、生活小区、城中村、广场、车站等公共场所，协调各相关职能部门和街道、社区认真履行职责，强化监管，确保市场化治理“牛皮癣”工作规范化运作。

【助力拆违】 对320国道、316省道、315省道以及城区永安东路、龙翔路、平政北路等重点公路两侧的交办问题集中进行整改。协助小南海镇、湖镇镇等中心镇对违法建设、违章建筑物和构筑物、店外占道经营等行为进行集中整治20余次。结合“四边三化”“两路两侧”等工作，做好拆违现场维稳，确保拆违执法工作有序开展。

【队伍建设】 建立健全内部管理制度，落实《城市网格化精细管理实施方案》，强化三级考核机制，通过制度管人达到从严治队要求。开展“内强素质，外塑形象”主题活动，牢固树立“执法为民”理念，增强队伍凝聚力，打造一支“有激情、懂管理、作风硬、敢担当”的执法队伍。坚持教育与处罚相结合的原则，在整治前期向市民和沿街经营户发放公开信，对违章停放车辆发放温馨提示单，引导规范经营和文明停车。动员“龙游大妈”及爱心人士参与文明劝导等活动，充分发挥其在构建文明城市中的作用，实现城市管理与社会的良性互动，营造人人参与的良好氛围。协调电台、报社等新闻媒体对综合行政执法的相关法律法规进行滚动播报和刊登，并对市容环境专项整治工作、“三改一拆”中发生的典型案例进行宣传曝光。

（县综合行政执法局 李彬）

住房公积金管理和房改工作

【概况】 2015年，龙游县房改办（衢州市住房公积金管理中心龙游县分中心）在县委、县政府的正确领导下，在市中心的指导帮助下，按照中央、省、市及县委的决策部署，顺应新常态，明确新要求，以加强干部队伍建设为引领，以助力住房保障体系建设为目标，不断开创住房公积金管理工作新局面。全年归集住房公积金3.52亿元，同比增长10.15%；公积金归集余额8.71亿元，同比增长12.1%。

【住房公积金归集扩面】 以社区住房公积金扩面工作为着力点，全力推进公积金扩面。至年底，全县共有20576人缴交住房公积金，当年净增710人。按照《龙游县政府工作报告》关于“探索建设社区住房公积金制度”的要求，制定出台《关于社区（村级）实行住房公积金制度的办法（试行）》，并确定清廉社区为先行试点，先后多次召开街道、社区领导骨干座谈会，共同研究部署扩面宣传工作。开展集中授课宣传，组织业务人员在社区干部会议上宣讲住房公积金政策，使社区干部充分了解住房公积金政策，做好住房公积金政策的宣传员。充分利用微博、微信、公告栏等媒介广泛宣传住房公积金政策，联合社区发放政策宣传单5000余份、制作横幅20余条、在楼道张贴宣传牌400余块，形成公积金扩面的良好氛围。坚持媒体宣传与上门宣传相结合的方式，拓宽宣传途径，联合社区工作人员走访交易城、农贸城等个体工商户集聚地段，向个体户、社区居民宣传住房公积金制度的实惠。2015年，清廉社区有560人报名参加公积金缴交，已办理公积金缴交手续460人，占扩面总人数的64.8%。

【住房公积金使用】 全年有5972人支取公积金25831.25万元,同比增加855.92万元。为695户职工办理住房公积金贷款，发放公积金贷款28507万元，同比增加12217万元，贷款余额为76648.33万元，存贷比为88.04%，连续17年无逾期贷款。

【住房公积金管理】 举办1期全县行政机关、企事业单位住房公积金业务办理培训班，各机关企事业单位240多人参加培训学习。通过住房公积金缴存、支取、贷款及新系统建设4个方面的培训学习，有效提高缴存单位公积金业务经办人员的政策水平和业务能力。依法开展公积金缴存工资基数调整和年审工作，根据职工上一年工资变动情况调整公积金缴存额度，督促各缴存单位严格按照12%的比例足额、按时、全员缴存公积金。2015年，单方缴存住房公积金最高限额为1755元，最低限额为100元。

【贷款政策向低收入职工倾斜】 为更好地支持广大职工改善住房条件，制定限高保低的贷款额度运用机制，使贷款政策向低收入职工倾斜，使他们切实享受到公积金贷款政策的实惠。

【建立风险防控体系】 制定公积金支取、贷款和开具房改证明等三项内部监督管理制度，增加复核、抽查等环节，形成分级负责、层层把关的工作机制，进一步规范业务内控流程，增强廉政风险防控。坚持贷前严格资格审查、放贷集体研究决定、贷后资产跟踪管理等环节的监督机制，并与4家银行密切配合，建立层层催收制度，确保住房公积金的安全运行。全年发放贷款695笔，发放金额28507万元。全年实现公积金业务收入3528.97万元，业务支出943.82万元，收支相抵，全年公积金增值收益2585.15万元，同比增长48.82%。

【房改业务】 全年审核机关事业退休人员住房补贴87人，补贴资金60.3万元。审批房改房上市95套，开具房改状况证明192份（次），接受房改政策及公积金政策咨询3500余人次。

【干部队伍建设】 加强党员干部思想建设，在健全和完善学习制度的基础上，制定学习计划，分层次、有重点地抓好党员干部的学习教育，提高党员干部的党性修养，筑牢干部思想防线，提高防腐拒变能力。提高干部综合素质，改进工作作风，提升服务水平，加强服务窗口作风建设，正风肃纪检查小组定期不定期地检查窗口服务，查制度执行、查工作效率、查工作纪律、查服务态度，规范窗口管理，树立窗口形象。

（房改办 赖振邦）

附件：

龙游县2015年度住房公积金制度实施情况公告

根据国务院《住房公积金管理条例》和《浙江省住房公积金条例》的有关规定，现将龙游县2015年度住房公积金制度实施情况公告如下：

一、住房公积金归集情况

至2015年12月31日，全县有583个单位依法实行住房公积金制度，正常缴存住房公积金的职工为20576人。

全年归集住房公积金35231.34万元。累计归集住房公积金254100.32万元。住房公积金余额87051.50万元。

二、住房公积金支取情况

全年支取住房公积金25831.25万元，占当年归集额的73.32%。其中购建房支取12562.08万元，偿还购房贷款支取8528.04万元，退休支取2536.52万元，调动支取786.22万元，其他支取1418.39万元。

三、住房公积金使用情况

全年发放政策性贷款695户，贷款额28507万元，同比增加12217万元，贷款余款76648.33万元，无逾期贷款。

四、住房公积金业务收支情况

1.业务收入合计3528.97万元(其中：住房公积金银行存款利息收入480.87万元；住房公积金委托银行贷款利息收入 2832.87万元；增值收益利息收入215.23万元)。

2.业务支出合计943.82万元(其中：支付职工个人公积金利息802.06万元；公积金归集及委托贷款手续费支出141.76万元)。

3.业务收入和业务支出相抵，净收益为2585.15万元，较上年增长48.82%。

4.从收益中提取住房公积金管理经费426.53万元，提取城市廉租住房建设补充资金607.53万元。

5.按有关规定提取风险准备金1551.09万元。

五、住房公积金管理情况

2015年，龙游县住房公积金管理中心认真贯彻《国务院住房公积金管理条例》和省、市住房公积金管理部门的有关要求，自觉接受财政、审计部门的监管和社会各界的监督，依法加强住房公积金规范化管理工作，严格按照住房公积金预决算、余额查询、财务报告等各项管理制度进行运作，做好服务工作，加强住房公积金风险管理，全年未发生违规使用住房公积金和存在贷款风险的情况，实现了住房公积金的安全运作和保值增值。

2011—2015年度龙游县住房公积金基本情况

表47

年份	涵盖单位(个)	缴存人数(人)	公积金归集(亿元)	公积金支出(亿元)	公积金余额(亿元)	公积金贷款户数(户)	公积金贷款(亿元)	剩余户数(户)	贷款余额(亿元)
2011	484	17104	2.45	1.17	5.82	350	0.89	2291	4.26
2012	491	18018	2.71	1.65	6.87	223	0.57	2155	4.07
2013	528	18956	2.94	2.74	7.06	553	1.68	2733	4.79
2014	577	19866	3.20	2.50	7.77	452	1.63	2520	5.66
2015	583	20576	3.52	2.58	8.71	695	2.85		7.66

资源·环境·气象

概　述

2015年，龙游县国土资源利用与保护工作牢固树立“绿水青山就是金山银山”的理念，坚持加快发展和生态保护互促共进，谋划生态国土建设，构建国土生态屏障。加强矿山生态环境管理，大力开展矿山复绿和“四边三化”区域矿山生态治理，打造绿色生态矿业，促进矿业经济持续健康发展。扎实开展“腾笼换鸟”，推进企业“零土地”技术改造和对外合作，成功创建全国国土资源节约集约利用模范县。环境保护部门深入推进“五水共治”和“美丽龙游”建设，扎实开展生态建设与环境保护工作，有力促进全县经济、社会、环境的协调发展。治水办强化“五水共治”行动，落实三级“河长制”，在全省率先建立第三方运行维护监管机制，衢江水质持续改善，通过市级“清三河”达标县验收。全县域禁止河道采沙，贺田模式、开启模式、集美模式、洁水养殖等治污模式在全国全省推广，获颁省“五水共治”大禹鼎。气象部门实施重污染天气预警与应急服务，全面开展重污染天气联合会商并建立预警信息联合发布机制，全面制定实施突发公共事件预警信息发布管理办法，实施部门间气象灾害监测设施统筹规划、建设备案和资源共享，为经济社会发展、人民生命财产安全提供优质气象服务。

国土资源利用与保护

【概况】 2015年，龙游县国土资源局紧紧围绕“两化两游”战略目标，坚持“保发展、保资源、保民生、保安全”的工作主线，狠抓落实，务求实效，各项工作取得较好成绩。被国土资源部评为全国国土资源管理系统先进集体，成功完成龙游县国土资源节约集约模范县创建工作，获衢州市国土资源目标责任制及党风廉政建设考核一等奖，获全县综合考核一等奖，连续第九年被县政府荣记集体三等功。

【土地规划与收储征收】 土地利用总体规划调整完善工作充分吸纳城市、集镇和相关产业发展规划，征求各部门和公众意见建议，积极做到“多规融合”，

图148 衢州市加强基层国土资源所建设工作现场会在龙游召开

严格划定耕地保护、开发强度、生态环境等“三条红线”。共划定永久基本农田27880公顷（含预留指标113.33公顷），划定生态保护区面积10593.33公顷，划定城乡建设用地扩展边界面积10746.67公顷。收储文昌阁纸业有限公司、溪口牛角湾黄铁矿矿区等国有土地7宗共23.20公顷，其中计划用于复垦的有20.97公顷。全年共完成17个项目的土地征收工作并签订《土地征收协议》，交付土地155.72公顷，切实保障县重点项目及民生工程顺利实施。石佛乡三门源村列入全省村级土地利用规划编制试点。小南海镇泽潭安置点列入全省首批“坡地村镇”建设用地试点项目。全面完成农村低效用地调查工作。

【土地利用】 共筹集新增建设用地指标144.87公顷，完成项目供地69个，面积117.13公顷。全年土地出让总收入6.96亿元。通过资产转让、资产重组、股权投资等方式进行“腾笼换鸟”，盘活闲置和低效用地52.20公顷；完成城镇低效用地再开发7公顷，盘活国有土地13宗，面积34.67公顷。

【土地整治】 实施垦造耕地项目63个、农村土地综合整治项目49个，全年实际新增耕地164公顷。完成高标准基本农田建设4333.33公顷。完成表土剥离工程20公顷。湖镇镇隔塘村、七都村和下潘村3个村的“旱改水”项目被列为全省第一批“旱地改水田”耕地质量提升示范项目，已开工建设。横山镇项家村标准农田项目通过县级验收，建成标准农田面积106.67多公顷。向镇海市、义乌、温州市龙湾区调剂132.11公顷补充耕地指标，完成省统筹61.46公顷、市统筹42.99公顷，获土地指标外调资金8.4亿元。确保全县耕地数量不减少，质量有提升，建设发展有保障。

【土地执法监察】 实行全局干部职工参与责任制，做到全年巡查时间、巡查人员、巡查路线、巡查车辆“四落实”，覆盖全县262个行政村，保持执法监察的高压态势。建立国土、公安等部门联合打击破坏耕地、非法采矿快速反应联动机制，全年共责令停止违法用地行为400起，依法立案查处违法用地31件。12月，县法院对县国土资源局移送的非法占用农用地案进行宣判，对当事人判处有期徒刑1年，缓刑6个月，并处罚金2万元。这也是衢州市首例因非法占用农用地而判刑的案件。

【矿政管理】 按“测需求、控总量、保安全、促转型”的原则对矿业资源进行重新整合、布局和调整。关停治理采矿权已到期位于“四边”（即公路边、铁路边、河边、山边）的2处矿山，对继续开采的1处露天矿山和3个地下矿加强监督管理。积极推广矿山机制砂的开发利用，完成2个新设机制砂项目采矿权设置方案编制和报批出让工作，其中沐尘畲族乡康源村羊栏坞山建筑用石料（花岗岩）矿已完成采矿权网上挂牌出让，成交价14566万元。地质找矿工作取得重大成功，龙游1号地热井钻探工程通过竣工验收，实现衢州市地热资源零的突破。

【农村建房管理】 研究制订《关于深化农村居民建房审批制度改革的实施意见》，确定“农户申请、村级审查、乡镇审批、县管转用”的审批模式，明确县国土局、县规划局、乡镇各自责任，规范农民建房管理。完成农民建房农用地转为建设用地的审批（简称“农转用审批”）5个批次，新增建设用地9.32公顷，共完成农民建房3160户，其中无房户1355户、危房户1805户。

图149 国土局干部进村入户，向群众宣传地质灾害避险知识

【地质灾害防治】 对全县67个地质灾害（隐患）点及21个不稳定斜坡进行不间断巡查，发放“两卡一

书”（即地质灾害防治工作明白卡、地质灾害防灾避险明白卡、地质灾害避让搬迁建议书）712张，设立（更新）明白墙3块、警示牌100余面，发布地质灾害预警预报短信5000余条，完成农户建房风险性评估50余宗，完成地质灾害避让搬迁90户370人，完成地质灾害综合治理工程建设2个。

【乡镇国土所建设】 根据县编委办《关于调整基层国土资源管理所体制的通知》精神，将原有8个国土资源管理所合并组建龙游县乡镇国土资源管理所，下设16个乡镇（街道）、工业园区国土站。龙游县乡镇国土资源管理所按有牌子、有印章、有职责、有人员、有场所的“五有”国土资源所建设要求，对全县16个国土站进行规范化建设全覆盖。

【信息化建设】 完成1990年—2014年度纸质档案的数字化扫描录入，并顺利通过验收。县国土局档案室成功创建省级数字化档案室示范单位。在“一张图”系统平台（即对全县每一块土地的“批、供、用、补、查”和每一个矿业权的审批、勘查、开采等进行实时全程监管的数据平台）完成一期数据建设的基础上，完成4820个项目入库。乡镇国土站业务地籍管理信息系统和档案查询系统应用全面铺开，手持移动“一张图”平台终端运行状况良好。

【队伍建设】 制定《龙游县国土资源局2015年干部职工学习培训方案》，组织全局干部职工赴浙江大学研修。建立周四夜学制度，请省国土厅和市国土局领导、相关部门专家、县国土局业务科室负责人授课，累计开展学习28次。组织开展国土资源法规业务知识竞赛和计算机操作竞赛，以赛促学。完善《干部职工量化考核办法》，将考核对象细化到个人。制定《龙游县国土资源管理业务流程标准化操作手册》，对各项业务流程、审批条件、文书规范填写、相关法律时限及履职要求均做详细、严谨、明晰的说明，并做到人手一册，作为指导工作人员业务工作的范本，以规范业务程序，促进依法行政。

（县国土局 季晨）

环境监测与保护

【概况】 2015年，龙游县环境保护局紧紧围绕县委、县政府中心工作，依法履职，大干治水治气，以生态文明建设为统领，以改善环境质量为核心，以保障群众环境权益为目标，深入推进“五水共治”和“美丽龙游”建设，扎实开展生态建设与环境保护工作，有力促进全县经济、社会、环境的协调发展。县环保局在2015年度浙江省水环境和空气环境质量考核中取得“双优秀”，被评为2015年度浙江省“五水共治”工作先进集体。

【环境污染防治】 全面开展生猪养殖污染专项整治工作，自2013年4月开展整治以来，全县共拆除生猪养殖场（包括养鸡棚、养鸭棚）1.36万余家，面积达200余万平方米，保留的912家生猪养殖场全部按“两化”（即工业化、生态化）治理模式完成整改提升并通过验收。深入开展县域区外企业摸底调查，建立“一企一干部”责任清单，督促企业开展相应治理工作，完成全县400余家农村工业企业的整治工作。制定颁发《龙游县2015年度大气污染防治实施计划》，并严格按照年度任务开展锅炉烟粉尘提标改造、VOC（即挥发性有机废气）治理、脱硝工程建设及烟粉尘除尘改造工作。继续开展城区餐饮油烟专项整治，开展餐饮、旅游购物点、水果摊店、农贸市场等“四大行业”的整治扫尾工作，完成造纸、印染、化工行业整治终期评估报告。继续开展机动车尾气污染防治工作，实行机动车环保标志管理，淘汰黄标车1990辆。

【环境执法监管】 以新《环保法》实施为契机，多次组织开展城南黑烟囱的双休日执法行动、环保公安夜间错时执法行动、生猪养殖污染整治专项执法行动、智慧环保“亮剑行动”、环境保护大检查行动、“强执法保安全”环保“双百行动”（即百日环境安全隐患大排查和百日环保执法专项行动）等专项执法

图150 县环保局开展生猪养殖场专项执法行动

行动，对环境违法行为实行“零容忍”，做到发现一起，查处一起。全年日常巡查累计出动执法人员2996人次，检查企业1498厂次，立案查处环境违法案件78起。

【建设项目管理】 按照“提速提效”原则，进一步规范公开建设项目环保审批办理程序和一次性告知制度，简化办事程序，提高办事效率，改善服务态度。切实做好浙江省政务网行政权力系统的统一运行工作，所有环评审批事项和排污许可证核发事项均按程序录入，实行网上审批。坚决执行“两个一律”（即化工项目一律不进，区外项目一律不批），否决不符合产业政策及环保要求的项目20余个，无化工类项目通过决策审批。全年审批建设项目292个，完成项目现场勘察120个。开展县“四重双百”项目服务竞赛活动，累计及时办理环境影响评价审批项目13个。县行政服务中心国土窗口全年保持五星级服务，未曾发生群众投诉。

【主要污染物减排】 2015年上报减排计划项目179个，其中工业治理8个、结构关停9个、污水处理厂3个、农业治理项目159个。加强在线监控设施的运行维护，提高在线数据传输率和有效性，督促国家重点控制污染物排放企业按建设方案及时开展自行监测和监督性监测，新建5套在线监控系统，完成36家共38套在线监控设施的验收工作。开展刷卡排污系统运行维护，完成32家刷卡排污企业IC卡充值与发放。全年有99家企业开展初始排污权有偿使用申购，受理37家新建企业排污权竞拍申请。

【固废危废放射监管】 以减量化、资源化和无害化为目标，以污泥规范化管理为突破口，加大固体废物管理力度，全县有列入污泥统计企业24家，污泥产生量4.7万吨，综合利用率达95%以上。2015年度全县有放射源使用单位22家，在用放射源67枚，其中Ⅰ类源1枚、Ⅳ类源12、Ⅴ类源59枚。全县辐射环境质量总体良好，未发生重大辐射污染事件。

【饮用水源保护】 制定《龙游县饮用水源保护工作考核细则》，加强对涉饮用水源保护的乡镇（部门）进行考核，将考核结果与生态补偿相挂钩。根据《龙游县饮用水源保护生态补偿资金考核管理办法》，加大对城乡集中式饮用水源地的生态补偿力度。全面完成社阳—洪畈水库一级保护区实行金属隔离栅物理隔离工程（水库大坝和陡峭山壁处除外），加强饮用水源保护区的物理防护。

【环境功能区规划修编】 结合龙游县主体功能区规划、城乡规划、土地利用规划、浙江省环境功能区划等相关规划，将县陆域国土空间划分为自然生态红线区、生态功能保障区、农产品安全保障区、人居环境保障区、环境优化准入区和环境重点准入区等六类环境功能区，完成《龙游县环境功能区规划》修编工作。

【环境信访处置】 全面开通“12369”环保投诉热线，坚持投诉受理24小时值班，全年共受理信访641件，办结641件，办结率为100%。未发生重大、越级的群众集体上访及恶性上访事件。全年共承办县人大、县政协提案议案24件，其中主办19件、协办5件，提案议案办结满意率100%。

【环境监测】 加强监测质量管理，确保环境监测在环境管理中的技术支持和监督作用。按期完成水、气、声常规监测，全年共出具监测报告639份。顺利完成罗家溪鹁鸪头、灵山江鸡鸣堰地表水自动监测站的建设及半潭水质自动监测站的升级改造，完成莲湖公园空气自动监测站建设。

图151 县环保局在龙游体育馆门口开展“六五”世界环境日宣传活动

【环境宣传教育】 以“4·22”地球日、“6·5”世界环境日、“12·4”法制宣传日为契机，通过电视、报刊、电台、微博和短信等载体，向企业、社区、学校及社会群众宣传环保知识。全年共摆放宣传展板10余张，发放环保购物布袋500个、宣传资料册（书）1000本、宣传卡片1200份、宣传单2000余份。全年在县政府信息公开网站、政府工程建设领域信息公开网站上主动公开政府信息1226条。

【党风廉政建设】 全面巩固党的群众路线教育实践活动成果，严格按照“三严三实”的要求在全局开展廉政教育活动，多次邀请县纪委干部为干部职工开设廉政教育讲座。深入开展岗位廉政风险自查和防控工作，对岗位职责、权力权限、廉政风险点等进行深刻剖析，细化防范措施，建立健全岗位廉政风险防控长效机制。

（县环保局 陈王兴）

2015年度龙游县环境质量现状

【概况】 龙游县环境质量状况包括城市环境空气质量状况、水环境质量状况和城市环境噪声三个部分。龙游县的大气污染属于煤烟型污染，大气环境中的重要污染物是细颗粒物PM2.5和可吸入颗粒物PM10，其次是二氧化硫和二氧化氮。根据大气环境质量自动监测结果统计，2015年，龙游县城区环境空气质量总体转好，全年共获得有效天数354天，全年优良天数达到291天，比2014年的优良天数多14天，PM2.5浓度的年均值为50微克/立方米，比2014年的69微克/立方米下降19微克/立方米。二氧化硫、二氧化氮年平均值低于《环境空气质量标准》GB3095-2012二级标准年平均值，PM10年平均值0.078毫克/立方米略高于《环境空气质量标准》GB3095-2012二级标准年平均值0.070毫克/立方米，PM2.5年平均值0.050毫克/立方米高于《环境空气质量标准》GB3095-2012二级标准年平均值0.035毫克/立方米。

【单项指标统计结果】 全县二氧化硫浓度日均值浓度范围为0.005～0.051毫克/立方米，年平均值为0.018毫克/标准立方米，低于国家二级标准，浓度日均值超标率为零。全县二氧化氮浓度日均值浓度范围为0.008～0.074毫克/立方米，年平均值为0.028毫克/标准立方米，低于国家二级标准，浓度日均值超标率为零。PM10浓度日均值浓度范围为0.011～0.264毫克/立方米，年均值为0.078毫克/标准立方米，略高于国家二级标准，浓度日均值超标率为5.6%。PM2.5浓度日均值浓度范围为0.003～0.215毫克/立方米，年均值为0.050毫克/标准立方米，略高于国家二级标准，浓度日均值超标率为17.4%。

【酸雨污染】 全县降水pH年均值为4.82，电导率年均值为35.4微西（门子）/厘米，酸雨率为80.9%，属重度酸雨区。与2014年相比，酸雨率有所下降。

【江河地表水】 全县江河地表水环境质量总体水平基本稳定，衢江、灵山江水环境功能区水质达标率100%，出境水水质达标率100%，各断面水质均符合水功能区要求。

【饮用水源地水】 社阳水库、洪畈水库饮用水源地水质较好，达到Ⅱ类水标准，水质达标率为100%，基本达到水质保护目标的要求。

【交通环境噪声】 全县10条主要城市交通干线上共面设33个测点，监测道路总长为13.29千米，平均车流量为775辆/小时。城市道路路长计权等效声级均值为65.7分贝(A)，未超过国家70分贝(A)的控制值。

【区域环境噪声】 县城共设置108个网格点，其中Ⅰ类功能区昼间噪声均值为50.1分贝(A)，Ⅱ类功能区昼间噪声均值为52.9分贝(A)，Ⅲ类功能区昼间噪声均值为58.7分贝(A)，城区昼间噪声平均值为52.0分贝（A），均未超过国家控制值。噪声污染源主要是生活噪声、施工噪声和交通噪声。

（县环保局 陈王兴）

“五水共治”

【概况】 2014年2月，县委、县政府决定成立龙游县推进“五水共治”共建生态家园工作领导小组办公室（简称“县治水办”），统筹协调“五水共治”各项重点工作。龙游县获2014年度浙江省“五水共治”工作优秀县，捧回“大禹鼎”。2015年，被评为衢州市“五水共治”工作优秀县，并在全市“好水如歌·幸福衢州”赛水赛歌活动中获得金奖。

【“清三河”工作】 2014年，确定辖区内“垃圾河、黑臭河”13条〔包括跨县（市）的河道8条〕，其中垃圾河4条，总长度5.35千米；黑臭河9条，需整治长度183.36千米。通过综合整治，4月底，全县全部消灭垃圾河；8月底，全县基本消灭黑臭河。11月5日，《衢州日报》《今日龙游》对龙游县通过“清三河”验收予以公示。2015年，县治水办对13条已达标“三河”进行全面自查，严防“三河”反弹和回潮现象的发生，全县域消除劣五类水，并于9月初顺利通过市级“清三河”达标县验收工作。

图152 衢州市常务副市长赵建林（左四）到龙游县模环乡督查“五水共治”工作

【“河长制”工作】 全县13条主要河道设置以县委书记方健忠为总河长的县、乡、村三级河（段）长249名，树立河长公示牌211块。各级河（段）长根据河道情况，科学制定《龙游县2015年“清三河”整治提升工作计划》，依托浙江省河长制管理信息系统、“钉钉”移动办公系统等平台，严格实行“县级每月至少2次、乡级每旬至少1次、村级每周至少1次”的河（段）长巡查机制，全面落实定期巡查、定位签到、在线监控、即时反馈等各项工作，实现“河长制”全覆盖。

【生猪养殖整治】 立足县域实际，筹措专项资金2亿多元，先后出台《畜禽养殖禁养区限养区划分意见》《生猪养殖污染专项整治及产业提升工作方案》等政策办法，通过一个生猪养殖场、一名干部、一套档案、一张时间表、一份责任书等“五个一”工作机制，全面推进禁养区范围内生猪养殖场拆除销号工作，全县累计关停拆除生猪养殖场1.34万户，面积达196万平方米。保留的912家生猪养殖场严格落实“4十X”模式的“两化”治理措施，每家养殖场必须完成雨污分流、干湿分离、厌氧发酵、氧化处理等4个必备设施，根据自身条件选择工业化或生态化治理，确保尾水达标排放或生态消纳地百分之百消纳。全面推广以“开启模式”为龙头的县域猪粪利用大循环、园区沼液消纳中循环、农场种养结合小循环等三大生态循环。深化政府监管、财政补贴、保险联动的病死动物无害化处理“集美模式”，实现病死动物收集点全覆盖、病死猪全部得到无害化收集处理。至年底，全县保留生猪养殖场全部完成整治并通过验收工作。开启公司、集美公司均成为全国生态循环农业现场会的实地参观点，龙游生猪养殖整治工作受到浙江省委、省政府主要领导3次批示肯定。

【区外工业企业污染治理】 对全县区外企业进行摸底调查，建立428家区外工业企业“一企一干部”责任清单，并于2015年3月25日在《今日龙游》上进行公示并完成销号。在全市率先出台《“五水共治”工作问责办法》，严格执行环境执法联动协作机制，累计检查企业1498厂次，其中立案查处78家、移送司法机关7起，罚款255万元，单项最高罚款41万元。

【农村生活污水治理】 县、乡、村层层签订责任状，落实120个项目村“一村一乡干部”责任清单。精心挑选设计、施工、监理团队和材料供应商，把好方案设计、土建工程、监理队伍、材料质量“四关”，落实县级巡查、设计单位跟踪、业主单位全程参与、监理单位专业指导、群众监督的“五位一体”工程监督机制，及时纠正工程施工中出现的问题。制订农村生活污水治理施工方、监理方、运维方考核办法及考核细则，加强月度督查，进行排名通报，对不遵守规则要求的参建方实行“黑名单”制度，进行重点监管。全年完成项目投资2.6亿元，120个项目村新增受益农户34085户，建成农村生活污水处理终端422个，连续2年获浙江省农村生活污水治理优胜县荣誉，在市验收中排名全市第一。

【“贺田模式”复制工作】 以大街乡贺田村农户源头分类减量的垃圾处理模式为样板，全县域推进“贺田模式”复制工作。积极响应衢州市“百万妇女学贺田”活动号召，组织巾帼志愿者因地制宜开展宣传教育活动，共发放印有清洁标语的围裙1万多条、《垃圾分类宣传册》10万余份、志愿者马夹750多件。各乡镇（街道）召开每户1名妇女参加的全村妇女培训大会，共培训妇女4万余人次，与农户签订门前“四包”责任书4万余份。各村严格落实“建立工作机构、组织妇女培训、建设基础设施、垃圾源头分类、定点定时投放、每天定时清运、定期入户测评”等7个规定动作，多村联建共用太阳能垃圾堆肥设施，累计复制“贺田模式”村251个。

【项目推进工作】 围绕5个大类、54个小类共10.38亿元的项目盘子，认真制定项目方案，科学包装治水项目。总投资5亿元的灵山江综合治理项目列入浙江省“十三五”规划重大项目库；城北污水二期扩建、湖镇污染处理厂等2个项目列入省重点建设项目；高坪桥水库工程入选国家、省发改委第一批PPP推介项目计划。定期在县政府大院公开栏进行项目推进“三色星”专项通报，扎实推进项目建设。全年共完成“五水共治”项目投资11.39亿元，投资完成率109.73%。

（县治水办 姜梅子）

气象服务

【概况】 2015年，县气象局全力推进气象现代化建设和气象综合改革，抓住机遇，攻坚克难，山洪地质灾害防治气象保障工程、气象监测预警全覆盖工程、“五水共治”暴雨精细化监测预报预警工程等重点项目顺利推进，气象监测自动化和业务服务水平有效提高，为全县经济社会发展、人民生命财产安全提供优质气象服务。

【气象公共服务能力】 积极履行气象防灾减灾职责，做好季节性、灾害性、转折性天气服务工作。年度各项气象服务保障工作见成效，春运、“两会”、中高考、节假日、重大活动等专题气象服务保障到位，冷空气、强降水、强雷电、台风等灾害性天气监测、预报、预警和服务有效强化。准确预测和精细服务春季倒春寒、夏季梅汛期强降水、秋季异常连阴雨等重大灾害性天气，及时向社会公众广泛发布预警信息，为提前做好气象灾害防御赢得时间。全覆盖服务渠道推陈出新，7月，开通“龙游气象”微信公众号；12月，与华数数字电视传媒集团联手发布预警信息，实现预警信息数字电视全网发布。全年对外发布暴

图153 开展人工影响天气作业现场培训

雨、雾霾、雷电等预警47次，发布地质灾害预警14次，发布专题气象服务材料268期，对公众手机发免费服务短信206次共35万余条。

【防灾减灾体系建设】 进一步完善站网结构，全县有气象自动监测站24个，站网空间密度由2014年的7.2千米提高至6.9千米。新建大气电场仪和称重降水仪各1套，实现城区雷电和雨雪冰冻24小时自动监测。配置移动气象监测站1套，为突发事件提供现场气象服务应急保障。升级改造区域重点自动站，新建社阳乡塘泗村和石佛乡大力山村六要素自动站。继续推进气象防灾减灾标准化全覆盖县建设，完成标准化村3个。与县环保部门开展重污染天气联合会商，并建立预警信息联合发布机制。人工影响天气作业系统发挥效益，1月—2月，成功实施3轮4次人工增雨作业，共增水量310万立方米，有效缓解旱情；12月，成功开展1次人工增雨改善空气质量作业。

【气象为农服务工作】 开展水稻、油菜、柑橘、茶叶等农作物专题服务，做好春耕春播、秋收冬种等关键农事期服务，为全县3000户农业种植大户和专业合作社提供中期预报和灾害性天气预警。每月开展2次下乡直通式服务，强化灾害性天气的灾前服务、灾中指导、灾后调查。11月，成功通过全国标准化气象为农服务县认定，成为浙江省第三个、衢州市首个标准化服务县。现代农业气象服务示范基地启动蓝莓引种试验，常规开展火龙果、蓝莓、铁皮石斛3项作物生长观测。完成中国气象局作物产量预报研究项目中的水稻产量预报子项目，联合县农业局继续开展红心蜜柚冻害研究。

【气象科普宣传】 组织气象服务人员走进橘园，为橘农送上气象防灾减灾科普知识，倾听橘农对气象服务的意见和建议。开展面向学生的气象宣传，为阳光小学师生开设防雷安全知识讲座，接待桥下小学2批共600多名学生参观气象科普教育基地。毛智军和余春林2人入选龙游县第一批科普讲师团，为全县乡镇（街道）分管领导、水利员、地质灾害预警员开展《气候变化与防灾减灾》知识培训。通过世界气象日、法治宣传月、防灾减灾周、安全生产月等宣传活动将8000份气象科普资料送到全县村党组织书记、市民和学生手中。

【防雷安全监管】 加强对县内93家重点单位的防雷设施、防雷意识和防雷技能的监督、管理和服务，建立联系人制度，重点做好危化企业的定期安全检测，定期组织排查防雷安全隐患。8月，启动防雷安全综合大整治行动，开展危化行业防雷安全全面排查，与衢州市气象行政执法支队联动开展防雷安全执法检查活动。对检查中发现的6家问题企业做好现场信息反馈，提供整改技术支持。积极落实防雷审批改革，全面清理和退出雷击风险评估收费业务。

【党风作风建设】 以改进工作作风、密切联系群众为着力点，狠抓作风转变；以完善惩防体系为重点推

图154 农业气象防灾减灾科普宣传走进橘园

进党风廉政建设；严明纪律，大力整治“四风”，全面落实“两个责任”。认真学习《中国共产党廉洁自律准则》和《中国共产党纪律处分条例》，加强新常态下的党纪党规教育和执行。开展“党风廉政宣传教育月”和“职业道德教育月”等活动，制订《中共龙游县气象局党组工作规则》《作风建设计分制考核办法》《履行职能考核办法》等制度，进一步夯实廉政建设和作风建设工作。积极响应县委、县政府号召，开展“送温暖、献爱心”“学雷锋，万人治污大行动”“千名干部结千户”“消除4600”“平安巡逻”等行动。

（县气象局 吴海镇）

2015年度龙游县气候状况

【概况】 2015年，龙游县冬季温度明显偏高，日照偏多。春季温度偏高，多强对流。梅雨期降水偏多，降水集中。夏季降水多，温度偏低，台风影响少。秋季多连阴雨天气。入冬温度高，降水多。

【气温】 年平均气温18.0℃，比常年偏高0.6℃。极端最高气温38.7℃，出现在8月4日；极端最低气温-4.5℃，出现在2月10日。高温日数为18天，比常年偏少16.7天，为历史第六最少记录。终霜日为2月13日，初霜日为11月27日。

【降水】 年总降水量2293.3毫米，比常年偏多660.3毫米，偏多4成，为历史第二位。雨日187天，比常年偏多26.4天，为历史第三位。6月7日入梅，7月12日出梅，梅雨期总降水量596.0毫米，比常年偏多234.2毫米，期间强降水天气多发，分别出现在6月7日—10日、6月13日—15日、6月18日、6月21日—22日、7月1日、7月5日，其中6月9日—10日连续暴雨，6月18日出现日降水量124.2毫米的大暴雨。

【日照】 全年总日照时数为1595.6小时，比常年偏少185.1小时。

（县气象局 吴海镇）

2015年度龙游县主要气候事件及影响

【冰雹】 受强对流云团影响，4月5日23时詹家镇和小南海镇出现冰雹，最大直径1厘米，持续时间不到10分钟。

【台风】 2015年第21号台风“杜鹃”于9月29日8时50分前后在福建省莆田市秀屿区沿海登陆，登陆后继续向西北方向移动，受其影响，9月29日，龙游县普降大雨。

【暴雨】 全年出现暴雨天气10天。影响比较大的有：4月7日，县域中部和南部乡镇大到暴雨，7个区域气象站出现暴雨；5月14日，全县暴雨，期间伴有短时强降水和雷雨大风；6月3日，县域中部和北部乡镇暴雨；10月7日，全县暴雨，最大为浙源里98.4毫米，城区86.4毫米。

【连阴雨】 10月27日—11月22日出现连阴雨天气，雨日23天，过程降水量274.9毫米，破历史最多纪录。

【大风】 7月29日受强对流天气影响，中南部乡镇（街道）出现7级以上大风，其中最大为8级，出现在城区。

（县气象局 吴海镇）

教育·科技

概 述

2015年，龙游县教育系统以全面推进教育现代化为工作主线，着力深化教育改革，努力提高教育教学质量，全力推进教育发展，教育的社会满意度、美誉度大幅提升。全县共有中小学校53所，在校生40476人；有幼儿园138所，在园幼儿10642人。小学适龄儿童入学率100%，无流生；初中入学率100%，巩固率100%，初中毕业班学生毕业率100%，升入高中段比例达98.87%；学前三年入园率达96.5%；“三残”适龄儿童入学率达到100%；15年基础教育得到基本普及。有在编在岗教职工3166人，其中义务教育学校教职工2370人。幼儿园、小学、初中、高中、职校教师合格学历分别达到99.52%、100%、100%、99.8%、99.1%，小学专科及以上、初中本科及以上学历的教师比例分别达到97.2%和91.17%，高中研究生学历比例为11.11%。教师中，有市级以上名优人才358人（其中获国家级荣誉15人次，有省级名优人才152名、市级名优人才191名）。县教育局被评为2015年度浙江省教育考试工作先进集体和2013—2014年浙江省重视教科研先进单位。“十五”“十一五”“十二五”期间，县教师进修学校连续被评为浙江省级师干训先进集体。龙游县被授予2014年度浙江省科技进步目标责任制考核优秀单位、人才工作目标责任制考核优秀单位等荣誉称号。

2015学年龙游县中小学校、幼儿园基本概况

表48

学校类别		学校（所）	班级（个）	本年毕业生数（人）	本年招生数（人）	在校学生数（人）	教职工数（人）	专任教师（人）
普通中学		14	401	5823	5339	16236	1501	1393
其中	高中	4	141	2111	1915	5820	565	524
	初中	10	260	3712	3424	10416	936	869
职高高中		2	85	1316	1379	3484	253	220
小学		36	603	3418	3368	20760	1578	1540
培智学校		1	7	2	10	33	9	8
幼儿园		138	470	3582	5288	10642	1255	585
其中	实验幼儿园	1	15	253	149	515	69	37
合计		191	1566	14141	15384	51155	4596	3746

基础教育

【概况】 2015年，龙游县有小学36所，603个教学班，在校学生20760人；初中10所，260个教学班，在校学生10416人，其中新入学学生3424人；高中4所，141个教学班，在校学生5820人。有幼儿园138所，其中新建幼儿园3所，分别为红树林幼儿园、迪士尼双语幼儿园和七都中心幼儿园。普惠性幼儿园覆盖面达96.12%；等级幼儿园占幼儿园总数的80.74%，等级幼儿园覆盖面91.78%；消灭了无证幼儿园；乡镇（街道）均建有以中心幼儿园为示范的乡村学前教育网络；幼儿园专任教师持有教师资格证比例达85.48%。有特殊教育学校1所（龙游县泽雅学校），班级7个，在校学生33人，其中新招收学生10人，毕业2人。有7～15周岁“三残”儿童少年186人，“三残”适龄儿童入学率达100%。

【规范幼儿园管理】 召开全县学前教育发展工作会议，各乡镇（街道）、教育局、财政局、公安局、交通运输局、住建局、市场监管局、卫生和计划生育局、国土局、规划局、消防大队等单位与县政府签订《龙游县加快发展学前教育工作目标管理责任书》。出台《关于印发龙游县发展学前教育第二轮三年行动计划（2014—2016年）的通知》和《龙游县普惠性民办幼儿园认定、扶持及管理办法（试行）》等文件，营造民办幼儿教育稳定、健康、可持续发展的良好环境，鼓励社会力量举办上档次、上规模的民办幼儿园。

【推进名园集团化】 以县实验幼儿园为龙头，成立龙游县学前教育集团。实验幼儿园发挥研训基地优势，与各结对幼儿园开展形式多样的帮扶与合作教学活动。进一步扩大优质幼儿园的覆盖面，与红树林幼儿园合作，成立县实验幼儿园红树林分园，派遣骨干教师加强业务指导，提升红树林幼儿园的管理水平。定期开展送教活动，将送教活动列入学期工作计划，定期、不定期地对集团园的专任教师进行听课、评课，组织主题讨论和课程讨论，开展课堂教学比武，指导开展课题研究和论文撰写，提高教师的教育教学水平。

【无证幼儿园清理整治】 将无证园清理整治列为2015年学前教育的中心工作和重点工作。根据《龙游县加快发展学前教育工作目标管理责任书》的要求，各乡镇（街道）与部门切实按照职能分工，加强政策宣传，履行工作职责，齐心协力推进全县学前教育工作的发展。深入宣传省、县两级财政对有证幼儿园的奖补扶持政策，加强与无证幼儿园举办者的沟通与交流，鼓励无证幼儿加大投入，积极整改，创造条件进入准办申报程序。按照“一园一策”原则，确定每一所无证园的整治分类、整治时间和整治措施，平稳关停无证幼儿园10所。建立全县无证园整治跟踪制度，开展每月一次的全县无证园整治工作通报，县教育局幼教科会同行政审批科、督导室、安全科等职能科室每月对无证幼儿园进行督查，并当场下发整改通知书，限期整改。县政府督查室协同县教育局、公安局、卫生和计生局、市场监管局开展无证幼儿园整治工作督查。至年底，全县无证幼儿园已全部清理整治到位。

【推进普惠幼儿园建设】 按照《龙游县普惠性民办幼儿园认定、扶持及管理办法（试行）》的相关规定，引导并支持民办幼儿园提供普惠性服务。县教育局和财政局严格执行《龙游县学前教育专项资金管理暂行办法》，对普惠性民办幼儿园给予经济补助，非普惠性民办幼儿园则不享受相关补助，引导民办幼儿园向普惠行幼儿园靠拢。对近两年新办的民办幼儿园，教育部门抓住举办者上门咨询的有利时机，进行实地察看，参与筹备与建设会，引导举办普惠性幼儿园。如总投资2600万元的迪士尼双语幼儿园就是采纳教育部门的建议，按照浙江省一级幼儿园的标准建设的普惠性幼儿园。

【促进基础教育均衡发展】 严格执行义务教育阶段阳光招生制度，坚持就近、免试入学原则，坚决实行“零择校”。取消高中择校生，完善省重点中学指令性计划指标的分配实施办法，龙游中学的定向招生分配比例从上年的60%提高到70%，并提高农村初中尤其是薄弱初中的重点中学升学人数，从源头遏制初中招生中的择校行为，缩小全县各所初中间的生源差距。鉴于城区初中教学资源缺口较大的现状，在学生和家长自愿的基础上，通过自愿报名、派位摇号的方式，将城区小学部分毕业生分流至寺后初中和小南海初中，实现城内初中、城郊初中招生的互通。

【龙游凯马国际学校】 是经市教育局批准、由龙游中学和杭州凯马国贸实业有限公司董事长柯国宏联合兴办的民办国际高中。校址设在龙游中学老校区。有教职工15名，其中专任教师14名。2015年招收首届学生100名，其中女生45名，设2个教学班。“高起点、高质量、高品位”是建校追求的定位，“培养高能，实现高分”是学校育人的基本目标。学校一切教育教学活动的开展都以学生及其团队为中心，老师指导并帮助学生开展自主学习、个性化学习和团队协作学习。引入最前沿的教育理念，自主开发智慧德育和情商培养系统，构建高效的互联网+智慧云教学模式，全面实施个性化教学，努力将学校打造为“国际化、特色化、精品化”的一流国际学校。

【龙游中学“十大优势”】 龙游中学勇于开拓，积极创新，努力发挥学校发展的十大优势。改革优势：高考改革方案，不分文理科，使龙游中学的传统优势和潜能获得最大限度的释放。创新基地优势：集全校优质资源为创新班学生服务，创新班学生屡创佳绩。育才优势：高度重视拔尖人才的培养，量身定做课程计划，制定详尽的培优方案，优秀学生在龙游中学更有出彩的机会。机制优势：小学、初中成功有效的管理模式和教学模式在龙游中学得到延续，有利于升入龙游中学的优秀学生适应高中学习环境。校风优势：宽严相济、张弛有道、安全和谐是龙游中学倡导的校风。云课优势：大力建设软硬件设施全国一流的云教学中心和云学园平台。课程优势：构建“龙形”课程体系是龙游中学深化课程改革实践的一大亮点。奖学优势：成立衢州市首个奖教奖学基金会，先后设置

图155 柯国宏教奖学基金捐赠仪式

“程云庆奖学金”等8个种类的奖教奖学基金。国际交流优势：学校先后与美国纽约新科技探索学校、德国石荷州特奥多·施托姆文理中学、澳大利亚西澳大学语言学中心、澳大利亚堪培拉大学等有关学校建立友好合作关系。理科优势：理科教学一直以来都是龙游中学的强项，学科建设过硬，傲视同侪。

【横山中学“孝德立校”】 横山中学地处农村，学生大多来自农村，独生子女和留守学生众多。因父母长期不在身边，在家受到老人们的溺爱，学生孝文化观念日渐淡薄，渐显缺失。自2012年起，学校提出“以孝治校，孝德立校”的德育理念，以“孝”为德育工作的支撑点，从“孝”这个人伦之核、普世价值开始，打通教师、学生、家庭、社会之间情感链接的“任督二脉”，将“孝”文化融入学校教育、家庭教育、社会教育之中，坚持“孝为德之基，德为孝之果”的理念，从“孝”出发，落脚于“德”，着力在“孝”，展放“孝德”；以师德为引领，成生德之和美，双德互促，以德育德。为将“孝”铺开，将“德”固植，进而收德育春风化雨之“效”，学校从“微”入手，通过“微德育重构、微环境熏陶、微课程学习、微行为体认、微评价夯实和微舆论造势”建设，推动学生读孝书、讲孝言、上孝课、写孝文、行孝道、做孝子，在潜移默化中树立学生的博爱之心、责任之心和孝德之心。

【马叶小学的小班化教学】 马叶小学把小班化教育理念定位为“关注每一个，发展每一个”，目标是

“让每一个学生都得到合适的优质的发展”。在新课改实施过程中，学校以“小班教学‘四个百分百’”（即学生关注100%、小组互动100%、课堂展示100%、师生发展100%）为切入口，提高小班教师的课堂教学研究能力。学校采取“请进来，走出去”的方式，先后聘请多位专家走进马叶小学，开展教师专业化系列培训活动10余次，为马叶小学教师的专业素质提升提供支撑，为追求课堂教学“四个百分百”提供动力。学校先后获衢州市校本教材先进单位、龙游县第三批特色学校、龙游县教育工作先进集体、龙游县教育教学优质奖等荣誉。

【城区推行“四点钟学校”】 为解决部分家庭下午四点钟后孩子无人看管的难题，培养学生的兴趣爱好，减少社会人员非法举办培训机构的行为，杜绝少数教师进行有偿家教，在县文明办的牵头下，龙游城区小学推行“四点钟学校”。“四点钟学校”以县青少年活动中心为办学主体，由城区各小学负责具体实施。学校坚持学生自愿参加、自由活动、体现公益的原则，提供以兴趣课为主的菜单式的课程内容，供学生自主选择，在学校正常放学时间后施行。“四点钟学校”得到家长、社会的广泛好评。

【推广开放式“书吧”】 全县所有学校均建有开放式书吧和师生阅览室，真正实现师生与图书的零距离接触，创设“处处可阅读”“人人乐阅读”的读书氛围，提高图书杂志的流通率。学校让计算机“走出”机房，进入教室、走廊、门厅、学生宿舍等公共区域，方便师生查询信息，提供电子阅读。启明小学、实验小学、北辰小学还添置了多媒体触控一体机终端，供师生随时查询、阅读。下库小学等学校将旧的显示器改造成公共滚动显示屏，连接主控电脑，定时组织学生收看校园新闻，转播有关节目，滚动播放科普、安全、卫生等知识。

【搭建龙游教育“云平台”】 开展省教育资源公共服务“云平台”的应用推广试点校工作，搭建龙游教育资源公共服务“云平台”，加强中心管理力量，制订应用推广计划。至年底，6所学校完成试点工作，建设特色空间30个。开展移动学习终端试点工作，在6所学校的8个班级开展基于移动平板与教育教学融合应用的试点工作，成立移动终端应用研讨团队，集聚智慧，抱团发展。开展全县学校网站集群管理，推行学校微门户网站建设，学校信息交流和师生沟通更加便捷与准确。2015年，全县85%的学校建成微门户平台。

【示范学校创建】 开展“龙游县教育技术装备规范管理示范校”创建活动，通过“以点带面、以面促点、点面结合”的方式，全面推进县、校装备管理水平和质量的提升，至年底，全县共有15所学校获此荣誉。开展“龙游县数字校园创建示范校”创建活动，开展县级数字校园评估认定和示范校的评选表彰活动，并将评估验收结果与学校优先配备便捷式手提电脑和经费补助相挂钩。至年底，全县有省级“数字校园创建示范校”2所、市级“数字校园创建示范校”2所、县级“数字校园创建示范校”11所。

【示范性图书馆（室）创建】 坚持“开放、悦读、和谐”的理念，以“示范性图书馆（室）”创建为抓手，实行以奖代补的激励机制，采用因校创特、评导结合、社会互补等方式，使龙游县的“书香校园”建设成为全市的亮点。至年底，全县共有省级示范性图书室（馆）5所、市级示范性图书室（馆）5所、县级示范性图书馆（室）22所，有蒲公英儿童图书馆10所。

【中考和高中段招生】 全县参加中考考生3705名(含龙游中学创新班78人，衢州二中创新班19人)，设7个考点共124个考场。各学科满分值630分，总分优秀（535分以上）为1169人，优秀率31.55%，比上年提高4.7%；合格（378分以上）人数2788人，合格率75.25%，比上年提高5.11%，中考成绩继续名列全市前茅。普通高中录取1916人，职业高中录取768人，普通中专录取893人，其他学校录取93人，总录取率为98.87%，比上年提高1.26%。龙游中学招体育特长生10名；龙游二高招体育特长生7名、美术特长生5名；横山中学招体育特长生4名、美术特长生3名、音乐特长生3名。

【高考和高校招生】 3月和9月，分别进行2次“三项考试”（指浙江省普通高校招生的英语听力考试、信息技术考试、通用技术考试）。2次合计有8951人次报名参加“三项考试”，其中报名参加英语听力3859人次、通用技术2523人次、信息技术2569人次。1月、7月和10月进行3次学考，10月与新学考同期进行首次高考选考科目考试。参加学考人数为21925人次，其中1月8582人次、7月9541人次、10月3802人次；报名参加高考选考科目考试的为318人次。2015年，全县高考报名人数为2005人，其中上文理科重点线的考生为327人（不含小科类），比上年增加6人；总上线率为99.35%，比上年提高4.14%；高考录取率为97.81%，比上年提高2.51%，高出省平均10.71%。单考单招报名人数为441人，上线率为96.60%，比上年提高4.38%；录取率为96.37%，比上年提高11.6%，高出浙江省平均录取率14.77%。

2015学年龙游县普通高中招生情况

表49

学校	招生班级（个）	招生数（人）	备注
龙游中学	17	680	体育特长生10人
龙游二高	20	800	体育特长生7人、美术特长生3人、音乐特长生2人
横山中学	8	335	体育特长4人、美术特长生3人、音乐特长生3人
龙游凯马国际学校	2	90	民办高中
合　计	47	1905	—

2015学年龙游县初级中学招生情况

表50

学校	小学毕业生数（人）	初中招生班级（个）	招生人数（人）	学校招生范围
龙三中	1441	16+1	741	西门小学、实验小学、桥下小学、阳光小学、詹家小学、十里铺小学、夏金小学、马叶小学，县少体校面向全县招1个班
龙游华茂外国语学校		13+1	620	木县招生13个班，面向全县自主招生，承担城区义务教育任务；面向县外招生1个班（45名学生）
寺后初中	204	6	265	寺后小学、官潭小学
城南初中	80	4	106	罗家小学、上圩头小学
小南海初中	400	10	361	小南海小学、箬塘小学、团石小学、张家埠小学、北辰小学
湖镇初中	455	8	324	启明小学、下库小学、七都小学（不包括张家埠小学）、社阳小学
塔石初中	403	6	189	塔石小学、雅村小学，石佛小学部分生源
泽随实验学校		3	102	泽随小学，石佛小学部分生源
横山中学初中部	222	5	186	横山小学、下宅小学、志棠小学
溪口初中	343	10	379	溪口小学、灵山小学、庙下小学、沐尘小学、大街小学、梧村小学
模环初中	204	5	151	模环小学、兰塘小学、士元小学
合　计	3752	88	3424	—

2011—2015学年龙游县高考情况比较

表51

年 份	报考人数（人）	上线率（%）	录取录（%）	上重点人数（人）	重点上线率（%）
2011	2338	94.44	92.98	338	14.46
2012	2424	91.47	90.86	282	12.57
2013	2237	94.68	93.07	282	12.61
2014	2148	95.21	95.30	320	14.9
2015	2005	99.35	97.81	327	16.31

职业教育

【概况】 龙游县职业教育呈现“一公一民”（即公办的龙游县职业技术学校和民办的龙游县求实职业中专）的校网布局，其中龙游县职业技术学校为省级改革发展示范校、省一级中职学校，求实职业中专为省三级中职学校。共有在校学生3484人、专任教师220人、专业课教师132人，生师比为15.841，其中双师型教师108人，占专业和实习指导教师的81.82%。中等职业教育与普通高中教育招生比例达到91.54∶1。毕业生一次性就业率为98.94%，本地就业率达到36.45%；高职上线率为95.4%。设有专业15个，专业布点16个，其中省级示范专业3个（养殖技术、制浆造纸工艺、铁道运输管理）、省级骨干专业1个（电子商务）、省级特色专业2个（养殖技术、制浆造纸工艺专业）、市级示范专业3个（机电技术应用、电子商务、中餐烹饪）、市级特色专业2个（铁道运输管理、制浆造纸工艺）、市级骨干专业3个（机电技术应用、电子商务、制浆造纸工艺）。初步形成以加工制造类、商贸服务类为主的两大专业群，实现学校间专业错位发展。有省级实训基地3个（现代生态农业、制浆造纸工艺、电子商务）、中央财政支持的职业教育实训基地2个（制浆造纸工艺、机电设备安装与维修）及县级职业技能鉴定站1个。全年承担社会培训6125人次。职业教育已经成为龙游经济社会发展的助推器。

【扎实推进新课改】 各中职学校发挥校内优质资源，在学科带头人、骨干教师的带动下，推进校本选修课程的开发，拓宽教师的视野，提高教师的专业素养，推动全县中职教育教师整体素质的提高。以申报市、县精品课程为切入点，通过校本教材征集，推动选修课程的开展。县职业技术学校共编纂校本教材16册，收集并筛选切实可行的选修课程75门；求实职业中专开发校本选修教材22册。将社团活动列入课程范畴，既丰富学校课程资源，赋予学生更多课程选择的权利，也丰富了学校德育工作的内容，提升德育工作实效，积极探索德育课程资源的开发途径。2015年下半年，县职业技术学校、县第二高级中学分别与求实职业中专签订战略合作协议，开展“公带民”活动。公办学校与民办学校采取结对子、教学观摩、跟班听课等形式，让民办职校参与公办职校的教学活动，加强交流，互相促进，深化全县职业学校的课程改革。

【以“龙商文化”为核心铸职业教育品牌】 县职业技术学校实施以龙商文化为特色的校园文化建设，

图156 县职校举办宾馆从业服务人员高级工培训班

确立“求真务实、开拓进取”的校风，形成“乐教善教、开拓进取”的教风和“乐学善学、创新求变”的学风。规范、诠释学校校徽内涵，根据学校核心精神创作校歌，组建校合唱团。依托校训石、文化墙、班级文化壁、办公室、实训室以及教师研修中心等文化载体，对学校外围环境进行全面布置，打造龙商文化与职业教育相结合的育人环境。统一布置班级文化，认真创作班徽、班歌，精心制作教室前后的标语，高质量地刊出黑板报。组建校舞龙社团和龙舟社团，以“同舟共济、力争上游、永不言败”为社团精神，规范、壮大学生社团。开展系列文体活动，活跃校园文化氛围，丰富学生课余生活，规范学生礼仪和行为习惯。

2015学年龙游县职业类学校招生情况

表52

学 校	专业名称	学 制	性 质	招生人数
龙游县职业技术学校（850人）	畜禽生产与疾病防治（养殖技术）（省示范专业省特色专业）	3	普通中专	30
	机电技术应用（市示范市骨干专业）	3	普通中专	230
		3+2	3+2高职	40
	电子商务（市示范、市骨干专业）	3+2	3+2高职	40
		3	普通中专	230
	制浆造纸工艺	3	普通中专	40
	会计	3	普通中专	40
	护理（养老护理方向）	3	普通中专	45
	学前教育（保育员方向）	3	普通中专	40
	珠宝石加工与营销	3	普通中专	50
	旅游服务与管理	3	普通中专	35
	学前教育	五年一贯制	普通中专+大专	30
龙游县求实职业中专（700人）	机电设备安装与维修	3+2	3+2高职	25
		3	职业中专	120
	铁道运输管理（乘务员方面）（省示范专业、市特色专业）	3+2	3+2高职	25
		3	职业中专	225
	汽车制造与检修	3	职业中专	60
	电子商务	3	职业中专	180
	中餐烹饪（市示范专业）	2	职业中专	65
合 计	面向市内共招生39个班，学生1550人			

成人教育

【概况】 2015年，全县有乡镇（街道）成校15所，与社区学习中心实行“一套班子，两块牌子”的管理模式，实现省级标准化成人文化技术学校乡镇（街道）全覆盖。有省级新型农民培训示范基地1所、省企业职工培训示范基地1所、省级社区教育示范学校2所；有市万名农民素质培训基地2所、市级社区教育示范学校2所、市企业职工培训示范基地 4所、市新型农民培训基地4所。成人学校（社区学习中心）坚持“终身学习，服务三农，培养新农民，为社会主义

图157 横山镇八石畈村双证制培训班开班典礼

新农村建设做贡献”的办学宗旨，结合地方产业，开展形式多样的农民素质培训，有效提高劳动者的整体素质，促进地方经济发展。至年底，全县成人中等、高等学历教育毕业2001人；非学历培训43490人次，其中家政培训798人次、退役士兵培训112人次、企业职工培训5257人次、新型农民培训11825人次，另有其他培训25498人次。

【省级标准化乡镇（街道）成校全覆盖】 2015年，沐尘畲族乡成校、社阳乡成校、庙下乡成校、大街乡成校成功创建省级标准化乡镇成校，全县15个乡镇实现省级标准化成人文化技术学校全覆盖，达标率100%。近年来，按照省标准化成校创建要求，全县各乡镇（街道）成校以规范化建设为抓手，充分利用现有教育资源，根据乡镇布局结构，认真规划、调整、充实，逐步做到布局合理科学化、资源配置集中化、教育作用最大化、培训实效最优化。各乡镇（街道）成校与乡镇社区学习中心合并办公，实现一套班子、两块牌子的体制，乡镇长（街道主任）兼任成校校长，配备专职成校副校长，采用辖区内学校教师转岗及聘用企业、学校及社会上的能工巧匠等办法，逐步建立起一支专兼结合、动态管理的成校教师队伍，为培训提供强有力的师资保障。根据地方社会经济发展的需要，各乡镇（街道）成校以整合培训资源为抓手，以提高农民整体素质为主线，以加快农民转移就业、增加农民收入为目标，开办各类非学历教育培训班，努力探索农民素质培训的新途径。年完成培训人次占常住人口10%以上。

【加强扫盲工作】 为减少文盲人口，提高全县人口素质，建设人力资源强县，有力推进教育现代化，根据《浙江省教育厅关于进一步加强扫盲工作的通知》精神，龙游县教育局制订《2013—2015年扫盲工作实施方案》，建立以局长为组长的扫盲工作领导小组。从2013年7月起，以中心小学（中心校）、乡镇（街道）成校为单位，按照“一名学生一个家庭、一名教师一个自然村（社区）、一所学校一个乡镇（街道）”的要求，走村入户，进企入厂，与当地派出所及村委会（社区）取得联系，逐个核实，确认扫盲对象，准确掌握15周岁以上文盲信息；教育局主动对接公安、统计等相关部门及乡镇（街道），形成工作合力。各辖区根据实际情况，采取灵活多样的教学方式，有序开展扫盲培训工作。全县常住人口中有文盲26798人，2013—2015年，共完成脱盲19622人，常住人口文盲率为1.98%。

【稳步发展电大教育】 电大龙游分校有专兼职教职工48名，其中有高级职称教师18名、中级职称的教师26名。开设会计学、工商管理、工程管理等30余个专升本专业，开设会计学、园林技术、建筑施工与管理等20多个专科专业。各类在校生共计2009人。全年毕业学生948人，其中专科476人、专升本472人。招收新生812人，其中专科447人、专升本365人。6月，电大龙游分校被评为2014年度浙江省电大教材发行管理先进单位；9月，被评为2014年度全省电大财务工作先进单位。

2015年度电大龙游分校招生情况

表53

招生院校	层次	春季招生 专业	招生人数	秋季招生 专业	招生人数	学制（年）	入学测试
国家开放大学	本科	会计学、法学	38	会计学、法学	27	2.5	
	专科	会计学(财务会计方向)、乡镇企业管理	77	乡镇企业管理、园林技术会计学(财务会计方向)、法学	154	2.5	
福建师范大学	本科	心理学	13	心理学	6	2.5	
	专科	经济管理、物流管理	4	经济管理、物流管理	4	2.5	
大连理工大学	本科	土木工程	51	土木工程、工程管理	55	2.5	院校自主测试
	专科	电力系统自动化技术、建筑工程管理、建筑工程技术	64	建筑工程管理	39	2.5	
华中师范大学	本科	工程管理	11	法学、会计学	16	2.5	
	专科	行政管理	38	行政管理	35	2.5	
对外经济贸易大学	本科	会计学、金融学	47	工商管理、会计学	30	2.5	
	专科	行政管理	6	行政管理、会计学	7	2.5	
中国医科大学	本科	护理学、药学	33	护理学、药学	12	3	
	专科	药学	5	护理	13	3	
	中起本	药学	11	护理学、药学	4	5	
绍兴文理学院成人教育学院	本科	临床医学	3	临床医学	1	—	成人高考
	专科	—	—	—	—	—	
北京大学网络学院	本科	—	—	法学	8	2.5	院校自主测试
总计		401		总计	411		

教育行政管理

【推进人事制度改革】 8月，横山小学、小南海初中等10所学校被纳入“校长组阁，全员聘任”试点扩面范围，“校长组阁，全员聘任”试点学校从上年的4所增至14所。试点学校管理团队由校长“组阁”，教师由校长聘任。新机制激活了教育活力，激发全体教职工的工作热情，提高了办学质量和办学效益。教师校长轮岗交流制度化、常规化。根据浙江省教育厅、省编委办、省财政厅、省人力社保厅《关于推进县（市、区）域内义务教育学校教师校长交流工作的指导意见》精神，县教育局等4个部门联合下发《龙游县义务教育学校教师校长流动工作实施意见（试行）》，明确流动范围、流动方式、流动对象、流动工作步骤，全面推进义务教育学校教师、校长流动工作。2015年，龙游县义务教育阶段有符合流动条件的对象392人，通过进城选聘、骨干教师服务交流、发展型流动等方式，共流动教师98人。

【加强制度监管】 局党委建立完善“三重一大”事项集体决策制度，严格落实集体领导和分工负责制度，重要情况反映、通报和重大决策征求意见制度，建立和试行重大事项集体决策、集体会审制。及时转发县委办《关于实行部门（单位）主要负责同志“五不直接分管”制度的通知》，局机关率先对班子分工进行调整，形成“副职分管、正职监管、集体领导、民主决策”的新的管理运行机制。各学校（单位）按照“主要负责同志不直接分管财务、人事、工程建设项目、物资采购和审批事项”的要求，在2月底前完成学校（单位）班子分工调整，以文件形式报教育局纪检室备案。局纪检监察组织认真履行监督责任，加强对局机关、学校（单位）执行“主要负责同志‘五不直接分管’制度”执行情况进行常态化监督检查，局会计核算中心对学校（单位）票据进行严格审核把关。从立项监督检查的情况看，各校（单位）总体执行情况良好。

【加大正风肃纪力度】 教育局纪检组紧盯“四风”问题（指形式主义、官僚主义、享乐主义和奢靡之风）的新形式、新动向，加大正风肃纪力度。每周组织人员到中小学（幼儿园）、直属单位开展正风肃纪专项行动，对教职工上下班纪律、工作时间内是否做与工作无关的事情、是否参与“酒局”“牌局”、是否参与有偿家教等行为进行全方位检查，坚决防止“四风”反弹回潮。暑假期间，局正风肃纪组突出重点，在全县教育系统集中对“酒局、牌局、升学宴、谢师宴”等问题开展明察暗访，持续保持正风肃纪高压态势。至年底，局正风肃纪组先后开展“正风肃纪”专项行动40次，出动人员123人次，在全县学校（单位）中开展明察暗访138批次，对检查中发现的问题及时通报，教育系统党风、政风持续好转。

【学生交通安全保障工程】 县政府追加学生交通安全保障工程专项经费至435万元，优化全县学生接送车。县教育局及时制定《2015年度龙游县学生交通安全保障工程服务方案》，建立“政府主导、部门联动、企业运行、学校参与”的校车安全三级网络管理模式，健全“五关”（即准入关、行驶关、交接关、督查关、培训关）责任机制，采取“四错”（即错天、错时、错学校、错年级）措施，做到“六定”（即定人、定车、定座、定时、定点、定线路），实行日常接送、周末接送等分类保障，有效解决义务教育阶段学生上下学的交通问题，构筑学生交通平安工程。全县3545名义务教育阶段上下学有乘车需求的学生全部实现安全接送，覆盖面100%，其中日常接送学校26所，共有学生2600人，涉及接送线路138条；寄宿生周末接送学校11所，共有学生945人，涉及接送线路44条。

【千万学生饮食放心工程】 全县学校食堂管理坚持“为师生服务、学校自办、学生用餐自愿”原则，以师生饮食健康安全为中心，实施学校食堂量化分级管理，改善食堂硬件设施和规范食品加工操作流程，加强食堂工作人员卫生安全知识培训，并全部持证上岗。大宗食品采购覆盖面达100%。51所公办中小学校食堂中，有A级食堂7所、B级食堂34所，A、B级比例达到80.4%，比上年提高5.9%。根据《浙江省“阳光厨房”建设标准和考评办法（试行）》精神和市教育局要求，全县有17所学校完成“阳光厨房”建设，并通过验收，建设比例为34%，比上年提高12.5%。

【学校“四防”工程建设】 根据学校安全工作需要，县财政每年安排专项资金，用于公办学校保安人员的工资发放和添置维护视频监控等技防设备，并实现逐年递增。2015年，县财政用于全县学校一键报警系统安装、“三防”经费补助等支出近200万元。全县51所中小学、1所公办幼儿园和8个教学点共聘用门卫保安181人，各民办幼儿园自聘或兼任保安147人；全县各中小学、幼儿园在校门口及重点要害部位安装视频监控等技术防范、实体防范设施，为所有寄宿制学校添置安装保安夜间巡更触摸系统，并逐年完善和更新。分两批完成全县所有学校、教学点及民办幼儿园与公安“110”报警平台联网的CK报警系统安装工作，共安装视频监控系统202套1441个监控探头，配备橡胶棒、辣椒水、防刺手套、强光电筒、钢叉等防护器械200余套共1027件。加强教师和学生心理健康教育，各校均设立“心理咨询室”，开设心理信箱，

图158 西门小学学生参与禁毒知识学习

配备专（兼）职心理健康教育教师；投入10万元用于龙游第二高中、泽随实验学校2所学校的“示范心理咨询室”建设。每学期初，开展“五类学生”（即单亲家庭学生、贫困家庭学生、残疾人家庭学生、留守学生、孤儿学生）及学生矛盾纠纷排查工作，尽早介入，进行心理干预，严防意外事件发生。

【寄宿制学校学生管理】 全县共有寄宿制学校20所。各寄宿制学校均安排专门的学生宿舍管理人员、值周领导、教师负责夜间巡查管理，保安实行巡更制度，中学每夜巡更13次，小学每夜巡更15次。2015年，县教育局班子4次带领各科室工作人员分组对全县所有的寄宿制学校开展“寄宿制学校管理工作突击检查”，对检查情况及时汇总，并予以内部通报，限期整改。局安全监督科根据学校提交的整改报告，适时组织“回头看”，督促学校切实整改落实到位。

【学校安全常态化督查新机制】 自10月开始，县教育局对学校安全工作采取常态化督查新机制，采用定期检查与随机抽查、专项检查与全面检查、领导检查与专家检查、明察与暗访相结合等多种方式，对学校安全工作进行经常性督查，督查结果纳入学校学年安全管理目标责任制考核。安全监督科每月确定1～2个安全督查工作重点，每周督查1～2个学区，对发现的问题隐患，现场下发《安全工作督查通知单》，要求学校在收到通知单7个工作日内以书面形式反馈整改方案，安监科根据学校整改情况，适时组织人员进行整改工作“回头看”，整改到位后签署整改验收单。至年底，安监科已完成全县11个学区的督查，共下发督查通知单18份，发现问题56处；整改验收问题学校18所，问题整改到位47条，整改方案已提交相关科室8条，需多部门协调处理1条。

【教育采风传正气】 12月2日—3日，“教育衢州行”新闻采风活动在龙游举行。中新社和《中国教育报》《浙江日报》《钱江晚报》《浙江教育报》等10多家国家级和省、市级主流媒体近20位记者到龙游中学、北辰小学等学校采风，宣传龙游教育的成绩和经验，扩大龙游教育的知名度和美誉度，提升龙游教育整体形象。

教师队伍建设与管理

【新教师招考录用】 2015年，全县共招考录用新教师172名。其中高中、初中、城区小学学校通过提前签约形式招录“211”“985”高校硕士研究生11名、其他学校硕士研究生7人、本科毕业生23名。通过公开招考形式，择优录用130人，其中幼教17人（包括男性幼儿教师4人）、特殊教育1人、小学78人、初中23人、职校6人、高中5人。此外，招录免费师范毕业生1人。组织新录用教师进行为期10天的岗前集中培训，通过军训、课程培训、专家讲座、互动交流等活动，为他们顺利走上教育岗位“铺路”。

【师德师风建设】 将提高全县教师师德建设水平列入年度的工作安排，造就一支忠于教育、品德高尚、作风过硬、业务精湛，让社会满意、家长放心、学生信赖的教师队伍；每学期初开展学校师德师风检查工作；对在职教师开展暑期师德培训活动；与全县3166名在职教师签订师德师风廉洁自律承诺活动；对举报的在职教师涉及的师德师风问题，一经查实，严肃处理。

【教师职称（职务）评聘改革】 根据省、市教育人事主管部门统一部署，2015年，中小学教师中级职称

（职务）评审权下放到各县（市、区），这是中小学教师职称（职务）评聘工作的一项改革。全县有595位教师申报中小学教师职称(职务)评审，314人通过县、市、省各级教师职务评审委员会审定，其中公办教育机构268人、民营教育机构46人。通过考评，晋升高级职务47人，其中高级教师45人、高级实验师1人、高级会计师1人，另有援疆教师1人被评聘为高级教师职务；晋升中级职务97人，其中一级教师96人、讲师1人；晋升和转正定初级职务123人。民营教育机构取得相应专技资格的46人由用人单位自行聘用。

【人事档案工作】 2015年元旦，县教育局整体搬迁到新的办公楼，专门设立约100平方米的干部人事档案室，投资20多万元资金配置档案密集架、装订机、除湿机、防磁柜，档案盒及相关专用材料，配置电脑、打印机等建档专用设施。根据县委组织部工作部署，开展教育系统干部人事档案A4改版工作，对3205名在职教职员工的人事档案进行改版、整理、装订、上架，并分别对1517卷退休人员和1154卷其他人员档案进行整理归类。根据县委组织部《关于印发〈龙游县干部人事档案专项审核工作实施方案〉的通知》要求，开展教育系统干部人事档案分层次专项审核工作。

【强化岗位管理】 开展新一轮教职工编制核定工作，适时调整人员编制、岗位设置和岗位结构，加大超编、缺编学校教师调配力度，优化全县师资配置。坚持按需设岗、按岗聘用、竞聘上岗的原则，明确岗位职责，严格岗位考核，及时办理人员退休、辞职解聘和调进调出手续，坚决清退在编不在岗人员。

教科研和师训工作

【苏派课改研修】 1月27日，苏派课改中心校长体验式研训班开班仪式在小南海初中举行，全县19所学校80名校长和中层干部参加开班仪式，要求全体参训人员要自觉转变角色，遵守研训纪律，服从专家安排，虚心向专家请教，在“谋局、谋人、谋势”上取得真经，为深化全县教育教学改革服务。3月30日—4月2日，苏派课改专项研修在小南海初中和龙游县教研室举行，全县“双改”试点校（即小班化教育试点校和教学改革试点校）百名骨干教师参加研修活动。研修内容包括班级文化建设、小组建设与管理、课堂流程的设计与编写、导学学案的设计与编写、使用与评价体系的建设与运用等五大体系课程。来自苏派课改中心实验基地学校、桐乡求是实验中学、南京竺山中学的七位专家从理论到实践、宏观到微观等层面对五大体系课程进行全面解读，彰显“以人为本、学为中心、能力为重”的理念。

【课改共同体建设】 县教研室成立东片、南片、西片、北片和初中五个以先行学校为核心的深化课改共同体暨小班化教育共同体。组织共同体学校领导和骨干教师前往南京竺山中学、湖州十二中等课改先进校考察学习，先后在庙下小学、箬塘小学、寺后小学、北辰小学、启明小学、小南海初中、横山中学开展课改共同体主题研讨活动和校际互看互学活动。共同体组织能更好地适应深化课程改革的需要，有效解决农村小规模学校课程资源缺乏、师资力量单薄等问题，有利于形成“点面结合、抱团协作、培育典型、梯度发展”的教育发展新局面。

【深化义务教育课程改革】 12月，县教育局召开全县深化义务教育课程改革推进会。全县中小学校长、分管副校长、教务主任参会议。西门小学、庙下小学在会上作典型发言。县教研室下发《深化义务教育课程改革政策文件和规划举样》《课程纲要举样》。根据会议精神，县教育局成立深化义务教育课程改革领导小组，县教研室成立课程室，负责全县深化义务教育课程改革推进工作。县深化义务教育课程改革开启新阶段。

【开展“质量提升对策”调研】 3月—5月，教研室组织教研员先后到小南海初中、城南初中、湖镇初中、塔石初中、泽随实验学校初中部、横山中学初中部、石佛小学、团石小学、詹家小学、兰塘小学、社阳小学等学校开展以“课堂教学为中心，质量提升为目标”为主题的“质量提升对策”调研。其中，初中调研根据各校中考备考方案和考试情况分别确立不同的调研主题，如小南海初中的调研主题为“试卷讲评课的有效性”，城南初中的调研主题为“后20%学生学习质量提升策略”，湖镇初中的调研主题为“培优补弱的实效性”，塔石初中的调研主题为“课堂复习的高效性”。

【校教科室科研引领功能发挥】 将优化学校教科室的科研引领功能列为县教育局教科室2015年度的工作重点之一。3月6日下午，召开全县中小学教科室主任会议，组织开展以“如何发挥学校教科室的科研指导功能”为主题的交流活动。龙游二高的曾伟雄、庙下小学的赖莹、桥下小学的周伟军分别从“优化微培训引导”“示范引领+二度修改”“平台创设+引领指导”等视角，交流所在学校在优化教科室科研指导功能上的重要举措。9月11日下午，实验小学副校长余文署、启明小学教科室主任李芳在县中小学教科室主任会议上分别作《学校教科室主任工作启示》《有所为，有所不为》的主题发言，介绍校教科室基于岗位职能做好教科研引领示范和服务工作的成功做法。教科室主任会议聚焦“引领”“指导”“服务”“规范”四个关键词，要求加强科研引领指导功能的发挥。全县各校50余位教科室主任通过“龙游科研”微信群和“龙游研修”微信公众号，交流、共享全县的教科研信息。

【名师工作室活动】 4月15日—17日，县中学数学“赖忠华名师工作室”“吴文军名师工作室”一行27人赴杭州建兰中学参加由浙江大学数学系继续教育中心举办的全国初中数学特级教师教学展示研修活动。由8位初中数学特级教师开设展示课，来自全国各地的500多位数学教师参加本次观摩活动。

【省教科重点规划课题结题鉴定会在龙游召开】 5月21日，省教科重点规划课题现场结题鉴定活动在龙游县实验小学举行。参与成果鉴定的有龙游县实验小学《“关注教学细节，塑造教师个性魅力”的师训策略研究》、常山县紫港中学《普通高中职业规划教育的实践研究》二项成果。省教科院院长方展画任鉴定组组长，衢州学院副院长李长吉、衢州市职业技术学院副院长吴健、衢州市教研室主任徐衍昌、衢州市教科所副所长吴水洋、常山县教科室副主任毛志伟等为鉴定组成员。实验小学的课题成果得到专家组的高度肯定，方展画院长称此课题成果是“最有内涵、最有深度”的一项实践成果，值得继续研究和深化。

【精品课程评选】 9月，县教研室开展“反映地方特色、体现最美精神”精品课程征集评选和精品拓展性课程评比活动，评选出精品拓展性课程34门。通过评选，引导一线教师提升拓展性课程的开发能力和实施能力，提高拓展性课程开发质量和实施成效，关注各类拓展性课程的教育价值。

【县第二届说课大赛暨优秀说课展示】 11月23日下午，在县实验小学举行县第二届说课大赛暨优秀说课展示活动，天津市教育科学研究院基础教育研究所所长、天津市高中课改专家组和特色高中建设专家组成员、“和谐教学法”和新说课的创立者王勤敏教授应邀到场指导。

【县第六届教学展示周】 11月21日—27日举行。教学展示周活动丰富，内容涵盖面广，开展的主要活动有：“龙游教育大讲堂”第二十讲，邀请天津市教科院教授、县教师进修学校特聘专家王敏勤作班级文化建设专题讲座；县第二届“微报告”展评；县首届“微课制作”比赛；第二届全县说课比赛；“双改”试点校校长、书记课堂教学展评；教研员、各级名师及骨干教师课堂教学展示；“双改”试点校教师课堂教学展评活动；课改学校现场诊断活动等。

【“双改”教学展评】 12月，县教研室组织“双改”试点校校长、书记和教师两个层面的课堂教学展评活动。展评活动由“课堂教学”与“八说”2个部分组成。课堂教学赛呈现所在学校“双改”实践的基本教学形态，突显“学为中心”课堂特征。上课结束之后，参与展评的选手针对堂课教学进行“八说”比赛。共有14位校长、书记和21位教师参加展评活动。通过活动，提升学校校长、书记的教改领导力和教师的教改执行力，是对全县区域推进“双改”教学实践阶段性成果的一次重要检阅。

【“学为中心”教学模式】 “学为中心”的教学模式以“学”为本,以“做”促学,以“导学单”为载体,以“小组捆绑评价”为推进机制,以符合学校实际的教学模式为形态特征,以培养学生自学能力、合作展示能力、研究能力为目标,打造轻负高质课堂。各试点学校积极探索基于学科要素、学教结构转型的“生本课堂”教学模式，通过借模、析模、建模、炼模，形成各具特色的课堂教学模式。如泽随初中的“五环导学”教学模式、塔石初中的“爱心助学”课堂、桥下小学的三环五段式“争鸣课堂”、箬塘小学的“七彩课堂”等。在小组评价的建设上，桥下小学的“争章”评价体系、罗家小学的“星光卡”评价体系、志棠小学的“荷子争卡”评价体系、箬塘小学的“箬卡”评价体系日臻完善。

【县教育学会换届】 7月6日下午，在教育局二楼会议室召开县教育学会第五次代表大会。大会听取和审议第四届理事会工作报告，表决通过《龙游县教育学会章程》，选举产生县教育学会第五届理事会。县教育局局长邱子龙当选为教育学会会长。会议肯定上届理事会取得的成绩，要求新一届理事会继承和发扬上届理事会的优良传统，结合新形势，研究新情况，解决新问题，实事求是，努力工作，为促进县教育学会工作跨越式发展，为繁荣全县教育事业做出更大贡献。

【第十届青少年科技运动会】 12月8日，县第十届青少年科技运动会在龙游三中举行。运动会由县科协、县教育局、县体育局共同主办，县教研室、龙三中、县物理学会承办。全县中小学38个代表队的427名运动员参加木质滑翔飞机、直升机、橡筋动力飞机、电动模型飞机、桃花园建模、乘风快艇、趣味电子百拼、手工花卉、嘟嘟赛车、机器人（拼装型）、简易机器人制作定点赛、智能寻轨器制作行驶赛、遥控编码机器人、太空探测器等14个项目的比赛。龙游三中、龙游华茂外国语学校、塔石初中荣获中学组团体前三名，实验小学、小南海小学、阳光小学、西门小学、泽随小学、詹家小学荣获小学组团体前六名。

【教科研成果喜人】 12月，衢州市教育学会组织2015年度调研报告和管理、德育、心理健康三类论文评比。龙游县推荐的56篇参评的调研报告和论文全部获奖，其中一等奖10篇、二等奖23篇、三等奖23篇。全县有立项课题414个，其中省级10项、市级84项、县级320项。县教研室的《小学“想象作文”教学的县域推进研究结题报告》《基于课例研修的新教师专业成长研究》《远程培训与班主任素养的发展研究》课题成果分获省师干训第二轮课题成果一、二等奖。全县有100项课题成果在市级评比中获奖，其中重点课题成果一等奖2项、二等奖8项、三等奖6项；规划课题成果一等奖3项、二等奖15项、三等奖8项；教研课题一等奖4项、二等奖10项、三等奖5项；小课题一等奖6项、二等奖15项、三等奖18项。全年有2360篇论文获奖，其中国家级5篇、省级66篇、市级441篇；有231篇论文发表，其中国家级71篇、省级125篇、市级35篇。县教研室编纂出版《新说课：教师专业成长密码》教育教学论文专著。

（县教育局 江永亮）

科学技术

【概况】 2015年，龙游县科技工作以科学发展为主题，以转型发展为主线，以跨越发展为目标，以开展“八倍增、两提高”（“八倍增”即R&D经费支出额、研发人员数、发明专利授权量、规模以上工业新产品产值、高新技术产业产值、技术市场交易额、高新技术企业数和科技型中小企业数倍增，“两提高”

图159 龙游工业园区开展企业劳动法律法规培训

即科技进步贡献率、全社会劳动生产率提高）科技服务专项行动为载体，围绕县委、县政府的工作思路，培育新兴产业，改造提升传统产业，搭建科技服务平台，加快科技成果转化，取得显著成效。

【科技型企业培育】 推荐上报浙江省科技型企业15家、省农业科技型企业8家、省级高新技术研发中心4家、省级企业研究院3家，复审省级高新技术企业2家，重新认定省级高新技术企业的4家，新申报认定省级高新技术企业3家。组织上报衢州市高新技术企业6家、市级高新技术企业研发中心1家、市级创新型企业2家。

【产学研合作平台建设】 与中国制浆造纸研究所、浙江化工研究所、嘉兴电子科技集团36所、宁波材料所、浙江大学、浙江工业大学、浙江农林大学、浙江科技学院等高等院校、科研院所建立长期战略合作关系，积极推进技术转移中心工作。借助高等院校和科研院所的科研优势，以产学研结合的方式，建设一批研发中心、企业研究院、院士专家工作站、博士后工作站等合作平台，促进先进技术的引进、消化、吸收和再创新，推动全县科技成果转化产业化。

【科技项目实施】 通过走访企业，开展科技相关政策的宣传和业务辅导，突出科技计划对产业升级的引领与带动作用。2015年，共申报县级以上各类科技计划项目72项，争取省级项目资金167万元，其中申报国家星火计划项目1项、国家火炬计划项目2项，申报省级重点研发计划项目5项、省级新产品试制计划项目63项。

【创建省知识产权示范县】 根据“市县联动、区域共创”的工作要求，2015年3月，龙游县人民政府召开知识产权实施推进会，对省知识产权示范县创建工作进行动员部署，并将目标任务逐项分解下达。同时，积极组织专业人员，深入工业园区和企业，开展现场培训和专利挖掘工作，先后举办大型培训3次、小型培训22次，共培训600多人次。2015年，全县专利申请545件，授权339件，其中发明专利申请111件，授权17件，超额完成全年“八倍增、两提高”的目标任务。做好知识产权优势企业工作，新认定省流通领域知识产权试点单位1家、市级专利示范企业4家，夯实创建工作的基础。

【农业科技进步】 组织推进科技富民强县专项行动计划“龙游县竹产业水平提升的关键技术集成与应用”后续项目、省十县百万亩竹产业效益提升工程成果转化项目、推广应用“毛竹林高效生态可持续经营技术”等项目的实施，促进龙游县竹产业的转型升级。组织实施国家级科技富民强县专项行动计划“畜禽产业关键技术集成与产业提升”项目。针对富硒产业急需科技提升的现状，主动对接省科技厅农村处，与金华农科院、江南大学等高校和科研院所加强联

图160 在“院士专家龙游行”活动中，陈克复院士作《特种纸清洁生产技术及节能减排》报告

系，省级重大专项项目“龙游天然富硒莲子产业转型升级与产业链创新研究”正在按合同进度实施，并着手准备验收材料，开展经费审计，引导龙游县富硒产业转型升级。

【加强网上技术市场建设】 坚持“请进来与走出去、网下洽谈与网上交易”相结合的原则，组织企业有重点、有针对性地对接高校和科研院所，全年向企业征集有效技术难题25项，通过网上技术市场发送到相关高校和科研院所。围绕浙江省技术成果拍卖交易暨网上技术市场活动周任务指标，组织4家企业参加省网上技术市场春、秋两季科技成果竞拍，其中2家企业成功竞得2项科技成果，成交金额450万元；展示1家企业（天洲制冷红烘干设备）的自主研发科技成果，完成现场签约项目2个。

【创新券工作】 根据浙江省、衢州市科技部门的部署，出台《龙游县科技创新券实施管理办法》和《龙游县科技创新券管理程序（试行）》，首次以科技创新券的形式设立“科技红包”100万元，企业在科技创新活动中可以先期抵用，而后向政府部门兑现资金。通过组织培训和宣传，全县38家企业申请使用科技创新券92万元，创新券工作在衢州市名列前茅。

（县科技局 杨敏）

2015年衢州市科技进步奖获奖项目（龙游县部分）

表54

奖项	项目编号	项目名称	完成单位	主要完成人员
二等奖	2015113	一种新型纤维分散、上网成型技术在机制游龙纸生产上的应用	浙江金昌纸业有限公司	童树华、黄学英、陈杰、徐玉清、王励稼、周桂生、孟育
二等奖	2015114	高效节能环保的气力滑移输送机研制与应用	浙江宜成环保设备有限公司	吴钢灿、马丛秀、秦胜、潘炯、林海、张黎、曹永胜
三等奖	2015115	高松厚度胶水原纸	浙江华邦特种纸业有限公司	楼钱、陈阴杰、胡丁根、张锦山、陈建斌
三等奖	2015116	管路切换圆顶阀的关键技术研究及产业化	浙江固特气动机械有限公司	张寿根、萧亚兵、顾怡红、郑汝生 蒋学典
三等奖	2015112	低碳环保型高光装饰原纸	浙江凯丰纸业有限公司	张琦、计皓、刘佳文 、王晓琴、詹素忠
三等奖	2015110	30吨轴重75kg/m钢轨12号固定辙叉单开道岔混凝土岔枕的试制与产业化	光明铁道控股有限公司	肖晓林、黄文俊、彭连生、马军委、吴俊

文化·旅游

概　述

2015年，龙游县文化旅游工作紧紧围绕县委、县政府“两化”引领战略思想，推进文化旅游和美丽龙游建设。依托省级文化旅游融合发展专项改革试点，打造龙游核心旅游“金名片”，主攻中国红木家居文化园、龙游石窟旅游度假区和龙游民居苑项目建设，加快建设“龙游红木文化小镇”省级产业特色小镇。围绕“一镇三线四村七点”重点项目建设，打造以六春湖项目为龙头的龙南大竹海运动休闲养生旅游线，以天池荷花景区、三门源等古村落为核心节点的龙北历史文化体验旅游线，以沿江美丽乡村示范村为串点的灵山江生态水景观光休闲旅游线。结合省美丽乡村示范县建设，坚持政府引导、乡村主体、农民参与，大力发展乡村旅游，全力推进乡村休闲旅游“二次创业”，培育乡村旅游新亮点，鼓励发展民宿经济。加快文化强县建设，以基本公共文化服务标准化重点县建设为契机，推进公共文化服务标准化建设，全面提升公共文化服务水平。加强文化市场整治，营造良好的文化市场环境。完善公共文化设施建设，推进文化惠民工程，培育基层文艺骨干队伍，实现公共文化服务提速增效。开展文物保护单位抢救性修复项目，规范文物管理工作，开创文物保护工作新局面。广播电视事业围绕“五水共治”“三改一拆”等重点工作，营造氛围，服务中心，各项工作有序推进。

文化建设

【概况】 2015年，龙游县文化工作紧紧围绕县委、县政府中心工作，突出“两化引领”，以基本公共文化服务标准化重点县建设为抓手，大力推进公共文化服务体系建设，加大文化产业发展及文化市场监管力度，不断推进文化强县建设。县文化广电新闻出版局获得浙江省2015年度“扫黄打非”工作先进集体、省文化市场综合执法工作先进集体等荣誉。

【浙江省公共文化服务标准化重点县建设】 5月，龙游县被浙江省人民政府确定为全省10个基本公共文化服务标准化重点市、县之一。根据省委办公厅、省政府办公厅《关于加快构建现代公共文化服务体系

图161 龙游县举办包遂初、包辰初画展

图162 龙游县第二届魅力青年才艺大赛

的实施意见》和《关于加强基本公共文化服务标准化重点市县有关工作的意见》等文件精神，县委、县政府召开基本公共文化服务标准化重点县建设动员会，成立由县长任组长的基本公共文化服务标准化重点县建设领导小组，下发《龙游县基本公共文化服务标准化提升计划》，计划用2年时间推进公共文化服务基础设施、文化惠民、人才队伍培养等工程建设，着力“补短板、填空白、抓特色”，大幅提升公共文化服务水平。同时，编制《龙游县“十三五”文化发展规划》，出台《龙游县业余文艺团队业务管理办法（试行）》《龙游县乡镇（街道）综合文化站建设和免费开放经费补助办法》《龙游县村（社区）文化活动中心建设和经费补助办法》等相关办法，引导全县公共文化服务体系健康规范发展。

【文化阵地建设】 县文化馆投资150余万元完成剧场改造，先后免费开展平安宣传文艺演出、讲座、戏曲展演等活动100余场次，免费提供灯光音响、流动舞台等设备40余场次，为基层群众提供优质的公共文化服务。县图书馆对少儿阅览室进行升级改造，面积拓展近一倍，改善阅读环境，全年累计接待读者9.1万人次，图书流通8.1万册次，同比分别增长25%和15%。完成小南海镇、社阳乡、詹家镇等5个乡镇综合文化站建设，2014年以来共计完成10个乡镇（街道）综合文化站建设，实现综合文化站从无到有、从有到优的转变。推进以农村文化礼堂、村（社区）文化活动中心、农家书屋等为主的基层综合性文化服务中心建设，新建农村文化礼堂22个，组织开展“开耕礼”“壮行礼”等各类活动315场。

【文化强镇、文化示范村建设】 湖镇镇通过省级文化强镇复核，溪口镇溪口村、塔石镇西何村、沐尘畲族乡马成口村等9个文化示范村通过文化示范村复核。同时，新增湖镇镇地圩村和横山镇天池村2个省级文化示范村，省级文化示范村总数达到11个。

【文化下乡】 围绕县委、县政府“五水共治”“三改一拆”等中心工作，结合中国人民抗日战争暨世界反法西斯战争胜利70周年、传统节庆等契机，开展文化下乡活动。全年共送书下乡1.2万余册；送戏下乡100场，其中“治水拆违，相约最美乡村”专题巡演30场，观众超过2万人次；送电影下乡3100场。

【群众文化活动品牌建设】 深化“激情广场月月演”“魅力青年”等群众文化活动品牌建设。全年举办“激情广场月月演”活动6场。举办“魅力青年”才艺大赛活动11场，7个赛区共吸引600多名选手参赛，网络点击量达54万次。

【文艺精品创作】 围绕中心工作开展村歌、舞蹈、小品、书法、绘画等文艺精品创作，作品在省市各类大赛中获金奖8个、银奖7个、铜奖2个。以农村文化礼堂建设为抓手，组织文化干部、业余文艺爱好者等创作《醉美严村》《我的故乡在源头》《麒麟舞起来》等村歌26首，用歌曲展示龙游的乡村美景、乡村美食、乡村风情。2015年是龙游县参加省、市表演队伍最多、次数最多、获奖最多的一年。

【文化队伍建设】 注重培育业余文艺队伍，通过县文化馆的免费培训平台，常年开设舞蹈、声乐、婺剧等10余个培训项目，结合农村文化礼堂建设，有针对性地开展业务辅导，全年免费培训3200余人次。加大对民间文艺团队的扶持力度，通过评选，湖镇镇溪底杜村坐唱班等12支优秀民间文艺团队受到表彰和奖励。

【行政审批服务】 全年办理各类审批事项18件，其中新设立出版物经营单位6家、印刷企业3家、打字复印经营单位1家；变更互联网商务营业场所3家、印刷企业2家、出版物经营单位2家、娱乐场所1家；新增注册资本1850万元；办结率100%，群众满意度100%。31项行政许可及非行政许可事项、206项其他8大事项及51项便民服务事项接入县行政服务中心统一平台。县行政服务中心文广新局窗口年度考评均为五星级。

【行业协会建设】 充分发挥县网吧协会、县印刷行业协会等行业协会作用，先后召开县印刷行业协会年会、县网吧协会理事会等，通过以会代训的形式，开展行业法规知识培训和宣传，提高文化市场经营主体的守法经营意识，加强行业自律，促进文化市场健康发展。

【持续开展“扫黄打非”】 根据《龙游县2015年文化市场管理和“扫黄打非”工作实施方案》的要求，注重日常监管与专项整治相结合，联合县公安、市场监管等部门深化“清源2015”“护苗2015”“净网2015”“秋风2015”等专项行动。全年开展文化市场检查674人次，检查文化市场经营单位784家次，收缴非法音像制品3275张、非法出版物43本、非法地面卫星接收设施330套，立案15起，有效净化文化市场环境，维护文化市场安全。

（县文广新局 方燕飞）

图书发行

【概况】 2015年，龙游县新华书店全年完成销售收入2341万元，比上年增加306万元，超额完成年初省新华书店集团公司下达的2284万元年度销售预算指标。其中POS机销售916万元，同比增长18%；剔除教材POS机销售231万元，纯卖场销售685万元，同比增长23%，超额完成年初制定的545万元年度销售指标。发行教材、文教、幼教用书1650万元，同比增长11%，超

图163 龙游县第二届全民读书节开幕

额完成年初制定的1480万元销售指标。推销IC卡290万元，比上年增加225万元。实现利润总额57万元，比上年增加35万元，超额完成年度利润预算指标。

【开展全民读书节暨龙游书展活动】 4月30日至5月2日，在县委宣传部牵头下，县新华书店联合有关党政部门和多家文化单位组织举办以“书香龙游·精彩悦读”为主题的龙游县全民读书节暨龙游书展。书展得到省新华书店集团公司和县委、县政府的高度重视，省新华书店集团公司、衢州市委宣传部、龙游县委县政府主要领导及省内出版社及衢州市新华书店各兄弟单位领导莅临开幕式。举行龙游籍寓外作家曾子达先生回忆录《岁月留痕》首发式；《龙游情怀》创作团队向城区10所小学赠书；省新华书店集团公司副总经理吕存周代表省集团公司和出版社向8所文化礼堂赠送价值10万元图书；县委书记方健忠为全民悦读基地授牌。同时，举办“好书伴我成长，作家与我同行”作家读书报告会，先后邀请儿童文学作家杨鹏、许友彬到县西门小学、实验小学、阳光小学、启明小学、桥下小学为师生作讲座，和学生面对面交流，进一步激发孩子们的读书热情。龙游电台电视台、《今日龙游》、“微龙游”官方微信平台对活动进行广泛报道。读书节期间推销IC卡210万元；征订杨鹏系列儿童文学作品8000多册，码洋13.6万元；征订许友彬系列儿童文学作品1200多册，码洋2.5万元。现场销售2.6万元。

【政治读物销售发行】 关注省集团公司政治读物的发行动态，及时与县委宣传部理论科和群众路线教育办公室沟通，发动员工认真做好政治读物的发行工作。发行外文版的《习近平谈治国理政》210册，码洋1.68万元；发行《全国干部学习培训教材》35套，码洋1.5万元等。有些单位只订购1本、2本的，不论订购数大小，要求员工一律送书上门，切实做好服务工作。

【“聚畅销”活动】 做好每两个月一期的“聚畅销”活动。按照省集团公司“聚畅销”坚持“优质优品，集中特卖，直降50%”的促销思路，在卖场的中心位置重点突出陈列，优先推荐，坚持做好每一期的“聚畅销”活动。

【团购供应】 继续做好馆藏图书、农家书屋等团购的供应工作。尽量满足县图书馆提出的各项要求，如盖馆藏章、贴复合型磁条、提供书目清单等等，并在3月份带领县图书馆工作人员参加省集团公司组织的馆藏订货会。全年馆藏销售56万元，比上年同期增加8万元，同比增长17%。多次上门与县文化广电新闻出版局商谈农家书屋的补助配送工作，最终确定72个村每村3000元码洋标准，由各村上门挑书，县新华书店配合做好预销售和领书签章工作，前后2个月完成所有村的配发工作，共销售22.7万元码洋，为2015年POS机销售的增长奠定基础。

【教材征订】 在抓好传统品种小学、初中各科同步练和小学的《口算训练》《词语手册》《生字抄写本》的征订外，新增加小学的《浙江好卷》《小学语文阶梯阅读》和初中的《初中语文阅读写作》等品种的征订，共征订8964册，码洋15.2万元。与县教育局协商，增加征订中小学《安全教育实验教材》21697册，码洋20万元。根据县教育局的要求，加强与学校沟通，向全县中小学征订《经典诵读》49万元及幼儿园征订《经典诵读》1.85万元。高中教学辅导资料的征订一直是新华书店的工作重点，特别是新高考政策的出台及高中评议教学辅导教材的使用，为企业带来新的机遇。县新华书店及时到学校了解在新政策下学校对教材的需求，进行信息沟通，使全县高中同步类教学辅导资料都使用评议教学辅导教材，共征订11.14万册，码洋129.40万元。2015年秋季评议教学辅导教材同步类教学辅导资料人均册数排在全省第一，人均达到10.99册。

【开展消防培训】 为增强消防安全意识，邀请龙游消防安全员对全体员工及部分承租户进行消防知识培训，内容包括火场逃生方法和注意事项、灭火器的使用方法、火灾疏散逃生演练等内容。通过培训体验，让员工认识到消防工作以预防为主，系统地掌握灭火器扑救火灾的基本要领和处置方法。对单位内部公共消防设施、消防装备中不适应实际需要的消防配置进行改正。

（县新华书店 叶雪琴）

文物和文化遗产保护

【概况】 2015年，龙游县文物工作坚持“保护为主、抢救第一、合理利用、加强管理”的方针，以县博物馆新建项目为重点，全面推进文物和文化遗产的保护工作。完成《龙游县文物保护规划》编制，使文物保护有法可依、有章可循，并将舍利塔、民居苑、小南海石室等国家重点文物保护单位专项保护规划报浙江省文物局立项。确定贺羊桥、余端礼墓、荷花山遗址等26处县文物保护单位申报浙江省第七批文物保护单位。配合省考古所完成城东钢材市场考古发掘5万余平方米，清理发掘商墓、汉墓、宋墓等52座，出土文物323件。

【非物质文化遗产项目交流与传承】 龙游发糕、蓑衣、草鞋等3个非物质文化遗产项目参加第七届中国（浙江）非物质文化遗产博览会，蓑衣、草鞋项目荣获优秀奖；湖镇镇新光村硬头狮子、石佛乡貔貅参加2015年浙江省农村文化礼堂展演活动暨浙江省文化会亲免费开放展示活动；桥下小学婺剧节目《一对紫燕》荣获浙江省“婺剧进校园”成果展演优秀展演奖；在中央电视台“婺星争锋”比赛中，龙游县有8名戏曲爱好者进入决赛，2人进入20强并获“百姓戏迷之星”称号。以文化遗产日为契机，开展“百工风流”龙游县非物质文化遗产手工技艺展示活动，集中展出皮纸、蓑衣、徽胡、竹编、烫烙、笠帽编织等10余个非物质文化遗产项目，宣传龙游县民间传统技艺。邀请专业婺剧老师开展为期7天的农民婺剧培训班，为50多名婺剧爱好者开展免费培训。投资10万元在湖镇初中建起龙游县第一个婺剧展示馆。

【文物重点项目建设】 县博物馆和荷花山遗址公园为县政府“四重双百”项目，县博物馆推进政策处理工作，荷花山遗址完成核心保护范围和建设控制地带的划定工作。三门源村列入“国保、省保集中成片传统村落整体保护利用”计划，由国家文物局立项，总体方案已通过省文物局审批。

【古建筑修缮】 完成县级以上文物保护单位修缮保养工程21个，其中省文物保护单位2个、县文物保护单位19个。省文物保护单位黄氏民居、永和堂完成施工，通过省级验收；省文物保护单位东陵侯厅完成修缮并通过初验，雍睦堂正在施工中。贺羊桥等19处县文物保护单位完成修缮。现场勘查横山镇下宅村袁根土宅、石佛乡夏家村夏氏宗祠等46处古建筑，完成修缮33处。完成天池村、泽随村等22处第三次文物普查重点登记古建筑的保旧建新房屋审批。

【文物平安工程】 县博物馆新建项目、三槐堂、探花厅、舍利塔等16个项目分别列入浙江省文物库房安全项目、安全防范系统项目、消防安全系统项目和古塔防雷工程等4个类别的平安计划清单，构筑文物安全屏障。强化文物安全监管，消除5处雨季安全隐患及多处消防安全隐患。全年发现盗墓行为2起，由县公安机关立案，其中余端礼墓盗墓案已被破获，抓获犯罪嫌疑人5人。

【文物档案建设】 测绘国家重点文物保护单位7处10

图164 张得善书画捐赠仪式

点、省文物保护单位16处29点、县文物保护单位141处160点的地形，划定保护范围和建设控制地带。其中省级及以上文物保护单位的保护范围和建设控制地带由省政府公布，县级文物保护单位的保护范围和建设控制地带由县政府经公示和征求意见后公布实施。完成国家重点文物保护单位6处9点和省文物保护单位16处29点的“四有”（即有标志说明、有保护范围、有记录档案、有管理机构）档案工作，通过省文物局验收，安装完成92处文物保护单位标志碑和51处标志牌，为进一步加强文物保护工作奠定基础。在全县范围内开展第一次可移动文物普查，完成可移动文物信息录入3979件，其中系统内3964件、系统外15件。

（县文广新局 方燕飞）

广播电视事业

【概况】 2015年，龙游县广播电视总台围绕县委、县政府中心工作，坚持“新闻立台”“事业强台”，适应新常态，迎接新挑战，团结协作，真抓实干，为广大群众奉献优秀的新闻节目。各项工作有序推进，被评为浙江省电视新闻协作二等奖，获2015年度县机关部门综合考核三等奖。

【主题宣传】 紧扣中心工作，把握宣传主基调，围绕“五水共治”“三改一拆”等重点工作，全年共开

图165 召开党建栏目《龙游先锋》开播三周年座谈会

设“治水治污、三改一拆百日攻坚”“产业强县谋新篇”等专栏10余个。开展“绿水青山看龙游”“奔跑龙游精彩进程”等大型新闻行动，描绘美丽龙游，展示龙游精彩。圆满完成 “浙江好人榜发布会”“美丽龙游赛水赛歌会”“亚太汽车拉力赛”“文明县城复评”等重大活动和重点工作的宣传报道。全年共播出广播电视新闻4800余条、“999新闻桥”栏目163期，为全县重点工作营造良好氛围。

【舆论监督】 以开展建设性舆论监督为主线，以办好“今日焦点”专栏为抓手，与县委、县政府中心工作“同频共振”，用新闻的力量促进难点热点问题的解决。围绕“五水共治”“三改一拆”开展监督报道，共播出监督报道80余篇。坚持问题导向不放松，成为党委、政府观察基层的“眼睛”和解决问题的“利器”，逐步形成党委领导、部门联动、公众参与的立体式舆论监督工作机制，营造服务中心工作的声势，赢得广泛深刻的社会影响，切实发挥“助推器”的作用。

【外宣工作】 积极对接中央、省、市电视台等主流媒体，根据约稿方向，精心挖掘选题，组织精干力量采编制作。强化外宣人员配备，加强外宣考核力度，及时进行通报表彰，营造良好的对外宣传氛围。全年累计被中央电视台“新闻联播”栏目录用新闻3条，并且实现单条稿与头条稿的双重突破，广播稿被中央电台录用3条。浙江卫视全年用稿119条，得分1534分，在全省89家县（市、区）级电视台中排名第20位，条数、分数、排名3项指标均创历史新高，获全省电视新闻协作二等奖。一批重点稿很好地展示了“最美龙游人”形象和“五水共治”等重点工作所取得的成效。

【栏目建设】 对农栏目围绕农村文化礼堂丰富多彩的活动，主动介入，采编制作一批反映农村新风尚、新生活的节目。注重种养业转型报道，采编制作《模环乡：鸡棚改菇棚，种上茶树菇》《猪栏改建养湖羊》等节目，为“五水共治”推进中的农民转产转业服务。做活一批有特色的农村人物专题，在2015年度浙江省广播电视对农节目服务工程建设考核中，广播对农节目“金色土地”、电视对农节目“田野风”双双被评为优秀奖。党建栏目“龙游先锋”紧紧围绕全县基层组织建设工作，先后采编制作《党员先锋，挂牌亮星》《百狮争先，一线攻坚》《情暖大力山》《暖男书记——余祥文》等反映龙游党员和基层党组织典型的专题片。党建外宣工作走在全市前列，《劳光荣：‘贺田模式’的开创者》被中共中央组织部“共产党员”栏目录用并播出，《龙游县创新载体，推进两新组织党建》《龙游：引领培养‘狮子型’年轻干部和团队》《劳光荣：一心为民最光荣》等节目在浙江卫视“时代先锋”、浙江台“党建播报”和衢州台“浙西先锋”栏目中播出，对外展示龙游基层党员的先进典型和党建工作的经验做法。

【广播建设】 投资102万元，建成调频广播全新机房并投入使用。调频广播节目形象包装、曲库建设、直播训练按期完成，改版升级顺利实施。打造一个以音乐、交通、资讯为主要内容，符合龙游人收听习惯的具有贴近性的调频广播平台，重点打造晚高峰一个半小时的直播节目“下班归客”以及多版块的录播节目。优化方案，科学架构，按照“搭建一个网络、部署两类终端、设立三级中心”的模式，开展农村应急广播体系建设，完成全县15个乡镇、262个行政村的应急广播体系建设任务。

【微信平台建设】 开通“龙游广电”微信公众号，成为独立于主频道的信息、资讯与互动平台，同时与主频道呼应共鸣，试验推进新媒体与传统广播电视媒体的融合互动发展。微信平台信息的推送，注重与电视频道节目、活动宣传结合，促进互动。策划完成“龙游萌娃”自拍大赛活动，促进微信平台订阅户的上升，订阅量达2.3万多人次。

【加强网络建设】 根据农村和城区网络实际，结合业务发展需要，继续实施农村网络改造，加快城区网络升级，重点解决网络老化、信号质量差的区域线路问题，提高网络运行质量。全年完成48个行政村、33个城区小区网络改造任务，解决部分城郊接合部的网络改造难题，完成部分县乡干线和城区干线的升级改造。完成7个乡镇机房、3个城区机房的迁移、整改，逐步实现二级机房标准化、规范化。配合县、乡重点工作和城市规划，做好网络线路迁改、城区杆线入地和管道、墙体预埋。

图166 广电总台积极推进农村网络改造工程建设

【提高服务质量】 加强队伍素质建设，狠抓安装维护服务，创建省级巾帼文明岗、市级巾帼文明岗各1个。提升窗口服务水平，用户满意度不断提升，在全县“满意不满意单位评选”中被评为满意单位，在同组测评单位中的排名比2014年上升13个名次。不断优化热线服务，市民服务热线共接听电话11.9万余个（次），转办衢州市政府市长服务热线下派工单706件。落实广电惠民政策，为全县8000余户低保家庭免除视听维护费，为新增的低保户免费安装有线电视，对残疾户减免20%的视听维护费，让困难群体共享广电事业发展的实惠。

（县广电总台 郭学卫）

旅游管理与旅游发展

【概况】 2015年，龙游县旅游委员会积极响应省委、省政府“打造‘诗画浙江’、培育万亿旅游产业”的战略目标，主动对接衢州市国家休闲区建设规划，紧紧围绕县委、县政府“两化两游”战略部署，依托省级文化旅游融合发展专项改革试点，牢固树立“联姻大企业、打造好项目”招商理念，全力发展乡村休闲旅游，持续打造长三角地区以“文旅休闲、运动体验、康体养生”为特色的旅游目的地，全面助推“产业强县”战略实施。全年接待旅游总人数1042.3万人次，同比增长15.9%；实现旅游总收入62.9亿元，同比增长20.2%。

【机构改革】 根据中共衢州市委办公室、市人民政府办公室《关于印发〈龙游县人民政府职能转变和机构改革方案〉的通知》及《关于设立龙游县旅游委员会的通知》精神，将龙游县风景旅游管理局更名为龙游县旅游委员会。龙游县旅游委员会是主管风景旅游行政管理的行政机构。龙游县旅游委员会组建后，加强了统筹推进旅游产业发展职责、综合协调旅游产业规划开发职责、加强招商引资职责。调整后，龙游县旅游委员会设领导职数4名，其中主任1名（兼任龙游县石窟度假区管理委员会主任）、副主任3名（分别兼任龙游县石窟度假区管理委员会副主任）。

【旅游规划】 龙游石窟旅游度假区扩容可行性研究报告通过省级联席部门审查论证，龙游石窟旅游度假区规划范围由原来的11.2平方千米调整到36.8平方千米；《龙游石窟旅游度假区总体规划》通过县级论证。先后委托编制完成《龙游县龙北片区乡村旅游研究与规划》《龙游县南部片区乡村旅游发展总体规划》《三门源旅游度假区旅游开发规划》等专项规划，基本形成以城为核、点轴带面、覆盖全域的大旅游规划格局。编制《龙游县文旅融合发展“十三五”

规划》，共谋划总投资逾500亿元的文化、体育、旅游项目47个，“十三五”期间预计完成投资超250亿元。

【项目建设】 全年实施类旅游项目主要有5个：年年红紫檀孝福国学文化博览园、龙游石窟休闲度假中心、龙游民居苑拓展工程（一期）、龙游石窟洞内灯光改造及游步道建设工程、三门源古村落旅游基础及环境提升工程等5个，均按照节点要求有序推进，其中龙游石窟洞内灯光改造工程已竣工并投入使用。列入“四重双百”前期类项目盘子的旅游项目有龙游石窟AAAAA提升工程、中国红木家居文化园、六春湖运动休闲区、温泉城旅游综合体、江心洲生态文化旅游区、“两江”夜游项目、三江口旅游综合体等7个。积极联姻年年红集团、新加坡翔鹰集团、宝钢集团等国内外优质企业财团，实施“转型一批、新建一批、谋划一批”的“三个一批” 产业发展战略，梯次推进，密集投入，先后成功签约龙游红木小镇（投资额71.9亿元）、新加坡小镇（投资额100亿元）、六春湖运动休闲区（投资概算10.6亿元）等一批10亿级支撑性大项目，紧密对接“美猴王主题公园”“龙游天下生态文化旅游区”等市场化项目。全年完成45个旅游项目，投资15.9亿元，同比增长37.5%。红木小镇成功入选首批浙江省省级特色小镇；新加坡小镇入选第二批浙江省省级特色小镇培育名单；六春湖运动休闲区项目列入2015年浙江省服务业重大项目计划，并完成毛连里旅游集散中心土地征收；“两江夜游”项目入选2015年度十大“龙游好项目”。

【行业管理】 完成全县旅行社的年度考核，评选出3家年度优秀旅行社。龙游青年旅行社成功晋升为浙江省四星级品质旅行社，全县省四星级品质旅行社已达4家。创建灵山江生态观光休闲旅游线和龙北沿千里岗山脉历史文化体验旅游线2条精品线路。石佛乡三门源村和大街乡贺田、新槽、杨村通过AAA级旅游景区（村）景观质量评定。新建姑蔑城生态园、吴刚茶博园、丛丰苑农家乐、竹云涧茶苑等农家乐综合体项目。

【市场营销】 加强与新媒体营销平台合作，与同程、携程等10多家国内著名旅游网站合作，增加吸引力。建立龙游旅游官方微信，加强与“微龙游”“龙游草根”“龙游新闻网”等微信平台的互动。先后参加华东旅游交易会、2015浙江（江西）旅游交易会、2015长三角乡村旅游博览会、“龙游旅游”走进上海社区等大型市场推广活动。策划《乡旅报告》专刊——《龙游·开启诗意的乡村之旅》。借助龙游传统民俗文化、民族文化、节庆文化，规划全年乡村休闲旅游节庆活动，以节庆化的娱乐休闲方式宣传龙游乡村休闲旅游品牌。先后协助举办2015龙游黄茶文化旅游节、大街乡第三届油菜花节、社阳乡青塘坞首届梨花节、庙下“酒”文化节等乡村休闲旅游活动，组织开展全县农业采摘游系列活动，有效提升龙游旅游的知名度和美誉度。

【乡村旅游】 乡村旅游健康发展。成立由县委主要领导担任组长的县乡村休闲旅游发展工作领导小组，成立由县政府分管领导担任组长的县旅游项目决策咨询服务工作小组，宏观引领、统筹协调全县乡村休闲旅游发展。制定《龙游县乡村休闲旅游发展三年行动计划（2015—2017年）》，围绕“聚集化、景区化、品牌化”发展方向，明确“1镇3线4村7点”重点项目建设，龙游红木小镇全年新增投入8.4亿元，中国红木家居文化园一期主体完工，吉恒家具制造基地开工建设。出台《关于印发〈2015年农业农村专项工作安排〉的通知》《关于印发〈2015年文化旅游专项工作行动方案〉的通知》《龙游县乡村休闲旅游项目决策咨询服务工作制度》《关于大力推进乡村休闲旅游发展的若干意见》《关于龙游县乡村休闲旅游综合体项目部分规费问题协调会议纪要》等政策文件，结合实际情况，每年安排1000万元专项资金和1.33公顷用地指标支持乡村休闲旅游发展，完善乡村休闲旅游发展考核体系和机制建设。全年举办乡村休闲旅游培训班、乡镇（街道）乡村休闲旅游讲解员培训班等专项培训5次，组织赴省内外乡村旅游发展先进地区实地考察5次，培训乡镇村干部及乡村休闲旅游从业人员500余人。2015年，全县农家乐共接待游客277.9万人次，同比增长37.5%；直接营业收入1.2亿元，同比增长43.8%。

【旅游安全管理】 完善"12301"24小时旅游投诉咨询热线，落实假日联合执法机制，旅游投诉结案率100%，实现全年旅游工作零事故、零投诉。参与龙游县"安全生产月"暨安全文化进社区活动，组织"平安旅游"宣传活动专场。积极宣传贯彻《中华人民共和国旅游法》，普法力度大、范围广。与县公安、交通、水利、卫生、市场监管、安监、消防等部门建立联合执法机制，对景区、旅行社、星级酒店、漂流企业等开展安全大检查，特别是在劳动节、国庆节、春节等节假日期间，加大联合执法力度。全年未发生重大旅游安全责任事故和行业投诉，旅游市场安全平稳。

图167 大型古地下工程科学问题及长期保护国际研讨会在龙游石窟景区召开

【石窟保护】 10月24日—26日，成功举办2015年浙江（龙游）大型古地下工程科学问题及长期保护国际学术研讨会，议题涉及古地下工程的科学价值和围岩变形破坏规律、围岩稳定性分析、围岩风化、围岩安全监测及围岩加固等方面内容，来自中国及德国、意大利、葡萄牙、日本等国家和地区的近百位国内外专家学者齐聚龙游，其中包括中国工程院院士王思敬、中国科学院院士何满潮、敦煌研究院党委书记王旭东、日本大阪大学工学研究科教授谷本亲伯等人，共同探讨龙游石窟等古地下工程的防止风化及保护对策。

【"善蒸坊"杯龙游大厨美食文化旅游节】 10月28日，成功举办2015浙江（龙游）"善蒸坊"杯龙游大厨美食文化旅游节。文化旅游节以"打响龙游大厨品牌、弘扬龙游美食文化"为主题，由县工商联、县旅委、县农业局、县教育局联合主办，县餐饮行业协会、县名厨协会（筹）、县职业技术学校具体承办。活动期间，召开龙游县名厨协会第一次代表大会，成立龙游县名厨协会；举行"龙游大厨"实训基地授牌和县职校特聘兼职教师聘书颁发仪式；举办龙游美食文化节摄影大赛、举行龙游美食文化节摄影大赛"一村一品"餐饮企业签约、"龙游大厨"电子商务平台上线仪式。活动旨在利用"龙游大厨"这一独特的渠道和平台，深度挖掘龙游特色美食，弘扬龙游地方美食文化精髓，拓宽农副产品市场，宣传龙游旅游文化，发展龙游独特的厨师经济，促进龙游文化旅游业做大做强。

【六春湖运动休闲区项目】 根据浙江省发改委《关于印发2015年浙江省服务业重大项目计划的通知》精神，龙游六春湖运动休闲区项目被列入2015年浙江省服务业重大项目计划，是《龙游县文化旅游融合发展三年行动方案》中着力打造的"1·2·2"（即1个国家AAAAA级景区、2个国家AAAA级景区、2条乡村休闲旅游特色精品线路）旅游产品体系的重要组成部分。项目选址龙游县南部庙下乡桃源尖和六春湖地区，涉及浙江大竹海国家森林公园和六春湖省级生态湿地公园，其中六春湖海拔1390.5米、桃源尖海拔1438.9米。项目以高等级景区标准规划，重点打造花海观光、自驾露营、高山冰雪运动、养生养老度假四大类特色旅游产品，规划面积6.43平方千米，开发范围2.52平方千米，总投资10.6亿元，总用地233.13公顷，主要建设上下索道、高山滑雪道，配套建设露营基地、游客集散中心等旅游设施。

（县旅游委 徐慧超）

卫生·体育

概 述

2015年，龙游县卫生计生事业按照县委、县政府“两化引领、创新实干”的决策部署，紧紧围绕省、市卫生计生工作会议精神和省级卫生强县建设目标，顺利完成县本级卫生计生机构改革，优化整合妇幼保健和计划生育技术服务资源，着力改革创新，狠抓队伍建设，卫生和计划生育各项工作取得新成效。全县有人民医院、中医院、妇幼保健计划生育服务中心、疾病预防控制中心、卫生监督所、改水改厕办公室、公立医疗机构管理中心、社区卫生管理中心、卫生进修学校等9家县属医疗卫生单位，有乡镇卫生院15家、村卫生室223家、城区社区卫生服务站4家、民营医疗机构23家、个体诊所42家(其中16家中医诊所)、医务室4家，有其他医疗机构55家。全县共核定床位1538张，实有床位1596张，每千人口拥有床位4.4张，其中20家民营医院核定床位355张，占全县总床位的23.16%。全县医疗机构共有卫生技术人员2190人，占医务人员总数的82.45%，其中，执业（助理）医师900人、乡村医生240人，每千人口医生数为2.48人；执业护士810人，每千人口注册护士数为2.24人，其中县级医院护士574人，占全县护士总数的71.57%。

医药卫生计生体制改革

【概况】 自2009年以来，龙游县先后被列为浙江省24个医改试点县、首批实行基本药物“零差率”销售试点县、省内国家数字卫生样板示范县和全省29个公立医院改革试点县。2015年，龙游县在继续开展县级公立医院改革、基本药物制度改革等改革，深化基本公共卫生服务均等化和基层卫生服务体系建设，加大医疗资源下沉和社会办医力度，继续推进责任医生签约服务工作，构建分级诊疗的良好格局。

【机构改革】 2015年6月29日，龙游县卫生和计划生育局成立。根据龙游县机构编制委员会文件《关于设立龙游县卫生和计划生育局的通知》，将县卫生局除用人单位职业卫生监督检查等相关职责以外的职责和县人口和计划生育局的计划生育管理和服务职责整合划入县卫生和计划生育局；县卫生局用人单位职业卫生监督检查等相关职责划入县安全生产监督管理局；县人口和计划生育局研究拟订人口发展战略、规划及人口政策等职责划入县发展和改革局。11月12日，龙游县人民政府办公室印发《关于印发龙游县卫生和计划生育局主要职责内设机构和人员编制规定的通知》，核定县卫生和计划生育局设置办公室、人事科、规划财务科、综合卫生监督科、医政科、疾病预防控制科、基层卫生与妇幼保健科、计划生育指

图168 浙江省卫生计生委副主任马伟杭带队考核龙游县县级公立医院综合改革工作

导科、行政审批服务科等9个职能科室；设行政编制24名，其中局长1名，副局长3名，科（股）级职数15名。

【县级公立医院改革】 始终坚持“一破、二控、三提升”（“一破”即破除以药养医机制，“二控”即医疗服务质量控制、医疗费用不合理增长控制，“三提升”即提升硬件服务能力、提升软件服务水平、提升群众就医满意度）的改革核心，从控制医疗服务质量、医疗费用不合理增长，提升人才队伍建设、软件服务水平和临床技术能力着手，继续深化绩效工资改革和城乡居民合作医疗保险制度，建立控费考核体系和药品监测预警体系等，有效遏制“以药养医”现象，公立医院收入结构趋向合理，群众医药负担控制在合理区间，医护人员工作积极性和百姓就医满意度均得到进一步提高。县级公立医院门诊均次费用、住院均次费用同比分别增长2.78%和-2.7%，药品收入占业务总收入比例较同比下降2.52%，其中基本药物收入占药品收入的38.21%，同比上升7.76%。

【优质医疗资源下沉】 根据省、市有关规定要求，研究制定并报县政府下发《关于建立城乡合作办医机制推进优质医疗资源下沉的实施意见》，建立资源下沉、托管合作的五大机制（即科学合理的合作办医机制、合理有效的补助激励机制、格局分明的分级诊疗机制、双向流通的药品、耗材托管机制、完善高效的政策联动机制）。与省、市医院联合设立分院3家、专家工作站4个，邀请省、市专家到龙游会诊、查房、讲学282人次，开展手术420人次、门诊4200人次，组织县级医院专家下乡开展各种业务培训、会诊、查房等160多人次，县级医院派出医务人员赴上级医院进修23人次，免费接收基层医务人员进修21人次，培训基层医务人员600余人次。

【责任医生签约】 组建签约服务的责任医生团队数116个，全县开展签约服务医务人员总数313人（执业范围是“全科医生”的人数或取得全科医生岗位培训合格证人数89人、乡村医生224人）。至2015年10月底，全县辖区常住人口362380人，共签约32663人，签约率9%，规范签约人数29112人，规范签约率8%。其中慢性病规范签约人数为22247人，签约率68%；60岁以上老年人规范签约人数为21691人，签约率66%；65岁以上老年人中医药健康管理服务25242人，管理率54.97%；0至36月龄儿童中医药健康管理服务4304人，管理率46.34%。

【联合办医】 为加强区域协作，提高资源利用，推进区域慢性病医药县乡统一，县人民医院、县中医院分别牵手2家乡镇卫生院开设基层慢性病联合门诊，设立县级慢性病防治指导专家组，聘请慢性病防治指导专家13人，确认基层慢性病防治首席医生22人，开展经常性培训交流。建立完善基层慢性病诊治室、联合门诊工作制度和流程，编印《龙游县基层慢性病防治指南》，统一县、乡、村医疗机构慢性病（高血压、糖尿病）常用药品90余种，满足慢性病患者用药需求。逐步建立县、乡、村三级帮扶指导机制，提高基层医疗机构慢性病诊治能力和管理质量，畅通“双向转诊”通道，缓解县级医疗机构门诊压力，为实现“小病在基层、大病不出县”目标，构建“基层首诊、分级诊疗、双向转诊”医疗卫生服务格局夯实基础。高血压、糖尿病基层诊治率、转诊率、管理率和控制率均有较大提高。乡镇卫生院门诊人次同比增长29%。

【基层医疗卫生服务体系】 紧抓中央投资卫生项目工作进展，溪口中心卫生院成功创建浙江省甲等乡镇卫生院，模环乡成功创建浙江省乙等乡镇卫生院，建成11家标准化村卫生室和5家乡镇医疗废物存贮间，乡、村医疗卫生服务面貌持续改善。自2013年启动绩效“二次改革”以来，加大政策牵引，搞活激励机制，深化乡镇卫生院绩效工资改革，做大奖励分配份额，放宽收支结余分配权限，实现基层住院人次与门诊人次“双增”，成功的经验被《健康报》《浙江日报》《衢州日报》等多家媒体相继报道。

【基本公共卫生服务均等化】 全面推行公共卫生强化工程，深化基层公共卫生服务项目。基层医疗卫生服务体系建立健全，组织管理日趋完善，各县级公共卫生专业机构明确职责分工，强化工作落实措施；健全完善项目“七项”执行制度；创新项目服务机制，规范乡村两级基本公共卫生服务项目工作内涵和乡村医生参与基本公共卫生服务项目准入机制、淘汰机制、考评机制、劳务补助机制，各项公共卫生工作进一步做实、做细、做深。全县有县级责任医生指导团队14支，有开展基本公共卫生服务的乡镇（街道）卫生院15家、村卫生室228家，基本公共卫生服务实现村村覆盖。继续开展规范公共卫生档案、居民健康档案管理工作，全县建有公共卫生档案室15个，累计建立电子档案30.23万份，建档率为83.41%。继续开展妇女儿童保健管理工作，全县有产妇2691人，新增活产数2699名，孕产妇系统管理率96.48%，3岁以下儿童系统管理率92%，婴儿死亡率和5岁以下儿童死亡率分别控制在3.3‰和4.1‰，孕产妇连续3年保持零死亡。继续开展老年人保健工作，全县共有60岁以上老年人66135人，其中参加老年人健康体检46865人，体检率70.86%，老年人健康管理率70.86%。继续开展高血压、糖尿病等慢性病管理工作，全县15个乡镇（街道）通过县级慢性病防治示范综合管理乡镇评估，其中横山、石佛、詹家、溪口4个乡镇通过市级慢性病防治示范综合管理乡镇评估。2015年，全县发现高血压人群31279人、糖尿病人群7079人，发现率分别为8.63%和1.95%，其中，规范管理高血压病人18154人，糖尿病病人4024人，规范管理率分别达61.78%和60.02%。积极加强重性精神病患者管理，全县共发现重性精神病患者1282名，发现率为3.5‰，其中规范管理重性精神病患者998人，规范管理率为77.85%。此外，还将流动人口公共卫生服务纳入全县基本公共卫生服务项目绩效考核内容之一，开展与户籍人口同等服务的基本公共卫生服务，0至6岁流动儿童保健覆盖率92.7%，流动孕产妇保健覆盖率99.8%。

【社会办医】 规范民办医疗机构设置审批，出台促进社会资本办医的政策和措施，继续鼓励和支持社会资本举办和发展具有一定规模、有特色的医疗机构，做到在机构规划、资格准入、业务指导等方面和公立医疗机构一视同仁，促进非公立医疗机构持续健康发展。至年底，龙州医院启动项目规划前期工作，龙游骨伤科医院完成项目认证，龙游康宁医院土建工程开工，龙游康民医院项目完工，民营医疗机构床位占辖区总床位数达到20%以上。

【计划生育服务】 始终坚持计划生育“三个不会变”，即坚持计划生育的基本国策不会变、党政一把手负总责制度不会变、计划生育一票否决制不会变，计划生育率达92.95%。强化出生人口性别比治理和出生缺陷干预工作，男女性别比控制在106.78，免费婚前医学检查率和免费孕前优生检测率分别提高至96.13%和99.61%。全面推进生育服务审批“一张网”建设，将涉及卫生计生行政审批中的再生育审批事项授权下发到乡镇（街道），实现全县15个乡镇（街道）计划生育网上办证服务。加大计划生育家庭扶助关怀力度，落实计划生育奖励扶助4674人，特别扶助对象268人，特别扶助并发证对象56人，发放扶助金646.464万元。加强政策解读和舆论引导，依法实施全面二孩政策。继续做好政策调整前“单独两孩”政策实施，进一步加强再生育审批管理，引导家庭负责任、有计划地安排生育，全年共办理再生育申请1206份，批准单独夫妇再生育311份，实际出生300人，未出现人口剧增现象，人口自然增长率控制在1.47‰。

医疗服务

图169 浙江省扶贫义诊专家组到湖镇中心卫生院开展扶贫义诊活动

【概况】 2015年，全县公立医疗机构门诊124.93万人次，同比增长6.64%，住院4.01万人次，同比下降0.55%，医疗总收入达4.27亿元，同比增长3.56%。其中，乡镇卫生院门诊人次同比增长20.47%，住院人次同比增长116.62%，城乡居民社区门急诊就诊比例（小病进社区比例）提高至57.8%。

【医疗质量监管】 依法加强医疗机构日常监管和准入管理，加强医疗机构规范化管理，全面排查全县医疗机构业务用房、医务人员、仪器设备等配备情况，对未达到建设标准的医疗机构要求限期整改。2015年受理执业（助理）医师注册220件，许可214件，不予许可1件，撤销5件；受理乡村医师注册2件，许可2件；受理护士注册188件，许可102件；受理医疗机构设置申请15件，许可10件，撤销3件，不予许可1件；医疗机构执业许可受理（注册、延续、变更、注销）402件，许可388件，撤销1件，不予许可4件；受理麻醉药品、第一类精神药品购用印鉴卡2件，许可1件，撤销1件。共对6家医疗机构不良执业行为进行记分管理，要求限期整改，对9家违反执业规定的医疗机构进行立案查处，警告5家，罚款4家。

【服务能力提升】 充分发挥县医学会、县民营医院协会作用，组织基层医疗质量控制检查，严格落实医疗质量安全事件报告、手术患者安全目标管理、处方点评等制度。与杭州邵逸夫医院、衢州市人民医院等省、市医院联合设立分院3家，建成省级规范化培训基地2家、县级专家工作站5个、县级医务人员实践技能操作培训中心1个，挂牌成立浙江大学医学院博士生社会实践基地。医学学术研究项目分别获得市级科研项目立项1项、市级科研成果获奖1项，成功申报省级课题1个，4个市级医学重点学科顺利通过市级考核，湖镇中心卫生院中医疼痛专科、模环乡卫生院颈腰椎病针刀科列入第一批衢州市乡镇卫生院（社区卫生服务中心）特色科室（专科）。全县未发生等级医疗事故，医疗纠纷发生率与上年同期持平，赔付率同比下降1.8%。

【医疗废物处置】 在总结2014年医疗废物处置统收统管经验的基础上，着重抓分类到位、标识明确、上缴及时、台账清晰、实时监控5个方面的工作，“电子眼”全网监控、“表单式”链式跟踪、“督考式”两级监管，使散布在农村区域的15家乡镇卫生院、228家村卫生室、46家卫生站和73家城区个体诊所（医务室、门诊部）医疗废物实现规范处置。全县累计直接回收单位25家，中转回收单位290家，上门回收单位71家，特聘专（兼）职医疗废物处置人员390人。

【医疗纠纷处置】 健全医疗质量督考制、医疗责任追究制、医疗纠纷预警制和医疗责任风险金制度，县妇幼保健院及236家公立基层医疗机构参加医疗责任保险，实现“预防在先、发现在早、处置在小”的预期目标。实行部门—单位—科室三级负责制，设立医患沟通办公室，落实专人负责，建成无缝式医患沟通投诉受理平台。积极发挥县医疗纠纷人民调解委员会的第三方作用，长期聘请法律工作者，健全零障碍医疗纠纷调解引导平台。加强医警联动综合协调处置机制，在县人民医院、县中医院设置警务室，按需派驻警务员，按季召开医疗安全应急处置联席会议，建成一站式医警协作交流互动平台，全年共举办医疗安全应急处置联席会议2次，共接待来电、来访投诉24起，发生医疗纠纷18起，同比下降17.2%和5.3%，总赔偿金额75.3万元，同比下降1.8%。

【无偿献血工作】 建立健全政府主导、部门协作、社会参与的无偿献血长效机制，充分发挥公众媒体的主渠道作用，在报纸、电视、街头宣传栏等传统媒体基础上，通过微信、QQ等新媒体，大力开展无偿献血宣传，让更多的社会公众了解、关心、参与和支持无偿献血工作。2015年，全县志愿献血队伍有3000余人，有固定献血团体96家，全年无偿献血2140人次，有效解决全县血液供需矛盾，摆脱季节性用血短缺，连续13年保持医疗临床用血100%来自无偿献血。严格按照《医疗机构临床用血管理办法》《临床输血技术规范》和《衢州市临床用血规范》的要求，通过不定期暗访与半年考核、上级指导与本级督导相结合，认真落实各项用血制度，未发生因输血罹患传染病的诉讼及赔偿案件。

公共卫生服务

【概况】 2015年，全县紧紧围绕“强基础、保重点、优规范、重实效”的工作思路，疾病预防控制与卫生应急、卫生监督与行政执法、妇女儿童保健、爱国卫生运动等各项公共卫生取得较好成效。全县共有疾病预防控制中心、妇幼保健计划生育服务中心、卫生监督所、改水改厕办公室、社区卫生管理中心等5家专业公共卫生机构，其中，疾控机构人员总数45人，妇幼机构人员总数82人，监督机构人员总数26人，社管机构人员总数14人，改水改厕机构人员总数8人；乡镇卫生院共有疾控人员40人、妇幼人员33人、社管人员18人，人员配备基本满足服务需求。

【爱国卫生运动】 积极开展省、市级卫生乡镇、卫生村、卫生先进单位等创建活动，成功创建省级卫生村1个、卫生先进单位1个；创建市级卫生乡镇1个、卫生村5个、卫生先进单位2个。扎实开展第27个爱国卫生月活动，围绕“全民参与爱国卫生，共建共享健康龙游”的活动主题，在全县范围内深入开展环境综合治理、病媒生物防制、健康教育等系列主题活动，共举办宣传活动10余次、健康教育讲座6场次，设置宣传站（点）17个，治理脏、乱、差道路10余千米，清除垃圾1200余吨。深入开展春、秋季城乡统一灭鼠活动，共落实灭鼠资金18万余元，投放灭鼠毒饵8吨、灭鼠药水30余箱，城乡鼠密度有效控制在国家规定标准范围之内。全力抓好农村改水改厕工作，巩固提高浙江省生活饮用水水质卫生管理示范县创建成果，认真落实农村饮水安全工程水质卫生监测项目。紧密结合村庄整治、洁净乡村、美丽乡村、卫生乡镇创建等，把全县农村的公厕加户厕无害化改造工作进一步引向深入。积极开展农村生活污水治理、改厕技术培训和业务指导，推进“五水共治”共建生态家园行动。

【健康宣传教育】 深入开展“健康中国行”全民健康素养促进活动，组织征订健康教育宣传资料，共征订《健康博览》3756册、《预防医学》504本。与县广电总台合作创办“卫生与健康”专题电视宣传栏目，开播卫生行风、医院建设、医疗无偿献血等专题节目 44期。在江滨公园修建“健康步道”1240米，设置健康提示标识22个。在县、乡、村三级医疗机构累计建有宣传栏265个。调整、扩增县级健康讲师队伍至38人。制成并推广慢性病防治、妇女儿童保健等精品宣教教材12件。结合世界防治结核病日、全国儿童预防接种日、全国疟疾日、防治碘缺乏病日、世界无烟日等重大卫生宣传日，依托孕妇学校、育儿学校等，举办健康知识讲座275场次，展出“预防人感染H7N9禽流感”等宣传画板100余块，LED电子屏宣传横幅100余条，宣传画9400张，宣传小折页7.6万余份。组织开展无烟单位、健康促进学校、健康促进医院、全民健康生活方式行动健康示范单位（社区、酒店、食堂）等创建工作，成功创建市级无烟单位4家、健康促进学校银牌单位1家、健康促进学校铜牌单位2

图170 召开“埃博拉”防控工作协调会

家、全民健康生活方式行动县级示范单位（社区、食堂）3家。城乡居民健康知识知晓率提高至88.5%。

【疾病防控】 按照“重点疾病重点防治、重点地区重点预防、重点人群重点保护”的防治对策，建立县、乡、村三级报告网络，深入开展传染病疫情监测，全年全县各级各类医疗机构通过网络直报系统共报告法定管理传染病病例14种共1226例，报告病例数同比下降48.87%。其中，甲类传染病无病例报告；乙类传染病共报告8种448例，报告病例数同比下降26.07%；丙类传染病共报告6种778例，报告病例数同比下降56.69%。报告发病率居前5位的病种为手足口病、其他感染性腹泻、肺结核、梅毒、淋病。按照“政府领导、部门配合、社会参与、齐抓共管、综合防治”的总体要求，建立健全齐抓共管、联动配合的工作机制，认真落实重点传染病宣传策略，“干预＋治疗”管理艾滋病病毒感染者和病人49例，“监测＋跟踪”管理肺结核涂阳病人110例，“查螺＋灭螺＋救助”管理血吸虫病人13例，全县未发现碘缺乏病病例。调查处理1例输入性疟疾病例。积极做好全县规范化接种门诊建设，全县规范化预防接种门诊覆盖率达100%，对16个预防接种实行门诊配送。先后组织开展扩大国家免疫规划疫苗常规接种、麻疹、脊髓灰质炎疫苗查漏补种。成功举办“预防接种妈妈课堂”演讲比赛。逐步开设“妈妈课堂”公益性培训课程，提高家长认知度。全县以乡为单位周岁内儿童累计建卡3765人，建卡率100%，发证率100%，免疫规划全程接种率96.41%。全年无预防接种差错事故发生。严格按照《质量手册》《程序性文件》等国家法律法规和技术标准规范进行检测检验工作，完成水质、食品、疾病监测等监督、委托检验共1200份。

【妇幼保健】 紧紧围绕《2015年浙江省母婴健康工程项目承诺书》，通过加强组织领导、明确经费管理、强化人才培养、加强产科管理，严格执行爱婴医院复核工作要求，规范产、儿科服务，全力落实妇幼保健各项重点工作和专项工作，全县妇女儿童健康水平得到明显提高。继续贯彻执行农村孕产妇住院分娩补助、增补叶酸预防神经管缺陷、农村妇女“两癌”（宫颈癌、乳腺癌）筛查项目、预防艾滋病、梅毒和乙肝母婴传播、新生儿疾病筛查免费项目、免费婚前医学检查和免费孕前优生检测等重大公共卫生服务项目，全年分娩补助2195人，增补叶酸2501人，2015年县妇幼保健院联合省妇幼保健院，为30至64岁农村妇女免费开展宫颈癌筛查。全县共完成宫颈癌筛查11596例、乳腺癌筛查400例。全县共筛查检出宫颈异常者1429人，其中施行阴道镜检查1750人，检出宫颈癌12人、癌前病变128人。乳腺癌筛查检出乳腺异常35人，其中检出乳腺纤维瘤1人、乳腺囊肿5人，其余建议定期复查。新生儿疾病免费筛查2108人，免费HIV抗体检测2691人、梅毒检测2691人、乙肝表面抗原检测2691人，免费婚前医学检查2507对人。严格落实出生医学证明管理，进一步规范出生医学证明签发、换发、补发工作，做好出生医学证明档案资料管理，将2006年至2015年全县的《出生医学证明》档案资料约41480余份，进行电子扫描、编号，数字化统一归县档案局管理。2015年，全县首次签发出生医学证明3135本，当年出生签发2903本，当年签发率为97.4%。

【卫生监督】 顺利完成与县安监局的职业卫生现场监管职责的划转工作。6家乡镇卫生院通过省级卫生监督协管示范点创建验收，实现省级卫生监督协管示范点的全覆盖。全面启用卫生监督现场移动执法系统，积极开展医疗机构、公共场所等监管，至2015年年底，累计完成15家草药店（摊、铺）、51家学校、165家住宿场所、34家沐浴场所、12家供水单位、2家餐具集中消毒单位、7家游泳场所、198家美容美发场所以及200余家医疗机构的执法检查任务，查处非法行医案件5起，受理许可案件1005件，作出许可决定983件，办理行政处罚案件23件。

图171 龙游县召开卫生计生工作会议

卫生计生事业保障

【人才保障】 巩固完善“院校提前招聘、社会公开招考、委托定向培养”人才引进机制，通过适当简化招聘程序，优化选拔方式，加大人力引进力度，卫生计生人才队伍进一步壮大。全年累计提前招聘应届毕业生25人，公开招聘卫生专业技术人员35人，引进研究生2人，定向委托培养医学生25人，其中本科临床专业10人、本科中医专业10人、专科临床专业5人。

【经费保障】 2015年，龙游县县级医院资金拨付总额达3920.24万元，其中医保补助经费214.61万元、离退休人员费用898.90万元，在职人员养老保险单位缴费补助经费213.39万元、扶持重点学科发展补助经费96万元、设备购置经费901.67万元、基本建设经费227.71万元、公共卫生任务30万元。基层医疗卫生机构资金拨付总额达6729.71万元，其中基本公共卫生服务经费1414.65万元，“参合”农民健康体检经费255.07万元，基层卫生院设备购置经费363.06万元，乡镇卫生院人员补助经费1029.60万元，卫生院基本建设经费527.69万元，基层医疗卫生机构县财政差额补助2311.24万元，基层卫生技术人员素质提升工程经费15.49万元。

【项目保障】 全年共有卫生计生建设项目8个。已完成小南海镇卫生院公共卫生楼和龙游永真医院项目建设，新增县妇幼保健计划生育服务中心建设项目，县疾控中心迁建、龙游骨伤专科医院等项目正按计划平稳推进中。建成标准化村卫生室13家和乡镇计生服务站2家。中心镇卫生院十大件（指心电图机、呼吸机、洗胃机、生化分析仪、血球计数仪、尿液分析仪、X光机、B超、麻醉机、监护仪等基本装备）、乡镇卫生院六大件（指心电图机、生化分析仪、血球计数仪、尿液分析仪、X光机、B超等基本装备）、村卫生室八小件（指听诊器、血压计、急救箱、高压消毒锅、诊查床、药品柜、血糖仪、体重身高计等基本装备）配齐配全。

【行政执法】 积极参与全省统一的“一张网”建设，全面清理和梳理行政权力事项、便民服务事项及部门职责清单，与全省同步接入浙江政务服务网，2015年年底实行计划生育网上审批并将权力下放至乡镇办理。不断完善卫生计生行政执法制度，全面落实内部行政执法责任制，规范开展监督执法检查，全年检查、巡查各类监管相对人2295户次，制作各类卫生监督执法文书、卫生监督巡查记录3757份；受理许可案件2148件，作出许可决定2116件，不予许可决定10件；受理投诉举报事件14件，均及时办理与反馈；办理行政处罚案件23件，查处非法行医案件5起（其中1起移交公安机关），罚款人民币13.55万元（其中没收违法所得21190元）。规范落实政务信息公开，新增主动公开政府信息425条，处理各类群众咨询265件，未发生1起涉及政府信息公开的行政复议案、诉讼案件。

【卫生计生行风建设】 坚决执行主要领导“五个不直接分管”“三重一大”集体议事和个人重大事项

报告制度。巩固党的群众路线教育实践活动成果，按照“三严三实”的要求，坚持落实卫生行风建设“九不准”（不准医疗卫生人员收入与药品等收入挂钩、不准开单提成、不准违规收费、不准违规接受社会捐赠资助、不准违规发布医疗广告、不准为商业目的统方、不准私自采购使用医药产品、不准收受回扣、不准收受患者“红包”）制度，继续推进阳光采购、阳光配送、阳光用药、阳光招聘、阳光行政、阳光基建、阳光审计7个领域的“阳光工程”建设，坚决打击遏制药品购销领域的商业贿赂和不正之风，把行风建设不断引向深入。县卫生计生局党委扎实开展教育实践活动整改落实“回头看”工作，制订下发整改项目和责任分解清单，每一项均落实责任人、责任科室（单位）及整改时间，梳理并完成全系统重点整改事项75项，完善党员谈话制度和局机关学习制度，累计开展各类诫勉、警示、任前等谈话30次。以“三严三实”为抓手，深入开展“重品德、正行风、赢口碑”“弘扬卫生文化、争创最美行业”“基层组织建设年”等主题实践活动，积极开展医疗卫生单位“三好一满意”（服务好、质量好、医德好，群众满意）、党员示范岗创建和“最美卫生人”评选。建成党员示范岗7家，初审推选产生“最美卫生人”10人，2名基层医护人员入选省级“基层好医护”，5人入选市级“最美卫生计生人”，涌现出施救路人不留名的“最美护士”杨美等先进人物。征集“最美”行业讨论文章14篇、摄影作品14件，通过正面引导和典型宣传，多角度、多形式展示卫生改革成效和卫生先进事迹，推动医患关系更加和谐，群众满意度不断提升。

（县卫生计生局 黄家驹）

体育事业

【概况】 2015年，龙游县体育局努力适应新常态，紧紧围绕县委、县政府“产业强县”战略，以创建省级体育现代化县为目标，以品牌赛事、项目推进、体育设施为抓手，创新思维，狠抓落实，各项工作全面完成，体育事业和体育产业得到较大提升。全年新建20个体育小康村篮球场，新建30条健身路径，赠送农村活动场地音响80个。着力抓好原有农村体育设施的维修，引进专业器材维护公司对全县3400件体育器材和40个篮球场地进行维修保养工作。

【2015亚太汽车拉力锦标赛】 10月30日—11月1日，2015年国际汽联(FIA)亚太汽车拉力锦标赛“龙游商帮杯”中国（龙游）拉力赛在龙游举行，来自中国、澳大利亚、新西兰、斯里兰卡等12个国家和地区的34支车队共114辆赛车进行为期3天的赛道追逐。本届“龙游商帮杯”中国（龙游）拉力赛是2015年亚太汽车拉力锦标赛第六站，是龙游县第十年举办亚太汽车拉力赛，连续第十三年举办中国汽车拉力赛，创下全国各地之最。全部赛事路线在龙游县辖区，赛事总里程约653千米，其中比赛路段总里程为230.04千米，共设置13个比赛赛段，这些赛段由包括超级赛段在内的6条道路编排而成。国际汽联亚太汽车拉力锦标赛中国（龙游）拉力赛已被浙江省体育局评为省体育产业发展9个A类品牌扶持项目。

图172 第二届全民健身运动会——男子篮球比赛

【龙游县第二届全民健身运动会】 6月—11月，全县按系统行业部门和乡镇（街道）分别举行部游泳、中国象棋、围棋、羽毛球、乒乓球、钓鱼、篮球、龙舟、排舞、自行车、趣味体育等11个大项的比赛，16个系统行业、驻龙游部队、驻龙游单位代表团和15个乡镇街道代表团近2万人参加预赛，其中3000人参加县比赛。县体育局做好统筹安排、组织协调、经费保障等工作，形成“政府主导、部门（乡镇）联动、社会介入、全民参与”的重大赛事工作机制。全民健身运动会呈现“组织严密、参与积极、项目创新、文明精彩、安全节俭”的特色，掀起全民健身的新高潮。

【县全民健身活动中心建设】 探索采用国际流行的PPP公私合作模式，通过特许经营权挂牌招标，引进民营资本投资建设县全民健身活动中心的场馆设施。着力破解土地指标受限、政府财力不足等困难，将“三改一拆”工作与完善城市服务功能相结合，把旧仓库的闲置资产改造成全民健身中心，走出一条欠发达地区大型体育设施建设的新路子。项目分2期实施，第一期的龙游游泳馆由杭州冠洋体育设施有限公司负责建设和运营，协议特许经营期限为10年，总投资650万元，建设5个标准化、功能不同的泳池，2015年4月建成开放。8月，又推出第二期PPP模式的全民健身特许经营权招标方案，向全社会公开招标加盟商，有羽毛球、乒乓球、台球、瑜伽健身、跆拳道、太极拳、健身房、象棋、围棋、少儿运动、老年体育、营养餐厅、休闲茶吧等10多个项目入驻中心。改建后的县全民健身中心采用县中心统一管理和项目加盟经营的方式，实现所有权和管理权的分离，经济和社会效益共赢双收。

【产业招商】 户外拓展基地项目作为县“四重双百”重点项目，全年按计划完成固定资产投入1680万元，至年底，土建工程已完工，已经有多家企业有投资意向。龙游汽车运动中心招商工作取得突破，与浙江云创集团签订合作框架协议，协议引资8000万元，至年底，项目已完成大门、小木屋、水库景观、赛事维修等轻资产投入，已基本完成土地的征收工作。

【项目谋划】 立足汽车运动品牌优势和龙游水产养殖资源，谋划龙游汽车运动中心（龙游自驾游营地）和龙和国际垂钓中心两个项目，均入围“龙游好项目”竞赛活动，被评为2015年龙游县“十大优秀好项目”。亚太汽车拉力锦标赛列入浙江省三大品牌赛事之一。

【体育惠民】 根据省政府要求，2016年，龙游县有条件的学校体育设施要全面向社会开放。按照“先行试点，逐步开放”的工作思路，与县教育局联合开展学校体育设施向社会开放试点工作，与龙游中学签订开放协议书，出资20万元对学校体育场地进行改造维修。自2015年7月1日起，龙游中学学校体育场地在假日期间向公众免费开放。与沐尘畲族乡联合举办县第二届全民健身运动会自行车比赛，扶持沐尘乡环水库绿色健身自行车道建设和民族特色体育的发展。与罗家乡联合举办黄茶节登山比赛；与县委宣传部、县总工会、横山镇联合承办浙江全民健身浙西片区荷花节活动；扶持庙下乡、大街乡、罗家乡、横山镇等乡镇的登山运动休闲步道建设，促进乡村旅游发展。做好联系村工作和结对帮扶工作，全年投入10万元用于联系村梧村村的“美丽乡村”建设。

【体育社团组织建设】 加强对体育社团的建设和管理，推进体育社团的规范化、社会化、实体化。成立县围棋协会、县健美操协会，完成县篮球协会换届选举工作。全年共开展4期培训，培训二、三级社会体育指导员300名，社会体育指导员队伍得以发展壮大。承办省千万百姓生态阳光绿色体育节老年人气排球（女子）比赛，全省17支代表队139人到龙游参加为期4天的比赛，比赛的组织工作得到各参赛队的认可，也得到省、市老年体协领导的肯定。县老年体协承办龙游县第二届全民健身运动会老年人门球、健球操比赛；与县老干部局、县民政局共同组织举办全国第三个老年节庆祝活动。老年人体育工作进一步规范。进一步加强县龙舟协会的管理，先后组队参加2015中华龙舟大赛（江西鄱阳站）、中国龙舟公开赛（上海普陀站）、第七届长三角城市龙舟邀请赛，并取得良好成绩，特色体育工作得到进一步强化。

【体育创强】 通过1个省级体育强乡镇复评（模环乡），创建省体育特色乡镇1个（模环乡）、省中心村体育休闲公园1个（龙洲街道后田铺村）、星级职工体育俱乐部1个（浙江金龙纸业有限公司）、省幼儿体育示范幼儿园1个（湖镇镇幼儿园）、村级体育俱乐部4个，完成50个小康体育村提升工程。11月，龙游县体育创强工作通过省级验收，湖镇镇通过省体育现代化乡镇评估。

【群众体育活动】 指导协助方门街社区、清廉社区、阳光社区举办社区体育运动会，联合县机关党工委、县妇联、团县委、县残联等单位分别举办机关运动会、"三八"女子运动会、全县青年运动会、第三届残疾人运动会，积极组队参加省首届生态运动会8个项目的比赛并取得好成绩。与县老干部局、县老龄委举办县老年人运动会。群众体育健身活动丰富多彩，欣欣向荣。

【龙舟运动】 积极组织参加全国龙舟竞赛活动。组队参加2015年中华龙舟大赛（鄱阳湖站）、2015中国龙舟公开赛·拔河（湖北宜昌）、2015年中国龙舟公开赛（上海普陀站）、2015年第七届长三角城市龙舟邀请赛等4次全国性龙舟赛事。在2015年中国龙舟公开赛（上海普陀站）上，龙游县龙舟队获200米小龙舟第四名、200米大龙舟第五名、总成绩第六名的好成绩。

【竞技体育及比赛】 组团参加浙江省第十二届少年儿童田径冠军赛，获银牌3枚、铜牌5枚，以总分89分名列甲级队第18名，连续十二年保持在甲级队行列。组团参加衢州市首届青少年运动会，全县265名运动员分别参加田径、围棋、羽毛球、乒乓球、足球、篮球、健美操、举重等8个大项的比赛，获金牌58.5枚、银牌49.5枚、铜牌42枚、团体总分1328分，金牌总数、团体总分均列全市第三名。成功承办衢州市中小学生田径苗子精英赛，全市6个县（市、区）8所重点中学代表队共388名运动员参加比赛。做好县第四届青少年学生阳光体育运动会围棋、乒乓球、篮球、田径、羽毛球、足球、游泳、健美操比赛和田径选拔赛的竞赛组织工作，全县3所高中、2所职校、11所初中、34所小学3000余名运动员参加比赛活动。实验小学、詹家小学、小南海初中被命名为2015—2018年度衢州市阳光体育后备人才基地。龙游少体校被命名为2015—2018年衢州市竞技体育市队联办训练单位。

【体育市场监管】 贯彻实施《经营高危险性体育项目许可管理办法》，做好游泳等高危险性体育项目经营的申报和管理工作。全年对室内外游泳池进行安全管理检查4次。根据县综合行政执法改革的要求，做好体育行政执法事项的调研工作。重视体育彩票管理，强化体彩专管员的服务意识，开展促销、培训等活动，使体育彩票销售额稳中有升。

（县体育局 邵银建）

2015年度龙游县承办市级以上（含市级）体育赛事一览

表55

赛事名称	主办（承办）单位	参赛者	比赛时间	比赛地点
2015年亚太汽车拉力锦标赛中国（龙游）拉力赛	中国汽车运动联合会、浙江省体育局、浙江省旅游局共同主办，龙游县人民政府承办	国内外34支车队共114辆赛车参赛	10月30日—11月1日	龙游县模环乡士元超级短道赛车场、石佛乡三门源、横山镇、社阳乡、沐尘畲族乡毛家铺、罗家乡等6个赛段13个赛点共230.04千米
浙江省千万百姓生态阳光绿色体育节老年人气排球（女子）赛	浙江省老年人体育协会主办，衢州市老年人体育协会、龙游县老年人体育协会承办	全省17支代表队共139人参赛	9月8日—11日	龙游县体育馆
衢州市中小学生田径苗子精英赛	衢州市体育局、衢州市教育局主办，龙游县体育局、龙游县教育局承办	全市6个县（市、区）8所重点中学代表队共388人参赛	11月13日—15日	龙游县体育馆、龙游县第三中学

乡镇（街道）

龙洲街道

【概况】 龙洲街道包括县城灵山江以西及部分城郊农村，东隔灵山江与东华街道相邻，南连溪口镇，西接詹家镇，北接衢江与小南海镇隔江相望。地貌以平原为主，有部分丘陵和山地，区域总面积62.79平方公里，户籍人口30195户68625人。街道办事处于2014年11月迁址龙翔路539号，下设城中、寺后、官潭3个农村工作站和1个社区管理办公室，辖20个行政村、7个社区居委会（2015年新增城角坊、翠光两个社区）。2015年，龙洲街道以深化改革为动力，苦干实干，扎实推进美丽龙洲建设，着力保障和改善民生，促进社会和谐稳定，加快推进区域经济转型跨越发展，经济建设和社会各项事业保持良好的发展态势。全年实现工农业总产值20.17亿元；完成公共财政收入3550万元，同比增长22%；“三公”经费同比下降37.5%。

【工业经济】 以转型升级为主线，做强做优工业。街道有工业企业66家，其中有年产值2000万元以上的规模企业8家。全年实现工业总产值19.45亿元，完成利税0.88亿元。完成工业技改投资项目3个，投入技改资金7483万元。坚持走优化存量、提升质量的发展道路，推进技术改造，引导企业实施技术改造项目，提升企业市场竞争力。加强环境整治，加大对27家区外企业污染物排放的整治力度，确保达标排放。以落实安全生产责任制为重点，以隐患排查整治为突破口，责任明确，措施到位，有效预防和减少安全生产事故，引导企业开展安全生产标准化建设，提高企业安全管理水平；陆续开展以安全事故警示教育、全员责任制落实、隐患大排查、告知承诺落实制为主要内容的“安全生产月”活动，开展安全生产领域“打非治违”专项行动、烟花爆竹“九统一”专项行动和街道安监站规范化建设；扎实开展“安全生产监督强化年”活动，全年实施安全检查21次，检查企业114家次，发现安全隐患555处，落实隐患治理资金48.5万元，并全部整改到位。

【农业经济】 以生态富民为目标，发展现代农业。加快实施生猪“两化”治理（即工业化整治、生态化治理）、“4600”精准扶贫、规模化经营等重点工程。加快生猪养殖“两化”整治，51家大型生猪养殖场工业化整治和生态化治理全部通过县有关部门验收，全年落实生猪、鸡鸭养殖场退养66户，面积36976.27平方米，全部退养到位。全面完成4600元以下农村低收入农户扶贫帮困消除工作，结对357户共560人，投入资金12余万元，至年底，街道已全部消除“4600”现象。以“农业两区”建设带动农业转产增收，推广农业新技术，打造农业示范基地，培植农业品牌。推进土地流转，转变生产方式，促使农村土地向规模化经营发展，建设半爿月大垅畈粮食功能区27公顷；创建项庄村毛芋示范基地20公顷、优质茶园基地提升20公顷、精品早熟梨基地20公顷；在后田铺村和大板桥村建立粮食高产示范基地13.33公顷。发展农民专业合作社，调整、优化产业重点和布局，促进农民增收方式的转变。加强对农村富余劳动力就业技能和实用技术的培训，拓展农民创业空间和外出务工途径。加强种粮惠农政策宣传，调动农民种粮积极性。2015年，街道共落实早稻播种面积654.32公顷，完成粮食订单2532.6吨；落实油菜直补面积234.81公顷；完成农产品质量监测181批次；实现农业总产值0.88亿元，农民人均收入达18799元。

图173 龙洲街道开展“学雷锋，清洁家园”活动

【“生态龙洲”建设】 推进“五水共治”，加快建设生态家园。积极开展治水治污“百日攻坚”行动，把农业面源污染整治、河道保洁、农村“双治”（即农村生活污水治理和生活垃圾分类处理）、生猪养殖污染和区外企业整治等进行有机结合，突出重点，全力推进。抓好“清三河”（即治理黑河、臭河、垃圾河）工作，全面关停河道沿线非法排污口；完成衢江驿前村段、北门村段20公顷河道范围内菜地的清理整治；累计拆除灵山江、莲湖溪沿线鸡鸭养殖棚5300多平方米。创新市场化河道保洁机制，将莲湖溪、灵山江龙洲段统一委托保洁公司保洁，河道保洁成效显著，乡镇交接断面水质连续保持优秀标准，这一成功做法得到县委主要领导的批示肯定，并号召在全县推广。全面开展生猪养殖污染整治，完成51家生猪养殖场生态化、工业化整治，建立健全生猪“全覆盖”保险体系，确保病死畜禽无害化处理工作到位。加强美丽乡村建设，后田铺村成功创建美丽乡村精品村，岑山村获评美丽乡村称号。做好乡村休闲旅游工作，官潭村成功创建衢州市乡村旅游特色村，有7家农家乐通过三星级验收。龙和渔业和鑫世康被评为全国农业观光与乡村休闲旅游四星级示范园区。积极推进“贺田模式”复制创建工作，建成日处理8吨的寺后垃圾中转站；方门街、山底等13个村的“贺田模式”复制创建顺利通过县级验收。洁净家园建设考核位居全县前茅，获县专项资金奖励。抓好农村生活污水治理工作，寺后、官潭、渡贤头3个村的生活污水治理项目通过县验收，后田铺等8个村被列为龙游县2015年度农村生活污水治理村，投入资金1092万元，新增受益农户2184户。

【“无违建”创建】 街道共拆除“两违”面积16.8万平方米，完成年度任务的120%，后田铺等13个村及4个社区顺利通过县“无违建”创建验收。全面开展以一户多宅、小区违搭乱建、国省道公路沿线违法广告牌、饮用水源保护区内的生猪养殖场（户）整治为重点的专项整治，做好养殖场拆后复垦工作，完成“三必拆”范围内25家生猪养殖场的拆除工作及497户共9.8万平方米生猪养殖场的复垦任务；51家生猪养殖场的“两化”整治顺利通过县级验收。

【“平安龙洲”建设】 以平安创建为抓手，以重要敏感时期维稳为重点，以打击传销专项活动为载体，针对信访维稳、社会治安、重点工程及中心工作等方面影响基层稳定的主要问题，扎实开展平安建设和基层社会管理创新等工作，确保全国“两会”、中共十八届五中全会及“百日维稳”等重要时段的社会稳定。以街道司法所为依托，发挥行政村（居委会）调解工作室的重要作用，结合“两会”等重要时间节点，开展不稳定因素大排查、大调处，共排查矛盾纠纷789起，调处772起，成功调解770起。认真贯彻落实县委办〔2015〕24号文件精神，多次召开会议，专题研究、梳理、分析辖区内的不稳定因素和重点信访问题，对排查出的重点信访积案明确包案领导、承办人员，制定化解稳控措施，实行“一案一档，结案销号”制度、定期上报制度，逐案逐策化解，结案存档。参与全县打击传销专项行动，组织各行政村（社区）开展以召开一次会议、建立培训一支队伍、开展一次出租私房大排查活动、签订一批责任书、开展一次集中宣传活动为主要内容的“五个一”活动。把反邪教纳入网格化管理日常工作，列入平安促进员的工作职责。成功创建省级“星级规范化司法所”，推进司法所规范化建设。

【“和谐社区”建设】 以机制创新为导向，建设幸福社区。制定社区区域重新划片方案，理顺各社区的辖区管理范围，规范“社会人”管理，营造“社会人”关心、支持、参与社区建设、社区管理、社区服务的氛围。加强社区基础设施建设，完善社区卫生保洁机制，实行分段投保、保洁公司承包的运作方式；社区保洁从路面保洁拓展到楼道保洁与绿化带维护，保洁面积达49.9万平方米。推进管理与服务的融合提升，推动管理工作正常化，针对社区小区管理工作复杂，管理难度大等实际情况，加强宣传教育。制作龙洲街道人户档案软件，全面系统掌握辖区的社情民情。加强物业小区管理，协调与房管处、物业公司等相关部门的关系，确保社区居民能够安居乐业。

【重视安全工作】 加强食品(药品)安全宣传教育，街道与各行政村、社区签订《2015年龙洲街道食品药品安全工作目标管理责任书》，强化食品（药品）安全基层责任网络建设，建立健全信息管理、质量预警、应急预案等工作机制；开展食品（药品）安全知识进农村、进社区、进企业、进学校的“四进”活动，大力宣传食品安全用药知识；开展“食品安全百日整治”集中行动。县城荣昌路顺利通过省级“食品安全示范街”的复查验收。加强学校教育管理，与辖区内的三所学校和12个行政村签订《学校（幼儿园）安全管理工作目标责任书》，定期召开学校安全工作会议，定期开展安全检查。一年来，街道所辖三所中小学无违法犯罪现象及重大责任事故发生。

【社会民生事业】 推进各村（社区）便民服务和“三务”公开信息平台建设，27个行政村（社区）的党务、村（居）务、财务公开工作有序开展。加强对村级民生工作室的业务指导，推进示范点建设，打造特色民生服务品牌。加强公共卫生管理，完善公共卫生信息网络，完成后田铺、渡贤头村的村级卫生服务站规范化建设。做好农村合作医疗参保工作，全年参保32256人，参保率98%；开展新一轮60岁以上参合居民的健康体检，体检率达80%以上。加强对重性精神疾病人员的管理，开展调查摸底和体检认定工作，建立个人档案。大力发展文体事业。组织文化义工宣传队、文化大篷车进乡村，开展以“推进五水共治，共建生态家园”为主题的文艺宣传演出活动，既丰富群众文化生活，又使“‘五水共治’”深入人心，家喻户晓。文化礼堂阵地作用得到发挥，岑山村完成文化礼堂建设；全省文化礼堂建设现场会、“浙江好人榜”发布活动在后田铺文化礼堂举行。扎实推进体育小康村建设，组织各村（社区）开展群众性文体活动，举办“点亮微心愿·共筑中国梦”、首届居民运动会、全民健身运动会及第二届“欢乐家庭节”等一系列文体活动。

【启动大南门历史文化街区保护项目】 龙游县委、县政府从顺应民众呼声、改善居民生活环境、保护文化遗产的角度出发，经过反复调研，认真分析各方面情况，充分吸收各方面意见，决定启动大南门历史文化街区保护项目，项目共涉及土地面积约15万平方米（约220亩）。这是龙游新型城镇化建设、申报历史文化名城、创建美丽县城、促进全县经济社会发展的一项重大举措。12月9日，项目启动国有土地上的房屋收购（一期）工作，为期6个月。房屋收购坚持“网格化收购、自愿申请、公平公正、阳光收购”的原则，收购范围是灵山江以西、太平路以南、西湖沿巷一弄二弄以东、巨龙路以北的大南门区域。收购对象是区域内除保留房屋外的其他房屋，其中，个人住宅887户，建筑面积85526平方米；个人店面44户，建筑面积2000平方米；私营企业4家，建筑面积2663平方米；公建房（包括单位自管公房、改制单位公房）约46000平方米。

图174 龙洲街道党工委召开党代会，表彰先进基层党组织和优秀共产党员

【基层党建】 严格执行农村基层党建工作经验“二十条”，抓好基本制度落实。推进基层党建“书记项目清单”，街道90个书记项目均按时间节点完成。完成10个行政村（社区）的党建示范点创建工作，完成总目标的40%。创新以“双建双带组、政策宣传组、民事调解组、财务监督组、公共服务组和党员联户”为主要内容的“五组一联”模式，充分发挥农村党员在推动街道中心工作中的作用，探索“三民工程”（即知民情、解民忧、办民事）服务向城市社区延伸，活化民情档案，畅通民情沟通，主动为民办事，打造服务型基层党组织，打造“三民工程”升级版。加强社区党建工作，探索以党建为核心，以发展为中心，以服务为重心的区域化党建工作模式，构建区域化党建新格局，完成清廉社区及方门街社区竹景花园小区党建示范点打造。探索社区网格化管理新机制，把网格化管理作为社会管理的主要手段，加强协作联动，推进社区居民自治，新成立4个居民小区业主委员会，并在衢州市范围内率先制定施行《居民公约》《小区公约》。

【半爿月村】 龙洲街道半爿月村原名红枫村。相传，村民为纪念村里一对情侣“两瓣心，半爿月；永不分，长相合”的感人的爱情故事，为感谢他俩给人们带来的福水，决定把红枫村更名为“半爿月”村。半爿月村位于龙游县西南，距县城7公里，东临寺后村、南接项庄村、西接岑山村、北连山底村，村域面积3.5平方千米，耕地面积140.67公顷（2110亩），山地面积198公顷（2970亩），下辖10个自然村，12个村民小组，总人口1691人。有村民代表43人，党员85人。近年来，该村的美丽乡村建设卓有成效，先后荣获浙江省卫生村、浙江省动态防疫示范村、浙江省“综合治理”示范村、衢州市科普村等荣誉，2015年，荣获衢州市党建示范点称号；辖区内有下岗职工生态养殖园区、旺农有机肥有限公司、红心猕猴桃种植基地、甲天下养殖基地、建材厂等龙头企业，村民生活水平有了明显的提高。

（龙洲街道 邵颖）

东华街道

【概况】 东华街道东与湖镇镇、社阳乡相连，南与罗家乡、溪口镇接壤，西隔灵山江与龙洲街道相邻，北隔衢江与小南海镇相望。地貌以丘陵为主，灵山江、罗家乡流经境内。辖区面积54.77平方公里，户籍人口约2.69万人，下辖22个行政村、3个社区居委会、1个工业区。2015年，东华街道紧紧围绕县委、县政府决策部署，按照新型工业化、新型城镇化、文化旅游、美丽龙游“两化两游”目标，聚焦“城市东进”大舞台，抢抓机遇，创新突破，取得一系列成绩。全年实现固定资产投资21.5亿元，同比增长17.2%；工业总产值86.97亿元，同比增长8.2%，其中规模以上工业企业产值71.74亿元，同比增长9.3%；农民人均纯收入20612元，同比增长10.13%。获全县乡镇（街道）分类争先综合考核一等奖，被县政府授予集体三等功。

【工业经济】 东华街道牢牢把握新型工业化发展要求，全年工业总产值同比增长8.2%，增幅高于全县平均水平。全年技术改造投资突破20亿元的目标任务，项目数突破50个，位列全县第一。规模以上企业新增5家，完成县任务指标的125%。新西帝、安佑饲料2家企业荣获2015年度龙游县质量奖。特美纸业成为龙游县第一家“新三板”挂牌企业，外贸笋厂、新迪涂料、赛孚能源、克里特等4家企业已进入尽职调查环节（即由中介机构在企业的配合下，对企业的历史数据和文档、管理人员的背景、市场风险、管理风险、技术风险和资金风险做全面深入的审核，多发生在企业公开发行股票上市和企业收购以及基金管理中）。招商成绩持续创新，新引进项目11个，其中5亿元项目2个，完成任务数200%，亿元项目5个，完成任务数100%。招商实际到位资金约12亿元，完成任务数100%。浙商回归到位资金6.23亿元，完成任务数100%。园区配套设施不断完善，至年底，顺利完成高德保利地块土石方平整，完成兴业大道提升工程、龙腾路以西排水一期工程、开发大道和开源路交叉口交通信号灯安装工程；基本完成园区自来水增压工程和园区监控安装项目。

【农业经济】 完成一批农村实事工程，新建乡村公路5.5公里，修建1.5公里，新增公共停车场3600平方米。完成8个村9个标段的一体化终端和化粪池设施。修建罗家溪防洪堤3.18公里，完成高火垅山塘防洪加固工程；完成排水渠建设1.4公里；完成上圩头村至横路祝村1.5公里的乌引渠道，使境内乌引引水工程辐射区域达9个村。完成上圩头片农村自来水主管道安装工程，有效解决上圩头片农村饮用水问题。现代农业稳步发展，家庭农场数增加至75个，其中获县级规范家庭农场称号4家，获县级示范家庭农场称号1家。完善茶叶、苗木、蔬菜、黄花梨等农产品交易平台，重新启动街路村茶叶市场。农村电子商务创业致富项目实现零的突破，建成东华街社区、城南综合市场等多个淘宝网点。

【“五四三”中心工作】 美丽东华建设成果显著，全年完成拆违近17万平方米，超额完成县政府下达的任务指标。开展无违建村（社区）创建工作，分类处置违建户601户，涉及违建面积近1.2万平方米，处罚金额230.35万元，11个村通过“无违建村”预验收。高标准推进“五水共治”，衢江、灵山江、罗家溪、五连渠等出水断面全部达标，各项指数名列全县前茅。生猪养殖污染“两化”整治成果不断巩固，47家规模养猪场全部按标准排污，生猪养殖户全年零反弹。推广“贺田模式”复制工程，全有11个完成推广复制工作，其中槐王“沤肥池”模式、方坦机器处置模式成为全县的典型示范。扎实开展“四边三化”整治工作，完成铁路、公路两侧“脏乱差”整治70多处。加快对高污染燃料锅炉和窑炉的淘汰改造，排查不合格锅炉81台，淘汰24台，有效降低大气污染物的排放量。

图175 东华街道机关干部深入一线，全力推动永安路整治

【重点项目有序推进】 根据“城市东进”发展战略要求，始终坚持把土地征收和项目攻坚作为街道工作的重中之重。全面启动13.33公顷土地征收项目，圆满完成永安路整治项目、雁之湖项目、党校连接线项目、槐王标准化砂场项目的土地征收任务；小高山村整体搬迁、城东区块道路基础框架征地、灵鹫峰旅游开发、物流园区自然村搬迁、公路应急站等项目推进均取得重大突破；学士北路、荣昌东路、子鸣路、文靖路及县职教中心、建材家居市场、钢材市场、民居苑拓展工程等项目有序推进。

【文化旅游】 围绕街道“三点两线”乡村旅游发展目标，相继启动岩头灵鹫峰郊野健身公园、雁之湖乡村旅游度假区、官村乡村旅游、灵山江沿线风景大道等乡村旅游项目建设，乡村旅游品牌效应初步显现。按照连片策划、连片整治、连片流转、连片整合、连片造景的“五连片”工作思路，以规划为龙头，着力探索新农村建设新模式，打造东华街道景观和新亮点，提升街道美丽乡村建设水平。

【民生服务】 坚持以民为本，有序增加公共财政支出，全年各类民生支出598.99万元，向745位低保对象、136名残疾人和35位重点优抚对象发放生活补助296.9万元。办理患病群众医疗保险556人次，兑现保费248.9万元。办理被征地农民转保工作389人次。开展城南工业区大型招聘会5次，促成就业3800多人次。

【综治维稳】 全年排查矛盾纠纷335起，成功调处329起。建成治安动态视频监控任务数181个，重点单位、重要地段报警系统建设全部完成。有效调处一般性劳动纠纷54起，涉及员工163人，总金额103万元。有效处置泓力洁具、优乐日用品、南柴动力3家企业的群体性欠薪事件，为142名员工讨回欠薪112万元。开展环保排查整治300余厂次，及时处置各类污染投诉80余件，妥善处理包括城西煤场30多吨危险废物、槐王村非法塑料粒子生产点、十里铺废油桶加工点等在内的安全生产问题，确保街道安全生产形势总体稳定。

【公共事业】 街道综合文化站竣工并投入使用。建成瑶山村文化礼堂。组织开展抗战70周年纪念活动、戏曲大赛等6次群众文艺活动。完成11处国家级文物保护单位、省级文物保护单位、县级文物保护单位的文物标志碑安置。

【基层组织建设】 深入开展“大抓基层组织年”系列活动，深化一线实战比选、周一夜学、干部《日常工作日志》记录法、干部家庭大走访、干部谈心谈话等制度，打造一支“信念坚定、为民服务、勤政务实、敢于担当、清正廉洁”的干部队伍。严格对照“浙江省农村党建经验二十条”和龙游县基层党建示范点“十个一”标准，初步建成道明光学、克里特、顺帆工贸等企业和槐王村、下杨村、上圩头村等一批富有特色、作用明显的党建示范点。深入开展“学习劳光荣，争当最美基层干部”活动，涌现了一批勇担当、能奉献的“领头雁”典型。开展“讲规矩、守纪律、善执行、勇担当”活动，加大违纪违规督查查处力度，营造“干部人人讲规矩、人人守纪律”的良好氛围。

【官村村】 东华街道官村村地处龙游县城南面，距县城约7公里，沿灵山江呈带状分布。全村有380户，分6个自然村，总人口1123人。地貌以丘陵为主，耕地面积59.73公顷（896亩），山林面积520公顷（7800亩）。官村村历史悠久，唐朝时期称为官村里，村内古迹众多，其中窑山自然村发掘出元代窑址，系县文保单位。历史上，官村村是龙游县灵山港上重要的船筏码头，来往商人、游客络绎不绝，十分繁荣。近年来，官村村以推进“543”中心工作为契机，加大力度整治村庄环境，改善基础设施，极大改善了官村村的宜居环境，先后被评为浙江省美丽宜居示范村、衢州市美丽乡村提升村。

（东华街道 朱跃华）

湖镇镇

【概况】 湖镇镇位于龙游县东部，因境内多湖而得名，是衢州市对接金义都市圈的桥头堡，素有“浙西东大门，千年工贸镇”之美誉。东与金华市婺城区的洋埠镇、汤溪镇毗邻，南接社阳乡，西与东华街道接壤，北与模环乡、兰溪市游埠镇隔衢江相望，有社阳港、罗家溪及其支流由南向北流经境内汇入衢江。地貌以平原为主，有部分丘陵。镇域面积101.64平方千米，户籍人口21178户50870人。镇政府驻湖镇镇解放中路34号，下设新光、下田畈、下库、七都4个农村工作站，辖39个行政村、2个居民委员会。2015年，湖镇镇围绕建设“工贸强镇、文旅名镇”战略目标，勠力同心，克难攻坚，经济社会平稳健康发展，群众生活水平持续提高，被列为国家级中心镇建设示范试点。全镇地区生产总值30.41亿元，同比增长8.1%；财政总收入1.51亿元，公共财政预算收入7161万元，同比分别增长11.8%和8%；固定资产投资44.23亿元，同比增长26.41%，其中工业固定资产投资30.96亿元，同比增长13.16%。

【工业与招商引资】 面对宏观经济下行压力，协议招商引资额21.5亿元，全年实到县外资本7.02亿元，招商引资工作位列全县“一区两块”之首。入围浙江省新能源示范镇，成功引进投资额达2.46亿元的30MW地面光伏电站项目和投资额为2亿元的分布式屋顶光伏发电项目，用时2个月完成清表交地任务。推进“四换三名”（浙江省委、省政府部署实施的转型升级决策，包括腾笼换鸟、机器换人、空间换地、电商换市和培育名企、名品、名家）倒逼企业转型升级，36个工业技改项目完成投入11.78亿元。企业对接多层次资本市场取得突破，恒达新材和固特机械在“新三板”成功挂牌上市，年产6000吨的浙江“大咯大”品牌鸡蛋在舟山大宗商品交易所上市交易。协助44家企业开通“诚信通”(阿里巴巴为从事中国国内贸易的中小企业推出的会员制网上贸易服务，是建立在阿里巴巴上的摊位。通过这个摊位，可直接销售产品，并宣传企业和产品)业务，为畅通企业网上销售渠道提供保障。

【农业和新农村建设】 加大农业基础设施建设，积极向上争取资金，先后完成社阳溪小流域治理、衢江航道及船闸工程建设、衢江防洪堤张家埠段绿化及“一事一议”项目等农田水利建设。组织农民开展各种培训1500余人次，完成培训任务的120%。引进推广农业新技术3个、新品种5个。积极发展壮大来料加工业，发放来料加工费6318万元，同比增长2.5%。新建家庭农场23个，至年底，累计成立家庭农场114个，带动农户1500户。38个行政村完成“贺田模式”复制，8个垃圾分类实施村通过县考核验收，39个村全面完成股改工作。顺应“互联网+”发展趋势，扎实推进农村电子商务平台建设，22个村建立农村电子商务服务网点，8个村建立农村淘宝服务站点。投资680多万元，完成5个村4.73公顷宅基地整理，完成历寺等4个村6.93公顷耕地的垦造。全年实现农业总产值3.5亿元，同比增长4.4%；农村居民人均可支配收入18044元，同比增长11.2%。

【新型城镇化建设】 投入450万元，委托浙江大学城乡规划设计研究院修编完善镇域总体规划。阳湖公园交付使用，为阳湖小区安置农民和集镇居民提供了理想的休闲活动场所。采用PPP公私合作的运作模式，投资1.05亿元日处理2万吨的湖镇污水处理厂及一期配套管网项目，于8月底建成并投入试运行。集镇和工业园区实现污水纳管全部进入污水处理厂集中排放。实施集镇主要道路“绿化、美化、亮化”工程，基本完成新星路路面“白改黑”改造、人行道铺设和杆线落地项目。湖镇法庭建成交付使用。按照“六整治、三规范、一提升”（“六整治”即抓好主要干道、农贸市场、低洼易淹易涝片区、镇中村、镇郊结合部、集镇河道环境等六个重点部位的环境卫生整治，“三规范”即规范占道经营、车辆停放、户外广告设置，“一提升”即提升集镇管理长效化水平）的目标任务，启动集镇管理专项整治，对集镇道路乱搭乱建、乱拉乱挂、占道经营、集镇垃圾、行车拥堵等问题开展全面整治，共拆除钢棚300余个、店外灶头20余个、不规范店招60余个，清除移动广告灯箱广告牌200余个。施划机动车停车位483个，完善主要街道交通标识标线，统一安装商店招牌1500余平方米，镇容镇貌得到初步改观。

图176 衢州市市长杜世源到湖镇镇考察中心镇建设

【“五水共治”行动】 全面落实“河长制”，强力开展治水工程。扎实推进“清三河”治理工程，共清淤河道11200米，镇域内4条县级河道顺利通过市级“清三河”达标验收。生猪禁限养工作成绩显著，累计拆除生猪养殖场2256户共30.4万平方米，186家规模养殖场完成“两化”治理，削减生猪存栏量4.5万头。自我加压，开展鸭禽养殖场整治工作，拆除鸭禽养殖户33户，累计面积1.6万平方米，有效解决农业面源污染问题。加快农村生活污水管网建设，按期完成20个村的生活污水处理工程，全镇环境得到较大改善。对列入洁水养殖的49个山塘水库加强巡查，较好地实现了工作目标。

【“两违”专项整治】 由镇村干部分片包干负责，强势推进道路拆违、河道拆违、信访拆违、企业拆违及“一户多宅”整治，全年累计拆违17.35 万平方米，其中“一户多宅”整治44户，拆除5770平方米。全镇33个村顺利通过县级“无违建”预验收，完成无违建创建任务的84.61%。处罚附房超面积696户，没收作价款86.03万元；处罚未批先建、少批多建520户，收缴处罚款300.64万元。重拳整治高铁、普铁、省道两侧乱堆乱放、乱搭乱建和赤膊墙等问题，公路铁路两侧脏乱差问题得到初步解决。省、市、县三级交办的“两路两侧”问题清单基本整治到位，共拆除乱搭乱建39起，面积达2975平方米。

图177 湖镇镇举办第二届婺剧演唱演奏大奖赛

【文旅融合】 顺利通过浙江省文化强镇复评和省体育现代化乡镇、市首批语言文字规范化乡镇创建验收。新建成希唐、溪底杜村文化礼堂，其中溪底杜村文化礼堂入选浙江卫视最美乡村文化礼堂。历时4年，共计90余万字的《湖镇镇志》编纂完成。弘扬地方传统文化，出版湖镇民间文化系列丛书《佛缘湖镇》。充分利用文联、文化礼堂等平台优势，成功举办龙游县第二届“魅力青年”演唱大奖赛湖镇站比赛和湖镇镇第二届婺剧演唱演奏大奖赛。积极承办浙江省书法协会系列采风活动，开展省、市书法协会送文化下乡和本地书法家送春联活动。依托区位优势和资源优势，以客路村桃花园和文林村锦鲤文化园为抓手，通过举办桃花节、锦鲤开园节等活动，助力乡村休闲旅游发展。

【民生事业】 注资15万元设立“湖镇镇教学奖励基金”。做好阳光低保工作，确立低保户864户1125人，发放低保金344.9万元。落实一、二级重度残疾300人，发放残疾补助金200多万元。308人申请大病救助，共下发救助金100余万元。把“消除4600以下”作为重要政治任务来抓，共消除年家庭人均收入低于4600元的低收入农户703户1155人。认真落实好失地农民养老保险，为13个村879人办理失地农民养老保险。完善群众办事全程代理服务机制，创建市级示范型村便民服务中心12个、市级标准型村便民服务中心16个，受理为民服务事项1.2万余件，办结率达97%。积极推进居家养老服务照料中心建设，溪底杜村为村里符合条件的老年人提供就餐送餐服务，该模式得到了上级部门的充分肯定。扎实开展殡葬改革规范化管理，杨家村等村筹建了规范化标准公墓。圆满完成征兵任务，新兵中大学生比例占70.84%。

【平安创建】 完善社会治理体系，村规民约修订实现全覆盖。加大治安科技投入，镇域范围内共安装监控近600组，实现治安视频监控全覆盖。加大“平安通”推广使用力度。深化“大调解”体系，充分发挥张求水调解室作用，调处各类矛盾纠纷233起，调解成功率达100%，并化解信访案件15起。妥善解决企业欠薪问题，切实维护农民工的合法权益。成功承办衢州市工会劳动争议调处现场会。常态化开展隐患排查整治，加强禁毒反恐工作，社会安全形势总体稳定。

【基层组织建设】 扎实开展“三严三实”专题教育和“大抓基层组织年”活动，推进基层党组织和基层政权建设。督促落实“镇村书记党建项目”，坚持和完善“第一书记工作法”和“镇领导班子联村”做法。实行中层干部竞争上岗、一般干部双向选择制度，新提拔任用中层正职干部5名、中层副职干部9名。强化对村干部的监督管理，开展村干部不作为、乱作为问题及值班制度执行情况的专项检查。组织开展农村党员集中冬训活动，全镇39个村的1900余名党员参加集中培训。实施农村党员实事“零基积分、实事抢分”制度，督促党员干部更好地履行职责。完善每月的党员固定活动日制度，组织党员参与河道、村庄保洁等义务劳动。精心打造地圩村、彭塘村等14个基础扎实、特色鲜明的党建示范点，地圩村建立衢州市第一个农村党建展览馆。“两新”组织（新经济组织、新社会组织）党建示范点创建成效明显，成为提升基层党组织创造力、凝聚力、号召力的有效抓手。

【希唐村】 2012年被命名为浙江省文明村。全村有6个自然村、16个村民小组，有990户共2493人。2015年，实现农村居民可支配收入11785元。该村以建设“生活富裕、乡风文明、村容美观、管理民主”的社会主义新农村为目标，以思想道德建设为突破口，以文明创建为抓手，组织全村干部群众投身于物质文明和精神文明建设中，营造健康、和谐、向上、向善的人文环境。

【星火村】 2012年被命名为衢州市文明村。全村有农户733户共1764人。2015年，实现农村居民可支配收入14629元，村集体经济收入89万元。近年来，该村结合“五四三”专项行动，加强硬件设施建设，改善群众生产生活条件，美丽乡村建设卓有成效；积极发展来料加工业，为村民增收开辟新途径；同时，村两委还十分重视群众的精神文化生活，提升群众的幸福指数。

【新光村】 2012年被命名为衢州市文明村。该村有620户共1432人，村集体固定资产达1427余万元。2015年，实现农村居民可支配收入14573元。近年来，新光村以科学发展观为统领，以转变村经济发展方式为主线，以强化党员干部队伍建设为保障，真抓实干，锐意进取，村庄环境不断优化，村容村貌不断改善，村风民风不断提升。

（湖镇镇 王凌霞）

溪口镇

【概况】 溪口镇地处县境南部，东邻罗家乡，东南与大街乡毗邻，南接沐尘畲族乡，西南与庙下乡相连，西交衢江区全旺镇，北与龙洲街道、东华街道接壤。灵山江自南而北流经全镇。地貌以山地和丘陵为主。区域面积112.47平方千米，耕地面积1588.05公顷，山林面积7259.13公顷，镇政府驻溪口集镇曙光路157号，辖14个行政村和1个居委会，户籍人口8197户22862人。2015年，溪口镇以建设“特色小镇”为目标，坚持“集聚旺镇、产业强镇、旅游兴镇”发展战略，实现工农业总产值23.101亿元，其中工业产值21.608亿元（含黄铁矿）；农民人均纯收入17145元，比上年增长10.7%；全社会固定资产投资5.9955亿元。溪口镇是浙江省小城镇综合改革中心镇、浙江省教育强镇、全国绿化造林百强乡镇，是浙江省政府确定的全省200个中心镇之一，也是衢州市9个全国重点镇之一。曾先后获得“浙江文明镇”“浙江省体育强镇”“平安浙江先进镇”“浙江省竹木产业强镇”“衢州市十大魅力乡镇”等荣誉称号。

图178 衢州市大抓基层组织年“互学互看”观摩会在溪口镇召开

【工业经济】 拓宽招商思路，在项目选择上追求多元化的生态绿色项目，与洪泰生物能源有限公司洽谈年处理10万吨竹木屑资源综合利用项目；积极洽谈年产8万立方竹刨花板生产线、清洁能源基地20MWP发电项目、户外休闲用品生产线项目、牛角湾休闲文化开发项目，不断壮大溪口经济、科技实力。加快园区企业转型升级步伐，会同县经信局研究溪口工业区集中供热项目，吸引北京、金华、杭州等多家供热发电项目来溪口镇踏勘调研，园区企业集中供热项目列入县"十三五"规划审批；力促腾龙公司与全球最大的集装箱制造企业——中集集团合作参股成立浙江鑫隆公司；力促东阳市竹席产业布局溪口镇带动竹拉丝产业转型，并积极配合林业部门对接山东卓达公司到溪口镇投资建设"竹海风情小镇"。注重安全生产，开展"安全生产月"活动，深化安全标准化建设，全年无重大安全责任事故发生。

【农业经济】 发挥溪口自然条件优势，新增无性系茶园种植5.33公顷，为茶农争取上级主管部门补助4万余元；协助2户家庭农场申报市级示范性家庭农场，并上马粮食烘干项目；争取资金40余万元，开展油茶改造提升项目；着力公益性生态林扩面工程，一期新增生态林1653.33公顷（2.48万亩），下拨资金64.5万元，二期新增生态林3666.67公顷（5.5万亩），争取补偿款143万元。完善林区道路建设，新修林区道路5条共6千米；新审批林业砍伐证35本，采伐林木2236立方米；建设小型农田水利10处；建成山区经济示范点3个。举办"竹林竹茰促腐技术培训班""农村电子商务操作与实务培训班""农家乐厨师培训班"，共有200余人次参加培训。全面开展"消除4600"工作，通过"一对一"帮扶，累计发放帮扶资金7.5万余元，覆盖全镇619户困难户共833人。

【"五水共治"】 继续开展"五水共治"，累计投入资金120余万元，治理河道39.42千米，取得预期效果。生猪养殖场治理工作进展顺利，全镇55家生猪养殖场中，38家采用工业化治理，17家采用生态化治理，均已完成污染治理。47家区外企业均已按照环保要求完成整治工作。灵山江沿岸6家采砂场全部关停。全力推进农村生活污水治理工程，新开工的6个村中，灵下村、枫林村基本完成，续建的灵上村于4月完成县级验收，至年底，全镇农村生活污水治理工程已投入资金1824.5万元（其中2015年投入983万元），建设、修复污水处理终端26个，受益农户达3449户。"贺田模式"复制工作取得较大突破，全镇14个村均通过县验收。开展垃圾分类试点的枫林、红罗等8个村均已完成县级验收。"河长制"工作扎实推进，镇、村两级河长定期巡查，按时记录《河长工作日志》，其中溪口镇石角段被评为7月份龙游最美河段，石角村张炎林被评为衢州市优秀基层河长。

【持续开展"三改一拆"】 全年累计拆除违章建筑277处共64000余平方米，任务完成率超过100%。其中，拆除禽类养殖场16家18096平方米，拆除违章建筑238起35673平方米。深入开展"无违建"创建工作，完善"农村建房管理办法"，12个村完成"无违建"村自查，溪口、寺下2个村通过县无违建预验收。全年审批农村建房41户共4417平方米。镇、村乱搭乱建问题得到有效遏制。

【集镇管理】 开展集镇拆违整治行动。10月14日起，开展为期一周的集镇拆违整治大行动，共拆除违法搭建的各类遮阳棚80余个，面积1200平方米；拆除超标准或陈旧破烂的广告牌30余个；拆除路边违法搭建建筑物9起，面积300余平方米；整治商铺占道经营、违规设摊问题178起（次）。为沿街商户统一制作广告牌，有效解决集镇脏、乱、差问题。深化集镇管理水平。加强集镇联合执法队监察中队建设，建立每日巡查制度，对集镇秩序、违建情况进行综合整治，集镇商铺乱搭乱建、占道经营和脏乱差现象得到明显改观；规范广告审批制度，有效改善集镇横幅、广告乱拉问题；在相关路段设立交通指示牌，划定车位，引导大型车辆往集镇外部通行；督促商户落实"门前三包"制度，配合卫生保洁承包单位抓好日常管理，保持集镇良好的卫生环境。

【项目建设】 翠竹小区建设稳步推进，至年底，小区居民楼主体已经结顶，下一步将配合完成周边配套设施建设。完成曙光路雨污分离及弱电落地工程，并浇筑沥青路面，改善集镇排涝能力，消除集镇内涝隐患。西霞路拓宽及雨污分离工程进展顺利，道路拓宽及沥青路面铺设已经完成，杆线落地项目已完成前期电线铺设。江滨公园改造完成，新建竹木长廊，完成绿化、亮化工程；溪口下街道路拓宽、强弱电入地、雨污分流工程及沥青路面铺设全面完成。完成翻板门续建工程。综合文化站建设项目高质量完成，得到县领导高度肯定，并成功承办全县文化馆现场推进会。滨江小区宅间路硬化及绿化工程业已完工。枫林溪防洪坝改造提升工程基本完成。

【“四边三化”集中整治】 扎实开展“四边三化”集中整治行动，处理省交办问题40个，自查自纠发现的176个问题也基本整治到位，拆除违章7处。完成公路两侧绿化修缮、补种10余公里，累计清洁公路边、河边、山边等区域28公里。粉刷“赤膊墙”60余户，粉刷面积超过15000余平方米，道路两旁的景观得到改善。

【社会事业】 认真开展人大议案、建议、意见、政协提案的办理。加强民兵预备役建设，完成年度征兵任务，为部队输送双合格兵员，其中50%新兵具有大专及以上学历，并特招士官1名。镇公共资源交易中心受理和完成57个项目的招投标，其中工程项目52件，经济项目5件。文教卫工作取得新业绩，文化事业得到省、市、县领导认可，冷水、溪口、下徐等7个村建设了高标准的文化礼堂，浙江省文化礼堂现场会在溪口村、石角村举行。做好计划生育工作，全年计划外生育9例，计划生育率为94.71%。应征收社会抚养费57.58万元，实征57.99万元，征收率100.71%。积极做好2015年度合作医疗保险工作，参保率为86%。做好妇联及食品药品安全管理工作。

【社会稳定工作】 落实稳定是第一责任理念，充分发挥镇社会服务管理中心作用，共接待群众来访500余人次，处理信访件4起，按时回复县长信箱10件、市民热线32件。全年镇、村两级共调处各类矛盾纠纷249起，其中重大纠纷调解16起。切实加强对21名社区矫正人员帮教管理，其中12名已矫正期满。开展普法教育，落实反邪教措施。

【整镇推进基层党建】 按照“党委书记牵头，党政班子研究，组织委员指导，组织员实施，党建指导员落实”的工作方针，一人抓一村，以石角村党建示范点打造为样板，启动“石角—寺下—大沃口—枫林—扁石—溪口”党建示范带建设，进而实现整镇推进的党建工作目标。在梳理总结全国农村基层党建工作座谈会现场观摩、浙江省委组织部组织二处蹲点调研、省委党校青干部班现场实践所提出的意见建议的基础上，进一步加强石角村基层党建示范点建设，强化党建核心，推动石角村乡村旅游发展，实现村级集体经济跨越式发展。重点打造党建示范带建设，注重挖掘各示范点的特点，实现村村有看点、各村不重样。石角村突出“党建+乡村旅游”，寺下村体现“党建+状元文化”，扁石村着重“党建+中心工作”，溪口村力促“党建+集镇发展”，大沃口弘扬“党建+移民文化”，枫林村实现“党建+后进整转”，形成成熟的党建示范带和区块。实现党建规范化提升全覆盖，至年底，全镇14个村级党支部均已启动党建示范点建设，其中4个村的党建长廊已经安装完成。全面落实浙江省委农村基层党建“二十条”经验和龙游县“十个一”标准，规范提升基层组织运转效能。村级便民服务中心均按照要求进行整改，规范办事流程，提高服务效能。

图179 出席全国农村基层党建座谈会的代表到石角村考察

【石角村】 石角原名石墎，以周围山峦如城郭，故名，又名石廓。“墎”为“郭”字古字，音郭，俗谐音讹作“石角”。石角村位于灵山江畔，东南临寺下村，西接全旺镇尚论岗村，北连龙洲街道渡贤头村。村域总面积14.36平方公里，耕地面积115.87公顷（1738亩），山林面积952.33公顷（14294亩），其中毛竹山127.07公顷。下辖10个自然村、16个村民小组，有432户共1558人。石角村山清水秀，风光旖旎，灵山江如天成的阴阳两仪图穿村而过。自唐代起，石角村就是一个兴盛的商埠，是灵山江畔著名的古埠头，村内有“石壁泛舟”等石墎古八景，人文底蕴深厚，南渡著名宰相余端礼、清代山东巡按余日新等安葬于此，明代“浙操之师”祝望在此隐居，并留下《石处山》等诗篇。近年来，该村的美丽乡村建设卓有成效，“魅力石角”远近闻名；农村基层党建成绩突出，成为2015年全国农村基层党建工作座谈会现场考察点，吸引省内外大批考察团前来参观调研。

（溪口镇 徐少春）

詹家镇

【概况】 詹家镇地处龙游城西郊，东与龙洲街道接壤，西与衢江区高家镇交界，南邻衢江区全旺镇，北与小南海镇隔江相望。芝溪流经境内，地貌以平原为主。全镇总面积53.54平方公里，户籍人口10219户26848人，下设詹家、夏金、马叶3个农村工作站，辖21个行政村。2015年，镇政府围绕建设美丽詹家、幸福詹家的目标，坚持实施“生态立镇、产业富镇、特色强镇”发展战略，按照年初确定的各项工作目标任务，真抓实干，全镇经济发展、项目建设、民生事业、“五水共治”“四边三化”及“无违建”创建等工作取得实效。

【工业经济】 全镇有工业企业20家，其中规模以上企业2家，全年实现工农业总产值4.1亿元。深入开展“工业服务月”“三走进”等活动，协助工业企业解决实际问题，增强企业加快发展的信心和内动力，指导和支持浙香食品和巨通管业有限公司完成技改工作，全年实现工业固定资产总投资2300万元，其中技改任务2000万元，实际完成4144万元。继续以芝溪家园来料加工园区为重点，以新型经营方式促进来料加工的发展和提升，全年新增集中加工点2个，有经纪人38人，其中一级经纪人36人、二级经纪人2人，从事加工人员1749人，全年发放加工费1769.8万元。2015年，实施亿元以上重点项目2个，其中由中机国能龙游光伏发电有限公司投资5.5亿元建设的龙游县詹家镇西方村40MWP农光互补光伏发电项目，已租赁土地约80公顷，完成升压站主体设施建设，一期架空太阳能电池组件板已完成安装，预计在2016年8月前完成调试并投产；由上海世贸集团投资6亿元建设的龙游世贸商业城主体建筑也已接近完工。

【农业产业】 加快推进农业“两区”（农业粮食生产功能区、现代农业园区）建设，完成龙兴殿粮食功能区建设。依托农业“两区”平台，积极发展姑蔑生态园休闲观光农业，在百分百生态有机农场内培育推广生态循环农业模式；大力培育发展新型农业经营主体，完成农村土地承包经营权确权登记颁证任务，新培育投资500万元以上新型农业经营主体3个。严格落实农业“两区”各项管护制度，未出现“非农化、非粮化”现象，已验收农业“两区”上图入库率达100%。积极开展有机农业特色乡镇创建，大力实施有机农产品培育认证，“龙游百分百生态有机农业有限公司”取得有机转换认证证书，“百分百生态有机农场”成功创建衢州市示范性有机生态农场；龙游甜香香葡萄专业合作社的葡萄通过绿色食品论证，王正伟家庭农场的莴笋通过绿色产品论证。

【“五水共治”】 继续抓好芝溪河道综合整治工程，全力推进“清三河”创建工作；抓好“百河提水质美水景”竞赛和“一村一清塘”整治活动，消除村庄内黑臭水体；镇域内农村生活垃圾有效集中处理建制村比例达到100%；顺利完成年度农村生活污水处理任务和垃圾分类村任务；完成年度生猪养殖、乡镇工业功能区、农村小作坊等整治任务；与2014年相比，芝溪水质得到进一步提升和好转。加强“河长制”工作机制落实，制订河段长专项考核办法，落实镇、村河段长工作职责和工作目标，镇级河段长与村级河段长签订责任书，落实责任，日常巡查、考核、问责等工作到位，相关台账资料健全。完善河道管理机制，挑选事业心、责任心强的村民为河道保洁员，负责河道垃圾清除工作，河道保洁走上正常化。“五水共治”资金、人员、设施、制度到位，河长公示牌设置规范，更新及时。大力推进基层治水体系建设，把“五水共治”纳入村规民约，组织开展“百万妇女学贺田”活动，严格落实驻村干部日常巡查监管责任，建立督查巡查考核机制。

【“无违建”创建】 强势推进“三改一拆”行动，对存量违章建筑依法、及时、妥善处置，做到应拆尽拆，重点加强集镇违法建筑处置。全年拆除各类违法建筑16.527万平方米，完成夏金、詹家集镇整治。成立“无违建”巡查队伍，第一时间发现新增违法建筑，做到即查即拆，及时处置率达到100%，确保无新增违法建筑。全面完成“一户多宅”专项整治，及时处置有关信访投诉件，并按规定程序答复反馈。成立无违建创建工作领导小组，工作台账规范，数据材料上报及时。至年底，已有12个村通过“无违建”创建验收。

【深化“民情通”使用】 深化“民情通”服务平台建设，探索解决“服务群众最后一公里”问题。结合大抓基层组织年活动，围绕打造“三民工程”升级版的要求，对“民情通”板块内容进行完善充实。在“民情通”投入使用的两年时间里，共发送指令1024条，其中调解类215条、服务类的526条、举报取证类50条，通知类（非会议通知）233条，共收到图片资料1500余张，解决民生实事240余件，有力推进“五水共治”“四边三化”“三改一拆”等中心工作的开展，受到广大群众的好评。市、县组织部门领导高度评价“民情通”这一工作创新，多次开展调研指导。年中，“民情通”入选衢州市“三民工程”成果展，衢州市委组织部以此为基础，和电信、移动公司共同开发“三民工程”和“E掌通”等软件，在全市范围内进行推广运用。社会各界和媒体对“民情通”手机信息平台高度关注，《浙江日报》《衢州日报》等媒体均在头版报道民情通的使用信息。

【乡村休闲旅游】 成立詹家镇休闲旅游管理协会，加快乡村休闲旅游产业的健康快速发展，全年接待游客数和营业收入有较大幅度增长，同比增长112%和311.7%。重视乡村旅游统计工作，配备乡村旅游统计员1名，及时准确上报全镇的旅游统计信息。参与市乡村旅游培训3次、县乡村旅游培训2次，并开展本镇乡村旅游培训。夏金村惠军山羊生态养殖专业合作社朱彬代表龙游县受邀参加第七届全国优质农产品（北京）展销周，成功推介旅游农特产品。12月，联合姑蔑城生态园，成功举办“森林星光汇·冬约姑蔑城”圣诞嘉年华节会。投资4000多万元建设姑蔑城生态园农家乐综合体乡村休闲旅游项目，并顺利通过市级验收。启动新加坡风情小镇建设项目，初步完成土地征用协议签订和调查摸底工作。

图180 詹家镇百笛之队获衢州市文艺大赛金奖

【农村文化事业】 抓好“笛子之乡”创建、体育小康村申报、民族村项目编制申报等工作。在夏金和浦山2所小学对400余名师生进行一周一次培训，组建由50人组成的笛子演奏队。联合宣传部门开展文化下乡活动；联合县文联在开展全县村歌创作大赛；组织群众参与每月“最美龙游人”评选，参加县全民健身运动会等活动，多名对象被推荐为“最美衢州人”候选人。完成21个“春泥计划”实施村的项目设计工作，结合“春泥计划”开展各类活动，促进未成年人思想道德建设。抓好浦山小学改建扩建项目前期工作，完成寓外人才调查和数据入库工作。

【民生保障工作】 开展农民健康体检工作，利用“数字新农村”平台发放农民健康体检通知。完成马叶村、方村村、西方村卫生室建设，至年底，已进入项目验收阶段。严格执行城乡居民最低生活保障“应保尽保、应退尽退”的动态管理机制，落实低保户569户共834人。办理大病救助100例，结合消除“4600元以下”贫困户工作，发放救助款37.9万元。协助受理詹家、石亘等村被征地人员参保182人次。193名60岁以上残疾人享受免费新型农村合作医疗，95位无固定收入残疾人享受每月125元补贴，228名困难重度残疾人享受每月389元生活救助，发放安家护理费9.3万元。继续抓好计划生育工作，全镇全年出生193人，计划生育率93.3%。坚持“便捷、服务、高效”宗旨，保障行政服务中心优质运行。依托浙江省政务服务网平台，在办事大厅和行政村设立浙江省政务服务网网上代办点。按照县行政服务中心关于完善村级便民服务中心建设要求，打造浦山村、山后村等便民服务中心示范村。

【民主法治建设】 认真开展矛盾纠纷化解及稳控工作，把握春节及全国、省、市、县两会召开等节点，深入开展矛盾纠纷大排查、大调处活动，共排查各类纠纷654起，调解成功652起，其中调处重大纠纷2件、非正常死亡案件3件，全镇未因纠纷调处不及时或调处不当引起矛盾激化，未出现民事案件转刑事案件的案例。加强网络舆情应对，化解网络舆情2起。及时梳理全镇各类利益群体和信访个案，对重点稳控对象实施领导包案，各类群体及信访个案总体平稳，未出现赴省进京上访事件，确保国庆70周年阅兵活动和第二届世界互联网大会期间的社会稳定。积极探索社会服务管理新方法，全面推广使用浙江省平安建设信息系统，建立镇村社会治理综合指挥平台，提升“网格化管理，组团式服务”水平，努力打造“党政牵头、部门联动、信息共享、属地管理、全面参与、综合治理”的詹家镇社会管理新模式。完善村规民约，加快村级法治、德治和自治“三治”模式的建设。

【基层组织建设】 严格落实管党治党责任，认真开展大抓基层组织年活动。镇党委书记牵头主抓并完成基层党建项目3个，21个村党组织书记落实基层党建“责任清单”。深化“走村不漏户、户户见干部”“联系不漏户、党群心贴心”活动，全面开展“走亲连心”活动；扎实推进“三民工程”建设，詹家镇被评为衢州市“三民工程”示范乡镇，浦山村、前游村被评为市“三民工程”示范村；在2015年村便民服务中心升级版建设中，浦山、山后等7个村被评为市级示范型便民服务中心。落实村务联席会议制度，实行“五议两公开”民主决策，建立“小微权力”清单，党务、村务、财务公开及时规范。开展村级组织届中“回头看”，建立完善村级后备干部库。村监会制度规范、运行有序，村务公开、村务决策、“三资管理”等监督到位。严格落实党员“先锋指数”考评管理制度，划定农村党员“十条红线”。全面实施农村党员冬训，建立党员关爱基金。

【詹家镇十四届人民代表大会第五次会议】 1月14日召开。大会应到代表57名，实到53人。会议审议并通过《镇人民政府工作报告》《镇人大主席团工作报告》《财政预决算报告》，选举温连文、吴胜春为副镇长。

【浦山村】 位于县城西郊3公里处，系镇政府所在地，衢龙公路穿村而过，交通方便，环境优美。村域面积2.74平方公里，辖10个村民小组、8个自然村，有509户共1176人，其中有畲族302户701人，占全村人口总数的65%以上，是衢州市少数民族重点村。全村有耕地109.47公顷（1642亩），山林73.87公顷（1108亩）。近年来，浦山村通过土地流转，整合40公顷闲散土地予以转租，每年为村集体增加收入5多万元。依托境内就业岗位多的优势，引导300多名村民在本地就近就业，全年带动农民增收840多万元。浦山村与时俱进、开拓创新，以美丽乡村建设为目标，打造生态和谐浦山，是龙游县首批市级美丽乡村之一。先后被授予全国民族团结先进村、浙江省民族团结小康村、浙江省民主法制村、浙江省森林村庄、龙游县先进基层党组织、龙游县美丽乡村示范村、龙游县文明村等荣誉称号，

【前游村】 前游村位于龙游县詹家镇西部，距县城约5公里，320国道、龙丽高速及浙赣铁路穿境而过，交通便利。辖贵塘山、下颜、前游3个自然村，有6个村民小组，总人口为832人。地处平原地带，呈块状分布，有耕地53.6公顷（804亩）、山地26.67公顷（400亩），是一个土地资源相对薄弱，但劳动力资源较为丰富，区域条件较为优越的行政村。村两委结合本村实际，以土地流转为突破口，促进劳动力的分工分业，推动农民增收致富，实现村集体经济和农户经济的共赢发展。扎实开展基层党建工作，村党支部多次被评为龙游县先进基层党组织，曾获浙江省优秀基层党组织殊荣。先后获得全面建设小康社会示范村、浙江省文明村、浙江省维稳工作示范站、衢州市文化特色村、龙游县文化特色村等荣誉称号。

（詹家镇 熊志勇）

小南海镇

【概况】 小南海镇位于县境衢江北岸，东邻模环乡，南与县城和詹家镇隔江相望，西连衢江区高家镇、莲花镇，北与塔石镇接壤。团石溪、塔石溪及其支流在境内汇入衢江。地貌以丘陵为主，有少量河谷盆地。辖区面积85.98平方千米，户籍人口12661户31964人。镇政府驻小南海镇茶圩里村光明路29号，下设虎头山、团石、箬塘3个农村工作站，辖18个行政村。2015年，小南海镇全面落实中央、省、市、县委各项决策部署，坚持稳中求进的工作总基调，主动适应经济发展新常态，扎实推进各项工作，全镇经济持续健康发展，社会保持和谐稳定，较好地完成了镇六届人大四次会议确定的各项目标任务。全年实现工农业生产总产值16.5亿元；农民人均纯收入13325元，同比增长10.5%；财政总收入1944万元，同比增长9.2%；固定资产投资增长18.6%。

【工业经济】 2015年，全镇实现工业总产值12.8亿元，其中规模以上工业产值8.6亿元，利税增长66%。实施单个投资500万元以上的项目9个，新增规模企业1家，完成上级下达的节能减排任务。积极培育上市后备公司资源，茗皇食品、再生方医药2家企业新三板上市工作已完成股份制改造，亿洋工具、光明铁道、开启能源、集美科技等公司也在谋划上市。推动传统企业实行“电商换市”，在“1688诚信通平台”新增企业15家；开通B2B电子商务（即企业对企业的电子商务，也称批发电子商务，是电子商务市场的主流部分）营销（含规模以上企业2家）；完成2个行政村农村淘宝合伙人招募和农村淘宝服务站示范点建设。协同环保部门推进工业污染防治工作，落实“一企一干部”制度，全面完成56家区外企业的环境整治提升。加大企业安全生产监督检查力度，督促企业落实安全生产责任制。

【农业经济】 全年完成农业总产值3.7亿元。种粮大户数量与早稻种植面积持续增加，50亩以上规模种粮大户达14户，油菜种植面积达1100公顷（1.65万亩），完成粮食订单任务1060吨。培育现代农业经营主体，新增家庭农场17家，形成周红坂火龙果、团石葡萄、鸿陆夏无花果、翠光岩天鹅、汀塘圩鳄鱼等一批特色种植业和养殖业。规划投资3800万元的中茵园林农家乐综合体主体建设基本完工。完成小南海镇“十三五”农田水利项目计划和2016年“小农水”（即小型农田水利）重点县项目的编制工作。完成雅塘、双潭、大塘等3个行政村的标准农田质量提升项目及大塘、东塘山、龙丰等村的27.33公顷土地开发项目，完成2公顷农村土地综合整治项目。完成农村土地承包经营权确权赋权工作和18个行政村经济合作社股份制改革。建成小南海镇农村产权流转交易分中

心，完成10宗产权交易。做好全镇1062户共2063人的贫困户结对帮扶工作，全面消除人均收入4600元以下低收入农户。

【“五水共治”】 全面完成生猪养殖场“三必拆”任务和166家生猪养殖场污染整治工作，首创“开启、箬塘、吉祥”大、中、小三大循环养殖模式，在国家级会议及央视等媒体宣传推广。完成617家养殖场拆后复垦工作，复垦面积10万多平方米，发放复垦奖励资金1033万元。镇、村两级投入资金500余万元用于村级河道清理，清运垃圾150余吨，清淤19万余立方米，完成塔石溪新山水村河段绿化提升工程，乡镇交接断面水质明显改善，“清三河”工作通过县达标验收。至年底，完成大塘、双潭、龙丰、傅家畈、下章、傅家新村、周红坂7个村的农村生活污水处理项目，团石、箬塘2个村也基本完成，惠及农户3282户。全年有12个行政村通过“贺田模式”复制达标验收，实现镇域全覆盖，并在基础条件较好的8个村开展农村垃圾分类试点。“贺田模式”复制先进村泽潭村成为衢州市“百万妇女学贺田”行动动员部署会的现场观摩点。

【“两路两侧”“四边三化”专项整治】 大力推进“两路两侧”“四边三化”专项整治，借力“万人治污大行动”等集中行动，依法取缔占道经营点，清理公路沿线垃圾和非法广告。提升公路绿化品质，补植公路用地范围内的绿化林带。全面完成省交办3项、市交办11项问题及94项县自查问题的整改。

【“无违建”创建】 继续抓好“三改一拆”工作，全年完成拆违面积近17.8万平方米，完成任务的126%，收缴各类罚款近200万元。泽潭村、雅塘村、新山水村、龙西村、汀塘圩村、翠光岩村6个行政村通过县“无违建村”预验收，基本完成《小南海镇集镇建设发展总体规划》的编制。

【推进重点项目建设】 泽潭翁家滩一期116户安置户全部签订搬迁协议书，场内“三通”已到位，大部分

图181 雅塘村逸云书画院举行揭牌仪式

安置户已动工建设，红船头电站按期蓄水。320国道与杭新景高速龙游塔石互通连接线改造工程、红船头电站输变线路铁塔基位建设、钱塘江治理龙游衢江治理工程小南海南段与北段工程、“虎十线”、“十团线”部分路段改造提升、龙游泽基砂场等一批县重点建设项目的政策处理基本完结。完成小南海初中、小南海小学环形道路改造工程。

【社会事业】 抓好低保动态管理工作，经过调查审核，849名困难群众纳入“低保”，发放低保金270万元。对273名重度残疾人发放生活困难补助130万元，发放大病救助177名53万元，发放临时救济款16.5万元。及时、足额发放复员军人、烈属、参战退役人员的定补金和抚恤金。加强农村公共文化建设，投资50万元建成小南海镇综合文化站；雅塘建成农村文化礼堂和民族广场，民族村建设初具雏形；全镇新增室内文化活动场所2000多平方米，新增室外文体活动场地5000多平方米。建成小南海镇广电中心、小南海卫生院，完成雅塘、新山水、龙丰、周红坂、泽潭、鸿陆夏6个村的标准卫生室建设。完善综治网格化长效管理机制，实行人防、物防、技防并举，全镇共安装视频监控探头117个。积极化解矛盾纠纷，茗皇公司征地纠纷、石窟景区停车场征地纠纷、新山水村拆违纠纷、开启能源科技有限公司非正常死亡纠纷、石菱新型建材有限公司欠薪纠纷等一批“老大难”纠纷得到有效化解。

图182 中共小南海镇六届四次会议召开

【基层组织建设】 践行“三严三实”，巩固和拓展党的群众路线教育实践活动成果。实施书记“项目清单”、班子“任务清单”，开展镇干部“走村入户”、村党员干部“包片联户”活动，开展“党建+”主题活动，围绕干部履职、依法治村、拒腐防变、引领发展、建设美丽乡村五个方面，抓好农村党员冬训工作。实行量化积分制考核，进行星级评定，挂牌亮星，加强党员的规范化、制度化管理；坚持村书记述职亮绩考核制度。严肃村干部违法乱纪案件，全年处理村两委干部4名，其中下章村陈志忠被免去村党支部书记职务，按相关规定责令辞去村民主任、村经济合作社社长职务，由镇纪委对其立案调查；两名村干部因长期不在岗，分别给予歇职待岗6个月与3个月的处理，1名村书记违反招投标操作规程，被通报批评。加大党员违纪案件的查处力度，共查处各类违纪党员10人。建立村级非生产性开支预算和预警机制，规范“三资”管理，全镇村级非生产性支出从2014年490.86万元下降到2015年410.04万元，其中招待费从36.44万元下降到8.02万元。核查村级公款消费143笔共9.5万元，对59683元的不合理消费不予入账，并清退不合理餐费票据4张，计2561元。同时，对相关村主职干部进行提醒教育谈话，从源头上堵塞公款消费漏洞。

【雅塘村】 雅塘畲族村是畲族少数民族村，该村坐落在小南海镇北面，距离龙游长运汽车站约2公里，环城路、杭新景高速公路横贯东西，交通十分便利。村域面积3.85平方公里，由6个自然村组成，分成17个村民小组，全村有522户共1364人，其中畲族人数达305人，占总人口1/3以上。雅塘村地处丘陵地带，有土地297公顷（4455亩），其中耕地90.27公顷（1354亩），2015年，村民人均纯收入8300元。雅塘村历史悠久，人杰地灵，村内名胜古迹众多，有距今500多年的张姓祠堂，有近200年历史的北垅祖殿。近年来，还建有畲族风情文化广场，兼具浓厚的畲乡文化、畲族方言、畲族风俗等，独具特色，别有风格。雅塘村先后被评为浙江省民族团结进步小康村、少数民族新农村建设重点村和十佳和谐基层组织。

（小南海镇 邓和珍）

塔石镇

【概况】 塔石镇位于县境衢江以北地区的西部，东与模环乡相连，南与小南海镇接壤，西与衢江区莲花镇相邻，北傍石佛乡、横山镇。塔石溪、泽随溪等流经境内，地貌以丘陵为主，有部分山地。辖区面积75.87平方千米，户籍人口14513户41818人。镇政府驻塔石集镇，下设塔石、雅村、泽随3个农村工作站，辖26个行政村。2015年，塔石镇立足建设“农业强镇、商贸重镇、宜居新镇”，努力打造“龙北中心镇”，全年实现工农业总产值12.54亿元，同比增长8%。获2014—2015年度浙江省社会治安综合治理先进集体、衢州市平安示范乡镇、衢州市文明乡镇等荣誉。

【工业经济】 全镇有工矿商贸企业64家，全年实现工业总产值9.5亿元，其中2家规模企业工业产值3亿元。全年实现固定资产总投资1.65亿元。成功引进杭州久益机械有限公司投资3000万元的空气压缩机客体精加工项目。启动实施万兴砖瓦厂页岩空心砖技改、韩氏竹笋深加工技改等项目，提升企业产品的核心竞争力。推行“互联网+”模式，龙游新凯文具有限公司等3家企业通过推广“诚信通”电子商务平台，开设企业网站、网店，共实现销售额670万余元。建成塔石村、钱家村等7个农村淘宝村级服务站点，为农村企业和村民提供方便、快捷的服务和价廉物美的商品选择，改变传统商品销售模式。

【农业经济】 以建设“龙游县富硒产业集聚区”为契机，塔石镇全力打造北部富硒产业集聚区、中部观光农业示范区、南部绿色有机农业集聚区等三大生态高效农业示范基地。成功引进浙江响当当农业发展有限公司投资3000万元的绿色蔬菜配送中心及33.33公顷果蔬基地建设项目；占地33.33公顷投资2000万元的舒村有机富硒果蔬基地第一期已建成投产，日产富硒蔬菜2500千克，解决当地农民就业40余人；投资1000余万元的童岗坞村龙游县富硒产业试验基地已全面开工。投资750万元完成昌塘等5座重点山塘整治工程、胜塘水库等2个“千库保安”工程、泽随等8个村的9座机埠修建工程，改善全镇农田水利设施和灌溉条件。完成杜山徐村等垦造耕地项目8个，新增耕地26.67公顷。扶持家庭农场建设，至年底，全镇有家庭农场120家，其中新增18家；有示范性家庭农场1家、规范化家庭农场4家；有配备自检设备的家庭农场6家；红心蜜柚通过有机产品认证。完成土地流转200公顷，建立种植、养殖示范基地12个。2015年，全镇生产粮食2.3万吨、油菜籽2661吨、蔬菜5978吨、棉花36吨、柑橘1万吨；饲养生猪11.6万头、家禽28.5万羽；实现农业总产值2.3亿元；农民人均收入12401元，同比增长10%。

【“五水共治”】 制定下发“五水共治”工作清单和问责清单，建立“一周一督查、一周一通报、一周一约谈”的责任倒逼机制。镇党政班子带头分片包干，发扬“蚂蝗”精神和“钉钉子”精神，仅用一个月的时间，全镇45家村庄内、河道边的“三必拆”生猪养殖场全部关停到位，全镇26个行政村全部实现“无猪村”整治目标。至年底，列入提升整改的87家规模养殖场已全部整治到位，并顺利通过县验收，实现生猪养殖产业的转型升级，改善了农村生态环境的面貌。完成中小河流综合整治塔石项目区建设，项目涉及17个行政村，总投资2330万元，清理河道19.7千米，建设清洁塘41个。建立健全河长制等相关制度，实行挂图作战和项目化管理。全年完成辖区内100千米河道的垃圾清理，完成45千米河道的清淤整治。

图183 县委书记方健忠到童岗坞村调研

【集镇建设】 完成豆腐王村、里王村2个文化礼堂项目。实施“美丽塔石”集镇改造提升项目，投资300余万元，完成塔石集镇道路白改黑、绿化、污水处理、环境整治等四大工程，新硬化集镇道路700米，新安装路灯24盏，铺设自来水管道2000米、排污管道1800米、通信管道400米。启动塔石菜市场改造提升工程、塔石镇商贸中心、泽随敬老院扩建等项目建设，完善集镇基础设施。

【平安创建】 积极探索创新社会治理“112”塔石模式，着力构建警民联动、专群结合、抓早控小、覆盖全镇的三级“群防群控网”。在全镇推行“平安通”“民情通”手机信息平台的基础上，突出常态化排查矛盾和多元化解决矛盾，力争第一时间从源头上预防、排查和化解矛盾纠纷。该项工作得到浙江省政法委主要领导的充分肯定，衢州市、龙游县多次在塔石镇召开基层治理现场会。

【民生事业】 在生态、民生领域，全年共有重点在建项目43个，总投资6.08亿元。其中，有农村生活污水治理项目村16个，新增受益农户5313户，投资金额2657万元。针对集镇排污基础设施差的现状，投资

230余万元完成集镇1500米排水排污管网铺设和集镇污水终端提升改造工程，完善集镇基础设施配套。完成连接线至雅村砖瓦厂道路的大中修工程和童岗坞至脉元的联网公路建设，完成泽随至上坪、小溪、东西部、西圯、街头等道路的等级提升建设和乡道、通校车道隐患路段的安保建设。全镇26个村完成“贺田模式”复制工作，推行垃圾分类、洁净乡村创建已初见成效。

【“消除4600”工作】 全镇有家庭人均收入4600元以下低收入农户1168户1348人，已全部消除贫困。其中，低保销户786户916人，享受重残补助销户85户106人，干部结对帮扶销户244户272人，另外死亡53户54人。平稳有序完成县低保试点工作，确定低保1153户共计1755人，发放低保金200余万元；382名残疾人享受100%～150%补助金，共17万多元。发放救济款53万元；医疗救助149人，发放救助款57.6万元。

【基层组织建设】 把为民服务作为政府一切工作的出发点和落脚点，在“三民工程”标准化建设基础上，重点建好村级便民服务站点，实行全镇村干部“全程一体化办结制度”。建立健全“走亲连心”制度，全镇1700余名党员干部深入到26个行政村，基本走遍全镇1.4万余户农户。针对群众最关注、反映最多的集镇脏乱差、农村水污染严重、农民建房审批难三个问题，组织攻坚行动，予以有效地解决，做到实实在在服务于民。

【乡贤文化】 在衢州市率先培育和发展村级乡贤会7个，《衢州日报》头版多次进行专题报道。通过成立乡贤“老娘舅”调解队、“五水共治”服务队，设立慈善基金，充分发挥乡贤“谋发展、促和谐、济贫困、正风气”的作用。7个村级乡贤会均建立乡贤微信群，各位乡贤“助推新农村建设，助推乡村治理”，有钱出钱，有力出力，使乡贤会真正成为村两委的智囊团、村务的好帮手、村民的好榜样。

【乡村旅游】 以打造“龙北沿千里岗山脉历史文化体验旅游线”为契机，优化“以中国传统古村落、省

图184 塔石镇雅村村成立乡贤会

级历史文化名村泽随和雅村片浙西第一品质温泉为两个中心点，以真武山、叶村韩氏百亩竹文化和水果基地、舒村500亩有机富硒果蔬基地为三线”的“二点三线”乡村休闲旅游布局。按照做牢基础、做特业态、做美环境、做强产业、做响品牌的总体要求，着力打造乡村休闲旅游升级版。完成8家农家乐的申报工作，至年底，全镇首家三星级农家乐已初步通过验收。

【泽随古村落保护】 2012年5月，泽随村被列入浙江省历史文化名村。2013年8月，泽随村入选第二批中国古村落名录。全村共有连片的明清和民国初期古建筑159幢，其中以清代居多。2015年，塔石镇重点推进泽随古村落保护项目建设，投资600余万元，完成77幢古建筑（传统民居）的修复保护和整治；投资378万元，完成泽随古村落的污水处理、村庄绿化、道路铺设、墙体立面改造等基础设施建设。通过维修，一些常年失修的古建筑得到了保护；通过整治，古村落的环境得以改善，吸引更多国内外游客到泽随村游览观光。

（塔石镇 单立新）

横山镇

【概况】 横山镇地处龙游县东北部，距龙游县城16公里，东与兰溪市诸葛镇、水亭畲族乡及建德市大

慈岩镇接壤，南与模环乡相连，西与塔石镇、石佛乡为邻，北与建德市航头镇交界。320国道、杭新景高速穿境而过，交通便捷，区域优势明显。境内有塔石溪、模环溪及其支流。地貌以丘陵为主，北部为千里岗余脉之山地。辖区面积89.3平方千米，户籍人口为12130户31980人。镇政府驻横山集镇塔山路，下设东片、西片、北片3个农村工作站，辖20个行政村。2015年，委、镇政府深入贯彻落实科学发展观，团结依靠全镇各级党组织和广大干部群众，主动作为，创新实干，各项工作取得新进展，顺利收官“十二五”。全年实现工农业总产值11.4亿元，其中工业总产值8.3亿元；完成固定资产投资2.4亿元；完成税收846.1万元；农民人均可支配收入16969元，同比增长10.1%。获衢州市“有机乡镇”称号。

【工业经济】 鼓励企业加大技改投入，推动浙江青龙山建材有限公司、恒达矿业、横建建材、洁美日用品、浙江硒莲液富硒科技有限公司等7家企业完成技改投入5413.8万元。加大招商步伐，全年有5条招商信息入库，引进龙游彩生物质颗粒厂和浙江微龙管业有限公司等企业。企业节能降耗成效明显，总能耗同比下降30.7%，万元产值单耗同比下降9.7%。督促企业做好污染防治工作，建立区外企业“一企一策一干部”污染防治责任制，36家区外企业全部通过县环保局验收，辖区企业的生产、生活污水和“三废”（废水、废气、废渣）排放得到有效控制。

【农业经济】 投资1300万元推进富硒产业提升项目建设。依托科技创新，投资1790万元，建成荣光酒厂莲子酒生产线、三农富硒莲子酒库房等项目，壮大富硒产业；9月，莲子产业示范区通过省政府验收。推进家庭农场扩容提质工程，全年新增家庭农场18家。培育发展绿色有机农业基地，新增有机农产品5个、无公害农产品2个。推进粮食生产社会化服务，新增千亩以上种粮大户1个，完成243.6公顷粮食生产功能区建设。全年粮食播种面积达2633.33公顷，总产量达1.64万吨。完成山区道路和绿化造林任务，全年垦造耕地26.27公顷。

【“五水共治”】 全面推进河道、山塘池塘和村庄治污、治脏、治乱。实施以塔石溪、模环溪为重点的河道绿化彩化工程，完成天池村、河宗村、白鹤桥村等主要景观区溪渠、道路两侧林带林网种植，提升景观区品位。按照“一场一策一干部”的工作要求，推进生猪养殖整治和猪场退养工作，全镇84家猪场全部通过环保局、畜牧局初步验收，其中养猪场生态整治在全县率先通过县验收，9家“三必拆”范围养猪场全部拆除到位。列入农村生活污水整治的下宅、后徐、脉元、项家、余岗、八石坂6个村，总投资约950万元，受益人口达1899户，至年底，整治工程基本完成，其中下宅、余岗、八石坂3个村已通过市级验收。模环溪沿线11个村的生活污水处理工程进展顺利。全面推广“贺田模式”，采用“一季一考核，一村一办法，一户一培训，一周一巡查”的方法，牢牢抓住妇女这个清洁卫生工作的主力群体，全年培训妇女3000余人次。至年底，9个“贺田模式”复制村全部通过县验收，8个村顺利通过衢州市垃圾分类考核验收。

【乡村旅游】 在天池荷花景区，投入100多万元，修建观荷长廊、荷塘排灌水渠、观荷亭等基础设施；改良扩种天池莲子20公顷；投资20多万元种植2公顷柳叶马鞭草，营建紫色花海，丰富天池花海景观。引进2家投资主体对大池荷花景区进行旅游深度开发，协议引资额超过5000万元。开通“魅力横山”微信公众号，通过衢州发布、衢州在线、微龙游等关注度较高的微平台扩大宣传效应。推出“富硒八大碗”“富硒莲子宴”等招牌农家菜和极具本土特色的农家乐，先后承办、举办“舞动健康·魅力横山”广场舞大赛、衢州“金花”现场投票暨天池荷花节开幕式、浙江流动大舞台等10余场文化旅游活动，吸引数万游客到景区旅游观光。

【民生、文化事业】 积极开展“消除4600”工作，制定一户一策，通过低保扩面、产业帮扶、干部结对等方式，全面消除人均收入低于4600元的农户。稳步推进其他民政救济社保工作，完成7个村的大中

图185 横山镇举办“舞动健康·魅力横山”全民广场舞大赛

型水库移民项目，20个行政村对乡村公益性公墓进行重新规划。提升计划生育服务质量，全年计划生育率为91.55%。有序推进古建筑保护工作，八石坂叶氏宗祠、项家村子容公祠、天池村王氏小厅修缮工程已竣工。先后举办项家村文化礼堂开堂文艺晚会、三槐堂草龙祭天祈福仪式等文化、民俗活动。镇综合文化站装修配套工程全面完成并投入使用。新增河宗村、贤求朋村两个文化大礼堂。农村医疗卫生环境持续改善，新建村卫生室4个。民办幼儿园逐步规范，查处、关停无证幼儿园2所。

【平安创建】 在各级“两会”期间、重大国际活动及其他敏感节点，信访维稳卓有成效，无重大政治性事件、大规模群体性事件和恶性上访事件发生。做好重点信访问题稳控化解和疑难矛盾纠纷调处，全年处理县级以上信访件46件，调处各类矛盾纠纷447起，成功率97%。加强对社区矫正人员、刑事释放人员、精神病人员、吸毒人员、流动人口的服务管理，重视弱势群体的维权服务。在全镇20个行政村的重点地段、主要交通路口安装视频监控112个。

【基层组织建设】 精心谋划3个党建书记项目，认真落实47个任务清单。开展村级组织届中回头看，对村级组织的运行进行“健康体检、集体会诊”；开展“三有三带头”（即有岗位、有职责、有作为，带头执行政策、带头引领乡风、带头发挥主观能动性）创先争优活动，发挥无职党员的作用在重点工作中的先锋带头作用，全镇1400多户党员户全部挂牌亮身份，接受群众监督；开展村级三项竞赛活动，形成村级组织互赛互比的氛围。按照“十个一”标准打造脉元、项家、白鹤桥6个党建示范点，每个示范点特色鲜明，可复制可借鉴。在全镇范围内开展党章学习教育活动，对党员进行党性体检，开展民主评议。20个村共发放《村级便民服务手册》10000多册，落实项目80个，帮助群众解决问题892个，化解矛盾纠纷251起。设立横山镇工作交流微信群，要求干部每天都要实时发布工作动态“晒业绩”。开展“守规矩、严纪律”活动，对镇干部上下班纪律、值班纪律、每周一到村参加集中办公的执行情况等进行专项检查，检查结果与年终考核相结合。抓好以村书记为核心的村干部队伍建设，每季度均召开村书记党建工作会议，提升党建工作水平。

【横山镇第十五届人民代表大会第四次会议】 1月16日召开。应到代表60人，实到代表51人。会议审议通过《横山镇人民政府工作报告》《横山镇人大主席团工作报告》《2014年财政预算执行情况和2015年财政预算草案的报告》。选举吴军杰为横山镇第十五届人民代表大会主席团主席、叶志春为副主席；选举汪益平为横山镇第十五届人民政府镇长、吴加群为副镇长。

【天池村】 天池村位于横山镇龙北第一峰天池山脚下，扼杭金衢要塞之地，邻近有兰溪诸葛八卦村、建德大慈岩、新叶古民居等名胜古迹。天池村由儒大门、下店、新宅、杨家4个行政村合并而成，村域总面积15.46平方公里。至2015年年底，全村有902户2688人。天池村历史悠久，距今已有780多年的历史，村中有三槐堂、关西世家2处国家级文物保护单位。三槐堂始建于明代万历年间，已有四百多年历史，是目前全国可考的规模最大、保存最完好的王氏宗祠；关西世家是始建于明万历三年（1575）的杨氏宗祠，据宗谱记载，这一脉杨氏是杨家将杨六郎后裔。天池村于2014年被评为衢州市“最美乡村”；2015年8月，被国家旅游局评为“中国乡村旅游模范村”；2015年12月，被命名为“浙江省文化示范村”。

【志棠村】 志棠村位于龙游、兰溪、建德三县交界处，距龙游县城30公里，316省道龙葛公路穿村而过。据考证，志棠原名“梓塘”，村内塘边有一颗巨大的梓树，因而得名“梓塘”，后演变为志棠。志棠村由前邵、卸厅、后邵、席家4个村合并而成，其中前邵、卸厅、后邵3个村主姓均为邵姓，席家主姓为席姓。据民国县志《氏族考》载，邵氏先人于元至元二十八年（1291）由寿昌迁入，距今已有700多年的建村历史。全村有604户共1803人，现存古建筑66处，其中明代27处、清代34处、民国5处、近代1处，2处已被列入省文物保护单位，另有县级文物保护单位的有10处。后邵的东陵候门厅东厢房墙壁上尚有“乾隆三十五年（1770）二月集秀班”等演戏题记。古戏台已列入世界文化保护遗产五大集成之中。2015年，志棠村被命名为“浙江省美丽宜居示范村建设优秀村庄”。

（横山镇 叶晶）

社阳乡

【概况】 社阳乡地处县境东南缘，东邻婺城区莘畈、塔石两乡，南接遂昌县北界镇，西交大街乡、罗家乡，北连东华街道、湖镇镇，东北与婺城区汤溪镇毗邻。大公源、后渠源在双溪口汇合成社阳港，自南向北流入社阳水库。地貌以山地和丘陵为主，有少量河谷小平原。辖区面积96.01平方千米，户籍人口4917户12236人。乡政府驻红光村，辖8个行政村。2015年，乡党委、政府牢牢把握“生态立乡、绿色富民”发展战略，实现工农业总产值1.81亿元；农民人均收入10273元，比上年度增长了10个百分点。

【工农业经济】 立足饮用水源保护地的发展实际，通过政策扶持、技术培训、兴办家庭农场，重点培育黄花梨、白茶、笋竹、高山茶等“一村一品”。依托晓强中草药合作社“基地＋农户”的经营模式，引导农户种植中草药。协助晓强中草药合作社对接浙江工业大学药学院，开展中草药盆景项目战略合作，建设中草药博览园，开发中草药膳食，做大做强中草药产业，为打造“中草药之乡”奠定基础。扶持以龙游供享农业科技有限公司为骨干的本地企业，实行转型升级，供享公司被县政府授予“龙游县农业龙头企业”称号。完成社阳溪综合整治、山塘除险加固、灌区改造、高效节水灌溉、坡耕地改造、农民饮用水工程、小农水项目等8类项目，总投资达1110万元。整合民政、扶贫、林业等项目资金，兴建林区道路6条，总里程7公里，总投资70余万元。

【生态旅游业】 依托良好的生态环境，谋划发展乡村游、生态游，规划旅游项目，鼓励有条件的农户发展农家乐，推进乡村休闲旅游产业发展。青塘坞村举办首届梨花节暨中草药会展，吸引游客3000多名；大公村樱桃基地采摘游吸引大批游客前往观光和采摘。

【农村生活污水治理】 完成水库上游6个村污水治理工程的扫尾工作，完成凤溪和青塘坞2个村的农村生活污水治理工程。以生猪养殖整治为重点，促进转型发展，在治污百日攻坚行动中，圆满完成库区下游15家生猪养殖场的工业化和生态化整治任务。以“清三河”工作为抓手，扎实落实“河长制”工作，定期组织召开河段长会议，建立有效的巡查机制和巡查登记工作，开展“学雷锋·万人治污”集中行动，引导全民护水、爱水、治水，全乡出动乡村两级党员干部500多人次，清理河道17公里，打造清洁秀美河道。

【洁净乡村】 以“美丽乡村”和“贺田模式”提升为抓手，加大农村环境整治力度，建立农村清洁工程长效机制。积极开展农村生活垃圾分类处理，安装宣传标语牌128块，组织开展宣传培训12次，发放垃圾分类宣传册4500多份，发放蓝、绿双色分类垃圾桶7760个，共投入资金16万元。全乡8个村全部通过“贺田模式”复制和垃圾分类处理县级验收。红光村太阳能垃圾处理试点工程顺利推进。

【“无违建”创建】 出台《2015年度社阳乡三改一拆及“无违建”创建工作实施方案》，明确工作任务

图186 社阳乡召开治水治污百日攻坚行动动员大会

和责任分工，统一乡村干部思想，完善考核机制。在“三改一拆”百日攻坚行动中，全乡共拆除违规建筑57处，拆除面积6648平方米，完成县下达任务5000平方米的133%。全乡所有行政村均通过“无违建”县级验收，并于12月22日顺利通过市级正式验收，农村面貌持续改善。

【高坪桥水库建设】 围绕省重点项目高坪桥水库工程建设，利用会议、座谈、走访等形式，把全乡干部群众思想统一到县委、县政府决策部署上，扎实做好实物调查、公示复核、公路改复建等工作。成立由班子成员担任正副组长的3个库区工作组，选调年轻干部和有经验的干部进入库区工作。开展库区实物详查工作，走访555户1331人，6.13万平方米各类建筑房屋、工程永久占用的169.33公顷（2540亩）各类土地的详查工作已全部结束，并完成复查复核。顺利确定移民安置点的选址和建设方式。库区道路改建征地工作有序推进。

【民生事业】 开展低保动态调整，坚持分类定期复核、低保听证和民主评议，实施动态管理，做到“应保尽保、应退尽退”，全乡196户283人享受农村低保；44户44名困难群众申请医疗救助，发放补助金17万余元；137名重度残疾人列入生活保障。全面开展消除4600以下低收入农户工作，落实“一户一策一干部”帮扶措施，全乡人均收入低于4600元以下的450户902人已全部脱贫。做好计划生育工作，全乡出生125人，计划外生育5人，计划生育率达95.3%，各项指标达到县考核要求。组织全乡基干民兵参加县人武部点验，精心组织征兵工作，为部队输送优质兵源，连上村青年钱郑锴成为衢州市研究生当兵“第一人”。

【文化事业】 推进源头、社阳、凤溪等村的文化礼堂改建和新建，做好连上、源头、大公等村的古建筑修缮，启动乡文化站修建，完善农村文化阵地建设。组织参加市、县村歌大赛，推动文化创建。组织社阳小学百余名师生开展“大手拉小手，圆梦微心愿”和“弘扬雷锋精神，争做护水小义工”等活动，推进文化事业与重点工作相互促进。深入开展“最美”评选活动，选送张素梅、汪亚君、张德其等“最美人物”，其中张素梅入选“中国好人榜”“浙江好人榜”，其事迹被央视《夕阳红》栏目全面报道，引领乡风文明，弘扬社会正能量。

【平安创建】 加大平安宣传力度，开展无邪教村创建活动，8个村全部完成反邪教“一墙一窗”建设。认真做好特殊利益群体的信访维稳工作，纪念抗战胜利七十周年活动、世界互联网大会等重大敏感节点未发生一起越级上访。加强社会管理创新，深入开展“平安连万家”活动，推进“网格化管理、组团式服务”，实施全员责任制，构筑“五大安全网”，促进全乡各级干部切实承担起“守土有责、守土有方”的政治责任。做好矛盾纠纷排查调解，全年共排查矛盾纠纷109起，成功调处109起，确保社会和谐稳定。重视安全生产，不断完善公共安全和防灾减灾应急预警机制，全乡森林防火、防汛、防疫、应急管理等安全制度健全，职责落实到人员，全年无安全事故发生。

【大公村】 大公村位于社阳乡东南部，共有居民649户，常住人口1644人，经济来源主要是农、林业收入和劳务输出。近年来，通过实施“生态立乡、绿色富农”发展战略，全村生态经济呈现良好的发展势头，基础设施大为改善，社会事业有了长足的发展。大公溪穿村而过，溪西侧以明清古建筑为主，其中以占地300余平方米、有180多年历史的朱家厅最为典型，经专家考证，朱家厅为朱熹后人所建。村内的“大公殿”是全国唯一的纪念徐偃王的宗教场所，建于明末，建筑面积400余平方米。建于清朝中期占地300余平方米的古民居建筑群已列入县级文物保护单位。大公村民俗文化丰富多彩，著名的“清明灯会”始于明末清初，已有400余年的历史。灯会期间，常有金华、兰溪、杭州等地客人远道而来，烧香拜佛，祈求多子多福，生活安康。

（社阳乡 徐骏）

罗家乡

【概况】 罗家乡位于龙游县城东南部，距离县城13公里，东与社阳乡接壤，南与大街乡交界，西与溪口镇毗邻，北与东华街道相连。辖区地形一条直垅，左右两伸，好似凤凰展翅飞翔。地貌以山地为主，有部分丘陵。罗家溪发源于铜钵山。境域面积58.1平方公里，户籍人口3671户，9944人。乡政府驻罗家村，辖10个行政村、124个村民小组。2015年，乡党委、政府深入实施“生态立乡、产业兴乡、旅游强乡”发展理念，整合挖掘漂流、衢处古道、休闲文化旅游、农家体验、生态茶园、生态河廊等特色旅游资源，经济、社会稳定发展。全乡实现工农业生产总值3.62亿元，同比增长8%。

【工农业经济】 全乡有工业企业186家，实现工业总产值2.28亿元。全年提供招商引资有效消息4条，总投资2亿元的衢州科峰磁动力机项目准备提交县决策咨询。编制“四重双百”和政府性投资项目计划5个，开展对外招商。积极培育茶叶产业、猕猴桃产业和苗木产业，落实扶植茶叶种植等特色产业的奖励政策，培育姜家猕猴桃产业、廖家猕猴桃和黄茶产业、芝塘金水蜜桃产业等“一村一品”项目，新增茶叶面积20公顷、猕猴桃3公顷、油茶5公顷。新造林4.67公顷，8个村公益林扩面2381公顷；建成林区道路设1000米。发放耕种土地综合直补资金50.88万元，新增一级来料加工经纪人1人，全年发放加工费1000多万元。2015年，全乡生产粮食3720吨、茶叶25吨，实现农业总产值1.35亿元；农民人均收入15869.7元，同比增长11%。

【乡村旅游建设】 规划设计罗家乡“一线一点”旅游线路，制定国家AAAA级旅游景区的远景目标，整合文化元素，增加基础设施投入，优化人居环境，扩大旅游营销，加大旅游招商力度。通过招商，珠海永生源投资发展有限公司入驻芝塘金乡村休闲旅游集散中心，投资2000万元，挖掘、整合芝塘金村金氏文化、状元文化、生态历史文化古村落等一系列非物质文化遗产，加快乡村休闲旅游景区建设。新设状元谷及芝塘金旅游标示牌40多块，发展民宿床位130余张，每年接待游客3.5万余人次。

【集镇专项整治】 注重集镇建设和管理，积极实施集镇改造项目，科学规划和布局集镇功能。结合“三改一拆”，共拆除集镇范围内23户共432.6平方米的违建钢棚；征用土地560平方米，建设集镇停车场。统一设计和改造集镇店铺外立面；统一设置集镇交通标线；改造、绿化集镇面积8000余平方米，加强车辆停放和流动商贩管理。建立集镇长效保洁机制，为集镇商铺统一发放垃圾桶116个，大大改善集镇环境，提升集镇品味。

【民生事业】 全乡共消除年均收入4600元以下低收入农户450户1012人，其中低保销户95户162人，享受重残补助销户70户185人，干部结对帮扶销户285户665人。民政工作实行低保户规范化管理，低保工作平稳开展，原低保户205户237人调整为156户183人，其中残疾人纳入低保50人，共发放救助金28.72万元。全乡现有残疾人560人，其中重度残疾人179人，享受重度补助金127人，共发放补助金59.28万元；重度残疾人纳入居家安养的25人，共发放重残补助款14.1万元。新增计划生育家庭扶助对象15名，其中特别扶助1名。全乡计划生育率93.13%，征收社会抚费77.28万元。

图187 罗家乡民间艺人傅献良所编制的竹器和木雕、砖刻作品参加县“非遗”展示

【文教卫生事业】 经常性开展丰富多彩的群众文化活动。春节期间，乡文化站组织书法爱好者和省、县书法协会书画家为全乡村民免费书写春联千余副；组织乡草根艺术团在全乡各村巡回演出，唱出正气歌，传播正能量。暑假期间，举办第三届留守儿童书画免费培训班。为纪念抗战胜利70周年，乡文化站举办唱红歌、书画展览、为抗战老兵慰问演出等活动。罗家小学创新小班化教育模式，被浙江省教育厅确定为首批农村小班化教育实验学校。罗家乡卫生院全年门诊13776人次，农保缴报13305人次，马府墩村、廖家村新增村卫生室各1所。自2013年以来，全乡已新建4所村级卫生室，其中姜家村卫生室与县农保联网，实现当场结报，大大方便村民就医。

【“五水共治”】 与各村签订“五四三”专项工作军令状，进一步完善各项制度的考核办法，确保村庄垃圾“一日一清运”，实施贺田模式复制全覆盖，2015年农村生活污水治理共涉及岭根、姜家、廖家、荷村、缪家5个村，共计829户，投入资金414.5万元。按照“一户一井，三水接入”的要求，5个村的污水治理工程已基本完工，并已验收通过。罗家乡出境水常年保持二类水质以上，每月抽检结果为优秀，罗家溪被评为衢州市最美原生态河道和最好玩的河。

【“无违建乡”创建】 严格落实违章建筑分类处置办法，创新“五二”模式，有效启动土地拆后利用，提高土地利用的社会、经济和生态效益。2015年，县下达拆违任务5000平方米，全乡实际拆违达102起，10070.28平方米，完成率201.4%，排名全县前列。新增违建处理到位，成功通过市级“无违建乡”验收。

【干部队伍建设】 规范干部管理，形成能上能下，能进能出的良性用人机制，严格按照《干部任用条例》规范开展中层干部竞职上岗工作，规范各项有序，新选任4名中层干部，进一步优化乡机关中层干部年龄和文化结构。将一名长期晚岗的乡干部进行严肃处置，责令其办理辞职手续。加大乡村干部监督考核力度，制定《罗家乡机关干部实事量化考核办法》，重点突出对乡村两级干部的实事量化考核，奖优惩劣，形成“干在实处永无止境，走在前列要谋新篇”的干事氛围。平时定期日常工作纪律、工作完成进度进行督查，及时通报督查结果。通过各季度村主职干部例会，对照考核办法，村支部书记和村主任分别汇报党建工作和各项日常工作完成进度，充分发挥党组织在基层管理中的领导核心重要。

【龙游大黄袍】 “龙游大黄袍”是龙游黄茶的雅称，原产地在龙游县罗家乡。1999年，圣堂茶业专业合作社理事长缪术钢在罗家乡圣堂山上发现这一野茶目本，经十多年培育繁殖，培植出一个新的乔木型黄茶品种。该茶叶外观色泽白润，晶莹剔透，口感醇厚，香味浓郁，每年的三月底茶叶发芽，四月初采摘，是春茶的上等品种，已被中国科学院茶叶研究所命名为“中黄三号”。至2014年，“中黄三号”完成“绿色食品”“有机茶”的申报工作，同时多次参展国内、国际茶叶博览会。2015年，罗家乡出台《关于扶持黄茶产业发展的若干意见》等文件，加大黄茶种植以奖代补的扶持力度，鼓励老茶园改造提升，加大新茶园土地流转力度，实现规模种植。积极筹建黄茶研发基地，建成占地400平方米、总建筑面积1200平方米的黄茶研发大楼。成功承办2015年龙游黄茶文化旅游节，与中国农业科学院茶叶研究所签订《共同加快黄茶产业发展合作协议》，进一步扩大龙游黄茶的知名度。

【芰塘金村】 芰塘金村位于罗家乡东南方向的仙霞山余脉铜钵山下，距县城21公里，是桃源溪峡谷漂流的起点。村区域面积6.6平方公里，耕地面积38.27公顷（574亩），山林面积577.67公顷（8665亩），下辖4个自然村，18个村民小组，有350户共1040人。芰塘金原称桃源里，其始祖宋代来此溪流钓鱼，见溪中鱼多便暂住于此，以钓鱼为生，后又见此地桃花盛开，地宽土肥，山环水抱，便携家人定居于此，繁衍生息，住地取名桃源，溪流叫桃源溪。至明正德年间，金氏始祖则良公携子由兰溪东宅来桃源里定居，因居小溪傍，住地取名溪滩金，后迁住芰塘边，故改叫芰塘金。2006年，芰塘金村被评为龙游县“特色文化村”；2012年，被评为龙游县“美丽乡村建设先进单位”；2013年，被浙江省列入“生态历史文化古村落”；2014年，被评为龙游县“文明村”。

（罗家乡 王利华）

大街乡

【概况】 大街乡地处龙游县南部山区，东靠社阳乡，南连遂昌县北界镇，西与溪口镇、沐尘畲族乡相接，北与罗家乡相邻，面积44.8平方千米。乡域四面环山，整体呈铁锅形状，自东北向西南倾斜；境内潼溪横贯其中，长约12.75千米。下设大街、新槽、横坑、岭脚、方旦、杨村、贺田、贺康8个行政村，有103个村民小组，2546户，7618人。全乡有12个党支部，360名党员，44名村两委干部。2015年，大街乡紧紧围绕打造“生态大街、平安大街、富裕大街”目标，大力实施“生态立乡、特色名乡、产业富乡”三大战略，突出美丽乡村创建、基础设施建设、生态产业发展等工作重点，真抓实干，开拓创新，经济建设、生态建设和社会各项事业取得较好成绩，促进全乡经济社会发展，全面完成年初制定的实事计划。全乡工农业总产值2774万元，其中工业总产值1230万元、农业总产值1544万元；农民人均纯收入11633元，同比增长10.5%，经济社会发展呈现良好态势。

【生态农业】 引进总投资5300万元的新型农光互补智能光伏电站，完成7.82公顷土地的流转，开工建设现代农业示范基地，上层空间安装光伏电板发电，下层的土地则种植高山蔬菜、红提等经济作物，实现一田多用。大街、杨村流转土地19.86公顷，与龙游再生方生物科技有限公司合作，种植元胡、浙贝等中草药，带动60余人就业。横坑根兴板栗专业合作社与衢州女企业家协会共同举办中国最大无草甘膦绿色竹笋基地产品展销活动，并与上海客商合作拓宽市场。积极对接农业部门，做实专业主体培育工作，全乡经注册登记的农民专业合作社和家庭农场达28家，完成龙游超群苗木专业合作社等2家有机农产品转换证申报工作。

【乡村旅游】 充分依托国家级生态乡、浙江省“我心中最美生态乡镇”金名片和“贺田模式”品牌效应，大力推进乡村休闲旅游发展，全年累计接待游客6.7万人次，直接经济收入136万元。全乡创建省、市级农家乐特色村各1个；创建四星级农家乐1家，新增三星级农家乐特色点5个，星级农家乐特色点达16个。贺田村顺利通过市级乡村休闲旅游特色村验收。3月、10月分别举办乡文化旅游节之新槽梯田油菜花节和花海摄影节，彰显大街乡旅游特色，增强大街旅游的吸引力。积极创建国家AAA级景区，至年底已完成规划设计、土地流转、景区标识牌导览图等设计工作；启动原造纸厂搬迁后的环境整修、入乡口景观标识、潼溪骑行道、童趣园、免费WiFi安装、3D动漫画墙等项目建设。创建“相约大街”微信公众号，利用网络平台的宣传效应，吸引更多游客，盘活全乡旅游资源。

【项目建设】 坚持项目带动，做好“一事一议”财政奖补项目的实施，5个美丽乡村试点村获得扶持资金230万元。启动总投资970万元的贺田畈高标准农田建设项目，各村已完成政策处理，施工队陆续进场施工。全乡第一期土地综合整治项目（贺康、新槽2村）基本完成，等待上级验收。大街至方旦口的道路拓宽、新槽村降园头集聚小区道路硬化、贺康村道路硬化工程全面完成；投资57万元的方旦村引水渠灌等工程有序推进。

【“五水共治”】 提升“贺田模式”，推进垃圾分类。8个村先后召开垃圾分类动员会，签订“贺田模式”提升倡议书300余份，发放宣传单页2400余份，安装宣传标语牌85块。对全乡135个垃圾投放点进行设计创新，竖立醒目的垃圾分类宣传牌，便于农户更加了解垃圾分类的知识和相关要求。各村每月开展星级评定，完善监督考核机制。全力巩固“清三河”工作成效，以“河长制”为总抓手，层层落实乡村两级河段长责任，组织发动乡、村两级干部群众300余人次清理、疏浚河道，累计清除陈年垃圾和卫生死角40多处，清扫生产、生活垃圾180多吨。开展河岸绿化彩化行动，在潼溪及各支流种植竹柳、桃树等树种，既绿了河道又美了河岸，潼溪杨村段被评为县最美河段。开展区外企业污染治理行动，重点治理全乡12家区外企业污染整治点的废水、废气、黑烟囱等污染源，改进机器设备、完善排放设施，加强巡查监控，已全部整改到位。

【“无违建”创建】 全年拆除违章建筑94处共12027平方米，拆后利用率达100%。对13户“钉子户”的进行分类处置，顺利通过市级“无违建”创建验收。强化农村建房审批程序，加大监管力度，杜绝新增违章建筑。全年新批建房50户，没有出现一例违建现象，批后监管工作走在全县前列。推进农整项目建设，140余户安置户完成复垦，并接受省验收。加快集聚小区建设，完成新槽降园头集聚点建设，起动横坑村方旦口集聚点项目，解决群众建房的土地问题。开展“洁净集镇”行动，拆除集镇沿街违章棚架9处，以“干净、整洁、有序”为目标，提升集镇品味。

【民生事业】 严格按新低保政策要求，全面完成低保工作，全乡低保户共计147户178人，发放低保金额约444830元，重残对象96人，发放重残金373440元。计生工作扎实开展，强化社会抚养费的落实和征收，2015年全乡出生55人，计划生育率90.38%，征收社会抚养费37.04万元。新槽村成立居家养老服务照料中心，为老人提供生活照料、医疗保健、休闲娱乐等服务。完成村经济合作社股份制改革试点工作，全乡共登记股东7541名，股份确认7541股，发放权证2441本。全面完成全乡公益林扩面工作；成功组织全乡防御小流域山洪灾害应急演练；开展好征兵宣传落实工作，圆满完成征兵任务。

图188 贺田村村歌获龙游县首届原创村歌大赛金奖

【文化事业】 由贺田、新槽、方旦等村干部排演的《众人划桨开大船》节目先后被推选参加省、市文化礼堂推进会演，并代表龙游县参加衢州市赛水赛歌比赛，获得金奖。新槽、方旦村充分发挥文化礼堂作用，文化礼堂成为农民文体活动的主阵地，贺田文化礼堂于完工并投入使用，大街村文化礼堂在修缮中，乡综合文化站抓紧建设中。贺田、新槽、方旦3个村分别举办“春泥计划”培训班，邀请浙江农林大学的志愿者为90余名留守儿童上课，寓教于乐，关心、关爱留守儿童生活。在成功创建浙江省卫生乡镇的基础上，全面启动国家级卫生乡镇的创建工作。

【“消除4600”全面完成】 建立“主要领导亲自抓、分管领导具体抓、业务科室抓落实”的工作机制，借助扶贫管理信息、最低生活保障信息和残疾人管理信息系统等数据平台，全面调查采集低保、“五保”、残疾等信息，准确查找年人均纯收入低于4600元的农户29户65人。全乡采取“输血”和“造血”相结合的帮扶机制，设立资金专户，对低保、重度残疾补助实行政策兜底；开展“一户一策一干部”结对活动，共有42名干部参加结对扶贫，落实扶贫资金7.28万元，29户低收入农户全部完成扶贫“摘帽”。

【贺田村】 大街乡贺田村地处龙游县南部山区，距龙游县城33公里，四面群山环抱，历史悠久，环境优美。全村有9个自然村、9个村民小组，有366户共1513人。2010年，贺田村在全县清洁工程大行动中首创了“垃圾源头可追溯，减量处理再利用”的保洁模式，全村实施垃圾分类定点投放、生活污水集中处理、生态家园齐心共建的新模式，垃圾无害化处理率达100%，成功打造低成本可复制的农村生态创建样板。多年来，贺田村着力开展新农村建设，大力推进“全民创业”“产业升级”“农民安居”“环境美化”“服务提升”五大工程，努力把贺田建成“村容整治环境美”“创业增收生活美”“乡风文明素质美”的幸福乡村。先后获“全国文明村”“国家级生态村”“浙江省双强百佳村”“浙江省民主法治示范村”“浙江省爱国卫生村”等荣誉称号。

（大街乡 金献）

沐尘畲族乡

【概况】 沐尘畲族乡位于县境最南缘，东接大街乡，南邻遂昌县北界镇、应村乡，西与庙下乡相邻，北与溪口镇接壤。灵山江自马成口入境，纳多条支流自南向北纵贯乡境，地貌以山地和丘陵为主，辖区面积82.83平方公里，户籍人口4291户11882人。乡政府驻沐尘村，辖10个行政村。2015年全乡生产总值4.4亿元，同比增长7.32%；乡财政总收入831万元，同比增长9.49%；固定资产投资8067万元，同比增长12.62%，超过全市平均增长水平；农民人均收入11853元，同比增长14.9%；出生人口控制在4‰以内。2015年，沐尘畲族乡获县“新农村建设考核先进集体一等奖”“生态型乡镇二等奖”，被评为县统一战线工作先进集体。

【产业结构优化升级】 2015年，沐尘畲族乡大力发展特色农业，新种植茶叶18.37公顷（275.5余亩，其中竹山套种222.2亩）；竹山套种黄精、玉竹等药材

图189 市、县领导参加沐尘乡“三月三”畲族风情文化节

133.33多公顷（2000多亩），由单一的毛竹产业向林下套种经济转型。提升家庭农场运行管理水平，创建规范化、示范性家庭农场39家，有乡村观光旅游采摘点11处。顺利完成省级葡萄精品园龙游县沐尘葡萄精品园创建，并完成县级旱粮基地——大岭旱粮基地的扩建，基地面积20余公顷（300多亩）。

【项目推进】 完成衢宁铁路沐尘段土地征用丈量工作，其中双溪村施工便道已正式动工；完成康源村机制砂场项目25.33公顷土地的征用工作，机制砂场专用道10.67公顷土地征用工作正在推进。沐尘、双溪农村饮用水安全工程按期完成；乡便民服务中心改建项目投入使用；生活污水处理工程实现10个行政村全覆盖；环库山地自行车赛道顺利完成；双溪、社里、马成口3个村的党员电子商务示范服务点及沐尘、庆丰、双戴3个村的农村淘宝项目建设完成；沐尘村美丽乡村景观广场、贤江村灵山江景观公园、社里村民族特色山寨提升等52个村级项目全面展开，合计投资约3000万元。

【乡村旅游】 以建设“美丽畲乡、美好沐尘”为目标，发展乡村旅游服务业。完成社里村特色山寨项目提升工程，包括畲族文化展示、畲族特色表演、花海种植、青石板铺设、墙绘、农家乐、民宿等；完成沐尘村溪边美丽乡村景观工程，包括文化广场、文化长廊、自行车赛道、八角亭等；完成双戴村黄泥房部落工程，包括村口标志性建筑、黄泥房文化主题馆、游步道、石凉亭、古道修复、接待中心等；完成坑头村美丽宜居示范村工程，包括村级活动场所、旅游接待综合楼、景观公园等；完成贤江村荷花潭景观公园，

包括游步道、水面走廊、休闲木屋、公园绿化等。通过各村的共同开发，打造了一批沐尘乡旅游发展先行区，带动沐尘乡旅游产业发展。

【民生工作】 全乡有低保户202户共323人，全年申领保障金97.71万元；为35名群众申请临时救济金1.83万元；为45名群众提供医疗救助，发放救济金11.25万元；对13位义务兵家属发放义务兵补贴11.69万元。15名重度残疾人列入低保范围，145名重度残疾人列入生活保障范围；为符合条件的18位残疾人免费提供助明、助听、助行等康复服务，为25位符合条件的残疾人提供居家安养服务；3名残疾人得到创业扶持，2位残疾人得到危房救助，4位残疾人家庭子女得到助学补助；全面消除4600元以下低收入农户，其中112户4600元以下低收入农户中有81户共160人纳入低保，6户15人纳入重残补助，落实帮扶资金3万余元，率先通过省、市、县验收。

【生态工作】 在实现"贺田模式"复制全覆盖的同时，全乡10个村全部开展垃圾分类减量工作，发放宣传单5000余份，立宣传牌120余块。继续推进生活污水处理工程建设，康源村新增受益农户数328户，新增、维修9座污水处理终端，污水处理能力90吨/日；梧村村新增受益农户数236户，新增、修补污水处理终端4座，污水处理能力60吨/日。全面实行"河长制"，由各村书记任"河道长"，负责辖区内河流的整治和管理，确保河道水质与水环境持续改善。各村定期发动党员干部开展"清三河"行动，通过"钉钉"等网络软件，督促包村干部、河道长加强河道卫生监督。

【环境整治】 巩固生猪养殖整治成果，成功处理1起农户复养案件。拆除违章建筑75处共11435.22平方米，超额完成任务数的228.7%，有效解决农村"脏、乱、差"现象，改善沐尘乡生态环境和居住环境。完成"四边三化"排查问题的整改、拆除，包括省级6处、市级9处；粉刷赤膊墙13处共1572平方米；集中整治集镇的乱搭乱建，涉及31户67间共1500平方米，全部拆除完毕。

【落实惠农政策】 全乡发放各种粮油补贴6万多元，带动了农民的粮油生产积极性。帮助三个村申报"一事一议"项目，涉及金额273万元，人数3880人，有效推动村级项目运作，解决老百姓的实际困难。新建集聚点四个，全年异地搬迁村民142户465人，异地转移率达4.67%。

【公共事业健康发展】 《活宝》《庆丰收》《竹竿舞》三个节目多次参加各地演出，其中《活宝》2次参加中央七套"我要上村晚"栏目到拍摄的龙游宣传片演出，取得不俗反响。沐尘乡"三月三"畲族风情文化节特色菜肴烹饪比赛吸引了上万游客，有效推动乡村旅游经济的发展。建成梧村村文化礼堂；为沐尘小学、梧村小学发放教育质量奖6万元。积极组队参加龙游县第二届全民健身运动会，成绩优异，获乡镇（街道）金牌总数第三名、乡镇（街道）团体总分第二名。主动对接县体育局，争取在沐尘乡举办龙游县第二届全民运动会自行车赛事。积极推行新型农村合作医疗制度，全乡有9428人参保，参保率达90%以上；全面实施农村新型养老保险，参保率达90%。人口和计生工作走上规范化管理轨道，计划生育率达95.38%。

【稳定工作有效保障】 全乡受理各类纠纷案件295件，调解成功295件，调解成功率达100%；接到信访件22件，均已受理完毕；与10个行政村、17家企业、12家烟花爆竹经营部、6家水电站签订安全生产责任书，每月对相关企业经营户进行安全检查，先后发现一般隐患66起，整改66起，整改率100%，全年未发生安全生产责任事故。抓好民兵预备役队伍建设。顺利完成2015年征兵任务，为部队输送合格的兵源。

【沐尘畲族乡第十六届人民代表大会第四次会议】1月16日召开。大会应到代表47人，实到代表43人，因事因病请假4人，列席代表30人。大会审议通过《沐尘畲族乡人民政府工作报告》《沐尘畲族乡人大

图190 沐尘畲族乡社里村第二期集聚小区

主席团工作报告》；审查通过2014年度沐尘畲族乡财政预算执行情况和2015年度财政收支预算的报告；选举杨红宁、黄颖朝为沐尘畲族乡第十六届人民代表大会常务委员会主任和副主任。

【社里村】 社里村地处龙游县南部山区，是沐尘畲族乡的重点少数民族村，村域面积8.3平方公里，距县城30公里。全村有259户共839人，其中畲族268人；辖26个村民小组。全村有党员25人。社里村是个山区村，有土地288.47公顷（4237亩），其中林地面积为237.33公顷（3560亩）、耕地面积45.13公顷（677亩）。清康熙年间畲族先人从广东潮州、福建和本省的丽水、景宁、云和、遂昌等地迁入社里村，至今仍保留了许多独特的畲族民俗文化，畲族婚俗、民歌、龙舞是社里畲族的传统文化瑰宝。每年农历三月初三举行的“‘三月三’畲族风情文化节”已成为沐尘畲族乡乡村休闲旅游的主打品牌，吸引了众多的县内外游客。

（沐尘乡 兰小康）

庙下乡

【概况】 庙下乡位于县境西南部，东与沐尘畲族乡毗邻，南与遂昌县高坪乡交界，西与衢江区大洲镇接壤，北与溪口镇相连。地貌以山地和丘陵为主，庙下溪及其支流至溪口汇入灵山江。辖区总面积80.94平方千米，乡政府驻庙下村，辖13个行政村，户籍人口4276户13063人。2015年，全面推进“美丽竹乡、绿色庙下”建设，以打造运动休闲旅游特色小镇为目标，抓机遇、谋转型、攻难点，全面做好“十二五”收官工作，各项工作有序推进，经济社会平稳健康发展。全乡实现工农业总产值5.34亿元，其中农业产值0.51亿元，工业产值4.83亿元；财政总收入500万元；农民人均收入15374.2元，同比增长12.6%；人口自然增长率控制在3‰以内。

【夯实“三农”基础】 完成全乡13个村的股份制改革，村经济合作社平稳过渡到村股份制经济合作社，发放股权证4309份。积极探索适应本地实际的耕作模式，在竹林套种黄精，引导农户种植高山茶叶，新发展名优茶园23.33公顷（350亩）。农村土地综合整治项目有序推进，完成梅林村项目的扫尾工作，顺利通过上级部门的验收，严村等3个村近5.33公顷的农村土地综合整治项目已基本腾空房屋或拆除，施工加紧进行中。抓好生态公益林扩面工作，在上级部门指导下，新申报生态公益林4000公顷（60000亩），可为群众带来150余万元的经济效益。

【完善“五水共治”长效机制】 按照河道“一段一长、条块结合、分片包干、责任到人”的要求，充分发挥河道长、协管员、巡查员的作用，定期开展“一周一督查、一月一比拼、两月一点评、每季一推进”活动。完善日常督查、定期检查、年度考核机制，落实专人不定时地到各村巡查河道保洁情况，并将各河段的保洁情况进行排名通报。严格落实河道保洁“定河段、定人员、定形式、定职责”的“四定”要求，确保乡、村两级河段长每周至少巡查河道一次。在原有6个村的基础上，将庙上新村等5个村800余农户纳入农村生活污水集中治理范围。强化过程监督，严把工程质量关，克服雨水多、山区地势复杂等不利因素，按照进度要求推进工程项目。至年底，5个项目村已基本完成主体工程建设，并完成农户接管工作。

【竹制品行业整治长抓不懈】 按照县委、县政府关于竹制品行业整治提升的工作要求，落实专人进行日常巡查，建立定期、不定期的督查制度，确保炭化篾行业不反弹。全年投入近300万元，完成63处竹制品加工场地的拆后复垦工作，复垦面积达15公顷（133.5亩），符合耕作标准，其中水田占90%以上，并全部重新分配到户。全面动员，稳步推进，完成对以竹制品加工为主的43家区外企业的整治；敢于创新，先试先行，完成乡域范围内存量拉丝厂的烟气治理工作，彻底消灭“黑烟囱”。庙下溪出境水质常年好于二类水标准。

【“贺田模式”复制全覆盖】 在2014年度全乡完成8个村“贺田模式”复制的基础上，将其余5个村全部纳入“贺田模式”复制范围，通过定点投放、定时清运和源头分类，实现从“农村管理”到“农村治理”、从“群众自愿”到“群众自觉”的转变。完善乡干部、人大代表、政协委员巡查制度，做到排名月月公布、考核奖励季季兑现。落实户集、村收、乡运的农村生活垃圾处理机制，投资10余万元，新建垃圾焚烧炉的水幕除尘设备，提高处理效率，确保生活垃圾日产日清。至年底，5个“贺田模式”复制村、8个生活垃圾分类处置村全部通过县验收，全乡实现“贺田模式”复制全覆盖，并争取到以奖代补资金40余万元。

【整乡推进“无违建”创建】 将“三改一拆”与“五水共治”“四边三化”等中心工作相结合，加大攻坚力度，全力推进拆违工作。全乡拆除违建25543平方米，完成县下达任务的255%，位列全县前茅。拆除省、县督办的两路两侧“四边三化”重大违章建筑2处共2000平方米。做好台账资料的收集和整理，要求各村严格执行“违建零报告”制度；查漏补缺，重点抓好群众关注度高、影响公共安全、阻碍重大建设的违章建筑拆除工作，以点带面，实现“无违建”创建的整乡推进。

【乡村旅游基础设施建设】 以绿春湖运动休闲项目开发为契机，结合省级农家乐精品村创建，加大乡村休闲旅游的宣传营销力度，在高速路口、县乡主要道路路口等处安装广告牌和旅游导向牌。编制梅林村乡村休闲旅游规划，加强对规划设计、申报等工作指导。至年底，全乡新增三星级农家乐7家，共有星级农家乐经营户16家，其中四星级4家；建有省级旅游特色村和省级农家乐精品村1个、省级农家乐特色点1个、市级农家乐特色点4个，直接从业人员达500余人。新建乡村旅游综合体1个，新增服务业规上企业1家。2015年，全乡共接待游客16.548万人次，年营业额1181.69万元，同比增长15.21%和15.35%。农家乐累计投资4011万元。

图191 庙下乡举办“庙下酒文化节”

【营造乡村旅游特色文化】 多层面、多形式引导群众参与乡村休闲旅游的开发与经营。加强农家乐从业人员、农家乐发展重点村乡村旅游学习培训，内容涉及农家乐规范经营与管理、乡村旅游基本知识、农家特色菜肴开发、服务接待礼仪知识、安全基本知识等，激发群众发展农家乐的内在动力，提高村民的积极性和主动性。先后举办浙源里村“美丽家庭颁奖暨卡拉OK比赛”、严村村“迎百名日报副刊总编走进衢州暨农村开耕礼表演”、晓溪村“龙皇殿迎圣水”及“田野风书画创作”等活动。依托农村文化礼堂建设，开发具有地方特色的文娱节目，如严村村的村歌《酒香庙下》先后获衢州市原创村歌大赛和赛水赛歌大赛第一名，芝坑口村的村歌《红豆杉轻舞林间》获浙江省原创村歌大赛金奖。投入20余万元，举办以“游幸福乡村，赏酒乡庙下”为主题的庙下酒文化节活动，吸引近千名游客前来参与活动，得到新华网、光明网、浙江在线等国家、省级媒体关注，并通过微信、网络、纸质媒体对文化节进行全方位宣传报道，以活动造声势，以声势促旅游。

【社会事业发展】 教育事业稳步发展，基础教育水平进一步提高，小学适龄儿童入学率达100%。新建农村文化礼堂1所、村级养老照料中心6个，新增电子商务农村淘宝点4家。抓好城乡居民基本医疗保险工作，全乡参保1万余人，参保率达90.3%。农村公共卫生事业逐步推进，计划生育率为97.78%。全年新增农村劳动力转移就业750人。群众生活水平稳步提高。

【平安乡镇建设】 建立矛盾纠纷定期分析研判机制，完善治保调解主任轮训制度，建立例会制度，全年共受理矛盾纠纷187起，调处187起，调解成功187起，调解率和成功率均为100%。成功调处4起非正常死亡事件，全年无省、市、县登记的信访督办件，全乡社会稳定形势趋向良好。健全完善安全监测制度，新增动态视频监控点30个；组织开展安全培训5期共300余人次。全乡未发生重大生产安全事故，顺利通过衢州市“平安乡镇”创建验收。

【惠民工程建设】 通过纳入低保、重残补助和结对帮扶等形式，全面完成全乡消除年人均收入4600以下人口工作，涉及贫困户326户共682人。晓溪等5个村投资50万元的扶贫项目全部完成。全乡落实农村居民低保农户311户332人、城镇居民低保户2户2人。落实救灾救济政策，实施大病救助77人，累计补助20余万元。积极稳妥推进衢宁铁路项目征地拆迁工作，基本完成红线范围内的土地征用协议签订，拆除房屋3幢，交付临时用地3.47公顷，完成安置点的选址和测绘工作。

【加强基层党建】 严格执行县委“大抓基层组织年”工作部署，认真落实基层党建“书记项目”制度，积极开展农村支部项目“互看互学互比”活动，创特色、比亮点，营造比、学、赶、超氛围。谋划创新党建实事积分管理“零基积分法”，对外出党员实行微信群管理；打造“党建+项目”示范村建设，以点带面，全乡推进，党建基础明显提升。推行“三一”工作法，通过“包村日记”“周一夜学”等活动，使干部“接地气、连民心”，密切党群干群关系。建立“一诺、双评、三考”的村干部考核激励机制，将乡干部的考核和村主职干部考核相挂钩，使乡村两级融为一体。对年轻干部压重担、比实绩，促使年轻干部在重点项目、重点工作中转变作风、提高本领。2015年，乡党委下辖基层党组织16个，其中村党组织13个、乡直属基层党组织1个、非公有制经济组织党组织2个；农村支部中，五星级支部2个、四星级3个、三星级5个、二星级2个、一星级1个；共有党员578人，其中农村党员513人、女性党员62人、大专及以上学历党员46人、35岁以下农村党员40人。

【建设廉洁服务型政府】 落实党风廉政建设责任制，强化“一岗双职”责任，形成乡领导班子、乡机关干部、村两委干部齐抓共管的工作体系。加强对乡“三重一大”（指重大决策、重要人事任免、重大项目安排和大额度资金使用）执行情况的监督，制定监督任务清单；健全建设项目招投标、政府采购、专项资金使用等制度；围绕干部纪律作风、“三资”（农村集体资金、农村集体资产和农村集体资源）管理、“五水共治”等方面开展项目监督执纪问责，全年共开展项目监督13次，查摆出问题49个，整改49个，廉政警示谈话16人次；针对存在的突出问题，出台规范性管理办法3个，举办警示教育及业务培训6次。

【芝坑口村】 庙下乡芝坑口村地处龙游县南部山区，距县城32公里，村域面积5平方公里，全村有226户共724人，辖12个自然村、7个村民小组，有耕地41.93公顷（629亩）、竹林320公顷（4800亩），境内竹海连绵，层峦叠嶂，山清水秀，是浙江大竹海的核心地区。村内拥有全省最大的古树群——梦里红豆杉古树群，共有千年以上古树名木32棵，其中国家一级保护植物南方红豆杉就有9棵。2009年1月，该景区成为著名导演张纪中导演的《倚天屠龙记》和由著名演员郭涛、朱雨辰、于娜主演的电视剧《高山流水》的外景拍摄基地。随后，游客蜂拥而至，原本宁静的古树群焕发了勃勃的生机，展现无限魅力，成立芝坑口村的旅游金名片。

【严村村】 庙下乡严村村地处龙南山区，东临芝坑口村，南接梅林村，西近浙源里村，北与衢江区交界，距县城34公里，海拔在255米至1100米之间。村域面积6.9平方公里，辖6个自然村、9个生产小组。有耕地23.93公顷（359亩），山林561.2公顷（8418亩），主产毛竹和竹笋。至2015年底，全村有276户共868人，主要有张、华、储、王、严五大姓氏，每个姓氏都保存着相当完整的族谱。五大姓氏中，严氏卜居历史最久，南宋绍兴初年建村，迄今已有840余年。农户收入主要来源于竹山及农副产品，是典型的山区村。近年来，严村村先后获浙江省绿化示范村、衢州市“五好”农村基层党组织、龙游县先进基层党组织等荣誉。严村村以党员实事考评“零基积分法”为抓手，巧用“微信平台”，创新在外流动党员管理，充分挖掘乡土文化，培育旅游文化品牌。婉转优美的村歌——《醉美在严村》获衢州市首届原创村歌大赛一等奖，并唱出大山，代表龙游县参加衢州市百乡千村赛水赛歌总决赛，喜获大赛金奖。

（庙下乡 琚明辉）

石佛乡

【概况】 石佛乡地处龙游县西北部，东邻横山镇，南接塔石镇，西交衢江峡川镇，北连建德市航头镇。地貌以丘陵山地为主，三门源、黄塘源、金村源3条溪流发源于境内。全乡总面积67.36平方千米，耕地面积1066.7公顷，林地4713.5公顷，辖10个行政村，86个自然村，户籍人口5287户共17564人。全乡有基层党支部19个，有党员703名；其中有村党支部10个，农村党员598名。2015年，石佛乡围绕“乡村休闲旅游之乡”建设目标，以生态环境优化为重点，以经济社会发展和民生改善为基础，创新实干，开拓进取，扎实推进，实现工农业总产值10.8亿元，其中工业总产值8.9亿元，农业产值1.9亿元；农村居民人均纯收入6048元，增长10.5%；人口自然增长率控制在4‰以下。

【工业转型提升】 全乡实现规模工业产值7.2亿元。鼓励和支持企业加快技术改造，以技改撬动企业转型升级。淘汰低效锅炉3台，关停小作坊1家，实施技术改造项目1个，完成工业投资2088万元，达到年度预定目标。

【农业结构调整】 深化“一村一品”发展工作，继续培育家庭农场等现代农业经营主体，推动土地流转和集约化经营。新发展家庭农场17家，新培育高山玉米基地、白茶基地、甘蔗基地等81.33公顷，完成油茶抚育面积33.33公顷。落实早稻面积106.67公顷，签订粮食订单640吨，2个村建成“早稻百亩示范畈”。完成村经济合作社股份合作制改革相关工作；开展省级农村土地承包经营权确权颁证试点工作。加强农田水利基础建设，全乡中小河流治理工程、三和村等6个村的高标准农田提升项目、3个村（杜山坞村、姚村村、夏家村）的耕地垦造项目及大坞山塘整治等小农水项目基本实施到位，并完成20公里林区道路建设。乡农产品安全检测中心投入使用，全年抽检农产品212批次。

【乡村旅游基础提升】 编制乡域发展总体规划，制定乡村休闲旅游三年行动计划，出台乡村休闲旅游产业扶持政策，鼓励社会力量参与投资乡村休闲旅游产业，引导有条件的家庭农场和农户发展休闲体验农业和农家乐、民宿等业态。全年新发展农家乐13家，2家农家乐完成四星级提升，全乡新增民宿床位128个。围绕三门源片区创建国家AAA级景区这一重点，加强片区内配套的基础设施建设。白佛岩水库扩容工程动工建设，景区游客接待中心及停车场等配套设施土地征收工作基本完成。运用新媒体开展主体活动，拓展旅游宣传渠道，开通“诗画石佛”微信公众号，利用移动终端，加强对文化旅游的宣传和推广。举办旅游推介活动3场，并与高校团委联系，建立大学生社会实践基地。初步完成《石佛民间故事》汇编。

【助推“三改一拆”】 保持“以拆为主、拆改结合”的两违整治高压态势，开展“无违建”乡（村）创建、“三改一拆”百日攻坚、“四边三化”与“两路两侧”专项整治、集镇乱搭建集中整治等行动。全年累计拆除两违建筑189宗共3.15万平方米（含住宅150户1.83万平方米、禽畜养殖场19家3927.74平方米）；拆后复垦面积达1.09万平方米，重新规划利用面积1.5万平方米，复垦和重新利用率达83.22%；完成赤膊墙整治1.3万平方米；有8个村通过县“无违建”创建验收。加强新建住房审批管控和新增违建防控工作，开展农村建房管理试点工作，严格实施建房管理制度，加强对农村用地的管理。利用手机“钉钉”平台，落实“五水共治”河长制和“三改一拆”巡查制度，加强对工业企业和小作坊的“三废”（废气、废液和固体废弃物）排放、养殖场污水处理及违建行为的日常监管。

【深化“五水共治”】 加快农业面源污染整治，完成禁养区内11家养殖场的退养，43家养殖场开展工业化或生态化整治；47个山塘水库实现洁水养殖。深化工业污染整治，完成13家区外企业、8家小作坊的整治。黄标车淘汰工作按节点要求完成。强化农村“双治”（生活污水治理和垃圾治理），新安排4个村实施生活污水治理工程，新建终端16个，新增纳管农户1565户。5个“贺田模式”复制村、3个垃圾分类村全部通过县验收，“贺田模式”实现全乡覆盖。全乡河道出境断面水质持续好转，已连续达标9个月，出境水从劣Ⅴ类水提升到地表Ⅲ类水。

【招商引资项目推进和工作】 扎实推进重点项目建设。至年底，列入县“四重双百”项目的三和村商业街商铺、商住楼综合建设项目主体工程已完工；石佛集聚小区二期项目已完成土地指标供应和选址工作；西金源地质灾害避难点完成项目前期工作。三和村、杜山坞村饮用水工程已完工。石佛村、三和村、夏家村移民项目基本实施到位。窑三线改道工程金家至石罐窑段已完成，石佛集镇整治和道路白改黑工程在实施中。加强对外沟通，积极捕捉招商信息，全年上报招商信息5条，新引入服务业企业1个，招商引资取得新突破，综合考核位居全县前列。

【项目谋划】 围绕把石佛乡建成“乡村休闲旅游之乡”的发展定位，充分挖掘全乡资源潜力和特色优势，积极开展“好项目”谋划，并加强对接、协调和项目谋划。引导各行政村积极谋划，加强对接，初步形成2016年及“十三五”期间全乡项目库。

【社会事业】 投资50余万元，实施乡文化站和三和村、峰塘山村文化礼堂修缮工程。全乡共培育腰鼓、貔貅、婺剧等群众性文化队伍12支，开展文化演出30余场次。推进居民健康体检全覆盖，加大计生工作力度。全面完成征兵任务。夯实教育基础，开展无证幼儿园整治，规范教育教学活动场所建设，表彰优秀教育工作者。积极开展农民就业技能培训，全乡参加培训农民达1346人次。建成“农村淘宝”电子商务村级服务站5家，实施“大衢网·空中菜场石佛馆”项目，帮助农民网上销售农产品4类共20吨。

图192 石佛乡开展水库应急演练，组织群众撤离险境

【民生保障】 完成消除“4600以下”低收入家庭工作。通过干部结对、民政救助、助学助医、帮助创业等措施，落实帮扶资金近28万元（其中社会公益组织捐助近10万元，县、乡、村干部结对捐赠约3.5万

元，乡财政兜底14.5万元），帮助登记在册的低收入农户470户共983人脱离绝对贫困（其中纳入低保263户481人、安排重残补助31户82人、安排干部结对帮扶146户376人）。开展农村低保规范化工作，充分发挥低保兜底作用，对全乡纳入低保的394户510人，共发放低保资金约170万元、重残补助资金80万元、大病救助资金7万余元。对接“希望工程”助学项目，为45名贫困学生争取助学金8.12万元。

【平安建设】 加强乡群众接待中心规范化建设，投资10万元新增治安监控视频20个，并将民情通与农村基层综治通平台进行整合。健全突发事件应急机制，开展地质灾害和防汛应急演练。实施信访维稳百日攻坚行动，全年共受理初信初访19件（其中上级交办10件）。26件“县长信箱”转交案件均按期办结。乡、村两级共调处矛盾纠纷334起，调处成功率在98%以上。

【提升政府服务效能】 依法履行政府职责，主动接受人大工作监督和法律监督，重视群众监督和舆论监督，认真办理人大代表议案、提案和群众信访举报件。修编石佛乡政府机关内部管理制度。清理乡级行政服务审批项目。出台《建设工程和集体资产、资源租赁招投标工作办法》，加强对农村“三资”和工程建设项目的全程监管。承接上级简政放权和审批权限下放的各项职能，开设网上申报代办点，规范村级便民站点服务，完善便民服务平台建设。乡、村两级为民代办事项达12465项，基本实现从村到乡代办服务的无缝对接。

【三门源村】 三门源村位于龙游县北部，距离县城26公里，区域面积7.72平方公里，下辖5个自然村、12个村民小组，总户籍人口465户1426人。由于人们进出须经左象山右狮山、文昌阁寨门和左青龙右白虎三道屏障，碧溪自北而南穿村而过，故称“三门源”。村北有高耸的饭甑山(石佛山)，海拔700多米，系1.3亿年前形成的火山顶。三门源村主要有叶姓和翁姓两大姓氏，翁氏于北宋末年迁居至此，以从事农耕为主；叶氏于南宋咸淳六年（1270）迁居此地，以经商为主。两姓族人隔碧溪而居，长期相安无事，形成独特的历史格局，传承至今。溪东的叶氏古建筑群保存完好，1997年被列为浙江省文物保护单位，2013年列入国家级文保单位。2008年，三门源村被命名为“中国历史文化名村”，2013年被评为“中国传统古村落”。近年来，三门源村以保护古村落为主线，围绕“宜居、宜业、宜游”的总体发展目标，突出规划引领，先后编制村庄发展规划、旅游建设规划和历史文化村保护规划；实施古村落保护工程，对全村各类古建筑进行排查、登记，建立档案，采取相应的保护机制，并对部分危旧古建筑进行复古维修；实施集聚安置工程，对下山脱贫、古建筑迁住、危旧房改造等建房户进行集中安置，所建房屋均须保持徽派风格；实施村庄环境整治和亮化工程；加强景区基础设施建设，浇筑环村公路1.6公里，修建登山游步道3.8公里，启动白佛岩水库扩容工程建设，完成游客中心、停车场等旅游配套设施的土地征用；加强对传统文化的保护，挖掘整理特色文化，整理编写人文故事和民间故事；抓住三门源AAA景区创建机遇，大力发展农家乐、民宿等业态，加强土特农产品包装营销。三门源村既有丰富的人文资源，又有深厚的历史文化资源，还有优美的自然景观，具有发展乡村旅游的所有优势。

图193 县领导调研三门源古村落保护和景区建设

（石佛乡 沈海芸）

模环乡

【概况】 模环乡位于县境衢江以北地区东部，东连兰溪市游埠镇、水亭畲族乡，南与湖镇镇隔衢江相望，西邻小南海镇、塔石镇，北接横山镇。地貌以丘陵为主，模环溪、士元溪、上畈溪纵贯境内，汇入衢江。辖区面积76.98平方千米，户籍人口11123户29713人。乡政府驻兰塘村，辖23个行政村。2015年，全乡实现工农业总产值7.73亿元，财政收入560万元，农民人均纯收入14280元。

【工业经济】 全乡实现工业总产值5.1亿元，同比增长11%；规模以上工业企业产值3.7亿元，同比增长12%。工业有效投资总额4500万元，同比增长200%，超额完成县下达的工业线考核任务。对全乡3家砖瓦企业进行资源整合，淘汰传统生产模式的建材企业；在夏峰村、模环村征地8.67公顷，投资7500万元成立创宇新型建材有限公司，推动建材企业转型升级，打造建材企业的龙头品牌。引进宁波启翔野营用品有限公司年产6万顶旅游帐篷生产线项目，项目投资2100万元。开展农村电网改造，投资1186万元，完成16个村46个项目的电网改造工程。完成模环农贸市场改造提升工作。推进“一村一品”建设，促进电子商务发展。狠抓“安全生产月”“大排查大整治”等行动，组建义务消防队，开展消防演习。对士元小化工集聚区的5家企业进行整治提升，在浙江省环境保护科学设计研究院的帮助下，对全乡区外企业、小作坊进行环保大检查，发现问题50余处，督促落实整改措施，至年底，全乡45家企业的整改提升工作已基本完成。

【农业经济】 模环乡有耕地2466.67公顷，旱地3066.67公顷，常年农作物播种面积4300公顷。耕地保有量2410公顷，实现粮食播种面积2277.93公顷，粮食总产量为1.45万吨。创建百亩旱稻示范点2个。对规模种粮大户给予奖励扶持，种粮直接补贴达200余万元。全乡发展家庭农场17家，其中规范化家庭农场1家、有机农产品认证1家。加强菜篮子工程建设，建立虎龙村小辣椒基地13.33公顷、风基坤村蔬菜基地6.67公顷、琚家村蔬菜基地10公顷、白马村西湖醋鱼基地26.67公顷。举办农技推广培训五期，培训人数800余人，发放资料2600份。春秋两季共防疫猪、牛、羊22.8万头，防疫家禽70万羽，二次免疫率达到100%，有效预防禽流感、猪瘟、猪蓝耳病、牲畜口蹄疫等重大动物疫情的发生。建立姚西塘村柑橘品质提升示范园及红心猕猴桃高产示范园，建立生态洁水养殖基地，扩大茶树菇、贝母种植基地，邀请农业专家对种植户进行培训指导，推广生态农业。鼓励生猪养殖户和肉禽养殖户利用现有的生产设施，投资生态农业，减少环境污染，自愿关停鸡鸭养殖场57户，并全部完成拆除、复垦，面积达4万平方米；自愿关停生猪养殖场75户，并全部完成拆除、复垦，面积2万平方米。垦造耕地项目全部竣工，面积达105.33公顷，总造价288万元。至年底，投资2000多万元的模环溪小流域整治及清洁塘工程项目进入扫尾阶段。总投资约330万元的夏峰村祝塘、王北斗村王村塘、上向塘向塘除险加固工程已经竣工。

【重点工程建设】 做好低丘缓坡项目土地征收后续工作。针对低丘缓坡项目推进后遗留下的部分问题，乡工作组进行跟踪管理，茶场新村朝廷殿卜自然村部分农户鱼塘被征用的政策处理已完成，征用款已发放到位；东峰山土地平整已完成；白马村300穴坟墓搬迁工作已完成。做好年年红项目土地征收后续工作。虎龙村土地征用后续工作有序推进，土地款发放到户已完成98%以上；完成白地圩3户拆迁户的拆迁工作。做好北斗大道土地征收后续工作。完成北斗大道周边电线线路、电杆迁移工作；完成大治村至北斗大道连接道路0.73公顷土地征收及政策处理工作。做好汽车短道赛场地46.67公顷土地征收工作，清点地面附着物，丈量土地，并登记造册，合理分配土地款。

【社会事业发展】 开展新型殡葬制度改革，通过建立“安息堂”，采取“一格一坛”安葬模式，定点祭祀，专人管理；合理统筹做好殡葬改革的“三沿五区”〔“三沿”指沿铁路、沿公路（包括县乡各级公路）、沿通航河道两侧；“五区”指水源保护区、文物保护区、风景旅游区、住宅区（包括农村各村民居住点）和开发区〕违规坟墓调查摸底工作，协调各村公墓新建与扩建。做好低保调整工作，全乡纳入低保662户共829人，15名家庭困难的儿童被确定为困境儿童，发放困难补助金2.64万元，缓解83户群众的困难。确定移民项目5个，争取移民项目资金99万元。做好5500元低收入人员的入户调查工作，全乡共调查1850户3365人，促成全乡228户村民与司法局、国土局、城北工业园区、本乡镇及县领导结对；做好全面消除年均收入4600元以下农户的帮扶工作，为农户制定脱贫脱困计划。全年计划外出生21人，征收社会抚养费77万元，征收率为75%。

【维护社会稳定】 2015年，全乡共发生矛盾纠纷397起，化解385起；安装视频监控探头118个。全乡有社区矫正人员31人，均实现一对一矫正帮扶。重视稳控工作，在特殊节点落实包案责任，实行一对一稳控和“零报告”制度，层层抓落实，确保重大节日和全国“两会”期间零进省、零进京及非正常上访。加强法律援助，共提供法律援助8人次，涉案金额120余万元。加强来信、来访的接待处理，全年共接待群众来访150余人次，处理上级交办信访案件40余起，结案率达100%。

【规范基层管理制度】 规范村级财务管理制度，实现一村一账户，消除队（组）资金管理混乱现象，从源头杜绝村级财务混乱的现象。严把招待关，在来客招待中严格执行上级制定的相关规定和制度，对不符合规定的票据不予入账。开展财务人员业务培训，组织村、自然村（组）财务人员参加会计业务培训，提高财务人员坚持原则、秉公办事的能力。全面铺开农村股份制改革，全乡23个行政村的股份制改革全部完成。

【“无违建”创建】 集中乡、村干部力量，重点打击顶风作案的违建现象，收到良好的效果。全乡拆除违法建筑400户，拆除违章建筑12.87万平方米，其中拆除养殖违建1.26万平方米，拆除“一户多宅”613.27平方米，拆除顶风抢建278平方米，完成县下达指标的143.01%。全乡23个行政村中，已有13个村通过“无违建”创建预验。

图194 模环乡党员干部为养殖户当好服务小二，促进农户生猪退养工作顺利进行

【“五水共治”】 做好生猪养殖污染专项整治工作。对全乡126个整治生猪养殖场实施“联系班子+联场干部+联系村干部”的监督模式，确保截污到位，督促完成整改。至年底，“三必拆”（指建在村庄内、河道边、水源地的养殖场必拆）范围内生猪养殖场已经全部拆除到位，拆除面积计10.2万平方米，拟保留养殖场的“两化”整治全部完成并通过县验收。确保农村生活污水处理工程进度。至年底，12个村的农村生活污水工程进展顺利，进入施工扫尾阶段。全乡18个村被纳入2015年“贺田模式”复制村范围，上年已通过验收的5个村的巩固提升工作也在稳步推进当中。至年底，全乡共培训妇女3729人，签订门前“三包”责任书8051份，15个村开展入户测评打分。发放垃圾袋69220个，配备垃圾桶13549个，配备清运车36辆，新增或改造投放点98个。通过推广垃圾分类的举措，有效杜绝垃圾入河，村容村貌得到明显改观，模环溪、士元溪水质得到有效提升。

【夯实党建工作基础】 将每月20日的党员固定活动日分为服务日、学习日、议事日、党性体检日，认真制订活动计划，按时开展活动，并及时进行考评。建立乡教育服务中心党支部、乡机关党支部和党建示范点党支部微信群，将微信群作为党员教育管理的平台。创新党建工作方法，开展“一挂一带一讲堂”活动，下派8名年轻干部到复杂村、重点村担任支部副书记，加快熟悉农村工作。打造党建示范新亮点，从7个党建示范点中选出许家村等4个示范创建重点村，高标准完成党建长廊制作。通过每季度在各精品示范点召开党建工作例会、部门项目资金及各类资源向示范点创建村重点倾斜等方式，促进全乡党建工作整体推进，整乡提升。积极探索党建工作与经济社会发展有效推进结合的切入点，促进党建工作与乡中心工作齐头并进，通过干部带头、党员示范，有效推进征地拆迁、“攻坚543”等专项工作推进。开展党员先锋调解行动，以“平安模环”建设为目标，以征地拆迁等矛盾纠纷调处为重点，成立村党员义务调解队，开展先锋调解行动，着力破解历史遗留问题。开展“千员党员清三河”行动，结合“七一”党员活动，组织全乡1000多名党员参加模环溪、士元溪保洁行动，组织党员按照“亲情网格”开展入户宣传，推动全民参与“清三河”行动。加大案件查办力度，4名党员干部受到党内警告处分，6人被开除党籍。

【模环乡第十五届人民代表大会第三次会议】 1月16日上午召开。大会应到代表60名，实到代表57名。大会审议并通过胡锡清所作的《政府工作报告》《模环乡人大主席团工作报告》，审议并通过范佳杰所作的《关于模环乡2013年度财政预算执行情况和2014年度财政预算草案的报告》，选举柴建明为模环乡乡长。

图195 为助力年轻干部成长，模环乡举行“一挂一带一讲堂”启动仪式

【上向塘村】 位于模环乡东北方向，距模环2.5公里，以塘得名。村域面积1.85平方公里，由上向塘、西山岗、下平丹山、下向塘4个自然村组成，有10个村民小组，户籍人口268户948人。有党员44人，其中女党员4人。村集体资产300万元，有办公场所一座约400平方米。模圣公路穿境而过，交通便利。全村以种植业为主，有柑橘面积93.33公顷（1400余亩），产量4000余吨；水域面积80公顷（1200亩），养鱼370万尾，产量430吨；养猪1.5万头，养鸡2.1万只；另有私营企业3家。这里的村民勤劳、勇敢、朴实。上向塘村是中国工程院院士、浙江大学医学院附属第一医院院长、浙江大学医学院副院长、教授、博士生导师郑树森的家乡，因此，该村也是远近闻名的“院士之村”。

（模环乡 周建伟）

机构与负责人名录

县级机构

【中共龙游县委员会】

方健忠　　县委书记
刘根宏　　县委副书记
徐利水　　县委副书记（～2015.11）
应　敏（女）县委常委
洪一舟　　县委常委
舒　畅　　县委常委（～2015.01）
张少华　　县委常委（2015.01～）
朱　政　　县委常委
汪　军　　县委常委
雷建明　　县委常委
潘群威　　县委常委（～2015.11）
汪史唯　　县委常委
徐雄强　　县委常委
陈　瑜　　县委常委

【龙游县人大常委会】

周中民　　党组书记、主任
周耀明　　党组副书记、副主任
吴金德　　党组成员、副主任
邵宝成　　党组成员、副主任
赖　云　　副主任（兼）
范卫祥　　党组成员、副主任（2015.02～）

【龙游县人民政府】

刘根宏　　党组书记、县长
舒　畅　　党组副书记、副县长（～2015.01）
张少华　　党组副书记、副县长（2015.01～）
陈　瑜　　党组成员、副县长
陆寿泉　　党组成员、副县长
陆　民　　党组成员、副县长，兼县政府教育督导室主任
郑国华　　党组成员、副县长
姜忠军　　党组成员、副县长
钟爱红（女）副县长
王永明　　党组成员、副县长（下派）
俞耀根　　党组成员（副县长级）
王海涛　　县长助理（挂职2015.09～2015.12）

【龙游县政协常务委员会】

黄利荣　　党组书记、主席
李建民　　党组副书记、副主席
谢晓荣　　党组成员、副主席
杨铁荣　　党组成员、副主席
蓝芝苇　　副主席（兼）
严志源　　党组成员、副主席
张绳伟　　党组成员（～2015.04）

【中共龙游县纪律检查委员会】

朱　政　　县委常委、县纪委书记
马　巍　　副书记、监察局局长
傅正军　　副书记

【龙游县人民法院】

方永新　　党组书记、院长，兼县委政法委委员

徐根华　　党组副书记（～2015.04）
　　党组副书记、政治处主任
　　（2015.04～）
方土林　　党组成员、副院长
龚永松　　党组成员、县纪委派驻县人民法院
　　纪检组组长
郑小平　　党组成员、副院长
姜甘良　　党组成员、副院长、审委会委员
吴荣军　　党组成员、执行局局长
李浙西　　审委会专职委员
钱宝根　　审委会专职委员
吴幼平　　小南海人民法庭庭长
徐水耀　　溪口人民法庭庭长
何柏良　　巡回(交通)法庭庭长
王瑜群（女）湖镇人民法庭庭长

【龙游县人民检察院】

刘建华　　党组书记、代检察长，
　　兼县委政法委委员（～2015.02）
　　党组书记、检察长，兼县委政法委委员
　　（2015.02～）
孙　强　　党组成员、副检察长
张仁伟　　党组成员、政治处主任
陈永成　　党组成员、县纪委派驻县人民检察院
　　纪检组组长
李　军　　党组成员、副检察长
童立峰　　党组成员、副检察长、反贪局局长
姜建明　　党组成员、检委会专职委员
郑绍中　　党组成员（2015.02～2015.04）
吴　炜　　检委会专职委员
潘燕翔　　龙游工业园区监察室主任
吴　钊　　反渎职侵权局局长

县委工作部门

【中共龙游县委办公室】

刘明鹤　　主　任
严林平　　副主任（～2015.12）室务会议成员、
　　县纪委派驻第一纪检组组长
　　（2015.12～）
徐智慧　　副主任
刘洪刚　　副主任
刘金宽　　副主任
姜　锴　　副主任（兼）
余志康　　室务会议成员（2015.03～）
徐正华　　县委督查室主任（兼，～2015.02）
杨文哲　　县委机要局局长
蓝正伟　　县委报道组组长
祝　帅　　县委政研室主任（2015.02～）
吴克建　　县委督查室主任（兼，2015.04～）

【龙游县督查考绩委员会办公室】

郑　强　　主　任
徐正华　　副主任（～2015.02）
王　展　　副主任
吴克建　　副主任（2015.04～）

【中共龙游县委台湾工作办公室（龙游县台湾事务办公室）】

徐智慧　　主　任（兼）
余志康　　副主任（2015.03～）

【龙游县信访局】

刘金宽　　党组书记、局　长
陈坤林　　党组成员、副局长（～2015.06）
杨　琳（女）党组成员、副局长
邱洪亮　　党组成员、副局长
叶　茂　　党组成员、副局长（2015.06～）

【龙游县农业和农村工作办公室】

姜　锴　　党组书记、主　任
叶志英　　党组副书记、副主任
付卫平　　党组成员、副主任（～2015.04）
张柏成　　党组成员、副主任
陈小军　　党组成员、副主任
周小平　　县扶贫办主任

【龙游县档案局(馆)】

胡　萃（女）党组书记、局(馆)长
肖剑红　　党组成员、副局（馆）长

丰志航　　党组成员、派驻纪检组组长（～2015.12）
　　党组成员、县纪委派驻第一纪检组副组长（2015.12～）

【龙游县史志办公室】

余　晓　　主　任（～2015.12）

【中共龙游县委组织部】

徐雄强　　县委常委、组织部部长
严士平　　副部长
徐建丰　　副部长（～2015.06）
张永祥　　副部长（2015.04～）
余　晓　　部务会议成员、县纪委派驻第三纪检组组长（2015.12～）
童韧锋（女）部务会议成员
黄宝林　　副部长（兼，～2015.06）
饶晓明　　副部长（兼）
谢荣茂　　副部长（兼，～2015.04）
袁小红　　副部长（兼，2015.06～）
劳志平　　副部长（兼，2015.06～）

【中共龙游县委人才工作领导小组办公室】

张永祥　　主　任（～2015.04）
童韧锋（女）主　任（2015.04～）

【中共龙游县委两新工委】

徐建丰　　书　记（～2015.06）
黄志林　　副书记
江水清　　副书记（兼）
吴安春　　副书记（兼）

【龙游县机构编制委员会办公室】

(2014年8月县委（2014）60号文件，建立中共龙游县机构编制委员会办公室党组、中共龙游县纪律检查委员会驻龙游县机构编制委员会办公室纪检组）

饶晓明　　党组书记、主　任（2015.02～）
　　主　任（～2015.02）
许慧斌　　党组成员、副主任（2015.02～）
　　副主任（～2015.02）

徐正华　　党组成员、派驻纪检组组长（2015.02～2015.12）
　　党组成员、县纪委派驻第三纪检组副组长（2015.12～）

【中共龙游县委老干部局】

黄宝林　　局　长（～2015.06）
袁小红　　局　长（2015.06～）
王国军　　副局长
田志芳(女)　副局长、关工委副主任（～2015.06）
李红英(女)　副局长（2015.06～）

【龙游县机关党工委】

严士平　　书　记（兼）
雷伟斌　　副书记
唐　蕾(女)　委员、纪工委书记

【中共龙游县委宣传部】

应　敏(女)　县委常委、宣传部部长
徐素贞(女)　副部长、兼县外宣网管办主任
徐兆云　　副部长、县文明办主任
吴夏良　　部务会议成员、县纪委派驻第四纪检组组长（2015.12～）
余　鹏　　社会科学联合会主席
李兴科　　县互联网信息办公室主任

【龙游县创建国家卫生县城工作领导小组办公室】

周建林　　副主任（～2015.06）

【中共龙游县委党校】

徐雄强　　校　长（兼）
余文祥　　常务副校长
刘秋荣　　副校长
徐跃良　　副校长
郑献丰　　副校长

【中共龙游县委新闻宣传中心】

楼林峰　　党组书记、主　任
余柏成　　党组成员、副主任
郑利霞(女)　党组成员、副主任
葛树印　　党组成员、派驻纪检组组长（2015.02～2015.12）
　　党组成员、县纪委派驻第四纪检组副组长（2015.12～）

【中共龙游县委统战部】

（2015年5月18日县委（2015）48号《关于印发龙游县人民政府职能转变和机构改革方案的通知》，将县政府侨务办公室更名为县外事侨务办公室，与县委统战部合署办公，同时划入县政府外事办公室职责。县政府办公室不再保留县政府外事办公室牌子。）

汪　军　　县委常委、统战部部长
吴安春　　副部长（兼）
雷建龙　　副部长、县民宗局局长
姜爱芳（女）副部长、县侨办主任（～2015.06）
　　副部长、县外事侨务办主任（2015.06～）
蓝建春　　部务会议成员、县纪委派驻第五纪检组组长（2015.12～）
雷忠根　　县侨办副主任（～2015.06）
　　县外事侨务办副主任（2015.06～）
田志芳（女）县民宗局副局长（2015.06～）

【中共龙游县委政法委】

洪一舟　　书　记
汪史唯　　副书记（兼）
姜忠军　　副书记（兼）
章宇夫　　副书记（主持工作）、县综治办主任
洪永健　　副书记、县维稳办主任
刘安明　　副书记、县国安办主任
黄陆俊　　委员、县610办主任（～2015.08）
　　副书记、县610办主任（2015.08～）
詹其军　　县610办副主任
胡益民　　县综治办副主任
马　健　　县维稳办副主任
季　君　　政治处主任

【龙游县纪委（监察局）机关】

郑玉香（女）常委、监察局副局长（～2015.09）
张金寿　　常委、经济发展环境投诉中心办公室主任（～2015.08）
蓝建春　　常委、信访室主任（～2015.12）
蓝小纯（女）监察局副局长
金晓峰　　监察局副局长（2015.12～）
陈　琦　　教育调研室主任
王　斌　　第二纪检监察室主任
朱雁鸿（女）党风政风监督室主任
毛延新　　第一纪检监察室主任
曹文华　　干部室主任
佘律星　　办公室主任
陆　旖　　案件监督管理室主任

人民团体

【龙游县总工会】

周耀明　　主　席(兼)
马盈忠　　党组书记、副主席
何志军　　党组成员、副主席
曹　群　　党组成员、副主席（～2015.04）
杨响艳（女）党组成员、副主席（～2015.04）
　　党组成员、县纪委派驻纪检组组长（2015.04～2015.12）
　　党组成员、县纪委派驻第三纪检组副组长（2015.12～）

【共青团龙游县委员会】

叶　剑　　党组书记、书记
张问期（女）党组成员、副书记
王　苑（女）党组成员、副书记

【龙游县妇女联合会】

余浏娟（女）党组书记、主席
洪霞琴（女）副主席
吕　燕（女）党组成员、副主席

【龙游县文学艺术界联合会】

黄瑞清　　副主席(主持工作，～2015.08)
　　党组书记、主席（2015.08～）
张水祥　　副主席（～2015.08)
　　党组成员、副主席（2015.08～）

【龙游县工商业联合会】

吴安春　　党组书记、主席
方苏帆　　党组成员、副主席
吴建标　　党组成员、副主席（2015.02～）

【龙游县残疾人联合会】
潘建强　　党组书记、理事长
包春全　　党组成员、副理事长
邹虎生　　党组成员、派驻纪检组组长（ ～2015.06）
杨渐升　　党组成员、派驻纪检组组长（2015.08～2015.12）
　　　　　党组成员、县纪委派驻第九纪检组副组长（2015.12～ ）

【龙游县科学技术协会】
赖　云　　主　席
冯岳樑　　副主席
王彩根　　副主席

【龙游县红十字会】
陆　民　　会　长（兼）
刘利仙（女）专职副会长（ ～2015.06）

民主党派·无党派人士

【中国国民党革命委员会龙游县支部委员会】
李华琴　　主　委
江悌谦　　副主委

【中国民主同盟龙游县总支部委员会】
吴幼平　　主　委
徐林发　　副主委
罗玉银　　副主委
吴宇芳（女）副主委
周卫锦　　副主委（2015.11～ ）

【中国民主建国会龙游县基层委员会】
蓝芝苇　　主　委
吕菊岚（女）副主委
汪存伟　　副主委（2015.12～ ）
雷小彬　　副主委（2015.12～ ）
夏慧庆（女）副主委（ ～2015.12）
余　燕（女）副主委（ ～2015.12）

【中国民主促进会龙游县总支部委员会】
周巧萍（女）主　委
房　圆　　副主委（2015.11～ ）
蓝忠胜　　副主委
吴红峰　　副主委
蓝　耀　　副主委（ ～2015.11）

【中国农工民主党龙游县总支部委员会】
钟爱红（女）主　委
徐洪波　　副主委
洪霞琴（女）副主委
周建民　　副主委

【九三学社龙游县基层委员会】
赖　云　　主　委
傅志华　　副主委
陈文化（女）副主委
叶菊贞（女）副主委

【龙游县无党派知识分子联谊会】
余小明　　会　长

龙游县人大工作部门

（2015年6月29日龙人大常〔2015〕23号文件，撤销“县人大常委会财政金融与经济工作委员会”；设立“县人大常委会财政金融工作委员会”“县人大常委会经济工作委员会”，为县人大常委会工作机构）

严建军　　县人大党组成员、办公室主任
贾伶俐（女）常委（2015.02～ ）
徐新台　　常委、研究室主任（正科级）
胡启芳　　常委、法工委主任
柳学政　　常委
程永明　　财政金融工作委员会主任（2015.06～ ）

徐志震　　财政金融与经济工作委员会副主任
（ ～2015.06）
财政金融工作委员会副主任
（2015.06～ ）
谢耀坤　　常委、财政金融与经济工作委员会主任
（ ～2015.06）
常委、经济工作委员会主任
（2015.06～ ）
方向阳　　常委、农业与农村工作委员会副主任
（ ～2015.06）
常委、农业与农村工作委员会主任
（2015.06～ ）
余政清　　农业与农村工作委员会副主任
周石祥　　建设和资源环境保护工作委员会主任
（ ～2015.02）
常委、建设和资源环境保护工作委员会主任
（2015.02～ ）
蓝素芬（女）建设和资源环境保护工作委员会副主任
叶利平　　常委、教科文卫民侨工作委员会主任
刘恩聪（女）教科文卫民侨工作委员会副主任
廖成钢　　常委、代表与选举任免工作委员会主任
张兢文（女）代表与选举任免工作委员会副主任
（2015.03～ ）
夏志清　　常委（ ～2015.01）
胡礼刚　　办公室副主任（ ～2015.12）

龙游县政协工作部门

（2015年7月22日龙政协〔2015〕11号文件，增设“人口资源环境委员会”、“委员工作委员会”；将“教文卫体委员会（文史资料委员会）”更名为“教文卫体和文史资料委员会”，“三胞联谊委员会”更名为“港澳台侨委员会”）

丰建清　　县政协党组成员、秘书长
姜丽萍（女）常委、办公室主任
王国清　　常委、研究室主任（正科级）
陈金新　　提案委员会主任（2015.07～ ）
张　峰　　常委、经济科技委员会主任
陈九心　　经济科技委员会副主任（2015.10～ ）
郭建军　　常委、农业和农村委员会主任
黄宝林　　人口资源环境委员会主任
（2015.07～ ）
华　英（女）人口资源环境委员会副主任
（2015.07～ ）
周巧萍（女）教文卫体委员会（文史资料委员会）主任
（ ～2015.07）
教文卫体和文史资料委员会主任
（2015.07～ ）
肖炎生　　常委、社会法制和民族宗教委员会主任
吴惠忠　　办公室副主任（ ～2015.07）
常委、委员工作委员会主任
（2015.07～ ）
吕益鸿　　常委、提案委员会主任（ ～2015.05）
徐智慧　　“三胞”联谊委员会主任（兼）

县政府工作部门

【龙游县政府办公室】

（2015年5月18日县委〔2015〕48号《关于印发龙游县人民政府职能转变和机构改革方案的通知》，将县政府侨务办公室更名为县外事侨务办公室，与县委统战部合署办公，同时划入县政府外事办公室职责。县政府办公室不再保留县政府外事办公室牌子）

余继民　　党组书记、主任、县政府党组成员、
县外事办主任、应急办主任
（ ～2015.06），
党组书记、主任、县政府党组成员、
应急办主任（2015.06～ ）
祝文波　　党组成员、副主任（兼，～2015.01）
徐　洪　　党组成员、副主任（ ～2015.12）
党组成员、县纪委派驻第二纪检组组长
（2015.12～ ）

吴恒凯　党组成员、副主任
胡剑明　党组成员、副主任
钟宏亮　党组成员、副主任
胡樟太　党组成员、副主任
郑云金　党组成员、副主任
袁旭辉　党组成员、副主任
江建新　副主任（~2015.06）
秦宏杰　应急办副主任
王　展　督查室主任（兼）

【龙游县政府法制办公室】

祝文波　主　任

【龙游县政府咨询委员会办公室】

林　升　主　任

【龙游县金融工作办公室】

叶建清　主　任

【龙游县城市管理办公室】

（2015年6月14日龙编（2015）42号《关于设立龙游县综合行政执法局的通知》，设立龙游县综合行政执法局，是主管综合行政执法工作的县政府工作部门。龙游县城市管理办公室机构被撤销，编制核销）

江建新　主　任（~2015.06）
周建林　副主任（~2015.06）

【龙游县行政服务中心】

朱秀梁　党组书记、主任
傅国汉　党组成员、副主任
陈　芬（女）党组成员、派驻纪检组组长（~2015.12）

【龙游县机关事务管理局】

叶宏波　党组书记、局长
郑明通　党组成员、副局长
傅锡炳　党组成员、副局长
叶小宏　党组成员、派驻纪检组组长（~2015.12）
　　党组成员、县纪委派驻第二纪检组副组长（2015.12~）

【龙游县人力资源和社会保障局】

谢荣茂　党组书记、局长（~2015.04）
劳志平　党组书记、局长（2015.06~）
邵月旭　党组副书记、副局长
饶晓明　党组副书记（兼，~2015.02）
严凛冰　党组成员、副局长
叶杏友　党组成员、副局长
方爱芸（女）党组成员、派驻纪检组组长（~2015.12）
　　党组成员、县纪委派驻第九纪检组组长（2015.12~）
夏根土　党组成员、社保管理局局长

【龙游县公安局】

汪史唯　县委常委、县公安局党委书记、局长、督察长，兼县委政法委副书记
方土新　党委委员、副局长（~2015.06）
　　党委副书记、政委（2015.06~）
周松祥　党委委员、副局长
郑松林　党委委员、副局长
刘哲明　党委委员、派驻纪检组组长
叶家荣　党委委员、刑侦大队大队长
江永志　党委委员
余剑飞　党委委员、政治处主任
傅晓泉　党委委员
崔亚明　党委委员、副局长（挂职，2015.01~）
胡洁军　龙洲派出所所长、龙洲街道党工委委员
丰　华　龙洲派出所教导员
冉雄进　东华派出所教导员、东华街道党工委委员
王卫东　交警大队大队长（2015.01~）
吕元进　交警大队教导员（2015.03~）
余红宙　治安大队大队长
王伟东　治安大队教导员
江　平　经侦大队大队长
徐　燕（女）经侦大队教导员（2015.03~）
范国洪　行动侦察大队大队长
徐　意　行动侦察大队教导员（2015.03~）
姜建军　国保大队大队长
吴文寅　国保大队教导员
祝高华　看守所所长
杨小金　看守所教导员（2015.03~）

徐志华　　县公安局指挥中心主任
饶明林　　县公安局指挥中心教导员（2015.03～ ）
叶　宏　　刑侦大队教导员（2015.03～ ）

【龙游县司法局】

金祖浩　　党组书记、局长，兼县委政法委委员
徐延平　　党组成员、副局长
饶永红　　党组成员、派驻纪检组组长（ ～2015.12）
　　　　　党组成员、县纪委派驻第六纪检组组长（2015.12～ ）
陈文化（女）副局长
王功铭　　党组成员、副局长

【龙游县农业局】

吴建明　　党委书记、局长
曾顺福　　党委副书记、副局长
许光林　　党委委员、派驻纪检组组长（ ～2015.02）
詹雪琪　　党委委员、副局长
林海虎　　党委委员、畜牧兽医局局长
吴建标　　党委委员、副局长（ ～2015.02）
朱炳良　　党委委员、副局长（2015.02～ ）
徐志丹　　党委委员、派驻纪检组组长（2015.02～2015.12）
　　　　　党委委员、县纪委第十二派驻纪检组副组长（2015.12～ ）

【龙游县林业局】

陈雪华　　党组书记、局长
汪国华　　党组副书记、副局长
陈荣富　　党组成员、副局长
缪建立　　党组成员、派驻纪检组组长（ ～2015.12）
徐雪飞　　森林公安局局长（ ～2015.02）
　　　　　党组成员、森林公安局局长（2015.02～ ）

【龙游县水利局】

方金元　　党组书记、局长
王建华　　党组副书记、副局长
贺　军（女）党组成员、副局长
蒋澄亚　　党组成员、副局长（ ～2015.04）
方永宏　　党组成员、派驻纪检组组长（ ～2015.12）
　　　　　党组成员、派驻第十三纪检组组长（2015.12～ ）
周土香（女）党组成员、总工程师（ ～2015.04）
郑宇峰　　党组成员、副局长
石建荣　　县农村水利服务中心主任（2015.06～ ）

【龙游县高坪桥水库工程建设管理处】

周雪祥　　党组书记、主任
吴　浩　　党组成员、副主任（兼）
华贵土　　党组成员、副主任
周友成　　党组成员、派驻纪检组组长（ ～2015.12）
　　　　　党组成员、派驻第十三纪检组副组长（2015.12～ ）

【龙游县乌引工程管理处】

董建根　　党组书记、主任
汪辛耕　　党组成员、副主任
刘正浩　　党组成员、派驻纪检组组长（ ～2015.12）
　　　　　党组成员、县纪委派驻第十六纪检组副组长（2015.12～ ）

【龙游县民政局】

邹国宁　　党组书记、局长
周立云　　党组副书记、县水库移民管理办公室主任
江水清　　党组成员、副局长
祝立宏　　党组成员、副局长
袁水平　　党组成员、派驻纪检组组长（ ～2015.12）
　　　　　党组成员、县纪委派驻第九纪检组副组长（2015.12～ ）

【龙游县发展和改革局】

李竹生　　党委书记、局长
雷金标　　党委副书记、副局长（2015.06～ ）
周利民　　党委委员、副局长
王　晟　　党委委员、副局长

胡炳银　党委委员、副局长
余志康　党委委员、派驻纪检组组长（～2015.03）
陈　芬（女）党委委员、县纪委派驻第七纪检组组长（2015.12～）
陈　林　党委委员（2015.06～）
杜前强　党委委员（2015.06～）
陈卫星　县重点办主任
雷小彬　县服务业发展办公室主任（副科级，～2015.05）

【龙游县粮食局】

（2015年5月18日县委（2015）48号《关于印发龙游县人民政府职能转变和机构改革方案的通知》，将县商务局更名为县商务和粮食局，仍与县经济和信息化局合署办公，同时划入县粮食局的职责，不再保留县粮食局）

张智望　党委书记、局长、县发改局党委委员
叶向东　党委副书记、副局长
童晓阳　党委委员、副局长
周樟宝　党委委员、副局长（～2015.04）
张文君（女）党委委员、派驻纪检组组长（～2015.12）

【龙游县统计局】

范玉宏　党组书记、局长、县发改局党委委员
章德兴　党组成员、派驻纪检组组长（～2015.12）
党组成员、县纪委派驻第七纪检组副组长（2015.12～）
王文龙　党组成员、副局长
陈建军　党组成员、副局长
苏胜英　党组成员、农村社会经济调查队副队长

【龙游县物价局】

（2015年6月22日县委（2015）52号《关于设置部分党组织的通知》，撤销中共龙游县物价局党组、中共龙游县纪律检查委员会驻龙游县物价局纪检组）

雷金标　党组书记、局长，县发改局党委委员（～2015.06）
局长，县发改局党委副书记、副局长（2015.06～）

陈　林　党组成员、副局长（～2015.06）
副局长、县发改局党委委员（2015.06～）
李红英（女）党组成员、派驻纪检组组长（～2015.06）
杜前强　党组成员、副局长（～2015.06）
副局长、县发改局党委委员（2015.06～）

【龙游县经济和信息化局】

郑立纲　党委书记、局长
徐政建　党委副书记、副局长
姜远强　党委委员、副局长
赖旭勇　党委委员、副局长
胡良庆　党委委员、派驻纪检组组长（～2015.12）
党委委员、县纪委派驻第八纪检组副组长（2015.12～）

【龙游县商务局】

徐汝清　党组书记、局长、兼外资局局长，县经信局党委委员
杨佩忠　党组成员、派驻纪检组组长（～2015.02）
柯小平　党组成员、副局长
邓树成　党组成员、副局长
钟小红　党组成员、县纪委派驻第八纪检组副组长（2015.12～）

【龙游县安全生产监督管理局】

金元玫　党组书记、局长
王剑阳　党组成员、副局长
吕乾才　党组成员、副局长
吴光林　党组成员、派驻纪检组组长（～2015.12）
钱小林　党组成员、县纪委派驻第十二纪检组副组长（2015.12～）

【龙游县招商局】

贾仲银　党组书记、局长、兼县经济协作办主任
方建林　党组副书记、副局长
劳开元　党组成员、副局长

汪　涵　　党组成员、派驻纪检组组长
（ ～2015.12）
党组成员、县纪委派驻第五纪检组副组长
（2015.12～ ）

【龙游县交通运输局】

陈卫平　　党委书记、局长（ ～2015.04）
吴生祥　　党委书记、局长（2015.06～ ）
李建兵　　党委副书记、副局长（ ～2015.04）
傅胜华　　党委委员、副局长
叶泳波　　党委委员、副局长、兼县公路段段长
吴学军　　党委委员、派驻纪检组组长
（ ～2015.12）
党委委员、县纪委派驻第十二纪检组组长
（2015.12～ ）
张红晓　　道路运输管理所所长（ ～2015.04）

【龙游县住房和城乡建设局】

夏剑平　　党委书记、局长（ ～2015.06）
徐建华　　党委书记、局长（2015.06～ ）
傅德源　　党委副书记、派驻纪检组组长
（ ～2015.12）
党委副书记、县纪委派驻第十一纪检组组长
（2015.12～ ）
冯雪外　　党委副书记（ ～2015.04）
郑绍坪　　党委委员、副局长
钟　健（女）党委委员、副局长
姜　真　　党委委员、副局长
胡小土　　党委委员、总工程师

【龙游县“三改一拆”领导小组办公室】

翁忠军　　副主任（2015.04～ ）

【龙游县规划局】

童植龙　　党组书记、局长、兼县人防办主任
王　胜　　党组副书记、副局长
翁忠军　　党组成员、副局长（ ～2015.04）
余圣土　　党组成员（ ～2015.06）
何　军　　党组成员、总规划师
应红峰　　党组成员、派驻纪检组组长
（ ～2015.12）
管伟杰　　党组成员、副局长（2015.04～ ）

【龙游县人民防空办公室】

童植龙　　主　任（兼）
余圣土　　副主任（ ～2015.06）

【龙游县城乡规划管理中心】

袁鲁峰　　主任（2015.04～ ）

【龙游县环境保护局】

郑建飞　　党组书记、局长
吴伟民　　党组成员、副局长
黄建彤　　党组成员、副局长
游路宏　　党组成员、派驻纪检组组长
（ ～2015.12）
党组成员、县纪委派驻第十二纪检组副组长
（2015.12～ ）
郑卫星　　党组成员、总工程师
胡远鸣　　县环境监察大队大队长（2015.06～ ）

【龙游县住房改革委员会办公室】

钱柏根　　党组书记、主　任
吴念平　　党组成员、副主任
王土祥　　党组成员、派驻纪检组组长
（ ～2015.12）
党组成员、县纪委派驻第十一纪检组副组长
（2015.12～ ）
雷　军　　党组成员、副主任（2015.02～ ）

【龙游县教育局】

邱子龙　　党委书记、局长，
兼县政府教育督导室副主任
王兆斌　　党委副书记、副局长，
兼县政府教育督导室副主任
（ ～2015.08）
县政府教育督导室专职副主任
（2015.08～ ）
徐红斌　　党委委员、副局长
吴夏良　　党委委员、派驻纪检组组长
（ ～2015.12）
吴焕斌　　党委委员、副局长
吴蔚萍　　县第二高级中学校长（ ～2015.08）
党委委员、副局长（2015.08～ ）

张文君（女）党委委员、县纪委派驻第十四纪检组组长（2015.12～ ）
周　华　　龙游中学校长，兼县教育局党委委员、副局长
程伟斌　　龙游中学党总支书记
邱建军　　县第二高级中学校长（2015.08～ ）
姚金炎　　县第二高级中学党支部书记（ ～2015.06）
　　　　　县第二高级中学党总支书记（2015.06～ ）
毛　芳　　县职业技术学校校长
童建明　　县职业技术学校党支部书记（ ～2015.02）
陈建峰　　县职业技术学校党支部书记（2015.02～ ）
徐小华　　浙江广播电视大学龙游分校校长
宋国华　　浙江广播电视大学龙游分校党支部书记（ ～2015.02）
缪正荣　　浙江广播电视大学龙游分校党支部书记（2015.08～ ）

【龙游县文化广电新闻出版局】

方玉林　　党委书记、局长
王建虹　　党委委员、副局长
钟金柱　　党委委员、副局长
杨江红　　党委委员、派驻纪检组组长（ ～2015.12）
　　　　　党委委员、县纪委派驻第四纪检组副组长（2015.12～ ）

【龙游县风景旅游管理局（龙游石窟旅游度假区管委会）】

（2015年5月18日县委（2015）48号《关于印发龙游县人民政府职能转变和机构改革方案的通知》，将县风景旅游管理局更名为县旅游委员会，与县文化广电新闻出版局合署办公。6月22日县委（2015）52号《关于设置部分党组织的通知》，撤销中共龙游县风景旅游管理局党组、中共龙游县纪律检查委员会驻龙游县风景旅游管理纪检组）

陆　民　　龙游石窟管委会党工委书记（兼，～2015.06）
劳志平　　局党组书记、局长，石窟管委会党工委副书记、主任（ ～2015.06）
张　旗　　局党组副书记、副局长，石窟管委会党工委副书记、副主任（ ～2015.04）
吴建平　　局党组成员、副局长，石窟管委会党工委委员、副主任（ ～2015.06）
徐华喜　　局党组成员、副局长，石窟管委会党工委委员、副主任（ ～2015.06）
徐晓东　　局党组成员、副局长，石窟管委会党工委委员、副主任（ ～2015.06）

【龙游县旅游委员会（龙游石窟旅游度假区管委会）】

（2015年5月18日县委（2015）48号《关于印发龙游县人民政府职能转变和机构改革方案的通知》，将县风景旅游管理局更名为县旅游委员会，与县文化广电新闻出版局合署办公。6月22日县委（2015）52号《关于设置部分党组织的通知》，建立中共龙游县旅游委员会委员会、中共龙游县纪律检查委员会驻龙游县旅游委员会纪检组）

陆　民　　龙游石窟管委会党工委书记(兼，2015.06～)
徐建丰　　党委书记、主　任，石窟管委会党工委副书记、主任（2015.06～ ）
吴建平　　党委委员、副主任、石窟管委会党工委委员（2015.06～ ）
徐华喜　　党委委员、副主任、石窟管委会党工委委员（2015.06～ ）
徐晓东　　党委委员、副主任、石窟管委会党工委委员（2015.06～ ）
黄海军　　党委委员、县纪委派驻第四纪检组副组长（2015.12～ ）

【龙游县卫生局】

（2015年5月18日县委（2015）48号《关于印发龙游县人民政府职能转变和机构改革方案的通知》，组建县

卫生和计划生育局，不再保留县卫生局、县计划生育局。6月22日县委（2015）52号《关于设置部分党组织的通知》，撤销中共龙游县卫生局委员会、中共龙游县纪律检查委员会驻龙游县卫生局纪检组）

袁小红　　党委书记、局长（～2015.06）

张永华　　党委委员、派驻纪检组组长（～2015.06）

姚根亮　　党委委员、副局长（～2015.06）

吴　健　　党委委员、副局长、兼县中医院党总支书记（～2015.06）

余小明　　副局长（～2015.06）

周建民　　县人民医院院长（～2015.06）

蓝晓玲（女）县人民医院党总支书记（～2015.06）

徐林发　　县中医院院长（～2015.06）

【龙游县卫生和计划生育局】

（2015年5月18日县委（2015）48号《关于印发龙游县人民政府职能转变和机构改革方案的通知》，组建县卫生和计划生育局，不再保留县卫生局、县计划生育局。6月22日县委（2015）52号《关于设置部分党组织的通知》，建立中共龙游县卫生和计划生育局委员会、中共龙游县纪律检查委员会驻龙游县卫生和计划生育局纪检组）

丁　俊　　党委书记、局长（2015.06～）

张永华　　党委委员、副局长（2015.06～）

朱建军　　党委委员、副局长（2015.06～）

张锦华　　党委委员、派驻纪检组组长（2015.06～2015.12）

陆龙丽（女）党委委员、县计生协会副会长（2015.06～）

余小明　　副局长（2015.06～）

毛庆华　　党委委员、县纪委派驻第十五纪检组组长（2015.12～）

周建民　　县人民医院院长（2015.06～）

蓝晓玲（女）县人民医院党总支书记（2015.06～）

徐林发　　县中医院院长（2015.06～）

【龙游县综合行政执法局】

（2015年5月18日县委（2015）48号《关于印发龙游县人民政府职能转变和机构改革方案的通知》，组建县综合行政执法局。6月22日县委（2015）52号《关于设置部分党组织的通知》，建立中共龙游县综合行政执法局委员会、中共龙游县纪律检查委员会驻龙游县综合行政执法局纪检组）

童利松　　党委书记、局长（2015.06～）

周建林　　党委委员、副局长（2015.06～）

严小见　　党委委员、派驻纪检组组长（2015.06～2015.12）
　　　　　党委委员、县纪委派驻第十一纪检组副组长（2015.12～）

厉文健　　党委委员、副局长（2015.06～）

【龙游县市场监督管理局】

（2015年5月18日县委（2015）48号《关于印发龙游县人民政府职能转变和机构改革方案的通知》，组建县市场监督管理局，将县工商行政管理局的职责、县食品药品监督管理局的职责、县质量技术监督局的职责、县食品安全委员会办公室的职责，整合划入县市场监督管理局）

夏浩波　　党委书记、局长，兼县食品安全委员会办公室主任

江先敏　　党委委员、副局长

邵　鹏　　党委委员、副局长（～2015.04）

包　明（女）党委委员、副局长

陈富强　　党委委员、副局长（～2015.06）

廖寿祥　　党委委员、副局长（～2015.06）

周红强　　党委委员、派驻纪检组组长（～2015.12）
　　　　　党委委员、县纪委派驻第十六纪检组组长（～2015.12）

王文清　　党委委员、副局长（2015.06～）

吴　健　　党委委员、副局长（2015.06～）

邱利民　　党委委员、副局长（2015.06～）

廖雪祺　　党委委员、县食品安全委员会办公室专职副主任

童筱俊　　党委委员

【龙游县质量技术监督局】

（2015年5月18日县委（2015）48号《关于印发龙游县人民政府职能转变和机构改革方案的通知》，组建县市场监督管理局，将县工商行政管理局的职责、县食品药品监督管理局的职责、县质量技术监督局的职责、县食品安全委员会办公室的职责，整合划入县市场监督管理局。6月22日县委（2015）52号《关于设置部分党组织的通知》，撤销中共龙游县质量技术监督局委员会、中共龙游县纪律检查委员会驻龙游县质量技术监督局纪检组）

吴　军　　党委书记、局长（～2015.06）
王文清　　党委副书记、派驻纪检组组长（～2015.06）
邱利民　　党委委员、副局长（～2015.06）
严小见　　党委委员、副局长（～2015.06）

【龙游县广播电视总台】

张秋贤　　党委书记、台长
郑金荣　　党委委员、副台长
李文敏　　党委委员、副台长
蒋黎阳　　党委委员、总工程师

【龙游县体育局】

黄国平　　党组书记、局长
黄更青　　党组成员、副局长
陈建龙　　党组成员、派驻纪检组组长（～2015.12）
　　　　　党组成员、县纪委派驻第十四纪检组副组长（2015.12～）

【龙游县人口和计划生育局】

（2015年5月18日县委（2015）48号《关于印发龙游县人民政府职能转变和机构改革方案的通知》，组建县卫生和计划生育局，不再保留县卫生局、县计划生育局。6月22日县委（2015）52号《关于设置部分党组织的通知》，撤销中共龙游县人口和计划生育局党组、中共龙游县纪律检查委员会驻龙游县人口和计划生育局纪检组）

陈金新　　党组书记、局长（～2015.06）
朱建军　　党组成员、副局长（～2015.06）
华　英（女）副局长（～2015.06）
张锦华　　党组成员、副局长（～2015.06）
陆龙丽（女）党组成员、派驻纪检组组长，县计生协会副会长（～2015.06）

【龙游县科技局】

程永明　　党组书记、局长（～2015.06）
吴　军　　党组书记、局长（2015.06～）
钱列君　　党组成员、派驻纪检组组长（～2015.12）
　　　　　党组成员、县纪委派驻第十四纪检组副组长（2015.12～）
方　圆（女）副局长
余良才　　党组成员、副局长

【龙游县财政地税局】

徐志明　　党委书记、财政局局长、地税局局长
朱云峰　　党委委员、地税局副局长
蒋澄宇　　党委委员、地税局副局长，兼稽查局局长
詹耀明　　党委委员、财政局副局长
琚柏华　　党委委员、财政局副局长、兼预算局局长
钱　宇（女）总会计师
金志鸿　　城关税务分局局长
黄一路　　财政监督局局长
周小宏　　地税局稽查局局长
汪小军　　预算执行局局长（2015.03～）

【龙游县国有资产监督管理委员会】

（2015年6月22日县委（2015）52号《关于设置部分党组织的通知》，撤销中共龙游县国有资产监督管理委员会党组，设立中共龙游县国有资产监督管理委员会委员会）

洪士友　　党委书记、主任（2015.06～）
　　　　　党组书记、主　任（～2015.06）
叶盛华　　党委委员、副主任（2015.06～）
　　　　　党组成员、副主任（～2015.06）
吕菊岚（女）副主任
张育铭　　党组成员、派驻纪检组组长（～2015.06）
　　　　　党委委员、派驻纪检组组长（2015.06～2015.12）
　　　　　党委委员、县纪委派驻第十纪检组副组长（2015.12～）

【龙游县水务集团有限公司（筹）】
谢荣茂　　董事长、总经理(2015.04～)
余永华　　副总经理(2015.04～)

【龙游县交通集团有限公司（筹）】
陈卫平　　董事长、总经理(2015.04～)
张红晓　　副总经理(2015.04～)

【龙游县城市发展投资有限公司】
冯雪外　　执行董事、总经理(2015.04～)
卞瑞浩　　副总经理(2015.4～)

【龙游县文化旅游发展有限公司】
张　旗　　执行董事、总经理(2015.04～)
余剑锋　　副总经理(2015.04～)
雷庆岳　　副总经理(2015.04～)

【龙游县商贸物流发展有限公司】
吕益鸿　　执行董事、总经理(2015.04～)
雷小彬　　副总经理(2015.04～)

【龙游县奔康投资有限公司】
付卫平　　执行董事、总经理(2015.04～)
杨根炎　　副总经理(2015.04～)

【龙游县农业综合开发办公室】
邵司野　　党组副书记、主　任（ ～2015.03）
田土生　　党组书记、副主任（ ～2015.03）
　　　　　党组书记、主任（2015.03～ ）
倪　斌　　党组成员、派驻纪检组组长
　　　　　（ ～2015.12）
　　　　　党组成员、县纪委派驻第十纪检组副组长
　　　　　（2015.12～ ）
陈雪峰　　党组成员、副主任（2015.04～ ）

【龙游县审计局】
汪建国　　党组书记、局长
徐松正　　党组成员、副局长
王琼珷　　党组成员、派驻纪检组组长
　　　　　（ ～2015.12）
　　　　　党组成员、县纪委派驻第十纪检组组长
　　　　　（2015.12～ ）
朱胜尧　　党组成员、副局长

【龙游县供销社】
王根荣　　党委书记、主任
胡仁建　　党委委员、副主任
周立生　　党委委员、副主任
倪永军　　党委委员、派驻纪检组组长
　　　　　（ ～2015.12）
　　　　　党委委员、县纪委派驻第十三纪检组副组长
　　　　　（2015.12～ ）

【龙游县公共资源市场化配置监督管理办公室】
童利松　　党组书记、主任（ ～2015.06）
程骏飞　　党组书记、主任（2015.06～ ）
方敏华　　党组成员、副主任
廖　英（女）党组成员、副主任
马应芳　　党组成员、派驻纪检组组长
　　　　　（ ～2015.12）
　　　　　党组成员、县纪委派驻第二纪检组副组长
　　　　　（2015.12～ ）

【龙游县公共资源交易中心】
程骏飞　　主　任（ ～2015.06）
郑玉香（女）主　任（2015.08～ ）

【龙游工业园区】
舒　畅　　党工委书记（兼 ～2015.01）
张少华　　党工委书记（兼 2015.01～ ）
范卫祥　　党工委副书记、主任
陈益军　　党工委副书记、副主任
胡锡清　　党工委副书记（兼）
杨渐升　　党工委委员（ ～2015.08）
陈九心　　党工委委员、副主任，
　　　　　龙游工业园区龙北招商局局长
　　　　　（ ～2015.08）
余益文　　党工委委员、副主任
胡伟光　　党工委委员、副主任
熊幼民　　党工委委员
汪存伟　　副主任
徐向东　　党工委委员、纪工委书记
　　　　　（ ～2015.12）
　　　　　党工委委员、县纪委派驻第八纪检组组长
　　　　　（2015.12～ ）

潘燕翔　　监察室主任

【龙游-镇海山海协作产业园】

刘根宏　　党工委书记
舒　畅　　党工委副书记（～2015）
张少华　　党工委副书记（2015～）
潘群威　　党工委副书记、管委会主任
范卫祥　　党工委委员
叶秀贝　　党工委委员
贾仲银　　党工委委员
熊幼民　　党工委委员、管委会专职副主任

【龙游县铁路建设指挥部办公室】

叶华民　　党组书记、主任
管伟杰　　党组成员、副主任（～2015.04）
陈　岗　　党组成员、副主任
王永新　　党组成员、派驻纪检组组长（～2015.12）
　　　　　党组成员、县纪委派驻第七纪检组副组长（2015.12～）
金敏军（女）党组成员、副主任（2015.05～）

军事机构

【龙游县人民武装部】

雷建明　　县委常委、人武部党委书记、政委
韩建和　　党委副书记、部长
俞　斌　　党委委员、副部长兼军事科科长（2015.03～）
方跃华　　党委委员、政工科科长
侯启明　　党委委员、后勤科科长
金晓峰　　党委委员、副部长兼军事科科长、纪委书记（～2015.02）

【龙游县公安消防大队】

黄志强　　教导员（2015.05～）
胡晓凡　　大队长（2015.05～）
葛小锋　　副大队长
陈久彬　　指导员
俞　军　　教导员（～2015.05）
李智东　　大队长（～2015.05）

【武警衢州市支队第四大队】

徐晓波　　大队长
张来根　　教导员（～2015.02）
魏国晴　　教导员（2015.03～）
陈正亚　　副大队长

省、市属单位

【龙游县国家税务局】

龚岳成　　党组书记、局长
陈士军　　党组成员、副局长
应益忠　　党组成员、副局长
林雪伟　　党组成员、副局长
郑永峰　　党组成员、纪检组长
沈奕子　　党组成员、副局长

【龙游县烟草专卖局(公司)】

周叶青　　党组书记、局长、经理（2015.09～）
陈日明　　党组书记、局长、经理（～2015.09）
钟丽峰（女）副局长（挂职～2015.01）
　　　　　党组成员、纪检组长、副经理（2015.01～）
周志钢　　党组成员、副经理（～2015.01）
程永刚　　党组成员、副局长（2015.01～）

【龙游县国土资源局】

胡益峰　　党委书记、局长
胡建良　　党委委员、副局长
夏静波（女）党委委员、纪委书记
夏建军　　党委委员、副局长
方晓斌　　党委委员、副局长
陈　滨　　党委委员
徐江贤　　土地储备中心主任
郑　赟　　乡镇国土资源管理所所长（2015.05～）
陈志军　　土地监察大队大队长（2015.05～）

【中国邮政龙游县分公司】

郑志华　党委书记、总经理（ ～2015.08）

周松杰　党委副书记、副总经理（主持工作 2015.08～ ）

刘国宏　纪委书记、副总经理

【中国电信龙游分公司】

戴扬荣　党委书记、总经理

劳晓宇　党委委员、副总经理

徐增宏　党委委员、副总经理

【中国移动龙游分公司】

郑　嵘　总经理

黄宏斌　副总经理

【中国联通龙游县分公司】

龚庆治　总经理

【龙游县气象局】

祝颂平　党组书记、局长

毛智军　副局长

余春林　副局长、党组成员、纪检员

【国网龙游县供电公司】

刘利平　党委副书记、总经理

方凌斌　党委书记、副总经理

骆文伟　党委副书记、纪委书记

郑月宗　党委委员、副总经理、总工程师

徐立明　党委委员、副总经理

何建明　党委委员、副总经理

【龙游县港航管理所】

王小波　所长

【龙游县盐务管理局（公司）】

程志辉　局长（经理）

高　云（女）副局长（副经理）

【中国石化龙游石油支公司】

赵　昱　经　理

蓝晓忠　副经理

【浙江省十里坪强制隔离戒毒所】

鲍胜桥　党委书记、政委

严朝晖　党委副书记、所长

俞伟民　党委副书记、纪委书记

叶向东　党委委员、副所长

吴善龙　党委委员、副政委、政治处主任

陈根禄　党委委员、副所长

占金芳　党委委员、副所长

【浙江省十里坪监狱】

朱祖荣　党委书记、政委

方守漂　党委副书记、监狱长

骆政平　党委委员、副监狱长、调研员

余志忠　党委委员、副政委、纪委书记（2015.07～ ）

郑　亮　党委委员、副监狱长

雷成宏　党委委员、副监狱长

倪金荣　党委委员、政治处主任

叶煜辉　党委委员、副监狱长（2015.08～ ）

杨国东　党委副书记、纪委书记、副政委

【浙江省十里丰监狱】

罗爱民　党委书记、政委

周敏华　党委副书记、监狱长

吴维平　党委委员、副监狱长、总经理

曾祥华　党委委员、纪委书记、副政委

周根扬　党委委员、副监狱长

陈海明　党委委员、副监狱长

吕洪政　党委委员、副监狱长

卢华杰　党委委员、副监狱长

姜国云　党委委员、政治处主任

【龙游县新华书店有限公司】

王水根　支部书记、总经理

郑连根　副总经理

叶雪琴（女）副总经理

【金华车务段龙游站】

王　飞　站长

郭生均　书记（2015.03～ ）

吴正平　副站长

【金华车务段龙游东站】

杜轶群　站长

刘竞超　副站长（2015.04～ ）

金融单位

【中国人民银行龙游县支行】

陈　生　　党组书记、行长

廖有勤　　党组成员、副行长

吴　剑　　党组成员、副行长

【衢州银监分局龙游办事处】

李莲香（女）主任（ ～2015.05 ）

孙　斌（女）副主任（主持工作 2015.02～）

吴梦霞（女）副主任（2015.02～ ）

【中国工商银行龙游支行】

吴乐云　　行长

陈松茜　　副行长（ ～2015.01）

余　斌　　副行长

毛红平　　副行长（ ～2015.08）

周进哲　　行长助理（2015.10～ ）

【中国农业银行龙游县支行】

严永胜　　党委书记、行长

杨　华　　党委委员、副行长

徐建兵　　党委委员、副行长

王霄云　　党委委员、副行长（ ～2015.03）

王建坤　　党委委员、副行长（2015.03～ ）

柳　林　　党委委员、纪委书记（2015.10～ ）

【中国建设银行龙游支行】

周　武　　党总支书记、行长

徐志军　　副行长

何洪涛　　党总支纪检委员

【中国银行龙游县支行】

郑建锋　　党支部书记、行长

李　丽（女）副行长（～2015.12）

丁月红（女）副行长

杨　捷　　副行长（2015.12～ ）

【龙游县农村信用合作联社】

徐祖俊　　党委书记、理事长

吴国华　　党委委员、主任

曾金跃　　党委委员、监事长

黄国航　　党委委员、副主任

庄红林　　党委委员、副主任

【中国农业发展银行龙游县支行】

方樟林　　党支部书记、行长

刘　坚　　党支部委员、副行长

【邮储银行龙游县支行】

邱建荣　　行　长

乔　伟　　副行长（2015.03～ ）

何争超　　副行长（ ～2015.03）

【龙游义商村镇银行】

楼珍钱　　董事长

马德新　　行　长

朱旭明　　监事长

龚开庆　　副行长

【温州银行衢州龙游支行】

陈忠民　　行　长

胡秀君（女）副行长

王　芳（女）副行长（ ～2015.03）

【浙商银行衢州龙游支行】

廖　军　　行　长

王洪友　　行长助理

【金华银行衢州龙游支行】

毛纳新　　行　长

刘扬华　　副行长

【泰隆银行衢州龙游支行】

夏　路　　行　长

刘　晔　　副行长

【中国人民财产保险公司龙游支公司】

詹春林　　党组书记、总经理

方凌云　　党组成员、副总经理

徐黎明　　党组成员、在、副总经理

【中国人寿保险公司龙游支公司】

尤激扬　　党组书记、经理

陈明新　　副经理

林　敏　　副经理

乡镇（街道）

【龙洲街道】
丁　俊　　党工委书记（～2015.06）
徐永恒　　党工委书记（2015.06～）
　　党工委副书记、主任（～2015.07）
吴正兵　　党工委副书记（～2015.07）
　　党工委副书记、主任（2015.07～）
徐嘉龙　　人大工委主任
雷青梅（女）党工委副书记
方晓斌　　党工委副书记（挂职 2015.12～）
杨志平　　党工委委员、纪工委书记
刘红卫　　党工委委员、副主任
劳　方　　党工委委员、清廉社区党总支书记
胡洁军　　龙洲派出所所长、龙洲街道党工委委员
周建林　　县创建办副主任、兼龙洲街道党工委委员（～2015.06）
傅建刚　　党工委委员（2015.02～）
叶　锋　　党工委委员（2015.02～）
余元峰　　人大工委副主任
朱炳良　　副主任（～2015.02）
张亨荣　　党工委委员（～2015.02）
　　副主任（2015.02～）
张　荣　　副主任（～2015.09）
祝庄明　　方门街社区党总支书记

【东华街道】
徐建华　　党工委书记（～2015.06）
毛祥光　　党工委书记（2015.06～）
　　党工委副书记、主任（～2015.07）
何有德　　党工委副书记（～2015.07）
　　党工委副书记、主任（2015.07～）
王连标　　人大工委主任
吴建军　　党工委副书记
吴光林　　党工委副书记（2015.12～）
洪振基　　党工委委员、纪工委书记
叶雄飞　　党委委员、副主任
黄汉鼎　　党工委委员
黄金水　　党工委委员、副主任
蓝素华　　党工委委员
陈小兵　　党工委委员、副主任、龙游工业园区城南招商局局长
袁　勇　　党工委委员
冉雄进　　东华派出所教导员、东华街道党工委委员
练兆荣　　人大工委副主任
林秀华　　副主任
虞文胜　　社会服务管理中心专职副主任（副科级）
金招琴（女）灵江社区党总支书记（～2015.04）
王巧明　　东华街社区党总支书记

【湖镇镇】
张雪昌　　党委书记（副县长级）
吴生祥　　党委副书记、镇长（～2015.06）
江建新　　党委副书记、镇长（2015.06～）
倪小平　　党委副书记、人大主席
沈　涵　　党委委员、纪委书记（～2015.12）
钱菊红（女）党委委员
余利民　　党委委员
余永华　　党委委员、副镇长（～2015.04）
刘海生　　党委委员
杨献明　　党委委员
吴国胜　　党委委员、湖镇派出所所长
陈建生　　龙游工业园区湖镇招商局局长（～2015.06）
　　党委委员（2015.06～）
朱小峰　　人大副主席
毛宏敏　　副镇长
严小龙　　副镇长
洪伟忠　　副镇长
姜永军　　镇财政局局长（副科级）

【小南海镇】
李学军　　党委书记
林文建　　党委副书记、镇长
兰水英（女）人大主席

李金城　　党委副书记
翁忠茂　　党委委员、副镇长（～2015.02）
　　　　　党委委员、纪委书记（2015.02～）
袁荣新　　党委委员、副镇长
吴胜春　　党委委员（～2015.02）
王小忠　　党委委员、小南海派出所所长
卞瑞浩　　党委委员（～2015.04）
王树银　　党委委员（2015.02～）
周颖燕（女）党委委员（2015.02～）
傅志平　　党委委员（2015.02～）
胡立明　　副镇长
杨春年　　副镇长（2015.02～）
童志良　　社会服务管理中心专职副主任（副科级）

【溪口镇】

姜建军　　党委书记
张雄军　　党委副书记、镇长
张宏平　　人大主席
胡小华　　党委副书记
徐林林　　党委委员、纪委书记
郑敬杭　　党委委员
涂光清　　党委委员、副镇长（～2015.12）
孙正发　　党委委员、副镇长
叶志红　　党委委员
钟罗谊　　党委委员（2015.02～）
郑德胜　　党委委员、副镇长（2015.12～）
江德文　　人大副主席
王树银　　副镇长（～2015.02）
夏建平　　副镇长（2015.02～）
兰吴涛　　副镇长（2015.04～）

【横山镇】

吴军杰（女）党委书记
汪益平　　党委副书记、镇长
张文才　　党委委员、纪委书记（～2015.12）
　　　　　人大主席（提名，2015.12～）
张余伟　　党委副书记
姚建平　　党委委员、纪委书记（2015.12～）
胡水发　　党委委员、副镇长
杨德贵　　党委委员、副镇长
程元超　　党委委员
金添艳（女）副镇长（～2015.02）
　　　　　党委委员（2015.02～）
叶志春　　人大副主席（～2015.12）
吴加群　　副镇长
黄界明　　副镇长（2015.02～）

【塔石镇】

严明华　　党委书记
汪立云　　党委副书记、镇长
张如斌　　人大主席
王丽芬（女）党委副书记
叶建和　　党委委员、纪委书记
徐永军　　党委委员
盛方清　　党委委员、副镇长
俞志军　　党委委员
平锡华　　党委委员、副镇长
叶小娥（女）党委委员（2015.02～）
缪富亭　　副镇长
颜文龙　　人大副主席（～2015.02）、
　　　　　副镇长（2015.02～）
汪国宏　　副镇长（～2015.02）
徐国富　　社会服务管理中心专职副主任（副科级）

【詹家镇】

倪邵华　　党委书记、人大主席
项勇明　　党委副书记、镇长
徐光海　　人大主席
陈　惠　　党委副书记
叶文根　　党委委员、纪委书记
汪霄旻（女）党委委员
吴国芳　　党委委员、副镇长（～2015.02）
陈美祥　　党委委员
温连文　　人大副主席（～2015.02）
　　　　　党委委员（2015.02～）
祝洪峰　　党委委员（2015.02～）
吴胜春　　党委委员（2015.02～）
沈建旗　　副镇长
黄水荣　　副镇长

【罗家乡】
陈怀俊　　　党委书记
陈志芳（女）党委副书记、乡长
胡礼刚　　　人大主席（提名，2015.12～ ）
胡炜鹏　　　党委副书记
叶仙虹（女）党委委员（ ～2015.02）
祝洪峰　　　党委委员（ ～2015.02）
张　宁（女）党委委员
陈　敏　　　党委委员、纪委书记（2015.02～ ）
江小东　　　党委委员（2015.02～ ）
何宝林　　　人大副主席（ ～2015.12）
　　　　　　副镇长（2015.12～ ）
徐勇勤　　　副乡长（ ～2015.12）
琚建伟　　　副乡长

【庙下乡】
张海霞（女）党委书记、人大主席
吴秀军　　　党委副书记、乡长
涂光清　　　人大主席（提名，2015.12～ ）
张军红　　　纪委书记（ ～2015.02）
　　　　　　党委副书记（2015.02～ ）
方小建　　　党委委员、纪委书记（2015.02～ ）
叶小伟　　　党委委员（ ～2015.02）
姚建平　　　人大副主席（ ～2015.12）
方树禄　　　党委委员（ ～2015.02）
钱小林　　　党委委员（ ～2015.12）
支利华　　　党委委员、副乡长
张曙华　　　党委委员（2015.02～ ）
洪淑芳（女）副乡长
李金生　　　副乡长

【沐尘畲族乡】
杨红宁　　　党委书记、人大主席
蓝芝苇　　　乡　长
黄颖朝　　　人大副主席（ ～2015.12）
　　　　　　人大主席（提名，2015.12～ ）
王惊宇　　　党委副书记、纪委书记（ ～2015.02）
　　　　　　党委副书记（2015.02～ ）
叶仙虹（女）党委委员、纪委书记（ ～2015.02）
张小花（女）党委委员（ ～2015.02）
周其生　　　党委委员
傅以平　　　党委委员
郑建伟　　　党委委员、副乡长
周　璇　　　党委委员（2015.02～ ）
邹引先　　　副乡长（ ～2015.12）

【模环乡】
胡锡清　　　党委书记、人大主席
柴建明　　　党委副书记、乡长
祝　凯　　　党委副书记（ ～2015.12）
　　　　　　人大主席（提名，2015.12～ ）
马　骏　　　党委委员、纪委书记（ ～2015.12）
　　　　　　党委副书记（2015.12～ ）
陈　敏　　　党委委员、副乡长（ ～2015.02）
郑兴仲　　　党委委员
傅晓明　　　党委委员
张小花（女）党委委员（2015.02～ ）
杨鹏飞　　　党委委员（2015.02～ ）
范佳杰　　　党委委员（2015.02～ ）
姜朝霞（女）副乡长
钱小忠　　　副乡长

【石佛乡】
方伟军　　　党委书记
童　舟（女）党委副书记、乡长
吴有才　　　人大副主席（ ～2015.12）
　　　　　　人大主席（提名，2015.12～ ）
王土华　　　党委副书记、纪委书记（ ～2015.02）
　　　　　　党委副书记（2015.02～ ）
陈金土　　　副乡长（ ～2015.02）
　　　　　　党委委员、纪委书记（2015.02～ ）
方小建　　　党委委员（ ～2015.02）
雷　军　　　党委委员（ ～2015.02）
钟群华　　　副乡长（ ～2015.02）
　　　　　　党委委员（2015.02～ ）
汪国宏　　　党委委员（2015.02～ ）
方树禄　　　党委委员（2015.02～ ）
雷　珍（女）副乡长
徐勇勤　　　副乡长（2015.12～ ）

【社阳乡】

吴水清　　党委书记、人大主席
吴　浩　　党委副书记、乡　长
沈　涵　　人大主席（提名，2015.12～ ）
祝红兵　　党委副书记、纪委书记（ ～2015.02）
　　　　　党委副书记（2015.02～ ）
毛洪飞　　副乡长（～2015.02）
　　　　　党委委员、纪委书记（2015.02～）
刘　静（女）党委委员
郑绍中　　党委委员、副乡长（ ～2015.02）
李新云（女）党委委员
童利鹏　　党委委员
徐建龙　　党委委员（2015.02～ ）
叶志强　　副乡长
黄水林　　人大副主席（ ～2015.12）
陈建生　　副乡长

【大街乡】

严雪峰　　党委书记（挂职）
雷建春　　党委副书记、乡长
方　娉（女）人大主席
叶卫军　　党委副书记、纪委书记（ ～2015.02）
　　　　　党委副书记（2015.02～ ）
张竹平　　副乡长（ ～2015.02）
　　　　　党委委员、纪委书记（2015.02～ ）
袁鲁峰　　党委委员（ ～2015.04）
方　婧（女）党委委员
董群燕（女）党委委员
邹群先　　党委委员
雷招根　　人大副主席副乡长（ ～2015.12）
管陆云　　副乡长
邹引先　　副乡长（2015.12～ ）

先进集体与先进个人

先进集体

【国家级集体荣誉（含部门）】

荣誉称号	获奖单位	颁奖单位	获奖时间
全国基层医师关爱行动慢性气道疾病管理示范（试点）单位	龙游县人民医院	中国医师协会呼吸医师分会 中国哮喘联盟	2015.01
全国巾帼文明岗	龙游石窟风景旅游有限公司导游部	中华全国妇女联合会	2015.02
卒中中心	龙游县人民医院	中国卒中协会 （中国卒中中心联盟）	2015.07
全国中心镇建设示范试点	龙游县湖镇镇	国家财政部、发改委、住建部	2015.07
中国乡村旅游模范村	龙游县横山镇天池村	国家旅游局	2015.08
全国模范职工小家	龙游县烟草分工会	中华全国总工会	2015.12
全国国土资源管理系统先进集体	龙游县国土资源局	国土资源部	2015.12
2014-2015年度中国最美供电所（科学管理奖）	龙游县供电公司湖镇供电所	中国电力传媒集团	2015.12
全国银监系统先进女职工集体	龙游县银监办	中国银监会工会	2016.01

【省级集体荣誉（含部门）】

荣誉称号	获奖单位	颁奖单位	获奖时间
2014年度浙江省平安县	龙游县	中共浙江省委、省人民政府	2015.03
2014年度创建法治县（市区）工作先进单位	龙游县	中共浙江省委、省人民政府	2015.07
浙江省森林城市	龙游县	浙江省关注森林组织委员会	2015.12
2014年度浙江省市县党政科技进步目标责任制考核优秀单位	龙游县	中共浙江省委、省人民政府	2015.12
浙江省农村生活污水治理优胜县	龙游县	浙江省“千村示范万村整治”工作协调小组	2016.01
浙江省无违建创建先进县（市、区）	龙游县	浙江省人民政府	2016.04
2014—2015年度社会治安综合治理先进集体	龙游县塔石镇政府	中共浙江省委、省人民政府	2016.03

续表1

荣誉称号	获奖单位	颁奖单位	获奖时间
2015年度浙江省“五水共治”工作先进集体	龙游县环保局	中共浙江省委、省人民政府	2016.03
浙江省文化示范村（社区）	龙游县横山镇天池村	浙江省人民政府	2015.12
2015年度浙江省美丽宜居示范村建设优秀村庄	龙游县横山镇志棠村	浙江省人民政府	2015.12
浙江省文明单位	龙游县气象局	浙江省精神文明委员会	2015.01
浙江省巾帼文明岗	工行龙游支行营业部、龙游县公安局办证中心、农行龙游城西支行、龙游县市民服务中心	浙江省巾帼建功和双学双比活动协调小组办公室	2015.02
2015年浙江省“安全生产月”活动优秀单位	龙游县安监局	浙江省安全生产委员会办公室	2015.10
2015年度浙江省工行系统内控管理和案防工作先进集体	工行龙游支行	工行浙江省分行	2016.02
2015年度浙江省民兵应急连标兵单位	龙游县民兵应急连	浙江省军区	2016.01
2015年度浙江省军区“红旗党支部”	龙游工业园区民兵分队党支部	浙江省军区	2016.07
2015年度浙江省教育考试工作先进集体	龙游县教育局	浙江教育考试院	2016.02
浙江省“十二五”县级师干训先进集体	龙游县教师进修学校	浙江省中小学教师培训中心	2015.12
浙江省（2013—2014年度）重视教科研先进单位	龙游县教育局	浙江省教科院、省教研规划领导小组办公室	2015.10
浙江省文明村	龙游县模环乡兰塘村	浙江省文明办	2016.02
2015年度浙江省法院行政审判工作先进集体	龙游县人民法院行政审判庭	浙江省高级人民法院	2016.03
2015年度浙江省供销社系统综合业绩考核优秀奖	龙游县供销社	浙江省供销社	2016.01
2015年度浙江省供销社农产品电子商务发展先进单位	龙游县供销社	浙江省供销社	2016.01
2015年度浙江供销社系统信息宣传工作单位	龙游县供销社	浙江省供销社	2016.02
2015年度浙江省供销社系统农民合作社示范社	龙游县红岩花木专业合作社	浙江省供销社	2015.12
2015年度浙江省民政考核优秀单位	龙游县民政局	浙江省民政厅	2016.03
2015年度浙江省水库移民工作考核优秀单位	龙游县水库移民管理办公室	浙江省水库移民管理办公室	2016.03
2015年度交通运输行业百名最美	龙游县港航管理所政务中心	浙江省交通运输厅	2016.04
2015年度浙江港航行业“十大最美窗口”	龙游县港航管理所	浙江省港航管理局	2015.12
2015年度浙江省公安机关执法质量优秀单位	龙游县公安局	浙江省公安厅	2016.01
2015年度浙江省公安队伍正规化建设优秀单位	龙游县公安局	浙江省公安厅	2016.01
浙江省公安机关“猎狐2015”专项行动成绩突出集体	龙游县公安局经侦大队	浙江省公安厅	2016.02
2014—2015年度浙江省优秀公安基层单位	龙游县公安局小南海派出所	浙江省公安厅	2016.01
浙江省档案宣传报道三等奖	龙游县档案局	浙江省档案局	2016.01
“2014—2015年浙江省报刊发行业务、账务会审”先进集体	龙游邮政分公司	中国邮政浙江省分公司	2015.08
2015年浙江省邮政报刊专业一季度优秀营销案例三等奖	龙游邮政分公司	中国邮政浙江省分公司	2015.08
2015下半年浙江省邮政报刊零售优秀营销案例三等奖	龙游邮政分公司	中国邮政浙江省分公司	2015.08

续表2

荣誉称号	获奖单位	颁奖单位	获奖时间
浙江省农办工作优秀单位	龙游县农办	浙江省农办	2016.01
2015年度浙江省社会主义新农村建设优秀单位	龙游县农办	浙江省社会主义新农村建设领导小组	2016.01
浙江省“五一劳动奖状”	龙游县供电公司	浙江省总工会	2015.12
2014年度浙江省“安康杯”竞赛先进集体	龙游县供电公司	浙江省总工会	2015.12
2014年度浙江省治安先进集体	龙游县供电公司	浙江省公安厅	2015.12
企业文化示范点	龙游县供电公司	国网浙江省电力公司	2015.12
2015年度浙江省电力系统企业管理先进单位	龙游县供电公司	国网浙江省电力公司	2015.12
2015年度浙江省电力系统营销工作先进单位	龙游县供电公司	国网浙江省电力公司	2015.12
《供电所企业文化全景式落地的实践与创新》获2014年浙江省电力系统企业文化建设优秀落地工程	龙游县供电公司	国网浙江省电力公司	2015.12
2015年度浙江省电力系统离退休工作优秀调研成果一等奖	龙游县供电公司	国网浙江省电力公司离退休工作部	2015.12
2015年“省质协杯”QC成果一等奖（2项）	龙游县供电公司	浙江省质量协会	2015.12
浙江省电力公司优秀QC成果一等奖	龙游县供电公司	国网浙江省电力公司企协分会	2015.12
浙江省全球基金结核病防治项目工作先进集体	龙游县卫生局	浙江省全球基金结核病防治项目办公室	2015.03
浙江省2015年度劳动保障监察工作目标管理成绩突出单位	龙游县劳动保障监察大队	浙江省人力社保厅	2016.02
2015年度浙江省劳动人事争议案件处理工作优秀单位	龙游县劳动人事争议仲裁委员会	浙江省劳动人事争议仲裁委员会	2015.12
2015年度浙江省劳动人事争议基层调解优秀单位	龙游县东华街道劳动争议调解委员会	浙江省劳动人事争议仲裁委员会	2015.12
2015年浙江省医院品管大赛优胜奖	龙游县人民医院医院骨二科	浙江省医疗质量控制与评价办公室	2015.05
2015年度浙江省麻醉质控优秀	龙游县人民医院麻醉科	浙江省麻醉质控中心	2015.12
浙江省临床检验室间质量评价成绩优秀单位	龙游县中医院检验科	浙江省疾病预防控制中心	2015.11
浙江省性病防治工作先进集体	龙游县疾控中心	浙江省皮肤病防治研究所	2015.03
浙江省新能源示范镇	龙游县湖镇镇	浙江省财政厅、省能源局	2015.03
浙江省文化强镇	龙游县湖镇镇	浙江省人民政府办公厅	2016.01
浙江省体育现代化乡镇（街道）	龙游县湖镇镇	浙江省体育局	2016.01
浙江省法律服务“三改一折”“五水共治”工作成绩显著单位	龙游县司法局	浙江省司法厅办公室	2016.01
“法律见证人，党员做先锋”项目获浙江省律师行业党建创新通报表彰项目	龙游县司法局	浙江省司法厅	2016.02
浙江省三星级规范化司法所(通过复评)	龙游县小南海司法所、龙洲司法所	浙江省司法厅	2015.12
浙江省先进团委	龙游县人力资源和社会保障局团委	共青团浙江省委	2016.05
浙江省先进团支部	龙游县维达纸业团支部	共青团浙江省委	2016.05

续表3

荣誉称号	获奖单位	颁奖单位	获奖时间
2015年度浙江省基层市场监管（工商）部门创先争优先进单位	龙游县市场监督管理局	浙江省工商行政管理局	2016.02
浙江省新闻宣传工作先进单位	龙游县市场监督管理局	浙江省工商行政管理局	2016.02
浙江省医药特有工种职业技能大赛优秀组织奖	龙游县市场监督管理局	浙江省食品药品监督管理局	2015.12
“浙江在线”2015年度十佳支站	龙游新闻网	浙江在线新闻网站	2016.01
浙江省财政系统调研报告评审一等奖	龙游县财政局	浙江省财政厅	2015.12
浙江省会计管理优秀单位	龙游县财政局	浙江省财政厅	2015.12
2014年度浙江省财政综合工作目标考核优秀单位	龙游县财政局	浙江省财政厅	2015.08
浙江省“一事一议”财政奖补工作先进单位	龙游县财政局	浙江省财政厅	2015.06
2014年度浙江省财政预算执行综合工作质量优秀单位	龙游县财政局	浙江省财政厅	2015.11
2014年度“支持浙商创业创新，促进浙江发展”工作成绩突出奖	龙游县地税局	浙江省地方税务局	2015.03
2014年度浙江省契耕两税调研工作完成质量较好单位	龙游县地税局	浙江省地方税务局	2015.03
浙江省服务纳税人工作嘉奖单位	龙游县地税局	浙江省地方税务局	2015.04
浙江省规费收入分析工作突出单位	龙游县地税局	浙江省地方税务局	2015.04
浙江省电信系统先进基层党组织	中国电信龙游分公司党委	中国电信浙江公司	2015.06
浙江省电信系统“最美政企一家人”	中国电信龙游分公司政企客户部	中国电信浙江公司	2015.03
浙江省电信系统“最美一家人”	中国电信龙游分公司小南海支局、横山支局、东华支局	中国电信浙江公司	2015.12
浙江省工人先锋号	中国移动龙游分公司政企客户部	浙江省总工会	2015.04
浙江省县级科协工作先进单位	龙游县科学技术协会	浙江省科学技术协会	2014.12
2014年度浙江省广播电视对农节目服务工程建设考核“电视对农栏目优秀奖”	龙游县广播电视总台	浙江省新闻出版广电局	2015.09
2014年度浙江省广播电视对农节目服务工程建设考核“广播对农栏目优秀奖”	龙游县广播电视总台	浙江省新闻出版广电局	2015.09
2015年度浙江省电视新闻协作（县级台）二等奖	龙游县广播电视总台	浙江广电集团	2016.02
2015年度浙江省广播新闻协作（县级台）三等奖	龙游县广播电视总台	浙江广电集团	2016.02
民建先进基层组织	民建龙游县基层委员会	民建浙江省委会	2015.11
浙江省农信系统信息新闻工作先进集体、文明规范服务示范单位、品牌示范网点	龙游县农信联社	浙江省农信联社	2016.01
浙江省农信文明规范服务示范单位	龙游县农信联社龙洲分社	浙江省农信联社	2016.01
浙江省创建治安安全先进单位	龙游县农信联社	浙江省公安厅、省社会管理综合治理委员会办公室、省社会治安综合治理办公室	2016.04
浙江省“心防工程”建设工作成绩突出集体	龙游县农信联社	浙江省公安厅	2015.11
浙江省循环经济示范园区	龙游工业园区	浙江省经信委	2015.01
2014年度浙江省山海协作产业园建设发展情况二等奖	龙游工业园区	浙江省山海协作办公室	2015.02

续表4

荣誉称号	获奖单位	颁奖单位	获奖时间
浙江省第二批智慧小企业创业基地	龙游工业园区	浙江省经信委	2015.03
浙江省信访系统先进集体	龙游县信访局	浙江省人力资源和社会保障厅、省信访局	2016.01
2015年度浙江省市县党校工作优胜单位	中共龙游县委党校	中共浙江省委党校	2016.01
浙江省文化市场综合行政执法考评优秀单位	龙游县文化行政执法大队	浙江省文化厅	2015.02
浙江省文化干部“六个一”活动先进单位	龙游县文化馆	浙江省文化厅	2015.09
浙江省第十一届未成年人读书节组织奖	龙游县图书馆	浙江省文化厅	2015.11
2015年度浙江省“扫黄打非”先进集体	龙游县文化广电新闻出版局	浙江省文化厅	2015.12
浙江省第九届排舞大赛系列活动串烧组兰花铜奖	龙游爱尚舞蹈队的《乡村爵士乐·奥秘》	浙江省文化厅	2015.12
2015年浙江省群众舞蹈比赛创作兰花铜奖、表演兰花铜奖	龙游县文化馆舞蹈队的《亲爱的小孩》	浙江省文化厅	2016.01
2015年浙江省农村文化礼堂群众文艺活动展演活动优秀展演奖	龙游县石佛乡三和村文化礼堂的民间舞蹈《貔貅》	浙江省文化厅	2016.01
2015年浙江省农村文化礼堂群众文艺活动展演活动优秀展演奖	龙游县湖镇镇新光村文化礼堂的民间舞蹈《硬头狮子》	浙江省文化厅	2016.01
浙江省第二届村歌大赛创作兰花金奖	龙游县庙下乡《红豆杉轻舞林间》	浙江省文化厅	2016.01
浙江省第二届村歌大赛表演兰花银奖、创作兰花铜奖	龙游县社阳乡《我的故乡在源头》	浙江省文化厅	2016.01
浙江省文化示范村	龙游县横山镇天池村、湖镇镇地圩村	浙江省文化厅	2016.01
2015年度全省市县水利工作综合考核优秀单位	龙游县水利局	浙江省水利厅	2016.01
浙江省粮食收购工作先进单位	龙游县粮食局	浙江省粮食局	2016.03

【市级集体荣誉（不含部门）】

荣誉称号	获奖单位	颁奖单位	获奖时间
2014年度衢州市平安建设暨综治维稳工作目标责任制考核优秀	龙游县	衢州市综治委	2015.03
2014年度衢州市平安建设暨综治维稳工作先进集体	龙游县公安局、县司法局、县统计局、詹家镇	中共衢州市委、市人民政府	2015.04
2013—2014年度衢州市信访工作先进集体	龙游县信访局、县人力资源社会保障局、龙洲街道、塔石镇	中共衢州市委办公室、衢州市人民政府办公室	2015.05
2015年度衢州市党委信息工作先进集体（一等奖）	中共龙游县委办公室	中共衢州市委办公室	2016.03
衢州市文明单位	温州银行衢州龙游支行	衢州市精神文明建设委员会	2015.12
衢州市文明乡镇	龙游县塔石镇	衢州市精神文明建设委员会	2015.12
衢州市“巾帼文明岗”	龙游县交警大队车管所	衢州市人民政府妇女儿童工作委员会办公室	2016.01
衢州市参加浙江省第十五届运动会贡献奖单位	龙游县体育局	衢州市人民政府办公室	2015.04

续表

荣誉称号	获奖单位	颁奖单位	获奖时间
衢州市“五水共治”工作先进集体	龙游县水利局	衢州市委办公室、衢州市政府办公室	2016.04
2015年度衢州市“平安示范乡镇”	龙游县塔石镇、模环乡	衢州市委建设“平安衢州”领导小组办公室	2015.12
全市政法系统“十佳”系列先进	龙游县公安局塔石派出所、县法院溪口人民法庭、县司法局龙洲司法所	中共衢州市委政法委	2015.12
衢州市粮食安全责任制考核优秀单位	龙游县粮食局	衢州市人民政府	2016.04
2015年度衢州军分区先进团单位	龙游县人武部	衢州军分区	2016.01
衢州市粮食生产先进县	龙游县农业局	衢州市人民政府办公室	2016.04
2015年衢州市消防系统基层建设先进大队	龙游县消防大队	衢州市消防支队	2016.03
2015年衢州市消防系统安全工作先进大队	龙游县消防大队	衢州市消防支队	2016.03

【县委、县政府颁发的集体荣誉(不含部门)】

获奖荣誉	获奖单位	颁奖单位	颁奖时间
2015年度龙游县建设“平安龙游”先进集体	龙洲街道、东华街道、小南海镇、溪口镇、横山镇、詹家镇、庙下乡、沐尘畲族乡、模环乡、石佛乡、社阳乡、大街乡、县委宣传部、县机关党工委、县信访局、县公安局、县法院、县检察院、县财政局、县环保局、县安监局、县卫生计生局、县民政局、县林业局、县广电总台、县人民银行、龙游工业园区	中共龙游县委、县人民政府	2016.01
2015年度龙游县“百日维稳攻坚大会战”先进集体	龙洲街道、溪口镇、横山镇、詹家镇、石佛乡、县公安局、县信访局、县卫生计生局	中共龙游县委、县人民政府	2016.01
2015年度龙游县信访工作先进集体	龙洲街道、东华街道、湖镇镇、小南海镇、溪口镇、横山镇、塔石镇、詹家镇、罗家乡、庙下乡、沐尘畲族乡、模环乡、石佛乡、社阳乡、大街乡、县住建局、县人力社保局、县经信局、县交通运输局、县公安局、县法院、县司法局、县水利局、县教育局、县环保局、县农业局、县卫生计生局、县粮食局、县政法委、县信访局	中共龙游县委、县人民政府	2016.01
2015年度龙游县部门(单位)“最满意”单位	县财税局、县供电局、县农办、县国税局、县安监局、县民政局、县人力社保局、县农村信用联社、工行龙游县支行、建行龙游县支行	中共龙游县委、县人民政府	2016.01
2015年度龙游县先进基层武装部	东华街道、湖镇镇、横山镇、罗家乡、大街乡	中共龙游县委、县人民政府、龙游县人民武装部	2016.02
2015年度龙游县农业农村工作先进集体	一、新农村建设考核先进集体 一等奖:沐尘畲族乡 二等奖:大街乡、溪口镇 三等奖:横山镇、石佛乡、龙洲街道、罗家乡 二、“贺田模式”复制先进集体 龙洲街道白坂村、横山镇八石坂村、塔石镇杜山徐村、罗家乡陆村村、庙下乡长生桥村 三、农村生活污水治理先进集体 县纪委、县住建局、县农办、县环保局、县监管办、龙洲街道、东华街道、湖镇镇、横山镇、塔石镇	中共龙游县委、县人民政府	2016.02

续表1

获奖荣誉	获奖单位	颁奖单位	颁奖时间
2015年度龙游县农业农村工作先进集体	四、“消除4600”暨结对帮扶先进集体 县委组织部、县统计局、县民政局、县人力社保局、县公安局、龙洲街道、横山镇、沐尘畲族乡、石佛乡、社阳乡 五、农村工作指导员先进集体 县检察院、县统计局、县财税局、县住建局、县广电总台、龙洲街道、溪口镇、塔石镇、模环乡	中共龙游县委、县人民政府	2016.02
2015年度龙游县“五水共治”工作集体	一、乡镇（街道）先进集体 东华街道、溪口镇、横山镇、社阳乡 二、部门先进集体 县纪委、县委组织部、县委宣传部、县妇联、县住建局、县农业局、县公安局 三、行政村先进集体 龙洲街道后厅村、东华街道官村村、湖镇镇地圩村、湖镇镇星火村、小南海镇新山水村、溪口镇石角村、横山镇河宗村、塔石镇罗山村、詹家镇前游村、罗家乡缪家村、庙下乡庙下村、沐尘畲族乡双戴村、模环乡兰塘村、石佛乡石佛村、社阳乡源头村、大街乡贺田村	中共龙游县委、县人民政府	2016.02
2015年度龙游县乡镇（街道）及县机关部门综合考核评价先进奖	一、全县乡镇（街道）综合先进奖 第一组：经济型乡镇（街道） 一等奖：东华街道　二等奖：湖镇镇、溪口镇 三等奖：龙洲街道 第二组：复合型乡镇 一等奖：模环乡 二等奖：横山镇、石佛乡、塔石镇 三等奖：詹家镇　合格单位：小南海镇 第三组：生态型乡镇 一等奖：大街乡二等奖：沐尘畲族乡、罗家乡 三等奖：社阳乡、庙下乡 二、县机关部门综合先进奖 1.党群综合部门 一等奖：县委组织部、县委宣传部 二等奖：县委办、县府办、县人大机关、县政协机关、县督考办、县人武部、县纪委（监察局）、县政法委（610办）、希望统战部、县工商联 三等奖：县信访局、县档案局、县委新闻宣传中心、团县委、县妇联 2.经济建设综合部门 一等奖：县国土局、县经信局、县发改局 二等奖：县财税局、县住建局、县农业局 三等奖：龙游工业园区、县林业局、县国资委、县水利局、县农办、县招商局 3.执法及社会事务管理部门 一等奖：县公安局、县教育局 二等奖：县环保局、县人力社保局、县民政局、县统计局、县卫计局、县司法局、县法院、县检察院 三等奖：县文广新局、县广电总台、县行政服务中心、县国税局、县科技局、县审计局、县安监局 4.营业性单位 一等奖：农发行龙游支行 二等奖：龙游县信用联社、建行龙游支行 三等奖：工行龙游支行、中行龙游支行、邮储银行龙游支行	中共龙游县委、县人民政府	2016.02

续表2

获奖荣誉	获奖单位	颁奖单位	颁奖时间
2015年度龙游县支持重点项目建设先进村	龙洲街道西门村、兰石村，东华街道槐王村、十里铺村，湖镇镇新光村、希唐村，小南海镇泽潭村，模环乡虎龙村，社阳乡红光村，庙下乡庙下村，沐尘乡康源村	中共龙游县委、县人民政府	2016.02
集体三等功单位	县国土局、县经信局、东华街道、县供电局	龙游县人民政府	2016.02
2015年度龙游县上市工作先进集体	县经信局、县财税局、县市场监管局、龙游工业园区、东华街道、湖镇镇	龙游县人民政府	2016.02
2015年度龙游县"经济贡献五十强"企业	龙游县农村信用合作联社、国网浙江龙游县供电公司、维达纸业（浙江）有限公司、衢州市烟草公司龙游分公司、光明铁道控股有限公司、浙江恒达新材料股份有限公司、浙江广和房地产开发有限公司、浙江金龙纸业有限公司、龙游华都房地产开发有限公司、龙游塔恩纸业有限公司、浙江孝福家具有限公司、浙江东恒工贸有限责任公司、龙游县龙港房地产开发有限公司、衢州裕禾商贸有限公司、浙江凯丰新材料股份有限公司、龙游县奔康投资有限公司、龙游浙农家居建材市场开发有限公司、泰宇控股集团有限公司、龙游恒泰时代置业有限公司、龙游伊利乳业有限责任公司、浙江金昌特种纸股份有限公司、浙江华邦特种纸业有限公司、恒盛能源集团有限公司、浙江青龙山建材有限公司、浙江贝尔通信集团有限责任公司、浙江家德家居有限公司、龙游鑫业混凝土有限公司、龙游广和银杏湾置业有限公司、浙江龙游新西帝电子有限公司、浙江培华建设有限公司、浙江年年红家居有限公司、龙游泽龙电力工程有限公司、浙江海景纸业有限公司、中国人民财产保险股份有限公司龙游支公司、浙江龙游小溪滩水利枢纽开发有限公司、龙游外贸笋厂有限公司、浙江龙游道明光学有限公司、龙游县茗皇小额贷款有限公司、浙江茗皇天然食品开发有限公司、浙江华飞轻纺有限公司、浙江申城房地产开发有限公司、浙江新屹服装有限公司、浙江蓝天废旧家电回收处理有限公司、浙江和畅电力铁塔有限公司、浙江龙游义商村镇银行股份有限公司、浙江龙游浙西轧钢有限公司、浙江万明建设有限公司、浙江安佑饲料科技有限公司、浙江物产光华民爆器材有限公司、浙江特美新材料股份有限公司	龙游县人民政府	2016.02
2015年度龙游县安全生产工作先进集体	湖镇镇、溪口镇、塔石镇、罗家乡、庙下乡、沐尘乡、模环乡、石佛乡、社阳乡、县安监局、县交通运输局、县人力社保局、县文广新局、县教育局、县市场监管局、县民政局、县发改局、县公安局、县财政局、县卫生和计生局、县消防大队、县交警大队、县供电公司	龙游县人民政府	2016.02

续表3

获奖荣誉	获奖单位	颁奖单位	颁奖时间
2015年度“工业企业上台阶奖”和“工业亩产税收贡献奖”制造业企业	一、工业企业上台阶奖 浙江金龙纸业有限公司、维达纸业（浙江）有限公司 二、工业亩产税收贡献奖 一等奖： 龙游塔恩纸业有限公司、浙江龙游新西帝电子有限公司、浙江特美新材料股份有限公司、浙江安佑饲料科技有限公司 二等奖： 浙江金昌特种纸股份有限公司、浙江宜成环保设备有限公司、龙游外贸笋厂有限公司、浙江恒达新材料股份有限公司、浙江凯丰新材料股份有限公司 三等奖： 光明铁道控股有限公司、浙江新屹服装有限公司、浙江茗皇天然食品开发有限公司、浙江龙游公任电子有限公司	龙游县人民政府	2016.02
2015年度龙游县“进出口十强企业”	维达纸业（浙江）有限公司、龙游塔恩纸业有限公司、浙江家德家居有限公司、捷马化工股份有限公司、龙游新西帝电子有限公司、浙江恒达纸业有限公司、龙游亿莱达电器有限公司、龙游特美纸制品有限公司、龙游外贸笋厂有限公司、龙游公任电子有限公司	龙游县人民政府	2016.02
2015年度龙游县政府质量奖获奖企业	一、2015年度县政府质量奖获得企业（2家） 浙江龙游新西帝电子有限公司、浙江安佑饲料科技有限公司 二、通过复评延续县政府质量奖的企业（2家） 浙江茗皇天然食品开发有限公司、浙江凯丰新材料股份有限公司	龙游县人民政府	2016.02
2015年度龙游县“六五”普法教育先进集体	龙洲街道、横山镇、塔石镇、詹家镇、大街乡、县交通运输局、县住建局、县市监局、县610办、县总工会	中共龙游县委办公室、县人民政府办公室	2016.01
2015年度龙游县“大调解”工作 先进集体（优秀人民调解委员会）	龙洲街道红星社区人民调解委员会、大板桥村人民调解委员会；东华街道瑶山村人民调解委员会、张王村人民调解委员会；湖镇镇人民调解委员会、七都村人民调解委员会；小南海镇东塘山村人民调解委员会、新山水村人民调解委员会；溪口镇枫林村人民调解委员会；横山镇下西山村人民调解委员会、西方坞村人民调解委员会；塔石镇后舒村人民调解委员会；詹家镇马叶村人民调解委员会、夏金村人民调解委员会；模环乡姚西塘村人民调解委员会、许家村人民调解委员会；沐尘畲族乡康源村人民调解委员会；石佛乡峰塘山村人民调解委员会；庙下乡梅林村人民调解委员会；罗家乡人民调解委员会；社阳乡红光村人民调解委员会；大街乡人民调解委员会；龙游县医疗纠纷人民调解委员会；浙江省十里坪强制隔离戒毒所人民调解委员会	中共龙游县委办公室、县人民政府办公室	2016.01

续表4

获奖荣誉	获奖单位	颁奖单位	颁奖时间
2015年度龙游县信息工作先进集体	一等奖： 东华街道、湖镇镇、溪口镇、横山镇、塔石镇、模环乡、石佛乡、罗家乡、庙下乡、沐尘畲族乡、县委组织部、县信访局、县经信局、县财税局、县住建局、县农办、县农业局、县水利局、县旅委、县国土局、县公安局、县教育局、县卫生计生局、县人力社保局、县环保局、县国税局 二等奖： 龙洲街道、小南海镇、詹家镇、社阳乡、大街乡、县发改局、龙游工业园区、县行政服务中心、县安监局、县民政局、县市场监管局、县气象局	中共龙游县委办公室、县人民政府办公室	2016.01
2015年度龙游县"先进基层党组织"	大街乡党委、县国土局党委、东华街道官村村党支部、湖镇镇地圩村党支部、溪口镇石角村党支部、横山镇项家村党支部、詹家镇浦山村党支部、庙下乡芝坑口村党支部、县妇幼保健院党支部、维达纸业（浙江）有限公司党支部	中共龙游县委办公室、县人民政府办公室	2016.02
2015年度龙游县招商引资先进集体	县委统战部、县公安局、团县委、县工商联、县招商局、县林业局、东华街道	中共龙游县委办公室、县人民政府办公室	2016.02
2015年度龙游县法治政府建设（依法行政）先进单位	龙洲街道办事处、庙下乡人民政府、塔石镇人民政府、县交通局、县教育局、县安监局、县烟草专卖局、县住建局、县财政（地税）局、县林业局	龙游县人民政府办公室	2016.01
2015年度龙游县政府信息公开先进单位	一、部门 县行政服务中心、县住建局、县国土局、县人力社保局、县旅委、县国资委、县文广新局、县气象局、县广电总台 二、乡镇（街道） 湖镇镇、塔石镇、小南海镇、大街乡、石佛乡、东华街道	龙游县人民政府办公室	2016.02
2015年度龙游县电子政务建设先进单位	县编委办、县行政服务中心、县市监局、县卫计局、县广电总台、县林业局、县交通运输局、县国土局、县规划局、县旅委，湖镇镇、詹家镇、东华街道、沐尘乡	龙游县人民政府办公室	2016.02
2015年度龙游县食品安全工作先进集体	龙洲街道、湖镇镇、溪口镇、小南海镇、詹家镇、模环乡、县农业局、县林业局、县水利局、县市场监管局、县教育局、县食安办、县公安局、县财政局、县卫生和计生局	龙游县人民政府办公室	2016.03

先进个人

【国家级个人荣誉（含部门）】

荣誉称号	获奖者	颁奖单位	颁奖时间
全国法院司法警察先进个人	张森明	最高人民法院	2015.05
全国气象系统优秀通讯员	余春林、吴海镇	中国气象报社	2015.06
全国师德标兵	王谓仙	中国教科文卫体公会全国委员会，教育部办公厅	2015.08
民革全国宣传思想理论工作先进个人	李华琴	中国国民党革命委员会中央委员会	2015.11
全国劳动模范	劳光荣	中华人民共和国国务院	2016.04
全国优秀工会工作者	王连标	中华全国总工会	2016.04

【省级个人荣誉（含部门）】

荣誉称号	获奖者	颁奖单位	颁奖时间
2014年度科技进步目标责任制考核优秀单位、2014年度人才工作目标责任制考核双优秀单位	龙游县人民政府	浙江省委办公厅、省政府办公厅	2015.12
浙江省第三次全国经济普查工作先进个人	徐永恒、刘红卫	浙江省人民政府第三次经济普查领导小组	2015.02
2014年浙江省党员“闪光言行之星”	劳光荣	浙江省委组织部	2015.02
浙江省“千名好支书”	贺田村党支部书记劳光荣、罗家村党支部书记徐庆兰、缪家村党支部书记缪术强、浦山村党支部书记雷土荣、横路祝村党支部书记姜荣清、大坪村党支部书记徐赛宾、大路村党支部书记李雪仑、半爿月村党支部书记吴锡平、西门村党总支书记李巧华、童岗坞村党支部书记童仕赋、石角村党支部书记张炎林、乡沐尘村党支部书记黄文华、泽潭村党支部书记樊雪林、大力山村党支部书记卓彦庆、项家村党支部书记项国根、清廉社区党总支书记劳方	浙江省委党的群众路线教育实践活动领导小组、省委组织部、省委宣传部	2015.02
浙江省教育系统第十三届“事业家庭兼顾型”先进个人	张根菊	中国教育工会浙江省委员会	2015.03
浙江省教坛新秀	袁群、雷国庆	浙江省教育厅（教研室）	2015.09
2015年度浙江省教育考试先进工作者	应筱娟	浙江省教育考试院	2016.03
浙江省“十二五”师干训先进个人	雷素君、陈光明	浙江省中小学教师培训中心	2015.12
浙江省林业有害生物防治检疫宣传先进个人	颜晓丽	浙江省林业有害生物防治检疫局	2015.12
2014年度浙江省农业技术推广贡献奖	方延山	浙江省农业厅	2015.08

续表1

荣誉称号	获奖者	颁奖单位	颁奖时间
浙江省法院系统个人二等功	何柏良	浙江省高级人民法院	2016.01
浙江省法院系统“十佳优秀调解能手”	王德正	浙江省高级人民法院	2016.01
浙江省法院系统审判管理工作先进个人	郑哲	浙江省高级人民法院	2016.01
浙江省法院系统优秀政工干部	王小惠	浙江省高级人民法院	2016.03
浙江省法院人民法庭工作先进个人	傅建军	浙江省高级人民法院	2016.03
2015年度浙江省供销社系统信息宣传工作先进个人	舒水明	浙江省供销社	2016.02
浙江省交通运输行业百名“最美”	王小波	浙江省交通运输厅	2016.04
浙江省属监狱戒毒系统“三改一拆”“五水共治”成绩显著个人	陈根禄、骆国平	浙江省司法厅	2016.03
2014—2015年度浙江省司法行政系统直属单位优秀党务工作者	柏建国	浙江省司法厅	2016.01
浙江省司法行政系统依法行政工作先进个人	胡澄	浙江省司法厅	2016.02
2014—2015年度司法行政系统直属单位优秀共产党员	吴连魁、马庆喜	浙江省司法厅	2016.01
2013—2014年度浙江省司法行政系统警务督察工作先进个人	王国文	浙江省司法厅	2015.03
2014—2015年浙江省司法厅优秀团干部	胡索妮	浙江省司法厅	2015.03
2014—2015年浙江省司法厅优秀共青团员	赖智慧	浙江省司法厅	2015.03
2012—2014年度内部审计工作先进个人	陈苏云	浙江省司法厅	2015.02
2015年度浙江省司法行政戒毒系统信息工作优胜个人	章灵峰	浙江省戒毒管理局	2016.02
浙江省戒毒系统个人三等功	叶港伟	浙江省戒毒管理局	2015.01
2015年浙江省防台抗台工作先进个人（嘉奖）	张幸荣、金军	浙江省戒毒管理局	2015.07
连续三年（2012—2014）年考核优秀记个人三等功	姜志军、陈伟、陈加骏、李勇、祝晓东、郑美华、吴志刚、张立、朱杰、赖智慧	浙江省戒毒管理局	2015.03
2014年度浙江省属戒毒系统局级优秀工会工作者	王梅芳、安华、江华英、阴巧仙、曾献礼、楼巍巍	浙江省戒毒管理局	2015.05
2014年度浙江省属戒毒系统局级优秀工会积极分子	方钦、孙飞燕、朱杰、刘建华、张升芳、张叶、张婷、周祎城、李永飞、李娟美、汪雪珍、陆律宇、赵梅华、项呈、盛旭芬、朱立靖、陈卫芳、范国伟、郑华、郑欢、金红华、南红	浙江省戒毒管理局	2015.05
2013—2015年浙江省属戒毒系统优秀团员	赖智慧、何鑫龙	浙江省戒毒管理局	2015.04
2013—2015年浙江省属戒毒系统优秀团干部	胡索妮	浙江省戒毒管理局	2015.04
2015年度浙江邮政企业统计工作先进个人	周小玲	中国邮政集团公司浙江省分公司	2016.04

续表2

荣誉称号	获奖者	颁奖单位	颁奖时间
2015年度浙江省邮政企业优秀培训师	汪珊珊	中国邮政集团公司浙江省分公司	2016.03
2015年浙江省邮政系统十八届五中全会政务图书专项营销活动优秀营销员	方应珍	中国邮政集团公司浙江省分公司	2016.04
2015年度浙江省电力系统离退休工作优秀调研成果特等奖	方凌斌	国网浙江省电力公司	2015.12
2015年度浙江省电力系统企业管理先进个人	黄林	国网浙江省电力公司	2015.12
2013-2014年度浙江省电力系统办公室工作先进个人	阮胜冬	国网浙江省电力公司	2015.12
2014年度浙江省电力公司优秀团干部	王冬梅	国网浙江省电力公司	2015.12
2014年度浙江省电力系统县供电企业和供电所管理提升工程先进个人	许胜蔚	国网浙江省电力公司	2015.12
浙江省电力系统集体企业财务一体化先进个人	莫兰君	国网浙江省电力公司	2015.12
2015年国网浙江省电力公司GIS带电检测技能竞赛优秀配合人员	鲁海军	国网浙江省电力公司	2015.12
2013—2014年度浙江省电力系统人力资源工作先进个人	冯燕	国网浙江省电力公司	2015.12
2014年浙江省电力系统“12.4”国家宪法日普法宣传专题知识竞赛先进个人	王浩	国网浙江省电力公司	2015.12
2015年度浙江省电力系统营销工作先进个人	邵星驰	国网浙江省电力公司	2015.12
2015年度浙江省电力系统供电服务专业“三位一体”综合竞赛先进个人	童艺卉	国网浙江省电力公司	2015.12
国网浙江省电力公司2015年新员工集中培训优秀学员干部	张文琪	国网浙江省电力公司	2015.12
2015年度浙江省电力系统县供电企业安全生产劳动竞赛先进个人	舒海舰	国网浙江省电力公司	2015.12
2014年度浙江省电力系统县供电企业科技成果奖三等奖	鲁海军、徐小峰、傅雪中	国网浙江省电力公司	2015.03
2014年度浙江省电力系统县供电企业科技成果奖三等奖	方雄伟、韩统、方嘉伟	国网浙江省电力公司	2015.03
2014年度浙江省QC小组活动优秀推进者	杨榕	浙江省质量协会	2015.04
2015年浙江省电力行业优秀管理论文三等奖	严昱	浙江省电力行业协会	2015.12
浙江省电力系统“增收节支、降本增效、从我做起”劳动竞赛先进个人	马逸秋	浙江省电力工会委员会	2015.12
2014年度浙江省电力工会优秀工会小组长	钱琳、邵星驰	浙江省电力工会委员会	2015.12
浙江省公安系统二等功	伍红慧	浙江省公安厅	2015.07
浙江省公安机关爱民模范	伍红慧	浙江省公安厅	2015.10
2014—2015年度浙江省优秀人民警察	吴再超	浙江省公安厅	2016.01
农工党浙江省委会“六十年六十人”	周建民	中国农工民主党浙江省委员会	2015.07
浙江省基层征兵工作先进工作者	叶菊贞	浙江省人民政府	2015.12

续表3

荣誉称号	获奖者	颁奖单位	颁奖时间
2015年度华东“千红杯”优秀医院药师	邱雪庆	浙江省药学会	2015.01
共青团浙江省优秀团员	宣昭丹	共青团浙江省委	2015.01
浙江省预防艾滋病梅毒乙肝母婴传播讲课比赛优秀奖	张丽英	浙江省卫生计生委妇幼健康服务处	2015.12
2015年度浙江省思想政治工作先进个人	汪竹根	浙江省卫生思想政治工作促进会卫生监督工作委员会	2015.12
浙江省性病防治先进个人	吕佳	浙江省皮防所	2015.03
浙江省疾控系统思想政治工作主题征文优秀奖	周慧	浙江省疾控中心	2015.10
浙江省疾控系统政研先进个人	钟胜清	浙江省疾控中心	2015.10
浙江省身边的基层好医护	周锋、刘秀君	浙江省卫生计生厅	2016.01
浙江省“最美妇女主任”	洪卸花	浙江省妇女联合会	2016.03
中国银行浙江省分行2015年度优秀中层干部	胡春文	中行浙江省分行	2016.01
中国银行浙江省分行2015年度优秀员工	俞毅丹、吴豪峰	中行浙江省分行	2016.01
中国银行浙江省分行2015年度省级劳动模范	钱岚	中行浙江省分行	2016.04
2015年度浙江省银监系统信息先进工作者	吴梦霞	浙江银监局	2016.01
2015年度浙江省银监系统青年岗位能手	吴梦霞	浙江银监局	2016.05
浙江省关心下一代工作先进工作者	赖竹华	浙江省关工委	2015.12
浙江省优秀团员	龙游中学高郑一意、龙二高梅粲超、龙三中叶昕宁	共青团浙江省委	2016.05
浙江省工商行政管理系统新闻宣传工作先进个人、优秀舆情监测员	叶凌豪	浙江省工商行政管理局	2016.02
2015年度浙江省县市区域报好新闻奖消息类一等奖	楼林峰、余柏成、郑永佳	浙江省记协县市区域报工作委员会	2016.03
2015年度浙江省县市区域报好新闻奖重大主题报道类一等奖	邵美霞、郑远、楼林峰、郑利霞	浙江省记协县市区域报工作委员会	2016.03
2015年度浙江省县市区域报好新闻奖评论类二等奖	楼林峰、袁晓玲	浙江省记协县市区域报工作委员会	2016.03
2015年度浙江省县市区域报好新闻奖系列报道类二等奖	邵美霞、楼林峰、郑利霞	浙江省记协县市区域报工作委员会	2016.03
2015年度浙江省县市区域报好新闻奖热点引导报道类二等奖	王曙静、张微、袁晓玲、郑永佳、邵美霞、楼林峰、郑利霞	浙江省记协县市区域报工作委员会	2016.03
2015年度浙江省县市区域报好新闻奖消息类三等奖	袁晓玲、楼林峰、郑利霞	浙江省记协县市区域报工作委员会	2016.03
2015年度浙江省县市区域报好新闻奖通讯类三等奖	邵美霞、余柏成、郑永佳	浙江省记协县市区域报工作委员会	2016.03
2015年度浙江省县市区域报好新闻奖典型报道类三等奖	邵美霞、楼林峰、郑利霞	浙江省记协县市区域报工作委员会	2016.03
浙江省先进工作者	黄利民	浙江省农村生态能源办公室	2015.11
浙江省农业系统先进个人	张晨光、张文松	浙江省农业厅、省人力资源和社会保障厅	2015.12

续表4

荣誉称号	获奖者	颁奖单位	颁奖时间
2014年度浙江省交通运输行业百名“最美（人物）”	郑建奎	浙江省交通运输厅	2015.01
2015年度浙江省电信系统优秀共产党员	贺 军	中国电信浙江公司	2015.06
2015年浙江省电信系统传统交换设备退网工作先进单位及个人	姚建锋、金卫东、翁旭萍	中国电信浙江公司	2016.02
2015年浙江省电信系统网络运营节能增效先进个人	姚建峰	中国电信浙江公司	2016.05
2015年度浙江省电信系统优质工程奖先进个人	金卫东	中国电信浙江公司	2016.01
浙江省电信系统光网及4G网络建设攻坚竞赛活动获奖个人	姚建锋、翁旭萍、金卫东、郑建光、方小伟、袁志云、方小忠、邹宏宇	中国电信浙江公司	2016.04
浙江省国税局免填单系统设计开发工作中表现突出人员	吴胜	浙江省国家税务局	2015.12
浙江省骨干光缆建设先进个人一等奖	郑金荣	浙江华数广电网络股份有限公司	2015.06
浙江省骨干光缆建设先进个人二等奖	孙 伟	浙江华数广电网络股份有限公司	2015.06
省骨干光缆建设先进个人三等奖	徐旭中、孙根荣	浙江华数广电网络股份有限公司	2015.06
浙江省骨干光缆维护先进个人	徐旭中、孙 伟	浙江华数广电网络股份有限公司	2016.01
工行浙江省行、衢州市行内控管理和案防工作先进个人	陈松茜	工行浙江省分行	2016.02
工行浙江省行信用风险处置化解先进个人	谢越胜	工行浙江省分行	2016.02
工行浙江省行优秀机构客户经理	童雪雯	工行浙江省分行	2015.12
工行浙江省行优秀小企业客户经理	吴 倬	工行浙江省分行	2015.12
工行浙江省行优秀公司客户经理	季靖坤	工行浙江省分行	2015.12
工行浙江省行优秀国际业务客户经理	张 蓉	工行浙江省分行	2015.12
工行浙江省行、衢州市行优秀现场经理	陈云虹	工行浙江省分行	2015.12
工行浙江省行服务“五星级”员工	严佳秀、方小东	工行浙江省分行	2015.12
工行浙江省行服务“四星级”员工	王露、姜迪安	工行浙江省分行	2015.12
2015浙江省优秀专武干部标兵	杨渐升	浙江省军区	2016.01
浙江省“三八”红旗手	余雪芳	浙江省妇女联合会	2015.02
浙江省巾帼建功标兵	吴君霞	浙江省巾帼建功和双学双比活动协调小组办公室	2015.02
2015年度浙江省农信系统优秀领导干部	庄红林	浙江省农信联社	2016.01
2015年度浙江省农信系统信息新闻工作先进个人	徐小春	浙江省农信联社	2016.02
2015年度浙江省机构编制信息宣传工作先进个人	翁单芸	浙江省机构编制委员会办公室	2015.12

续表5

荣誉称号	获奖者	颁奖单位	颁奖时间
浙江省防雷工作先进个人	陈兆平	浙江省气象局	2015.03
浙江省信访督查“百千万”专项行动先进个人	刘金宽	浙江省信访工作领导小组、省委组织部	2016.02
2015年度浙江省市县党校工作先进个人	余文祥	中共浙江省委党校	2016.01
2014年浙江省文物执法监察工作成绩显著个人	杜建军	浙江省文物局	2015.01
浙江省农村文化礼堂视觉艺术创作群体优秀作品美术铜奖	徐荣伟的《青春家园》	浙江省文化厅	2015.09
浙江省农村文化礼堂视觉艺术创作群体优秀作品书法银奖	徐荣伟的《倪赞读书札记二则》	浙江省文化厅	2015.09
浙江省农村文化礼堂视觉艺术创作群体优秀作品书法银奖	蓝耀的《王鉴画题跋数则》	浙江省文化厅	2015.09
浙江省公共图书馆读者服务技能竞赛优胜奖	吕鸣	浙江省文化厅	2015.09
浙江省第十一届未成年人读书节优秀服务奖	钱利芳	浙江省文化厅	2015.09
中国移动浙江公司“幸福1+1”第四届职工运动会田径赛男子铅球第一名	童振洲	中国移动浙江公司	2015.11
浙江省青年岗位能手	叶伟霞	浙江省“青年文明号、青年岗位能手”活动组委会	2015.12
2015年度中国移动浙江公司工会积极分子	官欢	中国移动浙江公司	2015.12
2015年度中国移动浙江公司优秀员工	王佳佳	中国移动浙江公司	2015.12
2015年度中国移动浙江公司杰出员工	邱海燕	中国移动浙江公司	2015.12
浙江省住建系统“优秀服务窗口”先进个人	姚迎晖	浙江省住建厅	2016.01

【市级个人荣誉（含部门）】

荣誉称号	获奖者	颁奖单位	颁奖时间
衢州市信访维稳百日攻坚先进个人	严明华、邱洪亮	中共衢州市委、市人民政府	2015.12
2013—2014年度衢州市禁毒工作先进个人	叶爽乐	衢州市人民政府	2015.09
衢州市优秀河段长	汪立云	衢州市人民政府	2015.12
衢州市安全生产先进个人	金元玫	衢州市人民政府	2016.03
2015年度衢州市安全生产工作先进个人	丁俊	衢州市人民政府	2016.02
第二届衢州市名医	叶菊贞、周建民、李志江、徐林发	衢州市人民政府	2016.01
第二届衢州市名专家	戴文英	衢州市人民政府	2016.01
2015年度衢州市“五水共治”工作先进个人	黄建彤	中共衢州市委办公室、衢州市人民政府办公室	2016.03
2013—2014年度衢州市信访工作先进个人	叶茂、姜小方、马丽华、胡允明、张雪昌、童明富	中共衢州市委办公室、衢州市人民政府办公室	2015.05
2015年度衢州市平安建设暨综治维稳工作先进个人	杨琳	中共衢州市委办公室	2016.02
衢州市参加浙江省第十五届运动会先进个人	黄国平、黄更青	衢州市人民政府办公室	2015.04
2015年度衢州市党委信息工作先进个人	陈毅超	中共衢州市委办公室	2016.03

续表

荣誉称号	获奖者	颁奖单位	颁奖时间
2015年度衢州市政务信息工作先进个人	邓飞	衢州市人民政府办公室	2016.03
2015年度衢州军分区优秀团主官	雷建明	衢州军分区	2016.01
2015年度衢州军分区军事训练先进个人	傅晓明	衢州军分区	2016.01
2015年度衢州军分区优秀专武干部	黄文忠	衢州军分区	2016.01
2015年度衢州军分区优秀职工	徐红英	衢州军分区	2016.01
2015年度衢州市第三次经济普查市级先进个人	林凯	衢州市人民政府第二次经济普查领导小组	2015.03
衢州市优秀援疆医生	祝雪贞	中共阿克苏地区委员会、阿克苏地区行政公署	2015.06

【县委、县政府颁发的个人荣誉（不含部门）】

获奖荣誉	获奖单位	颁奖单位	颁奖时间
2015年度龙游县“百日维稳攻坚大会战”先进个人	傅志平、孙俊、陈志芳、张海霞、胡锡清、徐建龙、雷建春、许立民、傅德源、胡远鸣、徐成、刘平、钱荣余、黄璐、吴峰	中共龙游县委、县人民政府	2016.01
2015年度龙游县“平安龙游”建设先进个人	周元鸿、姜小兵、沈卫平、周胜、江建新、杨献明、傅志平、童志良、祝文伟、王旭明、叶青、黄光龙、汪立云、平锡华、项勇明、陈超刚、陈怀俊、支利华、杨红宁、杨鹏飞、张金良、徐志宏、邹群先、赖建伟、袁旭辉、陆旖、黄志林、李兴科、季君、雷建龙、沈海燕、章国良、叶纪范、胡彬、雷伟斌、杨渐升、徐华喜、巫俊、江涛、谈俊、王巍、张志坚、余蓓、姜银海、胡伟刚、程晶磊、傅建刚、张永华、徐宏远、徐国浩、汪耀南、余浏娟、徐志丹、李文依、王建华、祝立宏、胡森林、章建国、唐爱红、郑卫星、方梦媛、蒋黎阳、余柏成、詹义军、饶文兵、叶发根、童利松、朱文、朱伟、吴峰	中共龙游县委、县人民政府	2016.01
2015年度龙游县信访工作先进个人	詹冠军、张杰、余建朝、童志良、张明、杨志龙、徐永军、童越清、王建军、雷石明、储青松、尹小明、马惠莲、吴浩、邹群先、胡益民、江波、姜甘良、胡建华、叶志仪、王文清、陈滨、夏晓雷、姜小方、徐志丹、徐雪飞、洪慧超、吴双双、钟慧琼、童根荣、余家卿、邵丽萍、吴卫清、张育铭、王文华、蓝建军、张雄飞、季建安、胡仁建、罗进暖、徐华喜、林淑恒、毛屹峰、黄国贞、王玲、钟进、厉文健、黄琼、王松林	中共龙游县委、县人民政府	2016.01
2015年度龙游县优秀专武干部和关心武装工作好领导	一、优秀专武干部 黄汉鼎（东华街道）、张增强（小南海镇）、罗朝晖（溪口镇）、程志龙（石佛乡）、段志忠（塔石镇） 二、关心武装工作好领导 倪邵华（詹家镇）、张海霞（庙下乡）、胡锡清（模环乡）、吴水清（社阳乡）、吴正兵（龙洲街道）、蓝芝苇（沐尘畲族乡）	中共龙游县委、县人民政府、龙游县人民武装部	2016.01

续表1

获奖荣誉	获奖单位	颁奖单位	颁奖时间
2015年度龙游县农业农村工作先进个人	一、美丽乡村建设先进个人 邵秋萍、杨婕、张建国、楼静峰、黄蔷、吴晟琼、余晓东、林献兵、傅建刚、邱元良、袁勇、张建土、叶建龙、钟罗谊、汪洁、王慧卿、叶小娥、张宁、周智莹、尹冬平、王土华、李新云、刘义宽、吕良波、张耀珍、翁海忠、徐跃成、吴永生、黄民雄 二、“消除4600”暨结对帮扶先进个人 徐智慧、吴卫清、徐志明、朱菊仙、张亨荣、叶志春、黄颖朝、雷珍、祝红兵、叶卫军 三、优秀农村工作指导员 陈俊梁、邱富胜、黄聪、金俊娴、李鑫、吴君霞、卜启丰、江向东、胡小平、丰旭峰、龚浙豫、程晶磊、童盛鸿、潘寅辉、王璟、雷正辉、曹奕、姜华、周国良、王鹏、徐葶、周红伟、余功金、夏永清	中共龙游县委、县人民政府	2016.02
2015年度龙游县“五水共治”工作先进评比	一、优秀河段长 吴正兵、赖忠海、戴锡康、何有德、邵雪源、余雪兵、朱群峰、晏海权、曾启尧、刘卸林、林文建、童乾尧、张雄军、邹卫平、汪益平、张启发、叶根明、傅绍敏、叶柏林、吴春林、李辰红、缪小军、吴秀军、储成松、蓝芝苇、黄文华、柴建明、胡孝成、刘土银、周金土、黄金土、傅方龙、罗志明、雷建春、汪良申 二、先进个人 吴克建、胡周迪、翁剑丰、张鹏、祝柳珊、余鹏、姜梅子、葛树印、吕燕、曹勤、徐宁、吴英俊、鲍爱萍、吴红锋、刘小俊、李文依、叶敏捷、张旖、方利民、蓝俊斌、韩涛、陈文化、祝建华、陈志军、叶飞、徐嘉龙、邱敏、袁平华、姚建惠、王俊伟、胡益长、张增强、吕良波、张耀珍、潘迪明、黄界明、李海银、缪富庭、王连根、徐光海、徐振炎、胡炜鹏、柯林炎、张军红、邱日友、洪振成、吴深厚、祝凯、吴蔚笙、童舟、方延山、杨一祥、张惠忠、胡耀晟、傅新林	中共龙游县委、县人民政府	2016.02
2015年度龙游县“招商能手”	叶剑、吴建标、汪涵、封光耀	龙游县人民政府	2016.02
2015年度龙游县安全生产工作先进个人	刘红卫、徐营、杨俊、冯益峰、吴水清、项树松、盛方清、温连文、毛志华、叶利清、王超、钱瑞荣、陈金土、徐志宏、叶晓莹、杨文哲、郑强、袁旭辉、秦宏杰、王展、郑建清、吴磊、桑益、项小苗、许庭耀、汪露、江浩、胡益民、姜宝生、张志坚、徐轶、邓金雁、吴子龙、傅建红、陈小华、叶发根、龚龙军、江水清、郑月宗、吴毅辉		
2015年度龙游县上市工作先进个人	黄金水、晏京森、钱焱艳、李红珠、陈玉根、方露	龙游县人民政府	2016.02
龙游县劳动模范	王连标、池晓军、徐建明、詹素根、伍红慧（女）	龙游县人民政府	2016.04
2015年度龙游县“六五”普法教育先进个人	赵藏、应玉锦、胡伟刚、陈王兴、冯建平、周胜军、林武洪、徐岳雷、蓝雄剑、卢丞、余红斌、吴茂松、徐超、傅志华、叶安、蓝晓玲、姜小方、钱伟军、张求水、祝文伟、陈超刚、王建军、傅瑶	中共龙游县委办公室、县人民政府办公室	2016.01

续表2

获奖荣誉	获奖单位	颁奖单位	颁奖时间
2015年度龙游县“大调解”工作先进个人（优秀人民调解员）	王红祥、雷国荣、洪新利、路洲、尹国科、张焕明、项永刚、祝文伟、封水林、方志刚、陈超刚、陈清庆、黄胜清、陈树光、王建军、曾金生、张赣玉、蒋家洪、王献忠、俞玉中、戚文烜、刘建萍、吴茂松、陈继群、童寿德、蔡筱筠、林萍、方海姣	中共龙游县委办公室、县人民政府办公室	2016.01
2015年度龙游县信息工作先进个人	朱跃华、王凌霞、江义鸿、郑　凯、叶倩、王丽、沈海芸、王宁、琚明辉、方燕、陈俊梁、沈海燕、华丽芬、郑思、刘振、吴晟琼、舒婷、叶彩仙、游凯、夏冰、琚建斌、钱望、郑少为、吴新月、官磊、陈王兴、柳成良、叶凌豪吴长兵、郑滢、陈幽萍、谷笑笑	中共龙游县委办公室、县人民政府办公室	2016.01
2015年度龙游县优秀村党组织书记、优秀村委会主任	一、优秀村党组织书记 刘意宽（龙洲街道山底村）、周达和（东华街道槐王村）、樊雪林（小南海镇泽潭村）、童根林（塔石镇塔石村）、徐庆兰（罗家乡罗家村）、储建峰（庙下乡严村村）、邓生云（沐尘畲族乡社里村）、郑建新（模环乡蛇塘坞村）、宋有根（社阳乡红光村）、傅新林（大街乡新槽村） 二、优秀村委会主任 曾有生（龙洲街道后田铺村）、汪国有（湖镇镇新光村）、卜仁辉（溪口镇枫林村）、徐菊花（横山镇上向徐村）、徐跃成（塔石镇泽随村）、张岳平（詹家镇石亘村）、金仁新（罗家乡芰塘金村村）、潘瑞禄（模环乡虎龙村）、王一航（石佛乡三门源村）、曾连祥（大街乡贺田村）	中共龙游县委办公室、县人民政府办公室	2016.02
2015年度龙游县政府信息公开工作先进个人	季晨、傅晨燕、游凯、方梦媛、郑思、黄家驹、洪一君、余春林、叶敏捷、毛迎曦、陈敏、范丽凤、金献、马俊、张日新	龙游县人民政府办公室	2016.02
2015年度龙游县电子政务建设先进个人	许慧斌、胡晨毅、江向东、姚迎晖、毛静、严秀华、蓝益星、冯建平、黄家驹、姜敏、徐蓉、郑红霞、徐国雄、方小明、楼静安、林群军、王伟平、桑益、项璐、洪顺姬、游凯、江青燕、黄晓伟、高明月、祝轶群、兰小康	龙游县人民政府办公室	2016.02
2015年度龙游县食品安全工作先进个人	李庆华、温燕卿、蓝雅琴、陈丽君、严晓芳、吴晓燕、方萌、叶雪芳、毛志华、赖建梅、王超、毛根富、吴宇俊、吴水清、邱燕鸣、徐素贞、祝文波、袁旭辉、叶建清、郑建清、章宇夫、钱程、廖雪祺、夏志军、袁凯、钟健、郑晓峰、于瑾、徐炳余、廖华英、潘佳、郑柳君、胡华斌、洪炜、周建林、陈森土、游飞、查丽静、江涛、宋雪清、李文敏、黄建彤、王郭靖、徐华喜、余益文、郑利霞	龙游县人民政府办公室	2016.02

最美龙游人·2015年度人物

一、“最美龙游人·2015年度人物”特别荣誉奖

【冷水村救人群体】 2015年4月27日上午9时20分，在S222省道溪口镇冷水村路段，一辆满载煤沙的半挂车因避让电瓶车失控“闯入”民宅，煤沙将骑电瓶车的夫妇俩埋入其中，司机被卡在车中。危急关头，附近拉丝厂的老板娘黄招莲，村民陈如月、毛美君、吴招珠，拉丝厂工人余素兰、韩俊、秦国宏，供电公司员工杨浩等人循声赶来，立即报警，并一起徒手挖煤，齐心合力，终于把煤堆里的陈师傅和妻子吴女士救出送医。

【志棠村救人群体】 2015年7月26日早上7点多，家住横山镇志棠村公路边的67岁老人翁爱玲被货车撞倒，左腿被卷入车轮底下，隔壁的乡村医生赵国荣听到呼救声后立即赶到现场，迅速拨通急救电话，在等待救援的时间里，赵国荣等村民们争分夺秒地行动起来，他们有的拿着撬棍撬车，有的配合千斤顶徒手抬车。在众人合力帮助下，老人终于被成功救出，此时，距出事时仅有20分钟。随后，救护车及时赶到，老人终于得救了。

【模环村救人群体】 2015年6月16日下午五点半，320国道模环乡模环村新王路口发生车祸，一辆装载沙石的大货车侧翻后压到一辆小轿车。正在事故现场附近的模环乡五都桥村党支部书记胡孝成、龙游智禾农资经营部店主郑利民、模环村村民黄胜、装潢材料店店主郑水华、模环加油站站长等迅速赶到，立即报警，同时找来锄头、铲子等工具合力开展紧急救援，直至消防队员到达。

二、2015年度龙游县“十大年度人物”

【洁净家园的耄耋老人——王仲晋】 男，汉族，1920年10月出生，龙洲街道后田铺村村民。王大爷虽年事已高，可他坚持每天清扫房前屋后公共场所卫生，甚至还到姜席堰支渠中捡树叶、清垃圾、拔杂草，几十年如一日，引领村民主动参与“五水共治”，得到当地群众的高度赞扬，

【尊老爱幼的“好园丁”——王素红】 女，汉族，1969年11月出生，中共党员，北辰小学教师。工作二十多年来，认真负责，践行着美丽的“红烛”精神。多年来，她不仅自己尽力帮助贫困孩子，还利用网络博客架起爱心桥梁，呼吁社会爱心人士援助困难学生，金额高达20多万元。2015年重阳节前，她在老家湖镇镇彭塘村的“寓外人士微信群”上发出关爱家乡老人的倡议，获得大家的大力支持，共为村中老人捐款3万多元。平时，王素红十分孝敬夫妻双方的父母老人，是尊重长辈的好榜样。

【“白衣天使”——杨美】 女，汉族，1987年4月出生，龙游县妇幼保健院护士。2015年3月11日，杨美和家人在饭店为孩子庆过生日，当她走出饭店时，看到一男子倒在地上，腿部被一辆摩托车压着，脸部肿胀，正处于昏迷中。身为“白衣天使”的杨美充分利用自己扎实的急救知识，对伤者进行现场急救，其间，她在中医院药房工作的丈夫和她紧密配合，一直为伤者把着脉。经过10多分钟的紧急施救，昏迷的男子有了些意识，在伤者送医后，杨美默默地离开了抢救现场。

【勇救落水儿童的好干部——陈敏】 男，汉族，1970年12月出生，中共党员，罗家乡党委委员、纪委书记。2015年8月4日19时30分左右，陈敏在灵山江鸡鸣堰游泳时，突然听到有人喊救命，借着微弱的景观灯光，他隐约看到离他10米开外有人正被湍急的水流冲向鸡鸣堰坝。陈敏立即奋力游向出事地点，然后直接从坡度45度、2米多高的斜坡上冲下去，右手捞起一个小女孩，左手迅速抓住另一个小男孩。在闻讯赶到的其他群众帮助下，陈敏终于把两名惊恐万分的小孩送上了岸。

【美丽乡村建设的领头人——张炎林】 男，1961年7月出生，龙游县溪口镇石角村党支部书记。1995年以来，张炎林一直兢兢业业奋斗在农村工作的第一线，为石角村的新农村建设做出了重大贡献。作为一名共产党员、一位村干部，张炎林时时处处以党员的标准严格要求自己，始终把群众满意作为衡量工作成效的根本标准，以民为本，无私奉献，恪尽职守，带领全村干部群众把石角村从落后的“空心村”建设成衢州市美丽乡村精品村、龙游县基层党建示范村。

【不离不弃的好养母——吴素兰】 女，汉族，1949年5月出生，模环乡五都桥村村民。38年前，吴素兰夫妇将家门口的弃婴群仙抱回家抚养。群仙患有先天性小儿麻痹症，生活无法自理，吴素兰不惜花光所有积蓄，借钱四处寻医，都没能治好群仙的病。38年来，无论自己身体好坏，吴素兰始终坚持照顾着这个瘫痪、弱智、没有血缘关系的女儿，对她疼爱有加。吴素兰给予女儿坚强的依靠和家的温暖，演绎了一段“不是亲生胜亲生”的佳话。

【政法战线的“老黄牛”——宋海军】 男，汉族，1957年11月出生，中共党员，龙游县公安局指挥中心民警。他是110热线上永不停歇的“老黄牛”，当之无愧接处警“标杆”，为一线接警员手把手传授接警的方法和技巧，努力提升队伍的整体素质。6年来，他带班接警近5万起，没有一起群众投诉，省公安厅回访的警情接警满意率均达“满意”等级。他在“110”报警台熬过无数个不眠之夜，通过认真研判和精准调度，共抓获50多名违法犯罪嫌疑人，为精准打击违法犯罪活动默默地发挥自己的作用。

【悉心照顾妻子的好丈夫——严银根】 男，汉族，1946年6月出生，小南海镇鸿陆夏村人。其妻张菊香今年66岁，因患类风湿性关节炎导致肌肉萎缩，已瘫痪在床37年。多年来，严银根对妻子不离不弃，悉心照顾，使妻子重新燃起生活的希望，同时，含辛茹苦抚养4个孩子长大成人。为给妻子治病，他四处求医，并学会采药、熬药。平常外出务工，严银根都带着老伴，给予无微不至的照顾；为了方便妻子活动，他还做了特制的饭瓢，做到轻易“不求人”。严银根的事迹得到了邻居们的高度肯定，也赢得了子女们的尊重和支持，树立了“孝老爱亲”的好榜样。

【“龙游大妈”的领头雁——林萍】 女，汉族，1940年11月出生，中共党员，教育局退休干部。退休20多年来，她一直致力于社会公益事业，不仅自己常年奔走在公益一线，还引导身边人参与公益，和几位朋友一起组建“龙游大妈”志愿服务队，开展扶贫助困、文明劝导、文化宣传、纠纷调解、政策宣讲、健身普及等志愿服务活动。她用一颗热忱的公益之心坚持不懈地做着她所喜欢的爱心公益事业。

【保护“母亲河”的志愿者——徐土根】 男，汉族，1960年4月出生，小南海镇新山水村村民。2013年，在龙游县开展生猪养殖整治行动中，他主动拆除家中470平方米的猪场，并按要求进行复垦。因为村里配备的保洁车运送量有限，他主动开来自家的皮卡车清运垃圾，还专门买来防水服及镰刀、水桶等工具，每次一下水就是半天，坚持不懈。他的行为促进了村里各项工作的开展，为村民树立了好榜样。

【诚信开店的好老板——盛卫芳】 男，汉族，1958年2月出生，龙游县昌盛管件经营部业主。从业以来，他始终以“诚实守信、顾客至上”为服务宗旨，诚信经营，不以次充好，不偷工减料，不欺诈消费者，并积极推广绿色环保产品，为消费者提供安全优质的商品和服务，获得社会的普遍认可。他热心公益事业，提倡低碳环保的生活方式，与邻友善，家庭和睦。

【拾金不昧的好市民——廖永宏】 男，汉族，1973年10月出生，龙游博宏洗衣店老板。2015年7月5日下午，廖永宏在西门小学后门的路上捡到一张2万多元的存单，他及时与县委新闻宣传中心取得联系，通过媒体寻找失主。在开洗衣店的13年中，他共发现顾客落在衣服内的现金和金戒指、金项链等贵重财物总价约5万元，每次都及时主动地联系顾客，顾客拿回财物后纷纷表示要给予酬谢，均被廖永宏婉言谢绝。廖永宏的服务和人品获得顾客的一致好评。

二、2015年度龙游县“十大年度人物”提名奖

【以勤立身的金融人——王孟君】 女，汉族，1983年12月出生，中共党员，龙游县农村信用合作联社员工。从业13年来，无论在服务一线，还是在管理岗位，她始终热爱本职工作，真诚对待客户，牢记自己职责，在工作中保持一种平常的心态和踏实的工作作风，赢得客户、同事的一致好评。注重摸索工作规律，随时处理业务难题，工作成绩突出，获衢州市银行业协会和市农信系统传票输入比赛第一名，并被评为“最美龙游人·十大杰出青年”。

【倒在治污一线的村干部——朱永义】 男，汉族，1948年2月出生，詹家镇前游村人，前游村村民代表(小组长)兼村监会委员，生前曾担任村民代表20多年。多年来，朱永义积极协助村两委服务群众，得到村民的高度肯定。2014年4月，朱永义被村民推选为村生活污水处理工程监督员，他不负众望，每天起早摸黑，工作在一线，使工程顺利推进。2014年11月14日，因疲劳过度，朱永义晕倒在施工现场，送医不治，不幸去世。

【坚守文化的民间草根——张坤】 男，汉族，1958年8月出生，湖镇镇劳保商店店主。一直以来，他坚持诚信经营，对商品实行质量三包，力求物美价廉，服务热情周到，得到顾客的一致好评。同时，他热爱家乡文化，多年来主动收集家乡的故事、传说等非遗文化。为广泛搜集故事，他逐个拜访会能讲故事的老人，主动与镇村沟通，组织有一定口述能力的老年人座谈，每次还为讲述故事的老人赠送解放鞋一双。经过多年的积累，2015年，张坤整理出版《湖镇民风民俗文化》一书。

【热心家乡建设的老党员——吴雪文】 男，汉族，1949年8月出生，中共党员，詹家镇新安村人，县广电总台退休干部。退休回乡后，吴雪文发挥自身的书法特长，在村内为未成年人免费开展书法培训、二胡培训，组织村民乐队活动，以老带新，做好传帮带。他关心支持村里得各项事业，积极协助村干部做好村里的各项工作，热心当起“劝导员”“和事佬”“调解员”，被乡亲们称为“最美的人”。

【侍婆如母的好媳妇——吴松珠】 女，汉族，1963年12月出生，龙洲街道寺后村村民。她与九十多岁的婆婆林春珠共同生活20多年，情同母女。2013年7月3日，九十高龄的婆婆不慎摔倒，全身瘫痪，卧床不起，并伴有严重的腰椎间盘突出病。两年多来，婆婆躺在床上从未起来过，终年由儿媳吴松珠照料、服侍。老人病情越来越重，服侍难度也越来越大，擦洗身子、端屎端尿、洗衣换被、喂食喂水，是她每天的课程，但她从无一句怨言。

【照顾瘫痪姐姐18年的好妹妹——严福香】 女，汉族，1953年3月出生，中共党员，龙洲街道清廉社区居民。她18年如一日，照顾因病瘫痪、生活不能自理的姐姐严福英。屋漏偏逢连夜雨，2007年，姐姐的女儿又被确诊为二级精神残疾，严福香毫不犹豫地拿出家中的全部积蓄为其治病，之后，她一边照顾姐姐，一边照顾外甥女，无怨无悔地照顾瘫痪的姐姐及其家人，用自己的行动诠释亲情的伟大和“血浓于水”的真谛，成为左邻右舍竞相学习的榜样。

【“一日两好事”的好司机——郭小林】 男，汉族，1967年2月出生，龙游长运公司司机。2015年7月14日，徐大姐乘坐郭小林驾驶的客车从慈溪回龙游老家，到达城北客运站后，郭小林主动用私家车免费搭送徐大姐回家。徐大姐到家后发现自己4万元钱落在郭师傅的面包车里，焦急万分之时，遗失钱物已被郭师傅交到了溪口派出所。巨款失而复得的徐大姐一定要重金酬谢，却被郭小林婉言谢绝了。

新事·异闻

【“掌上龙游”正式起航】 2015年1月29日，“掌上龙游”电子商务平台举行新闻发布会，并与200多户商家签约，实用便捷的龙游本土OTO服务平台正式起航。“掌上龙游”是龙游非凡传媒子公司易凡网络科技有限公司开发的，拥有会员5万多人。

“掌上龙游”定位于新媒体购物，整合互联网、电视、手机、实体等多种资源，是集衣、食、住、行、学、乐为一体的移动电子商务平台，为用户提供多元化的优质商品及服务。会员可在“掌上龙游”电子商务平台上开通店铺、发布和购买商品，还可发布同城交友、二手转让等便民服务信息。

它不仅将手机端与PC端合二为一，为顾客提供便捷的服务体验，同时还建立了“城东”和“城西”两大配送中心，利用强大的送货团队为客户提供同城配送服务，为龙游的父老乡亲提供蔬菜、水果等生鲜配送服务，业务区域不仅包含龙游城区，还拓展到全县各乡镇，力求使龙游的每个乡镇（街道）的农副产品、土特产都能通过平台直接销售到客户手中。与传统的经营方式相比，它的信息更新更为方便及时，让龙游人享受到更加便捷的购物新方式，也让龙游父老乡亲真正体验同城购物省钱、省心、省时、省力、安全的特点。

【连续20年给村老人发红包的舒信浩】 2015年，舒信浩已53岁。40年前，舒信浩随父亲来到龙游县塔石镇雅村村生活。那时，舒家家境窘迫，邻居们时常会接济他们。舒信浩很会钻研，起先干起了来料加工，赚了些钱后转做石棉保温器械，后来，又来到鄂尔多斯，做起煤矿生意。他做的生意并不算大，但他心里一直惦记着曾经资助过他家的乡亲们。

1992年农历腊月，在家创业的舒信浩找到了当时的村党支部书记方培根，说要拿出一些钱给村里80岁以上的老人每人一个50元的红包，表表心意。

没想到这一发而不可收，除了1996年、1997年因生意欠佳，间断了2年，20年来，每到腊月二十左右，他都会按时给村里老人包红包。如果万一不能赶回家，舒信浩就及时把钱汇给方培根，由他代劳，把红包送到每位老人手上。随着时间的推移，红包里的钱在不断增加，2015年，80岁以上老人是每人500元，90岁以上是每人1000元。

舒信浩的感恩之举，为雅村村带了一个好头。几年前，一位姓李的生意人出资为村里做了路标；“耀浩基金会”每年资助村里贫困的优秀学生继续完成他们的学业……2015年2月13日，雅村村成立了全县第一个村级“乡贤会”，以“美丽雅村，乡贤润德”为宗旨，倡导乡贤行善积德，共同参与家乡的美丽乡村建设。

【一样的除夕，别样的年夜饭】 2月18日（大年三十）下午4点半，浙江龙游道明光学公司食堂内传来阵阵欢声笑语，20余名来自湖南、湖北和江西等地的留守员工和他们的家属同享特殊的年夜饭，大家互相送祝福，话愿景，场面十分温馨。

年前，公司派专车把外地员工分批送回老家过年，留守的员工则大都有家人到龙游来过年。来自湖北的李强和袁玲夫妇是老员工，以往女儿还小留在老家，每逢过年，他们都要回老家看望女儿。如今，女儿上大学了，趁放寒假的机会专门到龙游陪他们过年。河南籍员工陈洪泽是名水电工，妻子刘清霞和儿子陈犇也从老家赶过来陪他过年……公司不仅精心安排年夜饭，让留守员工和他们的家属感受到大家庭般的温暖，春节期间，公司还向员工和家属开放阅览室、室内篮球场、棋牌室等文体娱乐设施。留守员工说，这个年过得相当有味道，在自己扎根的道明光学公司和家人一起过个团圆年，才是真正意义上的过年。

公司的关心，让员工的家属了解了员工的工作环境，也让他们领略了龙游的城市发展成就，让员工们更加安心地在企业上班。

【龙游县全面打响低收入农户扶贫攻坚战】 3月10日晚，龙游县召开"全面消除家庭人均纯收入4600元以下贫困现象"工作推进会，进一步明确目标任务，部署下一步的重点工作，全面打响扶贫脱贫攻坚战。县委副书记徐利水、副县长郑国华参加会议。

会议指出，全面解决人均纯收入4600元以下农户贫困问题，是全面建成小康社会的具体内容，也是省委要求欠发达地区实现"摘帽"的核心指标，必须从讲政治的高度认真对待这项工作。扶贫工作要做到精准发力，对符合低保条件的对象，全面纳入政策补助范畴；进一步落实长效保障措施，通过产业发展，推动增收脱贫；加大资源整合力度，大力实施农民素质提升工程，切实解决贫困家庭子女入学问题；继续抓好异地搬迁集聚工作，推动农民下山脱贫；通过统筹整合，加强干部结对帮扶，按照"一户一策一干部"的要求，落实好脱贫扶贫举措；强化组织保障，各乡镇（街道）、有关部门要加强协调，抓好落实，确保又快、又准、又好地完成各项目标任务。

【为机智热心老太赞一个】 3月4日凌晨零点四十分左右，天上飘着毛毛细雨，有点阴冷，县交警大队城区中队接到一群众报警：文化西路一辆轿车连撞4车后逃逸。民警赶到现场时，看到一位60多岁的老太太站在路边等着他们。

原来，睡梦中的老太太突然被楼下"砰砰砰……"的异响声惊醒。她拉开窗户，发现楼下路边一辆白色轿车撞上路边的一辆轿车后又接连撞上另外三辆轿车，驾驶员下来看了看，马上又发动车子逃离现场。老太赶紧打"110"报案，并骑上自行车跟踪肇事车，追过了两个路口，因肇事车车速太快，实在跟不上，她就记下肇事车的车型和逃跑方向，返回事故现场等待民警的到来。

民警根据老太太提供的线索，兵分两路，一路与监控室取得联系，调取当晚的监控录像，对各个卡口进行逐一排查，另一路沿着肇事车逃离的方向查找，最终在一个小区楼底发现一辆有明显碰撞痕迹的轿车。被"逮到"的女驾驶员姓周，在KTV上班，经检测，周某血液的酒精含量为175mg/100ml，远远超过醉酒驾驶的标准。事故发生后，周某自以为午夜时分无人知晓，心存侥幸，便驾车离开。

热心的老太太提供的线索成了民警破案的关键。"当时问老太太叫什么名字，她不愿意说，只说是应该做的。"办案民警解释道。"老太太挺机警的，我们要给她点个赞！但要注意安全，不一定要'跟踪'，记下车牌号其实就是对我们很大的帮助。"

【耄耋老人张得善捐赠书画作品庆生日】 4月10日是龙游县著名篆刻家、书画家张得善老人的90岁生日。他没有举办寿宴，而是将饱含他辛勤汗水的书画和印章作品捐赠给龙游县博物馆，以此庆祝自己的生日。

张得善字正竹，号竹海老人，现仍致力于余绍宋书画研究，与包辰初、余勇林、刘绍棠、汪诚一同为龙游五画友，其书画作品大气磅礴，奔放洒脱，神情兼备。他的篆刻30余年坚持不懈，功底深厚，其作品是劲道与韵致的完美融合。生日当天，他将18件（套）书画作品和28方篆刻印章捐献给龙游县博物馆收藏。这些都是他的心血之作，件件都是精品，一下子捐出这么多作品，实在是难能可贵，令人敬佩！

张得善老人将作品捐赠出来后，有些同行百思不得其解，因为他的字画和印章已颇具商业价值。对此，张得善表示，他只是希望能为作品找到好的归宿，博物馆不仅能妥善保存，还能让大家参观，把作品捐赠给博物馆，我很放心，也很安心，这是一件非常有意义的事。

【快乐义工，护水保洁】 4月22日，东华街道方坦村老年协会的几位老人有说有笑地在清扫街道，一发现路上有垃圾，他们就主动清扫。

自2014年2月开展“贺田模式复制”工作以来，方坦村相继成立了老年协会和护水义工队。老年协会有老人40多位，年纪最大的90岁，最小的60多岁。平时，他们喜欢下棋、打牌，更多时间则用来清理道路和沟渠中的垃圾。村里打麻将的人少了，口角纷争也少了，老人们说说笑笑，一起把村子搞得干干净净。护水义工队平均年龄48岁左右。义工队平日里不仅主动清扫村里道路，还经常自带蛇皮袋、铁钳等工具到灵山江方坦段清理垃圾。同时，他们还每月到村民家里发放垃圾袋，并对每户的卫生状况进行评分。护水义工队成立以来，他们还组织文艺宣传队，在全县范围内演出护水保洁节目十七八场。队员们穿蓑衣、扛锄头、扫垃圾，向村民宣传环保知识，让复制“贺田模式”工作深入人心。

【病人家属丢巨款，卫生院员工帮找回】 4月14日下午，祝琳带着扁导体发炎的女儿到溪口镇卫生院看病。不愿打针的女儿在输液室不停地哭闹，嚷嚷着要回家，祝琳拗不过女儿，只得匆匆离开了卫生院。

回到家安抚好女儿后，祝琳发现自己装着6万元钱的双肩包不见了。那钱是她刚取出来做生意周转用的，包里还有身份证、银行卡。

祝琳急忙请庙下乡卫生院的医生汪志坚帮忙联系溪口卫生院。溪口卫生院的收费员秦敏接到电话后，赶紧到祝琳去过的几个科室寻找，最后在输液室发现了一个咖啡色的双肩包。祝琳的6万元钱失而复得。

【货车侧翻埋人，众人徒手挖救】 4月27日上午9点20分，在222省道龙游县溪口镇冷水村路段，一辆满载煤沙的半挂车因避让前方横穿马路的电瓶车，急转后失控，车头撞穿了路边民宅的墙壁，车头深陷屋内，已严重变形，半挂车司机被困在驾驶室中不能动弹。幸好当时屋内没人，车上的煤沙因惯性甩出，将电瓶车上的夫妇俩埋入其中。

听到“轰”的一声巨响，附近拉丝厂的老板娘黄招莲，村民陈如月、毛美君、吴招珠，拉丝厂工人韩俊、秦国宏循声赶到现场，发现半挂车司机被困，单靠他们难以救出，而另一边，有人被埋在约一人高的煤堆里，煤沙盖到了他的腰部。他们一边报警，一边呼喊，虽然有人带来了铁锹，可是怕伤着人，又不敢用，于是，大家就用手使劲挖煤沙，不到一分钟，便将被埋的陈师傅救出。

被就出的陈师傅愣了一会，发现妻子不见了，便大声喊道：“煤堆里还有一个人！煤堆里还有一个人！”此时，正在冷水村检查线路的供电公司员工杨浩也循声赶来，二话没说，便参加到徒手挖煤沙的队伍中来。煤沙是尖的，几个人脸上、头上都是煤灰，手也挖破了，可他们全然不知。由于伤者被埋在半挂车和围墙间狭小的夹缝里，进不去太多人，后来赶到的余素兰就在外围拉住半挂车上的油布，防止车上的煤沙再次滑落，对伤者造成二次伤害。大家齐心援救，陈师傅的妻子吴女士很快被移出煤堆。消防官兵接警后，迅速赶到事故现场，全力抢救半挂车司机。

陈师傅和半挂车司机的势基本稳定，需留院观察，吴女士因伤势较重，被送进重症监护室接受治疗。病床上的陈师傅回忆起上午发生的一幕，感激万分：“还好有他们帮忙呀，不然真不知道会怎么样。”

【龙游企业刮起上市风】 4月，龙游县政府出台《关于鼓励企业加快进入多层次资本市场的实施意见》，鼓励和扶持企业利用上市平台，分享资金蛋糕。同时，组建领导小组，实施县领导分片区联系制度，组织协调各项工作。

5月5日，财通证券有限责任公司的工作人员入驻龙游特美纸制品有限公司，着手挂牌上市的前期调查。得知特美纸制品有限公司有上市意向，县经信局的服务小组就随即跟进，帮助其与有关部门对接，处理历史遗留问题，补充手续，并迅速拟出一张上市时间表，把每个阶段的任务和措施都标得清清楚楚。按照签约、股改、材料递交等阶段倒排任务，帮助企业理清上市中遇到的困难和问题，提出解决方案，缩短企业上市的时间，降低资金运营成本。

龙游县通过运用政策杠杆和周全的服务帮助企业

“补气血调经脉”，催生经济主体挂牌上市融资的主动性、积极性。2015年，全县已有20多家企业与证券公司接洽上市事宜，其中3家已签约，启动上市的实质性工作。

【留守深山的“村淘”青年吴金龙】 吴金龙出生在庙下乡长生桥村，2010年从部队退伍后和在溪口镇上经商的父母住在一起。2015年，阿里巴巴在龙游招募农村淘宝合伙人，29岁的吴金龙通过各项考试，成为龙游县第四批“村淘”合伙人之一。起初，吴金龙准备在几个交通较方便的点设立“村淘”服务站，但考虑到平均海拔700多米的长生桥村距县城有40公里，距溪口镇也有20公里，村民们购物很不方便，农产品也很难销出去，就决定回家乡办村淘服务站，为乡亲们服务。他在村里租下一套民房，带着妻子、孩子住进新家。“村淘”服务站开业前，吴金龙和妻子走遍四乡八邻，发放宣传单，向村民介绍“村淘”商品和购物模式。

开业第一天，邻村的农家乐订了好几台电视机，正在装修的邻居购买了卫浴，规模猕猴桃种植户购买了1吨化肥……但也遇到一单难做的生意。一邻居想买即热型热水器花洒，吴金龙当场联系了生产厂家，详细了解产品特性，邮寄到货后给买家安装到位，可买家试用后觉得不满意，吴金龙也上门安装调试，并建议退货，但买家又不愿意承担退货运费，吴金龙说：“这退货运费我承担，乡里乡亲的为十来块钱闹得不开心划不来。”最后，买家电话咨询了在外地工作的孩子，弄清了该花洒的特性和网淘的付费方式，表示不再要求退货，并向吴金龙道歉。

来“村淘”购物的多数是中老年人，类似的麻烦碰到的还真不少。吴金龙做生意的理念是：难做的是第一单生意，只要以诚相待，村民在这里买过一回就不怕没有回头客。雷锡铭和傅根秀老两口已是耄耋之年，到溪口镇上对他们来说是很不方便的事，每年难得去一两次。吴金龙的“村淘”服务站开业后，老两口闻讯过来买了一台煤气灶，吴金龙就送到他们家，帮他们安装好；买了老人手机，吴金龙就教会他们使用……就这样，村里的中老年人都成了“村淘”服务站的忠实顾客。

为了方便送货，吴金龙买了一辆面包车，有些路段面包车开不进去，他就骑着摩托车，把货送到顾客家中。2014年冬天，龙游南部山区雪灾严重，为了给买家送三袋米，他自己被摔进了竹林中。

吴金龙不仅为乡亲们购买生活用品，送去满意的服务，还大胆创新，将山区的鲜笋、笋干和茶叶做成品牌，通过“村淘”这个平台销往四面八方。

【苦难夫妻的坚强人生】 2000年，一场意外车祸使社阳乡社阳村33岁的琚永军不幸成为一名高位截瘫的病人。32岁的妻子汪亚君带着年仅3岁的儿子，挑起了全家的生活重担。她不仅要照顾瘫痪的丈夫，还要外出打工养家，仅有的休息天也忙着打零工。有一年，她找了份上夜班的活儿，每天晚上要在机器旁站着工作1 2小时，直到病倒了，才不得不放弃。

瘫痪的头几年，琚永军脾气变得暴躁，稍有不顺心就骂妻子，委屈的汪亚君只得跑出去抹抹眼泪，然后又回去照料丈夫。有亲戚朋友曾劝汪亚君带着儿子改嫁，为她介绍对象，可她每次都断然拒绝。她常对亲戚朋友说：“人在，家就在。我要把儿子培养成人，把这个家撑下去。”她还经常带回一些书刊报纸让丈夫阅读，供丈夫打发时间，并给他讲一些发生在别人身上的苦难故事，让琚永军重拾对生活的信心。

十五年过去了，他们没有房子，寄住在邻居家里，儿子也已经上了高中，生活虽然艰苦，可夫妻俩却十分乐观。琚永军最大的愿望是回报社会，让妻子同意他捐献眼角膜，帮助别人重见光明。每当提到妻子汪亚君时，琚永军总是深情地说：“有她，我的不幸成了万幸。”

【周启星入选“科学中国人年度人物”】 周启星，1963年出生于龙游县溪口镇大阳家村雄鸡墩自然村。青少年时期，他话不多，很文静，但学习、工作都很拼命。1982年，他考入浙江大学土壤与农化专业，对科学研究、学术创新产生了浓厚的兴趣，从此，他义无反顾地扎进了环境科学研究的海洋。

现如今，周启星已是南开大学教授、博士生导师、长江学者，长期从事环境学方面的研究，是一位环境科学家。经过多年的努力，他已成为中国生态环境领域响当当的人物，是我国开展污染环境修复基准研究的奠基人，也是呼吁制订我国污染环境修复标准的第一人，入选环境与轻纺领域“科学中国人(2014)年度人物”。

“科学中国人年度人物”评选始于2002年，由《科学中国人》杂志社主办，曾评选出袁隆平、杨振宁、顾秉林等为我国科技事业做出突出贡献的科学家和科学、教育管理者。2014年度“科学中国人年度人物”评选以“影响力、创造力、转化力、责任感”为基本标准，来自机械运载、医药卫生、信息技术与电子、土木水利与建筑、环境与轻纺等10个领域的146位科学家获此殊荣。

【女孩微信吆喝，山货俏销四方】 80后的许宏娟是龙游县庙下乡浙源里村人。浙源里村位于著名的风景区绿春湖的山脚下。2013年，许宏娟的父母在村里开了一家农家乐。每到节假日，到绿春湖游览的游客特别多，她们家的生意很火爆。许宏娟干脆辞掉工作，回家当起了“伙计”。然而，节假日一过，店里又变得冷冷清清。许宏娟坐不住了,决定开“微店”，把大山里的东西卖出去。说干就干，她马上申请了一个“许家大小姐”的微信号，叫卖起山里的土特产。

浙源里村最多的植物是红豆杉。许宏娟就把红豆杉的果实作为第一件商品放在微信上叫卖。没想到，第一笔红豆杉果子生意很容易就做成了。受此鼓舞，许宏娟一发不可收，将红豆杉果实、发糕、野葛粉、笋干、土蜂蜜等土特产全部放在“微店”上销售。

“货真价实、真实真诚”是许宏娟开“微店”的理念。她在网上叫卖的都是土生土长的或自家做的商品，除了保证卫生，还要让东西对得起相应的价格。比如一笼标价78元发糕，足足有3.5公斤重，是她爸妈手工揉粉、用柴火炊的龙游本地最地道的大发糕。有一次，有位上海顾客临时定了13笼大发糕，把许宏娟的爸妈从当天下午一直忙到第二天凌晨4点多。

许宏娟很讲究生意经，乐于为顾客做参谋，精明地给顾客搭配土特产。很多顾客本来是冲着大山里的野葛粉而来的，她却不放弃推荐高山土蜂蜜的机会。后来，土蜂蜜比野葛粉还畅销，以至于野蜂蜜的货源越来越紧俏。

“许家大小姐”的微信名声在外，越来越红火。经常有杭州等地的顾客特意到竹源里村找许宏娟买野葛粉；很多驴友为了买她的商品，慕名而来，顺便登上绿春湖的顶峰，领略绿春湖的美丽风光。

为了打出品牌，让山货俏销四方，许宏娟请搞设计的叔叔为商品设计包装、商标、二维码，发展表姐妹做代理，在杭州、上海等地叫卖。7月28日，她成功注册了“聚贤人家”商标。

【飞机“保姆”管田,种粮大户得闲】 8月13日上午，在县种粮大户王永生承包的东华街道上杨村800余亩稻田里，龙游绿丰植保专业合作社的工作人员正熟练地操纵着遥控器，两架单旋翼直升机在稻苗上方2米左右的高度快速地来回往返，机翼下方的农药喷洒口喷出一道道雾帘，把雾化了的药剂均匀地喷洒在植株上。

无人植保飞机轻巧平稳，操作方便，喷药均匀，而且效率很高，每小时可以作业50～60亩，大大减少了植保时间，减轻了用工压力。

在水稻病虫害二化螟、灰飞虱防治高峰期，雇工成本攀升，用工十分紧张。龙游绿丰植保专业合作社的水稻飞机植保服务来得正是时候，帮种粮大户解决了大难题。

利用无人植保直升机喷洒农药， 2名工作人员1分钟时间便可以完成1亩稻田的植保作业；先进的超低容量喷雾技术可以节约30%～40%的农药使用量，并减少90%的用水量。与传统的人工防治水稻病虫害相比，每季可减少喷药1至2次，大大降低了防治成本，有利于减少农产品农药残留，降低环境污染，达到增效减量的效果。植保飞机还避免了人体与农药的直接接触，减少了对作业人员的毒害。

绿丰植保专业合作社已为县内种粮大户和家庭农场的5000多亩水稻提供了植保防治。包括种粮大户董红专、绿丰植保在内，龙游县已引进各种型号的植保作业飞机3台（架）。

【突遇幼儿窒息，女护士林中鸟超市急救】 9月7日上午9点58分，在龙游世纪联华超市，在收银台付完钱后，陈奶奶的孙子吵闹着要吃山竹。陈奶奶随手把山竹剥开，塞给孙子吃。“咳咳咳！”小孙子噎着了，嘴唇渐渐发紫，陈奶奶慌了，一边斜抱着孙子，一边喊着求人打“120”。

正在购物的女护士林中鸟听到“有小孩噎到了”的喊叫声，旋即把一袋买好的东西往收银台上一扔，急匆匆地向事发地点跑去。“我是护士，让我看看。”当时，小孩的嘴唇发紫、脸色发青，看起来像是有东西堵住气管，情况危急，需要马上急救。林中鸟从陈奶奶手中接过小孩，多次把小孩的双手举起，急救方法十分专业。“吐出来了，吐出来了！”周围的群众高兴地叫了起来。林中鸟看着小孩的脸色还未完全恢复，就让陈奶奶马上带小孩到医院吸氧。女护士不放心，随后也赶到人民医院急诊室，等小孩在急诊室吸上氧，嘴唇颜色变得正常才离开。

当时，陈奶奶的注意力全在孙子身上，女护士离开了她也没发觉。下午3时，陈奶奶和丈夫来到县人民医院，请求院方帮忙寻找救她孙子的女护士。在医院领导的帮助下，陈奶奶在重症监护室认出了林中鸟。“就是她！”陈奶奶激动地握住林中鸟的手，把一捧鲜花往林中鸟的怀中塞：“谢谢！谢谢！是你救了我的孙子！要不是你，我18个月大的孙子就危险了。”林中鸟有些不好意思，说道：“任何一个医务人员碰到这种危急情况都会这样做的。这是我们医务人员的职责。”

【攻读中国首个科幻博士的龙游人——姜振宇】 姜振宇是龙洲街道清廉社区人，1989年出生于一个普通的公务员之家。从小到大，他最喜欢去书店，每年的寒暑假，父母上班，他就泡在书店，出来时，再挑一本最喜欢的书籍，如《八十天环游地球》《海底两万里》等。

比起同龄人，姜振宇的好奇心特别强，大人不在时，他会拆了闹钟、电风扇，经常是到最后剩下一大堆零件装不回去，少不了被家长责备，但他还是“屡教不改”。读初中时，他拆了电动玩具，卸下需要的材料，自己制作手电筒，然后躲在被窝里用手电筒照着看科幻小说。

高中毕业后，姜振宇开始偷偷写小说，其中不乏科幻题材，但大多是突发奇想，真正成型的还没有，只能是自娱自乐。出于对科幻的喜爱，念理科的姜振宇在高考填报志愿时选择了浙大人文学院中文系的编辑出版学专业。

在浙江大学学习期间，姜振宇还很关注中美科幻出版市场，开展对比研究，写了一些科幻小说和相关的研究文章。2012年，在中国社科院攻读文艺学研究生的姜振宇经常跑到北师大听教育学部科幻与创意教育研究中心教授吴岩的课，执着科幻梦想，准备攻读科幻博士。功夫不负有心人，2015年6月，姜振宇收到北京师范大学科幻博士录取通知书，龙游学子成为中国首个攻读科幻博士的学者。

在很多人看来，科幻博士充满神秘色彩。自姜振宇攻读科幻博士后，一夜之间，“姜振宇”　“科幻博士”在百度里就能找到近6000条相关结果。“中国首个科幻博士”火了。而姜振宇却说，他攻读的还是文学博士，只是所做的研究是科幻类的，这个专业不是要培养科幻作家，而是要培养科幻研究者。

9月7日上午，姜振宇参加了北京师范大学开学典礼，下午，他就带着资料与吴岩教授见面，他已参与了多个项目的研究。

【父子接力，放映电影42年】 8月27日晚，塔石镇何村村何渭奎父子刚吃过晚饭便开始忙碌起来，今晚，他们要去莲塘村的文化礼堂播放“五水共治”和“三改一拆”的宣传片。算起来，父亲何渭奎放映电影已经42年了，几年前，儿子又接上了父亲的班。一对父子，一辆面包车，便是一座流动的电影院。

1973年，高中毕业的何渭奎成了公社电影队的放映员。那时候，放电影是一件令人羡慕的美差，只要听说哪里放电影，人们哪怕摸黑走十里二十里的路也要赶着去看。如今，电影没有以前那么紧俏了，何渭奎坦言，除去片租、设备投入，还有车辆的维护费用，就只能挣些糊口钱。但为了让更多的乡里人能看上电影，42年来，老何从未想过放弃。他说，只要荧幕前还有一位观众，他就会一直把电影放下去。如今，儿子接上了父亲的班，父子俩一年到头奔波在外，每年送电影下乡不下300场。

【一家人牵动一座城】 8月19日凌晨5时许，模环乡模环村63岁的陈树民做早饭时因煤气爆炸被烧伤，烧伤面积达到74%，属于2～3级重度烧伤。面对高额的治疗费，陈树民一家陷入困境，相关部门及社会团体纷纷加入到这场爱心接力中来。

陈树民的儿子陈已亮、儿媳李芳都是残疾人，这对夫妻的意志和毅力曾经感动了无数人。2014年夏天，陈已亮、李芳一起参加衢州市残疾人运动会，游泳池里，陈已亮夺得3枚金牌；田径场上，李芳带伤上阵，连拿3枚铜牌。

事故发生后，龙游县残联及时和陈已亮对接，给他送去了慰问金，同时还联系“爱在人间”等社会慈善团体，发动义演和义捐。县残联与温州商会以及省、市残联联系，尽量争取更多的帮助。与此同时，模环乡政府特事特办，根据相关政策，在第一时间从民政救助专项资金中给予陈树民2000元的临时救助，并向相关部门上报特困补助申请。县人社局和民政局主动对接，做好服务工作。一方面，人社局主动提供医保政策咨询服务，社保科工作人员及时进行意外伤害稽核，为陈树民开通医疗保险报销的绿灯，方便他及时刷卡，取消医保先垫付后报销的程序，减轻垫付负担；另一方面，民政局社会救济科不仅为陈树民申请了一笔临时救助款，还按政策为他们全家人办了低保，这样，对陈树民的临时救助便可在定点医院享受即时结算。

9月12日，小南海派出所6位民警赶到衢州为陈树民义务献血。

9月13日晚，一场大型慈善义演义卖活动在县荣昌广场举行，近百家爱心企业及爱心团体参加，模环村还组织排舞队参加义演。全县上下万众一心，只为帮助陈树民一家渡过难关。

【光伏发电项目花开龙游城乡】 在龙游巨鹏机械制造有限公司，总投资1.1亿元的光伏项目已于2014年6月并网发电，成为龙游工业园区的“金太阳”。巨鹏机械制造有限公司年用电量750多万千瓦时，光伏项目全年发电量约1000万千瓦时，企业用电除自给自足外，还有剩余电量可供销售，而企业的支出成本只是提供了10万平方米的厂房屋顶。

龙游县规模以上企业上马分布式屋顶光伏并网发电项目已成为节能降耗新常态。龙游瑞源新能源有限公司投资建设30兆瓦屋顶光伏发电项目，一期10兆瓦已并网；华飞轻纺有限公司投资建设的8.9兆瓦光伏发电项目已完成6.8兆瓦；湖镇工业区20兆瓦光伏发电项目由晶科集团投资建设。在农光互补地面电站项目方面，詹家镇西方村40兆瓦的光伏发电项目进入关键期，项目业主已投入资金5亿多元，并支付2亿多元的设备款，征用的4.5亩土地已经平整，1200亩土地的租用的协议正在加快签订；大街乡在贺田村布点，装机容量3兆瓦，占地面积120亩；模环乡项目由浙江同景科技有限公司投资，装机容量30兆瓦，占地面积1000亩；龙游苏美达新能源有限公司的30兆瓦项目落户湖镇镇客路村，占地面积900亩，已获项目服务联系单和项目备案。不久，光伏发电项目将花开龙游城乡。

【根雕师傅廖水坤的助残情结】 小南海镇雅塘村彦塘坞自然村的廖水坤已连续两年在中国国际文化产业博览会上获中国工艺美术文化创意银奖，并被评为省、市民间工艺大师。多年来，廖水坤热心帮助残疾人，他的助残情结一直伴随着他的事业发展，如今，他已担任根缘工艺品有限公司负责人。

2012年上半年，塔石镇泽随村一位驼背的残疾人慕名来到根缘工艺品有限公司，成为廖水坤第一个残疾人徒弟。他说，残疾人自尊心特别强，需要更多的引导与鼓励。他曾有个瘸腿的学徒，廖水坤经常搀扶他上下楼梯，但徒弟并不高兴，后来，才知道自己疏忽了，赶紧腾出一楼的一间房给他住。有个徒弟耳聋，廖水坤就把木头需要锯掉的地方用粉笔画出来，再把操作要求写下来给他看。在廖水坤的悉心指导下，有的学徒已获得市级奖励。有4位残疾人通过努力，学成了技能，过上了自食其力的生活。

9月25日，廖水坤申报了“民俗文化艺博园”项目，准备招收10余名学徒。廖水坤表示，欢迎残疾人到公司学技术，免费提供吃住，并给予一定的生活补助，学成后，可留在公司工作，也可去别处就业。

【县首个社区科普馆——清廉社区科普馆开馆】 9月29日，龙游县龙洲街道清廉社区科普馆举行开馆仪式。县委副书记徐利水、县人大常委会副主任赖云、县政协副主席严志源参加。

这是龙游县科协系统首个社区特色科普馆，也是全县首个集残疾人居家养老、健康养生、娱乐生活为一体的社区科普服务中心。该社区科普馆占地200多平方米，总投资40多万元，内有健康测试仪、科普文化墙、膳食宝塔、互动体感游戏等。清廉社区将每周推出免费体检活动，每月开展健康知识讲座，让社区居民在家门口就能免费享受到科普健康大餐。

【县检察院送廉政“大礼包”】 10月9日上午，龙游县检察院检察长刘建华一行到塔石镇走访，并送上廉政“大礼包”——《惩防涉农惠民领域职务犯罪，服务和保障“五水共治”》小册子和预防职务犯罪微电影光盘。

塔石镇干部表示，廉政“大礼包”送得及时，十分实用，对基层乡镇开展职务犯罪预防工作很有帮助。在不少人心中，检察机关一直属于比较神秘的部门，近年来，县检察院通过施行“检察官联系乡镇制度”“检察开放日制度”“下访巡访制度”等制度，开展“千场预防职务犯罪宣讲进乡村”“举报宣传周”等活动，使广大干部群众对检察机关有了新的认识。塔石镇经过梳理，认为在项目资金的管理、财政资金的规范使用、惠农资金的管理及使用上存在一定的风险点，希望接下来能在如何预防乡镇及所属村干部职务犯罪方面得到检察机关的帮助。

经双方协商，县检察院与塔石镇共同下文，建立联席制度，共同开展职务犯罪预防工作。

【夕阳照亮“喜晨讲坛”】 曾喜晨今年83岁，早年是黑龙江双鸭山矿务局岭东矿的工程师，1993年退休后回到家乡。他博古通今，知识渊博。2007年，曾喜晨受聘为村“乡土党校红色讲坛”的义务讲师。他自编教材为村里的老年人授课，授课内容以国学经典为主，第一堂课是从《三字经》教起的。为村里老人讲课不容易，内容太浅学员没兴趣；讲得太深，因学员文化程度参差不齐，有的老人又听不懂。为了上好每一堂课，曾喜晨反复斟酌，从内容到形式再到教法，充分考虑到老年人的特点，每学一篇文章，都要结合一个故事、一个例子，使课堂富有吸引力。除了国学，他还讲时事政治及健康养生等方面的知识，每周一课，8年来从不间断。2014年，曾喜晨老人被评为“最美龙游人”；2015年1月，他又被评为“最美衢州人”。

【“糊涂”厨娘陈金美情暖敬老院】 11年前，陈金美到詹家镇敬老院做厨师，当时，她已经57岁。不小的年纪和繁重的工作曾让她萌生退意。或许是出于对敬老院老人的疼爱，或许是老人们对她的期许，陈金美逐渐走出了初期的“阵痛”，在敬老院一干就是11年。

最让人印象深刻的是她的“难得糊涂”。作为敬老院里唯一的厨师，她每天都和老人们生活在一起，已记不清每天工作的辛劳，也记不清是否有过委屈，更记不清多年来自己待遇有何变化。有时，老人还会与她斗气，质疑她分菜不匀，怀疑她私吞食材。陈金美当时很生气，可过了一会儿，她就忘记了委屈，只要老人们有要求，她又会乐呵呵的去帮忙。

陈金美每天是“日未出便作，日落还未息”，她老伴也潜心经营着敬老院里1亩多供菜基地。对这样的生活，她感到很满意，虽然女婿多次叫她辞去敬老院的工作，回家颐养天年，但她觉得在敬老院里为老人们服务很安心，日子过得很充实，所以，对女婿的好意，她总是婉言谢绝。11年里，她和老伴过年过节都没回过家，坚持用美食和热情温暖敬老院老人的心。

【打响大厨品牌，带动创新发展】 10月28日，第一届龙游大厨美食文化节开幕，上百位来自全国各地的龙游大厨汇聚家乡，带着拿手好菜参加活动。“竹乡莲韵”“汉王出征”“海鲜盛宴”等14个展台展现了

图196 龙游大厨一争高下

龙游大厨的精湛厨艺，色香味俱全的精品美食，更是让人垂涎欲滴，市民尽情地享受饕餮盛宴。县名厨协会正式成立并召开了第一次会员代表大会，百位龙游籍大厨联合抱团，为打响龙游大厨品牌共同入会。

文化节开幕式上，举行了“一村一品”农产品展览和餐饮企业签约仪式和“龙游大厨”电子商务平台上线仪式，将本地食材与外地大厨对接，拓宽农副产品市场，宣传龙游地方美食。同时，还举行了龙游大厨实训基地授牌仪式及县职业技术学校特聘兼职教师聘书颁发仪式，将龙游县职业技术学校确立为龙游大厨实训基地，担任厨师专业新生的培训工作。

县委书记方健忠对文化节的开幕及县名厨协会成立表示祝贺。他强调，要以龙游大厨美食文化节、龙游名厨协会作为培育创业创新的重要抓手，让在外的龙游大厨跟随浙商回归的脚步衣锦还乡，并带动当地年轻人创业发展，努力培养更多的优秀大厨。要充分发挥龙游名厨的独特网络渠道和平台优势，让全中国、全世界了解龙游美食，进一步推动龙游餐饮、乡村休闲旅游等行业的发展，帮助百姓增收致富，积极打响“龙游大厨”“吃在龙游”品牌。

【“百分百”有机农场种水稻零打药】 10月29日，詹家镇山后村的龙游百分百有机农场稻谷收割完毕，平均亩产达450公斤。人们不禁要问：不用农药，不施化肥，水稻也能高产？

农场总经理叫刘根松。根据有关专家指导，百分百有机农场的540多亩田运用多种模式，种植了“Y两优9918”高品质水稻。在耕种前，刘根松让员工向田里抛撒开启能源有限公司运来的有机肥。单季稻只需抛洒一次有机肥，当稻谷收割完毕后，稻秆就直接堆在田里自然腐化，给土壤增加肥力。

除了肥料是有机的，防控病虫害也是有机的。百分百有机农场有稻蛙共生田、稻鸭共生田、稻鱼共生田，利用蛙、鸭、鱼吃虫的天性来防控虫害。刘根松投入9万元，在16亩稻田内每亩投放2000只泰国虎纹蛙。3月，在渠道、田垄里都种上烟草，有驱虫效果。5月，在田埂上种向日葵、芝麻等蜜源作物，这些植物和稻谷的生长期差不多，很适合防控病虫。同时，他还与县植保站联系，在他的农场放养既要采花蜜又要吃虫子寄生蜂，一举两得。

在稻田里，每隔5米还要安放一个迷向圈。迷向圈会散发出雌性激素，雄性昆虫会一直围着转，直到死亡。隔离了昆虫交配，稻田里的害虫自然就减少了。稻田每50米都有一盏太阳能杀虫灯，通过灯上的螺旋桨旋转吸引昆虫。当遇到害虫多时，农场里还会喷矿物油，封闭昆虫毛孔，让昆虫无法呼吸。广谱微生物源、植物源杀菌剂这些杀菌剂都不含任何化学成分，都是有机的。

“百分百”农场生产的大米经过7项标准的严格检测，米质已符合国家一级大米的标准。

【企业投产缺盐酸，公安特批保运行】 9月12日，华电浙江龙游热电公司进行“二拖一”96小时满负荷连续试运行。首次运行的以供热为主的4号机组是公司成立以来的首套投产项目，因设备故障造成大量消耗，致使工业盐酸库存不足，若不及时补充，连续试运行将得不到保障。

“决不能功亏一篑。”公司物资管理部副主任陈建明立即联系与公司有业务往来的杭州经销商。因工业盐酸属易制毒化学品，需包括本地及外地供应商所在地公安机关禁毒部门出具相应的采购、销售等凭证才能购买。当天恰逢周末，杭州相关部门又难以对接，一时公司陷入困境。

抱着试试看的想法，公司与县公安局禁毒大队取得联系。大队长傅瑞华闻讯后立马赶到企业，通过各方资源寻找最近的合法供销商，同时组织人员为双方办理购运凭证等。当日下午，获得特批采购的工业盐酸运到企业，保障了4号机组96小时满负荷连续试运行的成功。

【耄耋老人周执中的诗词情】 11月4日，记者慕名来到《海龙诗词选》作者周执中家。周老先生和夫人吴渔娟精神矍铄，看起来绝不像80多岁的样子。周老先生所著的《海龙诗词选》有三卷，于2006年、2009年和2015年分别由中华诗词出版社及香港文艺出版社出版，共收录诗词1200多首。周执中共创作诗词3000多首。

周执中，1934年出生于海宁的一个知识分子家庭。父亲是古诗词爱好者。周执中耳濡目染，从小熟读唐诗宋词，写诗词言志。50年代初，周执中被分配到龙游县人民医院药剂科工作，后来与同单位的吴渔娟结为伉俪，工作稳定，儿女双全，生活其乐融融。1968年，因有人举报某处墙上的反动标语“打XXX”是周执中写的，一夜之间，周执中从药房主任降为厨房帮工和卫生员，吴渔娟带着一双儿女被安排到横山卫生院工作。

“欲加之罪堪回首？鞭沾肉，生如畜。锥心伤口，几年平复？酷！酷！酷！”周老先生这首《钗头凤》写于“牛棚”中。虽蒙受不白之冤，但周执中仍然积极乐观，坚持自学。他让女儿捎了本《英汉词典》，自学英语，并偷偷地在很小的纸上写古诗，卷成小纸条放在口袋里，然后拿出去保存。1978年，周执中恢复了名誉。在改革开放的浪潮中，他倍感身心舒畅，于是携夫人游遍祖国大好河山，创作了大量诗词佳作。

周执中有“当代词坛百星”“中国诗词著作家”等多项荣誉。作为龙游县老年科协会员，他不忘发挥余热，坚持在县老年大学做诗词讲师，主编《瀫江诗词》《灵江诗词选》等。

【十年追梦电影人】 10月底，爱奇艺、优酷、土豆等主流视频网站上映了《荒岛危情》。该剧创作于2012年，共3部，是由龙游本土导演、本土剧组创作的新媒体电影，讲述的是龙游石窟一带的神秘故事，以电影手法为石窟的“神秘”编码。这是该剧导演兼编剧余钢十年来第一部商业化操作的片子。

1975年出生的余钢，高中毕业后就当了工人。下岗后，他捣腾健身，承包工程，搞园林设计。余钢和电影搭上边纯属偶然。10年前，《梦回春谷》剧组到龙游拍摄，当时还是龙舟健身俱乐部领头人的余钢有几十名队员，县文化局就请他帮忙组织群众演员参与电影拍摄。这一偶然的机会让余钢对拍电影产生了极大的兴趣。随后，他组建了“游之龙”文体传媒服务部。随着《骗局》《倚天屠龙记》《凤游龙门》《琅琊榜》等剧组陆续到龙游拍摄，他旗下的群众演员队伍随之壮大。光是为《倚天屠龙记》就提供了2万多人次的群众演员。

2008年，《倚天屠龙记》剧组离开龙游，留下了许多道具和场景，余钢就计划着要把这些东西利用起来。敢想敢做的余钢与人合伙从电视台借了摄像机，又买了台卡式机，准备自己拍摄电影。可是，合适的剧本从哪里来呢？他想起几年前读了好几遍的《三言二拍》，其中有个故事印象特别深，于是准备开拍时长40分钟的微电影《拍案惊奇之空戒》。一个半月后，原先说好一起做的3个朋友却因各种原因放弃了，这对刚刚起步的余钢是个严峻的考验。“不能让之前所做的努力付诸东流。”余钢坚持着。他的勇气和坚韧使他拍摄的微电影《情系清水湾》《微笑》获得了浙江省银奖。

在经济实力不足的情况下，余钢只得自己创作剧本。为了写剧本，余钢近十年看的书比过去几十年看的书还多得多。每当到龙游拍摄的剧组离开时，余钢都会向他们讨要剧本，用心钻研，虚心学习。几年来，余钢已创作《荒岛危情》《龙商风云》《龙之心》《城南往事》等剧本。2014年，余钢加入了衢州市电视艺术家协会，并着手拍摄体现龙游城南片居民的生活和精神状态的新媒体电影《城南往事》。2015年，余钢成立了北京东方影业有限公司龙游分公司。

“做自己喜欢的事，精神财富才使人真正富足。”这是余钢对别人问及拍电影的苦与乐时的最好回答。

【龙游发糕搬上大荧幕】 2013年11月13日，《舌尖上的中国》总顾问沈宏非受“淘宝网•特色中国”项目的邀请，为龙游发糕拍摄了一组图片，在当年年底淘宝网的活动中，龙游发糕作为“浙江三绝”之一被重磅推出。

通过沈宏非的介绍，2015年3月20日，《舌尖上的新年》剧组来到龙游三门源，用3天3夜，拍摄龙游发糕从水浸、拉浆、磨粉、灌笼、发酵、汽蒸的全过程。方飞食品有限公司提供了原材料和技术支持。

11月19日，电影《舌尖上的新年》在北京举办发布会，荣幸的是，方飞发糕成为到场嘉宾的礼品，更加荣幸的是，龙游发糕将在电影中出现，而且时间很长。《舌尖上的新年》剧组脚步遍布全国35个地点，拍摄了10000多分钟素材，最终，85分钟的成片中呈现了24个地方的43种美食。4K电影级的画质，超高清的分辨率，观众可以身临其境，看清食材的每一个细节；高速摄影和显微镜摄影，则刻画出肉眼看不到的美食在瞬间的形态变化。这是一部前所未有的美食电影，将满足人们对食物的最终视觉想象。

年后，《舌尖上的新年》在全国影院上映，《舌尖上的新年》同名图书也同步上市。《舌尖上的新年》的热映，为龙游发糕的宣传展示提供了更大的平台。

【隆树星立足农村建生鲜配送网】 1986年出生的隆树星是湖南凤凰县人。两年前，他来到龙游创业，曾在北乡办过砖瓦厂，因从小抱有“养殖梦”，一年前，为学习养殖技术，他跑遍了大半个中国，办起了农场，开始养牛养鸡。虽然养殖还顺利，但生鲜肉的出路却让隆树星颇为烦恼。他曾在龙游县城的北门农贸市场摆了一年的牛肉摊，因初来乍到，牛肉虽然质地不错，但却并不畅销。他试着打价格战，可顾客一看他卖得比别家便宜，却担心质量问题不敢来买，加上摊位价格不便宜，一年后，隆树星决定转型。

起初，隆树星计划走生鲜门市部营销路线，频频受阻后想到了直销。他的想法有些大胆，走同城生鲜配送，以农村为主，0.5公斤起送，无论东南西北，只要有订单就送。为了在这条路上走得顺畅些，隆树星从2015年夏天开始就做起了前期预售。7月，他带上15公斤的牛肉和一叠宣传册，开着面包车从模环、石佛、泽随、塔石再到夏金，一路发传单，一路送牛肉，2个月下来，为做宣传，隆树星送出了约150公斤的牛肉。

龙游北面的市场渐渐被隆树星打开，但他对南面的几个乡镇还比较陌生。11月中旬，隆树星买了张龙游县域地图，每到一个村庄，他都习惯把地图拿出来好好研究一番。地图除了起到“导航”作用外，最重要的是他要摸清配送村庄的地理区域，为他今后的生鲜配送打基础。

隆树星配送的地点最远的是溪口镇。当时，对方通过微信向他订购了5公斤的牛肉，次日，他从农场出发，驱车50多分钟才送到。接单量最小的是城南宝塔路上一户人家订购的0.5公斤牛肉。从表面上看，这是一桩亏本的卖卖，但隆树星认为，这个客户在为他的生鲜配送做宣传，能为他赢得城南工业区的一片大市场。

隆树星已在龙游北乡的几个村建立了生鲜宅配送的联络人，对方以小店经营者为主，负责接单和订单。生鲜宅配送是隆树星农产品公司的核心竞争力，主战场在农村，路线是农村包围城市，他打算找人做专职配送，这是隆树星下一步的打算。

【溪流养菌、种草“吃”污物】 龙游县溪流水生态修复来了新帮手，用新技术培育的菌种能与种植的水生植物一起，消纳水中的污染物。

9月，县水利局与浙江亿康环保公司合作，由县财政投入2100余万元，在6个乡镇、4条溪流实施这项新技术。塔石溪钱家村上方桥河段，水面上方悬架着6个像塑料筏一样、不断冒出气泡的蓝色机器，机器连着岸边的电机。浙江亿康环保公司龙游项目负责人莫建华介绍，这是增氧机，通过高氧利用率的纳米曝气技术，向水中具有极强的有机物降解能力的微生物菌种输氧，消纳污染物，使之成为水中生物的食物，形成和恢复生态链。已有14个点的近百台设施开始正常运行。

上高叶至上方桥段的浅滩上，10多名工人正在种剪刀草、美人草。这些草都是水质净化功能很强的水生植物。这类草在全县域的溪流中共种植了6万平方米，与微生物菌类一起，组成水生态系统恢复的生力军。

这些新技术只是河道水生态修复的辅助手段。在进行生态修复的同时，杜绝岸上及支流较大污染物的排入，做好河道保洁清理、生活垃圾管理才是关键。

【大妈也时尚，学用“支付宝”】 12月12日，73岁的吴阿姨俨然成了一名“导购”，只见她拿着手机，带着6名老太太进了超市，一会低头教这人，一会转身教那人，众人挤在一起，兴奋地享受着“支付宝”半价购物的狂欢。

像吴阿姨这般年纪的大妈们习惯到实体店买东西，眼下有了新方式还有些不习惯，但超市里 “支付宝”购物可半价却有很强的诱惑力，所以小区里的大妈们一商量，先叫孙儿、孙女教会她们在手机上下载和使用“支付宝”，然后各自带着手机来到超市“血拼”，好“壮壮胆”。

大妈们学会使用“支付宝”购物，这是时代发展的需要。 用“支付宝”付款方便快捷，老年人有权利去学会、享受年轻人使用的便捷支付方式。

【龙游隆重表彰“2015最美龙游人”】 2016年1月31日19时，2015年度“最美龙游人”颁奖暨文化礼堂村歌展演在龙游国际影城举行。县领导方健忠、刘根宏、周中民、黄利荣等四套班子领导以及参加县两会的人大代表、政协委员出席活动。

有12人获“最美龙游人•2015年度人物”荣誉称号，他（她）们分别是：年近百岁，仍坚持干家务，清扫庭院，还经常清扫公共场所，有时甚至还到姜席堰支渠中捡树叶、清垃圾、拔除杂草的龙洲街道后田铺村村民王仲晋；多年来不仅自己尽力帮助贫困孩子，还利用网络博客架起爱心桥梁的北辰小学教师王素红；退休20余年一直致力于社会公益事业，组建“龙游大妈志愿服务队”，开展扶贫助困、文明劝导、文化宣传、纠纷调解等志愿服务活动的县教育局退休干部林萍；2013年主动拆除家中470平方米猪场并复垦，坚持不懈主动下水打捞垃圾，用自家的皮卡车清送垃圾的小南海镇新山水村村民徐土根；现场组织抢救腿部被摩托车压着、处于昏迷状态的男子的县妇保院女护士杨美；奋力抢救俩落水儿童的罗家乡干部陈敏；诚实守信，顾客至上，提倡低碳环保的生活方式，热心公益事业的龙游县昌盛管件经营部业主盛卫芳；十三年来多次捡拾顾客落在衣服内的现金、金戒指、金项链等贵重财物，及时联系交还顾客的龙游博宏洗衣店老板廖永宏；6年来，带班接警近5万余起，没有一起群众投诉的县公安局指挥中心民警宋海军；近20年来，带领村民从落后的“空心村”转变成衢州市美丽乡村精品村、龙游县基层党建示范村的溪口镇石角村党支部书记张炎林；38年始终坚持照顾瘫痪、弱智养女的模环乡五都桥村村民吴素兰；37年不离不弃，悉心照顾因患类风湿性关节炎导致肌肉萎缩而瘫痪在床的妻子的小南海镇鸿陆夏村村民严银根。

冷水村救人群体、志棠村救人群体、模环村救人群体获“最美龙游人•2015年度特别荣誉奖”。吴雪文、张坤、郭小林、王孟君、朱永义、吴松珠、严福香7人获“最美龙游人•2015年度人物”提名奖。

【妻子误信“全能神”，丈夫起诉离婚】 由于婚后沟通交流较少，王英（化名）和张峰（化名）夫妻间经常为生活琐事发生争吵。妻子王英身体不好，误信他人的宣传，以为加入“全能神”就能使身体转好，因此天天参加教会活动，不出门干活，不管家务，孩子回家也经常吃不上饭。2014年年初，两人矛盾进一步升级，一气之下，丈夫张锋到龙游县人民法院起诉妻子王英，要求离婚。

2月5日，县法院进行调解。在调解过程中，丈夫张峰伤心地指责妻子对他关心不够，他感受不到家庭温暖，觉得没意思。妻子听后，有些悔恨，表示自己不想离婚，对丈夫还是有感情的。承办案件的法官对王英进行批评教育，严肃告知她“全能神”是邪教，参加邪教活动是很危险的。在法官的教育下，王英认识到自己的错误，当场保证以后绝不参加邪教活动。经过法官的劝说，丈夫表示，如果妻子能够彻底改过，愿意再给她一次机会，共同努力经营好这个家。

相关链接：“全能神”邪教组织称“现在脱离家庭，脱离父母、妻子、丈夫、儿女的，便是进入灵界的开始”，教唆信徒离家出走、抛家舍业外出“传教”，甚至还煽动信徒卖掉家产集体居住，以迎接全能神的到来。为此，一些信徒或远走他乡，几年杳无音信；或变卖家产，全部奉献给教主，致使家中老人无人赡养，孩子无人看管，本来和睦美满的家庭支离破碎。

【民警跨省帮助二十年黑户正身】 龙游县石佛乡三门源村村民王根林的妻子苏腊花原是云南省寻甸县徜甸镇人。1994年，经人介绍与王根林相识，后来两人准备去民政局登记结婚，却因苏腊花改名“苏开梅”而遇阻。当年苏腊花来浙江时，由于没有带身份证，也不识字，就胡乱登记了一个错误的身份信息。在龙游生活16年后，她回云南老家办理二代身份证，发现户口早已被注销。

一次走访中，联系石佛乡的片警许恒峰了解到夫妇俩的情况，决定将苏腊花的户口“找”回来。许恒峰想方设法与云南省昆明市寻甸镇徜甸派出所的户籍民警取得了联系，原来，3年前的户口清理整顿工作中，云南警方注销了一批10多年都未办二代身份证的失踪人员，苏腊花就是其中之一。

了解清楚补户口需要的材料后，许恒峰便着手到民政局、档案局等相关部门搜集资料。2015年2月，苏腊花的户口在云南补登成功。3月1日，苏腊花将户口从云南老家迁到了龙游县石佛乡三门源村。

3月5日下午，王根林夫妇冒雨来到塔石派出所，为派出所送来一面“人民公仆，热心为民”的锦旗，以示谢意。

【“国强家庭农场”努力打造“桃花源”】 2010年，李国强承包了湖镇镇客路村开发整理出来的500亩荒山，创办了“国强家庭农场”，种下李等果树以及桂花、广玉兰等苗木。因农场环境清幽，他又专门引进优质的“湖锦玉露”水蜜桃，种植了200多亩，精心营造“桃花源”。在资金紧缺的情况下，李国强先后向当地信用社贷款80万元，用于“桃花源”培育、管理。2014年春，桃花盛开，引来游人如织，在桃子成熟时节，各地游客远道赶来，仅摘桃子的收入

图197 各路记者到“桃花源”采风

就达40余万元。李国强深受启发，筹资400余万元，投资建设集餐饮、住宿等多功能为一体的“农家乐”。

“国强家庭农场”东面和北面濒临洪畈水库，西面和南面则是绵延的丘陵，环境十分优美。农场内，阡陌交通，绿树成荫，花果飘香，鸡鸭成群；水库里，鱼儿在悠闲的游动，水面上不时有成群的野鸭掠过。2015年春，200余亩水蜜桃陆续绽放艳丽的花儿。3月28日，龙游县首届桃花节在在国强农场盛装开幕，前来赏花观景的游客络绎不绝。场主李国强的心情跟桃花一样灿烂。

【包遂初、包辰初兄弟的“河山情怀”】 4月9日—11日，“河山情怀”——包遂初、包辰初画展在龙游翠光阁展出。游子回乡，小城盛事，书画爱好者蜂拥而至，有坐着轮椅的老人，也有怀胎十月即将临盆的孕妇，还有特意从萧山等地赶来。

展出的68幅作品中，包辰初的《两岸春浓》被挂在了展厅最显眼的位置。不时有人问起，这画的是不是龙游乡间某处，是不是在表现故乡。包辰初介绍：小时候经常在油菜花田里跑来跑去，在外多年，记忆中家乡那一片纯净的花海越来越清晰。所以这次弟弟特意把这幅画挂在最醒目的地方。

包辰初20岁时离开龙游外出求学，弟弟包遂初初中毕业也离开了家乡。青山不改，绿水长流，当年青衫落拓的翩翩少年，早已须发斑白。少小离家老大回，对故乡，兄弟俩有的是念念不忘、必有回响的情深。前年，包遂初应邀回龙游与几位老友相聚；之

后，他又独自回来，撑着一把雨伞，在蒙蒙细雨中，沿着江滨公园，在街头巷尾、水边桥头徘徊，发现龙游很重视自然环境的改善，景致漂亮，空气好，居住环境得到了很大的改善，感觉生活在龙游的人幸福感都很高。

包辰初作为“龙游五画友”之一，一直热心于家乡建设，帮忙筹建龙游首个乡村书画院，并担任龙游多家画院的顾问，承担起繁荣龙游书画事业的使命。包辰初的画和故乡是分不开的，在书画这片土地上，寄托着乡恋。他说：“家乡滋养了我，我应该想办法回馈家乡。这次回来，得到了家乡人民的鼓励，有了更多的灵感，回去以后，我要继续创作，生命不息，战斗不止。”

离开家乡多年，包辰初还能讲几句正宗的龙游话，他说，最喜欢“龙游人”这个有归属感的称呼。兄弟俩说，举办画展，是向家乡人民做一个汇报交流，同时，也借《今日龙游》的平台，向家乡的人民问好，希望家乡越来越好，越来越美。

【奖章作寿礼，老父好欢喜】 邵宏斌，龙游县石佛乡大力山村人，杭钢集团的高级技师，全国劳模，4月27日，他赴北京人民大会堂领奖。得知儿子邵宏斌要去北京，80岁的老父亲邵永章特意给儿子打电话，叮嘱他“五一”假期回来时把奖章带回来让他看一看。

这个假日，兄弟姐妹准备在老家相聚，一起庆贺父亲80大寿。5月2日一大早，邵宏斌驱车回到老家。刚进家门，邵宏斌就连忙拿出全国劳模证书及各类勋章，老父邵永章一会摸摸浙江省劳模的勋章，一会又把全国劳模勋章捧在手里来回翻看，掂量掂量。邵宏斌站在一旁，耐心地给父亲讲解每枚勋章的来历，还描述当日他和贺田村党支部书记劳光荣在人民大会堂是如何抢时间，以最快速度拍照留念，把老父亲及兄弟姐妹都给逗乐了。

接着，邵宏斌宣布把“五一”劳动奖章作为父亲80大寿的贺礼。老父亲笑得合不拢嘴，直说：“这贺礼我欢喜，这个生日是我过得最开心的一次。”

【小偷遇主人，反锁自己成瓮中鳖】 5月13日上午8时，湖镇镇杨家的林大妈送孩子上学后回到家里，当她掏钥匙开门时，发现屋内似乎有人正要开门，似乎是家里有小偷。惊慌失措之下，门后的小偷把门给反锁了。林大妈发觉不对劲，赶紧报了警。湖镇派出所的民警赶到现场时，小偷已成了“瓮中之鳖”，被民警轻易地捉拿归案。

男子交代，他是开化人，今年32岁，无业，常在龙游大街上晃荡，晚上则窜至医院的空病房宿夜。当天凌晨5点，他从龙游城区窜至湖镇杨家，时不时推推农户的家门，准备见机下手。他顺利推开了林大妈的家门，见桌上摆着早餐，就坐下吃了起来，然后又窜至二楼翻找，没有找到值钱的物品。见无东西可偷，他正打算离开，却发现主人也在掏钥匙开门。于是，前面的一幕就发生了。

【小伙“摇”到“大美女”，被骗钞票与爱情】 90后小伙孙某长得白白净净，有份稳定的工作。2015年1月初，他通过微信“摇一摇”摇到一名叫百合（化名）的大美女。从微信头像上看，女子皮肤白皙，长相姣好，便互加了好友。小伙翻看了对方以往的微信更新，得知女子原是某航空公司的空姐，后辞职在一朋友的宾馆做前台接待，应该是位乖乖女。

连续一个多月，小伙和百合保持着暧昧的联系。2月14日情人节那天，小伙试探性地问道：“今天，我想送你礼物，送什么好呢？还是给你发个红包，你自己去买件衣服吧。”百合推辞了半天才答应。于是，小伙用微信支付给对方转了328元钱。

几日后就是春节，为表达爱意，小伙又通过微信给百合发了一个700元的红包。5天后，百合在微信上向小伙求助，说房租到期，手头有些紧，听闻此事，小伙“借”了对方1500元。一星期后，百合说妹妹生病，小伙不假思索，再次“慷慨解囊”。

3月27日，在微信上“爱”得如胶似漆的两人正式确立了恋爱关系。从那以后，百合更加名正言顺地向“男友”求助。从两人认识到5月，百合先后以各种理由向小伙开口要钱二三十次之多。5月3日，又向小伙“借”了500元，然后百合就消失了。

“恋人”不见了，小伙心急如焚，当他通过以往微信信息查联系方式时，竟发现百合发的一张微信图片上有不明显的水印，且也有一个微信号。他千方百计和对方联系上后才明白，这个百合才是真正的百合。曾经聊的那人只是全盘复制了真百合的微信动态来实行诈骗的。

“被骗了10500元，还有我的感情。”小伙悔不该当初，只得报了案。

民警提醒：像这种未见面就“借钱”的陌生人，而且“借钱”还多达二三十次，很明显，这是一个陷阱。通常来说，在短时间内“认识”的人如果以不同理由借钱，就应该多长个心眼，以防上当受骗。

【八旬老太五年编蒲扇谢乡亲】 石佛乡三和村白马自然村的一位老阿婆叫俞春菊，今年84岁，耳聪目明，身体还算硬朗，独居在一老房子内，儿女各自成家后都住得比较远。尽管如此，阿婆却过得并不孤单，常有小辈来探望，有时带些她喜欢吃的糕点，有时给她一些零花钱，最难得的是住在附近的老邻居，常常来帮忙，如搬煤气桶、送青菜等。阿婆一一记在心里，想通过自己的能力谢谢他们。

阿婆有一手编织蒲扇的好手艺。5年前，她想编些蒲扇感谢乡亲们，因此，每年的6月—8月，她就坐在麦秆堆旁编蒲扇。这些年，收割麦子都改用了收割机，麦秆被切碎，根本没法编。为了解决原料问题，2015年，阿婆特意花了200元钱，雇人种了2分多地的大麦，麦子成熟时，两个女儿前来收麦穗，她则用剩下的麦秆编制蒲扇。连续5年的夏天，阿婆把大量的时间花在编制蒲扇上，几年下来，共编了200多把，全部送给乡里乡亲和帮助过他的人。与俞春菊仅几墙之隔的何奶荣说：与阿婆做了这么多年的邻居，平日里看到阿婆有重活，帮忙搭把手也是正常不过的事，不值得一提，不过，蒲扇很漂亮，她的心意我们领了。

【一根骨头闯江湖】 郑辉，1989年出生，19岁从学校毕业后，应聘到一家小饭馆做杂工。偶然的机会，他投资3万元，成为饭馆的小股东。因为不懂管理，也没有经验，两个月后，因经营不善，他血本无归。那年，郑辉入伍成为部队的一名炊事兵，从洗菜到切菜再到炒菜，包括洗灶台，虽然很辛苦，但他都虚好学。两年后，他退伍时，已是一名厨艺不错的厨师。

退伍后，郑辉在衢州打工，有一回在江山一家饭馆尝到羊骨头，顿时觉得这里头大有文章可做。于是，郑辉毫不犹豫地跑到广州拜师学艺，从切割到卤味，他专注于每个细节。

2012年2月，郑辉回龙游开了第一家羊骨头面馆，他从羊骨头每个部位切割的长度，到卤味时火候、时间的控制，都进行反复尝试，破解了一个个难题。3个月后，他的羊骨头正式出炉。头一日，郑辉卤了10来根羊骨头，出锅时，他特意邀请邻居来品尝，听取大家的意见，并根据本地人的口味，作了一些改进。次日，100根羊骨头上市，郑辉有些忐忑，不料一天下来竟然供不应求。

两年来，郑辉做的羊骨头已经吸引了一批老客户，每天竟能卖出五六百根。如江西的两位老顾客，因有业务在龙游，每次下火车的第一站或离开龙游的最后一站，必定要到郑辉的店里品尝羊骨头，临走时还要打包二三十根。郑辉说，他最大的成就感就是满堂的顾客人人嘴里叼着一根吸管，“咕噜咕噜”地吸着羊骨头里的骨髓，犹如听着一首美妙的乐曲。

【环保开启最严执法模式】 为确保全面完成“五水共治”、安全隐患排查、生态环境安全各项任务，吸取天津“8•12”特大火灾爆炸事件的深刻教训，龙游县环保局于8月—11月集中力量开展“强执法，保安全”环境保护百日攻坚行动，开启最严执法模式，执行最严格的环保惩处措施，对发现的违法问题均在第一时间立案调查，从严、从重处罚。8月29日上午，由县环保局局长郑建飞带队，抽调执法骨干力量，对企业“排水排气”污染情况进行暗访。

当日，在溪口工业园区，执法检查组顺着某竹加工企业黑烟囱的“指引”，直奔现场，经监测，确定气排放林格曼黑度超标。经现场执法人员的仔细检查，发现该企业以竹屑、竹毛为原料，加上司炉工操作不够规范，现场管理、除尘工艺等环节存在严重问题，最终导致烟囱冒起浓烟。其实，早在数个月前，该企业就收到过环保部门的整改通知。最后，环保部门对该企业的废气超标问题进行立案，开出罚单。

此次执法行动共检查了9家企业，其中被查处的溪口两家企业存在烟气黑度指标超标的问题。县环保局开通了举报热线“12369”“7022748”，群众参与度高，监督方式也更加真实。2015年，全县累计立案查处环境违法案件60余起，处罚金额达200余万元。

在“环保百日攻坚行动”中，县环保局按照“不定时间、不打招呼、不听汇报、直奔现场、直接督查”的要求，结合错时执法、亮剑行动、联合执法等多种形式，集中时间，集中力量，对环境风险源领域、重点行业重点企业、农村区外企业和生猪养殖场等全面开展排查和执法检查，始终保持高压执法态势。

【痴情夫不离不弃，十年瘫妻重站立】 每天傍晚，溪口镇灵上村的村道上总会出现一对“蹒跚学步”的男女。男的头发花白，腋窝下夹着一条方凳，紧紧地搀扶着一个收拾得清清爽爽的女子。他往前走一步，女的就跟着往前挪一小步。累了的时候，男的会把凳子放下，然后小心翼翼地搀着女的坐下。在这条才三四百米的路，他们每天就这样一步一步，走走歇歇，走完至少要七八十分钟。几年来，他俩的身影已经成了村中一道美丽的风景。

男的叫刘水清，64岁。女的是刘水清的老伴，叫李金珠，比他小5岁。刘水清和李金珠是同村人，还是同一个生产队的，自由恋爱，1979年结了婚。2004年农历十二月二十一日，李金珠在拉丝厂上班时毫无预兆地晕倒了。工友将其送到医院，医生诊断是因高血压脑溢血引发的中风。李金珠在医院整整昏迷了3个星期，那年，她才48岁。醒来后，李金珠全身瘫痪，还忘记了所有的事情，就连家人都不认识了，除了能给她喂些流食，其状态和植物人并无区别。医生也无能为力，刘水清只能把妻子带回家。

从此，刘水清辞去工作，端屎把尿，翻身擦洗，一心在家照料病妻。几天后，李金珠首次开口对刘水清说出两个字，她竟然喊他“妈妈”。这声“妈妈”，让刘水清心如刀绞。刘水清竟真成了妻子的“妈妈”，每天寸步不离地陪在她身边。李金珠不会表达，但只要一个眼神，刘水清就能领会她的意图。

医生建议，像李金珠这样的情况，一定要多按摩。于是，刘水清就开始自学按摩的技巧，每天，李金珠躺着，他就半蹲在床上，从腿部一点点开始，每个关节都不落下，每次按摩至少要半小时，每天坚持五六次，一直坚持了五六年。即便如此细心，妻子仍有大小便失禁的时候，每每那时，他就特别自责。有一年的秋天，刘水清因出去办事离开了一会，李金珠大小便失禁，床上到处都是。看到妻子睡在一堆臭烘烘的粪便中，刘水清心疼不已，赶紧收拾，擦身、洗毯子，没有一点怨言。

为了唤醒李金珠并锻炼她的自理能力，刘水清一字一句地教：“我是你老公，不是妈妈，我叫刘水清。”偶尔也讲讲以前的故事，尽量唤起妻子的记忆。刘水清试着让妻子自己吃饭，可她就像孩子那样，吃一餐饭不仅要很长时间，而且桌子地上也满是饭粒，但他从不嫌弃，直到教会妻子能自己吃饭。

2010年，在刘水清的细心照料下，妻子竟然可以坐在凳子上，而且还学会了喊他的名字，慢慢地有了些理解能力。李金珠现在能跟着刘水清的脚步慢慢挪动几步了，状态好时还能跟他交流几句。回顾这10年走过的路，刘水清感慨良多。每当被人问及照顾病妻的艰辛，刘水清总是连连摆手。在刘水清眼里，无论是当初生活无法自理，还是如今要他当拐杖，妻子从来不是什么负担，这一切是他应该做的，也是乐意做的。对于如今的他们来说，每天坚持走完这三四百米的路，虽然辛苦，但却是满满的幸福。

【“五狗”闹“龙游淘”】 “1元起拍”“26元、27元、30元……”昨日，微友“水之恋”的微信群好不热闹，几十名微友为了兴龙路上的一盘烤鱼，在微信圈里“相互较劲”，个个如同置身在现实中一个大型的竞拍现场内，激烈又刺激。没错，事实上这里就是一个竞拍现场，只不过是在微信群里，它还有一个有趣的名字——“乐狗乐拍”。两个多月来，每天有30多件商品从这个微信圈里拍卖出去。

“乐狗乐拍”的创始人不是一个人，准确地说是“5条”70后、80后的“年轻狗”。年龄最大的“狗头”邓谊祯出生于1977年，具有优秀的统筹领导能力，管着两家商贸公司；“二狗”丁新福做的是二手生意，善于与人沟通；“土狗”柳成行擅长公关和策划，是位婚礼司仪，还经营着一家餐饮连锁店；“狗仔”周云视觉敏锐，开了一家婚庆公司；最年轻的是出生于1984年的“狗圣”王笑雄，他思维活跃，从事文化传媒行业。之所以每人给自己取了这么一个令人发笑的“狗名”，缘由是他们都喜欢狗的忠诚，认为这是与朋友合作做生意的成功关键，这个组织也便称为“乐狗帮”。

2014年，“狗崽”“土狗”盯上了社区OTO这个隐形市场，他俩打造“本地淘宝”的思路与其他几条“狗”的想法不谋而合。于是，五人一合计，准备打造一款可以挑战马云的本地淘宝。

经过一段时间的考察和思考，“乐狗帮”把目光放在正火热的移动网络平台上，“微信”成为他们的“第一战场”。他们将各自旗下的18家店先入驻平台，以此来吸引更多的商家。不到一个月，先后有四五十家商家入驻。为了让淘宝龙游本地化生活购物平台显现自身的优势，“乐狗帮”建立起自己的物流团队。“微信拍卖”活动的推出，吸引了众多的商家和微友，由于“乐狗帮”推出的都是本地人熟知的商品，且涉及吃、喝、玩、乐，“微竞拍”这种轻松便捷又好玩刺激的消费方式马上获得年轻人的喜爱，仅仅一个月，他们就积累了5000名微友。

9月13日，在荣昌广场，社会各界为因煤气爆炸烧伤的模环乡陈树民举办了一场大型募捐活动，“乐狗帮”也参与其中，他们的主要任务就是利用网络资源的优势，在线上帮忙拍卖爱心企业捐出的物资。

【手按遥控满城寻，找回失车抓牢贼】 9月16日上午10时许，汪先生把车子停在了县城人民广场的一家小店门口，次日早上八点半去取车时，竟然不见了踪影。汪先生赶紧报警，在衢龙路与人民路路口的治安岗亭旁，遇到几位骑着摩托车的巡特警。汪先生寻求他们帮助，详细说明了电瓶车的品牌及外观特征。

巡特警急中生智，向汪先生要了电瓶车的遥控钥匙，一边巡逻一边按遥控器，从衢龙路→兴龙路→荣昌路平→平政路，结果，在大众路与荣昌路路口，按下遥控器后，听到对面有“滴滴”的回声。循着声音，巡特警们“追踪”到一家理发店门口，看到店门口停着一辆与失主描述相像的电瓶车。

巡特警随即走进理发店，问道：“外面的电瓶车是谁的？”“车子是我的，是我花700元从别处买来的。”只听一位正在理发的年轻男子应道。“确定是你的？”巡特警加重了语气。或许是因为心虚，听巡特警这么一说，男子只得如实交代了偷盗电瓶车的事实。

【擒贼的哥的遗憾】 9月21日晚上10时30分，周凌（化名）伺机溜进衢龙路一废品店，见老板睡得熟，就用剪刀撬开了店内的抽屉，盗走近2万元的现金。作案后，周凌骑着自行车一路狂飙到一歌厅门口。当时，的哥金师傅正和几个同事空着车等生意，周凌兴奋地跑来询问金师傅打的到义乌的价格。

“要600块呢。”话音刚落，周凌马上从口袋里掏出一沓钱，有100元的，也有10元、50元的，钱散落了一地，他向金师傅要了一个塑料袋。金师傅对周凌似乎有些眼熟，听人说过他家境不好。思来想去，发现有点不对头，于是金师傅婉拒了这单生意。让他想不到的是，一转眼，周凌却坐上了同事的车子。

10分钟后，金师傅的同事回来了，一打听，得知周凌身上确实有一大笔钱，已入住桥下的一个宾馆。“他那么多钱可能是偷来的。”同事嘀咕了一句。金师傅越想越觉得不对劲，“如果真是偷来的钱，要劝他还回去！”金师傅于是与同事开车到了桥下。在宾馆里，周凌正要洗澡，见到金师傅进来有些惊讶，承认钱是从一废品店偷来的。

“走吧，我带你把钱还回去，然后带你回家。”金师傅和同事苦口婆心劝说。周凌低着头不吭声，但还是跟着金师傅走出了宾馆。走到弄堂口时，周凌撒腿就跑，金师傅在身后紧追，拉扯中，一沓钱掉在了路边，金师傅数了数，共5100元。随即，他们带着钱到龙洲派出报案。

9月30日，周凌被龙洲派出所民警抓获，他对自己的盗窃行为供认不讳。因盗窃罪，他被县人民检察院批准逮捕。出租车司机金师傅听闻这个消息后，又愧疚又遗憾：如果当初知道周凌家在在哪多好啊，那样就可以先去找他妈妈，一起来劝周凌自首。

【窃贼晒黑白脸，为躲熟脸警察】 周清（化名），安徽人，1983年生，白白净净，看着挺斯文的样子，但因为好吃懒做，又没有工作，他染上了偷盗的恶习。2015年上半年，因偷盗电瓶车，被县人民法院以盗窃罪判处有期徒刑6个月。

2015年8月6日，周清刑满出狱，可他恶习难改，几天后，偷盗的瘾又上来了。这回，他改变了偷盗方案，在烈日当空的正午，周清常常一人在大街小巷溜达踩点，一个月后，才再次下手。

几日后，龙洲派出所屡次接到群众电瓶车被盗的报案，派出所指定袁警官主管此批案件的侦破。袁警官调取了相关的监控视频，在视频里发现了一个熟悉的身影，很像周清。半年前，是袁警官把周清送进监狱的，所以对他的模样十分清楚。可袁警官再仔细一看，觉得视频中的男子虽然身形和周清极为相似，但皮肤显然要黑了许多。周清原本皮肤就白皙，蹲了半年监狱后，越发白，按理说不应该这么黝黑。

于是，袁警官顺藤摸瓜。8月底，周清在桥下销赃时被袁警官抓了一个现行，周清不得不承认盗窃的事实。据交代，他中午踩点，一方面是因为此时大多数居民都在午睡，人少，不容易被发现；另一方面是为了借烈日把自己晒黑，好躲过熟脸警察的注意。只是没想到，这也没能逃过警官的法眼。11月20日，安徽周清再次被移送起诉。

民警提醒：天网恢恢疏而不漏，龙游的“天网工程”建设已遍布县城大街小巷和主要集镇乡村，这将极大推动“平安龙游”建设。不法分子想要钻空子，并没有那么容易。

艺 文

2015年诗词楹联新作

●林 峰2首1联

南歌子·渤海抗日英烈传

岭上烟尘暗，关前白日残。
城头遥望泪难删，莫问英雄一去几时还。
杀气连云卷，刀光带露寒。
壮心百战未离鞍，只为神州寸寸是家山。

水调歌头·渤海魂

光耀五星赤，霞涌日轮圆。长河千里争渡，沙口大旗翻。浪卷鱼龙吞吐，岸接霜蹄如电，错落太阿寒。敢借怒雷力，勇上紫金山。　征帆举，烟云散，凯歌还。秾华深处，谁与雪盏沸洪澜。欲写胸中风月，唤得鹰来臂上，逸气漱青肝。禹甸生奇彩，春色满遥川。

（以上2首载于《中华诗词》2015第8期）

题衢州文昌阁

凌空走笔，云浮墨彩连魁斗；
依漾投笺，浪涌文光耀古今。

（此联镌刻于衢州文昌阁牌坊正中石柱子）

●周执中3首

鱼家傲·纪念抗战胜利70周年

鬼子杀来家国泪，三光政策无人味。掳掠奸淫疯兽鄙。狼烟里、哀鸿遍野冤魂瘗！　抗战八年终胜利，扬眉吐气和平计。铭记血腥残酷史。严守意、时时警惕颟倭异！

柳梢青·我万瓦激光拦截武器研发成功

利剑无痕。不闻雷响，疾速超神。敢贼飞蝗，袭驱导弹，一样燃焚！　中华尖技销魂。国疆上，天罗地巡。反恐娇儿，消声制敌，必胜天军！

（《剪报》20150127　4版）

水调歌头·中国倡建“业投行”

山姆呈衰势，经济乏全球。中华崛起强劲，动力胜今尤！倡导金融合作，互补公平共福，风雨渡同舟。弱富设基建，展发不须愁！　破旧模，新秩序，解穷忧。不拘条件，申请加入即资投。出路空前弥合，建设相帮短缺，此事再无优。强霸过时货，众叛亦亲休！

（以上3首刊载于2015年12月《浙江诗词楹联》第二十一辑）

●夏希虔4首5联

水调歌头·重游丽水

绿谷穿云过，岚雾绕峰间。悬崖崇岭飞瀑，幽壑水潺潺。最忆南明林麓，更念云和烟浦，落照不思还。放眼九霄外，明月照无眠。　赏仙都，观石洞，揽湖山。青瓷宝剑，挑灯醉里细观瞻。昔有刘基显祖，近有刘英粟裕，名震浙西南。几度悠游处，一梦九重天。

（载于《中华诗词》2015年第8期）

清丽双臻·中国梦感怀

揽月青霄外，神舟自在任悠游。南海惊涛飞利剑，东瀛浊浪泛狂流。横槊搏苍龙，挥戈驱弄猴。精运作，巧绸缪。鼙鼓声声惊玉宇，罡风猎猎卷神州。清朗乾坤飘馥郁，云天一梦炳千秋。

（该词于2015年6月获“蔡丽双杯中国梦”全球华文“清丽双臻”填词大奖赛三等奖）

登灵鹫峰（有序）

乙未三月廿四，偕县内道姑林建越等一行寻访东华街道岩头村虎墓岭僧伽寺遗址，观清水塘水库，登灵鹫峰，赋此以纪。

僧伽寺外碧芙蓉，清池塘边觅旧踪。
石径攀援风习习，幽岩穿越水淙淙。
心仪仙道飞灵鹫，志向青霄舞玉龙。
一日逍遥游不尽，回眸远眺白云封。

六十初度

莫谓行程坎坷多，风霜历尽未消磨。
高天飞度梦征雁，沧海遨游伴采和。
漫漶人生偏曲折，迷离世态感蹉跎。
临溪策杖水流去，两鬓如丝犹纵歌。

注：蓝采和是道教八仙之一，唐玄宗时人，手捧花篮。

题罗家乡联

圣堂山麓，白茶飞雪春来早；
碧水溪边，翠竹摇珠花映红。

（以上2首1联刊载于2015年12月《浙江诗词楹联》第二十一辑）

题衢州文昌阁

远眺柯山，紫气氤氲凌九阙；
濒临瀫水，儒风骀荡冠三衢。

(此联镌刻于衢州文昌阁二楼南门柱子上)

题志棠古街

莲子飘香，袅袅清风萦万里；
富硒聚宝，悠悠古巷达千秋。

曲径流风，雍睦堂前追富庶；
瑶池映月，莲花台下话沧桑。

（以上2联镌刻于横山镇志棠村牌坊石柱上）

题湖镇张峰坳战役纪念亭

狼烟突起张峰坳；
捷报纷飞白革湖。

（此联镌刻于湖镇张峰坳战役纪念亭石柱上）

●蒋保珊1首

浪淘沙·秋游信安湖

湖上水潺潺，云淡风翾。长艇激起千浪璇，望里水亭门外柳，迎客正欢。　词客喜凭栏，不尽湖山。醉看玉宇换新颜。浊水毒霾无处遁，花好蟾圆。

注：其时笔者参加市诗词学会举行“五水共治”采风活动。湖在衢州市三江口一带。

（刊载于2015年12月《浙江诗词楹联》第二十一辑）

●赖 燕2首

西 溪

烟雨迷蒙四野芳，橹声摇曳绿波长。
鱼肥水美桃花灿，疑似武陵世外乡。

湖畔即景

杨柳青青湖畔栽，桃花朵朵向阳开。
盈盈绿水明眸里，一片葱茏入画来。

（以上2首载于《中华诗词》2015年第8期）

（县诗词学会 夏希虔整理）

2015年新书榜

《龙游情怀》文学丛书 陶百妍主编，应敏作总序。2015年1月由中国出版集团现代出版社出版，大32开本。丛书包括《吾乡吾土》（余怀根著）、《古邑新韵》（杜明福著）、《灵江走笔》（欧阳锡龙著）、《独自述说》（胡炜鹏著）、《小城心曲》（李慧著）5部个人文集。这套丛书荟萃了龙游的人文景观、风土人情，是作者以文学的笔触点染了龙游的美丽山水、历史画卷。

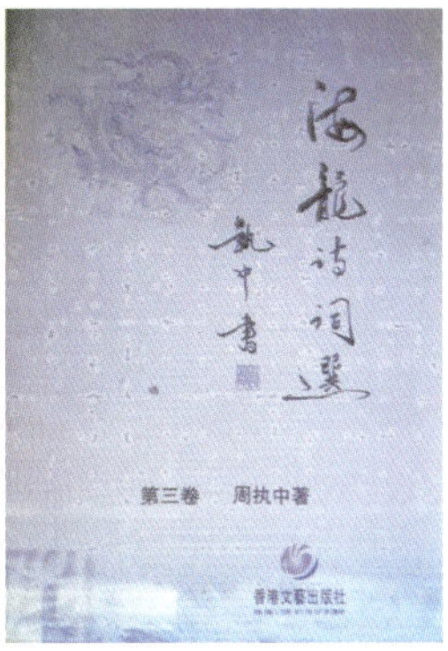

《海龙诗词选》（第三卷） 周执中著，2015年6月由香港文艺出版社出版。大32开本，540页，另有彩色图版116页。全书由“时代风采”“情系河山”“诗词情怀”“感怀杂咏”“雅兴所致”“物语咏寓”“诗话词论”7部分组成，是作者自2009年至2015年的诗词楹联创作及诗论的荟萃。

《佛缘湖镇》 张坤编著，张雪昌作序，2015年12月由中国文史出版社出版。大32开本，平装，196页。全书由“舍利钟声”“三叠烟萝”“东乡佛影”“后记”等几个部分组成，是湖镇辖区内有关佛教民间文化的采集与荟萃。

《龙游年鉴（2015）》 龙游县地方志编纂委员会编，2015年12月由方志出版社出版。大16开本，精装，520页，94万字，另有彩色图版126页。编纂委员会主任刘根宏，副主任徐雄强、陆寿泉，办公室主任余晓。主编余晓，副主编吴永建。全书由特载、大事记、县情概要、中国共产党龙游县委员会、中国共产党龙游县纪律检查委员会、龙游县人民代表大会常务委员会、龙游县人民政府、政协龙游县委员会、民主党派·工商联·社会团体、法治、武装、社会事务与社会生活、农业·林业·水利、工业经济、基础设施、商贸服务业、财政·税务、金融·保险、经济管理与监督、城乡建设与管理、资源·环境·气象、教育·科技、文化·旅游、卫生·体育、乡镇（街道）、机构·名录、先进集体·先进个人、新事·异闻、艺文、重要文件选目、国民经济若干统计资料、索引等32个类目组成，是中共龙游县委、县人民政府主办，县史志办公室组织编纂的综合性地方年鉴，是全面、系统、详实地汇辑龙游县年度自然、政治、经济、文化、社会等基本面貌和发展状况的资料性文献。全书以县机关各部门、各乡镇等为基本记叙主体，如实记载2015年全县各条战线和各项事业的发展情况。

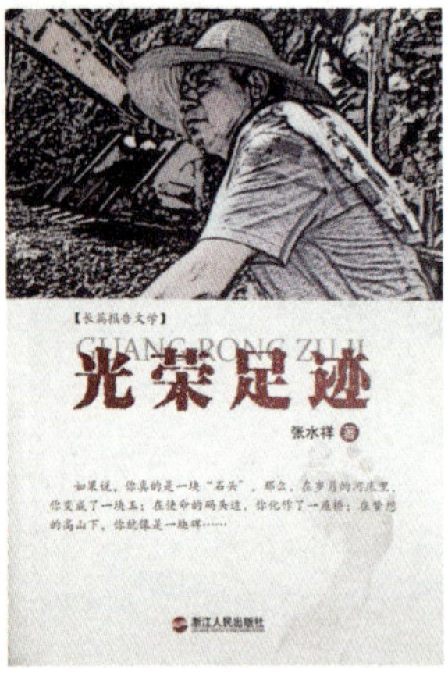

《光荣足迹》 长篇报告文学。作者张水祥，龙游县文联副主席、浙江省作家协会会员。为配合龙游县委、县政府的中心工作，积极响应县委《关于向劳光荣同志学习的决定》号召，传递正能量，由张水祥采写的长篇纪实文学《光荣足迹》于2015年12月由浙江人民出版社正式出版，首发1万册。《衢州日报》先后以数个整版的篇幅进行介绍并展示《光荣足迹》的部分内容；《衢州新闻网》随之开始连载，同时展开“读光荣足迹，学光荣精神”等一系列网友互动活动，吸引众多读者积极参与。该书列入“2015年衢州市文艺精品扶持项目”，是2015年度龙游县唯一一部列入该项目的文艺作品。浙江省作家协会等相关部门对该书予以高度评价。劳光荣，龙游县大街乡贺田村党支部书记。他首创“源头分类可追溯减量处理再利用”的垃圾分类处理机制，带领村民发家致富，建好公共设施，把绿水青山变为金山银山。在劳光荣的带领下，贺田村从“荒草地”变成了“凤凰窝”，获得全国文明村称号。在劳光荣看来，“村支书不是一种职业，而是一种责任”。如今，年过六旬的劳光荣依然坚守在自己的岗位上，先后荣获“浙江省劳动模范”“全国劳动模范”“德耀中华·第五届全国道德模范候选人”等荣誉。

《湖镇镇志》 龙游县史志办公室承编、方志出版社2015年7月出版。大16开，精装。主编吴土根。《湖镇镇志》的编纂始于2010年11月，采用类目体结构，断限自事发始端至2013年12月31日，由大事记、地理环境、经济、政治、文化、社会、人物、丛录8个部类22个分志组成，共90余万字、120余幅图片（照片），全面、客观、系统、翔实地记载了湖镇镇的历史与现状及自然与社会的发展演变过程，贯通千百年，涉及诸领域，是人们了解湖镇镇的重要文献资料。湖镇镇历史悠久，是国家级中心镇、衢州市经济强镇，在三衢大地具有举足轻重的地位。湖镇镇也是龙游文明的重要发祥地之一，镇内文化积淀丰厚，荷花山遗址佐证着龙游的万年文明，舍利塔见证着古老的历史传奇。中华人民共和国成立后，湖镇镇步入新的发展时期；中共十一届三中全会后，湖镇镇坚持全方位改革开放，经济发展步入快车道；进入21世纪以来，湖镇镇的工业企业成功转型，工业区块初具规模，造纸、轻纺、化工、五金、电子、食品等企业不断发展壮大，生态型种植业、养殖业基地成功创办，中心镇、中心村建设规划逐步实施，湖镇镇的经济文化建设步入全面振兴时期。

（县史志办 夏希虔）

2015年度重要文件选目

中共龙游县委员会文件

县委〔2015〕1号　关于印发方健忠同志在县委十届八次全体（扩大）会议上的报告的通知
县委〔2015〕2号　关于同意召开中国共产党龙洲街道党员代表会议的批复
县委〔2015〕3号　关于同意召开中国共产党东华街道党员代表会议的批复
县委〔2015〕4号　关于同意召开中国共产党湖镇镇第十一届代表大会第四次会议的批复
县委〔2015〕5号　关于同意召开中国共产党小南海镇第六届代表大会第四次会议的批复
县委〔2015〕6号　关于同意召开中国共产党溪口镇第十四届代表大会第四次会议的批复
县委〔2015〕7号　关于同意召开中国共产党横山镇第十四届代表大会第四次会议的批复
县委〔2015〕8号　关于同意召开中国共产党塔石镇第十三届代表大会第四次会议的批复
县委〔2015〕9号　关于同意召开中国共产党詹家镇第十二届代表大会第四次会议的批复
县委〔2015〕10号　关于同意召开中国共产党罗家乡第十二届代表大会第四次会议的批复
县委〔2015〕11号　关于同意召开中国共产党庙下乡第十二届代表大会第四次会议的批复
县委〔2015〕12号　关于同意召开中国共产党沐尘畲族乡第十二届代表大会第四次会议的批复
县委〔2015〕13号　关于同意召开中国共产党模环乡第十三届代表大会第四次会议的批复
县委〔2015〕14号　关于同意召开中国共产党石佛乡第十三届代表大会第四次会议的批复
县委〔2015〕15号　关于同意召开中国共产党社阳乡第十二届代表大会第四次会议的批复
县委〔2015〕16号　关于同意召开中国共产党大街乡第十届代表大会第四次会议的批复
县委〔2015〕17号　中共龙游县委履行党风廉政建设主体责任情况的报告
县委〔2015〕18号　中共龙游县委履行党风廉政建设主体责任情况的报告
县委〔2015〕19号　中共龙游县委关于建立健全科学民主依法决策机制的意见
县委〔2015〕20号　县委常委会专题研究乡镇（街道）工作制度（试行）
县委〔2015〕21号　关于建立龙游县十二届人大四次会议和政协龙游县九届四次会议临时党委的通知
县委〔2015〕22号　关于表彰2014年度建设“平安龙游”先进集体、先进个人的通报
县委〔2015〕23号　关于表彰2014年度信访工作先进集体和先进个人的决定

县委〔2015〕24号　关于表彰2014年度先进基层武装部、优秀专武干部和关心武装工作好领导的通报
县委〔2015〕25号　关于表彰2014年度落实党风廉政建设责任制优秀单位的通报
县委〔2015〕26号　关于“2014年度满意不满意单位”评选结果的通报
县委〔2015〕27号　关于同意给予肖景时开除党籍处分的批复
县委〔2015〕28号　关于表彰2014年度农业农村工作先进集体和个人的通报
县委〔2015〕29号　关于2014年度乡镇（街道）及县机关部门综合考核评价结果的通报
县委〔2015〕30号　关于表彰塔石镇等十七个单位的通报
县委〔2015〕31号　中共龙游县、龙游县人民政府关于表彰2014年度龙游县“五水共治”工作先进集体、先进个人、优秀河段长、特别贡献奖的通报
县委〔2015〕32号　关于表彰2014年度最美基层干部的通报
县委〔2015〕33号　关于表彰龙游县2014年度支持重点项目建设先进村的通报
县委〔2015〕34号　关于进一步完善工作机制切实加强城市社区建设的实施意见
县委〔2015〕35号　关于践行“三严三实”开展大抓基层组织年活动的实施意见
县委〔2015〕36号　中共龙游县党建工作领导小组2015年工作要点
县委〔2015〕37号　关于认真做好2015年度龙游县民兵组织整顿工作的通知
县委〔2015〕38号　中共龙游县委、龙游县人民政府关于呈报《龙游县人民政府职能转变和机构改革方案》的请示
县委〔2015〕39号　关于同意给予杨佩忠开除党籍处分的批复
县委〔2015〕40号　关于命名表彰2014年度平安乡镇（街道）的通报
县委〔2015〕41号　中共龙游县委关于党委履行党风廉政建设主体责任情况报告评议意见整改方案的报告
县委〔2015〕42号　关于印发《2015年度龙游县乡镇（街道）分类争先综合考核评价办法》的通知
县委〔2015〕43号　关于印发《2015年度龙游县机关部门分类争先综合考核评价办法》的通知
县委〔2015〕44号　关于同意《中国共产党龙游历史》第二卷交付出版的批复
县委〔2015〕45号　中共龙游县委关于进一步加强人大工作和建设充分发挥人大作用的意见
县委〔2015〕46号　中共龙游县委转发《政协龙游县委员会关于政治协商、民主监督、参政议政的实施意见》的通知
县委〔2015〕47号　中共龙游县委关于调整县委建设“法治龙游”工作领导小组组成人员的通知
县委〔2015〕48号　中共龙游县委、龙游县人民政府关于印发《龙游县人民政府职能转变和机构改革方案》的通知
县委〔2015〕49号　关于印发《龙游县“五水共治”工作问责暂行办法》的通知
县委〔2015〕50号　关于调整县国防动员委员会等机构组成人员的通知
县委〔2015〕51号　龙游县关于2014年度落实党风廉政建设责任制和惩防体系建设存在问题整改方案的报告
县委〔2015〕52号　关于设置部分党组织的通知
县委〔2015〕53号　关于印发方健忠同志在县委十届九次全体（扩大）会议上的报告的通知
县委〔2015〕54号　关于部分党组织更名的通知
县委〔2015〕55号　关于印发《关于全面加强基层党组织和基层政权建设的实施意见》的通知
县委〔2015〕56号　关于全市落实中央八项规定精神情况专项督查的整改报告
县委〔2015〕57号　中共龙游县委关于转发《中共龙游县人大常委会党组关于加强乡镇人大规范化建设的若干意见》的通知
县委〔2015〕58号　中共龙游县委、龙游县人民政府关于进一步加快红十字事业发展的实施意见
县委〔2015〕60号　关于同意召开共青团龙游县第十五次代表大会的批复

县委〔2015〕61号　关于印发《2015年国际汽联亚太汽车拉力锦标赛中国（龙游）拉力赛暨中国汽车拉力锦标赛（龙游站）活动方案》的通知
县委〔2015〕62号　关于给予刘金宽等83名公务员记三等功的决定
县委〔2015〕63号　关于同意给予张荣同志留党察看一年处分的批复
县委〔2015〕64号　关于“五不直接分管”和“三重一大”制度检查交办问题的整改报告
县委〔2015〕65号　关于2014年度落实党风廉政建设责任制和推进惩防体系建设存在问题整改落实情况报告
县委〔2015〕66号　关于共青团龙游县第十五届委员会人事安排的批复
县委〔2015〕67号　关于全面建立“路长制”的实施意见
县委〔2015〕68号　中共龙游县委履行党风廉政建设主体责任情况的报告
县委〔2015〕69号　中共龙游县委履行党风廉政建设主体责任情况的报告
县委〔2015〕70号　中共龙游县委、龙游县人民政府2015年度龙游县落实党风廉政建设责任制和惩防体系建设工作报告
县委〔2015〕71号　中共龙游县委转发《中共龙游县人大常委会党组关于在我县街道推行居民议政会制度的意见（试行）》的通知

中共龙游县委办公室文件

县委办〔2015〕2号　关于实行部门（单位）主要负责同志“五不直接分管”制度的通知
县委办〔2015〕4号　关于表彰2014年度龙游县“大调解”工作先进集体和先进个人的通知
县委办〔2015〕5号　关于表彰2014年度“六五”普法教育先进集体和先进个人的通知
县委办〔2015〕7号　关于认真学习贯彻习近平总书记重要讲话和十八届中央纪委五次全会精神的通知
县委办〔2015〕8号　关于印发《龙游县乡村休闲旅游发展三年行动计划（2015—2017年）》的通知
县委办〔2015〕9号　关于更换保密局机关名称及印章的通知
县委办〔2015〕10号　龙游县工业转型发展十大专项工作行动方案
县委办〔2015〕11号　龙游县2015年“大干项目、干大项目”领导干部“三挂”活动工作方案
县委办〔2015〕12号　关于印发《2015年农业农村专项工作安排》的通知
县委办〔2015〕13号　关于进一步推进城乡基本公共法律服务体系建设的意见
县委办〔2015〕14号　关于县委办公室履行党风廉政建设主体责任情况报告
县委办〔2015〕15号　关于调整县委办部分副主任工作分工的通知
县委办〔2015〕16号　关于成立龙游县企业债务风险处置工作领导小组的通知
县委办〔2015〕17号　关于印发《2015年文化旅游专项工作行动方案》的通知
县委办〔2015〕19号　关于印发《2015年新型城镇化专项工作行动方案》的通知
县委办〔2015〕20号　关于表彰2014年度招商引资先进集体的通报
县委办〔2015〕21号　关于调整县级领导分片区联系乡镇（街道）的通知
县委办〔2015〕22号　关于表彰2014年度“先进基层党组织”和“优秀村党组织书记”“优秀村委会主任”的通报
县委办〔2015〕23号　关于2014年重点建设项目“五项竞赛”活动年终考评结果的通报

县委办〔2015〕25号 县委办公室、县政府办公室关于调整县领导信访维稳工作责任分工的通知
县委办〔2015〕26号 关于表彰2014年度全县信息工作先进集体和先进个人的通报
县委办〔2015〕27号 关于调整县人才工作领导小组组成成员的通知
县委办〔2015〕28号 关于印发《龙游县大抓基层组织年十大专项行动方案》的通知
县委办〔2015〕29号 关于调整县委党建工作领导小组组成人员的通知
县委办〔2015〕30号 关于开展百名书记挂百村联百企“双百挂联”行动的通知
县委办〔2015〕31号 龙游县委办公室2015年度党风廉政建设工作计划
县委办〔2015〕32号 关于开展领导干部“大抓基层”集中蹲点调研活动的通知
县委办〔2015〕33号 中共龙游县委办公室、龙游县人民政府办公室关于印发《关于防止领导干部在公款存放方面发生利益冲突和利益输送的办法》的通知
县委办〔2015〕34号 中共龙游县委办公室 龙游县人民政府办公室 关于印发《关于禁止领导干部违反规定插手干预工程建设领域行为的若干规定》的通知
县委办〔2015〕35号 关于开展《龙游年鉴（2015）》编纂工作的通知
县委办〔2015〕36号 关于印发《2015年度县委、县政府领导重点调研课题》的通知
县委办〔2015〕37号 关于进一步规范龙游县农村生活污水治理项目管理工作的通知
县委办〔2015〕38号 关于印发《2015年龙游县普法依法治理工作要点》的通知
县委办〔2015〕39号 关于印发2015年龙游县重点建设项目“五项竞赛”活动方案的通知
县委办〔2015〕40号 中共龙游县委关于调整龙游县普法教育和依法治县领导小组成员的通知
县委办〔2015〕41号 龙游县“六五”普法检查验收工作方案
县委办〔2015〕42号 关于成立县“依法管武”创建工作领导小组的通知
县委办〔2015〕45号 中共龙游县委理论学习中心组2015年学习计划
县委办〔2015〕46号 关于成立龙游县全面消除4600元以下贫困现象工作领导小组的通知
县委办〔2015〕47号 关于印发《2015年党风廉政建设和反腐败工作组织领导和责任分工》的通知
县委办〔2015〕48号 关于转发《龙游县“三改一拆”领导小组办公室关于建立“两违”曝光机制的通知》的通知
县委办〔2015〕49号 关于印发《龙游县省级文明县城复评考核工作实施方案》的通知
县委办〔2015〕50号 关于印发《龙游县“三改一拆”工作问责暂行办法》的通知
县委办〔2015〕51号 关于印发《关于党员干部防止利益冲突的暂行规定》的通知
县委办〔2015〕52号 关于加强和改进新形势下档案工作的实施意见
县委办〔2015〕53号 关于印发《龙游县深化“四边三化”行动方案（2015—2020年）》的通知
县委办〔2015〕54号 关于印发《2015年度龙游县党委系统信息工作考核办法》的通知
县委办〔2015〕55号 关于开展以践行“三严三实”为主题的纪念建党94周年系列活动的通知
县委办〔2015〕56号 2015年龙游县浙商回归暨招商引资工作考核办法
县委办〔2015〕57号 关于规范农村产权交易管理的实施意见
县委办〔2015〕58号 关于进一步深化殡葬改革和规范殡葬秩序的意见
县委办〔2015〕59号 关于印发《关于在县处级以上领导干部中开展“三严三实”专题教育的实施方案》的通知
县委办〔2015〕60号 关于印发《2015年度综合考核工作补充办法》的通知
县委办〔2015〕61号 关于成立龙游县电子商务工作领导小组成员的通知
县委办〔2015〕62号 关于印发《2015年度“大干项目、干大项目”专项考核办法》的通知

县委办〔2015〕63号　关于下达2015年度国资公司绩效考核办法的通知
县委办〔2015〕64号　关于印发《龙游县2015年度服务业发展工作考核办法》的通知
县委办〔2015〕65号　龙游县2015年度“五水共治”共建生态家园工作考核办法
县委办〔2015〕66号　关于印发《2015年国际汽联亚太汽车拉力锦标赛中国（龙游）拉力赛暨中国汽车拉力锦标赛（龙游站）车辆抽调使用方案》的通知
县委办〔2015〕67号　龙游县电商扶贫实施意见
县委办〔2015〕68号　关于切实做好2016年度党报党刊发行工作的通知
县委办〔2015〕69号　关于认真学习贯彻《中国共产党廉洁自律准则》和《中国共产党纪律处分条例》的通知
县委办〔2015〕70号　关于印发《关于进一步明确安全生产管理职责的规定》的通知
县委办〔2015〕72号　关于开展2015年度县机关部门（单位）“满意不满意单位”评选活动的通知
县委办〔2015〕73号　关于成立公务员职务与职级并行制度实施工作领导小组的通知
县委办〔2015〕74号　关于加强县纪委派驻机构建设的实施方案
县委办〔2015〕75号　关于启用中共龙游县卫生和计划生育局委员会等印章的通知
县委办〔2015〕77号　关于做好2016年春节期间“送温暖、献爱心”活动的通知
县委办〔2015〕78号　中共龙游县委办公室、龙游县人民政府办公室关于加快推进现代社会组织体制建设的实施意见

龙游县人大常委会文件

龙人大常〔2015〕4号　关于批准龙游县2014年全县生产总值预期目标调整方案的决议
龙人大常〔2015〕9号　关于2014年度优秀议案、建议评选结果的通报
龙人大常〔2015〕10号　关于表彰2014年度代表议案建议承办先进单位的决定
龙人大常〔2015〕11号　关于表彰2014年度先进代表小组和代表履职先进个人的通报
龙人大常〔2015〕13号　龙游县人大常委会2015年度监督工作计划
龙人大常〔2015〕14号　龙游县人大常委会2015年工作要点
龙人大常〔2015〕19号　关于2014年龙游县政府性投资项目计划执行情况的审议意见
龙人大常〔2015〕22号　关于我县医药卫生体制改革运行情况的审议意见
龙人大常〔2015〕21号　关于我县农村生活污水治理情况的审议意见
龙人大常〔2015〕23号　龙游县人民代表大会常务委员会关于县人大常委会工作机构设置调整的决定
龙人大常〔2015〕26号　关于批准龙游县2014年财政决算的决议
龙人大常〔2015〕28号　关于我县城市空气质量整治情况的审议意见
龙人大常〔2015〕29号　关于龙游县2015年上半年国民经济和社会发展计划执行情况的审议意见
龙人大常〔2015〕32号　关于批准龙游县环境功能区划的决议
龙人大常〔2015〕33号　龙游县组织实施宪法宣誓制度办法
龙人大常〔2015〕34号　关于我县深化司法监督工作情况的审议意见
龙人大常〔2015〕35号　关于对县人民法院法官、县人民检察院检察官履职情况的评议意见龙人大常（2015）36号　关于表彰履职优秀法官、检察官的决定

龙人大常〔2015〕37号　关于龙游县国资改革及运营情况的审议意见
龙人大常〔2015〕38号　关于批准龙游县2015年财政预算调整方案的决议
龙人大常〔2015〕40号　龙游县人民代表大会常务委员会监督司法工作实施办法
龙人大常〔2015〕41号　关于龙游县土地利用总体规划（2006—2020年）2014调整完善版的审议意见

龙游县人大常委会办公室文件

龙人大常办〔2015〕57号　关于印发《龙游县人大常委会关于组织人大代表视察核查年收入4600元以下贫困人口脱贫情况工作的实施方案》的通知
龙人大常办〔2015〕52号　关于全县旅游重点项目建设情况的视察意见
龙人大常办〔2015〕47号　关于呈送《聚焦“互联网+”推进电子商务产业大发展》的报告
龙人大常办〔2015〕45号　关于印发《关于组织全县各级人大代表开展转型升级十大组合拳落实情况主题监督活动的实施方案》的通知
龙人大常办〔2015〕39号　关于生猪养殖和炭化篾污染整治规范情况的视察意见
龙人大常办〔2015〕34号　关于呈送《关于我县公共资源市场化配置工作的调研报告》的报告
龙人大常办〔2015〕33号　关于小区物业管理工作的视察意见
龙人大常办〔2015〕31号　龙游县乡镇（街道）人大工作考核评价办法
龙人大常办〔2015〕32号　龙游县机关部门人大工作考核评价办法
龙人大常办〔2015〕29号　关于县人大常委会领导联系督办2015年度重点代表议案（建议）的通知
龙人大常办〔2015〕26号　关于印发《关于在全县人大系统开展宪法学习宣传教育活动的实施意见》的通知
龙人大常办〔2015〕25号　关于印发《关于2015年深化司法监督工作的实施方案》的通知
龙人大常办〔2015〕24号　关于我县人大代表监督“已治理的河”活动发现的问题及建议
龙人大常办〔2015〕21号　关于印发《龙游县人大常委会关于开展大气污染防治相关法律法规执法检查实施方案》的通知
龙人大常办〔2015〕17号　关于印发《关于在全县各级人大代表中开展监督“已治理的河”主题活动的实施方案》的通知
龙人大常办〔2015〕7号　关于表彰2014年度人大信息宣传工作先进单位和先进个人的通报
龙人大常办〔2015〕6号　关于印发《龙游县人大常委会2015年度分月主要工作安排》的通知

龙游县人民政府文件

龙政发〔2015〕1号 关于同意对浙江龙竹业集团有限公司重大火灾隐患单位实行摘牌销案的批复
龙政发〔2015〕2号 关于同意实施2011年度第二批小型水库移民扶助基金项目计划的批复
龙政发〔2015〕3号 关于张少华等同志职务任免的议案
龙政发〔2015〕4号 关于印发刘根宏同志在县十二届政府第七次全体（扩大）会议上的报告的通知
龙政发〔2015〕5号 关于表彰2014年度县政府质量奖获奖企业的通报
龙政发〔2015〕6号 关于同意2015年度龙游县安监局安全生产监督检查计划的批复
龙政发〔2015〕7号 关于调整部分县政府领导分工的通知
龙政发〔2015〕8号 关于同意给予肖景时行政开除处分的批复
龙政发〔2015〕9号 关于表彰龙游县2014年度工业亩产税收贡献奖制造业企业的通报
龙政发〔2015〕10号 关于公布龙游县2014年度经济贡献五十强制造企业的通报
龙政发〔2015〕11号 关于表彰2014年度进出口十强企业的通报
龙政发〔2015〕12号 关于表彰2014年度招商能手的决定
龙政发〔2015〕13号 关于给予湖镇镇等八个单位记集体三等功的决定
龙政发〔2015〕14号 关于同意对龙游卫宝厨卫有限公司等3家单位实行政府挂牌督办的批复
龙政发〔2015〕15号 关于同意旱地改水田耕地质量提升示范项目予以立项的批复
龙政发〔2015〕16号 关于同意收购浙江文昌阁纸业有限公司国有土地使用权的批复
龙政发〔2015〕17号 关于同意龙游县2015年国有建设用地供应计划的批复
龙政发〔2015〕18号 关于同意龙游县水土保持规划的批复
龙政发〔2015〕19号 关于同意给予杨佩忠行政开除处分的批复
龙政发〔2015〕20号 关于印发鼓励企业加快进入多层次资本市场实施意见（试行）的通知
龙政发〔2015〕21号 关于同意实施龙游县森林城市建设总体规划的批复
龙政发〔2015〕22号 印发关于推进“数字龙游”地理信息公共服务平台推广应用的实施意见的通知
龙政发〔2015〕23号 关于同意实施龙游县优质水资源配置规划的批复
龙政发〔2015〕24号 印发关于深化农村居民建房审批制度改革实施意见（试行）的通知
龙政发〔2015〕25号 关于同意落实新增县级储备粮规模及经费的请示的批复
龙政发〔2015〕26号 关于印发龙游县产业基金管理办法（试行）的通知
龙政发〔2015〕27号 关于吴军等同志职务任免的议案
龙政发〔2015〕28号 关于印发龙游街道社区设立与区域调整方案的通知
龙政发〔2015〕29号 关于表彰2014年征兵工作先进单位和个人的通报
龙政发〔2015〕30号 关于印发龙游县水务集团有限公司组建方案的通知
龙政发〔2015〕31号 关于同意将连下桥等自然村水库淹没线上部分居民纳入高坪桥水库工程实物调查范围的批复
龙政发〔2015〕32号 关于印发龙游县交通投资集团有限公司组建方案的通知
龙政发〔2015〕33号 关于龙游县棚户改造安置项目资本金及委托代建资金列入县财政预算的议案

龙政发〔2015〕34号　关于同意沐尘畲族乡康源村羊栏坞建筑用石料（花岗岩）矿净采矿权挂牌出让实施方案的批复
龙政发〔2015〕35号　关于同意塔石溪、社阳港、模环溪罗家溪等4条流域综合规则的批复
龙政发〔2015〕36号　关于同意龙游县灵山港流域综合治理规划的批复
龙政发〔2015〕37号　关于切实抓好2015年粮食生产工作的通知
龙政发〔2015〕38号　关于调整部分县领导分工的通知
龙政发〔2015〕39号　关于同意高坪桥水库安置点地块集体土地实行征收与要求拨付征地款的批复
龙政发〔2015〕40号　关于印发刘根宏同志在县十二届政府等八次全体（扩大）会议上讲话的通知
龙政发〔2015〕41号　关于完善乡镇（街道）财政体制的意见
龙政发〔2015〕42号　关于印发龙游县国有土地上房屋征收与补偿安置若干规定的通知
龙政发〔2015〕43号　关于同意浙江华飞轻纺有限公司二期工业性资产及亿嘉大酒店资产处置方案的批复
龙政发〔2015〕44号　关于要求给予全国现代化生态循环农业建设现场会提升项目一定资金补助的请示
龙政发〔2015〕45号　关于同意湖镇镇工业功能区污染整治工作方案的批复
龙政发〔2015〕46号　关于推进龙游县国资改革的若干意见
龙政发〔2015〕47号　关于《龙游县高铁站前区控制性详细规划及城市设计》的批复
龙政发〔2015〕48号　关于《龙游县域绿道网规划》的批复
龙政发〔2015〕49号　关于加快发展服务业转型跨越发展工作的实施意见
龙政发〔2015〕50号　关于同意给予张荣行政撤职处分的批复
龙政发〔2015〕51号　关于同意给予徐志明行政警告处分的批复
龙政发〔2015〕52号　关于同意给予郑建飞行政警告处分的批复
龙政发〔2015〕53号　关于确认龙游县高坪桥水库工程建设征地移民实物调查结果的批复
龙政发〔2015〕54号　关于同意将连上村水库淹没线上部分居民纳入高坪桥水库工程建设征地扩迁范围的批复
龙政发〔2015〕55号　关于确认龙游县高坪桥水库工程建设征地移民2规划大纲的批复
龙政发〔2015〕56号　关于同意给予张根林行政降级处分的批复
龙政发〔2015〕57号　关于同意实施龙游县湿地保护规划（2015—2021年）的批复
龙政发〔2015〕58号　关于同意对龙游皇龙养生会所等2家挂牌重大火灾隐患单位实行摘自销案的批复
龙政发〔2015〕59号　关于同意对龙游卫宝厨卫有限公司重大火灾隐患单位实行延期整改的批复
龙政发〔2015〕60号　关于同意对2015年18辆出租车经营权到期重新配置工作方案的批复
龙政发〔2015〕61号　关于进一步加强国有土地市场管理若干问题规定的通知
龙政发〔2015〕62号　关于同意解除2014年1号地快《国有建设用地使用权出让合同》的批复
龙政发〔2015〕63号　关于同意钱塘江中上游衢江（龙游段）航道岸线利用规划（2013—2025年）的批复
龙政发〔2015〕64号　关于同意撤销我县自然保护小区的批复（改为2016年73号批复原件作废）
龙政发〔2015〕65号　关于同意收储龙游县鑫威燃气具化工有限公司、钟珺户二宗国有土地使用权的批复
龙政发〔2015〕66号　关于同意统一配置和调配使用消防车辆的批复
龙政发〔2015〕67号　关于印发龙游县企业安全生产诚信管理暂行办法的通知
龙政发〔2015〕68号　关于同意对湖镇镇新光村等三村共9个农村土地综合整治项目予以立项的批复
龙政发〔2015〕69号　关于同意解除原罗家乡中心小学三个地块国有建设用地使用权出让合同的批复
龙政发〔2015〕70号　关于同意对我县2015年22个垦造耕地项目予以立项的批复
龙政发〔2015〕71号　关于推广运用政府和社会资本合作（PPP）模式的实施意见（试行）

龙政发〔2015〕72号　关于同意对龙游卫宝厨卫有限公司重大火灾隐患单位实行摘挂牌销案的批复
龙政发〔2015〕73号　关于同意龙游县高效节水灌溉工程坡耕地雨水集蓄旱粮喷灌工程建设方案和水稻区管道灌溉工程建设方案的批复
龙政发〔2015〕74号　关于同意对龙游德化工有公司等7处县级挂牌重大安全单位实行摘牌销案的批复
龙政发〔2015〕75号　龙游县人民政府关于同意2016年度土地储备计划的批复
龙政发〔2015〕76号　关于印发深入推进依法行政加快建设法治的实施意见的通知
龙政发〔2015〕77号　关于东华街道官村村等3个美丽宜居示范村村庄规划的批复

龙游县人民政府办公室文件

龙政办发〔2015〕1号　关于召开县十二届政府第七次全体（扩大）会议的通知
龙政办发〔2015〕2号　关于印发龙游县高坪桥水库工程建设管理处主要职责内设机构和人员编制规定的通知
龙政办发〔2015〕3号　关于认定龙游县阳成农产品有限公司等九家企业为县级农业龙头企业的通知
龙政办发〔2015〕4号　关于印发2015年龙游县政府性报效项目计划的通知
龙政办发〔2015〕5号　关于印发2015年度四重双百重点项目计划的通知
龙政办发〔2015〕6号　转发衢州市人民政府关于进一步完善城乡居民基本养老保险政策的通知
龙政办发〔2015〕7号　关于表彰2014年度安全生产工作先进集体和先进个人的通知
龙政办发〔2015〕8号　关于进一步加强人感染H7N9禽流感防控工作的紧急通知
龙政办发〔2015〕9号　关于表彰2014年度全县食品安全工作先进集体和先进个人的通知
龙政办发〔2015〕10号　关于调整龙游县食品安全委员会及其办公室组成人员的通知
龙政办发〔2015〕11号　关于调整县政府办公室部分班子成员工作分工的通知
龙政办发〔2015〕12号　关于印发2015年经济社会发展指标、政府重点工作、政府实事工程责任分解表的通知
龙政办发〔2015〕13号　关于印发龙游县创建省知识产权示范县工作实施方案的通知
龙政办发〔2015〕14号　关于关于表彰2014年度政府信息公开先进单位及先进个人的通报
龙政办发〔2015〕15号　转发衢州市人民政府关于进一步加强H7N9防控工作的紧急通知
龙政办发〔2015〕16号　关于2014年度依法行政优秀单位的通报
龙政办发〔2015〕17号　关于印发龙游县2015年度无偿献血工作安排的通知
龙政办发〔2015〕18号　关于印发2014年度龙游县人民政府信息公开年报的通知
龙政办发〔2015〕19号　关于印发龙游县2015年地质灾害防治方案的通知
龙政办发〔2015〕20号　关于开展2014年度土地矿产卫片执法监督检查工作的实施意见
龙政办发〔2015〕21号　关于印发龙游县2015年度依法行政工作要点的通知
龙政办发〔2015〕22号　关于印发政府信息依申请公开工作规程等政府信息公开配套制度的通知
龙政办发〔2015〕23号　关于印发龙游县行政执法监督检查计划的通知
龙政办发〔2015〕24号　关于印发龙游县森林火灾应急预案的通知
龙政办发〔2015〕25号　关于印发龙游县沐尘水库放水预警方案（试行）等五个方案的通知
龙政办发〔2015〕26号　关于印发龙游县乡村休闲旅游项目决策咨询服务工作制度的通知

龙政办发〔2015〕27号　关于印发龙游县小高山村整体搬迁改造房票制度实施办法的通知
龙政办发〔2015〕28号　关于成立龙游县市场集群管理委员会领导小组的通知
龙政办发〔2015〕29号　关于做好清明节期间安全生产工作的通知
龙政办发〔2015〕30号　关于加强“资金池”管理工作的补充意见
龙政办发〔2015〕31号　关于印发深入推进我县畜禽养殖减量及拆后土地复垦工作的指导意见
龙政办发〔2015〕32号　关于交办省级森林城市创建迎检工作任务的通知
龙政办发〔2015〕33号　关于印发龙游县涉农资金专项整治行动实施方案的通知
龙政办发〔2015〕34号　关于做好2015年粮食订单工作的通知
龙政办发〔2015〕35号　关于建立龙游县地理空间信息协调委员会的通知
龙政办发〔2015〕36号　关于开展龙游县城乡居民最低生活保障规范化管理工作的通知
龙政办发〔2015〕37号　关于成立鼓励企业加快进入多层次资本市场工作领导小组的通知
龙政办发〔2015〕38号　关于印发龙游县畜禽屠宰管理领导小组成员名单及职务分工的通知
龙政办发〔2015〕39号　关于加快推进企业上市工作的通知
龙政办发〔2015〕40号　关于调整龙游县禁毒委员会组成人员的通知
龙政办发〔2015〕41号　关于印发龙游县创建省级农产品质量安全放心示范县实施方案的通知
龙政办发〔2015〕42号　关于进一步加强政务督查工作的实施意见
龙政办发〔2015〕43号　关于开展行政规范性文件清理工作的通知
龙政办发〔2015〕44号　关于印发龙游县小型水利工程建设和管理体制改革实施方案的通知
龙政办发〔2015〕45号　关于印发龙游县2015年省级公益林扩面界定工作方案的通知
龙政办发〔2015〕46号　关于公布2015年龙游县防雷重点单位的通知
龙政办发〔2015〕47号　关于公布2015年县级重大安全隐患整改单位名单的通知
龙政办发〔2015〕48号　关于调整龙游县交通集团有限公司重组工作领导小组的通知
龙政办发〔2015〕49号　关于开展2015年1%人口抽样调查的通知
龙政办发〔2015〕50号　关于下发2015年社会保险扩面征缴工作目标任务的通知
龙政办发〔2015〕51号　关于成立龙游县水务集团有限公司重组工作领导小组的通知
龙政办发〔2015〕52号　关于印发龙游县规范种粮补贴实施办法的通知
龙政办发〔2015〕53号　关于成立龙游县2015年义务教育阶段学校招生工作领导小组的通知
龙政办发〔2015〕54号　关于印发2015年度经济建设综合部门执法书及社会事务管理部门履行职能考核办法的通知
龙政办发〔2015〕55号　关于完善财政专项资金审批事项的意见
龙政办发〔2015〕56号　关于印发2015年县政府领导重点议案建议提案领办件的通知
龙政办发〔2015〕57号　关于印发人大代表建议和政协委员提案办理工作考核办法的通知
龙政办发〔2015〕58号　关于成立龙游县集中供热管理协调工作领导小组的通知
龙政办发〔2015〕59号　关于成立龙游县工业信息工程产业技术创新综合试点工作领导小组的通知
龙政办发〔2015〕60号　转发县教育局关于龙游县2015学年中小事业发展计划和招生工作意见的通知
龙政办发〔2015〕61号　印发关于大力推进乡村休闲旅游发展的若干意见的通知
龙政办发〔2015〕62号　关于印发龙游县2010-2014年温室气体清单编制工作方案的通知
龙政办发〔2015〕63号　关于成立龙游县政府推进职能转变协调小组的通知
龙政办发〔2015〕64号　关于调整龙游县防范松材线虫病工作领导小组成员的通知

龙政办发〔2015〕65号 关于建立龙游县产业发展协同创新领导小组的通知
龙政办发〔2015〕66号 关于全面取消非行政许可审批事项的通知
龙政办发〔2015〕67号 关于印发深入推进依法行政加快建设法治政府重点任务分工方案的通知
龙政办发〔2015〕68号 关于印发龙游县农村产权交易管理办法（试行）的通知
龙政办发〔2015〕69号 关于印发进一步推进笋竹产业转型升级的若干意见
龙政办发〔2015〕70号 关于印发龙游县基本公共文化服务标准化提升计划的通知
龙政办发〔2015〕71号 关于印发龙游县2015—2017年农业机械购置补贴实施方案的通知
龙政办发〔2015〕72号 关于建立龙游县新加坡风情小镇工作领导小组的通知
龙政办发〔2015〕73号 关于印发《龙游县农村淘宝项目实施方案》的通知
龙政办发〔2015〕74号 关于建立政务兼职督查员工作制度的通知
龙政办发〔2015〕75号 关于全力以赴做好9号台风防御工作的通知
龙政办发〔2015〕76号 关于公布龙游县2015年度政府采购目录及标准的通知
龙政办发〔2015〕77号 关于印发《龙游县深化殡葬改革和规范殡葬秩序专项整治工作实施方案》的通知
龙政办发〔2015〕78号 关于2014年度龙游县建筑业龙头骨干企业的通报
龙政办发〔2015〕79号 关于印发2015年龙游县推进简简政放权放管结合转变政府职能工作方案的通知
龙政办发〔2015〕80号 龙游县人民政府办公室关于加快推进财政支农体制机制改革的实施意见
龙政办发〔2015〕81号 关于成立龙游县公共文化服务重点县建设工作领导小组的通知
龙政办发〔2015〕82号 关于调整龙游县创建会同国土资源节约集约模范县工作领导小组的通知
龙政办发〔2015〕83号 关于印发2015年龙游县政府信息公开工作要点分解落实方案的通知
龙政办发〔2015〕84号 关于成立龙游县土地利用总体规划调整完善及永久基本农田划定与保护工作领导小组的通知
龙政办发〔2015〕85号 关于印发《龙游县松材线虫病防治实施方案》的通知
龙政办发〔2015〕86号 关于印发龙游县行政应诉工作规定的通知
龙政办发〔2015〕87号 关于开展小客货款保证保险业务试点工作的实施意见（试行）
龙政办发〔2015〕88号 关于印发龙游县2015年度三改一拆专项工作考核办法的通知
龙政办发〔2015〕89号 关于推进全县农村应急广播体系建设的实施意见的通知
龙政办发〔2015〕90号 关于成立龙游县畜禽屠宰联合稽查队的通知
龙政办发〔2015〕91号 关于打造浙江制造品牌建设的实施意见
龙政办发〔2015〕92号 关于印发2015年质量强县建设行动计划的通知
龙政办发〔2015〕93号 关于印发龙游县餐桌安全治理行动三年计划（2015—2017年）的通知
龙政办发〔2015〕94号 关于建立龙游县不动产登记工作联席会议制度的通知
龙政办发〔2015〕95号 关于印发龙游县农村低效建设用地违规试点工作方案的通知
龙政办发〔2015〕96号 关于印发龙游县申报千年古县工作实施方案的通知
龙政办发〔2015〕97号 关于印发龙游县国有土地上房屋征收补助和奖励标准的通知
龙政办发〔2015〕98号 关于印发龙游县2015年大气污染防治实施计划的通知
龙政办发〔2015〕99号 关于成立浙江大竹海国家级森林公园管理领导小组的通知
龙政办发〔2015〕100号 关于印发《龙游县整建制推进现代生态循环农业重点任务分工抓落实方案》的通知
龙政办发〔2015〕101号 关于印发龙游县县级行政事业单位公款竞争性存放按理暂行办法的通知
龙政办发〔2015〕102号 关于做好2016年部门预算编制工作的意见

龙政办发〔2015〕103号　关于印发龙游县建设施工企业监理单位计划诚信综合评价实施办法（试行）的通知
龙政办发〔2015〕104号　关于加强服务业统计工作的通知
龙政办发〔2015〕105号　关于建立城乡合作办医机制推进优质医疗资源下沉的实施意见的通知
龙政办发〔2015〕106号　关于印发《龙游县农村生活污水治理设施运行维护管理办法（试行）》的通知
龙政办发〔2015〕107号　关于进一步加强生猪养殖污染整治后续监管工作的通知
龙政办发〔2015〕108号　关于公布龙游县基准地价更新补充成果的通知
龙政办发〔2015〕109号　关于启用龙游县卫生和计划生育局等单位印章的通知
龙政办发〔2015〕110号　关于做好2016年度城乡居民基本医疗保险参保缴费工作的通知
龙政办发〔2015〕111号　关于印发龙游县批而未供和闲置低效土地处置百日攻坚专项行动实施
龙政办发〔2015〕112号　关于加快推进通信网络设施建设的实施意见
龙政办发〔2015〕113号　关于印发《龙游县残疾人庇护产品专产专营和政府优先采购实施方案》的通知
龙政办发〔2015〕114号　关于调整龙游县松材线虫病防治实施方案的通知
龙政办发〔2015〕115号　关于印发龙游县市场监督管理局主要职责内设机构和人员编制规定的通知
龙政办发〔2015〕116号　关于公布2015年龙游县气象灾害防御重点单位的通知
龙政办发〔2015〕117号　关于打造村级（社区）便民服务中心升级版的通知
龙政办发〔2015〕118号　关于印发龙游县卫生和计划生育局主要职责内设机构和人员编制规定的通知
龙政办发〔2015〕119号　关于印发龙游县2015年耕地地力保护补贴政策实施方案的通知
龙政办发〔2015〕120号　关于开展2015年度保护发展森林资源目标责任制执行情况检查考核的通知
龙政办发〔2015〕121号　关于印发龙游县农业粮食补贴政策综合改革试点工作实施方案的通知
龙政办发〔2015〕122号　关于加强国有资产管理相关工作的通知
龙政办发〔2015〕123号　关于印发龙游县政府向社会力量购买服务实施办法的通知
龙政办发〔2015〕124号　关于认定龙游供享农业科技有限公司等5家企业为县级农业龙头企业的通知
龙政办发〔2015〕125号　关于印发龙游县质量工作考核办法的通知
龙政办发〔2015〕126号　关于进一步做好减轻农民负担工作的意见的通知
龙政办发〔2015〕127号　关于印发龙游县村级集体经济组织财务管理办法的通知
龙政办发〔2015〕128号　关于印发龙游县行政机关合同管理办法的通知
龙政办发〔2015〕129号　关于完善龙游县高污染燃料锅（窑）炉淘汰改造资金补助实施办法的通知
龙政办发〔2015〕130号　关于开展2015年度经济建设综合部门执法及社会事务管理等部门履行职能情况年终核查的通知
龙政办发〔2015〕131号　关于印发龙游县2016年度职工基本养老保险征缴工作方案的通知
龙政办发〔2015〕132号　关于公布阳光水岸杯龙游县第二届全民健身运动会比赛结果的通知
龙政办发〔2015〕133号　龙游县人民政府办公室关于印发龙游县“小微企业三年成长计划”（2015—2017年）的通知
龙政办发〔2015〕134号　关于组织开展森林资源二类调查的通知
龙政办发〔2015〕135号　关于公布县政府及县政府办公室行政规范性文件清理结果的通知
龙政办发〔2015〕136号　关于印发龙游县一门受理、协同办理工作实施办法的通知
龙政办发〔2015〕137号　关于印发龙游县社会救助联席会议制度的通知
龙政办发〔2015〕138号　关于印发（龙游县城乡困难居民医疗求助办法）的通知
龙政办发〔2015〕139号　关于印发龙游县发展学前教育第二轮三年行动计划（2014—2016年的通知）

政协龙游县委员会文件

龙政协〔2015〕7号　政协龙游县委员会关于开展"'五水共治'长效机制建设"民主监督的实施意见
龙政协〔2015〕8号　关于印发《政协第九届龙游县委员会常务委员会、主席会议2015年履职议题》的通知
龙政协〔2015〕11号　政协龙游县委员会关于政协机关机构设置调整的决定
龙政协〔2015〕14号　报送县政协《推进"大众创业、万众创新"培育壮大新龙游商帮》的调研报告
龙政协〔2015〕17号　报送县政协《关于创新城市建设投融资体制机制的调研报告》

政协龙游县委员会办公室文件

龙政协办〔2015〕10号　关于加强县政协九届四次会议重点提案督办工作的通知
龙政协办〔2015〕11号　县政协考核评价机关部门和乡镇街道的实施意见
龙政协办〔2015〕22号　关于印发认真学习贯彻《中国共产党廉洁自律准则》和《中国共产党纪律处分条例》实施方案的通知

中共龙游县纪委（监察局）文件

龙纪〔2015〕5号　关于印发县纪委十届五次全体（扩大）会议工作报告的通知
龙纪〔2015〕15号　关于印发《2015年度纪检监察工作考核办法》的通知
龙纪〔2015〕31号　关于切实抓好《准则》和《条例》传达学习的通知
龙纪发〔2015〕1号　关于发放村监会主任绩效工资的通知
龙纪发〔2015〕9号　关于表彰2014年度乡镇（街道）、部门纪检监察工作先进单位的通报
龙纪发〔2015〕10号　关于开展纪检监察干部自觉抵制非法集资承诺活动的通知
龙纪发〔2015〕12号　关于印发《2015年度委局各室主要工作任务分解表》的通知
龙纪发〔2015〕13号　关于完善县纪委监察局班子成员联系乡镇部门制度的通知
龙纪发〔2015〕17号　关于开展国资"资金池"资金归集工作专项检查的通知
龙纪发〔2015〕18号　印发《关于龙游县开展涉农资金专项整治行动实施情况的监督检查方案》的通知
龙纪发〔2015〕25号　关于进一步加强村务监督切实维护村民利益的若干意见
龙纪发〔2015〕26号　关于开展"监督执纪问责年"活动的实施方案
龙纪发〔2015〕27号　关于开设廉政账户的通知
龙纪发〔2015〕36号　关于开展学习党章活动的通知

龙纪发〔2015〕39号 关于印发《龙游县县管领导干部任前廉政法规知识测试暂行办法》的通知
龙纪发〔2015〕55号 关于印发《学习贯彻中国共产党廉洁自律准则和中国共产党纪律处分条例实施方案》的通知
龙纪发〔2015〕57号 关于对规范公款存放管理工作进展情况开展调查摸底工作的通知
龙纪发〔2015〕60号 关于印发朱政同志在县纪委派驻纪检组领导干部任前集体谈话会议上讲话的通知
龙纪发〔2015〕62号 关于县纪委纪检监察室联系乡镇（街道）、部门分工调整的通知

中共龙游县纪委（监察局）办公室文件

龙纪办〔2015〕1号 关于印发龙游县纪委监察局财务审签制度的通知
龙纪办〔2015〕2号 关于印发2015年度实事计划的通知
龙纪办发〔2015〕1号 关于开展单位公款存放和领导干部亲属在银行工作情况自查的通知
龙纪办发〔2015〕2号 关于对工程建设情况进行自查的通知龙纪办发
龙纪办发〔2015〕7号 关于组织参观“清风画廉”廉政漫画巡展活动的通知
龙监发〔2015〕1号 关于开展政务服务网运行情况专项检查工作的通知

2015年度龙游县国民经济若干统计资料

2015年度龙游县社会经济基本指标汇总

指标名称	单位	2015年	2014年
一、人口、从业人员、土地及水资源			
年末总人口（户籍）	万人	40.51	40.42
其中：农业人口（农村人口）	万人	28.47	34.07
年平均人口（户籍）	万人	40.47	40.41
年出生人口（户籍）	人	3856	3815
年死亡人口（户籍）	人	3004	2955
年末总户数（户籍）	万户	16.34	16.01
常住人口	万人	36.39	36.24
其中：城镇人口	万人	15.61	15.11
全社会从业人员数	万人	23.62	23.47
第一产业	万人	8.70	8.69
第二产业	万人	8.01	7.95
第三产业	万人	6.91	6.83
从业人员期末人数（城镇）	万人	3.2742	3.5390
第一产业(农、林、牧、渔业)	万人	0.0000	0.0000
第二产业	万人	1.8112	2.2058
(1)采矿业	万人	0.0178	0.0326
(2)制造业	万人	1.1710	1.2869
(3)电力、燃气及水的生产和供应业	万人	0.0482	0.0585
(4)建筑业	万人	0.5742	0.6478
第三产业	万人	1.4630	1.5132
(1)交通运输、仓储及邮政业	万人	0.0546	0.0711
(2)信息传输、计算机服务和软件业	万人	0.0073	0.0074
(3)批发和零售业	万人	0.0562	0.1068
(4)住宿、餐饮业	万人	0.0000	0.0000

续表1

指标名称	单位	2015年	2014年
(5)金融业	万人	0.0514	0.0546
(6)房地产业	万人	0.0060	0.0058
(7)租赁和商业服务业	万人	0.0754	0.0736
(8)科学研究、技术服务和地质勘查业	万人	0.0333	0.0330
(9)水利、环境和公共设施管理业	万人	0.0276	0.0247
(10)居民服务和其他服务业	万人	0.0030	0.0034
(11)教育	万人	0.3636	0.3635
(12)卫生、社会保障和社会福利业	万人	0.1740	0.1701
(13)文化、体育和娱乐业	万人	0.0195	0.0219
(14)公共管理和社会组织	万人	0.5911	0.5773
(15)国际组织	万人	0.0000	0.0000
城镇私营和个体从业人员	万人	5.25	4.59
年末城镇登记失业人员数	人	1814	1242
行政区域土地面积	平方公里	1143.33	1143.33
其中：建成区面积	平方公里	14.42	12.93
城市现状建设用地面积	平方公里	14.42	13.53
其中：居住用地	平方公里	4.84	4.78
公共管理与公共服务用地	平方公里	0.37	—
商业服务业设施用地	平方公里	1.46	—
工业用地	平方公里	3.52	3.52
物流仓储用地	平方公里	0.36	—
道路与交通设施用地	平方公里	1.86	—
公用设施用地	平方公里	0.78	0.78
绿地与广场用地	平方公里	1.23	—
水资源总量	万立方米	183182	145324
二、综合经济			
地区生产总值（当年价格）	万元	1958590	1882465
第一产业增加值	万元	137121	134818
第二产业增加值	万元	1014391	1082546
其中：工业增加值	万元	891679	961220
建筑业增加值	万元	122712	121326
第三产业增加值	万元	807078	665101
地区生产总值(2010年价格)	万元	1899196	1768173
人均地区生产总值（户籍）	元	48398	46585
人均地区生产总值（常住）	元	53932	52365
地区生产总值增长率	%	7.2	8.0
公共财政收入	万元	126556	102129
其中：税收收入	万元	103033	92722

续表2

指标名称	单位	2015年	2014年
其中：企业所得税	万元	9679	8564
个人所得税	万元	3562	3269
公共财政支出	万元	355861	273117
其中：一般性公共服务支出	万元	31472	28372
科学技术支出	万元	8169	6882
教育支出	万元	70486	60362
文化体育与传媒支出	万元	6913	5704
医疗卫生支出	万元	36257	32188
节能保护支出	万元	11237	3109
城乡社区事务支出	万元	25596	6236
交通运输支出	万元	16090	15866
社会保障和就业支出	万元	31384	25723
住房保障支出	万元	4859	1901
年末金融机构各项存款余额（人民币）	万元	2440306	2235137
其中：住户存款（人民币）	万元	1391366	1219501
年末金融机构各项贷款余额（人民币）	万元	2158710	2020607
保费收入	万元	52414	49723
其中：财产险	万元	27433	24489
人身险	万元	24981	25234
赔款、给付	万元	18136	18312
其中：财产险	万元	13762	13411
人身险	万元	4374	4900
三、工业			
规模以上工业法人企业			
(一)工业企业数	个	198	209
（1）内资企业	个	191	201
其中：国有企业	个	2	2
私营企业	个	139	146
（2）港、澳、台商投资企业	个	3	4
（3）外商投资企业	个	4	4
(二)工业总产值(当年价)	万元	2986937	2966385
（1）内资企业	万元	2726517	2742373
其中：国有企业	万元	138035	143221
私营企业	万元	1684924	1793376
（2）港、澳、台商投资企业	万元	32063	35787
（3）外商投资企业	万元	228357	188225
(三)企业财务			
从业人员年平均人数	万人	3.05	3.14

续表3

指标名称	单位	2015年	2014年
流动资产合计	万元	1290951	1294284
固定资产合计	万元	1046000	979600
主营业务收入	万元	2780469	2716350
主营业务成本	万元	2359085	2268075
主营业务税金及附加	万元	11283	10218
本年应交增值税	万元	65512	82067
利润总额	万元	189986	226885
(四)战略性新兴产业总产值	万元	428097	—
四、交通运输、邮电通信及能源电力			
铁路旅客运量	万人	44.49	27.26
铁路货物运量	万吨	13.78	10.14
公路客运量（全社会，营业性）	万人	741	808
公路货运量（全社会，营业性）	万吨	1338	1329
水运客运量（全社会，营业性）	万人	1.50	1.18
水运货运量（全社会，营业性）	万吨	2.00	3.66
公路里程	公里	1516	1492
境内高速公路里程	公里	80	80
民用汽车拥有量	辆	41597	36090
其中：私人汽车拥有量	辆	38118	32306
年末邮政局(所)数	处	18	18
邮政业务收入	万元	2117	2378
电信业务收入	万元	28097	23305
固定电话年末用户数	万户	7.85	8.84
移动电话年末用户数	万户	43.33	43.57
其中：3G移动电话用户	万户	16.62	7.43
互联网宽带接入用户数	万户	9.31	8.33
综合能源消费量(规上)	万吨/标准煤	78.94	79.22
全社会用电量	万千瓦时	197190	201608
其中：工业用电	万千瓦时	147179	158069
城乡居民生活用电	万千瓦时	21697	20438
五、贸易、外经及旅游			
社会消费品零售总额	万元	1163455	1044769
限额以上批发零售贸易业商品销售总额	万元	724620	933007
限额以上批发零售企业数(法人数)	个	65	58
其中：零售业	个	24	22
限额以上批发零售贸易业企业财务			
年末从业人数	万人	0.09	0.16
流动资产合计	万元	234498	233455

续表4

指标名称	单位	2015年	2014年
固定资产合计	万元	22892	26117
主营业务收入	万元	464154	845241
主营业务成本	万元	449472	808035
主营业务税金及附加	万元	1147	3346
本年应交增值税	万元	3899	4552
利润总额	万元	−1025	7982
货物进口额(海关数)	万美元	10203	14191
货物出口额(海关数)	万美元	35281	30890
外商直接投资合同项目	个	3	3
当年实际使用外资额	万美元	1056	2079
入境游客人数(含一日游游客)	人	52835	50740
其中：外国人	人	14076	12148
港、澳、台同胞	人	38759	38592
国际旅游(外汇)收入	万美元	2466	2761
六、固定资产投资			
固定资产投资（不含农户）	万元	1449653	1269577
其中：房地产开发投资	万元	110170	126180
其中：住宅	万元	80124	97771
全年新增固定资产	万元	1583105	769970
商品房销售面积	万平方米	23.04	19.31
其中：住宅	万平方米	17.26	13.86
商品房销售额	万元	123333	133103
其中：住宅	万元	98765	93315
待售面积	万平方米	5.65	8.20
七、教育、科技、体育、文化及卫生			
学校数			
普通高等学校数	所	0	0
中等职业教育学校数	所	2	2
普通中学数	所	14	13
普通小学数	所	36	36
成人高等学校数	所	1	1
专任教师数			
普通高等学校专任教师数	人	0	0
中等职业教育学校专任教师数	人	220	218
普通中学专任教师数	人	1393	1321
普通小学专任教师数	人	1540	1461
成人高等专任教师数		12	—
在校学生数			

续表5

指标名称	单位	2015年	2014年
普通高等学校在校学生数	人	0	0
中等职业教育学校在校学生数	人	3484	3631
普通中学在校学生数	万人	1.62	1.67
普通小学在校学生数	万人	2.08	2.08
成人高等学校在校学生数		2009	2235
初中毕业生升学率	%	98.87	97.61
专利申请受理量	项	545	281
专利申请授权量	项	339	196
其中：发明	项	17	13
体育场馆数	个	6	6
剧场、影剧院数	个	2	2
公共图书馆图书总藏量	千册、件	146.7	116
订销报纸杂志累计份数	千份	7400	8857
广播节目综合人口覆盖率	%	98.84	98.81
电视节目综合人口覆盖率	%	98.84	98.81
医院、卫生院数	个	37	37
医院、卫生院床位数	张	1596	1336
医生数（执业医师+执业助理医师）	人	931	904
注册护士	人	794	711
八、人民生活和社会保障			
在岗职工平均人数	万人	2.79	2.98
在岗职工工资总额	万元	190273	162836
在岗职工平均工资	元	68110	54643
工资性收入	元	22135	16644
经营净收入	元	3850	3523
财产性收入	元	1729	2406
转移性收入	元	6475	5989
城镇居民人均可支配收入	元	34189	31424
城镇居民人均消费支出	元	19964	18852
其中：(1)食品烟酒	元	7068	6687
(2)衣着	元	2503	2337
(3)居住	元	1808	1734
(4)生活用品及服务	元	1012	948
(5)医疗保健	元	1908	1802
(6)交通和通信	元	3139	2953
(7)教育文化和娱乐	元	1894	1784
(8)其他用品及服务	元	632	607
每百户居民家庭拥有量			

续表6

指标名称	单位	2015年	2014年
(1)家用汽车	辆	19.0	24.0
(2)消毒碗柜	台	7.0	6.0
(3)洗碗机	台	3.0	3.0
(4)固定电话	部	60.0	71.0
(5)移动电话	部	169.0	185.0
(6)计算机	台	58.0	62.0
(7)电冰箱(柜)	台	93.0	100.0
(8)彩色电视机	台	148.0	150.0
(9)中高档乐器	架	2.0	1.0
(10)照相机	架	35.0	38.0
(11)摄像机	架	6.0	4.0
(12)洗衣机	台	83.0	92.0
城镇居民人均住房建筑面积	平方米	37.0	39.4
城镇职工基本养老保险参保人数	人	86606	—
城镇居民社会养老保险参保人数	人	188592	—
城镇职工基本医疗保险参保人数	人	80286	—
城镇居民基本医疗保险参保人数	人	288207	—
失业保险参保人数	人	36891	35941
工伤保险参保人数	人	58302	57397
生育保险参保人数	人	32072	31156
社会福利院数	个	12	11
社会福利院床位数	张	2699	2299
社区服务设施数	个	20	20
城市社区综合服务设施覆盖率	%	100	100
城市居民最低生活保障人数	人	268	—
九、公共管理			
交通事故死亡人数	人	36	36
交通事故损失额	万元	79	79
火灾事故死亡人数	人	—	0
火灾事故损失额	万元	—	356.9
刑事案件立案数	件	478	464
罪犯人数	人	585	502
其中：青少年人数(年龄14-25周岁)	人	105	108
十、市政公用事业			
城市维护建设资金支出	万元	25596	6236
年末实有城市道路面积	万平方米	130	199
排水管道长度	公里	316	302
供水综合生产能力(包括自备水源)	万吨/日	11.0	11.0

续表7

指标名称	单位	2015年	2014年
城市供水总量	万吨	1294	1273
售水量	万吨	1126	1242
其中：居民生活用水量	万吨	489	534
用水人口	万人	10.97	10.90
供气总量（人工煤气、天然气）	吨	752	638
其中：家庭用量	吨	56	42
用气人口	万人	2.50	1.80
液化石油气供气总量	吨	5067	4048
其中：家庭用量	吨	5064	3755
用液化气人口	万人	8.40	9.00
年末实有公共汽(电)车营运车辆数	辆	189	57
全年公共汽(电)车客运总量	万人次	965	377
年末实有出租汽车数	辆	78	78
绿地面积	公顷	498	498
其中：公园绿地面积	公顷	119	119
建成区绿化覆盖面积	公顷	647	647
十一、环境保护			
工业废水排放量	万吨	3635	3692
工业废气排放量	万立方米	1279290	1385046
工业二氧化硫产生量	吨	6610	11208
工业二氧化硫排放量	吨	4194	4921
工业氮氧化物产生量	吨	3489	3516
工业氮氧化物排放量	吨	3487	3516
工业烟（粉）尘去除量	吨	288495	—
工业烟（粉）尘排放量	吨	4735	—
一般工业固体废物综合利用率	%	72.04	—
污水处理厂集中处理率	%	72.12	—
生活垃圾无害化处理率	%	100.00	—
补充资料			
地区生产总值指数（上年=100）	%	107.2	108.0
第一产业	%	101.6	102.2
第二产业	%	105.6	108.0
其中：工业	%	105.2	108.1
第三产业	%	111.1	109.2
人均GDP指数（上年=100）（户籍）	%	107.0	108.0
固定资产投资（不含农户）	万元	1449653	1269577
第一产业	万元	46577	28805
第二产业	万元	745702	709727

续表8

指标名称	单位	2015年	2014年
#工业	万元	745702	709727
制造业	万元	543509	651807
第三产业	万元	657374	531045
本年施工住宅面积	万平方米	41.53	63.51
本年竣工住宅面积	万平方米	10.39	23.16
国内旅游人数	万人	1037.03	899.02
国内旅游总收入	万元	613907	523450
农村居民人均可支配收入	元	17099	15559
农村居民人均消费支出	元	9473	8903
食品烟酒	元	3568	3362
衣着	元	777	705
居住	元	1494	1406
生活用品及服务	元	621	589
医疗保健	元	691	647
交通和通信	元	1178	1109
教育文化娱乐	元	887	840
其中：教育服务消费支出	元	682	750
农村居民人均居住面积	平方米	62.0	66.0

2015年度龙游县分乡镇（街道）资料

	村民委员会（个）	总户数（户）	总人口（人）	总人口中，城镇人口（人）	总人口中，男性（人）
合　计	262	163392	405138	120432	204987
龙洲街道	20	30195	68625	58164	34467
东华街道	22	12331	26970	17370	13489
湖镇镇	39	21178	50870	10235	25594
小南海镇	18	12651	31832	3891	16000
詹家镇	21	10648	27023	11281	13490
溪口镇	14	8963	22862	6794	11727
横山镇	20	12130	31980	5117	16270
塔石镇	26	16286	42207	7580	21693
罗家乡	10	3832	9944	0	5179
庙下乡	13	4628	13055	0	6526
石佛乡	10	6821	17903	0	9252
社阳乡	8	4917	12236	0	6355
大街乡	8	2706	7543	0	3848
沐尘乡	10	4278	11850	0	6013
模环乡	23	11828	30238	0	15084

2015年度龙游县地区生产总值构成

单位：万元

指标名称	2015年	2014年	发展速度（%）
一、地区生产总值	1958590	1897185	107.2
第一产业	137121	133432	101.6
第二产业	1014391	1043140	105.6
第三产业	807078	720613	111.1
农林牧渔业	138843	134718	101.9
#农林牧渔服务业	1722	1286	133.9
工业	891679	924496	105.2
#开采辅助活动	0	0	—
#金属制品、机械和设备修理业	0	33	—
建筑业	122712	118677	108.4
批发和零售业	164949	151364	107.5
交通运输、仓储和邮政业	58895	58608	101.2
住宿和餐饮业	57745	47571	107.8
信息传输、软件和信息技术服务业	12985	9429	125.3
金融业	102996	95338	110.1
房地产业	81087	80002	107.5
租赁和商务服务业	36547	26903	133.7
科学研究和技术服务业	8252	6821	113.6
水利、环境和公共设施管理业	4882	2636	117.8
居民服务、修理和其他服务业	47187	42310	118.0
教育	62751	51869	110.9
卫生和社会工作	35089	29004	120.5
文化、体育和娱乐业	7585	5032	125.7
公共管理、社会保障和社会组织	124406	112407	115.5
二、地区生产总值构成（%）			
第一产业	7.0	7.0	0.0
第二产业	51.8	55.0	−3.2
其中：工业	45.5	48.7	−3.2
第三产业	41.2	38.0	3.2
三、人均地区生产总值（元/人）	48398	46949	107.0
折合美元（美元/人）	7771	7643	—

说明：绝对数按现价计算，发展速度按可比价计算

2015年度龙游县农林牧渔业总产值

指标名称	2015年	2014年	±%
一、农林牧渔业总产值（万元）	246869	240689	2.6
（一）农业产值	88033	85024	3.5
其中：粮食作物	39293	39051	0.6
油料	5983	4894	22.3
蔬菜	14431	12960	11.4
茶叶	3944	3578	10.2
水果	10663	9216	15.7
#柑橘	7270	6973	4.3
（二）林业产值	18621	17247	8.0
其中：林产品	2645	1287	105.5
竹木采伐	12633	12634	0.0
（三）牧业产值	119720	120562	−0.7
其中：猪	97948	102503	−4.4
家禽饲养	14505	11702	24.0
（四）渔业产值	18421	16285	13.1
（五）农林牧渔服务业	2074	1571	32.0
二、农林牧渔业生产			
（一）粮食总产量（吨）	161147	161550	−0.2
其中：稻谷（吨）	142602	142718	−0.1
油料产量（吨）	17301	14081	22.9
其中：油菜籽（吨）	16554	13294	24.5
水果产量（吨）	108526	105870	2.5
其中：柑橘（吨）	85432	81857	4.4
（二）生猪年末存栏（万头）	31.86	46.83	−32.0
生猪年内出栏（万头）	78.14	91.30	−14.4
家禽年末存栏（万只）	326.15	348.74	−6.5
家禽年内出栏（万只）	1183.21	1010.63	17.1
水产品产量（吨）	18190	16790	8.3

说明：绝对数按现价计算，发展速度按可比价计算

2015年度龙游县社会消费品零售总额

单位：万元

指标名称	2015年	2014年	±%
社会消费品零售总额	1163455	1044769	11.4
（一）按销售单位所在地分：			
1. 城镇	1061066	951895	11.5
2. 乡村	102389	92874	10.2
（二）按行业分组：			
1. 批发业	185933	163706	13.6
其中：限额以上	46544	40212	15.7
2. 零售业	839832	755219	11.2
其中：限额以上	99995	87233	14.6
3. 住宿业	8441	7409	13.9
其中：限额以上	1616	1949	−17.1
4. 餐饮业	129250	118436	9.1
其中：限额以上	4660	4370	6.6

2015年度龙游县固定资产投资完成情况

单位：万元

指标名称	2015年	2014年	±%
固定资产投资合计	1449653	1269577	14.2
第一产业	46577	28805	61.7
第二产业	745702	709727	5.1
第三产业	657374	531045	23.8
投资项目完成投资	1339483	1143397	17.1
其中：基础设施投资	626826	315556	98.6
工业投资	745702	709727	5.1
房地产开发投资	110170	126180	−12.7

2015年度衢州市各县（市、区）基本情况

指标名称	单位	市本级	柯城区	衢江区	江山市	常山县	开化县	龙游县
行政区域国土面积	平方公里	—	606.57	1747.53	2019.03	1097.32	2230.77	1143.33
镇	个	—	2	10	12	6	8	6
乡	个	—	7	8	5	5	6	7
街道	个	4	6	2	2	3	—	2
城市社区	个	6	39	4	13	8	11	8
行政村	个	51	171	272	292	180	255	262
年末总户数	万户	—	17.48	15.44	19.78	11.15	11.59	16.34
年末总人口	万人	—	43.45	41.13	61.09	34.20	35.99	40.51
其中：城镇人口（户籍）	万人	—	23.38	8.60	23.13	10.56	9.48	12.04
出生率	‰	—	8.07	9.78	8.92	11.02	9.44	8.25
死亡率	‰	—	5.37	5.81	5.73	5.37	6.00	6.95
人口自然增长率	‰	—	2.70	3.97	3.19	5.65	3.44	1.30
地区生产总值(当年价格)	亿元	—	158.45	137.05	258.02	11.27	101.61	195.86
其中：第一产业	亿元	—	8.46	20.53	21.36	7.92	12.33	13.71
第二产业	亿元	—	33.36	63.06	130.22	53.22	40.22	101.44
其中：工业	亿元	—	21.13	51.21	116.71	42.47	26.48	89.17
第三产业	亿元	—	116.62	53.47	106.44	50.14	49.06	80.71
人均GDP（按户籍人口计算）	元	—	78658	34026	42201	32580	28301	48398
农林牧渔业总产值	亿元	0.21	11.84	35.20	37.66	12.39	17.99	24.69
农村从业人员数	万人	—	12.73	21.44	30.66	17.76	18.50	19.07
其中：男	万人	—	6.81	11.72	16.27	9.54	9.76	10.28
规模工业总产值	亿元	523.70	62.98	133.38	339.68	104.56	97.61	299.62
规模工业主营业务收入	亿元	577.90	61.30	121.96	311.57	91.66	92.59	271.14
利税总额	亿元	25.59	2.39	10.16	26.41	3.71	8.17	17.59
其中：利润总额	亿元	12.25	1.18	6.54	16.82	1.42	5.05	11.06
固定资产投资	亿元	152.12	93.79	116.29	172.47	117.56	84.84	144.97
其中：基础设施投资	亿元	64.03	36.79	51.95	58.56	39.51	45.29	62.68
工业投资	亿元	64.81	23.71	42.79	88.61	50.80	23.83	74.57
房地产投资	亿元	33.76	10.19	7.85	18.65	9.21	8.83	11.02
商品房销售面积	万平方米	51.53	14.12	25.17	31.34	13.73	13.73	23.04
社会消费品零售总额	亿元	—	158.59	55.08	102.89	54.77	63.87	116.35
其中：餐费收入	亿元	—	11.80	7.02	7.82	10.78	10.51	13.77
商品零售	亿元	—	146.79	48.06	95.07	44.00	53.36	102.58
进出口总额	万美元	179329	26408	70544	69248	21319	29057	45485
其中：出口总额	万美元	107833	25223	50140	66254	21217	23294	35281
实际利用外资	万美元	1890	815	981	704	560	0	1056
接待国内游客	万人次	—	999.69	535.98	1012.92	577.09	689.79	1037.30

续表

指标名称	单位	市本级	柯城区	衢江区	江山市	常山县	开化县	龙游县
接待境外游客	万人次	—	0.57	0.90	3.76	0.54	1.01	5.28
国内旅游收入	亿元	—	70.09	29.46	60.03	33.92	42.29	61.39
旅游外汇收入	万美元	—	325.74	290.65	1279.98	236.28	623.55	2466.18
财政总收入	亿元	50.81	11.25	15.75	24.26	12.46	10.83	18.65
其中：一般公共预算收入	亿元	31.63	8.70	10.12	15.35	8.68	6.88	12.66
财政支出	亿元	51.69	18.86	25.69	38.00	28.41	32.43	35.59
金融机构本外币存款余额	亿元	812.54	—	—	351.67	161.47	167.81	244.60
其中：住户存款	亿元	359.80	—	—	218.85	87.32	92.05	139.42
金融机构本外币贷款余额	亿元	807.21	—	—	310.86	135.11	124.95	216.27
保费收入	亿元	21.26	—	—	9.38	2.74	2.69	5.24
保险赔付额	亿元	6.40	—	—	2.78	0.89	0.92	1.81
公路总里程	公路	—	672.31	1649.26	1805.84	1017.77	1520.66	1515.90
公路客运量	万人	1889	—	—	945	482	630	741
公路货运量	万吨	3483	—	—	2539	946	632	1338
电信业务收入	亿元	8.64	—	—	3.27	1.79	1.83	2.81
固定电话用户	万户	19.73	—	—	8.06	3.67	3.24	7.85
移动电话用户	万户	127.65	—	—	57.71	29.62	29.47	43.33
国际互联网用户（不含手机）	万户	26.96	—	—	9.37	5.50	5.67	9.31
专利申请受理量	项	—	2137	607	1039	628	433	545
专利申请授权量	项	—	1597	470	755	428	203	339
学校数	个	14	126	109	168	144	119	191
在校学生数	万人	3.08	5.21	4.78	8.42	4.14	4.20	5.11
卫生机构数	个	—	282	82	109	87	84	149
卫生机构床位数	张	—	4399	926	2009	925	1135	1604
卫生技术人员数	人	—	5607	929	2675	1203	1305	1904
其中：医生数	人	—	2084	416	1108	476	537	793
城镇居民人均可支配收入	元	—	35611	28366	34808	28126	26617	34189
城镇居民人均消费支出	元	—	21502	15880	17939	16021	14965	19964
农村居民人均可支配收入	元	—	17780	15154	18325	15333	13124	17099
农村居民人均消费支出	元	—	11388	9669	12499	7503	8324	9473
参加企业职工基本养老保险人数	万人	13.81	8.15	6.95	12.68	6.50	4.78	8.28
参加城镇职工基本医疗保险人数	万人	19.81	7.56	6.32	10.25	7.18	5.12	8.03
参加工伤保险职工人数	万人	10.41	3.53	4.38	6.86	3.67	2.75	5.83
参加生育保险人数	万人	9.02	3.10	2.39	4.77	2.67	2.59	3.21
参加失业保险职工人数	万人	8.49	2.36	2.08	4.59	2.30	2.03	3.69
参加城乡居民社会养老保险人数	万人	—	11.14	18.49	24.87	14.20	17.06	18.86
建成区面积	平方公里	69.00	—	—	15.80	14.01	12.40	12.93
城区（县城）人口	万人	35.88	—	—	16.72	8.94	9.58	10.90

说明：部分指标市本级数据包括柯城、衢江

索 引

表索引

图索引

中心词索引

一画

二画

三画

四画

五画

六画

七画

八画

九画

十画

十一画

十二画

十二画以上

2月13日，中国电信龙游分公司召开2014年度先进表彰大会暨“2015新春羊羊得翼年欢会”

8月14日，中国电信龙游分公司现场演示党员先锋指数平台和“民情通”应用平台

3月13日，中国电信龙游分公司号召员工“深入一线，服务群众”

创建学习型企业

龙游年鉴

2016

Longyou Nianjian

国家电网
STATE GRID

国网龙游县供电公司

2月17日，县委书记方健忠（右二）一行到国网龙游县供电公司检查指导春节保供电工作

8月30日，县长刘根宏到国网龙游县公司听取“十三五”期间龙游县配电网规划专题汇报

11月12日，县人大主任周中民（左二）一行到国网龙游县供电公司调研

11月26日，县政协主席黄利荣（右二）一行到国网龙游县供电公司调研

4月1日，国网浙江省电力公司总经理张磊（左二）到国网龙游供电公司湖镇供电所调研

2月12日，国网衢州供电公司党委书记吕坚（左一）在国网龙游县供电公司总经理刘利平（左二）、党委书记方凌斌（右二）陪同下到公司开展走访慰问

4月22日，国网衢州供电公司总经理李陟峰（中）带队到龙游调研，贴心服务重点项目企业

10月14日，国网衢州供电公司副总经理毛亚明率队到龙游开展秋冬季安全大检查

五月五日，公司喜获县『五水共治』先进集体荣誉

五月六日，公司荣获浙江省『五一劳动奖状』

1. 3月24日，维达纸业总经理李志林（右一）为国网龙游县供电公司赠送"情系企业 鼎力支持"锦旗。
2. 4月17日，国网衢州供电公司县公司运营监测（控）业务启动会议在龙游召开。
3. 5月28日，国网龙游县供电公司走进新宅小学，看望留守儿童。
4. 6月16日，国网龙游县供电公司举办"送出去，请进来"落实社会责任周活动。
5. 6月24日，开展讲廉课、学党史践行"三严三实"活动。
6. 7月11日，国网龙游县供电公司连夜召开会议，部署防汛防台工作，确保万无一失。
7. 7月23日，国网龙游县供电公司运用清晨作业法，顺利完成10千伏占家E904线年检工作。
8. 9月30日，国网龙游县供电公司举办工程管理培训。

2月10日，国网龙游县供电公司召开第八届职工代表大会第三次会议暨2015年工作会议

10月15日，国网龙游县供电公司开展廉政警示教育活动，践行"三严三实"

奔康投资
Ben Kang Investment

龙游县奔康投资有限公司

浙江省财政厅副厅长王广兵（左二）一行到湖镇阳湖小区调研

龙游县委副书记、县长刘根宏（中）一行到湖镇阳湖小区调研

2016年，龙游县奔康投资有限公司紧紧围绕龙游县委、县政府中心工作，以开展“两学一做”学习教育活动为契机，按照市场化改革的总体要求，积极探索市场化建设新路子，确立项目投资经营、资产资本经营、市场经营三大投资运营理念，求真务实，开拓进取，各项工作取得较好进展。

一、全力推进项目建设

在项目建设中，按照“创项目精品，树奔康品牌”的工作思路，牢固树立时间和效益意识，在保障安全和质量的前题下，立足于早，着眼于快，合理安排时序，紧扣时间节点，各建设项目有效推进。溪口翠竹安置小区项目建设目前已进入收尾阶段，开始农户安置报名；阳光小学、樾园小学及灵江幼儿园项目前期工作已完成，进入施工阶段；晨北小区项目已完成总工程量的三分之一；县集体经济薄弱村物业园项目土建工程已完工，进入配套工程实施阶段；城市景观亮化提升工程按计划建设中，预计春节前完工。

阳湖小区

二、着力拓展经营范围

根据公司发展规划，为扩大市场经营规模和范围，公司先后成立了楚盛房地产开发有限公司、安周物业管理有限公司、宏科教育投资有限公司、奔康新能源有限公司、翼安人力资源服务有限公司、县保安服务公司。公司业务经营扩展到房地产开发、物业管理、保安服务、人力资源、教育投资、新能源开发等领域，逐步形成以房地产开发为主，向各大新兴经济领域进军的集团化公司格局。

建设中的翠竹小区

三、不断强化资源整合

积极盘活公司现有资产，提高资产利用效率。对晨东小区、阳湖小区库存房产进行分期分批拍卖处置，收益达4000余万元；对划入奔康公司的原县保安服务公司进行有效经营，年收益达150万元。同时，为进一步落实公司市场化营销方针，实现业务多元化发展，公司以较为合理的价格整体收购城北工业园区丹芙伦商住小区，并通过房屋租赁、市场营销等手段，获取盈利，为公司发展壮大提供资金保障。

四、严格管理公司队伍

加强精细化管理，制订和完善内部各项制度，以制度约束人、规范人。明确各部门职责，细化分工，责任上肩。狠抓党风廉政建设，主动对标，以问责推动负责，以担当体现忠诚。通过各类技能培训和业务考试，建设一支高素质的管理队伍。每周召开工作例会，每月召开干部员工大会，讲评工作中的成绩与不足，树立先进，督促后进，弥补短板，形成敢作敢为、合力创业、积极进取的良好工作氛围。

总经理：付卫平

樾园小学项目建设开工仪式

参加全省“规范宅基地管理，破解农民建房难”工作现场会人员到晨东小区参观考察

溪口翠竹小区项目建设现场推进会

龙游石窟导游部获“全国巾帼文明岗”荣誉

2月10日，公司召开2014年度优秀员工表彰大会

1月23日，参加龙游县国家三类城市语言文字评估整改“回头看”反馈会

3月5日，龙游石窟团支部与石窟“巾帼文明岗”联合开展“学雷锋治污行动”

团结奋进的领导班子

三月二十七日，龙游旅游走进上海社区活动在上海市长宁区周家桥苑社区文化活动中心启动

3月10日，龙游石窟洞窟内灯光改造工程顺利完成

4月10日，公司组织人员参加 2015浙江（江西）旅游交易会

5月19日，在龙游石窟举办“空中龙游”直升机旅游基地首飞仪式

6月16日，在龙游民居苑开展消防演练

龙游县举办“善蒸坊杯”龙游大厨美食文化节

龙游县委书记方健忠（左一）一行到县商贸物流发展有限公司指导工作

龙游县商贸物流发展有限公司成立于2013年12月，为县国资委下属的六大国资公司之一，注册资本5000万元。主要从事县综合商贸物流园区项目的投资、开发。

公司于2015年5月完成市场化改革，业务经营范围扩展到市场开发建设、管理、服务；机动车检验、检测；机动车驾驶员培训；货物仓储、停车场服务等业务范畴。公司下属子公司4家，共有职工100余人，其中总部管理人员15人。公司高层包括总经理1人、副总经理1人；总部下设综合部、计划财务部、规划工程部、资产管理部、产业发展部等5个职能部门。

总经理吕益鸿（右一）与子公司签订经营目标管理责任书

副县长姜忠军到公司指导工作

公司召开会议，研讨市场化项目规划设计方案

召开龙游县物流行业协会成立大会

现场指导园区排污总管、神龙路等工程建设

召开公司党支部成立大会

商贸物流园区一角

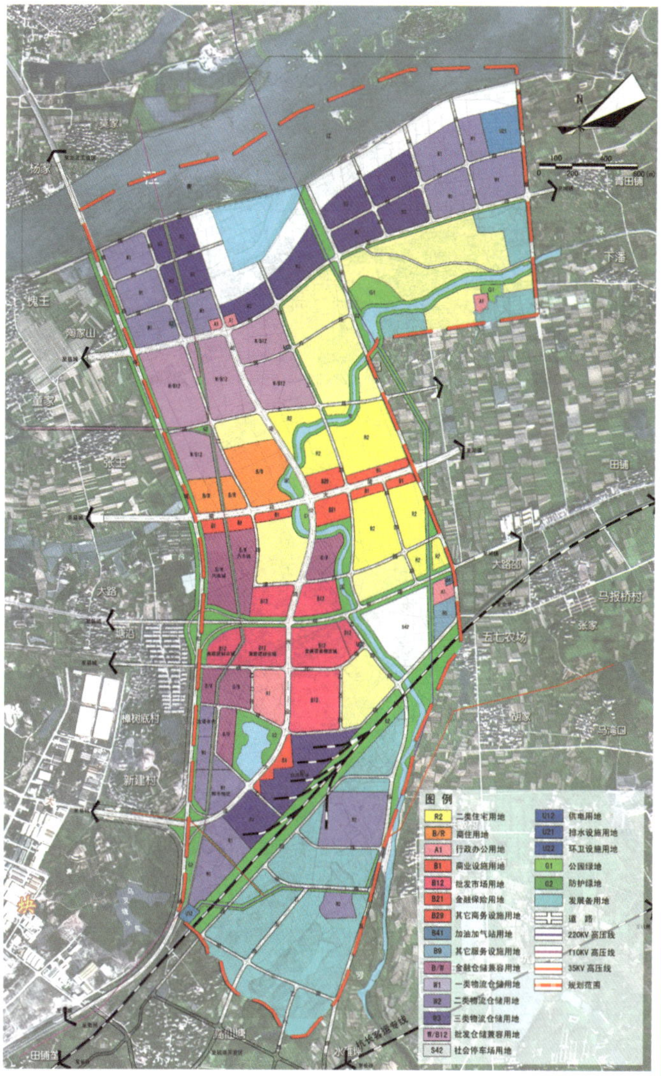

园区建设用地规划图

县物流行业协会会长单位、副会长单位

3月2日，龙洲街道开展“学雷锋，清洁家园”活动

4月20日，龙洲街道举办谷雨诗会

5月21日，龙洲街道开展万人治污行动。图为街道干部在驿前段参加整治除杂劳动

5月29日，开展“计生日”生育关怀活动

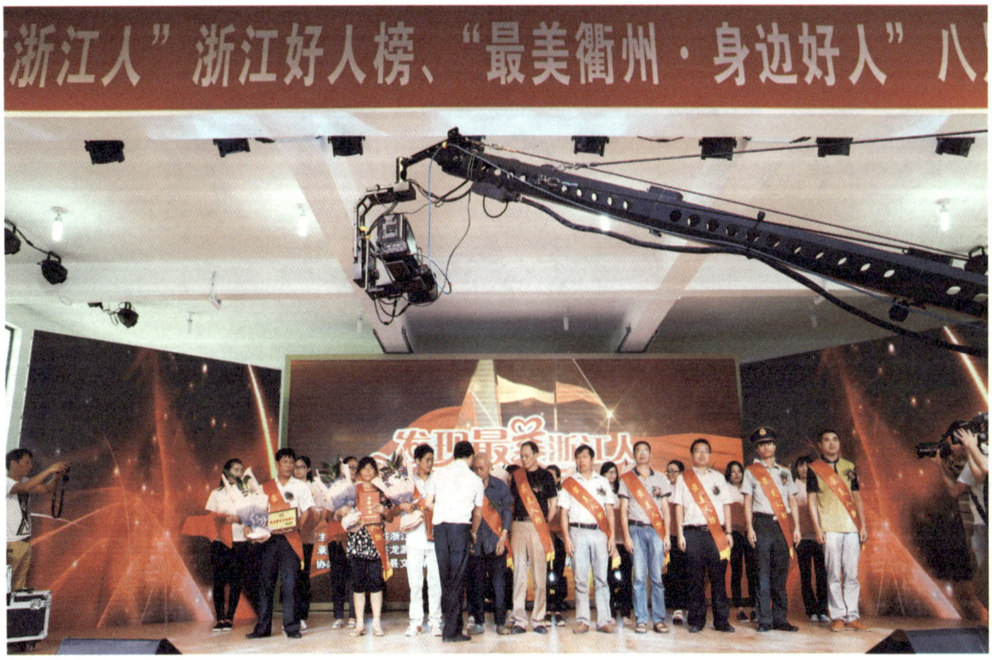

八月十七日，『浙江好人榜』『最美衢州·身边好人』八月发布活动在龙游县龙洲街道后田铺村文化礼堂举行

龙游县龙洲街道办事处

9月29日，龙洲街道清廉社区成立衢州市首个社区科普馆，这也是全市首个集残疾人居家养老、健康养生、娱乐生活为一体的社区科普服务中心

召开街道党工委班子会议

12月15日，龙洲街道召开安监站规范化建设现场会

12月19日，龙和渔业园举办“干塘节”，选手们“浑水摸鱼”乐翻天

12月18日，衢州市农民婺剧培训班在后田铺村汇报演出

美哉，后田铺

龙游年鉴

2016

Longyou Nianjian

龙游县东华街道办事处

中共浙江省委常委陈德荣（左二）、衢州市委组织部部长陈玲玲（前排右一）到道明光学考察

省督察组在县委书记方建忠陪同下，到张王村五联渠陶家山段衢江入口处督查河段整改情况

东华街道党工委书记毛祥光(右一)、办事处主任何有德（右二）实地察看辖区内河道整治情况

全县集镇建设管理"两路两侧"整治工作现场会在东华街道召开

东华街道组织全体街道干部在永安路进行"四边三化"统一行动

党校连接线保护性施工现场

举办东华街道综合文化站开站仪式暨灵鹫峰乡村旅游观光活动

灵鹫峰概念性规划图

11月7日，街道干部深入一线，全力推动永安路整治工作

6月5日，全国农村基层党建工作座谈会期间，中央组织部副部长陈向群（前排左一）一行到溪口镇石角村考察

9月28日，中共浙江省委宣传部副部长唐中祥（右二）一行参观溪口村文化礼堂，并出席道德模范颁奖仪式

7月23日，衢州市大抓基层组织年“互学互看”观摩组到溪口镇观摩

竹云涧茶山——茶林如海，环境优美

石角村村貌

市级“美丽乡村精品村”溪口镇大沃口村的育河塘

龙游县溪口镇

12月8日，衢州市市长杜世源（中）在龙游县委书记方健忠（左一）、湖镇镇党委书记张雪昌（右一）陪同下考察湖镇镇中心镇建设

湖镇镇镇长江建新（左一）陪同上级部门检查“三改一拆”开展情况

湖镇镇召开“周一夜学”例会

11月6日，湖镇镇举办第二届婺剧演唱演奏大奖赛

村党员参加义务劳动，争创优美环境

湖镇污水处理厂

衢州市首个村级党建展览馆——地圩村党建展览馆

湖镇镇阳湖小区和阳湖公园

龙游县湖镇镇

4月14日，衢州市副市长汤飞帆（右一）一行在小南海镇党委书记李学军陪同下深入小南海镇蹲点调研，与镇村干部、企业家共谋发展之计

4月6日，龙游县委书记方健忠到小南海镇调研农批市场项目

龙游县政协副主席李建民（右二）考察生猪整规工作

雅塘村逸云书画院揭牌仪式

5月25日，龙游县公民素质大讲坛在小南海镇傅家畈村文化礼堂启动

4月28日，“中茵·天鹅湖”农家乐综合体在小南海镇周红畈村举行开工仪式

整治后的傅家新村泽随溪（塔石溪上游）

小南海镇镇长林文建（左一）带领镇村干部开展“四边三化”整治工作

箬塘模式下培育的荷花

改造后的小南海镇泽潭村红船头路口

12月10日，浙江省档案局局长刘芸（右一）到塔石镇走访农户

11月16日，浙江省农办副主任高启华（右一）在塔石镇党委副书记、镇长汪立云（右二）陪同下到塔石镇调研

8月4日，龙游县委书记方健忠（左二）在塔石镇党委书记严明华（左一）陪同下到童岗坞村调研

10月23日，县委书记方健忠到塔石镇调研人大工作

7月22日，县委常委、副县长陈瑜（中）到塔石镇钱家村调研农村淘宝运行情况

2月13日，龙游县委常委、政法委书记洪一舟，县政协副主席李建明出席塔石镇雅村村乡贤会成立仪式

童岗坞村党建长廊

莲塘村文化礼堂

泽随古村落一角

富硒果蔬基地

在“四边三化”专项整治行动中，横山镇集镇“脏、乱、差”被列为市级整改内容。县委书记方健忠（右二）到横山镇督察集镇整治工作，横山镇党委书记吴军杰（左五）、镇长汪益平（右一）陪同检查

横山镇党委书记吴军杰（左一）、副书记张余伟为“舞动健康·魅力横山”全民广场舞大赛获奖选手颁奖

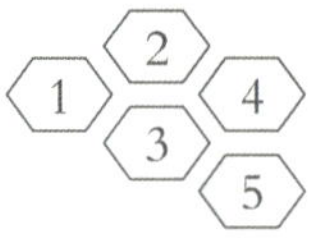

1. 5月28日，横山镇举办“舞动健康·魅力横山”全民广场舞大赛。

2. 6月5日，横山镇举行综合文化站开站仪式暨龙游县第二届“魅力青年”才艺大赛开赛活动。

3. 6月30日，衢州市“五朵金花”“五大金花胜地”现场投票暨龙游第五届天池荷花节开幕式活动在横山镇天池村举行。

4. 7月19日，由浙江电视台、龙游县委宣传部主办的“流动大舞台·有梦你就来”活动在横山镇天池村举办。

5. 龙游五届“开荷节”暨“金花胜地”投票活动。

清理模环溪

三改一拆

12月9日，浙江省政协副主席陈艳华（中）一行到詹家镇姑蔑城考察

龙游县委书记方健忠（左一）到詹家镇督察生猪养殖整治工作

省级文明村——前游村

即将竣工的龙游世贸城

龙井水库

詹家镇“百笛之队”获衢州市文艺大赛金奖

詹家镇西方村农光互补光伏发电项目

4月30日，模环乡举行“一挂一带一讲堂”启动仪式，帮助年轻干部成长，为建立狮子型干部队伍奠定基础

8月26日，乡党员干部帮助养殖户转移养猪场，促进全乡生猪退养工作顺利进行

12月25日，乡党委召开冬训党员大会，发挥基层党组织的旗帜作用，提高党员干事业的凝聚力

开展“五水共治”行动，清理河道垃圾

6月30日，组织全乡千名党员参加义务劳动，打扫卫生，清理垃圾，以实际行动向“七一”献礼

4月23日，衢州市副市长马梅芝（左六）、龙游县委书记方健忠（右五）一行参加沐尘乡“三月三”畲族风情文化节活动

衢州市人大常委会副主任童建中（中）在乡长蓝芝苇（左一）陪同下到沐尘乡视察生猪养殖整治工作

沐尘畲族乡党委书记杨红宁（左）陪同县委组织部副部长张永祥（右）到沐尘乡参加党建书法展览活动

贤江村荷花潭休闲公园

衢宁铁路沐尘段施工现场

双戴村黄泥房部落门楼

社里村集聚小区二期

4月23日，沐尘乡“三月三”畲族风情文化节舞蹈表演——《凤凰来朝》

2016龙游黄茶文化旅游节暨龙游黄茶“中黄3号”新闻发布会

乡党委书记陈怀俊（左一）、乡长陈志芳（右三）陪同市检查组考评罗家乡集镇整治工作

组织乡干部开展集镇整治

姜家舞龙队在乡政府大院内舞龙表演传承非遗文化

乡草根艺术团到田头宣传党的方针政策

民间艺人傅献良编制的竹器和木雕、砖刻作品参加县非遗展示活动

风景如画小瀑布

乡党委书记张海霞（右一）、乡长吴秀军（中）走访衢宁铁路建设工地

“七·一”期间，乡领导走访慰问老党员和生活困难党员

芝坑口村村歌《红豆杉轻舞林间》获浙江省原创村歌大赛金奖

百姓为政府送锦旗

庙下乡“酒文化节”演出现场

严村村党建长廊

芝坑口村文化礼堂

“五水共治”，庙下溪水变清澈

竹乡庙下，景色迷人

龙游县庙下乡

9月1日，县委书记方健忠一行调研石佛乡三门源古村落保护工作和景区建设

7月1日，乡党委书记方伟军、乡长童舟在三和村文化礼堂为全乡700多名党员干部上党课

7月1日，石佛乡召开党员大会，表彰优秀共产党员

7月29日，在水库应急演练中，乡村干部组织群众撤离险境

中央电视台《记住乡愁》栏目组在三门源村录制节目

石佛村“党建+电商”为群众带来便利实惠

雨雪天气，党员干部救助过往车辆

石佛乡开展集镇整治

各村党支部组织党员参加春季治水集中行动

5月6日，县委书记方健忠（右二）到高坪桥水库库区村查看实物详查工作开展情况

2月11日，乡党委书记吴水清（右一）、乡长吴浩（右二）看望慰问军属

3月3日，大公村组织护水义工队清理河道垃圾

3月20日，社阳小学护水小义工开展护水行动

6月26日，社阳乡召开“治水治污”百日攻坚行动动员大会

7月2日，召开高坪桥水库库区党员村民代表会议，投票决定安置点地址

7月3日，开展“五水共治”巾帼行大行动

8月12日，开展以“缤纷假日，快乐你、伴我成长”为主题的“春泥行动”

9月15日，乡干部深入农户宣传垃圾分类政策

龙游县大街乡

贺田文化礼堂

衢州市首个非民办企业单位——新槽村居家养老照料中心

贺田村村歌获龙游县首届原创村歌大赛金奖

作为全国农村基层党建座谈会现场观摩点之一，贺田村的治村模式及基层党建先进做法受到中组部副部长陈向群（左二）和与会代表的一致认可

浙江省委组织部部长廖国勋（左一）到大街乡贺田村调研

浙江省公安厅厅长刘力伟（左二）到大街乡调研

贺田村党支部书记劳光荣（左一）被评为“全国劳动模范”

龙游年鉴 2016
Longyou Nianjian

中国移动龙游分公司喜获『浙江省工人先锋号』荣誉称号

4月30日，中国移动龙游分公司到詹家小学开展“微心愿”捐赠活动

7月1日，公司组织开展防汛抗台应急演练

5月21日，公司组织员工积极参加全县“万人治污”大行动

八月三十日，公司组织全体员工参加县趣味运动会

中国移动
China Mobile

中国移动通信集团浙江有限公司龙游分公司

龙游年鉴 2016
Longyou Nianjian

中国银行龙游县支行行长郑剑峰（左一）一行深入工业园区调研，支持企业发展

中国银行
BANK OF CHINA

龙游县支行

4月14日，龙游县农信联社召开“普惠百村行，相约零距离”主题活动动员大会

4月29日，县农信联社理事长徐祖俊到溪口镇红罗村调研，了解结对村农户增收情况

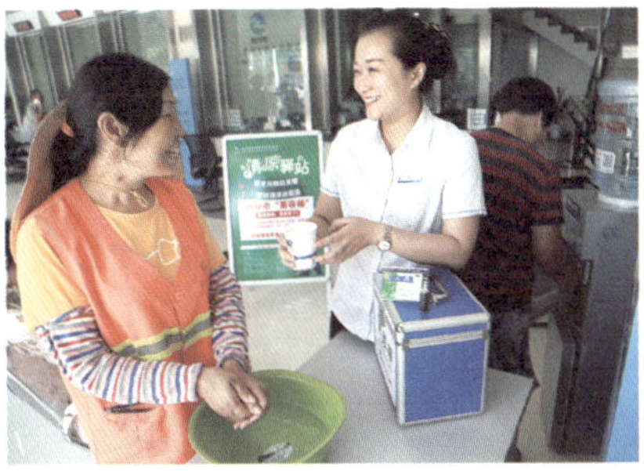

7月31日，县农信联社在城区8家网点设立“清凉驿站”，发起以“传递正能量，携手战高温，筑美姑蔑城”为主题的关注、关心、关爱“城市美容师”活动

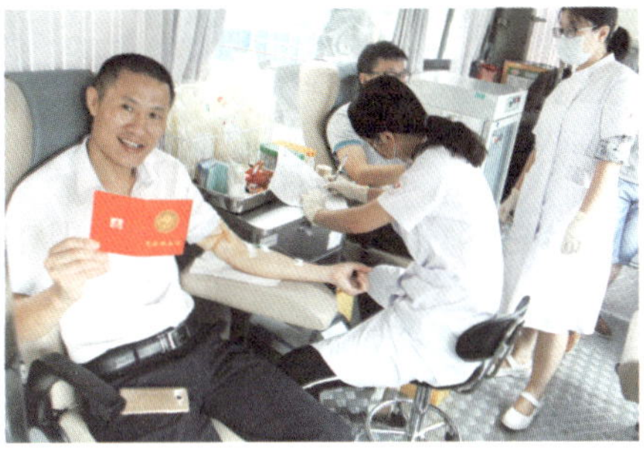

8月13日，县农信联社组织员工开展无偿献血活动

10月15日，县农信联社信用体系建设助力大街乡获评“省级信用乡”

12月1日，龙游县农信联社领导班子为衢州市首辆“金融便民车”揭幕

12月25日，县农信联社组织开展“幸福在行动，情暖福利院”义拍活动，所有征集到的拍品均一元起拍，并将所得款项全部捐助给县儿童福利院

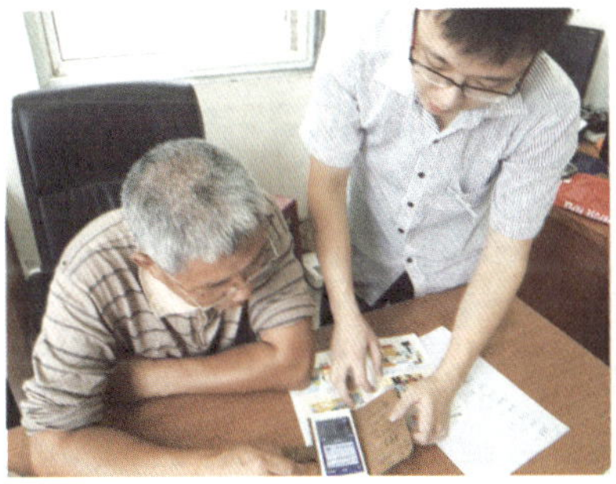

县农信联社员工手把手教客户使用电子银行

县农信联社组织员工深入农村，将“丰收爱心卡”送到百姓手中

县农信联社开办ETC代理业务

龙游年鉴 2016

Longyou Nianjian

浙江农信

ZJRC

龙游县农村信用合作联社

十二月三十一日，龙游县委书记方健忠（左一）在董事长楼珍钱（右一）陪同下到龙游义商村镇银行走访调研

5月26日，龙游义商银行组织员工到十里坪监狱参加警示教育活动

9月25日，龙游义商银行“送金融服务下乡”活动启动

龙游义商银行营业部获衢州市银行业文明规范服务三星单位

9月26日，龙游义商银行与溪口镇寺下村共同举办中秋晚会，丰富百姓生活

10月17日，开展标杆银行星级文明服务培训，提升品牌形象，增强龙游义商银行竞争力

龙游义商银行湖镇支行行长徐辉获评龙游县“最美金融人”

公益活动进社区

开展送金融知识、金融服务下乡活动

3月6日，邮储银行龙游支行开展“学雷锋”治污大行动

6月4日，支行召开客户座谈会

6月15日，端午佳节到来之际，支行到县福利院慰问老人

8月19日，支行开展应急预案演练

11月16日，支行组织员工积极参与金融系统“我与金融共成长”演讲比赛等活动，倡导传播正能量

支行组织员工与社区开展包粽子比赛

开展普及金融知识万里行活动

三月六日，支行召开全县种粮大户座谈会暨早稻订单质押贷款推介会

中国邮政储蓄银行
龙游县支行

龙天小镇

龙游年鉴 2016

Longyou Nianjian

浙江龙游工业园区

龙游工业园区主任郑立纲（右二）陪同客商到园区现场踏勘项目选址做好参谋

11月18日，龙游集体经济薄弱村物业园项目开工仪式在龙游工业园区举行

12月24日，浙江“善蒸坊”糕饼文化园项目开工奠基仪式在龙游工业园区举行

龙游伊利乳业超高温灭菌乳生产基地项目于2015年4月正式投产，项目固定资产投资约5亿元，设计产能日生产液态奶产品1000吨，达产后年产量预计为30万吨，年产值约20亿元

龙游县低丘缓坡综合开发利用项目东片区3000亩土地平整完工

4名研究生入驻特种纸平台，同时，平台装修工程正式启动

10月30日，县劳动局、园区劳动分局组织伊利乳业赴江西南昌大学参加校园招聘会

9月1日，园区迪士尼双语幼儿园投入使用

十二月十日，龙游华电2X200兆瓦级天然气热电联产工程投产运行

影院大堂

影院过道

中影众博国际影城共设5个专业数字放映厅，其中有3个同步数字影厅和2个4K数字高清影厅，总座位数为419个。

步入大堂，展现在您眼前的是一座耀眼的现代化影城。影城严格按照国家星级影城的标准设计，高标准的软硬件、高端的环境设施为您提供身临其境的视听享受。数字立体环音技术、超视野壁式清晰全金属银屏与符合人体工程学设计的座椅完美组合，将梦幻3D光影世界精细地呈现于观众面前，让观众欣赏到全球最新上映的3D超清晰大片。同时，影城周边的综合服务平台也将为观众提供各种饮料、美食及娱乐活动，让您置身影城，尽享潮流时尚，彰显个性品味！

影城提供一流的设备、近民的价格、舒适的环境、优良的服务，力求带给您一场美妙的电影之旅。

电话：0570-7901888

地址：龙游县龙洲路228号尚客生活广场3楼（原福泰隆广场）

中影众博国际影城